GB
한길그레이트북스
인류의위대한지적유산

GB
한길그레이트북스

인류의위대한지적유산

마르크 블로크

봉건사회 I

한정숙 옮김

한길사

HANGILGREATBOOKS

인류의위대한지적유산

Marc Bloch

La société féodale

Translated by
Hahn, Jeong-Sook

Published by Hangilsa Publishing Co., Ltd., Seoul, Korea, 2001

마르크 블로크 최후의 모습(1944) 제2차 세계대전이 발발하자 53세의 나이로 자원입대한 블로크는 프랑스 영토의 3분의 2가 나치 독일군에 점령된 상황에서 레지스탕스 운동을 이끌다 체포되어 처형당하였다.

샤를마뉴의 출정(위) 프랑크족 카롤링거 가문 출신인 샤를마뉴는 민족이동으로 혼란스러워져 있던 서유럽에 다시 질서를 수립한 통치자로 기억되고 있다. 그와 그의 '충성스러운' 신하들을 둘러싸고 수많은 전설들이 생겨났다.

롤랑의 죽음(아래) 샤를마뉴에 관한 전설에 바탕을 둔 『롤랑의 노래』는 중세 영웅서사시의 최고봉으로 손꼽힌다. 이 작품에서 샤를마뉴의 신하 롤랑은 국왕에게 충성하고 동료기사들에게 신의를 다하면서 이교도(이슬람) 세력을 격파하다가 죽음을 당하는 모습으로 그려져 있다. 이같은 묘사에 따라 롤랑은 지금까지 중세 기사도의 전범을 가장 완벽하게 구현한 이상적인 인물로 기림받고 있다.

신종선서 가신이 영주에게 두 손을 모아쥐고 신종선서를 바치고 있다. 신종선서 의식은 한 인간이 다른 존재에 게 바칠 수 있는 최고의 헌신을 상징하는 것이었다. 이같은 상징성이 강화됨으로써, 서양의 고대인들이 두 손을 앞으로 쭉 내뻗고 기도하였던 것과는 달리 기독교 사회에서는 인간이 신에게 바치는 기도의 모습도 가슴 위에 두 손을 모아쥔 형태로 정형화되었다.

봉건영주와 농민(위) 봉건영주는 대개 장원의 소유자로서, 경제외적 강제에 의하여 농민의 노동력을 무상으로 이용하였다. 그림에서 화려한 옷을 입은 귀족은 크고 당당한 모습으로, 삽을 든 농민은 허리를 굽힌 왜소한 모습으로 묘사되어 두 계급의 위상이 상징적으로 드러난다.
농노를 해방시켜주는 봉건영주(아래) 농노해방은 중세를 통해 간간이 이루어졌으며, 중세 말기에는 빈번히 행해졌다. 해방되는 농노가 영주에게 신종선서 의식에서와 동일한 몸짓으로 존경의 뜻을 표하고 있다.

중세 유럽의 세계지도 이 지도는 11세기 잉글랜드의 윈체스터 또는 캔터베리에서 씌어진 한 책에 수록된 것이다. 대 브리튼 섬은 왼쪽 아래편에 자그마하게 그려진 반면, 기독교의 발상지인 오리엔트 지방이 중앙부에 크게 그려져 있어 당대 유럽인들의 세계인식을 잘 알려준다.

노르만인들의 공격(위) 스칸디나비아인들은 9세기에 들어 인구가 크게 늘어나자 해외로 몰려나가 서유럽의 여러 지역을 공격하고 약탈하였다. 11세기에 그려진 이 그림은 프랑스 한 도시의 주민들이 스칸디나비아인들의 공격으로 완전히 포위된 모습을 보여주고 있다.

바이킹의 배(아래) 서유럽인들은 스칸디나비아인들을 노르만인이라고 부르기도 하고 바이킹이라고 부르기도 하였다. 바이킹의 배는 백조와 같은 독특한 모양과 물이 있는 곳이면 어디나 오르내릴 수 있는 놀라운 기능 그리고 빠른 속도로 경탄의 대상이 되었다. 뿐만 아니라 바이킹의 배는 무덤으로도 사용되었다. 이 사진의 배는 1903년 노르웨이의 오세베리에서 출토되어 복원된 이른바 오세베리선으로, 바이킹의 배 가운데 가장 유명하다.

중세의 성들 중세 귀족들의 거처이자 무장요새인 성은 단순한 모습에서 복잡하고 화려한 모습으로 변해갔으며, 서유럽인들은 그들이 정복한 지역에서도 모국의 것을 본뜬 성채를 세웠다. 위의 왼쪽은 1096~97년에 건립된 지소르 성, 오른쪽은 고대의 요새도시로서 12~14세기에 재정비된 푸제르의 성이고 아래쪽 건물은 11~12세기에 시리아에 세워진 이른바 기사의 성(Le Krak des chevaliers)이다.

음유시인들 중세인들은 글을 읽기보다 시 낭송이나 노래 듣는 것을 더 즐겨하였다. 음유시인들은 전해져 내려오는 전설·설화를 바탕으로 영웅서사시들을 엮어냄으로써 발달해가고 있던 궁정문화에 독특한 향기를 더해주었다. 알폰소 현명왕(10세)의 노래책에 수록된 이 그림은 오랫동안 이슬람 교도의 지배를 받았던 이베리아 반도의 특징을 보여주는 것으로, 류트를 연주하며 노래하는 두 음유시인 중 왼쪽 인물은 복장이나 용모로 보아 아랍인으로 여겨지고 오른쪽 인물은 기독교인으로 여겨진다.

클뤼니 수도원의 전경(위) 베네딕투스회의 유명한 수도원인 클뤼니 수도원은 10세기 초에 아키텐의 통치자 기욤 경건공의 명령으로 세워졌으며 중세 기독교 개혁운동의 중심지가 되었다.

함께 모여 기도하는 수도사들(아래) 수도사들은 엄격한 규율에 따라 기도하고 명상하고 노동해야 하는 것이 원칙이었다. 이 그림은 『베리 공의 시도집』에 수록된 것이다.

REX ROGAT ABBATEM MATHILDIM SUPPLICA

필사하는 수도승 대부분의 중세 수도원에는 필사실이 따로 마련되어 있었다. 필사를 담당한 수도승들은 연대기 · 성인전 · 교회사 서적을 직접 집필하기도 하고 다른 사람의 저작을 필사하기도 하였다. 신의 영광을 위해 어두운 골방에서도 밤낮을 가리지 않고 필사작업에 종사한 이들이야말로 중세의 기록문화를 보존해온 주역이었다.

카노사의 굴욕(옆 그림) 1073년에 교황으로 선출된 그레고리우스 7세는 성직자의 성적 방탕, 성직자 선출의 부정, 교회재산 횡령 등의 악폐로 인해 권위가 땅에 떨어져 있던 기독교회의 쇄신과 정화를 위한 대대적인 개혁작업에 착수하였다. 황제를 비롯한 세속영주들의 수중에 들어가 있던 고위 성직자의 서임권을 회복하고자 한 시도도 이 같은 개혁작업의 일환이었다. 그러나 이는 곧 세속권력, 특히 신성로마제국 황제 권력과의 격렬한 대립과 투쟁을 불러일으켰다. 신성로마제국의 황제 하인리히 4세가 이탈리아 주요 도시의 고위 성직자를 직접 임명하자 권위를 무시당했다고 느낀 교황은 크게 반발하였고, 이같은 대립이 심화되어 교황이 황제의 폐위와 파문을 선언하기에 이르렀다. 제국 내 반(反)황제파의 책동을 두려워한 하인리히 4세는 눈 쌓인 카노사 성문 앞에서 사흘 밤낮을 간청하여 파문철회를 받아냈다. 이 그림은 하인리히 4세가 카노사의 여백작 마틸다와 클뤼니 수도원장 위그에게 자신의 파문철회를 교황에게 요청하는 중재자 역할을 해줄 것을 부탁하는 모습이다.

옮긴이 **한정숙**은 서울대학교 역사교육학과와 같은 학교 대학원

서양사학과를 졸업한 뒤 독일 튀빙겐 대학에서 혁명기 러시아의 경제사상사 연구로

박사학위를 받았다. 부산여대(현 신라대), 세종대 교수를 거쳐

지금은 서울대학교 서양사학과 교수로 있으며, 서울대 여성연구소 소장을 맡고 있다.

저서로 한길사에서 펴낸 『여성주의 고전을 읽는다』(공저)를 비롯해

『여성은 이렇게 말했다』가 있으며, 공저로 『독일 통일과 여성』 『한 · 러관계사료집』

『유라시아 천년을 가다』 『러시아는 우리에게 무엇인가』 등이 있다.

역서로 한길사에서 펴낸 『유랑시인』(타라스 셰브첸코),

『노동의 역사』(헬무트 슈나이더)를 비롯해 『영국 노동계급의 형성』(E.P. 톰슨, 공역),

『비잔티움 제국사』(게오르크 오스트로고르스키, 공역) 등이 있다.

마르크 블로크

봉건사회 I

한정숙 옮김

한길사

봉건사회 I

인적 종속관계의 형성

제1부 환경

제1책 유럽에 대한 마지막 침공 75

봉건사회 II

계급과 통치

마르크 블로크의 역사학 세계와 『봉건사회』

한정숙 서양사 · 서울대 교수

1. 블로크의 생애

마르크 블로크(Marc Bloch)는 1886년 7월 프랑스의 리옹에서 귀스타브 블로크(Gustave Bloch)와 사라 엡스탱 블로크(Sarah Ebstein Bloch)의 아들로 태어났다. 그의 아버지는 당시 프랑스 최고의 지적 엘리트를 양성하는 교육기관이었던 파리 고등사범학교(École Normale Supérieure)를 졸업한 로마사 전공 역사가였다. 마르크가 태어나던 무렵에는 리옹 대학의 교수로 재직하고 있었으며, 다음해에는 모교로 자리를 옮겼고, 1904년에는 소르본 대학의 로마사 교수가 되었다. 왕성한 학문활동으로 학계에서도 높은 평가를 받고 있던 아버지 덕분에 마르크는 어린 시절부터 전문적 역사 연구의 실제에 접하면서 학구적 심성을 연마하기에 더할 나위 없이 유리한 분위기 속에서 자라났다. 그의 어머니는 당시의 전형적인 '현모양처'였다.

마르크 블로크는 부계와 모계 양쪽 모두에게서 유대인의 혈통을 이어받고 있었는데, 그의 가문은 프랑스 혁명기에 유대인 해방법이 반포된 이래 유대교의 폐쇄적인 전통에 집착하지 않고 공화주의적이고 자유주의적인 프랑스 시민사회의 분위기에 동화되어 살고 있었다. 마르크 블로크는 자신이 유대인임을 잊어버리지는 않았지만 동시에 유대인들에게 개명된 시민으로서의 삶을 가능하게 해준 프랑스 사회에 대하여 깊은 감사의 마음을 지니고 있던 프랑스 시민이며 애국자였다. 양차 세계대전 때의 종군을 포함하여 프랑스 공화국에 대해 그가 표시한 열렬한 애정과 헌신은 이러한 혈통에 대한 자의식과도 관련되어 있었던 것으로 생각된다.

1904년 파리의 루이 르 그랑 고등학교(Lycée Louis-le-Grand)를 졸업한 마르크 블로크는 부친의 뒤를 이어 고등사범학교에 입학하였으며 이곳에서 역사학과 지리학을 주로 공부하였다. 그가 수학하던 시절의 고등사범학교에서는 당대 프랑스 사학계의 거장으로서 오랜 세월 동안 프랑스 역사학도들의 필독서가 되어온 『역사 연구 입문』(*Introduction aux études historiques*, 1898)의 저자인 샤를 세뇨보(Charles Seignobos)와 샤를 랑글루아(Charles Langlois)가 재직하면서 랑케식 역사 연구방법을 주창하고 있었다. 블로크는 이들에게서 배우는 한편 가브리엘 모노(Gabriel Monod), 귀스타브 랑송(Gustave Lanson), 크리스티앙 피스테르(Christian Pfister) 등 당시의 유명한 학자들의 강의도 수강하였다. 1908년에는 역사학·지리학 교수 자격(agrégation)을 획득한 뒤 독일로 건너가 종교사의 대가인 폰 하르나크(A. von Harnack) 등의 문하에서 수학하면서 독일 역사학의 분위기에 직접 접하기도 하였다. 1909년에 귀국하여 1912년까지는 티에르(Thiers) 재단에서 장학금을 받으며 연구에만 전념하였다.

그후 몽펠리에와 아미앵의 고등학교에서 잠시 교편을 잡기도 했던 블로크는 제1차 세계대전이 일어나자 1915년에 입대하여 종군하면서 대위로까지 진급하였다. 제대 후 1919년부터 1936년까지는 그 무렵 프랑스 동북부의 새로운 학문적 중심으로 떠오르고 있던 스트라스부르(Strasbourg) 대학에서 중세사 교수로 재직하였는데, 새로운 사학의 수립자로서 블로크 필생의 학문적 동반자가 되었던 뤼시앵 페브르(Lucien Febvre)도 1933년까지는 바로 이 대학에서 함께 강의하였다.

블로크는 1920년 카페 왕조 왕령지에서의 농민해방을 다룬 「왕과 농노. 카페 왕조 역사의 한 장(章)」(Rois et serfs, un chapitre d'histoire Capétienne)이라는 논문으로 소르본 대학에서 박사학위를 받았으며, 차츰 사회경제사·농업사 연구에 주력하게 되었다. 1929년에는 페브르와 더불어 『사회경제사연보』(*Annales d'histoire économique et sociale*), 곧 통칭 『아날』(*Annales*)지를 창간하여 역사 연구에 획기적인 전기를 마련하였고 1931년에는 『프랑스 농촌사의 기본 성격』(*Les Caractères originaux de l'histoire ruruale française*)을 발표하여 학계에서 사회경제사가로서의 독보적인 지위를 확립하였다. 블로크는 1937년에는 소르본 대학의 경제사 교수로 취임하였으며, 1939년부터 1940년까지는 앙리 베르(Henri Berr)가 기획한 '인류의 진보'(L'Évolution de l'Humanité) 총서의 일환으로 『봉건사회』(*La société féodale*)를 출간함으로써 그의 명성을 부동(不動)의 것으로 굳혔다.

스트라스부르 대학에서 20년 가까이 재직하는 동안 블로크는 학문적 동료들과 개별 분과의 벽을 거침없이 넘나들면서 새로운 학풍을 주도하는 뛰어난 학자로서, 또한 엄격하고 깐깐하지만 자신의 도움을 필요로 하는 학생들에게는 한없이 자상하고 친절한 교수로서, 더할 나위 없이 생산적이고도 행복한 시절을 보냈다. 『아날』지의 명성과 영향력은 날로 높아갔다. 1919년, 역시 유대계 혈통을 이어받았으며 음악과 외국어에 재능을 가진 시몬 비달(Simonne Vidal)과 결혼한 이래 그가 누린 정돈되고 안정된 가정생활도 그의 학문활동을 뒷받침해주었다. 그의 아내 시몬은 때로 그의 연구여행에 동반하기도 하면서 학문적 작업의 유능한 협력자가 되었다고 한다. 파리의 소르본 대학으로 자리를 옮겨간 후에도 이같은 전형적인 시민계급 학자로서의 블로크의 행복한 삶에는 변화가 없을 것처럼 보였다.

그러나 1939년 제2차 세계대전이 일어나자 블로크는 다시 연구실을 박차고 나가 정규군인으로 종군하였다. 제1차 세계대전 때 이미 그가 말한 바처럼 "프랑스 군대에서 가장 나이 많은 대위"였던 그는 이번에도 역시 대위 계급장을 달고 있었다. 일찍이 전투요원으로 참전한 경력이 있는 53세의 저명한 대학교수이며 여섯 자녀의 아버지인 블로크에게 이같은 위험을 무릅써야 한다고 강요하는 것은 아무것도 없었다. 뿐만 아니라 이렇게 입대를 했더라도 그는 1940년 자기가 속해 있던 프랑스군이 됭케르크(Dunkerque) 전투에서 패하여 런던으로 퇴각한 후에는 그곳에 머무를 수도 있었을 것이며, 또한 프랑스가 나치 독일에 항복하고 친독 괴뢰정부인 비시(Vichy) 정부가 들어선 뒤에는 유대계라는 자신의 처지를 감안해서 망명할 수도 있었을 것이다. 그러나 다혈질이라기보다는 차라리 몹시 신중한 편이며—이 점에서 페브르와 블로크는 큰 대조를 보이고 있었다고 한다—, 수줍음을 많이 타다 못해 소심해 보이기까지 하는 이 역사학자는 오히려 바로 그같은 프랑스로 되돌아와 이제 레지스탕스 운동의 대원이 되어 독일군과 맞섰다.

블로크는 양차 세계대전 사이에는 직접적인 정치활동에 비교적 초연한 듯한 태도를 취해왔으나, 그의 생애 최후의 선택은 레지스탕스 전사가 되어 자유와 정의를 위하여 싸우다가 죽는 것이었다. 이는 시민으로서의 삶과 학자로서의 삶이 분리되어서는 안 되며, 지식인은 역사에 책임을 져야 한다고 하는 그의 투철한 참여정신에서 비롯된 것이었다. 블로크는 나치 독일군의 침공으로 프랑스가 너무나 어이없게 독일에 항복하게 된 상황에 처하자, 사태가 이렇게까지 된 원인은 단순히 군부의 무능에 있는 것이 아니라 바로 프랑스 국민 전체, 그 중에서도 지식인들이 스스로의 사회적 책임을 방기한 데에 있다고 생각하였다. 그는 프랑스 패배의 의미를 자문하면서 자기가 속한 사회의 정치적·지적 풍토를 반성한 저서 『이상한 패배 : 1940년에 씌어진 증언』(*L'étrange défaite : témoignage écrit en* 1940)에서 "그 동안 작업실의 정적 속에 은둔하기를 더 좋아해왔던" 자신들의 태도를 반성하며 이렇게 말하고 있다.

한 인간이 사회의 필요에 대하여 명확한 생각을 지니고, 나아가 자신의 견해를 널리 확산시키기 위하여 노력하는 것은 전반적인 의식 구조에 한 알의 효모를 더하는 것과 같다. 이렇게 함으로써 그는 사회를 약간이나마 교정할 수 있는 기회를 스스로에게 부여하는 것이며, 또한 최종적으로 분석해보면 인간 심리에 의해 초래된다고 할 수 있는 사건들의 과정에 어느 정도의 영향이라도 미칠 수 있는 기회를 자신에게 부여하는 것이다. 우리 교수들이 직면했던 참으로 절실한 문제는 우리가 일상적인 업무들에 매몰되어 있었다는 점이다. 우리 대부분은 자신이 좋은 연구자였다고 웬만큼은 말할 수 있을 것이다. 그러나 우리는 과연 마찬가지의 타당성을 가지고 자신이 좋은 시민이었다고도 말할 수 있을까?

그는 배타적 민족주의자가 아니라 애국자였고 계몽사상과 프랑스혁명 이래 유럽 사회가 발전시켜온 자유와 평등·인권 같은 긍정적인 가치의 옹호자였다. 학문적인 교류에서는 두드러진 국제주의자였던 그가 무기를 잡고 나선 것은 바로 그 이유 때문이었다. 여러 개의 가명을 사용하면서—그 가운데 최후의 것은 나르본(Narbonne)이었다—주로 고향인 리옹 근처에서 활약하던 마르크 블로크는 탁월한 조직력으로 곧 그 일대 레지스탕스 운동의 지도자가 되기에 이르렀다. 이 기간 동안 그는 참고문헌도 없는 상황에서 역사학에 대한 자신의 생각을 틈틈이 정리하여 『역사를 위한 변명. 역사가가 하는 일』(*Apologie pour l'histoire ou Métier d'historien*)이라는 제목의 유고를 남기기도 하였다. 그것은 인간이 만들어가는 삶의 과정을 탐구하는 정신적 작업으로서의 역사학에 대한 강력한 옹호론이었다. 그로 하여금 이 책을 집필하게끔 촉발하였던 것은 두 사람의 질문이었다.

그 하나는 그의 아들로 여겨지는 어린 소년이 언젠가 그에게 던진 것으로 보이는[1] "아빠, 역사학이라는 건 무엇에 쓰는 거예요?"라는 질문이었다. 블로크는 먼저 자신과 가장 가까운 사람에게 자신이 한 생애를 바쳐 몰두해온 작업이 어떠한 성격의 것인가를 이해시키기 위해서라도 역사학이 인간의 삶을 위해 의미있는 것이며 또한 유용한 것임을 말할 필요가 있다고 느꼈다. 다른 하나의 질문은 1940년 6월 독일군이 파리를 점령하던 날, 블로크의 한 전우가 이 참담한 패배의 와중에서 내뱉은 "역사가 우리를 배반했다고 생각해야 되지 않을까?"라는 쓰라린 독백 속에 들어 있었다. 이때의 역사란 아마도 좁은 의미의 역사학이 아니라 바로 인간 삶의 총체적 과정으로서의 역사였을 것이다. 아빠가 하는 일을 알고 싶어하는 순진한 어린 소년의 호기심 어린 질문과는 달리, 이 성숙한 어른은 역사를 통해 가치있다고 여겨져왔던 모든 것이 사실은 인간을 기만하는 것이 아닌가고, 아니면 적어도 한순간에 허망하게 무너져버릴 정도로 취약한 것이 아닌가고 비통하게 묻고 있었다.

이 두 질문에 대한 답을 준비하면서 블로크는 『역사를 위한 변명』을 통해서는 역사학에 대한 변론을 펼치고자 하였지만, 여기에서 더 나아가 자신의 참전과 레지스탕스 활동을 통해서는 바로 삶으로서의 역사 자체에 대한 옹호론을 보여주고자 하였는지도 모른다. 다시 말해서 그는 역사는 그것에 대해 책임을 지고자 하는 인간의 행위가 따르는 한 결코 인간을 배반하지 않는다는 것을 스스로에게도 그리고 그의 동료 인류에게도 확인시켜주고 싶어하였을 것이다.

그러나 『역사를 위한 변명』의 원고를 채 완성하기도 전에 블로크는 리옹 지방의 레지스탕스 비밀본부를 급습한 게슈타포에게 체포되어 몽뤼크(Montluc) 감옥에 갇혔다가 심한 고문 끝에[2] 처형당하였다. 레지스탕스 시절의 동지였던 조르주 알트망(Georges Altman)은 블로크의

---

1) 이렇게 추정형의 문장을 쓴 이유는 『역사를 위한 변명』의 본문 첫머리에서 블로크 자신이 이 질문은 "몇 년 전 자신에게 각별한 의미를 지니는 한 어린 소년이 역사가인 자기 아버지에게 던진 것"이라고 말하고 있기 때문이다.

2) 블로크를 게슈타포에게 밀고한 것은 프랑스인 가운데 친독세력이었던 이른바 의용군이었다. 체포된 블로크는 게슈타포에게 고문을 당하면서도 자신의 본명을 밝힌 것 외에 레지스탕스 운동에 관해서는 아무것도 이야기하지 않았다.

『이상한 패배』에 붙인, 존경과 애정 어린 회고로 가득 찬 서문에서 그의 마지막 모습을 전해주고 있다. 이에 따르면 마르크 블로크는 1944년 6월 16일, 58세의 나이로, 다른 26명의 레지스탕스 운동 대원들과 더불어 총살당하였다. 리옹 북쪽에 있는 트레부(Trévoux) 근처, 생 디디에 드 포르망(Saint-Didier-de-Formans)이라는 마을 어귀에 있는 한 들판에서의 일이었다. 처형 당시 16세쯤의 소년이 그의 곁에 부들부들 떨며 서 있었다. "저 총 맞으면 아프겠지요?" 블로크는 다정한 손길로 소년의 팔을 잡으며 평온한 목소리로 말해주었다. "그렇지 않단다, 애야. 조금도 아프지 않을 거야." 이렇듯 삶의 마지막 순간까지 다른 누군가에게 평화와 위안을 주고자 애쓰던 블로크는, 독일군의 총격을 받고 "프랑스 만세!"를 외치며 절명하였다.[3] 끝내 마무리짓지 못한 몇 개인가의 작업을 뒤로 하고서.

하지만 블로크가 종군과 레지스탕스 운동에의 참여를 통해 그토록 간곡하게 주장하고자 했던 대로 역사는 스스로의 정당성을 입증해 보였다. 그가 사망한 뒤 얼마 안 있어 나치 독일은 패전하고 프랑스는 다시 자유를 찾았다. 또한 블로크는 그의 필생의 학문적 작업을 통해, 용기있는 실천적 행위를 통해, 후대인들에게 20세기의 위대한 지성으로 기억되고 있다. 오늘날에도 적지 않은 젊은이들이 바로 그의 삶과 학문에 매료되어 역사학의 길로 들어서고 있다.

---

3) 이 날의 처형대상 가운데 장 크레스포와 샤를 페랭이라는 두 레지스탕스 대원이 독일군의 확인사살 행위 이후에도 기적적으로 살아남았다. 이들의 증언에 따라 블로크의 최후의 순간을 재구성하는 것이 가능하였다.
마르크 블로크의 처형 직후 현장에 와서 시체를 수습하고자 애쓰던 부인 시몬은 이에 실패한 채 갑작스러운 암에 걸려 불과 한 달 뒤 사망하였다.

2. 블로크의 학문 형성과정과 아날 학파

마르크 블로크의 뒤를 잇는 유럽 중세사 연구의 거장이자 아날 정신의 훌륭한 구현자 가운데 하나였다고 할 수 있는 조르주 뒤비(George Duby)는 블로크의 『역사를 위한 변명』에 붙인 머리말에서 블로크의 학문 형성과정에는 세 가지의 중요한 만남이 있었다고 말하고 있다. 첫째는 언어학과의 만남으로서, 이를 통해 블로크는 연구작업의 정밀성을 기하게 되는 동시에 비교방법론(comparatisme)의 방향으로 기울어질 수 있었고, 둘째는 독일 역사학과의 만남으로서 철저한 문헌 비판에 입각한 연구방법을 터득하게 된 것을 그 성과로 말할 수 있으며, 뒤르켐(Durkheim)의 사회학 및 비달 드 라 블라슈(Vidal de la Blache)의 지리학과 결합한 형태로 만난 것을 또 하나의 중요한 만남으로 들 수 있다는 것이다.

우리는 이러한 논의에 대충 수긍하면서도 블로크 사학의 특징과 관련할 때 첫번째·세번째로 거론된 것과 두번째로 이야기된 것은 그 성격을 약간 분리해서 생각해야 하지 않을까 하는 필요성을 느낀다. 왜냐하면 블로크와 독일 역사학과의 만남은 그 자체로서 블로크적인 특징을 이루는 것은 아니었고 오히려 궁극적으로 후자를 극복하기 위한 일종의 대결이라는 형태를 취하게 되었던 반면에, 다른 두 가지는 이같은 대결에서 그에게 이론적 뒷받침을 제공해준 것이라고 할 수 있기 때문이다.

뒤비는 문헌비판적 연구방법에 대한 블로크의 태도 확립을 1908년에서 1909년까지 독일에 체류하는 동안 이루어진 것으로 파악하고 있다. 그러나 좀더 엄밀히 말하자면, 블로크가 소년시절에 고전학교에 다니면서 문헌 비판의 방법에 접하였다는 것, 그리고 앞에서도 이야기했다시피 고등사범학교 재학시절에 프랑스 역사학계에서 랑케 이래의 독일 역사학 방법론을 소개하는 데 주력하던 랑글루아와 세뇨보(그 중에서도 특히 후자)의 가르침을 받았다는 것도 간과해서는 안 된다.

역사주의를 그 세계관으로 하며 레오폴트 폰 랑케의 이름으로 흔히 대표되곤 하는 19세기 독일 역사학은 역사학을 하나의 독자적인 학문분과로 독립시키고 '사고(思考)의 역사화'(Historisierung)를 강화하였다는 점에서 지성사적으로 커다란 의미를 지니고 있음을 부인할 수 없다. 독일 역사학은 물론 그것대로 아주 복합적인 여러 특성을 포함하고 있기는 하지만, 대체로 볼 때 그 기본명제 역할을 해주고 있던 것은 법칙정립적인 접근방법을 취하는 자연과학과 달리 역사적 과학은 대상에 대해서 개성기술적·개별화적 방법으로 접근해야 한다는 것이었다. 이때 역사학의 대상은 독자성을 지니는 개체(個體, Individuum)로서 그 내면으로부터 '이해'(verstehen)되어야 하는 존재이고, 이 이해의 방법을 가능하게 해주는 것은 인간의식의 산물인 기록문서라고 하는 것이 19세기 독일 역사학의 이론적 지주가 되었던 역사사상가들의 견해였다.

이러한 복합적 경향이 한편으로는 문서숭배벽을 낳았으며 한편으로는 하나의 개체로서의 국가의 역할 및 정치외교사를 중시하는 사건사 위주의 역사 서술의 전통을 낳았던 것이다. 사회과학적인 개념틀을 빌려서 여러 사회의 발전과정을 비교 분석한다든가, 상공업 계층의 성장, 농촌사회의 변화 등 한 사회의 장기적인 사회경제적 발전과정을 추적하는 일 따위는 역사가의 작업에 속하지 않는 것으로 여겨져 도외시되었다.

19세기를 통하여 유럽 전역에서 벌어진 혁명과 반혁명의 와중에서 각국의 공문서들이 공개된 데 크게 힘입으면서, 엄밀한 비판적 방법에 의해 교정 출판된 사료집들을 바탕으로 기본적 사실(史實)들을 확립하는 일군의 고전적 업적이 쏟아져나올 수 있었던 것은 이같은 독일 문헌비판사학의 덕분으로 여겨야 할 것이다. 19세기는 유럽에서 민족주의의 시기였고 각국 지식인들 사이에서는 민족주의적 열기가 고조되었다. 역사학은 민족국가 건설과 민족의식 고취라는 목표에 복무하고 있었다. 이러한 사명에 매달리는 역사학자들에게는 개별 정치가, 군사 지도자들의 행위에 관한 기록으로서의 정치·군사사, 그것의 또 다른 표현인 사건사의 탐구와 기록이야말로 지상의 과제로 여겨졌다.[4] 문헌 비판사학은 그같은 지적 경향에 부합하는 것이었다.

프랑스의 랑글루아와 세뇨보 또한——일반화에 대해 독일사학자들보 다는 비교적 유연한 태도를 취했음이 사실이지만——기록된 사료 없이 역사 서술이 있을 수 없다는 입장에 서서 그들의 『역사 연구 입문』의 대부분을 사료 비판의 방법 소개로 채우고 있었다. 블로크도 그의 『역 사를 위한 변명』 가운데 「역사적 비판」이라는 장에서 이 내용을 다루고 있거니와 그 자신 이 방법을 철저하게 터득하여 자기의 전문분야에 관 한 한 양피지 고문서를 포함해서 읽을 수 있는 1, 2차 자료를 거의 모 두 섭렵하였다.

그러나 독일 역사학에 대한 블로크의 관계는 일단 이 기초공사와도 같은 작업에서 그치고 있는 것으로 보인다. 그는 문헌사료가 제시할 수 있는 것의 한계가 얼마나 좁은 것인가, 역사학의 임무를 문헌 비판방법 에 입각해 '사실이 본디 어떠했는가'(wie es eigentlich gewesen)를 밝히는 작업으로 한정하는 경우, 역사가의 역할이 그 얼마나 수동적이 고 소극적인 것으로 격하되고 마는가를 일찍이 깨닫게 되었기 때문이 다. 블로크에 따르면 역사가란 머릿속에 미리 뚜렷한 문제의식, 곧 '질 문표'를 가지고서 사료와의 상호작용을 통해 능동적으로 작업해가는 존재이다. "모든 역사 연구는 처음부터 이미 일정한 탐구방향을 가지고 있는 것이다." 이러한 질문표의 인도를 받아가며 사료를 살필 때 역사 가는 사료 작성자가 말해주고자 의도하였던 것 이상을, 또는 사료 작성 자가 의도했던 것과는 전혀 다른 지식을 이로부터 얻을 수 있다.[5] 그

---

4) 사실은 19세기 프랑스의 역사학도 사건사·정치사의 테두리를 크게 벗어나지 못하였다. 프랑수아 기조, 이폴리트 텐, 티에르 등 19세기의 대표적인 역사 가들은 모두 기본적으로 정치사가였다. 민중의 역사를 기록하고자 하였던 쥘 미슐레 정도가 예외였을 뿐이다.

5) 예를 들어 블로크는 중세 성인전들을 검토한 후, 이같은 성인전은 실제 성인들

런데 지나친 문헌숭배 현상은 그의 용어를 빌리면 역사가의 '상상력'이 개입될 여지를 남겨놓지 않음으로써 현상들의 전체적인 연관관계를 파악하지 못하도록 가로막게 될 것임이 자명하였다.

더구나 독일 역사학의 가장 심각한 문제점은 그것이 19세기 후반, 20세기 초로 가면서 더욱 경직되어 다른 학문과의 교류 가능성, 그러니까 다른 학문의 연구시각을 흡수하면서 또 한편 다른 학문에 지적 영감을 불러일으키기도 하는 그런 역할을 포기해버린 채 스스로 좁은 범위 내에 갇혀버리게 되었다는 점이다.

이같은 성격의 전통사학에 대해 블로크는 '역사란 무엇인가' '역사란 무엇에 쓰는(servir) 학문인가'라는 근본적인 물음을 제기함으로써 도전하였다. 물론 이 물음에 치열한 고투의 자세로 대면한다고 해서 그것이 곧 일체의 유연한 사고를 배제한 정밀함을 요구하는 것은 아니었다. 그는 학문분과에 대한 동업조합적 칸막이 치기(compartmentalisme)를 거부하면서 종래의 역사학자들이 다루고자 하지 않았던 것을 과감하게 수용할 것을 주장하였다.

그 이유는 첫째 역사란 인간, 좀더 정확히 말해 '인간들'을 대상으로 하고 있기 때문이다. 페브르나 블로크에게서 역사학이란 어디까지나 인간에 관한 학문이었다. 『역사를 위한 변명』에서 블로크는 이렇게 말하고 있다. "금방 눈에 띄는 풍경이나 연장·기계 따위의 너머에서, 겉으로 보기에는 차디차게 식은 듯한 문서나 그것을 만든 자들과는 아무런 연관도 없어 보이는 제도의 너머에서, 역사학이 파악해내고자 하는 것은 바로 인간들이다."

그런데 이 인간은 본질적으로 경제인(homo œconomicus)·정치인(homo politicus)·종교인(homo religiosus) 등등으로 구분될 수 있는 존재가 아니라──편의상 흔히 그렇게 분류되기는 하지만──골육을 가

의 삶에 대해서는 거의 아무것도 이야기해주지 못하지만 그러한 성인전을 양산하였던 중세인들의 의식구조에 대해서는 많은 것을 알려준다고 말하고 있다.

진 유기적 존재이고 이 모두를 종합하는 존재이며, 인간적 행위란 다른 어느 것보다도 더 복합적인 성격을 띠고 있는 것이다.

아울러 블로크가 보기에 이때의 인간은 뒤르켐이 파악한 바와 마찬가지로 고립된 개체가 아니라 무엇보다 사회적 존재이고 집단적 연관 속에서만 파악될 수 있는 그러한 존재이다. 그런데 다같이 사회적 존재로서의 인간을 다루면서도 역사학은 사회학이 가질 수 없는 장점을 가진다. 왜냐하면 역사학은 시간 속에서 변화하는 인간을 다룰 수 있는 유일한 학문이기 때문이다. 인간은 시간에 매인 존재이다. 블로크는 어떠한 위대한 개인일지라도 자기 시대의 물질적·정신적 조건을 벗어날 수 없다는 것을, 파스칼이 상대성 원리를 발견할 수는 없었으리라는 사실을 들어 주장한다. 따라서 인간에 대한 탐구인 역사는 다양한 인간적 삶의 전체에 대한 탐구이자 복합적인 사회 전체에 대한, 그리고 상당히 장기간에 걸치는 시대 전체에 대한 탐구일 수밖에 없게 되는 것이다.

블로크가 학문의 칸막이 치기를 거부하는 두번째 이유는 그가 역사를 포함해서 진정한 학문이란 여러 현상들 사이에 설명적인 관계를 확립해줄 수 있는 것이어야 한다고 생각했던 데에 있다. 물론 블로크가 여기에서 자연과학에서 요구되는 것과 같은 종류의 법칙을 정립할 것을 역사에 대해 기대하고 있었다는 이야기는 아니다. 그는 일반법칙을 추구하고자 한 뒤르켐의 지적 노력에 경의를 표하면서도 이것이 역사학에서 전적으로 가능하리라고 생각했던 것 같지는 않다. 그는 변화를 파악할 수 있게 해주는 개별화적 방법과 보편적 범주에 의한 인과 분석을 가능하게 해주는 일반화적 방법, 양자의 장점을 다 살릴 수 있는(최량의 의미에서의 절충이라고나 해야 할는지) 중간 규모의 인과 설명모형을 구하려 하고 있었다고 할 수 있다.

어쨌든 역사학의 목적을 이렇게 설정할 때 '같은 시기에 다른 여러 종류의 연구분야에서 나타난 모든 경향과 연결시키는 작업'이 중요하지 않을 수 없었다. '각 탐조등이 저 혼자서 모든 것을 볼 수 있다고 주장하거나, 지식의 각 구간이 제각기 하나의 전체임을 주장할 때 위험이 시작된다'고 생각한 블로크는 현실의 무한히 다양한 차원 속에 존재하는 현상들의 상호작용을 재창조하고자 하였다. 이것이 그가 생각한 '종합'의 개념이었다. 블로크는 "마치 인간의 살냄새가 미치는 곳에 자신의 사냥감이 있음을 알아차리는 전설상의 식인귀와도 같이", 인간에 관한 것이라면 지리학·경제학·인류학·심리학·사회학·언어학·통계학·인구학·지형학·농학·고고학·고화폐학(古貨幣學) 등등 모든 학문분과의 성과를 샅샅이 이용하려 하였을 뿐 아니라 농업사 연구에 이용하기 위해 항공사진을 판독하는 방법까지 익혔을 정도였다.

블로크의 이러한 노력에서 처음부터 커다란 자극제가 되어준 사람으로는 위에서 말한 뒤르켐 이외에도 철학자 앙리 베르가 있었다. 그는 개별적 연구를 종합하는 새로운 역사학의 수립을 지향하여 '인간에 관한' 여러 과학분야——철학·지리학·인류학·사회학·역사학——의 연구자들을 규합해서 1900년 『사적 종합평론』(史的綜合評論, *Revue de synthèse historique*)지를 창간한 바 있다. 이는 당시 젊은 학자들의 대대적인 호응을 얻게 되었으며, 블로크는 1912년에 이 잡지의 공동 편집자가 되었다(페브르는 이미 1907년에 공동 편집자가 되어 있었다). 아울러 블로크는 베르가 기획한 '지방사 단행본' 총서의 취지에 공감하여 『일 드 프랑스』(*L'Ile de France*, 1913)를 집필함으로써 그의 평생의 작업인 농촌사 연구의 장을 열게 되었다.

이 『사적 종합평론』지 발간을 위한 베르와 블로크의 공동 노력은 여러 가지 사정 때문에 그리 오래 지속되지는 못했으나, 블로크는 스트라스부르에서 페브르와 협력하여 『아날』을 창간함으로써 그 취지를 거의 그대로 이어받게 되었다.

블로크와 페브르는 인접 사회과학의 방법론을 받아들여 역사 연구의 영역을 확대하고 무엇보다 정치·군사사, 사건사 위주의 독일 역사학의 좁은 테두리를 벗어나 인간 삶의 총체성을 확보하는 역사학을 수립하고자 하였다. 또한 이 두 학자는 문제 중심의 역사 연구를 수행하고

자 하였다. 이는 현재의 문제의식에 입각하여 주제를 선택하고 이 주제를 천착하면서 현상들의 연관관계를 이해하고자 하는 노력을 말하는 것이었다. 통치자들의 행위의 연속적 나열로서의 사건사 서술이 이같은 의도에 전혀 부합되지 않는 것임은 말할 나위도 없는 일이었다. 반면에 제1차 세계대전 이후 특히 대공황의 도래와 더불어 고조된 경제를 향한 관심을 고려할 때 경제사에 대한 관심이 커짐은 당연한 일이었다. 이들이 사건사 중심의 역사학을 거부하고 사회사·경제사를 중시하는 새로운 학풍을 확립하고자 노력할 때 사회경제사 전문 역사학자로서 이미 국제적인 명성을 얻고 있던 벨기에 학자 앙리 피렌(Henri Pirenne)은 정신적으로 큰 도움이 되어주었다.

블로크와 페브르가 고취한 학문적 경향에 공감하여 『아날』지의 주위에 모여든 학자들은 통상 아날 학파로 불려오고 있다. 물론 『아날』은 창간 이후 오늘에 이르기까지 네 차례나 제호를 바꾸었고, 세월이 흐름에 따라 주도적인 인물도 바뀌기는 하였다. 또한 블로크의 동지였던 페브르와 한 세대 후배였던 페르낭 브로델(Fernand Braudel, 제2차 세계대전 이후 아날 학파의 주축이 되어왔던 역사가)은 아날 학파라는 것은 존재하지 않고 아날 집단이 존재할 뿐이라고 말함으로써, 새로운 사학을 내걸었던 역사학계의 자기혁신운동이 또 하나의 폐쇄적 동아리 형성으로 귀착되어버렸다는 느낌을 불식시키고자 애쓴 바도 있다.

그런 만큼 아날 학파 자체의 경향도 변한 것이 사실이다. 예를 들어 블로크는 아주 서술적이었던 반면 브로델 이후 제3세대 아날 역사학자들은 계량적·분석적 방법에 크게 치우쳐 있고, 주제 자체도 상당히 넓은 전망을 가능하게 해주던 블로크식의 것으로부터 아주 자질구레한 느낌을 주는 세부적인 사항의 것으로 옮아갔음을 지적할 수 있다. 이것은 부분적으로는 개별적인 연구가 그만큼 진전되었다는 사실에 기인하겠지만, 또 한편으로는 이같은 오늘날의 아날 학자들의 실증적 연구결과들이 진정으로 '종합'되지 않는 한 다시 시시콜콜한 경험적 사실들의 산만한 집적이라는, 가장 부정적인 의미에서의 실증주의의 폐단을 드러낼 우려가 있음도 인정해야 할 것이다. 실제로 이러한 제3세대 아날 학파는 블로크가 무엇보다 중시했던 인간 삶의 전체성의 추구, 인간의 탐구라는 과제는 포기한 것으로 보이기도 하고 따라서 이같은 학풍은 프랑수아 도스(François Dosse) 같은 연구자들에게서 '조각난 역사' (histoire en miette)라는 신랄한 비판을 받고 있기도 하다.

그렇지만 블로크 이후의 『아날』지 주변의 학자들은 블로크가 "정확성에 대한 세심한 주의(主意)와 여러 사상에 대한 개방적 흥미, 그리고 학문 동료와의 협력을 위한 끊임없는 노력의 정신"이라고 정의한 바 있는 아날의 정신에 따라, 말하자면 열린 태도를 통해 인간과학들을 아우르는 역사학을 추구함으로써 유럽 역사학계에서 가장 영향력이 큰—마르크스주의 사학이라는 또 하나의 통합력 있는 역사 연구방법을 제외한다면—패러다임을 제공하고 있으며, 실용학문의 중요성이 유독 강조되는 오늘날에도 여전히 역사학의 위상을 지켜가고 있음은 엄연한 사실이라 하겠다.

3. 현재와 과거의 상호이해

사건사·정치사가 표방하는 개체의 개별성을 극복하기 위해 블로크가 즐겨 쓰고 있는 것은 '연관'이라는 말인데, 이 연관은 자연과학적 의미의 법칙을 의미하기보다는 오히려 '구조'라는 말에 가까울 것이다. 이 구조는 인간의 삶의 테두리를 형성하면서 장기간에 걸쳐 비교적 일정불변한 경향을 나타내는 일종의 틀이라고 할 수 있을 것이다. 의식구조(심성)·경제구조 등의 말은 인간의 정신적·물질적 삶을 각각 규제하는 틀을 의미하는 것일 터이다.

그런데 구조를 파악하기 위해 역사학이 다른 사회과학들과 협력해야 된다고 주장한다고 해서 블로크가 한 역사책 안에 경제사·사회사·제도사·종교사·집단심리사 등등이 서로 아무런 유기적 관련도 없이 구색 맞추어 들어 있는 그러한 백화점 역사를 생각하고 있었던 것이 아님은 말할 나위도 없다. 또한 구조가 모든 '요소'들 또는 시체말로 '측면'들을 한데 모아놓은 것으로 이루어진다고 본 것도 아닐 것이다. 딱히 규정하기는 어렵지만 블로크는 오히려—자신이 직접 인용하고 있는 미슐레의 말대로—그같은 잡다한 지식들을 꿰뚫는 '거대한 생명의 움직임'을 포착하려 하고 있었다고 말할 수 있다.

이러한 그의 노력은 예컨대 집단심리를 다루는 경우에 탁월한 빛을 발한다. 1924년에 출판된 『기적을 행하는 왕—왕권에 부여된 초자연적 성격에 관한 연구』(*Les rois thaumaturges, Étude sur le caractère surnaturel attribué à la puissance royale, particulièrement en France et en Angleterre*)가 그같은 일례이다. 이것은 국왕이 신성한 기운을 타고난 존재여서 초자연적 능력을 가진 인물이라고 믿음으로써 그를 신비화시키고 있던 중세 일반민중의 집단적 심층심리 또는 집단적 환상에 대한 분석이다. 블로크가 구체적으로 예를 들고 있는 것은 국왕이 그의 손길이 닿게 함으로써 연주창이라는 병을 고칠 수 있다고 하는 데 대한 중세인들의 믿음이었는데, 블로크는 의사인 자기 형과의 대화를 통해 이 병은 증상이 간헐적으로 나타나기 때문에 어떤 경우에는 실제로 그런 착각을 하게 만들 소지가 충분히 있다는 것을 잘 알고 있었다. 블로크는 이 기본적인 지식을 바탕으로 하여 게르만 사회로부터 이어지는 국왕의 신성성(神聖性)에 대한 이같은 신념을 카페 왕조가 어떻게 교묘하게 강화시켰으며 이것이 어떻게 왕권 강화에 이용되었는가를 분석함으로써, 신학자·로마법학자들이 고도의 논리적 언어로 치장하고 있던 왕권론의 배후에서 실제로 이것에 에너지를 주고 있었던 것은 당대인들의 심층에 깔린 집단의식이었다는 사실을 밝히고 있는 것이다.

그런 중에도, 앞에서 말한 바와 같이 첫번째 저서 『일 드 프랑스』를 발표한 이래 블로크의 주된 관심은 중세의 사회경제사, 그 가운데서도 특히 농업사로 기울어져갔다. 블로크는 '토지 자체로 내려가 닿는다'(d' aller à la terre)는 것을 모토로 하여 그 토지에 살고 있는 사람들의 생산하는 나날의 모습이 깃들여 있고 그들의 기쁨과 고뇌가 스미는, 요 컨대 그들의 땀냄새가 배어나는 농업사를 서술하고자 하였다.

이러한 노력을 하면서 그가 이상적으로 생각한 것은 '농부이면서 동시에 역사가'인 존재였다. 즉 그는 제도사나 법제사에 집착하면서 문서나 들여다보고 있는 책상물림에게는 도저히 포착될 수 없는 '생명의 움직임'을 붙들면서 동시에 농촌에 붙박여 사는 옛 이야기꾼이나 농부들은 가질 수 없는 넓은 시야를 확보하려 하였던 것이다. 실제로 땅 위에 살다 간 사람들을 되살려내는 농촌사를 쓰기 위해 블로크는 프랑스 농촌을 구석구석 찾아다니고 수없이 들판을 거닐면서 촌로들과 이야기를 나누고 구전을 수집하였다.

또한 블로크는 이같은 연구에서 '현재에 의한 과거의 이해', 곧 거꾸로 역사를 읽어가는 것을 중요한 방법으로 생각하였다. 그는 현재에 대한 이해 부족이 과거에 대한 무지 때문에 생겨나는 것도 사실이지만, 현재에 대해 아무것도 모르면서 과거를 이해하려고 노력한다면 그것도 마찬가지로 헛된 일일 것이라고 여길 만큼 현재의 의미를 중시하였으며, "살아 있는 것을 이해하는 능력이야말로 진정한 의미에서 역사가의 중요한 자질"이라고까지 쓰고 있었다.

블로크는 과거의 오래된 사료에서 인간생활의 살아 있는 느낌을 감지하려면 엄청난 상상력이 필요한데, 이것은 현실과의 끊임없는 접촉을 통해서만 얻을 수 있다고 생각하였다. 이는 역사 연구의 모든 영역에 해당하지만, 특히 변화가 완만한 농업사의 연구야말로 '현재에 의한 과거의 이해'가 그 진가를 발휘할 수 있는 분야라고 여겨졌다. 현재 남아 있는 경지구조와 촌락의 흔적을 통해서 과거의 농촌구조와 농민의 삶을 재구성할 수 있다는 것이었다. 블로크가 경지제도를 파악하기 위해 항공사진을 이용했다는 것은 앞에서 이미 이야기한 대로이다. 그밖에 그는 지명·인명 연구를 통해서도 중요한 발견을 할 수 있었다. 따라서 그가 말하는 '과거의 흔적', 곧 역사적 증거의 범위는 크게 확대될 수 있었다.

　이처럼 땅에 밀착된 농촌사로 태어난 것이 블로크의 저서 가운데서도 가장 독창적이고 뛰어난 저작으로 평가받고 있는 『프랑스 농촌사의 기본 성격』이었다. 전적으로 문헌사료에만 의존함으로써 중세 프랑스에는 중세 영국에 있었던 것과 같은 직사각형 지조를 갖춘 개방경지제가 존재했다는 흔적을 찾아볼 수 없다고 주장했던 퓌스텔 드 쿨랑주(Fustel de Coulange)의 설은 블로크의 연구성과 앞에서 여지없이 무너졌다. 이 저서에 이르러 농업사는 단순한 농업제도사가 아니라 농지의 구체적인 편성, 농업기술(예를 들어 쟁기의 형태)과 경지의 면적 및 경지형태의 관계, 노동의 형태, 일상적인 삶에서의 영주와 농민의 관계 및 그 법적 표현, 토지 소유방식, 촌락공동체 내에서 펼쳐지는 인간관계 등을 포함하는 포괄적인 농촌사, 농촌의 구조사가 될 수 있었다. 『프랑스 농촌사의 기본 성격』은 그뒤 중세 농업사를 연구하려는 어떠한 역사가도 반드시 참조해야만 하는 필독서가 되고 있다.

　블로크는 사회경제사를 중시했으므로 경제학에 관한 지식을 얻기 위해 마르크스의 저작도 읽은 것으로 알려져 있고, 또 마르크스에게 상당히 깊은 공감을 느꼈던 것으로 판단할 소지가 있다. 그러나 블로크는 스스로 마르크스주의자라고 칭하지는 않았고 또 실제로 엄밀한 의미의 마르크스주의자는 아니었다. 그러면서도 그는 어떤 마르크스주의자보다도 탁월하게 인간생활의 물적 토대를 밝혀내었다. 미하일 바르크(Mikhail A. Barg) 같은 구 소련 시절의 학자가 블로크를 한 사람의 부르주아 역사가로서 다루기는 하면서도 그같은 표딱지 붙이기벽(癖)과 무관하게 블로크에게 상당한 찬사를 보냈던 것만 보더라도[6] 이러한 사실을 잘 알 수 있다.

---

6) M. A. Barg, "Zum Feudalismusbegriff in der gegenwärtigen bürgerlichen Geschichtsschreibung," hrsg., Ludolf Kuchenbuch, *Feudalismus-Materialien zur Theorie und Geschichte*(Frankfurt/M. ; Berlin ; Wien, 1977) 참조.

한편 블로크는 구조를 포착하여 전체상을 제시하는 데에는 이처럼 탁월하면서도, 구조의 변화를 설명할 수 있는 보편적인 논리는 제시하고자 의도하지 않았던 것으로 보인다. 그의 서술 대상은 브로델의 저술에서처럼 그렇게 장기적인 시간적 지속의 테두리 내에 갇혀 있지는 않지만, 그럼에도 그의 본령은 변동이 완만한 전(前)산업사회였을 수밖에 없었던 것으로 보인다. 그의 서술이 매우 핍진하면서도 때로는 무언가 정태적이라는 느낌을 주는 것도 부분적으로는 이 때문이리라 생각된다.

4. 블로크 역사학에서 '비교'의 방식

마르크 블로크는 국가사·민족사의 맥락 속에서 사건을 기술하는 것에 그치지 않고 각 사회단위들에서 나타나는 역사적 현상들 사이의 연관관계를 설명함으로써 역사에 대한 이해의 폭을 넓히고자 하였는데 이때 중요한 수단이 되어준 것이 '비교'의 방법이었다. 앞에서 인용한 글에서 뒤비가 블로크와 언어학과의 만남을 이야기하면서 그 중요한 성과로서 비교방법론의 터득을 들고 있었던 데서도 알 수 있다시피 블로크는 앙투안 메예의 비교언어학에서 일단 큰 시사를 얻었던 듯하다. 그러나 이 점에 관해서는 인과분석에서 비교방법의 중요성을 역설한 뒤르켐의 영향을 간과할 수 없으며, 또한 블로크가 스승으로 예우하던 피렌과의 만남도 무시할 수 없다.

블로크는 1921년 이래 이 벨기에의 사회경제사가를 여러 차례 만나면서 그의 영향을 많이 받았거니와, 피렌은 1923년 브뤼셀에서 열린 국제 역사학 대회에서 비교방법론의 중요성을 역설한 바 있다. 블로크 자신도 1924년 오슬로에서 개최된 국제 역사학 대회의 중세분과에서 「유럽 사회의 비교사를 위하여」(Pour une histoire comparée des sociétés Européennes. 이 논문은 1928년에 『사적 종합평론』 제46호에 실렸다)를 발표하여 이 방법에 대한 체계적 논의를 전개하고 있다.

그는 역사학에서 비교란 무엇을 의미하는가를 물은 뒤 이에 대해 다음과 같이 말하고 있다. `

　이론(異論)의 여지없이 그것(비교)은 하나 또는 여럿의 상이한 사회적 환경 속에서 한눈에 무언가 유사한 점들이 있는 것으로 보이는 현상들을 둘 또는 그 이상 추려내고, 이들의 발전과정을 밝혀내고, 서로 유사한 점들과 상이한 점들을 확인하고, 가능한 한 그 유사점들과 상이한 점들을 밝혀내는 것이다. 따라서 역사적으로 말해 비교가 이루어지기 위해서는 두 가지 조건이 필요하다. 즉 관찰되는 사실들 사이에—당연한 일이지만—어떠한 유사성이 있어야 하며, 이들 사실이 생겨난 환경들 사이에 어떠한 차이가 있어야 하는 것이다.

이어서 블로크는 이러한 비교의 방식을 다시 둘로 나눈다. 첫째 방식은 그리스·로마의 문명과 현대의 원시사회를 비교하는 것처럼 시간적 공간적으로 아주 멀리 떨어져 있어서 상호 영향관계나 동일한 기원을 설정할 수 없는 사회들에서 유사한 현상들이 나타날 때 이를 설명하는 방식, 곧 '원거리의 비교방법'이다. 그 예로 그는 프레이저의 『황금가지』에 나오는 로마 시대 네미 호반에서의 사제직(司祭織) 전수 관습과 유사한 관습이 현대의 미개사회에서 나타날 때처럼, 종(種)은 다르지만 같은 유(類)에 속하는 관습들이 시공상으로 동떨어진 사회에서 발견되는 경우를 들고 있다. 이때 역사학은 인류학·민속학 등의 도움을 빌려 고대의 유사한 현상에 의한 현대의 이해와 현대의 유사한 현상에 의한 고대의 이해를 아울러 도모할 수 있게 되는 것이다.

블로크가 두번째로 들고 있는 방식은 "지리적으로도 인접해 있으면서 시간적으로도 동시대에 속하는 사회들, 즉 끊임없이 서로 영향을 미치며, 바로 그 인접성과 동시성 때문에 진화의 과정에서 동일한 큰 원인들의 작용에 지배되고 또 적어도 부분적으로는 공통된 기원을 가진 그러한 사회들을 맞대어 연구하는 것"이다. 이러한 비교의 단위가 되는 사회는 국가나 민족일 수도 있지만 하나의 문화권(文化圈)일 수도 있고 한 국가 내의 개개 지방들일 수도 있어서 일률적인 것은 아니고, 그때그때 비교의 대상이 되는 하나의 (같은 유형에 속하는) 현상이 퍼져 있는 범위를 말한다고 할 수 있다.

이같은 비교의 방법을 쓰는 가장 중요한 목적 가운데 하나는 현상들의 일반적인 '참된 원인'을 규명한다는 것이었다. 그러나 이는 개별적인 특징을 사상(捨象)하려는 것을 의미하지는 않는다. 오히려 그 반대이다. 즉 거의 같은 방향의 발전이 이루어지면서도—예를 들어 중세 서유럽의 봉건제—그 정도(진도)와 양상이 차이를 드러내고 있을 때—예를 들어 프랑스 봉건제와 독일의 봉건제—, 이같은 각각의 차이를 확인하고 이를 초래한 원인 또한 규명함으로써 각 단위사회의 진화의 특성도 밝혀낼 수가 있다는 것이었다. 블로크는 비교사의 방법에 입각하여 전체도 알 수 있고 개별적인 특징도 선명히 부각시킬 수 있는 길을 모색하고자 했다고 할 수 있다.

이러한 비교의 방법을 가장 훌륭하게 구사했다고 평가받고 있는 저작은 역시 『프랑스 농촌사의 기본 성격』이다. 블로크는 이 방법을 통해 프랑스에서 일어난 것은 유럽사의 맥락 속에서만 제대로 파악될 수 있다는 점, 그리고 여러 세기 동안 프랑스 역사가가 해명하려 애써왔던 문제는 프랑스 이외의 곳에서도 존재해왔었다는 것을 확인할 수 있었던 것이다. 뿐만 아니라 『봉건사회』에서도 다른 여러 방법들과 함께 이 비교의 방법이 종횡으로 이용되어 봉건사회의 '전체상' 제시에 큰 도움을 주고 있다. 그는 역사적 현상을 그 모든 다양성 속에서 파악하기 위해 여러 단위사회에서의 현상들을 비교 분석하고 있으며, 그 과정에서 확인되는 편차들을 구석구석 포착하기 위해 노력하고 있는 것이다. 이와 같은 비교사라는 것은 물론 개별 연구의 충분한 진전을 전제로 하기는 하지만, 어쨌든 오늘날에는 이미 역사 연구에서 하나의 상식이 되고 있다고까지 말해도 좋을 것이다.

5. 『봉건사회』에 대하여

　그러면 이제 여기에 옮겨진 『봉건사회』에 대해 약간의 논의를 하기로 하자.

　주지하다시피 봉건제가 하나의 사회체제로서 다루어지게 된 것은 프랑스혁명을 전후한 시기부터였다. 그 당시에는 봉건제의 찬성론자이건 반대론자이건 이를 현실적 과제와 직접 관련된 주제로서 검토하고 있었는데, 그 이래 봉건제의 개념, 발전과정, 개념의 적용 대상 등을 둘러싸고 학자들 사이에서는 치열한 논쟁이 전개되어왔다. 계몽사상가들 사이에서의 논란만을 살펴보더라도 몽테스키외는 중세 유럽에서의 '봉건법'의 성립은 세계 역사상 단 한 번 있었으며 다시는 되풀이되지 않을 특유한(sui generis) '사건'이라고 보았던 데에 반해, 볼테르는 봉건제가 단순한 사건이 아닌 일종의 통치형태, 제도의 체계로서 북반구의 거의 4분의 3에 퍼져 있었을 뿐 아니라 시간적으로도 아주 유서 깊은 세계사적 현상이었다고 파악하고 있었다. 어떤 면에서 볼 때 이 두 가지 해석의 대립은 오늘날까지 계속되는 논란의 기본적인 쟁점들을 제공하고 있다고 생각된다(다만 좀더 폭넓은 사회사적·경제사적 관점은 양자 모두에게 결여되어 있기는 하지만).

　19세기에는 전문 역사학계에서 대체로 봉건제의 본질을 주종제, 봉토 수수관계에서 찾는 법제사적 해석이 널리 받아들여지면서 이들 주제에 관한 실증적 연구가 광범하게 이루어졌다고 할 수 있는데, 봉건제에 대한 그 이후의 해석 경향은 크게 보아 다음과 같은 몇 갈래로 나눌 수 있을 것이다.

　첫째, 오토 힌체(Otto Hintze)나 『역사에서의 봉건제』(*Feudalism in History*)의 공동필자들 등과 같이 봉건제를 하나의 통치조직으로 파악하는 정치적·유형론적 학파가 있다. 힌체는 봉건제의 군사제도(기사제), 사회적·정치적 구조(신분제·지방분권제), 경제적 측면(장원제, 영주·농노경제)을 파악하고 이 각각의 부면(部面)들이 지배적이었던 시기를 설정하여 이를 각기 봉건제 초기, 봉건제 성기(盛期), 봉건제 후기로 특징짓는 노력을 보여주기도 했지만, 무엇보다도 국가형태를 봉건제의 중심에 두는 '정치적' 해석에 주력하였다. 역사에서 균일성(uniformity)을 발견하기 위한 노력의 일환으로 봉건제에 대한 비교 연구를 공동으로 진행하였던 일군의 비교사학자들, 곧 쿨본(Rushton Coulborn)을 비롯하여 『역사에서의 봉건제』에 기고하였던 필자들도 봉건제란 고도로 조직화한 정치체제가 몰락 또는 약화될 때 이에 대한 응전의 양상으로 나타나는 하나의 통치조직이라고 보고 있었다. 이들은 봉건제를 '게르만-로마적' 현상이라고 보고 있던 19세기식 법제사의 좁은 한계를 벗어나려 했다는 점에서는 공헌을 인정받을 수 있지만, 그래도 역시 관점의 일면성 때문에 비판을 받곤 한다.

두번째 경향으로는 좁은 의미에서의 법제사적 해석을 들 수 있다. 벨기에의 중세사가 간쇼프(Ganshof)가 쓴 『봉건제란 무엇인가』(*Qu'est-ce que la féodalité?*), 미국의 칼 스티븐슨(Carl Stephenson)이 쓴 『중세봉건제』(*Medieval Feudalism*) 등이 이 경향을 대표하는 저작들이다. 그들은 가신과 영주 간의 관계, 곧 주종제(가신제)를 봉건제의 본질로 파악하면서 양자 사이의 쌍무계약관계, 그 중에서도 특히 봉토 수수관계의 구체적인 내용을 중점적으로 분석하고 있다. 아울러 이러한 분석은 가신제가 전제로 하고 있는 군사제도에 대한 강조로 이어질 수밖에 없었다. 따라서 그들의 파악은 궁극적으로 봉건제를 중세 유럽에만 고유한 하나의 군사제도로 축소시키는, 유럽 중심적인 좁은 시각에 머무르고 있다고 평가할 만하다.

봉건제에 대한 또 하나의 중요한 해석으로는 마르크스주의 사학의 그것을 들 수 있다. 마르크스주의 사학이라고 포괄적으로 말하기는 했으나 그 테두리 내에서도 봉건제의 개념 규정을 둘러싸고 상당히 치열한 논란이 있어온 것은 사실이다. 봉건제에서 자본주의로의 이행경로를 둘러싼 논쟁이었던 이른바 '돕-스위지(Dobb-Sweezy) 논쟁'에서 모리스 돕은 봉건제를 농노제와 실질적으로 동일한 것이라고 파악했던 데에 반해, 폴 스위지는 이를 일종의 자연경제체제로 해석함으로써 봉건제 붕괴의 원인에 관한 양자의 주장이 대립되었던 사실은 잘 알려져 있다.

1970~80년대에 전개된 이른바 신(新)이행논쟁에서, 논쟁을 촉발한 당사자였던 로버트 브레너(Robert Brenner)는 유통이 아니라 생산자의 존재형태에 입각한 생산양식 구분론을 전개하면서(이러한 점에서 기본적으로 돕의 입장에 가깝다고 할 수 있다) 봉건제의 해체와 자본주의로의 이행에서 계급투쟁의 중요성을 강조한 바 있다. 또 일찍이 구 소련 사학계에서의 봉건제 논쟁에서는 봉건사회가 현물경제의 지배, 경제외적 강제 그리고 대토지 소유자 계급이 소경영농민들에게서 잉여생산물을 갖가지 형태의 봉건지대로서 수취하는 것(봉건적 토지 소유) 등을 기초로 하고 있다는 해석이 내려진 바 있다. 이와 같이 개별 학자 또는 학자군(學者群)에 따라 약간씩 차이가 있기는 하지만 마르크스주의 사학이 봉건제를 하나의 생산양식으로서 파악한다는 점은 명백하다고 할 수 있다.

봉건제에 대한 여러 가지 개념 규정이 이처럼 각기 아주 다른 방향에서 이루어지다 보니 봉건제를 논의한다는 학자들 사이에서 걸핏하면 전혀 말이 통하지 않는 현상이 벌어지게 되었다(봉건제의 보편성과 특수성 문제도 이러한 개념상의 논란과 직결되는 것으로 볼 수 있다).

그런데 마르크 블로크는 기존의 여러 가지 규정들을 상당히 포괄적으로 수용하는 자세로 봉건제를 다루고 있다. 그는 봉건제가 그 자체로서 고립적으로 파악될 수 있는 하나의 제도라는 입장을 배격하고, 그 대신 전체성 속에서 파악되어야 할 하나의 사회형(社會型)으로서의 봉건제 개념을 설정한다. 『봉건사회』는 이같은 강력한 사회사 지향성을 바탕에 깔면서 봉건사회의 종합사를 구축하려는 구상에서 태어난 저작이다.

'인적 종속관계의 형성'이라는 부제가 붙어 있는 제1권에서는 봉건사회의 형성 및 작동의 원리로서의 사람과 사람 사이의 의존관계를 주로 논하고 있으며, '계급과 통치'라는 부제가 붙어 있는 제2권에서는 봉건사회에서의 정치체제—그 형성과 변천—문제를 주로 다루고 있는데, 먼저 우리는 순서를 거꾸로 해서 이 책의 끝부분부터 언급해야 되겠다. 거기에서 블로크는 '사회형으로서의 봉건제'(La féodalité comme type social)라는 제목의 장(章)을 설정하고 그 속에서 유럽 봉건제의 기본적인 특징을 다음과 같이 논하고 있다.

농민층의 종속 ; 일반적으로 불가능해져 있던 봉급제 대신에 봉사 보유지, 다시 말해 정확한 의미에서의 봉토제도가 널리 채택되고 있었다는 점 ; 전문적 전사계급이 차지하고 있던 우월한 위치 ; 인간과 인간을 서로 결속시켜주는 관계로서, 위에서 말한 전사계급 내에서는 가신제라는 유달리 순수한 형태를 띠고 나타났던 복종과 보호의 유대관계 ; 무질서를 발생시킨 장본인이었던 권력의 세분화 ; 그러나 이러한 모든 것의 와중에서도 또 다른 양식의 인적 집단, 친족집단과 국가가 계속 살아남았으며, 그 중에서도 국가는 봉건시대 제2기 동안 새로운 활력을 되찾게 되었다는 점.

이는 얼핏 보면 기존의 교과서적인 논의들을 두루뭉실하게 한데 종합해놓은 것처럼 생각될 수도 있다. 그러나 이 여러 특징들이 나열된 순서와 그것들을 부연설명하고 있는 방식들을 보면 곧 그와 같은 표피적 관찰이 잘못된 것임을 알 수 있다. 블로크가 유럽 봉건제의 특징으로서 가장 먼저 들고 있는 것은 이 사회의 직접 생산자층의 존재형태와 관련된 사항이다. 블로크는 비록 여기에서 이를 '농노제'라는 개념어(槪念語)로 바꾸어 표현하고 있지는 않지만—이것은 그가 농민의 종속의 구체적인 양상도 각 단위사회들마다, 또 농민층 내의 각 집단들마다 상이했음을 고려했던 데에 기인하는 것으로 생각된다—그가 한 사회의 기본성격을 파악하거나 시대를 구분하고자 할 때 가장 우선적으로 주목해야 하는 것이 무엇이라고 생각하고 있었던가는 이것만으로도 명확히 알 수 있다.

또 한 가지 주목할 점은 블로크가 종래의 법제사가들처럼 영주·가신 간의 주종관계인 가신제를 그 자체로서 특수하게 봉건제의 본질을 구성하는 관계로 파악한 것이 아니라는 사실이다. 즉 그는 지배·피지배 계급을 막론하고 봉건사회의 구성원 전체를 통해 마치 사닥다리처럼 이어지면서 형성되고 있던 인간관계의 원리를 사람과 사람 사이의 복종과 보호의 유대관계라고 파악하고, 가신제란 이 원리의 지배계급적 표현에 불과한 것이라고 여기고 있는 것이다. 따라서 이러한 가신제의 물적 매개체였던 봉토(fief) 또한—비록 봉건제라는 명칭을 직접 낳은 제도이기는 하지만—블로크가 파악하기로는 봉건제의 일부이며, 그것도 부차적인 일부일 따름이다. 더구나 이는 그 당시의 경제적 상황—곧 화폐로 급여를 지급하기가 불가능하였던 자연경제—의 산물이며, 이 경제상황은 그것대로 봉건제를 초래한 전체적인 인간환경의 산물인 것이다.

이같은 봉건사회의 성립에 대한 블로크의 견해는 종래의 그것에 비해 무척이나 특이하다. 블로크는 봉건제에 선행하는 양대 사회, 곧 로마적 사회조직과 게르만적 사회구조가 모두 급격하게 붕괴되는 와중에서, 발전단계가 상이한 이 두 사회형태가 폭력에 의해 강제적으로 결합된 결과로서 봉건제가 태어났다고 파악하는 점에서는 오토 힌체나 또는 마르크스주의 사가들과 크게 다르지 않다. 그러나 이때의 폭력적 상황은 블로크에게서는 게르만족의 민족이동에 따른 것이라기보다 이슬람 교도, 스칸디나비아인 및 헝가리인의 침입의 산물이다.

따라서 블로크에게서 봉건사회의 서술은 로마 제국의 붕괴나 메로빙거 왕조하의 여러 제도들로부터 시작되는 것이 아니라 8, 9세기에 연이어 이민족의 침입을 받고 불안에 떠는 유럽 사회의 정경으로부터 시작된다. 그 이전 시기, 그러니까 게르만족의 이동에서 8, 9세기에 이르기까지의 기간을—중세 초기라는 통칭 이외에—블로크가 어떻게 이름붙이려 했던가는 유감스럽게도 명백하지 않다(이것에 이름을 붙이는 것은 그의 의도 밖의 일이었는지도 모르겠다).

그런 한편 그가 봉건사회를 제1, 2기로만 나누었을 뿐, '봉건제의 위기'라는 말로 대표되는 봉건제 말기의 상황은 따로 설정하지 않은 것(그는 봉건제의 '연장'이라는 용어는 즐겨 쓰고 있는데, 이는 전혀 다른 맥락의 것이라고 생각된다) 또한 특징적이다. 이것이 봉건제에 대한 그의 남다른 해석 자체에 기인하는 것인지(실제로 그는 13세기까지를 봉건시대로 잡고 있다) 아니면 다른 이유가 있어서인지—예를 들면 『프랑스 농촌사의 기본 성격』에서는 '영주재산의 위기' '영주제의 반동' 같은 절이 설정되어 통상 봉건제 말기, 봉건반동이라 불리는 상황이 서술되어 있는데, 이를 보더라도 블로크는 『봉건사회』를 넘어서서 서유럽 경제 전반의 전환에 대한 저서를 따로 저술하려 했던 것으로 보인다—명확히 알 길이 없다. 다만 이같은 봉건사회 내부에서도 대략 11세기 중엽부터 하나의 전환이 일어나기 시작해서 서유럽 사회가 봉건시대 제2기로 들어가게 된다는 블로크의 파악은 누구에게나 별 이의 없이 받아들여질 수 있는 것이라고 생각된다. 어쨌든 그가 이른바 '중세 천년' 전체를 봉건사회로 규정한 것이 아니라 그 가운데 불과 4, 5세기만을 그 이름 아래 포괄한 점은 특기할 만하다.

앞에서도 이야기했듯이 블로크는 넓은 의미에서의 물적 토대에 대한 천착에서는 누구보다 탁월했고 또한 '경제'의 의미를 매우 중시한 것도 사실이지만(봉건시대 제1, 2기를 구분하는 기준을 대체로 화폐경제·상업제도·도시의 발달 등과 관련된 현상들에서 찾고 있는 것을 보더라도 이를 잘 알 수 있다), 모든 현상을 좁은 의미의 경제적 요인에 기인하는 것으로 설명하는 방식에는 명백히 반대하고 있었다.

전혀 다른 계열에 속하는 두 개의 특수한 현상—예를 들면 거주 형태의 특정한 분포와 법률적 편성의 특정한 형태들—을 병렬하는 경우에는 원인과 결과라는 미묘한 문제가 틀림없이 제기되게 마련이다. 그런데 본질적으로 상이한 두 계열의 현상을 수세기에 걸친 발전과정에 비추어 비교한 후, '한쪽에는 모든 원인이 있고 다른 한쪽에는 모든 결과가 있다'고 말하는 것만큼 무의미한 이분법도 없을 것이다. 정신과 마찬가지로 사회도 끊임없는 상호작용의 조직이 아닐까.

이는 곧 관념론은 물론 속류화한 상하부 구조론도 거부함을 의미한다. 블로크는 물질생활과 정신생활은 서로 영향을 주고받으며, 이러한 상호작용 속에서 새로운 삶의 방식이 태어난다고 보았다.[7] 블로크에게 가장 중요한 것은 '인간환경 전체가 어떻게 작용하여 어떠한 인간관계의 전체적인 망(網)이 형성되고 또 변화하는가' 라는 문제였다. 봉건제가 로마적인 것과 게르만적인 것의 융합의 산물로 규정되고 있음은 분명하되 이때 로마적인 것과 게르만적인 것이 (예를 들어 마르크스주의자들에게서처럼) 노예제적 생산양식과 원시공동체적 생산양식이라는 말로써가 아니라 각기 국가와 친족제라는 말로 대표되고 있는 것도 이 때문이다.

장원제에 대한 블로크의 견해도 이러한 파악방식에서 벗어나지 않고 있다. 블로크는 장원제가 좁은 의미의 봉건제(봉토 수수관계)보다 먼저 발생하였으며, 따라서 기원에서는 봉건제와 직결된 것이 아니지만, 어쨌거나 봉건제의 본질적인 구성부분을 이루고 있음에 틀림없으며, 또한 봉건시대에는 이 역시 '봉건적'인 성격을 지니게 되었다고 말하고 있다. 이때의 '봉건적' 이라는 것은 봉건적 '토지 소유' 의 측면을 말하는 것이라기보다 영주-농민 사이에 성립한 인적 유대관계라는 측면을 말하는 것으로 보인다.

---

7) 블로크의 후배 역사가인 조르주 뒤비도 비슷한 접근방식에 입각하여 흥미로운 연구결과를 보여주고 있다. 일례로 그는 중세 사회에서는 낭비벽이 심한 군주가 모든 귀족들 사이에서 모범으로 받들어졌는데, 이 때문에 사치품 제조 수공업자와 이들 품목을 거래하는 상인들의 역할이 몹시 강화되었다는 사실을 지적함으로써 행동윤리가 경제에 영향을 미칠 수 있음을 입증하고자 하였다.

위에서 말한 이런저런 점들을 고려할 때 블로크에게서 유럽 봉건사회는 내적 발전과정의 필연성에 따르는 역사적 단계로서 출현한 것이라기보다는 오히려 당시의 특수한 상황의 복합적 작용에 의한 (거의 '우연'이라고까지 할 만한) 산물이라고 파악되고 있었던 것으로 보인다. 앞에서 인용한 '사회형으로서의 봉건제' 절에서 블로크가 유럽 봉건제의 특징을 늘어놓은 것은 결국은 비교사의 근거를 제공하기 위해서였는데, 봉건제가 보편적인 현상인가에 대해 그가 선뜻 대답하려 하지 않았던 것(일본의 경우를 인정한 것말고는)은, 그의 겸손한 성격에도 기인하겠지만 어느 면에서는 바로 그같은 봉건제 파악방식과도 관련이 있으리라 여겨진다.

유럽 봉건제 파악에서 블로크가 보여주고 있는 또 하나의 특징 가운데 하나는 그가 계약의 상호성을 극히 중시하고 있다는 점이다. 그는 봉건적 충성(즉 하급자의 의무)이라는 개념이야말로 봉건제 후기에 국가가 재건되고 왕권이 강화되는 데에 강력한 이념적 도구의 역할을 했다는 사실을 지적할 뿐 아니라, 이 봉건적 계약의 상호성은 군주, 즉 봉건적 위계서열의 맨 꼭대기에 위치한 존재에게도 신민의 복지 도모라는 의무를 부여하는 것이어서, 그것이 제대로 지켜지지 않을 때에는 신민이 군주에게 저항할 수 있는 권리까지 인정해주는 것이었다고 파악하고 있다.

혹자는 이같은 봉건적 계약의 원칙을 시민혁명기의 계약사상에까지 연결시키고 있지만, 그 동안의 다른 여러 가지 여건에 대한 고려, 예를 들어 자본주의적 관계의 발달과 계약 개념의 성숙 등에 대한 고려 없이 이 점을 그 자체로서만 지나치게 강조하는 것은 논리적 비약을 범하는 (또는 블로크 자신의 말을 빌리면 기원의 우상을 숭배하는 오류에 빠지는) 꼴이 될 것이다. 그러나 어쨌든 블로크가 서유럽 봉건제와 일본 봉건제와의 주요한 차이를 이 점에 두고 있는 것은 그 이후의 정치체제의 발전과정과 관련해서 생각할 때 일단 충분한 주목을 받을 가치가 있다고 여겨진다.

『프랑스 농촌사의 기본 성격』에서도 그러했지만 블로크가 이용한 사료의 종류는 『봉건사회』에서도 아주 다양하여, 그는 서사시·벽화·기도문 등 후대인들에게 역사자료로 이용될 것을 염두에 두지 않고 만들어졌던 당대의 정신적 소산들을 충분히 활용하고 있다. 귀족층이 하나의 계급으로서 굳어지고 난 후의 그들의 생활세계와 그들의 감정·사고방식 등에 관해서는 『롤랑의 노래』나 『시드의 노래』와 같은 정통적인 무훈서사시뿐 아니라 프랑스에서 주로 많이 작품화되었던 이른바 반역자 무훈시도 다수 인용되고 있으며, 트루바두르들의 기사 이야기도 이용되고 있다. 그러면서도 그는 문학작품을 역사 서술의 자료로 이용할 경우의 유의사항, 곧 문학작품을 어느 정도까지 구체적 현실의 반영으로 보아야 할지 그 한계를 명확히 설정해야 한다는 사실도 충분히 인지하고 있다.

따라서 블로크는 가신제, 봉토 수수관계의 변화 등을 알려주는 자료로서 무훈시를 이용하기도 하지만, 또한 현상적 측면이 아니라 당대인들의 의식구조 자체를 알려주는 자료로서 기사 이야기, 기사도의 전범 등을 활용하기도 한다. 더 나아가 그는 이러한 것들이 일단 하나의 이념형으로서 표현되고 난 뒤에는 거꾸로 기사들의 사고방식·행동거지를 규제하는 일종의 모범으로 작용함으로써 귀족·기사계급의 집단적 자의식을 형성하는 데에 크게 한몫을 할 수도 있었다는 점, 다시 말해 문학작품이 일정한 현실의 형성력을 가질 수도 있다는 점에도 주목하고 있다. 블로크의 이러한 문학작품 분석방식은 그후의 중세문학 연구 자체에까지 영향을 주었던 것으로 알려지고 있다.

집단심리를 분석하는 데 마르크 블로크가 보여주는 특장(特長)에 관해서는 앞에서도 언급한 바가 있거니와 독특한 환경의 산물인 봉건시대인들의 특이한 의식구조——수(數)에 대한 정확한 개념의 결여와 여기에서 필연적으로 초래되는 과장벽, 시간 개념의 결여, 초자연적인 것에 대한 두려움, 경신성(輕信性), 기원(紀元) 천년의 공포를 불러일으켰던 것과 같은 특유한 현세관 등——에 대한 서술은 이 책 전체 중에서도 단연 빛나는 부분이라고 할 수 있다. 중세인들의 사고의 부정확성이 지배·피지배 계급의 이중적 언어생활에도 어느 정도 기인한다고 파악한 것 또한 그야말로 대가다운 뛰어난 솜씨에 의해서만 가능한 분석이라고 생각된다. 단, 블로크는 인류학자 레비-브륄(Lévy-Bruhl)이 원시인의 심성을 특징짓는 데에 사용했던 개념인 '융즉'(融卽, participation)이라는 용어를 빌려 토지 소유관계 등에서 표현되는 중세인들의 미분화된 사고방식을 규정하고 있는데, 그의 준거틀이 되었던 이 레비-브륄의 해석 자체에 대해 레비 스트로스의 비판을 비롯해 인류학 쪽에서 많은 반론이 제기되고 있다는 사실은 우리로서도 참고로 삼아야 되겠다.

『봉건사회』를 결점 없는 역사 서술이라고 한다면 아마도 중세 유럽의 여성들은 무덤 속에서라도 섭섭하게 생각할 것이다. 블로크가 활동하던 시대까지의 전반적인 지적 관심의 한계 때문이겠지만, 블로크는 그의 역사 서술에서 성별(性別, gender)의 문제에는 거의 아무런 배려도 기울이지 않고 있다. 오늘날의 관점에서 보면 작지 않은 결함이라고 할 수 있을 것이다. 물론 여성의 주된 활동의 테두리가 가족이었기 때문에 가족·혈족의 사회적 기능을 이야기하는 과정에서 성별이라는 요소가 한두 번씩 언급되고 있고(예를 들어 근친복수의 범위, 가족이름 전수의 원칙 등에서 모계혈족의 역할, 모친의 역할이 언급된다) 여성의 수중에 봉토가 들어가게 되었을 때의 처리방식 등도 고찰의 대상이 되고 있기는 하지만, 그것은 그야말로 부차적인 서술 대상일 뿐이다. 여성에 대한 봉건사회의 관념(특히 기독교적 관념), 각 계층별 여성의 법적·사회경제적 지위와 그 변화 등은 『봉건사회』의 테두리 내에서도 충분히 살펴볼 만한 주제였을 터인데, 이 문제는 블로크의 시선을 벗어나고 있다. 전체사의 서술은 이렇게도 어려운 일인가 보다. 독자들은 이 부분이 『봉건사회』의 큰 공백으로 남겨져 있다는 점을 감안하고, 그후의 연구자들에 의해 획득된 여성사 연구의 성과들을 해당 부분들마다 머릿속에 떠올려가며 이 책을 읽는 방법을 취해야 할지도 모르겠다.

『봉건사회』는 블로크 특유의 문학적 서술방식을 굳이 염두에 두지 않는다 할지라도 마치 중세 유럽을 배경으로 씌어진 한 편의 빼어난 대하소설과도 같은 느낌을 주는 역사서이다. 그 융융한 흐름을 따라가다 보면 때로는 길을 잃고 헤매는 듯한 느낌을 받을 때도 있다. 하지만 별다른 부연설명도 없이 그가 유럽 역사의 어느 구석에선가 불쑥 끄집어내온 예화(例話) 하나하나가 궁극적으로는 저자의 논지에 녹아들면서 그 시대 인물들의 삶의 갖가지 모습을 생생하게 드러내 보여주는 역할을 하고 있다. 봉건제의 개별적인 측면들, 곧 가신제, 장원제, 정치적 분권상태 등에 관해 좀더 자세한 '지식'을 얻고자 하는 사람들은 그러한 주제만 집중적으로 다룬 다른 단행본들을 참조하는 편이 나을지도 모른다(예를 들어 가신제, 봉토 수수관계에 관해서는 앞에서 언급한 간쇼프의 『봉건제란 무엇인가』와 같은 책). 그러나 그러한 개별적인 연구성과들을 토대로 봉건시대 사람들의 삶의 총체성을 드러내준다는 점에서는──비록 앞에서 말했듯 여성이라는 집단은 소외되고 있기는 하지만──그 어떤 저작도 아직 『봉건사회』를 따르지 못하고 있는 것으로 평가되며, 바로 이 점에 종합적 안목의 소유자로서의 블로크의 탁월함이 있다.

페르디낭 로에게
존경과 충심 어린 애정을 바치며

서설 – 탐구의 전반적 방침

어떤 책에 '봉건사회'(La société féodale)라는 제목을 붙이면서, 이 같은 제목이면 책 내용에 관한 개념을 미리 알려줄 수 있으리라고 기대할 수 있게 된 지는 겨우 2세기 정도밖에 되지 않는다. 봉건적(féodal)이라는 형용사 자체가 별로 오래되지 않았기 때문에 그렇다는 이야기는 아니다. 이 말이 페오달리스(feodalis)라는 라틴어의 의상을 걸치고 나타난 것은 이미 중세 당시부터였다. '봉건제'(féodalité)라는 명사만 하더라도 그보다 나중에 생기기는 했지만 아무리 늦추어 잡아도 그 기원이 17세기까지는 거슬러 올라간다.

그러나 이 두 단어는 오랫동안 엄밀하게 법률적인 의미만을 지녀왔다. 나중에 살펴보게 되듯이, 봉토(封土, fief)라는 것은 토지재산 소유의 한 양식이었으므로 '봉건적'이라는 말은——아카데미 프랑세즈의 사전에 그렇게 설명되어 있듯이—— '봉토에 관련된'이라는 뜻으로 이해되고 있었고, '봉건제'라는 말은 '봉토의 성질'이라든가 또는 봉토 보유에 고유하게 수반되는 부담들이라는 뜻으로 새겨지고 있었다. 1630년에 사전편찬자 리슐레(Richelet)가 주장했듯이 이 낱말들은 '법률 용어'였지 역사학의 용어는 아니었다.

사람들이 이들 단어의 뜻을 확대해서 문명의 어떠한 상태를 가리키는 데 쓰려고 생각해낸 것은 언제였을까. 이러한 뜻으로 쓰인 '봉건적 통치'(gouvernement féodal)와 '봉건제'라는 말은 불랭빌리에(Boulain-

villiers) 백작[*1]이 작성하여 그가 죽은 지 5년 후인 1727년에 간행된
『고등법원에 관한 사적(史的) 서한』(*Lettres Historiques sur les
Parlemens*)에서 모습을 나타낸다.[1] 이것은 내가 꽤 면밀하게 조사한
끝에 찾아낼 수 있었던 가장 오래된 예이다. 언젠가는 다른 어떤 연구
자가 더 큰 행운을 잡게 되는지도 모르겠다.

어쨌든 불랭빌리에라는 이 기이한 사람은 페늘롱(Fénelon)[*2]의 친구
이자 동시에 스피노자 저작의 번역자였을 뿐 아니라, 무엇보다 특히 귀
족층은 게르만인 수장들에서 유래했다고 생각하면서 이 신분을 열렬히
옹호한 논자이기도 해서, 극성스러운 면에서는 좀 덜하고 학식에서는
좀더 뛰어나지만 그래도 말하자면 고비노(Gobineau)[*3]형 인물의 원형
이라 할 수 있을 사람이었는데, 나중에 좀더 자세한 정보에 바탕을 둔
다른 평가가 나오게 되면 어떻게 바뀔지 모르겠지만, 현재로서는 그를
새로운 역사적 구분법(區分法)의 창시자로 여기는 데에 기꺼이 동의하
는 경향이 있다. 왜냐하면 여기서는 실로 역사적 구분법이 문제의 핵심
이 되기 때문이며, 또 우리 역사학 연구에서는 이름의 시조(始祖)가 되

---

*1 Henri de, Conte de Saint-Saire, 1658~1722. 프랑스의 역사가이며, 봉건
제를 옹호하였다.

1) "Histoire de l'ancien gouvernement de la France" *avec XIV Lettres
Historique sur les Parlemens ou États-Généraux*", La Haye, 1727. 제4서
한에는 '봉건적 통치의 세부적 내용과 봉토의 성립' (*Détail du gouvernement
féodal et de l'établissement des fiefs*)(t.1, p.286)이라는 제목이 붙어 있으
며, 거기(p.300)에는 "나는 이 칙령이 옛 봉건제의 정확한 개념을 주는 데
알맞다고 생각하기 때문에 그 발췌문을 열거해가며 자세히 설명하였다"는 구
절이 들어 있다.

*2 François de Salignac de la Motte, 1651~1715. 프랑스의 문학자. 『우화』
『델레마크』의 저자.

*3 Joseph Arthur Comte de, 1816~82. 프랑스의 외교관이자 평론가·작가.
게르만인의 우수성을 주장한 『인류불평등론』은 히틀러의 인종주의에 큰 영향
을 미쳤다.

는 영웅에게 각각 바쳐진 '제국'이라든가 왕조 또는 위대한 세기라든가 하는, 한마디로 말해 군주제와 웅변술의 전통에서 생겨난 이 모든 낡은 구분법 대신에 사회현상의 관찰에 바탕을 둔 다른 유형의 구분법이 자리잡기 시작했던 이 불랭빌리에의 시기만큼 결정적인 단계도 거의 찾아보기 힘들기 때문이다.

그렇지만 이 개념과 그것을 나타내는 명칭을 처음으로 당당히 정착시키게 된 것은 더욱 저명한 다른 저술가였다. 그 사람은 바로 몽테스키외로, 그는 불랭빌리에의 글을 이미 읽고 있었고, 더구나 법률가들의 어휘에도 전혀 두려움을 느낄 이유가 없는 사람이었다. 프랑스의 문어(文語)는 그의 손을 거침으로써 법조계에서의 수확을 아주 풍요롭게 받아들인 모습으로 나타나게 되지 않았던가. 아마도 '봉건제'라는 말이 그의 취향에는 너무나 추상적이라고 여겨졌기 때문이겠지만, 몽테스키외는 일부러 이 말의 사용을 피하고 있었던 것으로 보이기는 한다. 그렇지만 '봉건법'(lois féodales)이 역사의 한 시기를 특징짓는 징표였다는 확신을 자기 시대의 교양 있는 일반인들에게 심어준 것은 의심의 여지없이 바로 그였다.

봉건법이라는 낱말은 그 개념과 함께 프랑스어에서 유럽의 다른 나라 말로, 때로는 그대로 모방되고 또 때로는 독일어에서처럼 번역된 형태[Lehnswesen]를 취하면서 퍼져나아갔다. 마침내는 프랑스혁명이 일찍이 불랭빌리에가 명명했던 이 제도 가운데에서 아직 잔존해 있던 것에 대항하여 일어나, 불랭빌리에가 정반대의 감정에서 이 제도들에 붙여주었던 봉건제라는 이름을 끝내 대중 사이에 널리 보급시키게 되었다. 1789년 8월 11일자의 유명한 법령은 "국민의회는 봉건체제를 완전히 타도한다"고 선언하고 있다. 이 하나의 사회체제를 허물어뜨리는 데만도 그렇게 수많은 노고를 치러야 했다는 것을 생각한다면 이 체제가 현실적으로 분명히 존재한 것이었다는 사실을 이제야 어떻게 더 이상 의심할 수 있겠는가.[2]

그러나 이토록 빛나는 앞날을 약속받은 이 봉건제라는 낱말이 실은 몹시 잘못 선택된 말이었다는 사실은 인정하지 않을 수 없다. 물론 애초에 이 말을 채택하기로 결정하게 했던 이유는 그런 대로 분명해 보인다. 절대군주정 시대의 사람들이었던 불랭빌리에와 몽테스키외는 주권이 수많은 소(小)제후들 또는 심지어 촌락의 영주들 사이에서까지 세분되어 있던 상태를 중세의 가장 두드러진 특징으로 여기고 있었다. 봉건제라는 명칭을 입에 올릴 때 그들이 표현하려 했던 것은 바로 이런 성격이었다. 왜냐하면 그들이 봉토를 이야기할 때 염두에 두고 있던 것은 영역제후령(領域諸侯領, principautés territoriales) 또는 장원이었기 때문이다.

하지만 실제로는 모든 장원이 다 봉토였던 것은 아니며, 모든 봉토가 다 영역제후령이나 장원이었던 것도 아니다. 무엇보다도 특히, 복잡하기 짝이 없는 일종의 사회조직 형태를 오로지 정치적인 측면에 의해서만 성격 규정한다든가 또는 '봉토'를 철저하게 엄밀한 법률적 의미로 파악함으로써 이 유형의 사회를 다른 수많은 형태 가운데서도 물권(物權)의 형태에 의해서만 성격 규정할 수 있다는 식의 운 좋은 일이 가능하겠는가는 의심해볼 만하다.

그러나 용어란 닳아빠지도록 사용한 화폐와 같은 것이어서 손에서 손으로 옮겨다니는 동안에 어원적인 특징을 잃게 마련이다. 오늘날 통용되는 용법으로는 '봉건제'와 '봉건사회'는 갖가지 이미지들이 한데 뒤얽힌 하나의 전체를 의미하며 거기에서는 엄밀한 의미에서의 봉토가 더 이상 가장 중요한 자리를 차지하지는 못하게 된다. 역사가가 이 '봉건제'나 '봉건사회' 같은 말들을, 말 자체로서는 이미 공인되고 있지만

---

2) 오늘날 단추구멍에 리본이나 빨간 장미꽃 모양의 천을 매달아 장식하고 있는 프랑스인들(나폴레옹이 제정한 레지웅 도뇌르 훈장을 수여받은 사람을 말한다―옮긴이) 가운데, 1802년 5월 19일에 이 훈장 수여규정이 처음으로 제정되면서 그 서훈자들에게 부과된 의무 하나가 바로 '봉건체제를 재건하려는 경향이 있는 일체의 기도(企圖)에 대항해……싸운다'는 것이었다는 사실을 알고 있는 사람이 과연 몇이나 될까.

그 내용은 아직 채 규정되지 않은 그런 용어로 여기고 사용한다면 그리 큰 양심의 거리낌을 받지 않을 수 있을 것이다. 마치 물리학자가 어떤 실체를 놓고 더 잘게 나누어보려고 시간을 들여 애쓰면서도 이를 그리스인들의 용법을 무시한 채 여전히 '원자'(atome)라고 부를 때[*4] 별로 양심의 가책을 느끼지 않는 것과 마찬가지이다.

다른 시대 또는 다른 지역의 다른 사회도 기본적인 특징들에서 '봉건적'이라고 불릴 수 있을 만큼 서유럽 봉건제와 닮은 구조를 지니고 있었던가를 알아보는 것도 중대한 문제이기는 하다. 우리도 이 책의 끝 부분에서 다시 이 문제를 다룰 것이다. 그러나 이 책의 목적은 그것이 아니다. 이 책에서 앞으로 분석하려는 봉건제는 최초로 이 이름으로 불리게 되었던 봉건제이다. 따라서 이 연구는 연대적인 틀로 보자면―기원이나 연장적(延長的) 형태에 관한 몇몇 문제를 빼고는―서유럽 역사에서 대체로 9세기 중엽부터 13세기 초의 몇십 년까지에 걸치는 시기로 한정되고, 지리적인 틀에서는 서부와 중부 유럽으로 한정될 것이다. 그런데 연대 설정이 잘되었는지 여부에 대한 판단은 오로지 연구 자체를 해나아감으로써만 내릴 수 있겠지만, 그와는 달리 지리적 한계에는 간단한 주석을 달 필요가 있다고 생각된다.

고대 문명은 지중해 일대를 중심으로 하고 있었다. 플라톤은 "우리는 이 지상에서 파시스(Phasis) 강[*5]에서 헤라클레스의 기둥[*6]까지 이르는 부분을 거주지로 삼아, 마치 연못가에 모인 개미나 개구리처럼 바닷가에 퍼져 살고 있는 것에 불과하다"고 쓴 적이 있다.[3] 정복으로 인해 세

---

*4 원자라는 말은 그리스어로 '더 이상 분할할 수 없는'을 뜻하는 'ἄτομος'에서 비롯되었다.

*5 카프카스에서 흑해로 들어가는 리오니 강의 옛 이름.

*6 원래 이베리아 반도 남단과 아프리카 북단의 산들을 가리킨다. 여기에서 한 걸음 더 나아가 헤라클레스의 기둥은 지브롤터 해협을 가리키게 되었다.

3) *Phaedo*, 109b.

계가 확대되었음에도 불구하고 이 지중해는 여러 세기가 지난 뒤에도 여전히 로마 세계(Romania)의 축이었다. 아키타니아(Aquitania)*7 출신의 원로원 의원은 보스포루스 해변에서 공적 활동을 펼친다거나 마케도니아에 드넓은 영지를 가진다거나 할 수 있었다. 물가의 대대적인 변동은 유프라테스 강에서 갈리아*8에 걸치는 경제를 뒤흔들어놓곤 하였다. 아프리카 태생인 아우구스티누스 없이는 가톨릭 신학을 생각할 수 없듯이 아프리카의 밀이 없이는 제정로마의 존재는 생각조차 할 수 없었을 것이다. 그런 반면에 라인 강을 넘자마자 그곳에는 기이하고 적대적인 만족(蠻族, Barbares)*9의 광대한 땅이 펼쳐지고 있었다.

그런데 우리가 중세라고 부르는 시대의 문턱에서 인간의 대집단 사이에 두 갈래의 엄청난 움직임이 일어남으로써 이 균형이 깨져버렸으며—이 균형이 얼마만큼 내부적으로 이미 뒤흔들리고 있었던가는 여기에서 연구할 필요가 없다—그 결과 이 균형 대신 그와는 몹시 다른 구도의 배치가 들어서게 되었다. 그 움직임이란 우선 게르만족의 침입이었고, 이어서 이루어진 이슬람 교도들에 의한 정복이었다.

그 옛날 로마 제국의 영토 서반부에 포함되어 있던 나라의 대부분이 게르만족에게 점령당했으며, 이 점령된 땅들은 때로는 하나의 공통된

---

*7 프랑스 남부 옛 로마 제국의 아키타니아를 말한다. 중세에는 범위가 넓어져 아키텐 공국을 이루게 된다.

*8 이탈리아 북부와 프랑스·벨기에·네덜란드·스위스·독일 등의 일부씩을 포함하는 옛 로마의 속주.

*9 그리스어의 바르바로이(βαρβαροι)는 헬레네스(Ἕλληνες)에 대비하여 이국인을 가리키는 명칭이었는데, 원래는 '알 수 없는 말을 쓰는 사람'이라는 뜻을 지니고 있었으며 우열의 평가를 포함하지 않는 중립적 성격의 단어였다. 그러다가 페르시아 전쟁 뒤 열등하고 거칠며 야만스러운 자라는 경멸의 뜻으로 쓰이게 되었는데, 이 책에서 이 말은 주로 게르만족을 가리키며 가치평가를 담고 있지는 않다. 이 '만족'이라는 역어는 관례에 따라 채택하기는 했지만 사실은 그리 적당한 역어는 아니다.

지배체제 아래 들어감으로써, 그리고 그렇지 않더라도 어쨌거나 공통적인 정신적·사회적 관습에 의해 지배됨으로써 하나의 세계로 통일되게 되었다. 그후 브리튼 섬에 거주하는 켈트인들의 소집단이 크게건 작게건 동화되면서 차츰 이 세계에 덧붙여졌던 것을 볼 수 있다. 반면 북부 아프리카는 이제부터 전혀 다른 운명을 겪게 되었다. 베르베르인(Berbères, 바르바리아인)*10들의 반격으로 이 지역이 서유럽 세계와 단절될 여건이 마련되었고 이슬람 교도들이 이를 완성시켰다.

한편 레반트(Levant)*11의 해안지방에서는 아랍인들의 승리로 옛 동로마 제국의 영역이 발칸 반도와 아나톨리아(Anatolia)에 한정되면서 여기에서 그리스 제국*12이 성립하였다. 그뒤 그리스 제국은 교통·통신의 불편, 대단히 특이한 사회적·정치적 구조, 라틴 세계와는 아주 다른 종교적 심성과 교회기구로 인해 서유럽 기독교인들로부터 더욱더 고립되어갔다.

끝으로, 유럽 대륙의 동쪽으로 가보자. 비록 서유럽이 이곳의 슬라브족들에게 광범한 영향을 미쳤으며, 또 그 중 몇몇 민족에게는 서유럽 고유의 종교형태인 가톨릭의 교의를 비롯해서 서유럽의 사고방식과 몇몇 제도들까지 전파하기는 했지만, 그래도 역시 이 슬라브 어족에 속하는 집단들은 대부분 완전히 별개의 발전경로를 따르게 되었다.

로마·게르만 세계, 그러니까 위에서 말한 3대 세력권——마호메트 교도들, 비잔티움인들과 슬라브족——에 둘러싸여 있었으며, 그런 한편 10세기부터는 그 유동적인 변경지방을 확대해나아가는 일에 끊임없이 골몰하고 있던 이 세계도 그것 자체로 완벽한 동질성을 보여주고 있었던 것은 결코 아니었음에 틀림없다. 이 세계를 구성하는 여러 요소들이

-----

*10 북아프리카 지중해 연안의 몰레타니아·누미디아·키레나이카, 곧 지금의 트리폴리·튀니지·알제리·모로코 등을 포함하는 지역에 거주하던 원주민.

*11 지중해의 동부 해안지방. 주로 소아시아와 시리아의 해안을 가리킨다.

*12 저자는 후기 비잔티움(동로마) 제국을 이렇게 부르고 있다.

각기 지니고 있던 과거의 전통은 너무나도 뚜렷한 대조를 이루는 것들이어서 그 영향은 지금까지도 미치지 않을 수 없었다. 출발점이 거의 같았던 경우에조차 나중에는 몇 가지 영역에서 서로 다른 방향으로 진화가 이루어지기도 하였다. 하지만 그러한 다양성이 아무리 뚜렷하다 한들, 이러한 다양성을 초월해서 공통된 문명의 기조(基調), 곧 서유럽 문명의 기조가 존재하게 되었다는 것을 어찌 인정하지 않을 수 있겠는가.

이 책에서는 '서부 유럽과 중부 유럽'이라는 명칭을 단순히 '유럽'이라고만 부르기로 한다. 이것은 단지 긴 수식어를 읽어야 하는 성가심을 독자들에게서 덜어드리고자 하는 배려 때문만은 아니다. 사실, '세계의 다섯 부분'을 구분하고 있는, 낡은 사이비 지리학에서 사용되는 용어의 의미와 그 한계야 무엇이 중요하단 말인가. 중요한 것은 이 지리학의 인간적 가치뿐이다. 티레니아(Tyrrhenia) 해[13]와 아드리아 해, 엘베 강과 대서양 사이에서 살고 있던 사람들 속에서가 아니라면 유럽 문명이 도대체 어디에서 싹트고 꽃피었으며 마침내는 지구 전체로 퍼져갔겠는가.

이슬람 교도들에 승리를 거둔 카를 마르텔(Karl Martel)[14] 휘하의 프랑크인들을 기꺼이 '유럽인'이라고 불렀던 8세기의 어느 에스파냐인 연대기 작가, 또는 그때부터 약 200년 뒤 헝가리인들을 물리친 오토 대제[15]를 '유럽'의 해방자라고 열렬히 찬미하였던 작센의 수도사 비두킨트(Widukind) 등은 이미 다소 어렴풋하게나마 그렇게 느끼고 있었

---

*13 옛 에트루리아인들의 국가, 즉 이탈리아 서쪽에 있던 티레니아국의 이름을 딴 바다. 코르시카·사르데냐·시칠리아 등을 포함하는 지중해 서부 일대를 말한다.

*14 프랑스 왕국 메로빙거 왕조의 실권자. 샤를마뉴의 조부. 그의 아들 피핀이 751년에 프랑크 국왕으로 즉위함으로써 카롤링거 왕조가 개창되었다.

*15 912~973. 동프랑크 왕국 작센 왕조 제2대 왕. 신성로마 제국의 초대 황제.

다.[4] 역사적인 내용을 가장 충실하게 담고 있는 바로 이같은 의미에서의 유럽은 중세 전기(前期)의 소산이었다. 유럽에서 진정한 의미의 봉건시대가 시작되었을 때 유럽은 이미 존재하고 있었던 것이다.

봉건제라는 이름은 이와 같이 규정된 테두리를 가진 유럽 역사 가운데 한 국면에 적용된 것으로서, 나중에 살피게 되듯이 때로는 거의 서로 모순되기까지 하는 여러 가지 해석의 대상이 되었다. 그러나 이 명칭이 존재한다는 사실 자체야말로 이렇게 이름붙여진 시대에는 무언가 직감적으로 알아차릴 수 있을 정도로 독특한 특질이 깃들여 있었다는 것을 입증한다.

그렇기 때문에 봉건사회에 관한 저작은 그 제목 자체가 제기하는 문제, 곧 이 과거의 한 시기가 어떠한 특성을 가졌기에 그 전후의 다른 시기들과 구분될 수 있는가 하는 문제에 답하기 위한 노력이라고 정의를 내릴 수 있다. 바꾸어 말해 여기에서 시도하고자 하는 것은 하나의 사회구조와 그 결합원리에 대한 분석과 설명이다. 경험상 이러한 방법이 많은 결실을 거둘 수 있는 것이라고 입증된다면 다른 테두리를 가진 다른 연구 영역에도 이용될 수 있을 것이다. 이러한 기획 자체가 분명 새로운 점을 가지고 있음을 감안해서, 연구 수행상의 잘못이 있더라도 용서해주시기 바란다.

이렇게 구상된 연구 기획은 매우 광범위한 것이므로 그 성과를 따로 나눌 필요가 있다. 제1권에서는 먼저 사회환경의 일반적인 조건들을, 그리고 다른 무엇보다도 강력하게 봉건적 구조에 고유의 색조를 지니게 하는 사람과 사람 간의 종속관계에서 비롯되는 유대관계의 구성을 다루겠다.

제2권에서는 전적으로 계급들의 발전과 통치조직만을 살펴보겠다. 살아 있는 실체를 분할해서 다루기란 언제나 어렵다. 그러나 적어도,

---

4) *Auctores Antiquissimi*(Mon, germ.) t. XI, p.362 ; *Widukind*, I, 19.

기존의 계급들이 그 윤곽을 분명하게 해가는 동시에 새로운 계급인 부르주아지가 독자성을 확립하게 되고, 공권력이 오랜 동안의 쇠퇴상태에서 빠져나올 수 있었던 시기는 또한 서유럽 문명에서 가장 전형적인 의미의 봉건적 특징들이 소멸되기 시작한 시기이기도 했기 때문에 독자들에게 잇따라 제시하는 두 개의 연구—양자 사이를 엄밀하게 연대적으로 구분한다는 것은 물론 가능한 일이 아닌 듯하지만—가운데 전자는 특히 (봉건제의-옮긴이) 발생에 관한 연구이고 후자는 (봉건제의-옮긴이) 최종적 상태와 그것이 연장된 형태들에 관한 연구가 될 것이라는 점은 말할 수 있다.

하지만 역사가는 결코 자유인이 아니다. 과거에 관해서 역사가는 단지 과거 자체가 그에게 기꺼이 털어놓으려 하는 것만을 알 수 있을 따름이다. 게다가 역사가는 자기가 파악하고자 노력하는 제재가 지나치게 광범위해서 모든 증언을 직접 이용하기 어려울 때에는 탐사의 현황 때문에도 연구에서 끊임없이 한계에 부딪치는 느낌을 받게 된다. 학자들이 흔히 학식을 바탕으로 하여 장대하게 펼치곤 하는 이런저런 논쟁도 여기에서는 물론 전혀 다루지 않을 것이다. 역사가들 때문에 역사자체가 뒷전으로 물러나는 일은 참을 수 없는 노릇이 아니겠는가. 그 대신 우리의 지식상의 공백 또는 부정확성은 그것이 어디에서 유래하는 것이건 나는 결코 숨기지 않기로 결심하였다.

하지만 그렇게 했다고 해서 내가 독자들의 사기를 꺾어놓는 위험스러운 일을 감행했다고 생각되지는 않는다. 반대로, 본질적으로 '움직여 나아감'을 특징으로 하는 학문에다 그것이 마치 요지부동한 것인 듯한 탈을 짐짓 덮어씌우는 것이야말로 이 학문에 대한 권태로움과 냉담함을 퍼뜨릴 위험성이 있는 일일 것이다. 중세의 뭇 사회를 가장 깊이 이해한 사람들 가운데 하나이자 영국의 위대한 법제사가(法制史家)였던 메이틀런드(F. W. Maitland)*16가 말했다시피, 역사책은 갈망을, 즉 배

---

*16 Frederic Willam, 1850~1906. 케임브리지 대학 교수. 『영국법제사』 『둠즈

우고자 하는 갈망을, 그리고 무엇보다도 탐구하고자 하는 갈망을 불러
일으켜야만 한다. 이 책이 몇몇 연구자들에게 그러한 욕구를 불러일으
켜줄 수만 있다면 더 이상 바랄 것이 없겠다.[5]

　데이 북과 그 이전』『영국헌정사』 등의 주요 저술을 남겼다.
5) 그 어떤 역사학 저술을 막론하고 비교적 광범위한 독자를 대상으로 하려는
　생각이 조금이라도 있는 경우에는 어김없이 참고문헌의 제시라는 지극히 곤
　란한 문제거리 하나가 저자에게 제기된다. 공정하게 하려면 아마 이 저서가
　이루어지는 데에 없어서는 안 될 도움을 주었던 학자들의 노작(勞作)의 제목
　을 주(註)에다 가득 늘어놓을 필요가 있을 것이다. 그러나 필자는 배은망덕
　이라는 달갑지 않은 비난까지도 무릅쓸 각오로, 석학의 문헌에 이르는 길을
　독자에게 안내해준다는 배려는 권말에 실린 참고문헌 목록에 맡겨도 괜찮겠
　다고 생각하였다. 그러면서도, 조금이라도 경험이 있는 모든 부지런한 독자
　들을 위해서, 문헌사료를 인용할 때에는 반드시 해당 문구를 찾아내고 그 해
　석을 검증할 수 있는 수단을 제공한다는 것을 원칙으로 삼았다. 원사료에 관
　한 언급이 주에 따로 나오지 않은 경우도 있기는 하지만, 이는 본문의 진술
　자체 속에 들어 있는 안내사항과, 해당 증빙자료가 담긴 출판물 속에 실려
　있는 심사숙고된 문헌일람표만으로도 충분히 쉽게 찾아낼 수 있기 때문이다.
　그렇지 않은 경우에는 주를 달아서 지침 구실을 하게 하였다. 요컨대 재판소
　에서는 증인의 발언권이 변호사의 발언권보다 훨씬 더 중요하기 때문이다.

인적 종속관계의 형성

제1부 환경

제1장

이슬람 교도들과 헝가리인들

1. 침공받고 포위당한 유럽

당신들은 바로 눈앞에서 주님의 진노가 폭발함을 본다……. 인기척 없는 시가(市街), 철저히 파괴되거나 잿더미가 된 수도원 그리고 황폐해진 들판, 이것들 외엔 아무것도 없다……. 곳곳에서 강자는 약자를 압박하고, 사람들은 닥치는 대로 서로 잡아먹는 바다 고기를 방불케 한다.

909년, 트로슬리(Trosly)에 모인 랭스(Reims) 관구 주교들은 이렇게 말하고 있었다. 9세기와 10세기의 문헌, 증서, 종교회의의 의사록들은 이러한 비탄의 말로 가득 차 있다. 성직에 있는 설교자들이 으레 보여주게 마련인 비관주의적인 태도와 과장을 충분히 참작한다 하더라도, 이 주제는 쉴새없이 울려퍼지고 게다가 그토록 수많은 사실들로 뒷받침되는 것이었던 만큼 이 속에서 표현되고 있는 것은 범상한 사태가 아니었음을 인정하지 않을 수 없다. 이 시대에 관찰하고 비교할 능력을 가졌던 사람들, 특히 성직자들은 자기네가 무질서와 폭력이 난무하는 지긋지긋한 분위기 속에서 살고 있다는 느낌을 가지고 있었음에 틀림없다.

중세 봉건제는 극도로 혼란한 시대의 외중에서 발생하였다. 어느 면에서는 이같은 혼란 자체에서 생겨난 것이라고 할 수 있다. 그런데 이토록 소란스러운 환경을 만들거나 또는 지속시키는 데 한몫을 한 여러 원인들 중에는 유럽 사회의 내적 발전과 전혀 관계가 없는 것도 있었다. 수세기 전, 작열하는 도가니와도 같은 게르만족의 침입 속에서 형성되었던 서유럽의 새로운 문명은 그 자체가 하나의 포위된 성채, 아니 좀더 정확히 말하면 이미 반 이상이나 적에게 꿰뚫려버린 성채의 모습을 하고 있었다. 침략은 동시에 세 방면에서 이루어졌다. 즉 남쪽에서는 이슬람 교도들, 곧 아랍인들 또는 아랍화한 복속민들이, 동쪽에서는 헝가리인들이, 그리고 북쪽에서는 스칸디나비아인들이 침입해왔다.

2. 이슬람 교도들

방금 열거한 침입자들 가운데 이슬람 교도들로 인한 위험은 분명히 그 심각성이 가장 덜한 편이었던 것이 사실이다. 그렇다고 해서 그들의 세력이 쇠퇴하고 있었다는 말을 함부로 할 수 있는 것은 아니다. 갈리아나 이탈리아의 보잘것없는 도시들 가운데 바그다드나 코르도바의 화려함에 견줄 만한 곳은 오랫동안 하나도 없었다. 12세기에 이르기까지 이슬람 세계는 비잔티움 세계와 더불어, 서유럽에 대해 실질적인 경제적 주도권을 행사하고 있었다. 서유럽 국가에서 그때껏 유통되고 있던 금화란 모두 그리스나 아랍인들의 화폐 주조소에서 만들어진 것들 아니면—은화의 경우에도 마찬가지로 종종 그러하였듯이—적어도 그 원형을 모방한 것들뿐이었다.

8, 9세기에 강대한 칼리프 제국의 통일이 영구히 깨어져버렸다고는 하지만 이때 그 조각난 땅 위에 세워진 여러 국가들은 여전히 막강한 세력으로 남아 있었다. 그러나 이때부터는 엄밀한 의미에서의 침입보다는 오히려 국경지역에서의 분쟁이 훨씬 더 문제의 초점이 되어가고 있었다. 오리엔트에서 (비잔티움 제국의—옮긴이) 아모리아(Amoria)

왕조*1와 마케도니아 왕조*2의 황제들(828~1056)이 고생고생해가면서 나마 용감하게 소아시아 재정복에 착수하고 나섰던 것은 사실이지만, 이를 제외하고는 서방사회와 이슬람 국가들 간의 충돌은 두 개의 전선에서밖에 일어나지 않았다.

그 첫번째 충돌지역은 남부 이탈리아였다. 이 지역은 아프리카 내에서 로마 제국의 옛 속주였던 부분을 지배하고 있던 통치자들, 곧 카이라완(al Quayrawān)*3의 아글라브 왕조(Aghlabites)*4 출신 에미르(emir)*5들과 그후 10세기 초부터는 파티마 왕조(Fatimides)*6 출신 칼리프들의 사냥터와도 같았다. 아글라브 왕조는 유스티니아누스 황제 이래 시칠리아를 차지해온 그리스인들에게서 이 섬을 차츰차츰 빼앗아가다가 최후의 요충인 타오르미나(Taormina)를 902년에 함락시켰다.

이와 동시에 아랍인들은 이탈리아 반도에서도 거점을 확보하였다. 그들은 비잔티움의 지배 아래 있던 남부 이탈리아의 여러 주(州)들을 횡단해가면서, 티레니아 해 연안의 반(半)독립적인 도시들 그리고 롬바

---

*1 820년부터 867년까지 동로마 제국을 통치했던 왕조. 프리기아의 고도(古都) 아모리아 출신이어서 이같은 명칭으로 불렸다.

*2 동로마 제국의 왕조. 마케도니아 농촌 출신인 바실리우스 황제가 창건하여 이러한 이름이 붙었다.

*3 튀니지의 도시.

*4 카이라완을 수도로 하여 800~909년에 이집트 서쪽부터 알제리 전토를 지배했던 아랍인들의 왕조.

*5 아랍어로는 아미르(amir)라고 하며, 이슬람권에서 수령·지도자·고관대작 등을 지칭하는 말이다. 에미르라는 사람들의 권한은 시대와 상황에 따라 달랐다. 이들은 중앙권력의 대리인으로서 일정한 구역에 대한 군사적 명령권이나 재정적 행정권을 행사하는 데에 그치기도 했으나, 어떤 경우에는 중앙권력과는 단지 명목상으로만 결부된 채 사실상의 독립적 통치자로서 한 지역을 다스리기도 하였다. 여기에서는 일정한 영역을 다스리는 사실상의 독립적 지배자를 말한다.

*6 아랍인들의 왕조. 마호메트의 딸인 파티마의 후손이라고 일컬어진다.

르디아 왕국령이면서도 어느 정도는 콘스탄티노플의 보호권 아래 들어 있던 캄파니아(Campania)와 베네벤토(Benevento)의 군소 영역제후령을 위협하였다. 11세기 초에 이들은 다시 사비나 산악지대에까지 침입의 기세로 밀고 들어갔다. 가에타(Gaeta)*7에 아주 가까운 몬테 아르젠토(Monte Argento)의 고원 삼림지대에 근거지를 마련하고 있던 한 무리의 아랍인들은 20년간이나 약탈을 자행하다가 915년에 이르러서야 겨우 궤멸될 수 있었다.

작센족 출신이면서도 이탈리아는 물론 다른 지역에 대해서까지 로마 황제(카이사르)의 계승자라고 자처하고 있던 젊은 '로마 황제' 오토 2세는 982년에 남부 이탈리아의 정복에 착수하였다. 오토 2세는 전혀 다른 기후에 길들여져 있는 군대를 타는 듯이 무더운 이 지방으로, 그것도 하필이면 여름철을 골라 이끌고 간다고 하는, 중세를 통해 그렇게도 숱하게 되풀이되었던 엄청난 과오를 저질렀다. 7월 25일 칼라브리아(Calabria)*8 지방의 동해안에서 이슬람 교도군과 접전한 오토 2세의 군대는 다시 없을 굴욕적인 패배를 당하였다. 이들 지방은 계속해서 이슬람 교도들의 침략 위험에 시달리게 되었는데, 이러한 상태는 11세기에 프랑스의 노르망디에서 온 얼마 안 되는 모험가들의 무리가 비잔티움인들이고 아랍인들이고 할 것 없이 모두 풍비박산을 내버릴 때까지 계속되었다.

이들 노르만인은 시칠리아 섬과 이탈리아 반도 남부를 통일하여 마침내 강력한 국가를 건설하기에 이르렀으니, 이 국가는 앞으로 침략자들의 진출로를 영구히 막아주면서 라틴 문명과 이슬람 문명 사이에서 탁월한 중개자 구실을 하게 되었다. 우리는 다음과 같이 말할 수 있을 것이다. 즉 9세기에 이탈리아 땅에서 시작된 사라센인들에 대한 싸움은 오랫동안 계속되었으나, 영토의 획득이라는 면에서 본다면 쌍방이

---

*7 로마와 나폴리 사이에 있는 지중해의 항구.
*8 이탈리아 남쪽 끝 지방.

모두 그리 크게 내세울 만한 변동을 겪지 않았으며, 무엇보다도 특히 가톨릭 세계 전체로 본다면 이것은 이제 단지 한 벽지(僻地)의 문제에 불과한 것이었다고.

또 다른 충돌지역은 에스파냐였다. 이곳의 이슬람 교도들에게는 이미 약탈이라든가 영토의 일시적 합병이라든가 하는 것이 문제가 되지 않았다. 이곳에는 이슬람교를 신봉하는 주민들이 무척 많이 살고 있었으며, 아랍인들이 세운 여러 국가도 바로 이 나라를 중심으로 하고 있었기 때문이다. 10세기 초에도 아직 사라센인들의 부대는 피레네 산맥을 넘어 침략하는 것을 완전히 포기한 것은 아니었다. 그러나 이러한 원거리 침공은 점점 뜸해져갔다.

에스파냐 최북단부터 시작된 기독교도들의 재정복은 수많은 역경과 굴욕을 겪으면서도 서서히 진행되고 있었다. 코르도바의 에미르들이나 칼리프들은 너무나 멀리 떨어진 남부지방에 본거지를 두고 있었기 때문에 갈리시아(Galicia)*9와 북서부 고원지대에는 지배의 손길을 전혀 미치지 못하고 있었다. 그 덕분에 이곳에서는 군소 기독교도 왕국들이 때로는 분열되고 때로는 한 사람의 군주 밑에 통합되기도 하면서 11세기 중엽에는 이미 도우루(Douro) 강*10 유역까지 진출하였으며, 1085년에는 타호(Tajo) 강*11에까지 이르렀다. 이에 반해 피레네 산맥 기슭을 흐르는 에브로(Ebro) 강줄기는 기독교권에 그렇게 가까이 이웃하여 있었는데도 상당히 오랫동안 이슬람 교도들의 지배 아래 남아 있었으니, 사라고사(Zaragoza)는 1118년에 가서야 비로소 기독교도들에게 함락되었다.

---

*9 에스파냐 북서부의 한 지방.

*10 이베리아 반도의 강. 반도 북부를 동에서 서남서로 흘러 포르투갈을 거쳐서 대서양에 이른다.

*11 이베리아 반도 중앙부를 흐르는 반도 최대의 강. 마드리드 동쪽에서 발원하여 포르투갈을 거쳐서 대서양에 이른다.

한편으로는 좀더 평화적인 관계도 전혀 없지는 않았지만, 전체적으로 보면 전투는 몇몇 단기간의 휴전을 제외하고는 계속되었다. 이러한 상황은 에스파냐 사회에 독특한 영향을 남기게 되었다. '협곡(峽谷)*12 너머의' 유럽으로 보아서는 이같은 전쟁이란—특히 11세기 후반부터는—기껏해야, 기사들에게는 기독교적 신앙심에도 부합되고 소득도 많은 멋진 모험의 기회를 제공해주고, 아울러 농민들에게는 에스파냐인 왕이나 영주들이 유치(誘致)하는 대로 이곳에서 임자 없는 땅에 정착할 수 있는 가능성을 제공해주는 것이라는 점에서나 관심의 대상이 될 뿐이었다고 해도 과언이 아니다.

그러나 이곳 에스파냐에서는 본격적인 전쟁 외에 해적행위나 산적행위 같은 것도 수반되었음을 고려해야 할 것이다. 사라센 사람들이 서유럽 사회에 만연한 무질서를 초래한 하나의 원인이었다고 이야기되는 것도 무엇보다 바로 그들이 저지른 이같은 비적행위 때문이었던 것이다.

아랍인들은 먼 옛날부터 배 타는 사람들이었다. 그들의 해적선은 아프리카, 에스파냐 그리고 특히 발레아레스(Baleares) 제도*13를 소굴로 삼아 이곳에서부터 서부 지중해를 휩쓸고 다녔다. 그러나 선박의 왕래가 대단히 드문 이 해역에서 엄밀한 의미의 해적행위라는 것은 별반 신통한 소득을 가져다 주지 않는 것이었다. 사라센인들은 같은 시대의 스칸디나비아 사람들도 그러하였듯이, 해상을 제패한다는 것은 무엇보다도 해안에 쳐들어가 거기에서 소득이 많은 약탈을 행하기 위한 방법임을 알게 되었다. 그들은 842년에 이미 론(Rhône) 강*14을 거슬러 올라

---

*12 피레네 산맥.

*13 이베리아 반도 동쪽에 위치한다. 메노르카·마요르카 등 16개의 섬으로 이루어져 있다.

*14 프랑스 남동부의 강. 스위스령 알프스의 론 빙하에서 발원해 제네바 호를 거쳐 프랑스령에 이르러 리옹에서 손 강과 합류하고, 남쪽으로 흘러 리옹 만에 이른다.

가, 강의 양쪽 기슭 지역을 약탈해가면서 아를(Arles) 부근에까지 이르렀다. 이때에 카마르그(Camargue) 삼각주 지역이 그들의 평상시 활동의 기지 역할을 하였다. 그러나 머지않아 우연하게도 그들은 더욱 안전한 거점과 함께 약탈의 무대를 크게 넓힐 수 있는 기회를 확보하게 되었다.

정확히 언제인지는 모르겠지만 아마도 890년 무렵이라고 추정되는 어느 날, 에스파냐를 출범한 사라센인들의 작은 배 한 척이 바람에 밀려 프로방스 해안의 한 고을, 오늘날의 생 트로페(Saint-Tropez)*15 근처에 표착(漂着)하였다. 표착자들은 낮 동안에는 숨어 지내다가 밤이 되면 빠져나와 인근 촌락의 주민들을 학살하였다. 이 후미진 고장은 산이 많고 숲으로 뒤덮여 있었기 때문에—그 당시 이곳은 물푸레나무의 고장, 곧 '프레네'(Freinet)1)라고 불리고 있었다—수비를 하기에는 유리한 곳이었다. 거의 같은 무렵 캄파니아의 몬테 아르젠토에서 활동하고 있던 자기네 동족과 꼭 마찬가지로, 이 사라센인의 무리는 가시나무 숲속의 언덕에 성채를 짓고 이곳으로 패거리를 불러들였다. 이렇게 해서 비적들의 무시무시한 소굴이 생겨났다. 프레쥐스(Fréjus)*16가 약탈당했던 것을 제외하고는, 도시들은 성벽에 둘러싸여 수비되고 있었기 때문에 직접적으로 당하는 일은 없었던 듯하다. 그러나 바닷가에 아주 가까운 지대의 농촌은 무지막지하게 약탈당하였다. 뿐만 아니라 프레네의 약탈자들은 수많은 주민들을 사로잡아 에스파냐의 시장에 내다 팔았다.

더욱이 오래 지나지 않아 그들은 내륙지방에까지 꽤 깊숙이 침입해

---

*15 프랑스 남부의 도시. 지중해의 생 트로페 만에 면해 있다.

1) 이 이름에 대한 기억은 바로 라 가르드 프레네(La Garde-Freinet)라는 현재의 촌락 이름에 담겨 전해지고 있다. 그러나 사라센인들의 요새는 해변에 자리잡고 있었지 내륙에 있는 라 가르드 마을에 위치하고 있지는 않았다.

*16 프랑스·이탈리아 국경, 알프스 서부의 언덕 마을.

들어가게 되었다. 그러나 그들은 분명히 수효가 아주 적었기 때문에, 주민이 비교적 많고 요새화되어 방비되는 도시나 성채로 둘러싸여 있는 론 강 유역 지방에서는 선뜻 모험을 하려 들지 않았던 것으로 보인다. 이에 반해 알프스 산악지대에서는 소규모 약탈단이 산맥에서 산맥으로, 울창한 숲에서 숲으로 훨씬 더 깊숙이 출몰할 수 있었다——물론 산길에 익숙한 사람들이어야 그럴 수 있었다는 이야기인데, 에스파냐의 시에라(Sierra)나 마그레브(Maghreb)*17의 산악지방에서 온 이 사라센인들은 생 갈(Saint-Gall, 장크트 갈렌) 수도원의 한 수도사가 말했던 대로 '영락없는 염소들'이었다.

뿐만 아니라 알프스 지방은 겉보기와는 달리 약탈의 대상으로서도 가볍게 보아 넘길 수 없는 땅이었다. 비옥한 골짜기들이 그 안에 자리잡고 있어서, 주변의 높은 산에서 이곳을 기습하기란 식은 죽 먹기와도 같았다. 이를테면 그레지보당(Graisibodan)*18 계곡이 그러하였다. 여기저기 세워져 있는 수도원들은 더할 나위 없이 입맛 당기는 약탈의 표적이었다. 수자(Susa)*19를 내려다보고 있는 노발레자(Novalesa) 수도원은 이미 대부분의 수도사들이 도망가고 비어 있다시피 하였는데, 906년에는 그나마 약탈당하고 불타버렸다.

무엇보다도 이 알프스 산맥의 골짜기로는 상인이라든가 사도들의 묘지에 참배하기 위해 로마로 가는 '순례자들'이라든가 하는 소규모 여행자들의 무리가 지나다니곤 하였다. 길목에서 여행자들이 지나가기를 기다렸다 습격하는 것처럼 매혹적인 일이 또 어디 있겠는가. 920년이나 921년에 이미 앵글로색슨의 순례자들이 골짜기 길에서 돌덩이에 맞아 짓눌려 죽었으며, 이러한 습격은 그뒤로도 자주 되풀이되었다.

---

*17 북아프리카의 모로코 · 알제리 · 튀니지의 해안지역을 가리키는 고대의 지리적 명칭.

*18 프랑스 동남부, 이제르 호반의 분지.

*19 이탈리아 북서부 알프스 산기슭의 마을.

아랍인 게릴라 부대(djichs)는 놀랄 만큼 먼 북쪽 지방에까지 서슴지 않고 모험의 길을 떠나곤 하였다. 그들은 940년, 라인 강 상류 유역과 발레(Valais)에 출몰하면서, 이곳에 있는 유명한 생 모리스 다곤(Saint-Maurice d'Agaune) 수도원을 불태워버렸다. 같은 무렵, 생 갈 수도원의 수도사들이 교회 둘레를 조용히 행렬지어 걷고 있을 때 약탈자들의 한 분견대가 화살을 쏘아 수도사들의 몸을 벌집으로 만들어버렸다. 이 약탈자들의 무리는 수도원장이 급히 소집한 소규모 예하(隸下) 부대에 쫓겨 달아났다. 몇몇 사라센인 포로가 수도원 안으로 끌려왔는데, 그들은 의연하게도 굶어죽는 운명을 택하였다.

알프스 지방이나 프로방스 농촌 지역의 치안을 유지한다는 것은 그 당시의 여러 국가들의 힘을 벗어나는 일이었다. 해결책이라고는 프레네에 있는 약탈자들의 본거지를 파괴해버리는 것밖에 없었다. 그러나 여기에는 새로운 장애가 발생하였다. 사라센인들의 증원군이 들어오는 바다에서 이들의 성채에 이르는 길을 차단하지 않는 한, 이 성채를 포위한다는 것은 불가능하였다. 그런데 이 지방의 국왕—서쪽으로는 프로방스와 부르고뉴의 왕, 동쪽으로는 이탈리아 왕—이나 또 그들의 백작들 가운데 자기 마음대로 이용할 수 있는 함대를 가진 자는 아무도 없었다.

기독교도들 중에서 전문적인 기술을 가진 뱃사람은 그리스인들뿐이었는데, 그나마 그들조차도 때로는 사라센인들과 꼭 마찬가지로 항해 기술을 이용해서 해적질을 하곤 하였다. 848년에만 해도 그리스 출신 해적들이 마르세유를 노략질하지 않았던가. 물론 931년과 942년 두 차례에 걸쳐서 비잔티움 제국 함대가 프레네 앞바다에 나타나기는 하였다. 적어도 942년의 경우를 볼 때 이 사건은 분명히—그리고 추정하건대 이보다 11년 전의 경우에도 마찬가지였다—프로방스 지방에 지대한 관심을 가지고 있던 이탈리아 국왕 위그 다를(Hugue d'Arles)의 요청에 따른 것이었다. 그러나 두 차례에 걸친 기도는 아무 성과 없이 끝나고 말았다. 더구나 942년에는 위그 자신이 바로 싸움이 한창 진행되는 도중에 꽁무니를 빼면서, 롬바르디아 왕국의 왕위를 노리는 자기의 한 경쟁자를 지원할 증원군이 알프스 산맥을 통과하는 것을 사라센인들의 원조로써 저지하기 위해 사라센인들과 동맹을 맺으려고까지 생각하지 않았던가.

그후 951년에는 동프랑크—오늘날에는 독일이라고 일컫는다—의 국왕 오토 대제가 롬바르디아인들의 국왕이 되었다. 그의 의도는 중부 유럽과 나아가 이탈리아에까지 그가 원하는 세력, 즉 카롤링거 왕조의 왕들처럼 기독교적이고 평화를 가져오는 세력을 구축하려는 것이었다. 오토 대제는 샤를마뉴의 후계자를 자처하면서(실제로 그는 962년 샤를마뉴의 후계자로서 제관을 쓰게 되었다) 사라센인들의 추악한 노략질에 끝장을 내는 것이 자신의 사명이라고 믿었다. 먼저 그는 외교적인 방법을 통한 해결을 시도하여, 코르도바에 있는 칼리프를 설득해서 사라센인들로 하여금 프레네에서 철수하도록 명령을 내리게 하려고 애썼다. 이어서 오토 대제는 스스로 원정에 나설 것을 꾀하였으나 이는 결국 실현되지 못하였다.

그러는 동안 972년에 약탈자들은 아주 유명한 인물 하나를 납치하였다. 클뤼니(Cluny) 수도원[20]의 원장 마이욀(Maïeul)이 이탈리아에 갔다가 돌아오는 도중 드랑스(Dranse) 계곡에 있는 그랑 생 베르나르(Grand Saint-Bernard) 고갯길에서 매복해 있던 사라센인 산적들의 기습을 받고 잡혀 산간의 그들 은신처 가운데 한 군데로 끌려갔던 것이다. 이곳은 사라센인들이 약탈활동의 본거지까지 되돌아갈 수 없을 때 흔히 이용하던 곳이었다. 마이욀 수도원장은 그의 휘하에 있는 수도사들이 거두어 모은 거액의 몸값을 지불하고서야 겨우 풀려나왔다. 그런데 수많은 수도원을 개혁한 이 마이욀이라는 인물은 존경받는 사람이

---

*20 프랑스 동부의 수도원. 옛 마콩 지방, 현재의 손 에 루아르 주의 수도에 위치한다. 910년 아키텐 공 기욤이 베네딕투스회의 수도원으로 창건했는데, 이곳이 바로 그레고리우스 교황에 의한 교회개혁운동의 중심이 되었다.

었고 양심의 지도자였으며, 또 감히 말하자면, 많은 국왕과 제후들, 특히 프로방스 백작 기욤(Guillaume)의 측근 성인이기도 하였다. 기욤 백작은 신성을 모독한 이 산적패거리들이 자기네 본거지로 되돌아가는 것을 추격하여 그들에게 막대한 타격을 가했다. 이어서 론 강 유역의 수많은 영주들을 자신의 지휘 아래 집결시킨—나중에 이 영주들은 다시 경작할 수 있게 된 토지를 분배받았다—기욤 백작은 프레네에 있는 약탈자들의 요새에 일대 공격을 가하였다. 이번에는 이 성채도 함락되고 말았다.

사라센인들에게 이것은 유럽 내륙에서 전개되어온 대규모적인 약탈 행위의 끝장을 뜻하는 것이었다. 물론 아직도 프로방스의 해안지방은 이탈리아 해안지대와 마찬가지로 그들의 습격을 받을 위험에 노출되어 있었다. 11세기가 되어서도 레랭(Lérins) 제도[*21]의 수도사들은 이런 식으로 아랍인 해적들에게 잡혀 에스파냐로 끌려간 기독교도들을 되사오는 활동에 크게 골몰하고 있었다. 1178년에는 마르세유 인근 지역이 습격을 받아 많은 사람들이 사로잡혔다. 그러나 프로방스 해안과 알프스 산록의 농촌에서는 다시 밭을 갈 수 있게 되었고, 알프스의 통행로는 안전도를 따져볼 때 유럽의 다른 모든 산간 교통로나 꼭 같은 상태를 회복하게 되었다.

또한 지중해 자체에서도 피사 · 제노바 · 아말피(Amalfi) 등의 이탈리아 상업도시들이 11세기 초 이래 공세를 취하기 시작하였다. 이들 상업도시는 사르데냐에서 이슬람 교도들을 몰아내고, 다름아닌 마그레브 지역의 항구들과 에스파냐의 항구들에서까지 이들을 색출하면서(각기 1015년과 1092년), 때를 맞추어 지중해의 이 해역에서도 다른 세력을 소탕하는 데 착수하였다. 이 해역이 최소한 어느 정도만이라도 안전해야 한다는 것은—지중해에서는 19세기에 이를 때까지 이러한 상태가

[*21] 프랑스 남쪽 지중해의 섬. 400년경 성 호노라투스가 은자들의 공동체를 세운 것으로 유명하다.

지속된다——이들 도시의 상업을 위해서는 너무나 중요한 일이었다.

3. 헝가리인들의 공격

헝가리인들 또는 마자르인들은 훈족과 마찬가지로 유럽에는 거의 날벼락처럼 불쑥 나타났었다. 중세 저작자들은 이제 자기네들로서는 지극히 당연하게 헝가리인들을 너무나 잘 알게 된 터인지라, 로마의 저술가들이 헝가리인들에 대해 일찍이 아무런 언급도 하지 않았던 것을 보고 순진하게도 놀라움을 금치 못하고 있었다. 그러나 헝가리인들의 초기 역사는 훈족의 초기 역사보다도 오히려 훨씬 심한 어둠에 싸여 있다. 왜냐하면 서방측의 전승기록이 출현하기 훨씬 이전에 씌어진 중국측 역사기록은 '흉노'(凶奴, 훈족)의 과거사를 추적할 수 있는 자료를 제공하고 있으나, 헝가리인들에 관해서는 아무런 언급도 하지 않고 있기 때문이다.

이 새로운 침략자들도 역시 아주 뚜렷한 특징을 가진 아시아 초원지대의 유목민족 가운데 하나였음에는 틀림없다. 이 유목민들은 종종 아주 다양한 언어를 가지기는 했지만, 공통된 거주조건으로 말미암아 어쩔 수 없이 놀랄 만큼 비슷한 생활양식을 공유하고 있었으며, 말의 사육자이자 전사(戰士)였고, 암말의 젖이라든가 사냥과 어로(漁撈)에서 획득한 것들을 먹고 살았으며, 무엇보다도 주변의 농경민족들에게는 불구대천의 적이었다.

마자르어는 기본적인 특성으로 보아 이른바 핀우고르(Finno-Ugria) 어파[*22]에 속한다. 오늘날 이 말에 가장 가까운 언어는 시베리아의 몇몇 토착민 집단의 방언이다. 그러나 이동을 거듭해가는 과정에서 원초적인 종족적 특질은 투르크어권(語圈)의 많은 요소들과 한데 섞이게 되

---

*22 우랄 알타이어족에 속하는 동유럽과 북유럽 일대의 언어를 일컫는다. 핀어(語)의 대표로는 핀란드어, 우고르어(語)의 대표로는 헝가리어가 있다.

고, 투르크어권의 문명에서 강력한 영향을 받게 되었다.[2]

헝가리인이라는 이름이 처음으로 나타나는 833년에도 이미 이들은 아조프 해[*23] 부근의 정착민들——하자르(Khazar) 한국(汗國)[*24]과 비잔티움 제국의 식민도시들——에는 위협적인 존재였다. 그러다가 머지않아 헝가리인들은 그 무렵 지극히 활기에 넘쳐 있는 무역로였던 드네프르(Dnepr) 강의 통상로, 곧 북방의 모피며 러시아 삼림의 벌꿀과 밀랍 그리고 각지에서 사들인 노예 등이 수로에서 수로로, 시장에서 시장으로 운반되어 마침내 콘스탄티노플이나 아시아에서 온 상품이나 금과 교환되는 통로가 되었던 이 길을 틈만 나면 차단하려 위협하는 존재가 되었다.

그러나 헝가리인들은 우랄 산맥 너머에서 그들보다 뒤늦게 등장한 또 다른 유목민, 곧 페체네그인(Pecheneg)[*25]들에게 끊임없이 시달림을 받게 되었다. 마자르인들이 남쪽으로 진출하는 길은 불가리아 제국에 의해 철저하게 차단되어 있었다. 이와 같이 주변으로부터 압박을 받게 되자 헝가리인들의 일부는 훨씬 동쪽의 초원지대 깊숙한 곳으로 들어가기를 택했으며, 그 반면 그들 가운데 대부분은 896년경 카르파티아(Carpathia) 산맥을 넘어 티소(Tisza) 강[*26]과 도나우 강 중류 유역의

------

2) 헝가리라는 이름 자체는 십중팔구 투르크어일 것이다. 그런 한편 하나의 부족(tribus)에만 해당하는 이름이었던 것으로 보이는 마자르라는 명칭도 최소한 그 요소들 가운데 한 가지 점에서는 역시 투르크어 계통이었던 것으로 추정된다.

*23 흑해 북부의 후미. 케르치 해협과 흑해를 연결시켜주고 있다.

*24 하자르인들은 흑해 연안의 유목민들로, 7세기에 볼가 강 하류에서 카프카스 산맥 북부와 현재 러시아의 동남부 초원지대까지 이르는 강력한 국가를 건설하였다. 이를 하자르 한국이라 칭한다.

*25 9세기부터 북해 북안에 거주하면서 러시아인·비잔티움인과 항쟁하다가 12세기에 절멸된 몽고계 유목민족.

*26 헝가리의 강. 카르파티아 산맥에서 발원하여 도나우 강으로 흘러들어간다.

평원에 도달하였다.

4세기 이래 이민족 침입으로 인해 그토록 수많은 약탈 끝에 황폐화되었던 이 광대한 지역은 그 무렵 유럽의 인문지도상에서 거대한 공백지대를 이루고 있었다. 연대기 작가였던 프륌(Prüm)*27의 레기노(Regino)*28는 이 지방을 가리켜 '적막이 깃들인 곳' 이라 불렀다. 하지만 이 말을 지나치게 문자 그대로만 받아들일 것은 아니다. 일찍이 이 지방에서 대규모 정주지를 형성하며 살았던 사람들은 물론, 이 고장을 그냥 스치고 지나기만 했던 사람들까지 포함해서 어쨌든 그러한 다양한 인간집단들은 상당히 많은 낙오자들의 무리를 남기고 갔을 것임에 거의 틀림없기 때문이다. 특히 상당히 많은 수의 슬라브 부족들이 점점 이 지역에 침투해들어와 있었다.

그러나 거주지가 몹시 희박하게 분포했음은 의심할 여지가 없다. 마자르족의 침입 후 하천 이름을 포함해서 지명이 거의 완전히 바뀌었던 것이 그 증거이다. 더욱이 이 지역에는 샤를마뉴가 강력한 아바르인(Avar)*29들을 격파한 이후 침략자들에 맞서 강력하게 저항할 수 있을 만큼 강고하게 조직된 국가라고는 이미 존재하지 않았다. 오직 모라비아인(Moravia) 출신의 수장들만이 헝가리인들이 침입하기 바로 얼마 전에, 정식으로 기독교를 받아들인 상당히 강력한 영역제후령을 서북쪽 한 모퉁이에 세우는 데 성공했을 뿐이다. 요컨대 이 모라비아 공국은 순전히 슬라브인들에 의해 진정한 국가의 건설이 시도된 예(例)로는 최초의 것이었다. 906년에 헝가리인들의 공격으로 이 나라는 결정적으

---

*27 독일 라인 지방의 도시. 721년에 건설된 유명한 베네딕투스회 수도원이 있다.

*28 ?~915. 프륌의 수도원에서 교육받은 것으로 보이며 이 수도원의 원장을 역임하였다. 그리스도 기원부터 906년까지의 기독교 세계의 역사인 『연대기』를 썼다.

*29 400년경 중앙아시아에서 유럽 쪽으로 이동해온 우랄 알타이어계의 부족. 6, 7세기에 도나우 강 유역에 거주하면서 서유럽을 크게 압박하다가 8, 9세기에 샤를마뉴에게 격멸당하였다.

로 파괴되고 말았다.

이때부터 헝가리인들의 역사는 새로운 전기를 맞게 된다. 이미 그들은 진정한 의미에서의 유목민이라고 할 수 없게 되었다. 왜냐하면 그들은 오늘날 바로 그 민족의 이름으로 불리고 있는 헝가리 평원에 확고히 정착했기 때문이다. 하지만 그들은 이곳에 근거를 두고 주변의 여러 지방을 떼지어 공격하였다. 그들은 영토를 정복하려고 하지는 않았다. 그들의 의도는 약탈을 감행해서 많은 노획물을 가지고 항구적인 거주지로 되돌아오려는 것뿐이었다. 시메온(Simeon) 황제의 사망(927) 이후 불가리아 제국이 쇠퇴하면서 비잔티움령 트라키아에 이르는 길이 열리자 헝가리인들은 이 고장을 여러 번 되풀이해서 약탈하였다. 특히 서유럽의 방비는 훨씬 더 허술했기 때문에 헝가리인들의 약탈 대상이 되기가 더 쉬웠다.

헝가리인들과 서유럽인들 사이에는 일찍부터 접촉이 있었다. 카르파티아 산맥을 넘기 전인 862년에 이미 일단의 헝가리인 원정대는 게르마니아의 변경지방까지 진출한 적이 있었다. 그후 그들 가운데 몇 사람은 이 지방의 국왕이었던 아르눌프(Arnulf)*30에 의해 모라비아인들과의 한 전쟁에서 증원군으로 고용되기도 하였다. 899년에 헝가리인 무리는 포(Po) 강 평원을, 그리고 그 이듬해에는 바이에른 지방을 휩쓸었다.

이때부터 이탈리아, 게르마니아 그리고 곧이어 갈리아 등의 수도원에서 작성된 연대기에는 거의 해마다 빠짐없이 이 지방 저 지방에서 일어난 '헝가리인들의 약탈'에 관한 기록이 나타나고 있다. 특히 북부 이탈리아, 바이에른과 슈바벤 지방의 피해가 심했다. 일찍이 카롤링거 왕조가 변경관구(邊境管區)를 설치해서 휘하의 수도원에 토지를 분배해

---

*30 850~899. 바이에른 공과 서프랑크 왕 카를로만의 사생아. 867년에 샤를 뚱보왕을 폐하고 동프랑크의 국왕이 되었으며, 서프랑크에서 종주권을 인정받았다.

준 바 있는 엔스(Enns) 강*31 우안 지방은 송두리째로 헝가리인들 수중에 내버려질 수밖에 없었다.

그뿐 아니라 헝가리인들의 습격은 이 경계 훨씬 너머에까지 미쳤다. 일찍이 헝가리인들이 광대한 아시아 쪽 초원지대에서 되풀이하여 몸에 익혀왔었고, 훗날 도나우 강 유역의 규모가 좀더 작은 푸스타(puszta)에서도 계속 강행해왔던 기나긴 유목민적 이동의 행정(行程)이 그들에게 더할 나위 없이 좋은 훈련이 되었다는 점을 고려하지 않는다면, 그들의 행동반경이 얼마나 컸던가를 상상조차 할 수 없을 것이다. 일찍이 아시아 초원에 있었을 때부터 이들의 목양자(牧羊者)로서의 유목생활은 초원의 약탈자로서의 생활과 병행되었다고 할 수 있는 것으로, 노략질을 일삼는 유랑생활이 가능하도록 예비해왔던 셈이다.

북서쪽의 작센, 즉 엘베 강에서 라인 강 중류 유역까지 미치는 광대한 지역이 이미 906년에 공격을 받더니, 그후 여러 차례에 걸쳐 피해를 당하게 되었다. 헝가리인들은 이탈리아에서는 오트란토(Otranto)*32 지방까지 진출하였다. 917년에는 보주(Vosges) 삼림과 잘레(Saales) 고개를 넘어 뫼르트(Meurthe) 강 근처에 무리지어 있는 부유한 수도원까지 침투해들어갔다. 그뒤 로렌 지방과 북부 갈리아 지방은 헝가리인들에게 잘 알려진 약탈 대상 지역에 속하게 되었다. 이곳에서 그들은 다시 부르고뉴 지방과 루아르 강 이남의 땅에까지 모험을 꾀하였다. 이들은 평원 사람들이기는 했으나, 필요할 때에는 알프스 산맥을 넘는 것도 결코 서슴지 않았다. 924년 이들이 이탈리아를 출발해서 님(Nîmes) 지방*33을 급습한 것도 '이 산맥의 우회로를 통해서'였다.

헝가리인들은 조직적인 군대와의 전투도 반드시 피하기만 했던 것은 아니다. 이들은 몇 번인가는 직접 부딪치기도 했는데, 그때마다 승패의

---

*31 독일의 강. 도나우 강과 합류한다.
*32 이탈리아 반도의 동쪽, 이오니아 해에 면해 있는 지방.
*33 프랑스 남부, 가르 주의 주도.

결과는 다양하였다. 그러나 대개의 경우 이들은 잽싸게 지방을 훑고 지나가버리는 전법을 더 좋아하였다. 헝가리인들은 우두머리의 채찍질에 내몰려서 싸움터로 향해가는 야만인 바로 그 자체에 지나지 않았지만 그래도 어쨌건 가공(可恐)할 전사였으며, 싸우지 않으면 안 될 때에는 측면공격에 능란했고, 가차없이 진격했으며, 지극히 곤란한 사태도 교묘하게 타개하곤 하였다. 그들은 몇 군데의 하천이나 베네치아의 늪지대 같은 곳도 건너야 할 경우가 있었을 것이다. 그럴 때에는 짐승가죽이나 나무로 재빨리 배를 만들었다. 휴식하는 동안에는 초원지대 민족 특유의 천막을 설치하기도 했지만, 때로는 수도사들이 버리고 간 수도원 건물 속에 방어설비를 구축하고 이곳에서 출발하여 주변을 공격하기도 하였다.

그들은 원시인처럼 교활했으며 필요한 경우에는 협상을 위해서라기보다 오히려 정찰을 위해서 미리 파견해둔 사자(使者)들한테서 정보를 제공받음으로써, 서유럽 군주들의 어설프기 짝이 없는 책략을 재빨리 간파하곤 하였다. 그들은 침공하기에 특별히 유리한 왕권의 공위(空位) 기간을 잘 알아두고 있었으며, 기독교도 군주들 사이의 불화를 이용해서 적대관계에 있는 두 군주 가운데 어느 한편을 지원할 줄도 알았다.

어느 시대의 비적들이나 공통으로 써먹는 수법대로, 그들은 때로는 목숨만은 살려주겠다고 약속하고서 주민들에게서 금전을 받아냈을 뿐만 아니라 심지어는 이들에게 정기적인 공납을 강요하기까지 하였다. 곧 바이에른 지방이나 작센 지방은 몇 년간이고 이러한 굴욕을 감수하지 않을 수 없었다. 그러나 이러한 착취수법은 헝가리 본토에 인접한 지역에서밖에 실행될 수 없었다고 해도 별로 틀린 말이 아니다. 다른 고장에서는 잔인무도하게 살육하고 약탈하는 것으로 그쳤다.

헝가리인들도 사라센인들과 마찬가지로 요새화한 도시는 좀처럼 공격하지 않았다. 드네프르 강 유역에 처음 몇 번인가 원정했을 때 키예프의 성벽 밑에서 이미 실패했던 것처럼, 그러한 모험의 감행은 대개 실패로 끝나곤 하였다. 주요도시 가운데 그들이 쉽사리 약탈할 수 있었던 것은 파비아(Pavia)뿐이었다. 그들은 농촌지역에 외따로 떨어져 있거나 도시 밖의 변두리 지역에 자리잡은 마을이나 수도원에는 특히 두려운 존재였다.

그들은 무엇보다도 사람을 사로잡는 일에 열중했던 것으로 보이는데, 이럴 때에는 가장 좋은 사람만을 골라잡으려고 애썼다. 그러면서 때로는 자기네 필요나 향락을 충족시키기 위해서, 하지만 그보다는 주로 팔아먹을 목적에서 젊은 여자나 아주 어린 소년들만을 살려둔 채, 그밖의 모든 주민들을 몰살해버리기도 하였다. 헝가리인들은 기회만 있으면 이 인간 가축들을 서유럽 시장에까지 거침없이 내다 팔았는데, 구매자들 모두가 이들이 누구인지 눈여겨 살펴보고 사지는 않았기 때문에 이것은 얼마든지 가능한 일이었다. 954년 보름스(Worms) 근처에서 잡힌 귀족가문 출신의 한 소녀가 바로 그 도시에서 경매에 부쳐진 적이 있었다.[3] 이 불행한 포로들을 도나우 강 유역까지 끌고 가서 그리스 상인들의 손에 넘겨버리는 경우는 더욱 흔하였다.

4. 헝가리인 침입의 종식

한편, 남부 독일이 약탈당하고 있다는 소식을 접한 동프랑크의 국왕 오토 대제는 955년 8월 10일, 귀로에 오른 헝가리인들 무리를 레히(Lech) 강[*34] 기슭에서 공격하였다.[*35] 피비린내 나는 전투 끝에 그는 승리를 거두었으며 쫓겨가는 적을 추격하기까지 해서 그들을 격파할 수 있었다. 이렇게 응징당한 이 시도가 약탈을 위한 헝가리인들의 원정으로는 마지막이 될 터였다. 그뒤로 헝가리인들과의 관계는 고작해야 바이에른 지방의 변경에서 '국경' 분쟁이 일어나는 정도의 것에 지나지

---

3) Lantbertus, *Vita Heriberti*, c. I, *M. G. H.*, *SS.*, t. IV, p.741.
*34 오스트리아 남서부에서 발원하여 도나우 강으로 흘러들어가는 강.
*35 이른바 레히펠트(Lechfeld) 전투.

않게 되었다.

얼마 안 있어서 오토 대제는 카롤링거 왕조의 전통에 따라 국경지대의 군관구를 재편성하였다. 그리하여 두 개의 변경백령(邊境伯領, marche, Mark)이 설치되었다. 하나는 알프스 산중의 무르(Mur) 강 유역에, 다른 하나는 더 북쪽의 엔스 강 유역에 세워졌다. 후자는 오래 지나지 않아 동부군관구(東部軍管區)——오스트리아라는 이름의 유래가 된 오스타리히(Ostarrichi)——라는 명칭으로 알려지게 되었는데, 이 변경백령의 영역은 10세기 말에는 빈의 숲에까지 미쳤으며, 11세기 중엽에는 라이타(Leitha) 강[*36]과 모라바(Morava) 강[*37]까지 확장되었다.

레히 강 기슭에서의 전투 성과가 비록 찬란하기는 했지만, 또한 이것이 심리적인 타격을 가져다 준 것도 사실이지만, 이와 같은 단 한 번의 전투만으로 노략질이 완전히 종식될 수 있었다고 보기는 어려울 것이다. 헝가리인들은 본토까지 공격당하지는 않았기 때문에 일찍이 샤를마뉴 때 아바르족이 겪었던 것처럼 박멸당하는 일 같은 것은 결코 없었다. 이미 여러 차례의 약탈부대가 참패당한 적이 있는 헝가리인들이었던 만큼 일개 약탈부대가 패퇴했다고 해서 이것으로 그들의 생활방식이 바뀔 수는 없는 노릇이었다.

그런데 실상을 살펴보면 헝가리인들의 약탈행각은 예전처럼 맹렬하기는 하면서도 926년경부터는 그래도 그 횟수가 점점 줄어들고 있었다. 이탈리아에서도 역시 954년 이후에는 결정적인 전투도 없이 그들의 습격이 그쳤다. 남동 방면에서도 960년부터 트라키아로의 침입이 줄어들어 대수롭지 않은 소규모 비적행위만이 행해졌을 뿐이다. 그러니, 일련의 심층적인 요인들이 점점 효과를 거두면서 이같은 결과를 가져왔음은 의심할 나위가 없다.

서유럽을 휩쓴 오랫동안의 떠돌이 생활은 헝가리인들의 옛 습관의

---

*36 오스트리아와 헝가리를 가르며 도나우 강으로 흘러들어가는 강.
*37 세르비아 지방 전역을 거쳐 도나우 강으로 흘러들어가는 강.

연장(延長)이었지만, 과연 이것은 마냥 수확이 크고 행운에 넘치는 것이기만 하였을까. 모든 것을 고려해볼 때 별로 그렇지 않았다. 이 약탈자 떼거리는 그들이 지나가는 곳에 엄청난 피해를 입혔다. 그러나 막대한 양의 노획물을 가지고 되돌아온다는 것은 사실상 불가능하였다. 노예들은 도보로 뒤따라왔음에 틀림없는데, 그렇기 때문에 약탈단의 이동을 더디게 할 우려가 있었고, 더구나 이들이 도망하지 못하게 감시하기도 쉽지 않았다. 사료에는 도망노예에 관한 기록이 자주 나오고 있다. 이를테면 랭스 지방의 한 주임신부는 베리(Berry)[*38]까지 끌려갔었는데, 어느 날 밤 침략자들의 눈을 피해 동행자 무리 속에서 빠져나와 며칠 동안 늪지에 숨어 있다가 온갖 위험한 고비를 넘긴 후 마침내 자기 마을로 되돌아올 수 있었다.[4]

귀중품을 옮기는 데에는 수레가 이용되었지만 당시의 형편없는 도로사정을 생각해보거나 또 적지(敵地) 한복판에서 수송해야 되었다는 사정을 감안해볼 때, 이는 노르만인들이 유럽의 편리한 수로를 따라 배를 이용하였던 것에 비해 훨씬 더 불편하고 훨씬 더 불완전한 수송수단이었다. 황폐화한 농촌에서는 말의 먹이를 제대로 구하기 힘든 경우도 많았다. 그래서 비잔티움 제국의 장군들은 "헝가리인들이 전쟁에서 부딪치는 커다란 장애는 목초지가 부족한 데에서 비롯된다"[5]는 점을 잘 알고 있었다.

원정중에는 여러 번의 전투를 감당할 수밖에 없었다. 그래서 설사 승리를 거두었다고 하더라도 약탈부대는 이같은 게릴라 전법으로 인해 수많은 사망자를 남긴 채 돌아오곤 하였다. 더구나 전염병도 몰살의 원인이었다. 랭스의 성직자 플로도아르(Flodoard)[*39]는 그가 매일 작성한

―――――――――――

*38 프랑스 중부, 현재의 앵드르 주와 셰르 주에 해당.

 4) Flodoard, *Annales*, 937.

 5) Léon, *Tactica*, XVIII, 62.

*39 894~966. 연대기 작가이자 시인. 『연대기』(919~966년 부분만 현존), 『프랑스 교회사』, 『잉글랜드와 팔레스티나의 성인의 승리』 등의 저작을 남겼다.

『연대기』에서 924년에 일어난 사건들의 기록을 마치면서, 님 지방에 침입한 약탈자들 대부분이 이질성 '역병'으로 쓰러졌다는 소식을 접하고는 기쁜 마음으로 바로 이 소식을 써넣었던 것이다. 더욱이 날이 갈수록 요새화한 도시나 성채가 늘어남에 따라 약탈하기에 참으로 유리한 유일한 곳이었던 무방비지대가 줄어들었다.

마침내 930년을 전후한 시기부터는 악몽 같은 노르만인들의 침략이 거의 자취를 감추게 되었다. 이제부터 국왕이나 제후들은 헝가리인들에게 적극적으로 대응할 수 있게 되었고, 또한 더욱 조직적인 방법으로 저항할 수 있게 되었다. 이러한 관점에서 볼 때 오토 대제의 결정적인 업적은 레히펠트(Lechfeld) 전투에서 승리한 것에 있다기보다 변경백령의 설치에 있었다. 이렇게 볼 때 헝가리인들이 이익은 줄어드는 반면 희생자는 점점 많이 내고 있었음에 틀림없는 이런 종류의 기도(企圖)를 포기하게 된 데에는 여러 가지 요인이 작용하고 있었던 것이 사실이다. 그러나 이러한 요인들이 그토록 강력하게 작용할 수 있었던 것은 같은 시기에 마자르인들의 사회 자체도 중대한 변화를 겪고 있었다는 사실을 빼놓고는 생각할 수 없다.

이 점에 관해서는 유감스럽게도 원사료가 거의 없다. 다른 뭇 민족과 마찬가지로 헝가리인들도 기독교로 개종하고 라틴 문화권에 발을 들여놓은 뒤에야 비로소 연대기를 작성하기 시작했기 때문이다. 그렇기는 하지만 헝가리인들 사이에서는 목축과 함께 농경도 점차 자리잡아가고 있었음을 엿볼 수 있다. 그러나 그 변화는 아주 서서히 일어났으며, 이 때문에 목양민들의 철저한 유목생활 시기와 순수한 농경민들의 공동체가 확고히 정착되는 시기 사이에는 과도기적인 거주형태가 오랫동안 지속되었다.

1147년 십자군 원정에 참가해서 도나우 강을 따라 내려가보았던 바이에른 지방의 주교 오토 폰 프라이징(Otto von Freising)[40]은 덕분에

---

[40] 1114?~58. 독일의 성직자이며 역사가. 신성로마 제국 황제 하인리히 4세

그 무렵의 헝가리인들의 생활을 관찰할 수 있었다. 갈대로 된 오두막 집—간혹 나무로 된 것도 있기는 하였다—은 추운 겨울에만 피신처로 사용되었을 뿐이다. "그들은 여름철과 가을철에는 천막 속에서 살았다." 이같은 교체식 주거제(交替式 住居制)는 그보다 조금 일찍 아랍의 어느 지리학자가 볼가 강 하류 지역 불가르인들의 주거에 관해 기록한 것과 똑같은 것이다. 취락은 아주 작았고 이동성이 있었다. 헝가리인들이 기독교로 개종한 뒤인 1012년부터 1015년 사이에 열린 종교회의(synode)는 촌락이 교회에서 너무 멀리 떨어져 있는 것을 금하였다. 촌락이 너무 멀리 떨어져 있는 경우에는 벌금을 물고 "되돌아와야만" 하였다.[6]

어쨌든 말을 타고 아주 멀리 돌아다니는 관습은 사라져가고 있었다. 무엇보다도 곡식을 수확해야 한다는 염려 때문에라도 이제부터는 여름철에 약탈을 위해 대대적으로 이주하는 것이 불가능해졌음에 틀림없다. 이같은 생활양식상의 변화는 아마도 마자르인 집단 사이에 외래적인 요소—오래 전부터 이미 사실상의 정착생활을 해왔던 여러 슬라브 부족과 서유럽의 옛 농촌 문명권 출신 포로들—가 흡수됨으로써 더욱 촉진된 것으로 추정되거니와, 여하튼 심대한 정치적 변화와 보조를 함께 하고 있었다.

예전의 헝가리인들 사이에서는 혈연적인 또는 혈연적이라고 생각되는 소규모 사회들 위에 이보다 훨씬 광범하지만 다소 유동적인 집단들이 존재하고 있었음을 우리는 어렴풋이나마 알 수 있다. 즉 전투가 일단 끝나자 그들은 "그들의 씨족($\gamma\acute{\epsilon}\nu\eta$, 게네)과 그들의 부족($\phi\nu\lambda\acute{\alpha}\iota$, 필라이)으로 각각 흩어져감을 볼 수 있다"고 비잔티움 황제였던 레온

의 손자. 프라이징의 주교. 『두 국가에 대해』 『프리드리히 1세 업적록』 따위를 남겼다.

6) K. Schünemann, *Die Entstehung des Städtewesens in Südosteuropa*, Breslau, s.d., pp.18~19.

(Λέων) 현제(賢帝)*41는 쓰고 있는 것이다. 요컨대 이는 오늘날에도 아직 몽골에서 찾아볼 수 있는 조직과 상당히 비슷하다.

헝가리 민족이 흑해 북쪽에 체류하고 있던 동안에 이미 하자르 한국을 본떠 소집단의 모든 수장들 위에 한 사람의 '대영주'(大領主, Grand Seigneur, 그리스어 사료나 라틴어 사료에서 다 같이 이 용어를 쓰고 있다)를 선출해 옹립하려는 시도가 한때 있었다. 이리하여 선출된 자가 아르파드(Árpád)라는 사람이었다. 통일된 국가가 형성되었다고 말하기는 결코 불가능하겠지만 이때부터 아르파드조(朝)는 자기네가 명백히 지배자적인 지위를 가져 마땅한 존재라고 생각하게 되었다. 10세기 후반 이 왕조는 싸움 없이 이 민족 전체에 대한 지배권을 확립하는 데 성공하였다. 정착하게 된, 또는 최소한 별로 넓지 않은 영토 안에서 돌아다니는 것에 지나지 않게 된 주민들은 끊임없이 이산(離散)할 수밖에 없게 되어 있는 유목민들보다 더 쉽게 복종하였다.

아르파드의 후손인 바이크 공(이슈트반 1세)이 1001년에 국왕의 칭호를 획득했을 때 이러한 과업은 달성된 것으로 보였다.[7] 약탈과 방랑을 일삼던 유목민의 상당히 엉성한 집단이 서유럽의 왕국 또는 영역제후령과 같은 방식에 의해, 그리고 상당한 정도로 바로 이러한 국가들을 모방하기도 하면서, 자기네 자그마한 모퉁이 땅에 확고히 뿌리박은 한 국가로 탈바꿈한 것이다. 즉 아주 흔히 볼 수 있는 대로 격렬한 분쟁이라 할지라도 문명간의 접촉을 막지는 못했고, 그래서 더 발달된 문명이 더 원시적인 문명에 영향을 미치는 것을 가로막을 수 없었던 것이다.

더욱이 서유럽의 정치제도는 그 자체만으로 영향을 미친 것이 아니

---

*41 비잔티움 황제. 재위 886~912. 정치나 전쟁보다 학문을 더 좋아하여 사라센인들이나 불가르인들에게 군사적인 패배도 당하였으나, 법제를 정비하여 법전을 반포했으며 많은 시들을 남겼다.

7) 헝가리인들의 왕국 건설과 관련된 상당히 어둠에 싸여 있는 사정에 관해서는 P. E. Schramm, *Kaiser, Rom und Renovatio*, t. I, 1929, p.153 et suiv.를 참조하라.

었다. 이보다 더 심층적으로 침투하면서 정신세계 전체의 변화를 가져온 기독교의 도입이 이와 때를 같이하여 이루어졌기 때문이다. 바이크가 스스로를 국왕으로 선언했을 때 그는 이미 이슈트반(Istvan)[*42]이라는 이름으로 세례받은 몸이었으며, 교회는 그를 성자의 반열에 올려놓음으로써 이 이름을 후세에 전하게 되었다.

모라비아에서 불가리아와 러시아에 이르는 동유럽의 광대한 종교적 '무인지대' 전역이 다 그러했던 것과 마찬가지로 비기독교 사회인 헝가리도 처음부터 기독교의 양대체계, 즉 이 무렵부터 이미 아주 뚜렷이 구분되는 체계로서 기독교 세계를 양분시키고 있던 비잔티움 교회와 로마 교회를 각각 대표하는 복음전도사 무리의 선교 경쟁지역이 되었다. 헝가리의 수장들은 콘스탄티노플에서 세례를 받았으며, 그리스 교회의 전례(典禮)를 따르는 수도원이 11세기에 이를 때까지 헝가리에 존속하였다. 그러나 비잔티움의 선교사들은 너무나 멀리 떨어진 곳에서 왔기 때문에 경쟁자들에게 밀려 마침내 세력을 잃게 되었다.

개종 작업은 헝가리 왕실 내에서 사전준비가 이루어져 있었던 것으로서—이는 기독교에 접근하고 싶다는 의사를 이미 확증해주는 방법인 결혼을 통해 이루어졌다—바이에른 지방 출신 성직자들에 의해 적극적으로 전개되었다. 971년부터 991년까지 파사우(Passau)[*43]의 주교직에 있었던 필그림(Pilgrim) 주교는 특히 이 사업을 자신의 주된 임무로 삼았다. 그는 마그데부르크가 엘베 강 너머의 슬라브인들을 위해 수행하였고, 브레멘이 스칸디나비아 주민들을 위해 자임하였던 것과 같은 선교 중심지로서의 역할을 헝가리인들을 위해서는 파사우 교회가 수행하게 되기를 열망하고 있었다. 유감스럽게도 마그데부르크나 브레멘과는 달리 파사우는 잘츠부르크 대주교구의 관할을 받는 단순한 주교구에 지나지 않았다.

[*42] 이슈트반은 헝가리식 이름이고, 그 라틴어형은 스테파누스(Stephanus)이다.
[*43] 독일 남부 바이에른의 도시.

하지만 그것은 별 문제가 되지 않았다. 파사우 교구는 실제로는 8세기에 설치된 것이었는데도 이곳 주교들은 자신들이 로마 시대부터 도나우 강변에 있는 요새화한 도시 로르히(Lorch)에서 주교직을 가지고 있던 사람들의 후계자라고 여기고 있었다. 필그림은 자기 주변의 수많은 성직자들이 물리치지 못하고 무릎꿇고 말았던 바로 그 유혹에 빠져, 로르히가 '판노니아'(Pannonia)*44 대주교좌(大主敎座, métropole)의 중심지였다는 주장을 뒷받침할 일련의 허위문서를 날조하게 하였다. 남은 문제는 이 옛 로마 속주였던 지방을 재편성하는 것뿐이었다. 잘츠부르크와의 모든 관계를 끊고 자칭 옛 지위라는 것을 되찾기만 한다면 파사우를 중심으로 해서 헝가리인들의 '판노니아'에 새로운 주교구를 집결시키고 이를 위성(衛星)교구로서 거느릴 수 있을 것이라는 속셈이 있었다. 그렇지만 교황들도 황제들도 이에 설득당하지 않았다.

마자르족의 군주들로 말하자면 세례를 받을 마음의 준비가 되어 있기는 했지만 독일의 고위 성직자들에게 종속당하고 싶지는 않다는 생각이 간절하였다. 그들은 오히려 체코인 성직자나 심지어는 베네치아 출신 기독교 승려들을 선교사로, 그리고 나중에는 주교로 임명하는 편을 택하였다. 그래서 1000년경 이슈트반이 자기 나라의 교회 위계제도를 조직화했을 때에도 그는 교황의 동의를 얻어 이 교회조직을 자체적인 대주교의 권위에 복속시켰던 것이다. 이슈트반이 죽은 뒤 왕위 계승 문제를 에워싼 싸움이 벌어져 그때까지 이교도로 남아 있던 몇몇 수장들의 영향력이 한때나마 상당히 회복되기는 했지만, 이것이 궁극적으로 이슈트반의 업적에 심각한 손상을 입히지는 못하였다.

대관(戴冠)을 받은 국왕과 대주교에 의해 도입된 기독교가 점점 더 심층적으로 영향을 미침으로써, '스키티아'(Scythia)*45의 여러 민족들

---

*44 도나우 강과 일리리쿰 사이의 지역.

*45 현재 러시아에 포함되어 있는 유라시아 지역의 옛 지명. 스키티아의 유목민들은 대부분 북해 북쪽과 동북쪽의 초원지대 그리고 아랄 해 동부지역에 거

중에서 가장 나중에 도래한 민족——이는 오토 폰 프라이징이 헝가리인들을 지칭하여 사용한 말이다——은 결국 그전까지 지녀왔던 엄청나게 규모가 큰 약탈의 전통을 포기하였고, 이후로는 농경지와 목장이라는 불변의 지평선을 벗어나지 않게 되었다. 인접한 독일의 통치자들과의 사이에 아직도 전쟁이 자주 벌어지기는 하였다. 그러나 이때부터 전쟁은 두 정착민족의 국왕들 사이의 대립으로 나타났던 것이다.[8]

주하였다.

8) 유럽 내에서도 '봉건제의 외곽에 위치한' 지역에서의 인종분포의 역사는 이 책의 내용과는 전혀 직접적인 관계가 없다. 그러나 도나우 강 평원에 헝가리인들이 정착함으로써 슬라브인 집단이 두 쪽으로 나뉘어버리게 된 것은 염두에 두자.

제2장

노르만인들

1. 스칸디나비아인 침입의 일반적 성격

유틀란트 반도 이남에 거주하면서 게르만어 계통의 언어를 사용하고 있던 모든 주민은 샤를마뉴 이래 기독교도가 되고 프랑크 왕국에 편입되면서 서유럽 문명의 영향권 아래에 놓이게 되었다. 이와는 반대로 더 먼 북쪽 지방에는 게르만족에 속하면서도 독립을 지키면서 특수한 전통을 유지해온 다른 부족들이 살고 있었다.

그들의 언어는 상호간에도 달랐지만 게르마니아 본고장의 여러 방언들과는 훨씬 더 큰 차이를 보여주는 것으로, 공통의 모어(母語)에서 파생된 지 얼마 안 되는 다른 어계(語系)에 속해 있었다. 이 어계를 오늘날 우리는 스칸디나비아어계라고 부른다. 더 남쪽에 있는 인접지역의 문화와 비교할 때, 그들 문화의 독특한 성격은 서기 2, 3세기에 발트해 연안과 엘베 강 어귀 일대의 게르만족 거주지역을 텅 비게 만들고, 수많은 매개적·점이적(漸移的) 요소들을 사라져버리게 하는 계기가 된 민족대이동 이후에 결정적으로 드러나게 되었다.

이들 최북단 지역의 주민들은 단순히 무수한 부족들이 죽 널려진 상태를 이루고 있지는 않았지만, 그렇다고 단일한 종족을 형성하고 있지도 않았다. 이 지역 주민들은 다음과 같이 구분되고 있었다. 즉 스칸디나비아 반도와 여러 섬들 그리고 조금 나중에는 유틀란트 반도에까지 퍼진 데인인(Dane)들, 오늘날 스웨덴의 외스테르예틀란드(Öestergö-tland)와 베스테르예틀란드(Vestergötland)라는 두 주의 이름 속에 아직도 그 흔적을 남기고 있는 예타인(Göta)들,[1] 멜라른(Mälaren) 호수[*1] 주변의 스웨덴인들, 마지막으로 광대한 삼림과 반쯤은 눈으로 뒤덮인 황야 및 얼음으로 두절되었으나 낯익은 바닷길로 서로 연결되고 있어 얼마 후 노르웨이라고 일컬어지게 되는 지방의 골짜기와 해안을 차지하고 있던 다양한 토착민집단 등등.

그렇지만 이들 여러 집단은 너무나도 두드러진 하나의 종족으로서의 면모를 보여주고 있었고 또한 틀림없이 아주 빈번하게 통혼을 행하고 있었기 때문에 인근 사람들은 그들을 공통의 이름으로 불러야겠다고 생각하지 않을 수 없었다. 원래 정체를 잘 알 수 없는 존재인 외래인(外來人)의 특징을 나타내고자 할 때에는 그가 처음 모습을 드러낸 지평선상의 한 지점을 가리키는 것만큼 안성맞춤인 것도 없다고 생각되었던지라, 엘베 강 서쪽의 게르만인들은 이들을 단순히 '북쪽 사람', 곧 노르트만(Nordman)이라고 일컫는 것이 보통이었다.

신기한 것은 이 말이 이국적인 형태를 가지고 있는데도 갈리아 지방의 로망스어 계통 주민들에게도 그대로 받아들여졌다는 점이다. 그 까닭은 그들이 '노르만이라는 미개민족'과 직접 접하여 알게 되기 전에, 인접지역에서 흘러들어오는 소문을 통해 노르만의 존재가 미리 그들에게 알려져 있었기 때문이거나, 아니면 좀더 그럴듯한 추정으로서, 9세기 초에 국왕의 관리들이 대부분 아우스트라시아 지방 가문들 출신이

---

[1] 스칸디나비아인에 속하는 이들 예타인들과 게르만족 침입의 역사에서 그토록 중요한 역할을 했던 고트인들과의 관계는 까다로운 문제를 제기하고 있는데, 전문가들 사이에서도 이 문제에 대해서는 의견의 일치가 거의 이루어지지 않고 있다.

[*1] 스톡홀름 서쪽에 있다.

어서 프랑크어를 일상적으로 사용했으므로 그들의 우두머리인 이 관리들을 통해 서민들이 노르만이라는 이름을 알게 되었기 때문이거나 할 것이다.

그런데 이 노르만이라는 말은 시종일관 대륙에서만 사용되었다. 잉글랜드 사람들은 이들 여러 종족 가운데 한 종족의 이름, 즉 그들이 유달리 많은 접촉을 가지게 되었던 데인인들의 이름을 따서 이들을 통틀어 데인인이라고 부르기도 하였다.[2]

이들이 바로 800년경부터 갑자기 침략을 시작하여 거의 1세기 반 동안이나 서유럽을 고통의 바닷속으로 몰아넣게 되었던 '북방의 이교도들'이었다. 그 당시 서유럽의 해안에서 두 눈 부릅뜨고 거친 바다를 경계하던 중 적선(敵船)의 뱃머리를 발견하고는 공포에 몸을 떨었던 해상 감시병이나 기록필사실(scriptoria)[*2]에서 약탈 만행을 기록하는 일에 종사하고 있던 수도사보다는 오늘날의 우리가 '노르만인' 약탈의 역사적인 배경을 더 잘 재구성할 수 있다.

올바른 전망을 가지고 살펴본다면 노르만인들의 침입은 인류의 하나의 대모험, 즉 그 무렵 우크라이나에서 그린란드에 이르기까지 상업적·문화적으로 수많은 새로운 유대관계를 형성시킨 스칸디나비아인들의 대이동의 물결 가운데 하나의 사례(事例)——하기야 유달리 유혈적인 일례였다고 할 수는 있겠지만——에 지나지 않았던 것으로 보인다. 하지만 전사(戰士)들의 일대 서사시이자 농민들과 상인들의 서사시라 할 수 있는 이같은 활동을 통해 유럽 문명의 지평이 어떻게 확대되어갔던가를 밝히고자 하는 배려는 이 책의 범위를 넘어서는 것이다. 그러므

---

2) 앵글로색슨 계통의 원사료에 가끔씩 등장하는 '노르만인들'이란——스칸디나비아계 문헌에서의 용법 자체에 따라——엄밀한 의미에서 데인인들에 대비되는 노르웨이인들을 가리킨다.

*2 중세에는 대부분의 수도원들이 필사를 하거나 필사본에 그림을 그려넣기 위한 장소로 하나 또는 여러 개의 방을 별도로 가지고 있었는데, 이같은 방을 말한다.

로 이는 유럽 경제의 기원을 해명하려는 목적을 가진 다른 저작에서 다루어지도록 남겨두자. 서유럽에서 행해진 노르만인들의 약탈과 정복이란 여기에서는 단지 봉건사회를 초래한 유인(誘因) 가운데 하나라는 점에서 우리의 관심을 끌 뿐이다.

노르만인들의 장례의식 덕분에 우리는 노르만인 선단(船團)의 모습을 정확하게 묘사할 수 있다. 실제로는 흙을 높이 쌓아올린 분토(墳土) 밑에 숨겨진 한 척의 배, 이것의 바로 수장들이 즐겨 사용한 무덤이었다. 오늘날, 특히 노르웨이에서 행해진 발굴에 의해서 이러한 선관(船棺)이 여러 개 출토되었다. 실은 이 배들은 머나먼 땅을 향해 항해하기 위한 것이라기보다 피오르드에서 피오르드로 조용히 이동해가는 데 쓰인 의전용(儀典用) 보트였는데, 그렇지만 필요에 따라서는 아주 먼 거리의 항해도 감당해낼 수 있었다. 왜냐하면 그 중의 하나—고크스타(Gokstad)의 배—를 정확하게 본떠 만든 배는 20세기에 대서양을 끝에서 끝까지 횡단할 수 있었기 때문이다.

물론 서유럽을 공포의 도가니로 몰아넣었던 이 '긴 배'는 두드러지게 특이한 형태의 배였다. 하지만 이것이 아무리 특이하다 해도 분묘의 출토품들을 사료에 의거하여 보완하고 수정해보면 원상을 꽤 수월하게 재구성할 수 없는 것만도 아니다. 그것은 갑판이 없는 배로서 골격의 조립상태로 보아서는 목제품 제작 민족의 걸작품이었으며, 선의 교묘한 조화로 보아서는 위대한 해양민족의 창조물이었다. 이 배는 대개 20미터 남짓한 길이로서, 노를 저어서도 움직일 수 있고 돛으로 움직일 수도 있었으며, 웬만큼 비좁을 정도로 태우면 한 척에 평균 40명에서 60명까지를 태울 수 있었다. 고크스타의 출토품을 본떠 건조한 배의 모형으로 판단하건대 속력은 10노트 정도는 어렵지 않게 낼 수 있었을 것이고 흘수(屹水)*3는 매우 적어서 1미터가 될까 말까 하였다. 흘수가 얕다는 것은 넓은 바다에서 벗어나 강어귀로 들어가거나 강을 따라 모

---

*3 배 밑부분이 물에 잠기는 깊이나 정도.

험해야 되는 때에는 크나큰 도움이 되었다.

왜냐하면 사라센인들의 경우에 그러했던 것과 마찬가지로 노르만인들에게도 수로는 육지의 약탈물을 찾아가기 위한 하나의 통로에 지나지 않았기 때문이다. 그들은 경우에 따라서는 투항한 기독교인들이 제공하는 정보 또한 전혀 서슴지 않고 참고하기도 했지만, 그들 자신이 강에 관해서 일종의 천부적인 지식을 지니고 있었다. 또한 그들은 복잡한 행로에도 재빨리 익숙해졌기 대문에, 830년에는 그들 가운데 몇몇 사람이 황제의 추격을 피하고 있던 에보(Ebbo) 대주교를 랭스에서부터 안내할 수 있었다.

노르만인들의 뱃머리는 기습에 적합한 수많은 물굽이를 가진 얼기설기 복잡하게 얽혀든 지류(支流)들에도 서슴없이 들어설 수 있었다. 그들의 배는 에스코(Escaut) 강*4에서는 캉브레(Cambrai)까지, 욘(Yonne) 강에서는 상스(Sens)까지, 외르(Eure) 강에서는 샤르트르까지, 루아르 강에서는 오를레앙의 훨씬 위쪽 상류에 있는 플뢰리(Fleury)까지 거슬러 올라갔다. 바닷물의 흐름이 미치는 곳 너머에 있는 하천에서 배를 운항하려면 다른 곳보다 훨씬 더 큰 불편을 겪어야 하는 대 브리튼 섬에서조차 그들은 우즈(Ouse) 강에서는 요크(York)까지, 템스 강과 그 지류에서는 레딩(Reading)까지 거슬러 올라갔다.

돛이나 노가 사용될 수 없는 곳에서는 배를 끌고 다녔다. 배에다 지나치게 많은 짐을 싣지 않기 위해 그들 가운데 일부는 흔히 육로를 이용하여 따라오곤 하였다. 강바닥이 너무 얕은 곳을 통해 기슭에 닿아야 하거나, 약탈을 위해 수심이 낮은 하천을 지나지 않으면 안 되는 경우에는 어떻게 하였을까. 그럴 때에는 배에 딸린 작은 보트가 사용되었다. 한편 강줄기를 막아선 요새 때문에 더 나아갈 수 없는 경우에는 즉시 배를 육로로 운반하여 다른 강변에 이르렀다. 이를테면 888년과

---

*4 프랑스의 엔 주에서 발원하여 벨기에·네덜란드를 거쳐 북해에 이르는 강으로, 스헬데 강이라고도 한다.

890년에 그들은 파리를 우회하기 위해서 그렇게 하였다. 동쪽 저편의 러시아 평원에서도 스칸디나비아 상인들은 오랫동안 이 강에서 저 강으로 또는 급류를 따라가며 배를 운항하기와 배를 육로로 운반하기를 교대로 사용해오지 않았던가.

그뿐 아니라 이 경탄할 만한 뱃사람들은 육로나 육전(陸戰)도 전혀 두려워하지 않았다. 그들은 필요한 경우에는 강을 벗어나 약탈물을 좇아 돌진하기도 서슴지 않았다. 예컨대 그들의 일당은 870년에 루아르 강 기슭의 플뢰리 수도원에서 도망친 수도사들을 잡기 위해 마차가 남긴 바퀴자국을 따라 오를레앙의 숲을 가로질러 이들을 뒤쫓은 적이 있었다.

노르만의 뱃사람들 사이에서 말은 전투보다도 오히려 이동하는 데 사용되었고 이렇게 하여 그들은 이 목적을 위해 말을 부리는 데에도 차차 익숙해졌는데, 말의 대부분은 그들이 약탈을 자행하던 곳에서 획득한 것이었음은 말할 나위도 없다. 866년에 이스트 앵글리아(East-Anglia)에서 수많은 말들을 긁어모은 것도 바로 이러한 수법을 통해서였다. 노르만인들은 때로는 약탈지에서 약탈지로 말을 수송하기도 하였다. 한 예로 885년에는 프랑스에서 잉글랜드로 말을 수송하였던 것이다.[3]

이런 식으로 하여 그들은 점점 더 강에서 벗어날 수 있게 되었다. 864년에만 하더라도 샤랑트(Charente) 강에 배를 버린 채 오베르뉴 지방의 클레르몽(Clermont)까지 전진하여 이곳을 점령해버리지 않았던가. 게다가 그들은 이제 더욱 재빠르게 돌아다니면서 대항자들을 더욱 절묘하게 기습할 수 있게 되었다. 그들은 참호를 구축하여 방어하는 데에도 아주 능란하였다. 더욱이 그들은 헝가리인 기병들보다도 뛰어난 점이 있어서 요새 구축에 의한 방비시설이 되어 있는 장소를 공략할 줄도 알았다. 888년까지만 살펴보더라도, 성벽으로 둘러싸여 방비되고 있었으면서도 노르만인들의 공격에 굴복해버렸던 도시들을 열거하면

---

3) Asser, *Life of King Alfred*, éd. W. H. Stevenson, 1904, c. 66.

이미 그 길이가 한참이나 된다. 그 중에서 가장 유명한 도시들을 들어
보더라도 쾰른·루앙·오를레앙·보르도·런던·요크 등등이 있었다.
하기야 축제가 열리고 있던 어느 날 낭트가 탈취되었던 것처럼 기습이
라는 요인이 때때로 중요하게 작용한 것도 사실이지만, 실제로는 옛 로
마 시대에 축조된 도시성곽 자체도 언제나 훌륭하게 유지되었던 것은
결코 아니며, 언제나 아주 용감하게 수비된 것은 더더구나 아니라는 점
도 인정하기는 해야 된다. 파리는 845년에 주민들한테서 거의 내버려
지다시피 했고, 그후에도 추정하건대 두 번씩이나 같은 치욕을 당한 것
으로 이야기할 수 있다. 그러나 888년에 몇 명 안 되는 끈질긴 사람들
이 시테(Cité) 섬의 요새들을 정비하고 대적하는 용기를 발휘했을 때에
는 성공적으로 적을 물리칠 수 있었던 것이다.

　약탈은 많은 이익을 가져다 주었다. 그런데 약탈이 미리 불러일으키
곤 하는 공포심 또한 이에 못지 않은 효과가 있었다. 공권력이 자기네
를 보호해줄 수 없다고 여기고 있던 몇몇 조직체—이를테면 일찍이
810년에 프리슬란트의 몇몇 단체들이 그러하였다—, 곧 외따로 떨어
진 곳에 자리잡은 수도원들이 먼저 약탈자들을 매수하기 시작하였다.
이어서 통치자들 자신이 이 관행에 젖어들었다. 다시 말해 그들은 약탈
단에게 돈을 지불하고서 그 대가로 이들한테서 화를—적어도 일시적
으로나마—면하게 해준다든가 공격의 진로를 바꾼다든가 하는 약속을
얻어냈다. 서프랑크에서는 845년에 이미 샤를 대머리왕이 그렇게 하였
다. 864년에 로타링기아(Lotharingia)*5의 국왕 로타르 2세가 그의 본
보기를 따랐으며, 882년에는 동프랑크의 국왕 샤를 뚱보왕이 또한 그
렇게 하였다. 앵글로색슨 사회에서는 머시아(Mercia)의 왕이 추측하건
대 862년에, 그리고 웨식스(Wessex)의 왕이 분명히 872년에 약탈자들

---

*5 855년 로타르 1세가 로타르 2세를 위해 세운 나라. 북해부터 알프스까지, 그
　리고 뫼즈 강, 에스코 강, 라인 강 사이에 걸치는 땅. 870년 메르센 조약으로
　로타르령과 루트비히령이 합쳐져서 동프랑크 왕국이 된다.

을 매수하였다. 이러한 대상금(代償金)은 바로 그같은 성질 자체 때문에 언제나 새로운 입맛을 돋우었으며, 따라서 거의 무한정할 정도로 되풀이해서 지불되었다. 군주들이 필요한 금액을 충당하기 위해 돈을 요구할 수밖에 없었던 대상은 그들의 신민이었으며 또 무엇보다도 그들의 교회였다. 그렇기 때문에 결국에는 서유럽 경제로부터 스칸디나비아 경제로 재정적 유출현상이 대대적으로 일어나고 있었던 셈이다.

오늘날까지도 이 영웅시대의 수많은 기념물 가운데 엄청난 양의 금은이 북유럽의 여러 박물관 안 진열장 속에 보존되어 있다. 그 대부분은 상업활동의 결과로 얻어진 것임이 틀림없겠지만, 그러나 독일의 사제였던 브레멘의 아담이 말했듯이 그 상당량이 '비적(匪賊)질의 산물'이었다. 한편, 주화 형태로 또는 서유럽풍의 패물 형태로 강탈되었거나 공납물로 바쳐진 이들 귀금속류가 흔히 이를 손에 넣은 사람들의 취향에 따라 장신구로 개조되었다는 사실은 주목할 만하다. 이는 스스로의 전통에 대해 아주 강한 확신을 지니고 있었던 한 문명의 증거이다.

노르만인들은 또한 포로도 잡아왔는데 몸값이 지불되지 않으면 포로들을 바다 너머로 끌고 갔다. 그리하여 860년 직후에는 모로코에서 약탈된 흑인 포로들이 아일랜드에서 매매되었다.[4] 끝으로 한 가지 더 덧붙이자. 강렬하고도 야수와 같은 관능적 욕구를 지닌 이 북방의 전사들은 유혈과 파괴를 즐겨, 때로는 마치 정신나간 듯이 광포하기 짝이 없는 기세로 무지막지한 폭력을 자행하였다.

한 예로서 캔터베리 대주교를 납치한 자들이 몸값을 뜯어내기 위해 그때까지 분별있게도 대주교를 살해하지 않고 지키고만 있다가, 잔치가 벌어지자 뜯어먹고 버린 짐승의 뼈로 그를 패죽여버렸다는 1012년의 악명 높은 난장판 잔치를 들 수 있다. 서유럽으로 출정갔던 한 아이슬란드인은 어린이들을 창끝으로 찌르는 것이 '그의 동료들 사이의 관

---

4) Shetelig, *Les origines des invasions des Normands*(Bergens Museums Årbog, Historisk-antik-varisk rekke, nr. 1), p.10.

습이었음'에도 불구하고 이를 거부했기 때문에 '어린이 편의 사람'이라
는 별명을 얻게 되었다고 한 사가(saga)*6는 전하고 있다.5) 침략자들이
도처에서 조성한 공포의 정도가 어떤 것이었던가를 이해하기에는 이것
만으로도 충분하다.

2. 약탈에서 정주로

그러나 노르만인들이 793년 노섬브리아(Northumbria) 해안에서 처
음으로 수도원을 약탈하고 800년에는 샤를마뉴가 영불 해협의 프랑크
제국 쪽 해안지대에 서둘러 방비체제를 갖추지 않을 수 없게 된 뒤로,
그들의 모험의 성격과 규모는 차츰 큰 변화를 겪게 되었다. 처음에는
여전히 북방의 해안—브리태니아 제도, 북유럽 대평원의 해안 저지
대, 네우스트리아(Neustria)*7의 단애 등—을 따라, 날씨가 좋은 날
'바이킹'의 소규모 부대들이 편성되어 이 지역들을 습격하는 계절적
공격의 형태가 나타났다.
　　이 바이킹이라는 말의 어원에 관해서는 논란이 많다.6) 그러나 이 말

---

*6 고대 북부유럽의 영웅 · 농민 · 왕자의 가계와 전설 등에 관한 설화.
5) Landnámabók, c. 303, 334, 344, 379.
*7 서프랑크 왕국 서부의 센 강과 루아르 강 사이의 지역.
6) 이 문제에 관해서는 주로 두 가지 해석이 제시되어왔다. 일부 학자들은 이 말
　　이 만(灣)을 뜻하는 스칸디나비아어인 vik에서 비롯되었다고 보는가 하면, 또
　　다른 일부 학자들은 성채도시 또는 시장(市場)을 가리키는 공통의 게르만어
　　인 wik에서 파생되었다고 보고 있다(도시법을 뜻하는 저지독일어인
　　Weichbild라든가 잉글랜드의 Norwich 또는 독일의 Brunswick, Braun-
　　schweig 같은 수많은 지명을 참조하라). 앞의 학설의 경우에는 바이킹들이
　　몸을 숨기곤 하던 만에서, 뒤의 학설의 경우에는 그들이 평화스러운 장사꾼
　　으로서 흔히 드나들거나 아니면 약탈의 대상으로 삼곤 했던 성채도시에서 그
　　이름을 끌어내었을 것이다. 둘 가운데 어떤 의미에서이건 간에 아직까지 절
　　대적으로 결정적인 논거는 전혀 없다.

이 수익을 꾀하는 호전적인 모험꾼들을 가리키는 것이었음에는 의심의 여지가 없다. 하지만 이런 식으로 형성되어 있는 바이킹 집단들이 가족이나 부족의 유대관계를 벗어나 순전히 모험 그 자체만을 목적으로 구성된 것이었다고는 볼 수 없다. 다만 적어도 초보적이나마 조직적인 체계를 갖춘 국가의 우두머리 자리에 앉아 있던 덴마크 국왕들만이 이미 남쪽의 변경지대에서 본격적인 정복활동을 꾀하고 있었을 뿐이다. 그나마 이같은 시도에는 그리 큰 성과가 없었다.

그러다가 바이킹의 활동범위는 급속히 확대되어갔다. 바이킹의 해적선은 대서양까지, 그리고 더 멀리 남부 유럽까지 진출해갔다. 844년에 이미 서부 에스파냐의 몇몇 항구에 이들 해적이 내침(來侵)하였으며, 859년과 860년에는 이들이 지중해에 나타났다. 발레아레스 제도와 피사 그리고 론 강 하류지방이 공격을 받았다. 바이킹들은 아르노(Arno) 강 유역에서는 피에솔레(Fiesole)까지 거슬러 올라갔다.

그러나 지중해로의 이같은 침입은 시종일관 산발적인 것으로 그쳐버릴 수밖에 없었다. 아이슬란드와 그린란드까지 발견해냈던 이 사람들이 거리가 멀다는 이유 때문에 겁을 먹고 지중해에서 물러섰던 것은 아니다. 17세기에는 바르바리아 해적들이 바이킹과 반대방향으로 진출하여 생통주(Saintonge) 지방 해안까지, 다시 더 멀리 뉴펀들랜드 사주(砂洲)까지 도달하지 않았던가. 그렇게 본다면 어쨌든 아랍인의 함대는 바이킹을 막는 지중해의 훌륭한 파수꾼이었음에 틀림없다.

이와는 달리, 유럽 대륙과 대 브리튼 섬에서는 바이킹들이 점점 내륙 깊숙이까지 밀고 들어와 습격하곤 하였다. 생 필리베르(Saint-Philibert) 수도원의 수도사들이 성유물(聖遺物)을 들고 헤매어다닌 노정을 그려넣은 지도보다 더 설득력 있는 지표도 없다. 이 수도원은 7세기에 누아르무티에(Noirmoutier) 섬에 세워진 것이었는데 해상이 거의 평온했던 만큼 수도사들에게는 안성맞춤의 거주지였으나 비스케이 만(灣)에 스칸디나비아인의 배들이 처음으로 나타나자 아주 위험하기 짝이 없는 곳이 되어버렸다. 819년이 되기 직전 수도사들은 육지에 있는 그랑리

외(Grandlieu) 호반의 데에(Dées)에 피난처를 마련하게 되었다. 오래 지나지 않아 그들은 해마다 봄만 되면 곧 이곳으로 건너가는 습관을 가지게 되었다. 가을이 끝나갈 무렵 악천후 때문에 해적들의 함대가 항해해 올 수 없다고 여겨지는 때가 되어야 비로소 이 섬의 교회는 성무(聖務)를 다시 시작하곤 하였다.

그러나 누아르무티에는 유린당하기를 거듭하였고, 식량보급도 명백하게 더욱 어려워져가고 있던 836년에 이르자 더 이상 이곳을 유지하기란 도저히 불가능하다고 판단되었다. 그전에 임시피난처였던 데에가 항구적인 거처가 되었으며, 그런 한편 수도사들이 그 얼마 전에 내륙으로 좀더 깊이 들어가서 소뮈르(Saumur) 강 상류에 위치한 퀴노(Cunauld)에 마련해두었던 조그만 수도원 하나가 그후로는 피난처 구실을 하게 되었다. 858년에는 다시 후퇴해야만 하였다. 즉 바닷가에서 너무 가까이 자리한 데에마저 다시 포기할 수밖에 없었으므로 퀴노가 정착지가 되었다. 불행히도 이곳은 거슬러 올라오기가 아주 쉬운 루아르 강 기슭에 자리하고 있었기 때문에 적절하게 선정된 장소가 되지 못하였다.

862년에 이미 수도사들은 푸아투 지방의 메세(Messay)에 있는 평야지대로 옮겨가야만 하였다. 그러나 10년 뒤에는 이곳도 바다와 거리가 너무 가깝다는 것이 판명되었다. 이번에는 마시프 상트랄(Massif Central)*8의 전(全)지역을 안전한 방패막이로 삼아도 지나치지 않다고 여겨지게 되었다. 그래서 872년 아니면 873년에 수도사들은 생 푸르생 쉬르 시울(Saint-Pourçain-sur-Sioule)까지 도망쳤다. 그러나 여기에서조차 그들은 오래 머무르지 못하고 다시 더 멀리 동쪽으로 빠져나가 손 강 기슭의 요새화한 투르뉘(Tournu) 성으로 피신하였다. 875년 이래 그렇게도 수많은 길 위를 헤매고 다녀야만 했던 성자들의 유골은 이곳에서 마침내 '평화가 깃들인 곳'——국왕의 한 특허증서에서는 그렇게 말하고 있다——을 찾아내었다.[7]

---

*8 프랑스 중부 산악지대.

노르만인들의 이러한 장거리 출정이 예전처럼 기습적 약탈에나 적합한 조직과는 아주 다른 조직을 필요로 했음은 당연한 일이다. 우선 훨씬 많은 인원의 군대가 필요하였다. 각기 한 사람의 '바다의 왕'을 중심으로 무리지어 있던 작은 부대들이 점점 통합되어 진정한 의미의 군대가 형성되어갔다. 이를테면 템스 강변에서 창설되어 플랑드르 해안으로 이동해갔다가 몇몇 개별적인 부대를 받아들여 규모가 커진 조직으로서, 879년부터 892년까지 갈리아를 무지막지하게 짓밟고 마침내 켄트의 해안에서 해체된 '대군'(magnus exercitus)이 그러하였다.

무엇보다도 그들은 이제 해마다 한 번씩 북유럽에 돌아가기가 불가능해졌다. 그래서 바이킹들은 한 회전(會戰)이 끝나고 그 다음 회전이 시작되기 전에, 자기네가 약탈지로 골랐던 바로 그 고장에서 겨울을 나는 습관이 생겼다. 그들은 아일랜드에서는 835년 무렵부터, 갈리아에서는 843년에 누아르무티에 섬에서 처음으로, 그리고 851년에는 템스 강 어귀의 새닛(Thanet) 섬에서 이렇게 겨울을 지냈다. 그들은 처음에는 바닷가에 숙영지를 정했다. 그러나 얼마 지나지 않아 내륙 훨씬 더 깊숙한 곳까지 들어가 숙영하는 것도 서슴지 않게 되었다. 그들은 종종 강 가운데에 자리한 섬에 방어진지를 구축하고 살았다. 하지만 때로는 뱃길에 쉽게 닿을 수 있는 곳에 정착하는 것으로 그치기도 하였다. 이러한 장기간의 체류를 위해 그들 중에는 부인과 자식을 데려오는 이도 있었다. 888년 파리 주민들은 그들의 성벽 밖 적진 속에서 죽은 전사를 두고 비탄의 노래를 부르는 여자의 목소리를 들을 수 있었다.

새로이 한탕을 하기 위해 끊임없이 약탈대를 출동시키곤 하는 이 비적들 소굴에는 공포가 감돌고 있었으나, 인근의 일부 주민들은 위험을 무릅쓰고 이들 약탈자들의 숙영지에 들어가 자기네가 가져온 상품

---

7) R. Poupardin, *Monuments de l'histoire des abbayes de Saint-Philibert*, 1905와 l'*Introduction* 그리고 G. Tessier, *Bibliothèque de l'École des Chartes*, 1932, p.203.

을 그곳에서 팔곤 하였다. 그래서 도적의 소굴이 때로는 시장이 되기도 하였다. 이리하여 전에는 언제나 해적이기만 했던 노르만인들은 그 뒤 반쯤은 정착한 해적이 되어 토지의 정복자가 될 태세를 갖추게 되었다.

사실 모든 요인들이 한데 작용함으로써 전에는 단순한 해적에 지나지 않았던 이들을 이렇게 변하도록 만들고 있었다. 서유럽을 약탈장으로 만든 이들 바이킹은 전사였을 뿐만 아니라 농민, 대장장이, 목각품 제조인과 상인들로 이루어진 민족이기도 하였다. 그들은 이득이나 모험을 좋아하여 스스로 고국땅을 떠났거나, 때로는 가족의 근친복수(近親復讐, vendetta)나 수장(首長)들 사이의 대립으로 인해 어쩔 수 없이 이같은 유랑의 길에 들어선 자들이었지만 그래도 역시 일정한 틀을 지닌 사회의 전통을 배경으로 간직하고 있었다.

실제로 스칸디나비아인들이 일찍이 7세기에 페로 제도(Faeroe Islands)*9에서 헤브리디스 제도(Hebrides)*10에 이르는 서쪽의 여러 섬에 정착하였을 때 그들은 이미 식민정주자(植民定住者)라는 성격을 가지고 있었고, 또한 870년 이래 아이슬란드에서 대규모 '토지 점거'를 추진했을 때에도 역시 식민정주자라는 성격을 가지고 있었으며 처녀지의 참된 개척자로서의 면모를 가지고 있었던 것이다. 그들은 상업활동과 해적행위를 병행하는 데 익숙해서 발트 해 주변 지역에 일군의 시장을 설치하였는데, 요새로 싸여 있던 이들 시장은 전체적으로 고리 모양을 이루며 둘러서 있었다. 뿐만 아니라 그들 가운데 몇몇 전쟁 수장들이 9세기에 유럽의 양쪽 끝 지역에—아일랜드에서는 더블린과 코크(Cork)*11, 리머릭(Limerick)*12을 중심으로, 그리고 키예

---

*9 Fär-Öer. 북대서양의 화산도 가운데의 17개 섬. 1380년 이래 덴마크령으로서, 현재 덴마크의 한 주를 이룬다.

*10 스코틀랜드 서쪽 바다의 약 500개 섬으로 이루어졌다. 13세기에 노르웨이령에서 스코틀랜드령이 되었다.

프 러시아*13에서는 하천들을 잇는 길다란 수로의 정박지를 따라—건설한 최초의 영역제후령들에 공통된 특징은 이들이 중심지로 설정된 하나의 도시를 근거로 하여 주변의 농촌지방을 지배하는, 본질적으로 도시적인 국가로서 나타났다는 점이다.

노르만인들이 서유럽의 여러 섬에서 이룩한 식민지 건설의 역사가 아무리 흥미롭다 하더라도 여기에서는 옆으로 밀쳐놓을 수밖에 없다. 10세기 이래 노르웨이 왕국에 병합되었다가 중세 말(1468)이 되어서야 스코틀랜드에 넘어가게 된 셰틀랜드(Shetland) 제도와 오크니(Orkney) 제도, 13세기 중엽까지 스칸디나비아인의 자치적인 영역제후령을 이루고 있던 헤브리디스 제도와 맨(Man) 섬, 그리고 11세기 초에 영토확장정책이 좌절된 뒤 약 1세기가 지나서야 잉글랜드에 정복되어 마침내 사라져버린 아일랜드 연안의 여러 왕국들이 바로 이같은 노르만인 식민지였다. 그리고 유럽의 맨 가장자리 지점에 자리잡은 이들 땅에서 스칸디나비아 문명과 충돌한 것은 켈트족의 사회였다.

이러한 개략적인 사실만 제시해두기로 하고 이제 눈길을 돌려, 여기에서는 단지 '봉건적인' 두 개의 큰 나라, 즉 옛 프랑크 왕국과 앵글로색슨족 시대의 대 브리튼 섬에서 이루어진 노르만인들의 정착에 관해서만 어느 정도 자세히 서술해야겠다. 이들 두 나라 사이에서는 이웃한 여러 섬들 사이에서와 마찬가지로 인적 교류가 계속해서 빈번하게 이루어지고 있었고 무장한 부대들이 언제나 손쉽게 영불 해협 또는 아일랜드 해를 횡단했으며, 수장들도 한쪽 해안에서 뭔가 뜻대로 되지 않아

---

*11 아일랜드 동남부의 항구도시.

*12 아일랜드 서남부의 항구도시.

*13 키예프를 중심으로 하는 러시아 최초의 국가로 9세기 후반 노르만 출신의 외래인이 세웠다고 일컬어지는 공국. 비잔티움 문화와 그리스 정교를 도입하여 서구와는 다른 문화를 수립하였으며, 상업이 크게 발달하여 11세기 무렵에는 큰 번영을 누렸으나 내분과 외침으로 쇠퇴하다가 13세기에 몽골인들에게 정복당하였다.

낙담하면 맞은편 해안으로 행운을 찾으러 가는 것이 끊임없는 습관이
기는 하였다. 그렇지만 좀더 명확함을 기하기 위해서는 이들 두 정복지
를 각각 따로 살펴볼 필요가 있을 것이다.

3. 스칸디나비아인들의 정주지 : 잉글랜드

잉글랜드 땅에 정착하려는 스칸디나비아인들의 기도는 이미 살펴보
았듯이 851년의 첫 월동 때부터 분명하게 나타났다. 그때부터 해적단
들은 자기네들 사이에서 점유자가 바뀌는 일은 다소 있을망정, 일단 장
악한 지역은 놓치지 않았다. 앵글로색슨족의 국가들 중에는 그들에 의
해 국왕이 살해당하고 나라 자체가 소멸되어버린 것도 있었다. 서해안
에 있는 험버(Humber) 강과 티스(Tees) 강 사이의 데이라(Deira)가
그러했고 템스 강과 워시(Wash) 만 사이에 있는 이스트 앵글리아가 그
러하였다. 한편 북쪽 끝의 버니시아(Bernicia)나 중부지방의 머시아 같
은 나라는 얼마 동안 더 존속하기는 했으나 영토가 크게 축소되고 일종
의 보호령 상태에 놓이게 되었다.

단지 그 당시 영토가 남부 전역에 걸쳐 있던 웨식스만이 독립을 보존
하는 데에 성공하였는데, 그나마 이를 지키기 위해서는 871년 이래 앨
프레드 대왕(Alfred the Great)[*14]의 치밀하고 끈질긴 영웅적 활동으로
유명한 전쟁과 같은 치열한 전쟁을 치러야 하였다. 앨프레드 대왕은 만
족 왕국들 중에서도 그 어떤 나라보다 훌륭하게, 완전히 이질적인 여러

---

*14 849~899. 잉글랜드 남서부의 색슨족 왕국인 웨식스의 국왕(재위 871~
899). 데인인들의 침입을 막아냈으며 내치에도 힘을 기울여 법전을 정비·
편찬하고 재정을 정비하는 등 다방면에 걸쳐 선정을 베풀었다. 특히 그의
이름과 결부되어 가장 오래 기억되는 것은 그가 학문의 열렬한 보호·육성
자였다는 점이다. 그는 학교 교육을 장려하고 학자들의 학술활동을 지원하
였으며, 스스로도 라틴어로 된 다수의 철학·종교 서적들을 앵글로색슨어로
직접 번역하여 이를 신민들에게 널리 읽게 하였다.

문화적 전통*15의 소득을 융합하여 하나의 독특한 종합적 문화를 수립할 수 있었던 앵글로색슨 문명이 낳은 완성된 소산으로서, 학자왕이자 또한 군인왕이기도 하였다. 그는 880년경 아직도 잔존하고 있던 머시아 왕국을 정복하여 이 지방에서 데인인의 영향력을 제거하기에 이르렀다. 그러나 대왕은 그와 동시에 또 한편으로는 정식조약에 따라 대브리튼 섬 동부지방 전체를 스칸디나비아인 침략자들의 손에 넘겨주지 않을 수 없었다. 이 광대한 영토는 대체로 동쪽으로 런던과 체스터를 잇는 로마 시대의 도로를 경계로 삼고 있었거니와, 당시 정복자들의 손으로 형성된 국가는 결코 이것만이 아니었다. 스칸디나비아 출신의 국왕들 또는 '두령(頭領, iarl)들'*16은 틀림없이 버니시아 왕국 군주들의 후계자와 같은 이곳저곳의 앵글로색슨족 출신 군소 수장들과 더불어, 때로는 온갖 종류의 동맹관계 또는 종속관계를 맺어 자기들 사이에서 통합을 이루기도 하고 때로는 서로 다투기도 하면서 이 지방에 할거하고 있었다.

다른 고장에서는 아이슬란드의 유형과 비슷한 소규모 귀족공화국들이 형성되곤 하였다. 요새화한 성시(城市, bourg)도 건설되었는데, 이것은 정착민이 된 다종다양한 '군대'들을 위해 시장 구실을 해주었을 뿐 아니라 아울러 지원기지 구실도 해주고 있었다. 그리고 바다 건너에서 온 군인들을 먹여 살릴 필요가 있었기 때문에 전사들에게 토지가 분배되었다. 그러는 동안에도 해안지역에서는 바이킹의 다른 부대가 노략질을 계속하고 있었다. 그토록 수많은 공포의 장면에 관한 기억으로 여전히 가득 차 있던 앨프레드 대왕은 자신의 치세가 만년에 이르렀을

---

*15 앵글로색슨 문화, 로마 문화, 켈트 문화 등을 말한다.

*16 여기에 쓰인 이알(iarl)이나 얄(jarl) 또는 얼(earl)은 앵글로색슨어로서, 9세기의 데인인 부대의 비(非)왕족 출신 지휘자들을 뜻한다. 10세기에는 데인로(Danelaw) 지대의 지방장관으로서 사법·군사·행정을 담당한 사람을 가리키게 되었다.

무렵, 보이티우스의 『철학의 위안』 가운데 황금시대의 모습을 그린 부분을 번역하면서 원문에 "당시에는 교전중인 무장전함이라는 말을 결코 들어볼 수 없었다"는 구절을 덧붙이지 않을 수 없었다고 하거니와, 이는 전혀 놀라운 일이 아니지 않겠는가.[8]

웨식스의 국왕들은 대 브리튼 섬 전체를 통해서 유일하게 넓은 영토에 대한 지배권을 가지고 비교적 풍부한 자원을 소유하고 있던 통치자들이었는데, 그들은 마치 그물과도 같이 점점 촘촘히 들어서고 있던 성채들을 이용하여 899년부터 실지 회복을 꾀하고 또 이같은 기도에서 성공을 거둘 수 있었다. 그것은 이 섬에 설정된 데인인 거주지역이 무정부상태에 빠져 있었던 덕분이었다. 격렬하기 짝이 없는 전투 끝에 954년부터는 그전에 적이 점령하고 있던 모든 지방에서 웨식스 국왕의 최고지배권이 인정되었다.

하지만 그렇다고 해서 스칸디나비아인들의 정주지가 완전히 흔적을 감추어버린 것은 아니다. 자발성의 정도에서는 차이가 있되 몇몇 데인인 두령들이 부하집단을 거느리고 바다로 되돌아간 것은 사실이다. 그러나 전날의 침입자들은 대부분이 그대로 머물러 있었다. 이들 두령은 앵글로색슨 왕의 통수권 아래에서 그들의 명령권을 유지하고 있었으며, 일반 평민들은 자기네 토지를 여전히 지니고 있었다.

그 무렵 스칸디나비아 자체 내에서도 심층적인 정치적 변화가 일어나고 있었다. 소규모 부족집단들이 난립해 있는 혼돈상태 위에 명실상부한 국가들이 공고한 기반을 다지거나 또는 새로 조직되고 하였다. 즉 이들 국가는 아직도 매우 불안정하고 왕조 사이의 무수한 상쟁으로 갈가리 분열되었으며 끊임없이 서로 싸우는 일에 골몰하고는 있었지만, 그러면서도 적어도 간헐적으로는 가공할 단결력을 발휘할 수 있는 상태였다.

10세기 말에 군주권이 상당히 공고해졌던 덴마크, 그리고 예타족의

---

8) *King Alfred's Old English Version of Boethius*, éd. W. J. Sedgefield, XV.

왕국을 병합했던 스웨덴인의 왕국 등과 나란히 이 무렵 북유럽의 막내 왕국이 탄생하였으니, 이는 오슬로 피오르드와 뫼센(Mjösen) 호 주변의 비교적 광대하고 비옥한 땅에 처음으로 창건된 지방수장 가문들 가운데 한 가문에 의해 수립된 것이었다. 이것이 '북쪽의 길' 왕국, 다시 말해 오늘날 프랑스에서 노르베주(Norvège)*17라고 부르는 왕국이었다. 단지 방향만 가리킬 뿐이지 종족적인 의미는 전혀 내포하지 않고 있는 이 이름 자체야말로, 전에만 하더라도 상당히 뚜렷한 구분을 보여주고 있던 토착민들의 분립상태 위에 하나의 권력이 서서히 확립되어 가고 있었다는 것을 상기시켜준다.

그런데 이처럼 더욱 강력한 정치적 통일체의 지배자들인 군주들에게도 바이킹 생활은 몸에 밴 것이었다. 군주들은 즉위하기 전 젊은 시절에는 바다에서 바다로 쏘다녔으며, 그후 역경에 처하여 더욱 운좋은 경쟁자에게 밀려 뒷걸음질칠 수밖에 없는 경우에도 다시 대모험에 나서곤 하였던 것이다. 이제 광대한 영토에 걸쳐 대군과 대함대를 소집하라고 명령할 수 있는 권한을 쥐게 된 그들이 어찌 수평선 저 너머에서 새로운 정복의 기회를 찾기 위해 다시 바닷가로 시선을 돌리지 않았겠는가.

대 브리튼 섬에 대한 침공이 980년부터 다시 격화되기 시작했을 때, 우리가 금방 알아차릴 수 있듯이 그 주력부대를 통솔한 것이 북유럽 왕국의 왕위를 계승할 두 사람이었다는 사실은 이같은 특징을 잘 말해준다. 즉 한 사람은 노르웨이의 왕위계승 요구자였고 다른 한 사람은 덴마크의 왕위계승 요구자였는데, 이 두 사람은 모두 그후에 왕이 되었다. 그 중 노르웨이의 올라프 트리그바손(Olaf Trygvason)*18은 대 브리튼

---

*17 영어로는 노르웨이.

*18 노르웨이의 올라프 1세. 재위 995~1000. 양친의 망명중 러시아에서 태어났으며 여러 해 동안 잉글랜드와 아일랜드에서 생활하였다. 시칠리아에서 기독교로 개종했으며, 프랑스·잉글랜드·아이슬란드 해안에 침입하여 이들

섬에 결코 다시 나타나지 않았다. 반면에 데인 사람인 '쌍갈래 수염을 가진' 스벤(Sweyn)[19]은 이 섬으로 가는 길을 결코 잊지 않았다.

사실대로 말하면 그는 무엇보다도 근친복수—스칸디나비아의 영웅이라면 명예를 걸고 결코 포기할 수 없었던—를 한 건(件) 하기 위해 대 브리튼 섬으로 돌아간 것으로 보인다. 즉 그러는 동안에도 약탈을 목표로 한 원정이 다른 수장들의 지휘 아래 계속되고 있었기 때문에 잉글랜드 왕 에설레드(Aethelred)[20]는 해적들 가운데 몇 명을 부하로 끌어들이는 것이 해적들에 맞서서 스스로를 방어하는 데 더할 수 없이 좋은 방책이라고 믿게 되었다. 이런 식으로 바이킹을 바이킹에 대적시키는 것은 대륙의 군주들이 몇 번씩이나 써먹은 상투적인 수법이었으나 거의 매번 성과는 별로 신통치 않았다. 에설레드는 자기 스스로도 대륙의 군주들과 마찬가지로 '데인인' 용병들의 불충실함을 경험하고는 1002년 11월 13일—성 브라이스(Saint Brice)의 축일—에 이들 가운데 잡을 수 있는 자는 모두 잡아 학살하라고 명령함으로써 이에 보복하였다. 그런데 진위를 확인할 수는 없지만 후세의 전승에 따르면 희생자 중에는 스벤의 친누이도 포함되어 있었다는 것이다. 1003년이 되자 이미 이 덴마크 왕은 잉글랜드의 뭇 마을을 불태워버리고 있었다. 그때 이래 거의 끊임없는 전쟁으로 이 고장은 황폐화되었다. 전쟁은 스벤도 에설레드도 모두 죽은 뒤에야 막을 내렸다.

1017년 초에는 웨식스 왕가의 마지막 자손들이 갈리아로 도망가거나

지역을 황폐하게 하였다. 귀국 후 노르웨이 국왕이 되었으며, 노르웨이의 국민적 영웅 가운데 한 사람으로 손꼽힌다.

[19] 덴마크 국왕이며 크누트의 부왕.

[20] 968~1016. 데인인들을 매수하여 어려움을 타개하려는 정책을 택하였다. 1002년 노르망디 공 리샤르의 딸과 결혼하였다. 또 이때 데인인들의 학살을 감행함으로써 이에 대한 복수로서 스벤의 침입을 받게 되었는데, 여기에서 패퇴하여 노르망디로 망명하였다. 스벤이 죽은 뒤 일시 귀국했다가 크누트와의 싸움에서 패배하여 사망하였다.

데인인 정복자에게 붙잡혀 멀리 슬라브인들의 나라로 추방되었기 때문에, 이 땅의 '현자들'*21 ──즉 대제후와 주교들의 회의라는 뜻── 은 스벤의 아들 크누트(Cnut)를 전(全)잉글랜드의 국왕으로 인정하였다. 이것은 단순히 왕조가 교체되었다는 문제만이 아니었다. 크누트가 잉글랜드에서 국왕으로 등극했을 때만 해도 그는 아직 덴마크의 왕이 아니었고, 당시 덴마크에서는 그의 형제들 가운데 한 사람이 지배하고 있었다. 그러나 크누트는 2년 후 덴마크의 왕이 되었다. 뒤이어 그는 노르웨이를 정복하였고, 발트 해 너머 에스토니아에 이르기까지 슬라브족과 핀족 사이에 세력을 확립하고자 적어도 시도라도 하였다. 바다를 무대로 약탈을 목적으로 하는 원정을 일삼은 다음에 해상제국을 건설하려는 시도가 뒤따랐음은 아주 당연한 일이다.

잉글랜드는 이 해상제국 중에서 가장 서쪽에 자리잡은 한 지방으로서의 자격을 가질 뿐이었다. 하기는 크누트가 만년을 보내기 위해서 선택한 곳은 잉글랜드 땅이었다. 자기가 다스리는 스칸디나비아 나라들에 선교를 하기 위한 교회를 조직해주도록 그가 편한 마음으로 부탁한 것도 잉글랜드 성직자들에게였다. 왜냐하면, 크누트는 이교도였던 부왕의 아들로 태어나 아마도 뒤늦게야 개종한 것 같기는 하지만, 어쨌든 그 자신 로마 교회의 독실한 신자가 되어 있었고 수도원의 건립자였으며, 샤를마뉴식으로 경건주의적이고 교화(敎化)를 중시하는 입장의 입법자였기 때문이다. 크누트는 이를 통하여 대 브리튼 섬의 자기 신민들에게 접근하고 있었던 것이다.

그는 자신보다 앞서서 브리튼 섬을 통치한 여러 앵글로색슨족 출신 국왕들의 전례를 충실히 따라 '스스로의 영혼의 속죄와 그의 백성의 구원을 위하여' 1027년 로마를 순례하는 길에 올랐다. 이 참에 크누트는

---

*21 국왕을 보조하고 국가의 중요문제를 토의하는 대귀족·주교 등 유력자들의 회의를 위트너거모트(Witenagemot)라 일컬었는데, 그 구성원이 위탄 (Witan), 곧 현자이다.

독일과 이탈리아의 왕이며 서유럽 최대의 군주이던 신성로마 제국 황제 콘라트(Conrad) 2세의 대관식에 참석하였으며, 나아가 부르고뉴 왕을 만났을 때에는 언제나 전사인 동시에 상인이기도 했던 한 민족의 선량한 아들로서, 알프스 산맥의 수문장 위치에 있던 부르고뉴 왕국으로부터 잉글랜드 상인에 대한 통행세 면제라는 특권을 얻어낼 수도 있었다.

하지만 그가 대 브리튼 섬을 유지하기 위한 주요 인력을 공급받고 있던 원천은 스칸디나비아 여러 나라들이었다. "아알은 스스로를 위해 이 비석을 세우게 하였다. 그는 잉글랜드에서 크누트 왕을 위하여 세금을 징수하였다. 신이여, 그의 영혼을 편히 쉬게 해주옵소서." 이것은 스웨덴의 우플란드(Upland) 주의 한 촌락 근처에 세워진 묘비에 룬(rune) 문자로 새겨진, 오늘날에도 알아볼 수 있는 글이다.[9]

여기에서 보듯 잉글랜드는 곳곳마다 아직도 이교적인 요소들이라든가 또는 기독교의 영향을 지극히 피상적으로밖에 받지 못한 요소들이 수없이 많이 남아 있기는 했지만 그래도 공식적으로는 기독교적이었고, 기독교라는 창구를 통해 고전고대(古典古代)의 문헌 유산에 접할 수 있었으며, 마침내는 그 자체만 하더라도 이미 게르만적인 성격과 라틴적인 성격을 동시에 지니고 있던 문명인 앵글로색슨 문명의 유산과 스칸디나비아족 고유의 전통을 융합시킨 나라였는데, 북해의 중심지에 위치해 있었기 때문에 온갖 종류의 문명의 흐름이 흥미진진하게 교차하는 곳이었다.

아마도 이 무렵이든가 아니면 십중팔구 이보다 조금 앞선 시기쯤 해서 지난날의 바이킹들이 이주해와서 살고 있던 지역인 노섬브리아에서는 앵글로색슨족 출신의 한 시인이 예타족이 살고 있던 지방과 덴마크의 여러 섬에 남아 있던 옛 전설들을 운율로 읊어, 아직도 전적으로 이

---

9) Montelius, "Sverige och Vikingafäderna västernt," *Antikvarisk Tidskrift*, t. XXI, 2, p.14. 그밖에 몇 개의 예가 더 있다.

교적인 서사시적 감흥이 전편에 가득 메아리치는 『베오울프의 노래』(*Lay of Beowulf*)를 지었다. 이것은 황당무계한 괴물들이 나오는 야릇하고도 음침한 시로서, 오늘날 우리에게 전해지는 사본을 보면 원문 앞에는 알렉산더 대왕이 아리스토텔레스에게 보냈던 편지 한 통이, 그리고 원문 뒤에는 『유딧』(*Book of Yudith*)[*22]을 번역한 단편(斷片)이 각각 실려 있는데, 이는 이 시가 상반되는 여러 영향을 받았다는 사실을 알려주는 새로운 증거이다.[10]

그러나 이 특이한 국가는 줄곧 짜임새가 상당히 느슨하였다. 그토록 먼 거리에 떨어져 있는 지역들끼리 그렇게도 거센 바다를 통해 연락을 주고받는 데에는 수많은 우연이 뒤따랐다. 크누트가 1027년 로마에서 덴마크로 향해 가면서 영국인들에게 포고문을 내어 "동방에 있는 짐의 왕국이 일단 평정되기만 하면……올 여름 선단을 마련하는 대로 곧……그대들 곁으로 돌아올 생각이다"라고 말한 것은 듣는 사람들에게 무언가 불안한 느낌을 심어주기에 충분한 것이었다. 이 제국 내에서 통치권자의 주재(駐在) 지역과 떨어진 지방은 부왕(副王)들에게 맡길 수밖에 없었는데, 이들 부왕은 반드시 충실하기만 한 그런 사람들은 아니었다.

크누트가 사망한 후, 그가 무력으로 이룩하여 무력으로 유지해온 제

[*22] 구약외전 가운데 하나.

[10] 이 시에 관한 방대한 문헌에 대해서는 Klaeber판(1928)이 지침으로서의 역할을 충분히 할 것이다. 언어학적 기준으로 볼 때 해석하기가 극히 어렵기 때문에 성립연대의 추정에는 논란의 여지가 있다. 그러나 이 판에서 제시하는 견해는 역사적으로 추정되고 있는 사실과 합치되는 것으로 보인다. Schüking, "Wann entstand der Beowulf?," *Beiträge zur Geschichte der deutschen Sprache*, t. XLII, 1917 참조. 최근 들어 리치 거번(Ritchie Girvan, *Beowulf and the Seventh Century*, 1935) 씨는 작성연대를 700년 무렵까지 소급시키려고 애쓴 바 있다. 그러나 이 설은 주제 자체에 그렇게 뚜렷하게 나타나 있는 스칸디나비아의 영향을 설명하지 못하고 있다.

국의 통일은 깨어지고 말았다. 잉글랜드는 그의 사후 처음에는 별도의 한 왕국이 되어 그의 한 아들에게 주어졌으나 뒤이어 짧은 기간이나마 덴마크에 다시 통합되기도 하였다(노르웨이는 결정적으로 분리되어나 갔다). 마침내 1042년에는 또다시 웨식스 가문 출신의 한 왕자가 잉글 랜드 국왕으로 인정받기에 이르렀으니, 그가 바로 나중에 '참회성인왕' (the Confessor)*23이라 일컬어지게 되는 에드워드였다.

그 동안에도 해안지역에 대한 스칸디나비아인들의 침입은 완전히 사그라들지 않고 있었으며 북방의 수장들이 품은 야심도 사라지지 않고 있었다. 잉글랜드는 잇단 전쟁과 약탈로 엄청난 인명 피해를 당해 탈진해 있었고, 정치조직과 교회조직이 파괴되었으며, 제후가문들간의 분쟁으로 혼란을 거듭하고 있었기 때문에 그리 강력한 저항을 할 수 없다는 것은 분명한 일이었다. 집어삼켜버리기에 아주 안성맞춤인 이 나라는 양쪽에서 공격의 표적이 되었다. 정복을 노리고 있던 세력 가운데 하나는 영불 해협 건너편 노르망디 공국의 프랑스인 공(公)들이었다. 이 공국의 신민들은 에드워드 왕의 치세 초기 내내—에드워드 왕 자신도 노르망디 공국의 궁정에서 성장하였다—이미 잉글랜드 군주의 측근을 이루거나 고위 성직자가 되어 있었다.

또한 북해 건너편에서는 스칸디나비아의 왕들이 잉글랜드 침공을 노리고 있었다. 에드워드 왕이 죽은 뒤, 이름으로 보아서는 그 스스로도 스칸디나비아 사람 같지만 혈통상으로는 반(半)스칸디나비아 사람으로서 왕국의 주요한 권세가 출신인 해럴드(Harold)가 국왕으로서 축성을 받자, 불과 몇 주일 간격으로 두 개의 군부대가 잉글랜드 해안에 상륙하였다. 험버 강변에 상륙한 한 부대는 또 한 사람의 해럴드(Harold) 또는 하랄(Harald), 곧 사가에 나오는 대로 하자면 '냉혹한 마음'을 가진 그 하랄*24의 군대였다. 그는 기나긴 유랑의 모험을 겪은 이후에야

---

*23 기적을 보이지는 못했으나 성인으로 여겨져야 할 사람을 참회성인—더 정확하게는 고백성인—이라고 한다.

비로소 왕관을 손에 넣게 된 진짜 바이킹이었고, 콘스탄티노플 궁정의 스칸디나비아인 근위대장을 역임한 바 있으며, 시칠리아 섬의 아랍인들을 토벌하기 위해 파견된 비잔티움 군대를 지휘한 적도 있었고, 노브고로트(Novgorod) 공국 군주의 사위였으며, 게다가 북극해를 용감히 탐험한 사람이기도 하였다. 서식스(Sussex) 연안에 상륙한 또 하나의 군대는 노르망디 공인 기욤 서자(庶子)공(Guillaume le Bâtard)*25이 이끌고 있었다.11) 노르웨이 왕 하랄은 스탐퍼드(Stamford)*26 브리지에서 패배하여 피살당했다. 기욤, 곧 윌리엄 정복왕은 헤이스팅스(Hastings) 언덕에서 승리를 거두었다.*27

크누트 왕의 후계자들이 조상 대대로 이어져 내려오는 야심을 단번에 버릴 수 없었음은 말할 나위도 없다. 윌리엄 왕의 치세중에도 두 번씩이나 덴마크인들은 요크셔에 모습을 드러내었다. 그러나 이 두 차례의 군사적 기도는 단순한 해적행위로 전락하고 말았다. 즉 스칸디나비아인들의 원정은 최후에 이르자 그들이 원정을 처음 시작했을 당시의

---

*24 1022?~66. 하랄 3세 시구르드손(Harald Sigurdsson). 별명은 하랄 하르드라아데(Harald Hardraade)이며 노르웨이 국왕(1045~66)이자 잉글랜드의 국왕(재위 1066). 노르웨이의 군소 수장들을 무자비하게 억압함으로써 '냉혹한 하랄'이라는 별명을 얻었다. 1066년 잉글랜드를 공격하여 처음에는 승리를 거두었으나, 같은해 9월 스탐퍼드 브리지 전투에서 잉글랜드 국왕 해럴드에게 패하여 전사하였다.

*25 기욤의 영어식 이름이 윌리엄인데, 이 기욤이 바로 윌리엄 정복왕이다.

11) 프티 뒤타이(Petit-Dutaillis) 씨는 *La Monarchie féodale*, p.63에서 두 침입세력이 분할조약에 생각이 미쳐 서로간에 협정을 맺었을 수도 있다고 주장한다. 이 가설은 교묘하기는 하지만 증명하기는 거의 어렵다.

*26 잉글랜드 중동부의 도시.

*27 헤이스팅스는 잉글랜드 동남부에 위치하여 영불 해협을 바라보는 도시이다. 잉글랜드 국왕 해럴드는 스탐퍼드 다리에서 노르웨이 국왕 하랄을 물리친 직후 이곳에서 벌어진 전투에서 노르망디 출신의 기욤 서자공에게 패배하여 피살당하였다. 이때부터 잉글랜드에서 노르만 왕조가 개창되었다.

성격으로 되돌아가고 있었던 것이다. 잉글랜드는 한때 결정적으로 북유럽권에 속하는 것으로 보일 수도 있었으나 거기에서 빠져나온 뒤 약 1세기 반 동안 영불 해협의 양쪽 기슭에 판도를 가진 한 국가로 편입되기에 이르렀으며, 그후로는 시종일관 가까운 서유럽권의 정치적 이해관계와 문명의 조류에 긴밀히 연결되게 되었다.

4. 스칸디나비아인들의 정주지 : 프랑스

잉글랜드의 정복자인 이 노르망디 공 기욤(윌리엄) 자신은 언어와 생활양식에서 완전히 프랑스적인 인물이기는 했으나 그럼에도 불구하고 그 역시 틀림없는 바이킹의 후예였다. 왜냐하면 대 브리튼 섬에서와 마찬가지로 대륙에서도 '바다의 왕'이 마침내는 뭍의 영주나 군주가 된 경우가 하나둘이 아니었기 때문이다.

대륙에서는 이러한 발전과정이 매우 일찍부터 시작되었다. 이미 850년 무렵부터 라인 강의 삼각주 지대에서는 프랑크 국가의 정치조직 내에서 스칸디나비아인의 영역제후령을 세우려는 최초의 시도가 나타났었다. 이 무렵 자기네 나라에서 쫓겨난 두 명의 덴마크 왕족이 북해 연안에 위치한 두르스테드(Durstede), 곧 당시 프랑크 제국의 주요한 항구였던 이 도시 일대에 펼쳐진 지역을 황제인 루트비히 경건왕(Ludwig der Fromme)[*28]한테서 '은대지'로 받았다. 이렇게 하여 양도된 영토는 나중에 프리슬란트의 다른 여러 자잘한 지역들이 보태져서 확대되었는데, 이 가문의 마지막 인물이 자기의 영주(seigneur)인 샤를 뚱보왕의 배신적인 명령으로 인해 885년 살해당할 때까지 이 지역은 거의 항구적으로 이 가문의 수중에 들어 있게 되었다.

얼마 오래 가지는 않았으나 그들의 역사에 관해 오늘날 알 수 있는

---

*28 샤를마뉴의 아들로서 프랑크 제국의 황제. 재위 814~840. 교양 있고 신앙심이 높아 경건왕이라는 별명이 붙었다.

것만 보더라도, 이 가문 사람들은 때로는 덴마크와 그 왕실의 내분에 눈길을 돌리는가 하면 또 때로는 그들 자신이 기독교도가 되어 있었으면서도 프랑크 제국의 여러 지방을 넘겨다보면서 수지맞는 노략질을 서슴지 않고 꾀하는 자들이었으며, 성실하지 못한 가신(家臣, vassal)이었고 쓸모없는 토지관리자였다는 점을 충분히 확인할 수 있다. 그러나 이 네덜란드 지역의 노르만인 거주지도 얼마 오래 살아남지는 못했을망정 역사가의 눈에는 선구적 징후로서의 가치를 완전히 갖추고 있었던 것으로 보인다.

이보다 조금 나중에는 일단의 노르만인들이 아직 기독교로 개종하지 않은 상태이면서도 상당히 오랜 기간 낭트 시와 그 인근지역에서 브르타뉴(Bretagne) 백작과 사이좋게 살았던 것으로 보인다. 프랑크의 국왕들은 몇 번씩이나 바이킹 무리의 수장들을 자기네 휘하에 끌어들이곤 하였다. 이를테면 862년 샤를 대머리왕에게 신종선서(臣從宣誓, hommage)를 바친 저 뷜룬드르(Völundr)가 얼마 뒤 결투재판(duel judiciaire)*29에서 죽지 않았더라면 얼마 안 있어 반드시 그에게 봉토를 수여해주어야 되었을 것이고, 또 봉토의 수여라는 이러한 필연적인 결과가 미리 받아들여졌으리라는 점은 의심의 여지가 없다. 분명히 10세기 초에는 이러한 정주(定住)의 관념이 널리 퍼져 있었다.

그렇다면 요컨대 이같은 정주는 어떻게 해서, 그리고 어떠한 형태로 이루어졌던 것일까. 이 점에 관해 우리가 알고 있는 것은 너무 적다. 여기에서는 전문적인 연구와 관계되는 문제가 너무나도 심각하게 걸려 있기 때문에 역사가가 독자들에게 솔직하게 털어놓고 이야기하려 하지 않는다면 떳떳하지 못한 일이 될 것이다. 그러므로 연구실의 문을 잠깐만 살짝 열어보도록 하자.

그 무렵 각종 기독교 교회에는 해마다 일어난 사건을 기록하는 것을

---

*29 송사의 입증방법 가운데 하나로, 피고측과 원고측 사람들 사이에 치러지는 결투. 이 결투에서 이긴 쪽이 승소한다.

본분으로 하는 성직자들이 있었다. 이는 일찍이 연대순 책력(冊曆)계산법 같은 수단을 이용하여 지난해 또는 그해의 두드러진 사건들을 기록해온 데에서 생겨난 오래된 관습이었다. 이러한 절차는 아직 집정관의 이름을 따서 연대를 계산하던 중세 초에는 집정관력(執政官曆)*30을 작성할 목적으로 취해졌다. 이와 마찬가지로 나중에는 부활절 일정표—부활절은 거의 모든 전례 일정을 결정하는 기준이 되었는데도 이 부활절 날짜 자체가 너무나 심하게 변동하였으므로 날짜들을 차례로 기록해서 부활절 일자를 밝혀내고자 한 것이 이 일정표이다—를 작성하기 위해 사건들의 기록이라는 절차가 취해졌다. 이어서, 카롤링거 왕조 시대의 초엽에는 역사적 기록은 엄격한 편년체적 기본형태를 유지하면서도 책력에서 분리되었다.

물론 이같은 기록의 작성자들은 우리와는 크게 다른 시각을 가지고 있었다. 그들은 전쟁이나 군주들의 죽음, 국가 또는 교회의 변혁에 못지 않을 만큼 우박이 떨어진 일이라든가 포도주 또는 밀의 부족, 그리고 불가사의한 조짐 등에도 관심을 가지고 있었다. 게다가 그들은 이해력에서 각자 차이가 있을 뿐 아니라 접하는 정보에서도 천차만별이었다. 호기심이나 조사기술 또는 열의에서도 사람마다 차이가 났다. 무엇보다도 특히 수집된 정보의 양과 가치는 해당 종교기관의 소재지나 그 중요성, 그리고 궁정이나 유력자와의 친소(親疏)관계에 따라 좌우되곤 하였다.

9세기 말과 10세기를 통해서 갈리아에서 가장 뛰어난 연대기 작가는 두말할 나위도 없이 아라스(Arras)*31에 있는 생 바스트(Saint-Vaast) 대수도원 출신의 어느 익명의 수도사와 또 한 사람, 곧 남달리 예리한 정신의 소유자라는 이점과 함께 음모와 정보의 비할 바 없이 중요한 진원지에 살았다는 이점을 아울러 갖추고 있던 랭스의 성직자 플로도아

---

*30 집정관들의 재직연대를 기준으로 작성되는 연감.
*31 프랑스 최북단 근처, 플랑드르 가까이에 있는 도시.

르였다. 그런데 불행하게도 『생 바스트 연대기』(*Annales de Saint-Vaast*)는 900년의 어느 날 느닷없이 중단되어버렸고, 플로도아르의 연대기로 말하자면 적어도 오늘날까지 전해지는 상태로만 보아서는——왜냐하면 세월이 흐름에 따라 생겼을지도 모르는 마손(磨損)도 물론 고려해야 하기 때문이다——919년을 시발점으로 하고 있다. 그런데 유감스럽기 짝이 없는 일이지만 우연히도, 기록이 빠져 있는 이 기간이야말로 서프랑크에 노르만인들이 정주한 시기와 정확하게 일치한다.

하기야 과거사에 크나큰 관심을 가진 시기였던 이 시대가 남긴 역사적 저작으로는 이들 연대기 외에 다른 것도 있기는 하다. 센 강 하류지역에 노르만인들의 영역제후령이 건립된 지 1세기가 조금 못 되었을 무렵, 노르망디 공국 창건자의 손자인 리샤르(Richard) 1세는 그의 조상과 자신의 공적을 기록하게 하기로 마음먹었다. 그는 이 일을 생 캉탱(Saint-Quentin)[*32] 주교구의 성당참사원인 동(Doon)이라는 사람에게 맡겼다.

1026년 이전에 완성된 이 저작은 당시 사정에 관해 많은 것을 시사해준다. 이것을 읽으면 우리는 11세기의 한 저작가가 그전 연대기들에서 발췌한 정보들——그는 기왕의 연대기를 직접 인용한 바는 결코 없다——을 바탕으로 하면서 거기에다 그 스스로 무척 중시하고 있던 구전된 몇몇 정보를 보태고 때로는 책에서 얻은 기억이나 때로는 더욱 단순하게 그 자신의 상상력에 의해 머릿속에 떠오른 생각으로 장식을 덧붙여 엮는 데에 몰두하고 있는 모습을 불현듯 눈앞에 그려볼 수 있다. 이 책에서 우리는 유식한 성직자는 어떤 장식을 쓰는 것이 이야기의 화려함을 드높여줄 만하다고 여기고 있었는지, 그리고 용의주도한 아첨꾼은 어떤 장식을 쓰는 것이 상전의 자존심을 추켜올리는 데에 적합하다고 여기고 있었는지 생생하게 알 수 있다.

이 저작을 세밀히 검토하는 데 뒷받침이 될 수 있는 몇몇 진본(眞本)

[*32] 파리 동북쪽에 있는 도시.

사료의 도움을 빌려보면, 노르만인들이 정주한 뒤 몇 세대가 지났을 때에는 이미 정주 당시의 사람들에 대한 역사적 기억이 얼마나 심각한 망각과 왜곡을 겪게 되었던가를 헤아릴 수 있다. 한마디로 말해 동의 이 저작은 특정한 한 사회의 환경과 특정한 한 시대의 의식구조를 들추어내는 데에는 한없이 귀중한 증언이겠지만, 거기에 씌어진 사실 자체는, 적어도 노르망디 공국의 초창기 역사에 관한 한, 증언으로서 거의 가치가 없는 것들이다.

따라서 이렇게까지 모호한 이 노르만인들의 정주라는 사건에 관해서는 몇몇 신통치 않은 연대기와 극소수의 옛 기록문서에 의존할 수밖에 없는데, 이같은 자료를 통해 알아낼 수 있는 것은 다음과 같다.

바이킹들은 라인 강 어귀나 에스코 강 어귀도 완전히 무시해버린 것은 아니었지만 885년경부터는 루아르 강과 센 강 유역 쪽으로 점점 더 노력을 기울이게 되었다. 특히 그들 가운데 한 무리는 896년 센 강 하류유역에 정착하여 이곳을 기점으로 노획물을 찾아 온 사방으로 돌아다니고 있었다. 그러나 이같은 원정이 언제나 성공을 거두었다고 생각하면 큰 잘못이다. 약탈자들은 부르고뉴 지방에서는 몇 번씩이나 격퇴당하였고, 911년에는 샤르트르의 성벽 밑에서도 패배를 겪었다. 반면 루무아(Roumois)*33 지방과 그 인근지역에서 바이킹 무리는 지배자가 되었으며, 겨우살이를 할 수 있는 식량을 마련하려면 그들 자신이 토지를 경작하거나 아니면 타인으로 하여금 자신들을 위하여 토지를 경작하게 해야만 되는 그러한 상태에 이미 이르러 있었음에 틀림없다. 이 정주지가 사람들을 끌어들이는 중심지를 이루는 바람에 소수 인원에 불과했던 원래의 도래자(到來者)들에다 새로운 모험자들이 합쳐지게 되었으므로 그같은 경작이 더욱 필요하였다.

과거 경험으로 보면 그들에 의한 약탈의 피해를 줄이는 일이 불가능하지는 않았다. 그러나 그들을 소굴에서 내쫓는다는 일은 그것을 알아

---

*33 프랑스 서북부 노르망디의 한 지구.

서 해야 할 유일한 권력, 즉 국왕 권력에게는 힘에 겨웠던 것으로 보인다. 왜냐하면 지역적으로 더욱 가까운 곳에서 이 문제를 다룰 만한 권력이 더 이상 존립하지 않았기 때문이다. 다시 말해 이 지방은 참혹하게 유린당해 중심지라고는 폐허가 된 도시 하나밖에 남지 않은 상태가 되어버렸으며, 현지의 지배체계가 송두리째 무너져버렸던 것이다.

그런 한편 서프랑크의 새로운 국왕, 즉 893년에 국왕으로 성별(聖別)받았으며 경쟁자인 외드(Eude, 또는 오도 : Odo)가 사망한 후로는 왕국 전체에서 국왕으로 인정받게 된 샤를 단순왕(Charles le Simple)[*34]은 즉위할 당시부터 이미 침략자들과 협정을 맺으려는 계획을 지니고 있었던 것으로 보인다. 그는 897년에 이 계획을 실천에 옮겼으니, 곧 당시 센 강 하류지역의 노르만인들을 지배하고 있던 우두머리를 측근에 불러들여 몸소 그의 대부가 되어주었던 것이다. 이 첫번째 시도는 성과를 거두지 못하였다. 그러나 14년 뒤 국왕은 이 생각을 또 한번 되풀이하여, 이번에는 예전에 자기 대자(代子)가 되었던 사람이 지휘하던 바로 그 '군대'의 새로운 우두머리 롤로(Rollo)에게 다시 같은 제의를 했거니와 이는 조금도 놀라운 일이 아니지 않겠는가. 롤로는 롤로대로 샤르트르 성벽 앞에서 패배를 맛본 적이 있는데, 이 실패를 통해 약탈 활동을 계속하는 데에 얼마나 많은 어려움이 따르는가를 분명히 깨닫지 않을 수 없었다. 그는 국왕의 제의를 받아들이는 것이 현명하다고 생각하였다.

그것은 서로가 기정사실을 인정하는 것이었다. 게다가 샤를 왕과 그의 조언자들로서는, 사실상 이미 완전한 형태를 갖추고 있을 뿐 아니라 이후로 다른 해적들에 의한 유린으로부터 해안지대를 그 어느 누구보다도 잘 방어해줄 수 있을 만한 존재인 이 영역제후령을 가신적 신종선서의 유대관계와 이에 따른 군사적 원조의 의무를 통해 왕국에 편입시킬

[*34] 루이 말더듬이왕(루이 2세)의 아들. 재위 893~923. 왕위에 있던 외드를 물리치고 즉위했으며, 신하들의 반발로 폐위당하였다.

수 있다는 이점을 가지고 있었다. 918년 3월 14일의 특허증서에서 샤를 왕은 "왕국의 방위를 위해……센 강변의 노르만인, 즉 롤로와 그 종사(從士)들에게……" 허용해준 양도사항들에 대해 언급하고 있다.

이 협정은 우리가 정확히 입증할 수 없는 어느 날짜에 체결되었다. 틀림없이 샤르트르의 전투(911년 7월 20일) 이후였을 것이며, 그 중에서도 십중팔구 이 전투 직후의 일이었을 것이다. 롤로와 그의 많은 부하들은 세례를 받았다. 롤로는 그때부터 이 양도받은 영토에 대하여 프랑크 왕국의 지방관직 서열 가운데 최고위직인 백작으로서의 권력——이것은 사실상 세습적 권력이었다——을 대체로 다 행사하게 되었다. 이 영토는 신빙성 있는 유일한 사료인 플로도아르의 『랭스 교회사』 (*Historia ecclesiae Remensis*)에 따르면 루앙 주변의 '몇 개의 백령(伯領)들' 을 포함하고 있었다. 십중팔구 이것은 루앙 주교구 가운데 엡트 (Epte) 강*35에서 바다에 이르는 사이의 부분과 에브뢰(Évreux)*36 주교구의 일부였을 것이다.

그러나 노르만인들은 이렇게 좁은 공간에 오랫동안 만족할 사람들이 아니었다. 게다가 새로운 이주자들까지 몰려드는 바람에 영토를 확장해야만 한다는 필요성은 절박하기 짝이 없었다. 서프랑크 왕국 내에서 왕조간의 분쟁이 재발하자 노르만인들은 기회를 놓치지 않고 즉각 이 문제에 개입하였다. 924년에 이미 라울(Raoul) 왕*37은 롤로에게 베생 (Bessin) 지방을 양도하였고,12) 또 933년에는 롤로의 아들인 후계자에게 아브랑슈(Avranches)와 쿠탕스(Coutances)를 할양해주었다. 이렇게 해서 네우스트리아 지방의 '노르망디' (Normandie, 즉 노르만인 거

---

*35 노르망디 지방을 거쳐 센 강에 합류하는 강.

*36 파리 서쪽의 도시.

*37 부르고뉴 백작 리샤르의 아들. 프로방스 · 아키텐의 영주들에게 봉건적인 신종선서를 강요하였다.

12) 이는 멘(Maine) 지방의 양도와 동시에 이루어진 것으로 보이는데, 멘의 양도는 그후 취소되었다.

주지대)는 그뒤 거의 변화를 겪지 않은 일정한 지리적 테두리를 차츰차츰 갖추게 되었다.

그렇지만 루아르 강 하류지역에서는 아직 바이킹 문제가 해결되지 않고 있었다. 이는 센 강 어귀에서와 동일한 문제였으므로 처음에는 똑같은 해결책이 시도되었다. 선왕(先王) 외드(오도)의 형제이자 서부지방에서 막강한 지배권을 지니면서 실질적으로는 독립적인 통치권자로서 군림하고 있던 공작이며 후작인 로베르(Robert)[*38]가 일부밖에 기독교로 개종하지 않고 있던 루아르 강변의 해적들에게 921년 낭트 백령을 양도하였다. 그러나 이 스칸디나비아 사람들 무리는 더 힘이 약했던 것으로 보이며, 영토를 할양받은 지 10년도 채 안 되어 이미 정연한 체제를 갖추게 된 롤로 휘하의 정주지가 이주민을 끌어들임에 따라 이 루아르 강 지역의 스칸디나비아인들의 세력 신장은 방해를 받았다.

게다가 낭트 지방은 루앙 주변의 백령들과는 달리 임자 없는 빈 땅도 아니고 고립된 지역도 아니었다. 물론, 840년 직후에 이 낭트 지방을 병합하였던 아르모리카(Armorica)[*39]의 브르타뉴인 왕국 또는 공국에서는 권력 요구자들 사이의 상쟁과 스칸디나비아인들의 침입 자체로 인하여 극도의 무정부상태가 빚어졌던 것이 사실이다. 하지만 공작들이나 공작 지위를 주장하는 자들, 그 중에서도 인접한 반(Vannes) 지방의 백작들은 로망스어를 사용하는 이 변경백령의 정통적 지배자로 자처하고 있었다. 그들은 이 지역을 회복하기 위해 브르타뉴 본토 안에 있는 자기네 충성 서약자들 가운데에서 소집한 군대의 지원을 받고 있었다. 잉글랜드에 망명해 있다가 936년에 돌아온 '꼬부라진 수염의 알랭'(Alain Barbe Torte)도 그러한 사람들 가운데 하나로, 그는 노르만인 침입자들을 내쫓아버렸다. 센 강변의 노르만인 거주지대(노르망디)

---

*38 로베르 강건백의 아들. 만년에는 샤를 단순왕을 물리치고 서프랑크의 왕이 되었다. 재위 922~923.
*39 갈리아 북서부 선단지역의 라틴어 이름. 브르타뉴의 옛 이름.

와는 달리 루아르 강변의 노르만인 거주지대는 아주 잠깐 명맥을 유지한 데에 불과하였다.[13]

롤로의 일당이 영불 해협의 해안지대에 정착했다고 해서 이것으로 강탈행위가 일거에 끝난 것은 아니었다. 외따로 떨어져 있던 수장들은 그들 자신이 토지를 수여받지 못한 데 대해 노여움을 품고 있었던 만큼[14] 이곳저곳에서 더욱 약탈행위에 열중하였으며 아직도 얼마 동안이나 더 농촌지방을 유린하고 다녔다. 부르고뉴 지방은 924년에 또다시 약탈당하였다. 때로는 루앙의 노르만인들도 이같은 비적단에 합세하곤 하였다. 노르망디 공작들 자신조차도 이 고래의 습성을 완전히 버리지는 않고 있었다. 10세기 말에 집필활동을 하고 있던 랭스의 수도사 리셰(Richer)[*40]는 거의 빠지는 일이 없을 정도로 꼬박꼬박 그들을 '해적 공작들'이라고 불렀다.

사실 그들의 군사적 원정은 그 옛날의 숱한 노략질과 별로 크게 다를 바가 없었다. 이러한 노략질 습성은 공작들이 북유럽으로부터 도착한 지 얼마 안 되는 바이킹 군대를 흔히 채용하곤 했었던 만큼 더욱 심하였다. 이를테면, 롤로가 서프랑크의 왕에게 신종선서를 바친 지 1세기 이상이나 지난 1013년에 노르웨이의 왕위 요구자 중 한 사람인 올라프(Olaf)가 이끌고 온 '노획물을 향한 욕망으로 헐떡거리는'[15] 모험가들이 그러하였다. 올라프만 하더라도 그때에는 아직 이교도였지만 세례

---

13) 그뒤에는 프랑스의 많은 지역에서 여러 영주의 가문—예를 들면 비뇨리(Vignory) 가의 영주들이나 페르테 쉬르 오브(Ferté-sur-Aube) 가의 영주들처럼—이 스스로 노르만인 수장을 조상으로 하고 있다고 주장하였다(M. Chaume, *Les origines du duché de Bourgogne*, t. I, p.400, n.4). 모랑비예(M. Moranvillé) 같은 학자는 루시(Roucy) 가도 같은 기원이라고 돌리고 있으나(*Bibliothèque de l'École des Chartes*, 1922), 확실한 증거가 없다.

14) Flodoard, *Annales*, 924(Rögnvald에 관해).

*40 생 레미 수도원 소속. 그의 『연대기』(888~995)는 중요한 사료이다.

15) Guillaume de Jumièges, *Gesta*, éd. Marx, V, 12, p.86.

를 받은 뒤에는 자기네 나라의 민족적 성인이 될 사람이었다. 다른 여러 약탈단은 독자적으로 해안지방에서 활동을 벌이고 있었다. 그 가운데 한 무리가 966년에서 970년에 걸쳐 에스파냐 해안에까지 과감히 진출하여 산티아고 데 콤포스텔라(Santiago de Compostela)*41를 점령하였다. 1018년에는 또 다른 약탈단이 푸아투 해안에도 나타났다.

그렇기는 하지만 스칸디나비아인의 배는 차츰차츰 먼 바다로의 항로를 잊어버리게 되었다. 프랑스 국경 건너편의 라인 강 삼각주 지대도 거의 노르만인들의 침략에서 해방되어 있었다. 그래서 930년경 위트레흐트의 주교는 그의 전임자들 때만 해도 지속적으로 거주하기가 도저히 불가능했던 이 도시로 되돌아와 도시를 재건할 수 있게 되었다. 그래도 북해 연안지대는 노르만인들의 거듭되는 습격의 위험성 앞에 여전히 노출되어 있었음이 확실하다. 1006년에는 왈(Waal) 강변에 있는 틸(Tiel) 항구가 약탈당하고 위트레흐트가 위협받게 되었다. 그러자 주민들 스스로가 성벽으로 방비되어 있지 않은 부두와 시설물에 불을 질렀다. 그 조금 뒤 프리슬란트의 한 법령은 이 지방 사람이 '노르만인들'에게 끌려가서 그들에 의해 강제로 노르만인 약탈단에 편입되는 경우를 거의 일상적일 만큼 빈번한 사건으로 여겨 이에 대비하고 있었다.

오랜 세월 동안 스칸디나비아의 뱃사람들은 서유럽에서 그야말로 특징적일 정도로 문명의 일정한 주조(主調)를 이루어온 이같은 불안상태를 자기들 나름대로 계속 그런 식으로 유지하였다. 그러나 동계숙영(冬季宿營)을 포함한 원정의 시대도, 그리고 스탐퍼드 브리지에서의 패배 이후로는 바다 건너로의 정복의 시대도, 이제는 이미 지나가버리고 없었다.

---

*41 에스파냐 북서부 갈리시아 지방의 도시. 예수의 12사도 가운데 하나인 성 야고보(야곱, 그 스페인식 이름이 산티아고)의 순교지이자 그의 유해가 묻혀 있는 곳으로 알려짐으로써 서유럽의 3대 기독교 성지 가운데 하나가 되어 있으며, 많은 순례자들이 이곳을 찾는다. 같은 이름의 대성당이 있다.

5. 북유럽의 기독교화

그러는 동안 북유럽 자체도 점점 기독교화해가고 있었다. 하나의 문명이 서서히 다른 신앙으로 옮아간다는 것, 이것보다 더 흥미진진한 관찰거리를 역사가에게 제공해주는 현상도 별로 없을 것이다. 특히 지금 이 경우처럼 사료상의 메울 수 없는 공백에도 불구하고 현존하는 사료를 가지고도 이러한 변천의 과정을 아주 면밀히 추적함으로써 동일한 종류의 것이 여러 갈래의 움직임으로 나타나는 하나의 자연스러운 역사적 체험을 규명할 수 있을 때에는 더욱 그러하다. 그러나 너무 자세하게 살펴보는 것은 이 책의 범위를 넘어서는 일이 될 터이므로, 몇 가지 요점을 지적하는 것만으로 그쳐야 할 것이다.

북유럽의 이교 신앙을 극복하는 데에는 3세기나 걸려야 했던 만큼, 이것을 생각해보더라도 북유럽의 선교에서 이교가 심각한 저항세력이 되지 못했다고 말하는 것은 별로 정확하지 못하다. 하지만 이교의 최종적인 패배를 용이하게 한 몇 가지 내적 원인들은 간파할 수 있다. 스칸디나비아에는 기독교 세계의 사람들처럼 강력하게 조직된 성직자에 해당하는 집단이 전혀 없었다. 동족집단이나 부족의 우두머리들이 유일한 사제들이었다. 특히 왕이 제물의 공양권을 잃게 되면 그로 인해 왕의 권세의 본질적인 한 요소가 손상되어버린다고 여겨 걱정할 지경이었던 것도 틀림없는 사실이다. 그러나 나중에 살펴보게 되겠지만 기독교는 왕들에게 그들의 신성한 성격을 완전히 포기하도록 강요하지는 않았다.

민족의 이동 및 국가 형성과 동시에 연관되어 발생한 사회구조상의 심층적인 변화는 가족이나 부족의 우두머리가 지니는 사제로서의 위신에 크나큰 타격을 가했다고 할 수 있다. 옛 종교는 교회라는 뼈대가 없었을 뿐만 아니라, 기독교로 개종할 무렵에는 그 자체 내에서 일종의 자연발생적인 해체의 조짐까지 분명히 나타나고 있었던 것으로 보인다. 스칸디나비아의 문헌들에는 꽤 자주 진짜 무신앙자가 나타난다. 그런데 이 치밀하지 못한 회의주의도 결국 전혀 아무런 신앙도 갖지 않는다고 하는, 거의 상상하기 어려운 사태를 불러일으키기보다는 차라리 새로운 믿음의 수용이라는 결과를 초래하였음에 틀림없다.

끝으로 한 가지 더 말한다면, 다신교 자체가 새로운 종교에 쉽게 접근할 수 있는 길을 마련해주고 있었다. 증거를 비판적으로 검토하는 따위의 일은 전혀 알지 못하던 그 시대 사람들의 정신은, 어디에서 유래한 것이건 간에 초자연적인 것을 거의 부정하려 하지 않았다. 기독교도가 다종다양한 이교의 신들에게 기도하기를 거부한 것은 일반적으로 볼 때 그들이 이교의 신의 존재를 인정하지 않았기 때문이 아니다. 오히려 그 신들이 사악하고 틀림없이 위험하고, 하지만 유일한 창조주보다는 약한 악마라고 생각했기 때문이다.

이와 마찬가지로 수많은 문헌사료를 통해 확인할 수 있는 바로는, 노르만인들은 그리스도와 기독교 성인들을 알게 되었을 때 그들을 자기네 고유의 신들의 도움을 빌려 필히 겨룰 수 있고 조롱할 수 있는 존재라고는 여기면서도, 그렇지만 뭔가 잘 알 수 없는 너무나 두려운 힘을 가진 존재여서 현명한 사람들이라 할지라도 상황에 따라서는 그 힘의 비위를 맞추어주지 않을 수 없고 또 그들에 대한 예배의 신비스러운 마력을 존중하지 않을 수 없는 그러한 외래의 신들이라고 여기는 데에 이내 익숙해졌던 것이다. 860년에는 어떤 병든 바이킹이 성 리키에(Riquier)에게 서원(誓願)을 하지 않았던가. 그보다 조금 뒤에 아이슬란드의 어느 수장은 돈독한 기독교 신앙을 가지게 되었으면서도 이런저런 곤경에 처하면 여전히 토르(Thor)[*42] 신에게 가호를 빌곤 하였다.[16] 일단 기독교의 신을 두렵기 짝이 없는 존재로 인정하게 되면, 그 다음에는 거의 부지불식간에, 이 신을 유일신으로 받아들이는 단계로

---

*42 북유럽 신화에서 벼락을 다스리는 신〔雷神〕.

16) Mabillon, *AA. SS. ord. S. Bened.*, saec. II. éd. de 1733, t. II, p.214 ;
    Landnámabók, III, 14, 3.

까지 슬그머니 넘어갈 수 있었던 것이다.

휴전이나 협상으로 중단되곤 하기는 했지만 약탈을 목적으로 하는 원정 자체도 북유럽의 기독교화에 나름대로의 영향을 미쳤다. 군사적 활동을 벌이고 되돌아올 때 마치 전리품의 하나인 양 새로운 종교를 고향으로 가져오는 북유럽의 뱃사람은 하나둘이 아니었다. 기독교로의 개종을 성공시킨 두 명의 위대한 노르웨이 왕들, 즉 트리그비(Trygvi)의 아들 올라프(올라프 트리그바손)와 하랄의 아들 올라프는 두 명 다, 아직 왕위에 오르지 않은 채 바이킹의 부대를 지휘하던 중에 세례를 받았는데, 앞의 사람은 994년 잉글랜드 땅에서, 뒤의 사람은 1014년 프랑스 땅에서 세례를 받았다.

바다 건너편에서 도래하여 그들의 길을 따라 원정하고 있던 모험자들이, 예부터 기독교를 믿고 있던 지역에 영구히 정착해 대부분 자기네 복속민이나 인근 주민들의 신앙에 이끌려들어가 있던 수많은 그들 동향인들과 접하게 됨에 따라 그리스도의 율법으로 개종하거나 슬그머니 옮겨가는 현상은 더욱더 늘어났다. 군사적 대기획 이전부터 계속되었고 또 이에 의해서도 결코 중단된 바 없는 통상관계도 역시 노르만인들의 개종에 이바지하였다.

스웨덴의 초기 기독교도들은 대부분 당시 프랑크 제국과 북해지역 간의 교통·통신의 주요거점이었던 두르스테드 항구를 자주 드나들던 상인들이었다. 고틀란드(Gotland)*43의 어느 옛 연대기에는 이 섬의 주민들에 관해 "그들은 상품을 싣고 온갖 나라를 여행하곤 하였다……. 그들은 기독교도들 사이에서 기독교적인 관습을 익혔다. 세례를 받고 성직자를 데리고 돌아오는 사람도 얼마쯤 있었다"고 기록되어 있다. 사실 오늘날에도 흔적을 찾아볼 수 있는 가장 오래된 교단은 멜라른 호수의 비르카(Birka)라든가, 유틀란트의 지협(地峽)을 바다에서 바다로 건너지르는 요로의 양쪽 끝에 각각 자리잡은 리펜(Ripen)과 슐레스비히

---

*43 발트 해 중부의 섬. 오늘날 스웨덴의 한 주.

등과 같은 상업도시에 형성되어 있었다.

아이슬란드의 역사가 스노리 스튀르들뤼손(Snorri Sturluson)[*44]의 예리한 통찰에 따르면 노르웨이에서는 11세기 초쯤 "계곡의 상류지역이나 산악지대 사람들이 모두 아직 이교도로 남아 있을 때 해안지대에 살고 있던 사람들은 대부분 세례를 받았다"[17]고 한다. 이상하게도 외래 신앙의 전도를 위해서는 일시적인 왕래 도중에 우연히 이루어지게 되는 사람들간의 접촉이 교회가 보낸 선교단보다 훨씬 더 효과적인 포교 수단이 되는 식의 현상이 오랜 세월 계속되었다.

그렇기는 하지만 교회의 선교단도 일찍부터 활동을 시작했다는 사실은 지적해야 한다. 카롤링거 왕조의 군주들은 이교를 박멸시키기 위해 노력하는 일이 기독교도 군주인 자기네의 고유한 본분이며, 동시에 앞으로 같은 신앙으로 통일될 이 지역에 그들 자신의 종주권을 확장하는 데에도 가장 확실한 방법이라고 여기고 있었던 것이다. 이것은 그들의 전통을 이어받은 독일의 위대한 황제들에게도 마찬가지였다. 게르마니아 본토의 개종이 일단 완수되었으니 이제 북유럽의 게르만인들을 개종시키려는 생각이 어찌 떠오르지 않을 수 있었겠는가.

루트비히 경건왕의 주도 아래, 선교사들이 그리스도의 복음을 전하기 위해 데인인들과 스웨덴인들이 사는 곳으로 갔다. 일찍이 그레고리우스 대(大)교황[*45]이 노예시장에 끌려나온 잉글랜드인들을 사서 그렇게 하려고 꾀했듯이 스칸디나비아의 소년들도 노예시장에서 매입되어 성직자나 포교자가 되기 위한 교육을 받았다. 함부르크에 대주교구가

---

*44 1178~1241. 정치가이자 역사가. 아이슬란드의 입법부와 최고재판소의 장을 지냈으며, 전쟁에 휘말려 살해당하였다. 그가 저술한 『노르웨이 국왕열전』(Heimskringla)은 중요한 역사서이다. 그밖에 『산문 에다』도 집필하였다.

17) *Saga d'Olaf le Saint*, c. LX, Sautreau 옮김, 1930, p.56 참조.

*45 그레고리우스 1세. 590년에 교황으로 즉위하여 전도를 강화했으며 교회와 수도원을 완전히 분리하였다. 라틴 교회 최후의 대학자이며 교회음악에도 공헌하였다.

설치됨으로써 마침내 기독교화 사업은 영구적인 거점을 확보하게 되었다. 스웨덴에서 돌아온 피카르디(Picardie)[*46] 출신의 수도사 앙셰르(Anchaire)가 이 대주교구의 초대 대주교가 되었다. 함부르크 대주교좌는 당장은 휘하에 거느린 주교구가 없었으나 바로 이웃한 스칸디나비아인들과 슬라브인들 거주지역의 변경지대 너머에는 앞으로 포교해야 할 광대한 지역이 펼쳐져 있었다.

하지만 조상 대대로 이어져온 신앙이 아직도 너무나 단단히 뿌리박고 있는데다가 프랑크 왕국의 성직자들은 외국 군주들의 앞잡이들이라고 소문이 퍼져 그들에 대한 주민들의 불신이 너무나 심하였다. 그런 이유로 앙셰르 같은 열렬한 정신의 소유자가 몇 명 있었는데도 전도대원을 모집하는 일 자체가 몹시 어려워서, 이 원대한 꿈이 그렇게 빨리 실현될 수는 없었다. 845년 함부르크가 바이킹에 의해 유린된 후에도 이 선교의 모교회(母教會)가 살아남을 수 있었던 것은 오직 한 가지 이유, 즉 더 오래되고 더 부유한 브레멘 주교구를 쾰른 관구에서 분리시켜 이 함부르크 대주교구에 통합시키기로 한 결정이 내려진 덕분이었다.

그래도 어쨌든 이곳은 후퇴하여 대기할 수 있는 일종의 기지(基地) 같은 것이었다. 과연 브레멘·함부르크 관구는 10세기에 새로운 포교 노력을 기울여 더 큰 성공을 거두게 되었다. 때를 같이해서, 기독교 세계의 다른 구역에서 온 잉글랜드의 성직자들은 스칸디나비아의 이교도들에게 세례를 베풀어주는 명예를 놓고 독일의 성직자들과 각축을 벌이고 있었다. 오래 전부터 사람의 영혼을 낚는 일에 익숙해져 있었고, 그들의 섬인 대 브리튼의 항구와 건너편 해안 사이를 이어주고 있던 끊임없는 왕래로 덕을 보고 있었으며, 또 무엇보다도 특히 독일인들보다 의심을 덜 받고 있던 잉글랜드인들이 포교에서 더 큰 성과를 거둔 것으로 보인다.

---

*46 파리 북동부의 지방.

예를 들어 스웨덴에서는 기독교 용어가 독일어보다도 앵글로색슨어로부터의 차용어로 구성되어 있는 것이 특색이며, 또한 많은 교구가 대 브리튼 섬의 성자들을 수호성인으로 모시고 있는 것도 이에 못지 않은 특징이다. 스칸디나비아의 여러 지방에 성립되었다가 정도의 차는 있지만 대개 단명으로 끝나고 만 교구들은 계층적 교회조직의 원칙에 따라 브레멘·함부르크 관구에 속하게끔 되어 있었으나, 기독교도가 된 스칸디나비아 국왕들은 오히려 흔히 그들의 주교들로 하여금 대 브리튼 섬에서 사제로서의 축성을 받게 하였다. 더구나 잉글랜드의 영향은 크누트 왕과 그의 첫 후계자들 시대에 덴마크와 더 나아가 노르웨이에까지 널리 퍼져갔다.

왜냐하면 실제로 왕이나 대(大)수장들의 태도가 결정적인 요소였기 때문이다. 언제나 이들을 자기네 편으로 끌이는 데에 무엇보다 큰 힘을 기울이고 있던 교회로서도 이 점을 잘 알고 있었다. 특히 기독교도 집단의 수효가 늘어나고 바로 그러한 기독교도들의 성공으로 인해 이교도 무리가 더욱 심한 위기감을 느끼게 되면서 결과적으로 그들이 투쟁을 전개할 결심을 더욱 굳혀가는 사태가 발생함에 따라, 이교도들도 기독교도들도 통치자들이 때로는 극단적일 정도로까지 엄격하게 행사해왔던 바로 이 강제력에 더욱 큰 기대를 걸게 되었다. 더욱이 통치자들의 지원이 없었더라면 기독교가 정신적 질서를 유지하고 주민들 집단 구석구석까지 손길을 미치는 데 없어서는 안 될 수단인 주교구와 수도원의 조직망이 어떻게 이 나라에 펼쳐질 수 있었겠는가. 반대로 스칸디나비아의 여러 나라를 끊임없이 분열시키고 있던 왕위 요구자들간의 상쟁에서도 종교적 불화는 어김없이 이용되고 있었다. 그런가 하면 왕조 내에서의 변혁으로 인해 막 자리잡아가고 있던 교회조직이 일시적으로나마 파괴된 경우도 비일비재하였다.

기독교가 북유럽의 세 왕국에서 확실한 지위를 인정받을 수 있었던 것은 이들 왕국에서 각기 기독교를 믿는 왕들이 차례차례 계속하여 왕위를 계승하던 때부터였다. 먼저 덴마크에서는 크누트 왕 이후, 노르웨이에서는 망누스(Magnus) 선량왕 이래(1035년부터), 그리고 스웨덴에서는 그보다 꽤 뒤늦게 잉어(Inge) 왕[*47] 이후로 그러하였다. 잉어 왕은 자기의 선왕들이 그렇게 자주 동물의 고기나 심지어 사람의 고기까지도 제물로 바쳤던 웁살라(Upsala)[*48]의 옛 성소(聖所)를 11세기 말경에 파괴해버렸다.

헝가리와 마찬가지로 이들 북유럽 나라들도 (종교적—옮긴이) 독립을 열망하고 있었기 때문에 기독교로 개종한 뒤에는 반드시 각 나라마다 로마에 직속된 독자적인 계층적 교회조직을 구축하려고 하기 마련이었다. 그러던 중, 불가피한 사태에는 허리를 굽히면서도 손실은 최소한으로 막아가면서 적어도 자기 교회가 전통적으로 요구해온 우위권을 어느 정도나마 확보하려고 노력하는 그러한 아주 노회한 어느 정치가가 브레멘·함부르크 대주교구의 대주교직을 차지하게 되었다. 이 아달베르트(Adalbert) 대주교는 1043년부터 북유럽 총교구(總敎區)를 만들 구상을 하고 있었으니, 이는 곧 이 총교구 내에, 성 앙셰르 후계자들의 후견 아래 민족마다의 대주교좌를 설치하려는 것이었다. 그러나 로마교황청이 이 중간 권력기구를 그리 달가워하지 않아 이 계획을 후원하기를 꺼려했을 뿐 아니라 독일 자체 내에서도 여러 제후들간에 불화가 일었기 때문에 이 계획의 입안자가 그리 일관된 정신으로 이 계획을 추진하는 것이 허용되지 않았다.

1103년에는 스칸디나비아 전지역에 대해 관할권을 가지는 대주교구가 덴마크령 스카니아(Scania)[*49] 지방의 룬드(Lund)에 설치되었다. 이어 1152년 노르웨이에서도 독자적인 대교구가, 노르웨이 국민의 진정한 수호성인이자 순교자인 올라프 왕이 잠든 묘소 근처의 니다로스(Nidaros, 지금의 트론헤임[Trondheim])에 설치되었다. 마지막으로

[*47] 잉어 왕은 11세기 후반에 즉위하여 1115년에 사망한 것으로 전해진다.
[*48] 스톡홀름 북서쪽의 도시.
[*49] 지금의 스웨덴 최남단.

1164년에는 스웨덴에서도 이교시대에 웁살라의 왕실 신전이 세워졌던 곳 바로 근처에 스웨덴 자체의 대주교좌가 설치되었다. 이렇게 해서 스칸디나비아 교회는 독일 교회에서 떨어져나갔다.

정치분야에서도 이와 마찬가지여서, 동프랑크의 통치자들은 덴마크의 왕조 전쟁에 수없이 많이 간섭했으면서도 이 나라의 국왕들에게 복종의 표시인 조공의 납부를 지속적으로 강요하는 데까지는 결코 이르지 못했으며 국경선을 이렇다 할 만하게 확장하지도 못하였다. 게르만 민족의 양대 분파간의 차이는 점점 더 뚜렷이 벌어져가고 있었다. 독일은 바로 게르마니아 전체도 아니었고, 또 결코 그렇게 되지도 않았다.

6. 원인의 탐구

스칸디나비아인들이 약탈과 원거리 이주의 습성을 버리게 된 것은 그들이 기독교로 개종한 때문이었던가. 온갖 종류의 주술을 숭배하는 경향이 있는 사람들이 어떠한 사람들인가에 관한 우리의 지식에 비추어볼 때, 바이킹들의 원정은 억누를 길 없는 이교적 광신의 열기에서 빚어진 종교전쟁이라는 빛깔을 띤 것이었다고 파악하는 견해—이것은 지금까지 때때로 최소한 개략적으로나마 제시되어온 설명이다—는 도저히 받아들이기 어렵다. 이에 반해 정신상태에 심층적인 변화가 일어난 것은 새로운 신앙을 받아들인 데 따른 결과라 한다면 이 이야기는 그래도 믿을 만하지 않겠는가.

확실히 노르만인들의 항해와 침략의 역사는 전쟁과 모험을 향한 열광적인 사랑, 다시 말해 북유럽인들의 정신적 풍토에서는 더욱 평화적인 방식을 실행하는 것과 아무런 모순도 일으키지 않은 채 공존할 수 있었던 그 열광적인 사랑을 빼놓고서는 이해할 수 없을 것이다. 약삭빠른 상인으로 콘스탄티노플에서 라인 강 삼각주의 여러 항구에 이르는 유럽의 시장을 자주 드나들었던, 또는 혹독한 추위를 무릅쓰고 아이슬란드의 황무지를 개척했던 바로 그 사람들은 '쨍그랑 하는 칼소리' 나

'방패들이 맞부딪는 것' 보다 더 큰 기쁨과 더 높은 명성의 원천을 알지 못하였다. 이것은 12세기가 되어서야 비로소 기록된 것들이기는 하면서도 아직도 작품 가득히 바이킹 시대의 모습을 충실하게 반영해주고 있는 그 많은 시와 설화들에 의해 증명되고 있으며, 스칸디나비아 지방의 길가나 집회소 근처 무덤들 옆의 잿빛 돌에 아로새겨진 룬 문자로 된 비명(碑銘)을 오늘날까지도 선명하게 붉은빛 그대로 드러내어 보여주고 있는 돌기둥들, 비석들 또는 단순한 기념비들에 의해서도 증명된다.

이같은 비석들 대부분은 그토록 수많은 그리스나 로마의 무덤처럼 고향땅에서 평화로이 잠든 사람들을 기념하는 것이 아니다. 이 비석들이 상기시켜주는 것은 오로지 피비린내나는 이런저런 원정 도중에 전사한 영웅들에 관한 기억뿐이다. 이러한 정서적 기조(基調) 성향이 온유와 긍휼의 가르침으로 알려진 그리스도의 율법과는 양립될 수 없는 것으로 보일 수도 있다는 점은 자명할 것이다. 그러나 나중에 몇 번씩이나 확인할 기회가 있겠지만, 봉건시대의 서유럽 사람들 사이에서도 역시 기독교의 오묘한 교의에 대한 지극히 진실한 신앙은 폭력과 약탈을 즐기는 취향, 아니 전쟁을 아주 의식적으로 찬미하는 경향과 별 뚜렷한 어려움 없이 결합되었다.

확실히 스칸디나비아인들은 이제부터 가톨릭 교권의 다른 신자들과 동일한 사도신경을 읽으며 공감하게 되었고 동일한 성인전에 의해 정신적인 양식을 얻게 되었으며 동일한 순례의 길을 다녔고 조금이라도 교육받고 싶어하는 경우에는 그리스·로마적인 전통——다소 왜곡되기는 했지만——이 반영된 동일한 책을 읽거나 듣거나 하게 되었다. 하지만 기본적인 면에서 서유럽이 통일되었다고 해서 이것이 도대체 이 문명 내에서의 전쟁을 방지할 수 있었던가. 기껏해야 유일하고 전능하신 하느님이라는 관념은 내세에 관한 전혀 새로운 사고방식들과 결합하여, 결국에는 북유럽의 옛 시에서 그렇게 특징적으로 나타나고 있었으며, 또한 수많은 바이킹들이 분명 자기네의 격정을 정당화하는 근거로 삼고 있었던 저 운명과 영광의 신비한 속성이라는 것에 가혹하기 짝이 없는 타격을 가하게 되었다는 점을 인정할 수 있을 뿐이다. 이것만 가지고도 수장들로 하여금 롤로와 스벤의 선례를 따르겠다는 일체의 야망을 포기하게 하기에, 또는 그들의 야심을 성취하는 데에 필요한 전사들의 모집을 중단하게끔 하기에 충분했다고 여길 사람이 그 누가 있겠는가.

바른 대로 말하면, 위에서 제기한 것과 같은 문제는 진술상의 요건을 제대로 갖추지 못한 것이다. 어떤 현상이 무슨 까닭으로 발생했는가를 먼저 물어보지도 않은 채, 어떻게 그것이 끝난 원인을 탐구할 수 있겠는가. 아마 이것은 어떤 의미에서는 어려운 문제를 단지 뒤로 미루는 데에 지나지 않을 것이다. 왜냐하면 스칸디나비아인의 이주가 시작된 원인도 이주가 끝난 원인에 거의 못지 않을 만큼 모호하기 때문이다. 그렇지만 그들의 남쪽으로 펼쳐져 있는, 전반적으로 훨씬 비옥하고 훨씬 옛날부터 문명이 발달해온 땅이 어떤 이유로 해서 북유럽 사회에 그렇게 매력적인 곳으로 비쳤던가 하는 것까지 여기에서 장황하게 진술함으로써 시간을 지체해도 좋다는 이야기는 아니다.

게르만족의 일대침입과 그에 앞서 이루어진 여러 민족이동의 역사가 본디부터 태양을 향한 남쪽으로의 기나긴 이동의 역사였지 않은가. 바닷길을 통한 약탈의 전통은 그 자체로서 이미 오래된 것이었다. 투르의 그레고리우스(Grégoire de Tours)*50와 『베오울프의 노래』는 둘 다 희한하리 만큼 이구동성으로, 520년경 예타족의 어느 왕이 프리슬란트의 해안에 원정한 것에 관한 기록을 전해주고 있다. 그밖에도 이와 비슷한 기도가 또 있었겠지만 사료가 결핍되어 우리에게 알려지지 않고 있을

---

*50 538/539~594/595. 원래의 이름은 그레고리우스 플로렌티우스(Gregorius Florentius). 주교이자 역사가로, 그가 쓴 『프랑크인의 역사』는 6세기 프랑크 왕국 역사를 이해하는 데에 가장 중요한 자료이다. 그는 이밖에도 교부들의 전기·성인기적담·시편주석 등을 집필하였다.

뿐임에 틀림없다. 그렇기는 하지만 8세기 말쯤에는 이러한 원정이 전에 없던 규모로 아주 돌발적으로 확대된 것도 이에 못지 않게 확실한 일이다.

그렇다면 그 당시 서유럽은 방비가 허술했기 때문에 그전보다 더 손쉬운 약탈의 표적이 되었다고 믿어야 할까. 그러나 이러한 설명은 이 시대에 일어난 이와 아주 똑같은 여러 사실들, 즉 아이슬란드의 이주민 정착이나 러시아의 여러 하천 기슭에 바랑인(Variagi, Varangian)의 왕국들[*51]이 세워진 것 등의 사실에는 적용될 수 없을 뿐만 아니라, 메로빙거 왕조가 붕괴되어가고 있던 무렵의 프랑크 국가가 루트비히 경건왕이나 심지어 그의 아들대의 프랑크 왕국보다 더 두려운 힘을 가진 것으로 보였으리라고 주장하는 꼴이 되니 이 또한 말이 되지 않는다. 분명히 북유럽 나라들의 운명에 대한 해답의 열쇠는 그 나라들 자체에 관한 연구에서 찾아야만 할 것이다.

9세기의 배와 그전 시대에 속하는 몇몇 다른 출토품들을 비교해볼 때, 바이킹 시대가 시작되기 직전에 스칸디나비아의 뱃사람들은 선박건조에서 기술상의 크나큰 진전을 이루었음을 확인할 수 있다. 이러한 기술적 진보가 없었더라면 대양을 횡단하여 원거리를 항해한다는 일은 의심할 나위 없이 불가능했을 것이다. 하지만 그토록 수많은 노르만인들이 고국을 멀리 떠나 모험을 찾아나서기로 결심한 이유가 정말 개량된 배를 탄다는 즐거움을 누리고자 하는 목적에 있었던 것일까. 오히려 그들이 선박의 개량에 골몰했던 것 자체야말로 바로 그전보다 먼 바다로 항해하기 위해서였다고 하는 편이 옳을 것이다.

끝으로, 또 하나의 설명은 이미 11세기에 바로 노르만인 출신의 프랑스 역사가인 생 캉탱의 동에 의하여 제시되었다. 그는 노르만인 이동

[*51] 동슬라브인들은 스칸디나비아인들을 바랑(바이킹)이라고 불렀는데, 이 바랑이 9, 10세기에 러시아에 진출하여 핀족이나 슬라브족을 누르고 국가를 건설했다고 전한다. 키예프 공국이 대표적인 예이다.

의 원인이 스칸디나비아 여러 나라의 인구과잉에 있었다고 보는 한편 인구과잉의 원인은 일부다처제의 성행에 있었다고 보았다. 이 가운데 일부다처제가 인구과잉의 원인이었다는 주장은 성립되지 않는다. 다시 말해 명실상부한 후궁집단을 거느리고 있었던 것은 오로지 수장들뿐이었으며, 더욱이 인구학적 연구결과에 따르더라도 일부다처제가 특별히 인구팽창에 기여한다고 내세울 만한 여지는 전혀 없다(인구학적 연구결과는 이와는 거리가 멀다). 어쩌면 인구과잉이라는 가설 자체가 우선 의심스러운 것으로 생각될 수 있겠다. 침략의 희생이 된 사람들은 어마어마한 수의 적군이 몰려왔다고 말함으로써 자기네들의 패배에 합당한 구실을 붙이고자 하는 아주 소박한 희망을 지니고 있기 때문에 거의 언제나 이같은 가설을 내세우게 마련이었다. 일찍이 켈트인에게 패배했던 지중해인들이 그러했고, 게르만족에게 정복당한 로마인들이 그렇게 주장하였다.

그렇지만 이 주장은 여기에서 고려할 만한 가치가 있다. 왜냐하면 동은 십중팔구 피정복자의 전승이 아니라 정복자의 전승에 근거해서, 특히 그 나름대로의 일정한 내재적 개연성에 바탕을 두고 이러한 주장을 하게 된 것으로 보이기 때문이다. 마침내 로마 제국의 붕괴를 초래하게 되었던 2세기에서 4세기에 이르는 민족이동의 결과로, 분명히 스칸디나비아 반도와 발트 해의 섬들 그리고 유틀란트 반도에는 광대한 무인지대가 생기게 되었다. 이동하지 않고 그대로 남아 있던 사람들의 집단은 몇 세기 동안이나 넓은 지역을 자유롭게 이용하며 살 수 있었다. 그러다가 8세기 무렵에 토지가 분명 부족해지기 시작한 때가 온 것이리라—적어도 그들의 농업상태를 고려해볼 때 그러하였다.

사실대로 말하자면, 바이킹들이 서유럽에서 벌였던 초기의 원정이 목적한 바는 항구적인 정주지의 획득과는 거리가 멀었고 오히려 모국에 가지고 갈 전리품을 약탈하는 데에 있었다. 하지만 그것도 또한 토지 부족을 메우는 수단이었다. 경작지와 목초지가 빠듯해지자 불안을 느낀 수장들은 남쪽의 문명세계에서 빼앗아온 전리품들 덕분으로 그들의 생활방식을 유지할 수 있었고 그의 위신을 지키는 데 필요한 하사품을 종사(從士)들에게 계속 나누어줄 수 있었다.

더 낮은 계층 사람들 사이에서는 이주야말로 차남 이하의 젊은이들에게 식구가 너무 많아 옹색하기 짝이 없는 가정에서 벗어날 수 있는 기회를 제공해주고 있었다. 추정하건대 그 당시 수많은 농가는 11세기 초에 세워진 스웨덴의 한 묘비에서 알 수 있는 농가의 사정과 비슷한 형편이었을 것이다. 그 묘비에는 아들 다섯 가운데 장남과 막내아들만 고향에 남아 있었고 나머지 셋은 머나먼 땅에서, 곧 하나는 보른홀름(Bornholm) 섬*52에서, 또 하나는 스코틀랜드에서 그리고 나머지 하나는 콘스탄티노플에서 죽었다고 적혀 있다.[18]

끝으로, 사람들은 사회구조와 습속의 영향으로 점점 더 빈번히 일어나고 있던 분쟁과 근친복수에 걸려들어 조상의 땅을 떠나야만 했던 것은 아니었을까. 무인지대가 드물어졌기 때문에 자기 나라 안에서 새로운 거주지를 찾기란 전보다 더 어려워졌다. 원수의 추적을 받는 사람들이 안주할 곳은 종종 바다뿐이거나 아니면 바다를 건너가 닿게 되는 먼 나라밖에 없었다. 더구나 그를 추적하는 원수가 국왕들 가운데 한 사람인 경우에는 더욱 그럴 수밖에 없었다. 국왕들은 인구의 희박성이 줄어든 거주양식 덕분에 더욱 광대한 지역에 대해 더욱 효과적인 명령권을 행사할 수 있게 되었으니 말이다. 이러한 관습과 모험의 성공에서 영향을 받아, 필요에 따라 이주하던 현상에 덧붙여 취향에 따라 이주하는 현상도 아주 빠른 속도로 나타나게 되었으니, 일반적으로 수익이 많은 것으로 확인되고 있던 모험은 생업이면서 동시에 스포츠가 되었다.

노르만인 침입의 시작이 그러한 것처럼 그 종료 또한 침입을 받은 나라들의 정치권력의 상황으로는 설명할 수 없을 것이다. 오토 대제의 제국은 카롤링거 왕조 말기의 프랑크 제국보다 해안 방비능력이 더 우수

---

*52 발트 해 가운데에 있는 섬.

18) Nordenstreng, *Die Züge der Wikinger*, L. Meyn 옮김, Leipzig, 1925, p.19.

했고, 윌리엄 서자왕(庶子王)*53과 그 후계자들은 잉글랜드에서 가공할 대항세력을 이루고 있었음에 틀림없다.

하지만 정확히 말하면 오토 왕조의 통치자들도 노르만 왕조의 잉글랜드 왕들도 바이킹들을 막아낼 만한 능력을 전혀, 아니면 거의 갖추지 못하고 있었음이 실제 사정이었다. 더구나 10세기 중엽 이후의 프랑스라든가 에드워드 참회성인왕 치하의 잉글랜드가 약탈하기에 너무 힘든 대상으로 보였다는 식의 이야기는 믿기 어렵다. 온갖 정황으로 미루어 볼 때, 스칸디나비아 나라들의 왕권이 강화된 바로 그 사실 때문에 초기에는 수많은 추방자와 왕위쟁탈전에서 실패한 자들이 바다로 쏟아져 나와 한때는 이주가 증가했으나, 그뒤 결국 이것이 이주민의 원천을 고갈시켜놓기에 이르렀던 형편인 듯하다. 이때부터 국가는 인력 동원과 선박 징발을 독점하게 되었으며, 특히 선박 징발의 조직화에 큰 관심을 쏟고 있었다.

그런 한편 국왕들은 산발적으로 외따로 행해지는 원정은 거의 장려하지 않았다. 그러한 원정은 소란을 피우는 정신을 조장하며 법의 보호를 박탈당한 자에게 아주 용이한 피신처를 제공해줄 뿐 아니라 음모를 꾸미는 자들—성 올라프에 관한 사가에 전해지듯이—에게는 간계를 획책하는 데에 소용되는 비용을 축적할 수단이 되어주기 때문이었다. 스벤은 일단 노르웨이의 지배자가 되자 산발적인 원정을 금지시켰다고 전해진다. 수장들은 그보다 정규적인 생활의 테두리 속에서 사는 데에 차츰 익숙해져갔으며, 그 테두리를 지키면서 자기 나라 안에서 군주나 그 경쟁자들에게 달라붙어 자기 야심을 채우려고 하였다. 새로운 토지를 얻기 위해 더욱 적극적으로 국내 개간사업이 추진되었다. 크누트가 실행하고 '냉혹한 마음'의 하랄 왕이 시도한 것과 같은 국왕 주도의 원정은 계속되고 있었다.

---

*53 윌리엄 정복왕. 기욤 서자공이라 일컬어지던 그가 노르만 정복으로 잉글랜드 국왕이 된 뒤로는 윌리엄 정복왕으로 불리게 된다.

그러나 국왕의 군대라는 것은 이렇게 불안정한 국가조직 속에서 유지하기에는 난점이 많고 부담이 과중한 조직이었다. 윌리엄 서자왕 시대의 잉글랜드에 대한 덴마크 국왕의 마지막 원정 기도는 함대가 닻을 감아올리기도 전에 궁정 내의 정변으로 좌절되고 말았다. 오래 지나지 않아 노르웨이의 국왕들은 아이슬란드에서 헤브리디스 섬에 이르는 서쪽 섬들에 대한 지배를 강화하거나 확립하는 일에, 그리고 덴마크와 스웨덴의 국왕들은 슬라브인·레트인(Lett)·핀족 등 인근 민족들에 대해 장기적인 원정을 펼치는 일에만 스스로의 계획을 제한하였다. 그같은 장기전이란 동시에 응징을 위한 작전이었으며——왜냐하면 이들 민족 출신의 해적들이 원정공격을 당한 데 대한 응분의 보복을 하러 발트 해를 들쑤시며 다니고 있었기 때문이다——, 정복전이자 성전(聖戰)이었으나, 때로는 에스코 강, 템스 강, 루아르 강 기슭을 그렇게 오랫동안 괴롭힌 노르만인들의 약탈과 아주 비슷한 성격을 가진 경우도 없지 않았다.

제3장

침입의 몇 가지 결과와 교훈

1. 혼란

서유럽은 만신창이가 된 채로 마지막 침공의 소용돌이에서 벗어났다. 적어도 스칸디나비아인들이 내침해온 경우에는 도시마저도 약탈을 면하지 못하였다. 비록 약탈과 유기를 당한 뒤 수많은 도시들이 이럭저럭 폐허에서 복구되기는 했지만 정규적인 생활의 흐름이 이처럼 단절되었던 관계로 오랫동안 취약한 상태를 벗어나지 못하였다. 어떤 도시들은 유달리 운수가 나빴다. 카롤링거 제국에서도 북해에 면한 두 개의 주요 항구였던 라인 강 삼각주지대의 두르스테드와 캉슈(Canche) 강 어귀의 캉토빅(Quentovic) 시는 완전히 몰락하여, 전자는 보잘것없는 작은 마을로 변했고 후자는 일개 어촌으로 떨어져버렸다.

하천의 수로를 따라 전개되는 교역활동은 극도로 위험한 것이 되었다. 861년, 선단을 이끌고 도주하던 파리 상인들은 노르만인들의 배를 만나 포로로 끌려갔다. 특히 농촌은 종종 그야말로 무인지경이 되어버릴 정도로 처참하게 유린당하였다. 툴로네(Toulonnais) 지방에서는 프레네의 비적단을 내쫓아버린 후 다시 토지를 개간해야만 하였다. 소유지의 옛 경계선을 식별할 수 없게 되었기 때문에 사람들은 각자 "그들의 힘에 따라 토지를 빼앗아 가졌다"[1]고 한 증서는 전하고 있다.

　그토록 자주 바이킹들이 휩쓸고 다녔던 투렌(Touraine) 지방의 900
년 9월 14일자 법령은 앵드르(Indre) 강[*1] 유역의 봉트(Vontes)에 있는
한 작은 장원과 루아르 강 기슭에 있는 마르티니(Martigny)의 한 촌락
전체의 사정을 그려놓고 있다. 봉트에 관해서는 다섯 명의 농노가 "평
화시였더라면 토지를 보유할 수 있었을 것이다"고 언급하고 있다. 마르
티니에 대해서는 각종 공조(貢租)가 자세히 열거되고 있지만 그것은 이
미 지나가버린 것을 적어놓은 것에 불과하였다. 왜냐하면 비록 17개의
토지보유 단위, 즉 망스(manse)[*2]를 그나마 식별할 수는 있었지만 이
것은 이미 아무런 의미가 없는 것이 되어버렸기 때문이다. 16명의 세
대주만이 이 빈한한 땅에서 살고 있었다. 따라서 망스의 수효보다 세대
수가 하나 모자랐는데, 평상시 같으면 2, 3세대가 하나의 망스를 각기
한 부분씩 어울려 보유하고 살아야 했을 것이다. 수많은 사람이 "아내
도 자식도 없었다." 그리고 거기에는 "평화시였다면 이 사람들은 토지
를 제대로 가지고 살 수 있었을 텐데" 하는 똑같은 비탄조의 말이 거듭
되고 있다.[2]

　그러나 이러한 황폐화가 모두 침략자들에 의해서만 자행된 것은 아
니었다. 왜냐하면 적을 항복시키기 위해서는 적을 기아상태로 몰아넣
지 않을 수 없는 때가 종종 있었기 때문이다. 894년에 일단의 바이킹
들이 체스터(Chester)[*3]의 옛 성채 속으로 피신하지 않으면 안 되었을

---

1) *Cartulaire de l'abbaye de Saint-Victor de Marseille*, éd. Guérard, n°
　LXXVII.
*1 파리 분지의 강으로 루아르 강의 지류.
*2 농가 한 호(戶) 몫의 경작지와 부속가옥·용익지 등을 총칭하여 일컫는 단
　위. 이는 경작 단위이자 동시에 지대납부 단위이기도 하였다. 장원의 성격·
　토질 등에 따라 1망스의 절대면적에는 차가 많았다. 라틴어 원어는 mansus
　이며, 복수형은 mansi이다. 독일어의 Hufe에 해당한다.
2) *Bibliothèque Nationale Baluze* 76, fol. 99(900, 14 Sept.).
*3 잉글랜드 서북부의 도시.

때 잉글랜드의 소집군은 "이 고장 일대의 가축을 모두 치워버리고 추수한 것을 불태웠으며, 주변지역 전역의 먹을 것을 토벌군의 말에게 먹여 없애버렸다"고 연대기에 씌어 있다.

이로 인해 다른 어떤 계층보다도 농민들이 절망적인 상태에 빠지게 된 것은 당연하다. 그래서 센 강과 루아르 강 사이의 지방 및 모젤(Moselle) 강[*4] 근처 지역의 농민들은 맹세를 맺고 단결하여 혼신의 힘을 기울이면서 몇 번씩이나 약탈자들을 습격하였던 것이다. 조직이 엉성한 농민부대는 그때마다 몰살당하곤 하였다.[3]

하지만 농촌의 황폐화로 인해 심한 어려움을 겪은 것은 농민들뿐만이 아니었다. 도시 또한 설사 튼튼한 성벽으로 방비되고는 있었다 하더라도 어쩔 수 없이 기아사태에 부딪치곤 하였다. 토지에서 수입을 얻고 있던 영주들도 가난에 시달리게 되었다. 특히 교회령 장원에서의 삶은 고통스럽기만 하였다. 그 결과——나중에 백년전쟁을 겪고 난 다음 그러했던 것처럼——수도원 제도가 극도로 쇠퇴해버렸으며 그 여파로 지적 생활도 퇴락해갔다. 잉글랜드가 특히 심한 피해를 당하였다. 그레고리우스 대교황이 지은 『사목법규』(司牧法規, *Règle Pastorale*)의 번역을 후원하였던 앨프레드 대왕은 이 번역본의 머리말에서 "모든 것이 약탈되거나 불태워지기 이전, 잉글랜드의 교회가 보물과 서적들로 가득 차 있었던 시절"을 비통한 마음으로 회상하고 있다.[4] 실제로 이것은 일찍이 유럽에서 찬란하게 광채를 빛냈던 앵글로색슨의 교회문화에 조종이 울린 것을 의미하였다.

---

*4 알자스에서 발원하여 프랑스의 동북부 한 귀퉁이를 지나 라인 강 중류로 흘러들어가는 강.

3) *Ann. Bertiniani*, 859(페르디낭 로가 *Bibliothèque de l'École des Chartes*, 1908, p.32. n.2에서 제시한 정정사항을 함께 보라) ; Regino de Prüm, 882 ; Dudon de Saint-Quentin, II, 22.

4) *King Alfred's West Saxon Version of Gregory's Pastoral Care*, éd. Sweet(E. E. S., 45), p.4.

그러나 의심할 나위 없이, 유럽 전역에 걸쳐서 가장 지속적인 영향을 미친 것은 자원의 엄청난 손실이라는 점이었다. 서유럽이 비교적 안전을 되찾게 되었을 때에도, 사람 자체의 수효가 줄어들어 있었기 때문에 옛날에는 경작되었던 광대한 땅이 이제는 잡초덤불로 뒤덮여 있을 뿐이었다. 따라서 아직도 그렇게 많이 널려 있던 이 처녀지를 개간하는 사업은 한 세기 이상이나 지나서야 이루어졌다.

더구나 피해는 이러한 물질적인 침해만으로 그치지 않았다. 정신적 타격도 마찬가지로 고려되어야 할 것이다. 특히 프랑크 제국에서는 적어도 그런대로 평화로운 상태가 계속되다가 이러한 격렬한 회오리바람이 몰아닥쳤기 때문에 그 정신적 타격은 그만큼 더 심각하였다. 물론 카롤링거 왕조 시대의 평화라는 것 또한 그리 오래 전부터 정착된 것도 아닐뿐더러 결코 완전한 것도 아니기는 하였다.

그러나 무릇 사람의 기억은 짧고 착각의 범위는 끝이 없다. 다음에 말할 랭스의 성벽 축조 역사가 바로 그 증거이거니와, 더구나 얼마간의 편차는 있겠지만 그 비슷한 역사를 되풀이한 다른 도시도 하나둘이 아니었다.[5] 루트비히 경건왕 시대에 랭스의 대주교는 로마 시대에 축조된 옛 성벽의 돌을 떼어내 이 도시의 성당을 재건하는 데 사용할 수 있도록 허가해줄 것을 황제에게 간청하였다. "이때, 확고한 평화를 구가하면서 자기 제국의 드높은 세력에 자만하여 어떤 만족(蠻族)의 침입도 두려워하지 않고 있던"——플로도아르가 이렇게 기록하고 있다——루트비히 경건왕은 랭스 대주교의 요청을 승낙하였다. 그런데 겨우 50년이 지났을까 말까 했을 때 '만족'이 다시 공격해왔기 때문에 황급히 새로운 성벽을 쌓지 않으면 안 되었던 것이다. 당시 유럽에 세워지기 시작한 성벽과 방책은 커다란 고통의 뚜렷한 상징과도 같은 것이었다.

---

5) Vercauteren, *Étude sur les cités de la Belgique seconde*, Bruxelles, 1934, p.371, n.1 참조 ; 투르네에 관해서는 *V. S. Amandi*, III, 2(*Poetae aevi carol.*, t. III, p.589) 참조.

그뒤로 약탈은 누구나 아는 사태가 되었기 때문에 신중한 사람들은 이 점을 미리 고려하여 계약을 맺을 정도였다. 876년에 "이교도 민족이 가옥과 그 속의 물건 또는 물레방아를 태워버리거나 파괴하는 경우에는" 임대료 징수가 정지된다[6]고 규정한 루카(Lucca)[*5] 근처의 농촌 임대차 계약증서라든가, 그보다 18년 전쯤 각 토지가 "사람과 가축이 계속 사는 상태를 유지하며 황무지로 변하지 않는 경우에 한해서만" 자기 토지에 부과된 교회 기부금이 납부될 것이라고 한 웨식스 왕의 유언장이 그러한 실례이다.[7]

몇몇 전례서 속에서 지금까지 전해지고 있는 바와 같이, 적용되는 경우는 각기 다르지만 담고 있는 감정은 마찬가지인, 공포에 떨리는 기도소리가 서유럽의 끝에서 끝까지 울려퍼지고 있었다. 프로방스에서는 "영원한 삼위일체시여……. 당신의 기독교도들을 이교도들의 압박에서 해방시켜주소서"(여기에서 말하는 이교도란 분명히 사라센인이다)라 하고 있고, 북부 갈리아에서는 "우리의 왕국을 유린하는 광포한 노르만족에게서 우리를 해방시켜주옵소서, 오 신이시여"라 기도하고 있으며, 모데나(Modena)[*6]에서는 사람들이 성 제미냐노(Gemignano)에게 "헝가리인들의 화살 앞에서 우리의 방패가 되어주소서"라는 기도를 바치고 있었다.[8]

---

6) *Memorie e documenti per servir all'istoria del ducato di Lucca*, t. V, 2, n° 855.

*5 이탈리아 중북부의 도시.

7) 애설울프(Aethelwulf) 왕의 유언(*Asser's Life of King Alfred*, éd. W. H. Stevenson, c. 16.)

*6 이탈리아의 도시.

8) R. Poupardin, *Le royaume de Provence sous les Carolingiens*, 1901 (*Bibliothèque Éc. Hautes Études, Sc. histor.*, 131), p.408 ; L. Delisle, *Instructions adressées par le Comité des travaux historiques……Littérature latine*, 1890, p.17 ; Muratori, *Antiquitates*, 1738, t. I, col. 22.

날이면 날마다 이러한 기도를 드리고 있는 신도들의 정신상태를 잠시 상상해보기로 하자. 사회가 끊임없이 불안한 상태에 빠져 있으니 아무 탈이 없을 리가 없는 것이다. 물론 아랍인들, 헝가리인들 또는 스칸디나비아인들의 침입만이 서유럽 사람들의 마음을 온통 어두운 그림자로 뒤덮고 있던 유일한 원인이었던 것은 아니다. 그러나 이것이 그러한 원인들 가운데 큰 부분을 차지하는 것이었음은 분명하다.

하지만 그같은 일대 충격도 단지 파괴적이기만 한 것은 아니었다. 바로 그 혼란으로부터 서유럽 문명의 내부에서는 세력판도 면에서 때로는 심층적이라고까지 할 수 있는 일정한 변화가 발생하였다.

갈리아에서는, 추측을 넘어서서 감히 말하건대, 대단히 중요한 의미를 가진 것임에 틀림없다고 생각되는 인구의 이동현상이 발생하였다. 샤를 대머리왕 시대부터 이미 정부는 침략자를 피해 도망친 농민들을 고향으로 되돌려보내려고 무진 애를 썼으나 별로 성공을 거두지 못하였다. 산악지대에 피난처를 구하고 있던 것으로 문헌사료상에 여러 번 되풀이해 나타나고 있는 바 리무쟁(Bas-Limousin, 하 리무쟁) 지방 사람들이 그때마다 모두 고향으로 되돌아갔다고 믿을 수는 없지 않겠는가. 뿐만 아니라 평야지대에서는—특히 부르고뉴 지방에서는—주민감소로 인한 피해가 고지대에서보다 더 심했던 것으로 보인다.[9]

한편, 옛 촌락이 없어져버리는 일은 어디에서나 목격할 수 있었지만, 그 모두가 전화(戰火)로 인해 파괴된 것은 아니었다. 이 중에는 단지 좀더 안전한 피난처를 찾기 위해 사람들이 버리고 떠난 촌락도 많았다. 대개의 경우에 그러하듯이 위기의식이 만연함에 따라 한데 몰려 사는 경향이 생겼던 것이다.

우리는 여느 사람의 유랑보다 수도사들의 유랑에 관해 더 많은 것을

---

9) *Capitularia*, t. II, nº 273, c. 31 ; F. Lot(*Bibliothèque de l'École des Chartes*, 1915, p.486) ; Chaume, *Les origines du duché de Bourgogne*, t. II, 2, pp.468~69.

알고 있다. 그들은 피난길을 따라 성유물함을 가지고 다녔을 뿐만 아니라 경건한 전통도 잃지 않았기 때문에 성자 숭배를 조장하는 동시에 가톨릭 세계의 통일을 강화하기에 그야말로 안성맞춤인 각양각색의 수많은 전설을 남겼다. 특히 브르타뉴의 성유물함의 대(大)이동행로는 하나의 독특한 성인언행전(聖人言行傳)을 아주 널리 퍼지게 하는 계기가 되었으며, 이 이야기는 그 기적담의 특이함 자체에 감명받은 사람들에게 기꺼이 받아들여졌다.

그러나 정치적·문화적 판도에서 가장 두드러진 변화가 일어났던 곳은 잉글랜드였다. 이곳에서는 이민족의 점령이 특히 넓은 지역에 그리고 장기간에 걸쳐 이루어졌기 때문이다. 북동부지방의 노섬브리아 왕국, 그리고 중부지방의 머시아 왕국이라는 일찍이 강력했던 두 왕국이 붕괴함에 따라 전시대부터 이미 강자로 대두하기 시작한 웨식스 왕국은 더욱 융성해졌으며, 이 남부지방 출신 국왕들은 마침내 그들의 한 증서에서 말하고 있듯이 '브리태니아 전토의 황제'가 되었다.[10] 이것은 크누트, 그리고 이어서 윌리엄 정복왕이 요컨대 그저 물려받기만 하면 될 유산이 되었다. 그래서 웨식스에 의한 통일이 이루어진 다음부터 온 나라 안에서 징수된 조세가 맨체스터, 그리고 다음에는 런던 같은 남부 도시들의 성채 안에 보존되어 있는 창고로 들어가게 되었다.

노섬브리아의 여러 수도원은 유명한 학문의 중심지였다. 거기에서 비드(Bede)[*7]가 살았고 앨퀸(Alcuin)[*8] 또한 이곳 출신이었다. 이 지방이 누리고 있던 이같은 지적 중심지로서의 위치는 우선 데인인들에 의

---

10) Jolliffe, *The Constitutional History of Medieval England*, Londres, 1937, p.102.

*7 672?~735. 역사가. 라틴식 이름은 베다(Baeda 또는 Beda). 그가 지은 『잉글랜드 민족의 교회사』(*Historia ecclesiastica gentis Anglorum*)는 중세 초의 역사기록으로서 중요하다.

*8 735~804. 라틴식으로는 알퀴누스(Alquinus). 성직자. 갈리아로 건너가 샤를마뉴의 문예부흥과 교회정비를 도왔다.

한 약탈로 인하여, 그리고 이에 덧붙여 반란을 응징하고 예방한다는 구실 아래 윌리엄 정복왕에 의해 조직적으로 전개되었던 파괴로 인하여 끝장나고 말았다.

뿐만 아니라 북부지방의 일부는 잉글랜드 자체에서 영영 떨어져나가 버렸다. 노섬브리아의 에든버러 성(城)을 중심으로 하여 앵글로색슨어를 사용하고 있던 저지대(低地帶)는 요크셔에 바이킹들이 정착하는 바람에 같은 말을 쓰는 다른 주민집단에서 떨어져나가 산악지방에 사는 켈트인 수장들의 지배 아래 들어가게 되었다. 이렇듯, 두 가지 언어를 병용하는 스코틀랜드 왕국은 스칸디나비아인들의 침입에 의해 일종의 반작용으로 형성된 산물이었다.

2. 인간적 기여 : 언어와 명칭상의 증거

사라센인 약탈자들도 헝가리인 유랑자들도—단, 이 헝가리인들의 경우 도나우 강 유역의 평원은 제외하고서이지만—재래의 유럽인들과 눈에 띌 정도의 비율로 혼혈이 되지는 않았다. 이에 반해 스칸디나비아인들은 약탈하는 데에만 그치지 않고 잉글랜드라든가 네우스트리아 지역의 노르망디 등의 자기네 정주지에 명백히 새로운 인간적 요소를 들여왔다. 이 기여의 정도는 어떻게 측정할 수 있을까. 현재의 지식 상태로는 인류학적 자료를 통해서도 확실한 무엇이 제시되지 못하고 있다. 우리는 이러한 자료를 참작하면서 다양한 종류의 간접적인 증거들에 의지할 수밖에 없다.

루앙 주변의 센 강 지역 노르만인들 사이에서는 이미 940년 무렵부터 북구어(北歐語)가 더 이상 통용되지 않게 되었다. 이에 반해, 추정하건대 좀더 나중에 새로운 이주민이 도착해서 정착이 이루어진 것으로 보이는 베생 지방에서는 이 무렵에도 계속 북구어가 쓰이고 있었다. 통치자인 공작이 자기 후계자에게는 이 언어를 배우게 해야 될 필요가 있다고 여겼을 만큼 북구어는 이 영역제후령에서 시종일관 상당히 큰 비중을 차지하고 있었다. 신통하게도 이 시기는 942년 암살당한 기욤 장검공(長劍公, Guillaume Longue-Épée)*9의 죽음에 뒤이어 발생한 분쟁에서 한몫을 담당할 만큼 강력한 세력을 가지고 있던 이교도 집안이 마지막으로 존재한 시기와 대체로 일치한다.

북녘 수장들과의 '사촌관계의 추억'11)을 오랜 세월 동안 충실히 간직하고 있던──한 사가(saga)가 이렇게 전하고 있다──이들 '루앙의 두령들' 주변에서는 11세기 초에 이를 때까지 스칸디나비아 방언을 사용할 줄 아는, 그렇기 때문에 분명히 두 가지 단어를 병용했을 사람들이 아직 존재하고 있었음에 틀림없다. 그렇지 않다면 1000년경 푸아투 해안에서 한 무리의 바이킹들에게 납치된 후 이 유괴자들에 의해 '바다 저 너머로' 끌려간 리모주(Limoges) 자작 부인의 근친들이 그녀의 석방을 위해 공작인 리샤르 2세*10에게 조정을 부탁했던 일과 그 리샤르 공이 1013년 올라프의 군대를 그의 휘하에서 봉사하게 할 수 있었던 것, 그리고 이듬해에는 리샤르 공의 몇몇 신하가 더블린의 데인인 왕의 군대에 가담하여 싸웠던 것으로 추정되는 사실 등을 어떻게 설명할 수 있겠는가.12)

그러다가 종교상의 화합도 이루어지고 아울러 스칸디나비아인들이 최초로 정착한 직후 얼마 동안 잦은 간격으로 밀어닥치던 이주민의 물결도 뜸해지고 하니까 그런 사정에 힘입어 이제 이 무렵부터 언어상의 동화가 거의 완결되기에 이르렀음에 틀림없으리라. 1028년 아니면 그

---

*9 노르망디의 공작. 롤로의 아들. 재위 927~942.

11) *Saga d' Olaf le Saint*, c. xx(Sautreau 옮김, p.24).

*10 노르망디 공. 롤로의 손자.

12) *Adémar de Chabannes, Chronique, éd. Chavanon*, III, c. 44(자작 부인의 사건에 관해) ; Shetelig, *Vikingeminner i Vest Europa*(Les souvenirs archéologiques des Vikings dans l'Europe Occidentale), Oslo, 1933(Institutet for sammenlignende kulturforksning, A. XVI), p.242(클론타르프 전투에서의 노르만인 병사들의 존재에 관해).

직후에 저술활동을 한 아데마르 드 샤반(Adémar de Chabannes)[*11]은 언어상의 동화가 완료되었다고 생각하고 있었다.[13]

노르망디의 로망스어 방언과 일반 프랑스어가 (노르망디 로망스어의 매개를 거쳐) 롤로의 무리들한테서 차용한 것은 몇몇 전문용어 외에는 거의 없었다. 그러한 전문용어는 거의 모두가―농경생활에 관한 용어를 잠시 제쳐두면― '항구'(havre)라든가 '포구'(crique) 등 항해나 해안의 지형에 관한 것들이다. 이 지방의 언어가 로망스어화하는 추세 속에서도 이러한 유형의 말이 계속 생명력을 지닐 수 있었던 것은 선박을 건조할 줄도 모르고 해안의 지형을 묘사할 수도 없는 육상민족의 말 속에서는 이에 상응하는 동의어를 찾아낼 수 없었기 때문이다.

잉글랜드에서는 언어의 발달이 전혀 다른 과정을 밟았다. 사실 스칸디나비아인들은 대륙에서와 마찬가지로 잉글랜드에서도 언어적 고립을 고집하지 않고 앵글로색슨어를 배웠다. 그러나 이것은 매우 특이한 방식으로 이루어졌다. 그들은 앵글로색슨어의 문법을 이럭저럭 따르고 어휘의 적지 않은 부분을 받아들이면서도 그들에게 특유한 언어의 단어를 많이 섞어넣는 일 또한 계속하였다. 토착민도 그들대로 이주민들과의 긴밀한 접촉에 따라 이 외래 어휘를 널리 사용하는 데에 익숙해졌다. 언어와 화법에 관련된 민족의식이라는 것은 당시에는 아직 알려지지 않은 감정이었다.

이 점은 심지어 민족의 전통에 몹시 집착하고 있던 저술가들 사이에서조차 마찬가지였다. 바이킹의 언어에서 말을 차용한 가장 오래된 실례들 가운데 하나는 991년 '살인적인 늑대들' 인 이들 바이킹 부대와의 전투에서 죽은 에식스(Essex) 전사들의 영예를 찬양한 몰던(Maldon)

[*11] 988?~1034. 프랑스의 연대기 작가. 1028년까지의 프랑크인들의 역사를 'Historia' (또는 'Chronik' 이라고도 함)라는 제목으로 서술하였다. 내용상 아키텐의 역사가 주를 이룬다.

[13] 같은 책, III, c. 27.

전투에 관한 시가에 나타나 있지 않은가. 여기서는 전문용어사전을 들추어볼 필요가 없다. '하늘'(sky)이라든가 '동료'(fellow)라든가 하는 완전히 일상어가 된 명사, '낮은'(low)이라든가 '병든'(ill)이라든가 하는 역시 일반적으로 쓰이는 형용사들, 사람들의 입에 늘 오르내리는 동사들—예를 들면 '부르다'(call)라든가 '잡다'(take)와 같은—, 그리고 몇몇 대명사들(제3인칭 복수대명사들) 등이 그것이다.

이러한 낱말들은 오늘날 우리에게는 마치 영어 중에서도 가장 순수한 영어인 것처럼 여겨지고 있으나 실제로는 다른 수많은 용어와 함께 북유럽에서 유래한 것들이다. 그럴 정도이니까, 20세기에 이 세상 곳곳에서 유럽의 언어들 가운데 가장 널리 보급된 언어인 영어를 사용하는 무수히 많은 사람들은 만일 노섬브리아의 해안에 '바닷사람들'의 배가 나타나지 않았더라면 일상생활에서 아주 다른 말로써 의사를 표현하게 되었을 뻔하였다.

그러나 어떤 역사가가 영어에서는 이처럼 많은 말이 스칸디나비아어에서 유래된 데 비해 프랑스어에서는 스칸디나비아어에서 차용된 말이 극히 적다는 점을 들어, 이주해온 사람들의 수의 차이는 차용된 말의 수에 정확하게 비례한다고 생각한다면 그는 아주 경솔하다고 하지 않을 수 없을 것이다. 사어가 되어버린 언어가 경쟁에서 살아남은 언어에 미치는 영향력의 크기는 전자를 본디 표현수단으로 사용하고 있던 사람의 수효와 정확하게 일치하는 것이 결코 아니다. 각 언어현상들이 처한 특유의 조건들도 이에 못지 않게 중요한 역할을 하기 때문이다.

바이킹 시대의 데인어와 고(古)스칸디나비아어는 갈리아의 로망스어 계통 방언들과는 그야말로 크게 달랐던 반면, 공통의 게르만어에서 기원한 고대 영어와는 아주 비슷하였다. 이들 북구어와 고대 영어 사이에는 형태상으로나 의미상으로 닮은 낱말들이 있었는가 하면, 같은 뜻을 지니면서 쉽게 혼용할 수 있을 정도로 비슷한 형태를 보이는 단어들도 있었다. 스칸디나비아어의 낱말이 외형상 전혀 다른 영어 단어 대신 쓰어지게 된 경우에도, 이러한 대체가 쉽게 이루어진 것은 흔히 같은 어간에서 나와 비슷한 관념체계에 결부되어 있는 다른 낱말들이 토착어 내에 이미 존재하고 있었기 때문이다. 다수의 스칸디나비아인들이 잉글랜드 땅에 살게 되어 토착민들과 끊임없는 관계를 유지하지 않았더라면 이런 혼성어의 형성이 이루어지지 못했을 것이라는 점도 이에 못지 않은 사실이다.

더욱이 이러한 차용어 가운데 많은 것이 마침내 통용어에 침투하게 된 것은 거의 언제나 잉글랜드 북부와 북동부의 특유한 방언들을 매개로 해서였다. 차용어 중에는 시종일관 이들 지역의 방언에만 나타나는 것도 있었다. 사실 이들 지방——특히 요크셔, 컴벌랜드(Cumberland), 웨스트멀랜드(Westmoreland), 랭커셔 북부와 파이브 버러스(Five Boroughs, 링컨·스탐퍼드·레스터·노팅엄·더비) 지방——은 바다 저편에서 건너온 두령들이 자기네의 가장 중요하고도 영속적인 영주지(領主地)를 형성했던 곳이다.

이곳에서는 또한 특히 침입자들에 의한 대규모의 토지 점유가 일어났다. 『앵글로색슨 연대기』에는 요크에 살고 있던 바이킹의 한 수장이 876년 데이라 지방을 그의 종사들에게 양도해주었고 "그후 이들은 이 지방을 경작하였다"고 적혀 있다. 계속해서 877년에는 "추수가 끝난 뒤 데인인의 부대가 머시아에 침입해서 수확물의 일부를 자기들끼리 나누어 가졌다"고 기록되어 있다. 농경민의 이러한 토지 점유에 관해서는 꽤 흥미로운 언어학상의 증거가 연대기 저작자의 증언을 충분히 확인해주고 있다. 왜냐하면 차용어의 대부분이 하찮은 물건이나 평상시의 행동을 나타내고 있는데, 시골사람과 흉허물 없이 어울릴 수 있는 시골사람만이 빵(bread)이라든가 달걀(egg)이라든가 또는 뿌리(root) 등을 가리키는 새로운 이름을 이웃에게 가르쳐줄 수 있을 터였기 때문이다.

잉글랜드 땅에서 스칸디나비아인들이 이루었던 이러한 심층적 기여가 얼마나 중요한 것이었던가는 인명 연구를 통해서도 이 못지 않게 뚜렷하게 밝혀진다. 이 경우 가장 많은 시사를 주는 인명은 상류계층 사람들이 쓰고 있던 것이 아니다. 그들 사이에서는 이름의 선택이 무엇보다도 계층적인 유행을 따르고 있었기 때문이다. 10, 11세기에는 계층적인 유행의 매력을 충분히 효과적으로 이겨낼 만한 다른 어떠한 원리도 존재하지 않았기 때문에 사람들은 그만큼 더 기꺼이 이 유행을 따랐다.

다시 말해 부모의 이름을 따라 자식의 이름을 짓는 관습은 아예 없어져버렸고, 대부(代父)가 대자(代子)에게 자기 이름을 붙여주는 관습은 아직 생겨나지 않았으며, 부모가 어린아이에게 오직 성자의 이름만 붙여준다는 식의 관습 또한 지극히 독실한 신앙을 가진 사람들 사이에서조차 아직 생기지 않았다. 실제로 1066년 노르만인들의 잉글랜드 정복이 이루어진 이래, 그때까지만 해도 잉글랜드 귀족층 사이에서 아주 널리 유행되어왔던 스칸디나비아 기원의 이름들은 1세기가 가까스로 넘었을까 말까 한 시점인데도 이미 사회적으로 어느 정도 두드러진 지위를 가지고 있다고 자처하는 모든 사람들한테 한결같이 즉각 외면당하게 되었다.

반면 정복자 계급에 동화하려는 이루어질 수 없는 소원에 집착하지 않고 있던 농민대중 사이에서는 물론이고 심지어는 도시민들 사이에서도 스칸디나비아 기원의 이름들은 훨씬 나중에까지도 사용되었다. 이를테면 이스트 앵글리아에서는 13세기까지, 링컨셔와 요크셔에서는 다음 세기까지, 랭커셔에서는 중세가 몰락할 때까지도 그러하였다. 당시 그런 이름을 쓰고 있던 사람들이 오로지 바이킹의 후예들이었다고 생각할 근거는 물론 전혀 없다. 오히려 농촌의 같은 계급 내부에서는 모방과 통혼이 일상적으로 작용을 미쳤다고 보아야 할 것이다. 그런데 이러한 영향은 오직 수많은 이주민이 와서 선주민들 속에 정착하고 이들과 마찬가지로 질박한 생활을 함께 보냈기 때문에 나타날 수 있었던 것이다.

유감스럽게도 이렇다 할 만하게 제대로 된 학술적 연구가 아직까지 나오지 않은 형편이어서 우리가 엿볼 수 있는 것은 얼마 안 되지만, 이 소략한 자료만 놓고 보더라도 네우스트리아의 노르망디에서는 잉글랜드 중에서도 스칸디나비아화가 가장 철저했던 지역의 경우와 아주 비슷한 발전이 있었다고 추측할 수 있다. 북유럽 기원의 몇몇 이름—이를테면 오스베른(Osbern)과 같은—이 적어도 12세기까지는 귀족층 사이에서 사용되었으나 상류계층은 전체적으로 보아 일찍부터 프랑스식 이름을 사용한 것으로 보인다. 롤로 자신이 루앙에서 태어난 아들에게 기욤이라는 이름으로 세례를 받게 한 선례를 남기지 않았던가. 그후로 그의 뒤를 계승한 공작들은 그 누구도 조상 전래의 이름을 다시는 사용하지 않았다. 명백히 그들은 (프랑크—옮긴이) 왕국 내의 다른 대제후들과 구분되는 것을 원하지 않았다. 그런 한편 대 브리튼 섬에서와 마찬가지로 하층민들은 전통에 훨씬 더 충실한 태도를 보였다. 노르망디 지방에는 스칸디나비아의 옛 이름에서 유래한 몇몇 성(姓)이 오늘날까지도 살아남아 있다는 점이 그 증거이다.

우리가 이 사항에 관해 알고 있는 바를 총동원해볼 때 일반적으로 가문의 이름이 13세기 이전에 이미 세습적으로 고정되었다고 생각하기는 어렵다. 이러한 사실들은 노르망디에서도 잉글랜드에서와 마찬가지로 스칸디나비아인들이 농민으로서 어느 정도 정착했다는 것을 상기시켜주기는 하지만, 아울러 잉글랜드에서보다는 그 수가 적었기 때문에 거주 밀도가 그리 조밀하지 않았다는 점도 시사하고 있다.

더욱이 지명을 연구해보면, 바이킹들은 전에 자기네가 그렇게도 숱하게 황폐화시켰던 지역에서 이제는 그들 스스로 새로운 정주지를 건설했다는 사실을 충분히 알 수 있다. 물론 노르망디의 지명 가운데 어느 것이 스칸디나비아어 계통이고 어느 것이 더 오래된 게르만어 계통, 그러니까 바로 '만족'이 침입하던 무렵 적어도 배생 지방에서는 명백히 이루어졌다고 입증할 수 있는 색슨족의 식민에서 유래한 것인가를 구별하기가 반드시 쉬운 일이 아닌 것도 사실이다.

그러나 대부분의 경우, 가장 늦게 이주해온 쪽에 유리하게 논쟁이 종결되어야 할 것으로 생각된다. 예를 들어 메로빙거 왕조 말기에 생 왕드리유(Saint-Wandrille) 수도원의 수도사들이 바스 센(Basse-Seine) 지방 일대에 소유하고 있던 토지의 목록을 작성해보면——이것은 어느 정도 정확히 작성할 수 있다——두 가지 사실이 특징적으로 나타난다. 첫째는 지명이 모두 갈리아-로마적이거나 프랑크 시대의 것이어서 후기 북구적 지명과는 혼동될 수 없다는 점이고, 둘째는 분명히 노르만인의 침입 때 대부분의 지역들이 파괴되거나 개칭되었다는 그 이유 때문에 아주 많은 지명이 오늘날에는 확인하기 어렵게 되었다는 점이다.[14] 어쨌든 여기서는 일반적인 현상만이 중요할 뿐이며, 또 그러한 일반적인 현상에 대해서는 별로 의문의 여지가 없다.

스칸디나비아풍 이름을 가진 촌락들은 루무아 지방과 코(Caux) 지방에 서로 아주 가까이 밀집되어 있다. 이 지역을 벗어나면 스칸디나비아식 이름의 흔적을 가진 촌락이 더 적게 나타나는데, 규모는 작지만 그래도 비교적 밀집된 이런 식의 촌락군이 군데군데 존재하기도 한다. 이를테면 센 강과 릴(Risle) 강 사이, 롱드(Londe)——이 이름 자체가 북구어이다—— 숲 주변에는 모국에 있을 때부터 숲을 뛰어다니는 생활에 익숙했던 식민자들의 개간 당시를 생각나게 하는 촌락군이 있다. 어느 모로 보나 정복자들은 자기네들끼리 지나치게 흩어지거나 바다에서 지나치게 멀리 떨어지는 것을 피하고 있었던 듯하다. 벡생(Vexin)이나 알랑송(Alençon) 지방 또는 아브랑슈 지방에서는 그들이 점령했던 것 같은 흔적을 전혀 찾아볼 수 없다.

영불 해협 건너편에서도 같은 대조현상이 보이되 이번에는 좀더 넓은 지역에 걸쳐 그러한 대조가 나타난다. 요크와 솔웨이(Solway) 만(灣) 이남 아일랜드 해 연안지대에 극히 밀집해서 나타나는 독특한 지명들——완전한 스칸디나비아어 계통이건 아니면 때때로 볼 수 있듯이

---

14) F. Lot, *Études critiques sur l'abbaye de Saint-Wandrille*, 1913 (*Bibliothèque de l'École des Hautes Études*, *Sc. histor.*, *fasc.* 204), p.XIII et suiv. et p.L, n.2 참조.

원래 지명이 스칸디나비아어화한 데 불과한 것이건——은 남부 또는 중부로 내려가면서 점점 뜸해지며, 버킹엄셔나 베드퍼드셔에 들어서서 템스 강의 북동쪽 평원과 경계를 이루는 구릉지대 근처에 이르면 몇 개밖에 찾아볼 수 없을 정도이다.

이렇게 바이킹 식으로 이름붙은 땅이 모두 반드시 새로 생긴 취락이었던 것은 아니며 또 부락주민 모두가 송두리째 교체된 것도 아니었음은 물론이다. 그런데 논란의 여지조차 없을 만큼 명백한 예외적인 사실들이 있다. 이를테면 센 강 기슭의 작은 골짜기 입구에 정착하여 이 거류지를 자기네 말로 '차가운 개울'——이것이 오늘날의 코드베크(Caudebec)이라는 지명이다——이라고 부르기로 생각한 식민자들은 전부가 또는 적어도 거의 전부가 북구어를 쓰는 사람들이었음에 틀림없다.

요크셔 북부에서는 많은 고장이 '앵글인의 마을', 곧 잉글비(Ingleby)라 불리고 있다(더욱이 '-by'라는 낱말은 말할 것도 없이 스칸디나비아어이다). 어떤 시기에 이 지방에 앵글인이 거주했다는 사실이 유별난 일로 여겨지고 있었기 때문에 이런 이름이 붙을 수 있었지, 그렇지 않았더라면 정녕 이 지명은 아무런 의미도 지니지 못했을 것이다. 취락 자체의 이름뿐만 아니라 농토의 갖가지 구획지들 또한 외래어 이름으로 불리고 있던 이 지방에서 경작지의 소박한 지명들을 이런 식으로 개칭할 수 있는 것은 분명 농민들뿐이었을 것이다. 북동부 잉글랜드에서는 이러한 경우가 자주 나타난다. 노르망디에 관해서는 이 면에서의 연구가 부족하다고 인정하지 않을 수 없다. 유감스럽게도 다른 증거들은 확실성이 더욱 적다.

센 강 유역 지방과 마찬가지로 대 브리튼 섬의 많은 부락 이름들은 스칸디나비아 기원의 사람이름을 머리글자로 하는 합성어로 되어 있다. 부락이름의 시조가 된 인물은 거의 예외 없이 수장들뿐이었으리라고 여겨지지만, 설사 그 사람이 이주민이었다고 해서 그 지배하에 있던 사람들도 반드시 수장과 같은 지역 출신이었다고 할 수는 없다. 코 지

방에 있는 아탕토(Hattentot)의 영주 아스탱(Hastein)이나 요크셔에 있
는 타우서프(Towthorpe)의 영주 토피(Tofi)를 먹여 살리느라 땀흘리
고 있던 이 불쌍한 농민들 가운데 얼마나 많은 사람들이 이미 이들 지
배자가 도래하기 이전부터, 자기네가 지금 수고하여 기름지게 만들고
있는 이 땅에서 자자손손 살아오고 있었던가도 모를 일이 아니겠는가.

더구나 합성어 가운데 앞서 들었던 예에서는 두번째 요소가 첫번째
요소와 마찬가지로 외국어에서 유래한 것이었지만, 이와 달리 두번째
요소가 토착어에 속하는 것인 경우에는 기존의 토착민 부락이 존재했
을지도 모른다는 주장이 더욱 고려되어야 한다. 영주 하콘(Hakon)의
땅을 아캉빌(Hacqenville)*12이라고 부르고 있던 사람들은 확실히 침입
자의 말을 잊어버렸거나, 아니면 더욱 가능한 일로서, 침입자의 말을
전혀 쓰지 않았던 사람들이었다.

3. 인간적 기여 : 법적·사회구조적 증거

법의 영역에서도 마찬가지로, 모든 증거가 똑같은 중요성을 가지는
것은 아니다. 몇몇 차용어의 도입 경위는 극소수의 외래 지배자들이 영
향력을 가지고 있었다는 사실을 지적하는 것만으로도 충분히 설명된
다. 정복지인 잉글랜드에서 얼(earl, 두령)들이 재판권을 행사하고 있
었으므로 그들의 영향을 받아서 그 신민들——앵글인까지 포함해서——
은 바다 건너편에서 온 사람들에게 익숙한 명칭인 라구(lagu), 곧 로
(law)라는 이름 아래 법률에 호소하는 관습을 가지게 되었다. 점령지
역도 북방식으로 와펀테이크스(wapentakes)라든가 리딩스(ridings) 하
는 따위로 구획되었다.

이주해온 수장들의 활동에 의해 새로운 법제가 도입되었다. 962년
무렵 웨식스의 왕들이 승리를 거둔 뒤, 왕 가운데 한 사람인 에드거

---

*12 이 단어의 두번째 요소인 ville은 라틴어의 villa에서 유래한다.

(Edgar)는 "짐은 데인인들 사이에서는 세속법이 계속해서 그들의 미풍 양속에 따라 규정되기를 원하노라"[15]고 선언하고 있었다. 실제로 일찍이 앨프레드 대왕이 바이킹들에게 넘겨주지 않을 수 없었던 여러 주들은 대부분 12세기까지 '데인로'(Danelaw)*13라는 공통된 명칭 아래 함께 남아 있었다. 그러나 이렇게 불리는 지역은 지명 연구에서 밝혀진 스칸디나비아인들의 집중적 이주지역의 테두리를 훨씬 넘어서까지 널리 퍼져 있었다. 왜냐하면 각 지역에서의 지배적인 관습은 지방별 대재판회의에서 결정되었는데, 이러한 대재판회의에서 우세한 발언권을 가졌던 것은 유력자들——설사 그들이 대중과 다른 지역 출신이라 하더라도——이었기 때문이다.

노르망디에서는 충성서약자(féal)라는 말이 얼마 동안 드렝(dreng)이라는 외래어로 불리고 있었으며 또한 평화입법이 마지막까지 스칸디나비아적 특성을 지니고 있기는 했지만 이러한 것들이 잔존했다고 해서 이주집단의 범위에 대해 어떤 확실한 결론이 내려질 수 있는 것은 아니다. 왜냐하면 종사집단이라는 어휘는 매우 한정된 사회집단에만 관계되는 것이었고 공적 질서는 본질적으로 영역제후들의 것이었기 때문이다.[16]

---

15) Lois d'Edgar, IV, 2, 1.

*13 데인 사람의 법률이 적용되는 지역이라는 뜻.

16) dreng이라는 낱말에 관해서는 Steenstrup, "Normandiets Historie under de syv förste Hertuger 911~1066"(*Mémoires de l'Académie royale des sciences et des lettres de Danemark*), 7e série, Sect. des Lettres, t. V, n° 1, 1925, p.268 참조. 평화의 입법에 관해서는 Yver, *L'interdiction de la guerre privée dans le très ancien droit normand*(Extrait des travaux de la semaine d'histoire du droit normand), Caen, 1928. K. Amira의 논문 (Steenstrup에 관해서는 *Normannerne*, t. I) ; *Die Anfänge des normannischen Rechts*(*Hist. Zeitschrift*, t. XXXIX, 1878)을 읽으면 더욱 도움이 될 것이다.

나중에 살펴보게 되겠지만 전사계급의 위계서열에 관련된 몇 가지 특징을 별도로 하면 전체적으로 보아 노르만법은 원래부터 지니고 있던 종족 고유의 모든 색채를 아주 급속하게 상실하였다. 데인로에서처럼 권력이 분산된 경우에 비해볼 때, 노르망디에서는 프랑스 상급 제후층의 습속을 일찍부터 즐겨 채택해온 공작들의 수중에 권력이 집중되어 있었다는 사실 자체가 법적 동화를 이루는 데에 더 유리하게 작용했을 것임에 틀림없다.

노르망디와 잉글랜드 양쪽에서 스칸디나비아인의 점령이 미친 영향의 심도가 얼마나 되는지를 가늠하려면 주(州, province, comté)보다 작은 집단의 구조에 특히 눈길을 돌려야 한다. 즉 레스터나 스탐퍼드처럼 침입시대에 정착한 전사나 상인들의 사법적인 전통을 오랫동안 충실히 지켜온 예를 자주 보여주는 잉글랜드의 성시들, 그리고 무엇보다도 잉글랜드와 노르망디의 소규모 농촌공동체를 주의깊게 살펴야 한다.

농가에 속하는 토지 전체를 중세의 덴마크에서는 볼(bol)이라고 부르고 있었다. 이 낱말이 노르망디로 건너가 나중에 몇몇 고장의 이름으로 정착하거나, 아니면 채소밭이나 과수원 그리고 농장건물을 포함하는 울타리로 싸인 구획지라는 뜻으로 변하기도 하였다. 캉(Caen) 평야와 대부분의 데인로에서는 농지 중에서도 같은 방향으로 나란히 뻗어 있는 장방형의 일련의 지조(地條)들을 가리키는 데에 동일한 용어가 사용되었다. 즉 노르망디에서는 '델'(delle)이라 하고 잉글랜드에서는 '데일'(dale)이라고 일컬어지던 것이 그것이다. 서로간에 직접적인 관계가 없는 두 지역에서 이렇게 주목할 만한 일치현상이 나타난 것은 공통된 인종적 영향에 의한 것이라고밖에는 설명할 길이 없다.

코 지방은 거의 사각형을 이루면서 아무렇게나 배치되어 있는 듯한 특이한 경지형태로 말미암아 인근의 프랑스 지역들과는 차이를 보인다. 이러한 독특한 성격을 볼 때 이곳에서는 주변지역에서 식민이 이루어지고 난 뒤에 농지의 개편이 있었으리라는 점을 시사받을 수 있다. 잉글랜드의 '데인로'에서는 혼란이 몹시 심각하여 원래의 경작단위였던 하이드(hide)*14가 사라지고, 그 대신 더 작은 단위인 '플라우랜드'(ploughland)*15가 생기게 되었다.17) 지난날의 영주를 대신하여 바로 그 토지에서 태어난 토지 보유 농민(manant)들 위에 군림하는 것으로 만족스러워하는 수장들이라면 과연 경지에 관한 자잘한 용어까지 이렇게 변경시키고 농촌공동체 구역(finage)의 구도에 손을 대려는 의사나 힘을 가지고 있었겠는가.

아직 이야기는 끝나지 않았다. 데인로의 사회구조와 노르망디의 사회구조 사이에는 제도상의 깊은 친연(親緣)관계를 보여주는 공통된 특징이 나타난다. 북프랑스의 여타 지역에서는 농노제적 관계가 영주와 그의 '복속인'(homme) 사이에 그렇게도 강력하고 끈질긴 세습적 유대관계를 맺어주고 있었음에 반해, 노르만인이 거주하는 농촌지역에서는 이러한 관계가 전혀 존재하지 않았거나, 아니면 혹시 롤로 이전에는 형성되기 시작했을지도 모르지만, 어쨌든 롤로 당시에는 그 진전이 깨끗이 중단되어 있었다.

이와 마찬가지로 북부와 북동부 잉글랜드의 특징도 오랫동안 자유농민이 존재했다는 점이었다. 소경작자 중에는 일반적으로 영주재판권의 관할하에 있으면서도 완전한 자유인의 신분을 누리는 자들이 많았다. 그들은 한 영주에게서 다른 영주에게로 자유로이 옮겨갈 수도 있었고

---

*14 한 농가를 먹여 살리기에 충분한 토지의 옛 단위. 앞에서 언급된 '망스'에 상응하는 단어라고 할 수 있다. 대개의 지역에서는 120에이커, 웨식스의 일부 지역에서는 40에이커에 해당했다고 하며, 켄트와 데인로 북부지역에서는 쓰이지 않았다. 공적 의무부담의 단위이기도 하였다.

*15 일 년에 바퀴 달린 쟁기 하나로 경작할 수 있는 면적이라는 뜻.

17) 영국 학자들의 일반적 견해에 반대하여 졸리프는 북동 잉글랜드의 '플라우랜드'는 스칸디나비아인이 침입해서 빚어진 혼란의 한 결과라고 인정할 수는 없다는 태도를 취하고 있는데, 필자가 믿기에 이는 잘못된 생각이다. 특히 "The Era of the Folk"(*Oxford Essays in Medieval History presented to H. E. Salter*, 1934)를 보라.

어떤 경우이건 그들의 토지를 마음대로 양도하기도 했으며, 전체적으로 보아 더 불리한 상태에 있던 그들 이웃이나 '데인인' 통치지역 밖의 대부분의 토지 보유 농민들에게 부과된 것보다 가볍고 더 정확하게 고정된 부담을 지고 있었다.

물론 바이킹 시대의 스칸디나비아인들에게는 장원제라는 것이 전혀 알려지지 않고 있었음에 틀림없다. 그렇다고는 하지만 만일 이 스칸디나비아 출신 정복자들이 수적으로 매우 적어서 피정복민의 노동으로 먹고 사는 수밖에 없었다면 그들이 과연 그같은 피정복민들을 고래의 종속관계 아래 그대로 놓아두기를 주저했겠는가. 이렇게 볼 때, 스칸디나비아인 침입자들이 그들의 새로운 정주지에 농민의 독립이라는 자기네 전통적 관습을 가지고 들어왔다는 것은 분명히 훨씬 더 큰 규모의 집단이주가 있었음을 전제로 한다. 즉 토지를 분양받은 뒤 창을 쟁기와 괭이로 바꾼 이 평민전사들은 그들의 모국에서는 알려지지 않았던 예속농민이 되려고 그렇게 불원천리 찾아온 것은 아니라는 말이다.

물론 최초로 도래한 사람들의 후손은 어느 정도 급속하게 주변의 여건이 강요하는 이러저러한 지배구조를 받아들이지 않을 수 없었을 것이다. 이주해온 수장들은 다른 종족 출신 지배자들의 유익한 실례를 본뜨려고 애썼다. 장원에서 나오는 수입을 최대의 생활수단으로 삼고 있던 교회도 일단 세력을 회복하자 수장들과 같은 노선을 따르게 되었다. 따라서 노르망디에도 데인로에도 장원제가 완전히 결여되었던 것은 아니다. 그러나 몇 세기에 걸쳐 이들 지역에서는 (장원제의—옮긴이) 예속성이 다른 어느 곳보다 덜 속박적이었고 또 그만큼 일반적이지도 않았다.

이리하여 모든 것은 같은 결론으로 귀착된다. 윌리엄 정복왕의 '프랑스인' 원정 동료(종사)들이 그러했던 것만 염두에 두고, 스칸디나비아인 이주자들도 이처럼 한결같이 수장 계층만으로 이루어졌으리라고 생각한다면 이보다 잘못된 일이 없다. 잉글랜드 북부나 북동부 지방에서도 그리고 노르망디에서도 스웨덴의 돌비석에 기록된 사람들과 같은 수많은 농민전사들이 북방의 배로부터 상륙했던 것은 확실하다. 이 식민정주자들은 선주민한테서 탈취했거나 피난민들이 버리고 간 땅에 정착하기도 하고 토착민 거주지 사이의 공지(空地)에 자리잡기도 했는데, 수효가 워낙 많았기 때문에 이들은 온전한 부락을 새로이 형성하거나 마을 전체의 이름을 새로 지어 부를 수도 있었으며, 농경제도라든가 심지어는 농촌지역의 사회구조——그렇지 않아도 이미 침입으로 인해 심각한 혼란상태에 빠져 있던——자체마저도 본질적인 몇 가지 측면에서 변화시킬 수 있었던 것이다.

그러나 전체적으로 볼 때 프랑스에서는 스칸디나비아인들의 영향이 잉글랜드 땅에서만큼 강하지 않았으며 또 본래 보수적인 성격을 띠게 마련인 농촌생활을 별도로 하면 지속성도 더 적은 것이었음이 입증되었다. 고고학상의 증거를 통해서도 방금 이야기한 것을 확인할 수 있다. 비록 우리가 조사해낸 자료의 목록이 한심할 정도로 불완전하다고는 해도, 북유럽 예술의 유물이 잉글랜드보다 노르망디에 훨씬 적게 분포하고 있다는 점은 의심할 여지가 없을 것이다.

이러한 대조적인 현상은 여러 가지 이유로 설명할 수 있다. 프랑스에서는 스칸디나비아화한 지역의 규모가 더 작았기 때문에 외부로부터의 영향이 더욱 쉽게 스며들 수 있었다. 이곳에서는 토착문명과 이입문명 간의 대조가 훨씬 더 두드러졌으며 따라서 두 문명 상호간의 교류가 저해되고 있었던 만큼, 바로 이러한 사실로 인해 두 문명간의 철저한 대조는 그 중 저항력이 더 약한 쪽을 송두리째 동화시켜버리는 결과를 가져왔다. 프랑스의 스칸디나비아화한 지역은 잉글랜드의 스칸디나비아화한 지역보다 언제나 토착인구가 더 많았던 것으로 보인다. 따라서 처참하게 유린당했던 루무아 지방과 코 지방을 제외하고는 침입을 당한 뒤에도 토착민들이 그대로 머물러 있었기 때문에 그들의 인구밀도가 침입자들의 인구밀도보다 더 높았다. 끝으로, 잉글랜드에서는 2세기 이상에 걸쳐 이동의 물결이 계속된 데 반해, 노르망디의 침략자들은 상당히 짧은 기간 동안 몇 차례에 걸쳐 도래한 까닭에 점령지역 면적의 비율로 따져보더라도 그 수가 잉글랜드보다 현저히 더 적었던 것은 의심할 나위가 없다.

4. 인간적 기여 : 원주지(原住地)의 문제

좀더 집중적으로건 또는 좀더 산발적으로건 북방인들의 집단적인 이주는 행해졌다. 그러나 이들은 도대체 정확하게 북방의 어느 지역에서 왔단 말인가. 그들의 출신지를 찾아내는 것은 당대인들에게조차 반드시 쉽지만은 않은 일로 여겨지고 있었다. 스칸디나비아의 이런저런 방언들이 쓰이기는 했어도 서로간의 의사소통에는 별다른 어려움이 없었으며, 특히 약탈을 목적으로 모인 모험자들로 구성되어 있던 초기의 이주자 무리는 몹시 잡다한 집단이었던 것으로 보인다. 하지만 이 다양한 부족들은 각기 그들 고유의 전통을 가지고 있었을 뿐 아니라, 자기네가 민족적 개별성을 지니고 있다는 의식(意識)을 언제나 생생하게 품고 있었다. 또한 모국에서 대(大)왕국들이 수립됨에 따라 이 의식은 점점 더 강렬해진 것으로 보인다.

대외 정복을 겨루는 장(場)에서 데인인들과 노르웨이인들은 격렬한 싸움을 벌였다. 적으로 갈라선 이 북방의 형제들은 헤브리디스 제도, 아일랜드 해안의 소왕국들, 요크 왕국을 빼앗으려고 몇 번씩이나 되풀이해서 다투었으며, 파이브 버러스에서는 데인인들의 주둔부대가 적군인 노르웨이군에 대항하기 위해 웨식스의 앵글로색슨족 출신 국왕의 도움을 청하였다.[18] 이같은 종족별 분파주의는 때로는 심각하기까지 했던 인종적 관습의 차이에 기인하는 것이었거니와, 이러한 분파주의 덕분에 각 정주지에서 침략자들의 정확한 출신을 규명하려는 작업은 더욱 전망이 밝을 수밖에 없다.

---

18) Allen Mawer, "The Redemption fo the Five Boroughs"(*Engl. Hist. Rev.*, t. XXXVIII, 1923) 참조.

앞에서 살펴본 바와 마찬가지로, 크누트 휘하에서 잉글랜드를 정복한 사람들 중에는 스웨덴 사람들이 있었다. 프랑크 국가를 약탈하는 데에 가담한 다른 스웨덴인들도 있었다. 이를테면 쇠데르만란드(Söder-manland)*16 지방에 있는 한 묘비에 기록된 대로 "갈리아의 서쪽 어느 곳에서"19) 죽은 구드마르(Gudmar) 같은 사람이 그러하다. 그러나 대부분의 스웨덴 사람들은 다른 길을 택하였다. 발트 해 동쪽이나 남쪽 해안은 무척 가깝기도 했으며, 더구나 러시아의 하천을 따라 형성된 시장에 쌓여 있는 약탈물은 너무나 구미가 당기는 것이었기 때문에 무엇보다 이 방면으로 눈길이 쏠리지 않을 수 없었다.

북쪽을 통하여 대 브리튼 섬을 우회하는 항로에 익숙해져 있던 노르웨이인들은 아일랜드 식민에서와 마찬가지로 이 순회항로를 따라 산재해 있는 제도를 식민한 사람들 중에서도 수적으로 가장 많았다. 노르웨이인들이 잉글랜드 정복에 나설 때 출발지가 된 곳은 스칸디나비아 반도보다도 오히려 이 섬들이었다. 솔웨이 만에서 디(Dee) 강*17에 이르는 서해안의 여러 주에 식민한 침략자의 거의 전부가 노르웨이인이었다는 사실도 이것으로 설명된다. 그들의 유적은 더 깊은 내륙에서도 아직 찾아볼 수 있는데, 요크셔 서부에는 비교적 많고 요크셔의 나머지 지역과 파이브 버러스 주변에서는 훨씬 드물어진다. 게다가 이들 지역의 노르웨이인 유적지는 곳곳에서 데인인 정착지의 유적과 뒤섞여 있다. 혼거지대 전체에 걸쳐 대체로 데인인 정주지의 인구가 훨씬 더 조밀하였다. 잉글랜드에 정착한 이주민의 대부분은 분명히 스칸디나비아의 여러 부족 중에서도 가장 남쪽에 거주했던 부족 출신이었다.

노르망디에 관해서는 기술(記述)사료가 통탄스러울 정도로 빈약하

---

*16 스웨덴 남동부의 옛 주 이름.

19) Montelius, "Sverige och Vikingäfaderna västernt", *Antikvarisk Tidskrift*, p.20.

*17 스코틀랜드 북쪽의 강. 북해로 흐른다.

다. 설상가상으로 이런 사료들은 서로 엇갈린 주장을 하고 있다. 즉 노르망디 공들은 자기네가 데인인 출신이라고 자처한 것으로 보이는 데에 반하여 북구의 한 사가(saga)는 롤로를 노르웨이인으로 다루고 있다. 지명과 농업관습이라는 증거를 아직 더 참조할 수 있기는 할 것이다. 그러나 양자 모두 오늘날까지 충분히 연구되지 못한 상태이다. 데인족 출신 사람들이 노르망디에 존재했던 것은 확실해 보인다. 남부 노르웨이 출신 사람들도 마찬가지로 존재했던 것으로 생각된다. 그렇다면 양자의 비율은 어떠했을까. 지리적 분포는 또 어떠했을까. 현재로서는 이 문제에 대답하기가 불가능하다.

하지만 필자는 여기서, 코 지방과 캉 평야지대 간의 뚜렷한 대조는 결국 식민정주자의 차이—코 지방의 불규칙한 농지는 노르웨이의 그것을 연상시키고, 베생 지방의 장방형 농지는 덴마크의 그것을 각각 연상시킨다—로 귀착될 수 있다는 점만은 감히 지적해두고 싶다. 아직 근거가 몹시 박약한 이러한 가설을 위험을 무릅쓰고 시도하는 것은 오로지, 필자가 애착을 품고 있는 매우 소중한 바람, 곧 역사는 아직도 완료되지 않은 탐사라는 매력을 여전히 고스란히 지니고 있다는 것을 독자들이 결코 잊지 않게 하려는 바로 그 소망에서이다.

5. 교훈

프로방스의 한 언덕을 소굴로 삼아 눌러앉은 한줌밖에 안 되는 비적 떼가 거의 1세기 동안이나 드넓은 산악지대를 따라 곳곳에 불안을 퍼뜨리고 기독교 세계의 아주 중요한 도로 몇 군데를 반쯤 차단시킬 수 있었다는 것, 초원지대에서 온 기마병의 작은 무리가 더욱 장기간에 걸쳐 서유럽의 온데 사방에서 약탈을 마음껏 자행할 수 있었다는 것, 루트비히 경건왕 시대부터 초기 카페 왕조에 이를 때까지, 아니 잉글랜드에서는 윌리엄 정복왕 때까지 북방의 배들이 약탈을 하고 싶어 몸이 단 자들의 부대를 독일이나 갈리아 또는 영국의 해안에까지 무사히 실어

날랐다는 것, 이 비적들이 누구이건 간에 이들을 달래기 위해서는 엄청난 몸값을 치러야 했으며 가장 가공스러운 적에게는 마침내 광대한 영토를 할양해주지 않을 수 없었다는 것, 이 모든 사실은 경악스럽기 짝이 없는 일이다. 질병이 악화되면 의사의 눈에 신체의 신비스러운 활동이 드러나게 되듯이 하나의 크나큰 재앙이 기세등등하게 진행되는 과정은 역사가의 눈으로 보기에는 그러한 참화를 입은 사회에 관해 알려주는 하나의 징후로서의 가치를 지닌다.

프레네의 사라센인들이 증원군의 도움을 받을 수 있었던 것도 바다를 통해서였고, 바이킹들의 배를 잘 알려진 약탈장소까지 날라다 준 것도 바다의 물결이었다. 침략자들에 대해 바다를 봉쇄하는 일이 그들의 약탈을 방지하는 가장 확실한 방법이었으리라는 데에는 전혀 의심의 여지가 없다. 그 증거로 에스파냐의 아랍인들은 스칸디나비아의 해적이 남쪽 바다로 내려오지 못하게 저지했고, 그뒤에는 앨프레드 대왕이 창설한 함대가 승리를 거두었으며, 11세기에는 이탈리아의 도시들이 지중해에서 다른 세력들을 깨끗이 몰아냈다.

그런데 이 점에 관해 기독교 세계의 국가권력은 적어도 처음에는 거의 예외 없이 무능력을 드러냈다. 오늘날 저토록 수많은 어촌이 늘어서 있는 프로방스 해안의 지배자들이 당시에는 그 머나먼 그리스 해군에게 원조를 간청하지 않았던가. 이 군주들에게 전함이 부족했다고 말할 수는 없다. 당시의 조선기술 상태로는 어선이나 상선을 징발하면 분명 충분했을 것이고, 필요한 경우에는 이렇게 징발한 배를 개조하기 위해 널판자 메우는 일을 하는 기술자 몇 명쯤 모집하면 충분했을 것이다. 어떤 뱃사공이라도 승무원 일을 해낼 수 있었을 것이다. 하지만 당시의 서유럽 사회는 바닷일에 관해서는 거의 완전히 미숙했던 것으로 보인다. 그리고 이 알다가도 모를 무능함은 침략의 역사에서 아주 흥미로운 이야깃거리를 시사해준다.

일찍이 로마 시대에만 하더라도 포구에 자리잡고 있었던 프로방스 해안 도시들이 이제는 내륙 깊숙이 물러나 있었다.[20] 노르만인들이 자행한 최초의 약탈이었던 린디스판(Lindisfarne) 섬*18의 약탈이 있은 뒤 노섬브리아의 왕과 유력자들에게 보낸 편지에서 앨퀸은 "일찍이 아무도 이러한 항해를 할 수 있으리라고는 생각하지 못하였을 것이다"21)라는, 의미를 되새겨봄직한 말을 하고 있다. 그런데 여기에서는 고작 북해의 횡단을 두고 이 법석들을 떨고 있는 것이다!

거의 1세기가 지난 후 앨프레드 대왕이 적의 안마당 같은 바다 위에서 적과 대결하기로 결심했을 때 그는 수병의 일부를 프리슬란트에서 모집해야만 하였다. 이곳 주민들은 인근 종족들이 거의 포기한 북해의 연안 항해라는 직분을 이미 오래 전부터 전문적으로 익혀두고 있었던 것이다. 앵글로색슨인 자체의 함대는 앨프레드 대왕의 증손인 에드거(재위 959~975년) 시대에 가서야 비로소 명실상부하게 조직되었다.22) 갈리아인들이 자기네 해변의 벼랑과 사구(砂丘) 너머로 눈길을 돌리게 된 것은 그보다도 훨씬 뒤의 일이었다. 바다에 관한 프랑스어 용어 가운데 대부분이—적어도 서부 해안에서는—나중에야 형성된 것들이었으며, 그나마도 스칸디나비아어나 영어에서 차용된 것이었다는 사실은 의미심장한 일이다.

헝가리인 출신의 약탈자 무리들도 그러했듯이 사라센인 부대나 노르만인 부대가 일단 뭍에 근거지를 마련하자 그들을 저지시키기는 더욱

---

20) E.-H. Duprat, "A propos de l'itinéraire maritime : I Citharista, La Ciotat"(*Mém. de l'Institut Historique de Provence*, t. IX, 1932).

*18 잉글랜드 최북부, 북해상의 작은 섬.

21) *Ep.* 16(*Monum. Germ. E. E.*, t. IV), p.42.

22) 잉글랜드의 해운 발달이 이처럼 늦어진 것에 관해서는 F. Liebermann, "Matrosenstellung aus Landgütern der Kirche London um 1000"(*Archiv für das Studium der neueren Sprachen*, t. CIV, 1900) 참조. 851년에 켄트인들이 싸웠던 해전은 별도로 일어난 사건이었다. 또한 다른 곳에 비해볼 때 이 해안은 아주 가까운 위치에 있던 갈리아 지방 항구들과 더욱 빈번한 해상교류활동을 지속해왔음에 틀림없다.

어려워졌다. 사람들이 서로 밀집해서 사는 곳이 아니면 치안을 유지하기가 좀처럼 쉽지 않았다. 그런데 그 당시에는 형편이 제일 낫다는 고장이라 해도 오늘날의 기준으로 볼 때는 인구밀도가 낮았다. 도처에 널린 무인지대나 황야 그리고 수풀은 기습공격에 적합한 전진기지가 되었다. 늪이 있는 밀림은 언젠가 앨프레드 대왕이 도주했을 때 그를 숨겨주기도 했지만 침략자의 진격을 은폐시켜주는 곳이 되기도 하였다. 요컨대 이것은 최근에 모로코의 국경지대나 모리타니에서 치안을 유지하려고 애쓰던 프랑스 장교들이 겪은 어려움과 같은 것이었다. 광대한 지역을 효과적으로 통치할 수 있는 최고권력이 전혀 존재하지 않았다는 점 때문에 이러한 어려움이 더욱 커졌음은 두말할 나위도 없다.

  사라센인들이나 노르만인들이라고 해서 상대방보다 더 나은 무장을 갖추고 있었던 것은 아니다. 바이킹의 무덤에서 출토된 것 가운데 가장 훌륭한 검(劍)들은 프랑크 제품으로서의 특징을 뚜렷이 가지고 있다. 이것이 스칸디나비아의 전설에서 그렇게 자주 언급되는 '플랑드르의 검'이다. 같은 전설 속에서 그들의 영웅들은 자주 '외제 투구'를 쓰고 나타난다.

  초원지대의 유랑자이자 수렵민이었던 헝가리인들은 아마도 서유럽 사람들보다는 더 우수한 기병이었으며 특히 더 훌륭한 사수였을 것이다. 그런데도 그들 역시 정규전에서는 몇 번씩이나 패배를 되풀이하였다. 침략자들이 군사적으로 우월한 점이 있었다면 그것은 기술적인 성질의 것이라기보다도 오히려 사회적 근원에 의한 것이었다. 그보다 나중의 몽골인들도 그러하였듯이 헝가리인들은 그들의 생활양식 자체에 의해 전투에 적합하게 단련되었다. "양편의 인원과 전력이 같을 때에는 유목생활에 더 익숙한 편이 승리를 거둔다"고 아랍의 역사가 이븐 할둔(Ibn Khaldun)은 고찰하고 있다.[23]

---

23) *Prolégomènes*, Slane 옮김, t. I, p.291. 몽골인에 관해서는 그르나르의 홀

이러한 견해는 고대세계에서 거의 보편적인 타당성을 지니고 있었다. 적어도 정착민들이 완성된 정치조직과 참으로 과학적인 군비의 도움을 받을 수 있게 될 때까지는 그러하였다. 왜냐하면 유목민은 자기네의 일상용품과 말 그리고 장비와 식량을 가지고 언제든지 전쟁터로 출발할 준비가 되어 있는 '타고난 군인'이었기 때문이며, 일반적으로 정주민들에게서는 아주 찾아보기 힘든, 공간에 대한 전략적인 감각을 지니고 있었기 때문이기도 하다.

사라센인과 또 특히 바이킹으로 말하자면, 그들의 부대는 출발할 때부터 분명 전투를 목표로 해서 편성된 것이었다. 이들 사기가 충천한 군대에 맞서서, 이미 습격을 당한 나라의 사방팔방에서 허둥지둥 소집되어 급조된 군대가 어떻게 대항할 수 있었겠는가. 『앵글로색슨 연대기』의 서술 가운데 나오는 데인인 군대(here)의 기민성과 앵글로색슨족 민병대(fyrd)의 어설픈 모습을 비교해보라. 이 민병대는 조금이라도 시간이 걸리는 전투를 시키기 위해서는 정기적으로 병사를 교대시켜가며 그들의 농토로 되돌려 보내주어야만 하는 중갑병(重甲兵)이었다.

하기야 이러한 대조적인 현상은 초기에 특히 심했던 것이 사실이다. 왜냐하면 시간이 지나면서 바이킹들이 식민정주자로 탈바꿈하고 헝가리인들이 도나우 강변에서 농민으로 변해가자 이에 따라 그들도 새로운 당면문제에 몰두해야 되었고, 그렇게 되자 그들 또한 본래의 기동성에 제동이 걸리게 되었기 때문이다. 그런데 다른 한편으로 말하자면 서유럽 사회 자체에도 가신제도(家臣制度)나 봉(封)제도를 통해 일찍부터 전문적인 전사계급이 존재하고 있지 않았던가. 전쟁에 대비하여 형성된 이 기구가 끝내 진실로 효과적인 저항수단이 될 수 없었다는 것은 이 제도의 내적인 결함을 단적으로 말해준다.

그나저나 이 직업적 전사라는 사람들은 진짜로 싸워보겠다고 작정이

룡한 고찰인 *Annales d'hist. économ.*, 1931, p.564를 보라. 필자는 그에게서 약간의 표현을 빌려 썼다.

나마 하고 있었던 것일까. 일찍이 862년 무렵 수도사 에르멘타리우스는 "모두 달아나버렸다"고 기록하였다.[24]

　민속학자들에 따르면 미개하지만 매우 호전적인 어떤 부족들은 외부인만 보았다 하면 질겁을 하고 도망쳐버린다는데, 실제로 그러한 이야기를 어쩔 수 없이 연상시켜주는, 마치 온몸을 마비시키는 듯한 전율할 공포감을 유럽 최초의 침략자들은 심지어 겉보기에 가장 훈련이 잘되어 있는 듯한 사람들에게까지도 조성했던 것으로 보인다.[25] 곧 미개한 사람들은 자주 겪는 위험 앞에서는 용감하지만, 갑자기 당한 일이나 신비한 일은 대개 잘 버티어내지 못하는 법이다. 845년에 노르만인들의 배가 센 강을 거슬러 올라온 일을 그 사태 직후에 기록한 바 있는 생 제르멩 데 프레(Saint-Germain-des-Prés) 수도원의 수도사가 이때 얼마나 당황한 어조로 "일찍이 이러한 일은 들은 적도 없고, 비슷한 사태가 있었다는 것을 책에서 읽은 적도 없었다"[26]고 진술하고 있는가를 보라.

　이러한 감정의 격앙상태를 지속시키고 있던 것은 사람들의 뇌리에서 떠나지 않고 있던 전설과 묵시록의 분위기였다. "헤아릴 수도 없이 많은 사람들이" 헝가리인들을 반(反)그리스도의 선구자인 곡(Gog)과 마곡(Magog)의 백성들로 알았다[*19]고 오세르(Auxerre)의 레미(Rémi)[*20]는 전하고 있다.[27] 이러한 재난은 신의 징벌이라고 하는, 전반적으로 만연해 있던 관념이 체념적인 심기상태를 빚어냈던 것이다. 린디스판의 재앙을 당한 후 앨퀸이 잉글랜드에 보낸 편지는 덕행과 회개의 권유

---

24) *Monuments de l'histoire des abbayes de Saint-Philibert*, éd. Poupardin, p.62.

25) 예를 들어 L. Lévy-Bruhl, *La Mentalité primitive*, p.377 참조.

26) *Analecta Bollandiana*, 1883, p.71.

*19 「요한계시록」 20장 8절 참조.

*20 프랑스의 문법학자, 철학자, 변증법 교수로 유명하다.

27) Migne, *P. L.*, t. CXXXI, col. 966.

에 지나지 않으며, 여기에는 조직적으로 대항하는 문제에 관해서는 한 마디 언급도 없다. 하지만 참으로 비겁하기 짝이 없는 이런 예는 아주 초기단계에서 나타난 것들이었다. 시간이 좀 지나자 사람들은 차츰 용기를 되찾게 되었다.

중대한 사실은 사회의 우두머리라는 사람들이 처음부터 체계적인 방어조직을 강구했다기보다는 오히려 그들 자신의 생명이나 재산을 잃을 위험이 닥치고 나서야 비로소 제대로 싸우려 드는 경향이 훨씬 더 강했고, 또 그들은 거의 하나같이 개인의 특수한 이해와 전체의 이해 사이의 긴밀한 관련성을 파악하지도 못하고 있었다는 점이다. 스칸디나비아인들이 승리한 원인으로 에르멘타리우스가 기독교도들의 비겁성 및 '무기력'과 함께 '내분'을 들었던 것은 결코 잘못된 일이 아니었다.

이탈리아의 어느 왕이 흉악무도한 프레네의 비적들과 협정을 맺었던 일, 다른 또 한 사람의 이탈리아 국왕인 베렝가리오(Berengario) 1세가 헝가리인들을 고용했으며 아키텐의 국왕 페팽(Pépin)이 노르만인들을 고용했던 일, 파리의 주민들이 885년 바이킹들로 하여금 부르고뉴를 공격하게 했던 일, 오랜 세월 동안 몬테 아르젠토의 사라센인들과 동맹을 맺어온 도시 가에타가 대가로 토지와 돈을 주겠다는 약속을 받고서야 비로소 이들 사라센인 침략자들을 구축하기 위해 결성된 동맹에 원조를 제공하기로 동의했던 일 따위의 일화는 다른 많은 것들 중에서 특히 그 시대의 일반적인 정신상태를 적나라하게 드러내 준다.

그렇다면 통치자들이 어떤 일이 있더라도 싸우고자 애쓰고 있던 경우에는 어떠하였을까. 침입자에 맞서 싸우려는 기도는 881년 노르만인들의 공격로를 차단하기 위해 에스코 강 기슭에 성을 쌓았으나 "이 성을 지킬 사람을 하나도 찾을 수 없었던" 루이 3세의 경우처럼 끝나버리는 일이 너무나 잦았다. 파리의 한 수도사가 845년에 소집된 군대에 관해 서술하면서 그래도 일말의 낙관론을 버리지 않았을 심정으로, 소집된 병사들 가운데 다수가 왔으되 전원이 온 것은 아니라고 말한 것

은 적어도 국왕소집군이라면 거의 모두에 해당된다고 할 수 있는 이야기였다.[28]

그러나 가장 의미심장한 실례는 오토 대제의 경우였음에 틀림없다. 그는 당시 최강의 군주였음에도 불구하고, 프레네에 공격을 가하여 이곳 사라센인들의 만행을 끝장내는 데에 필요한 소규모의 군대를 모으고자 노력하다가 끝끝내 실패하고 말았다. 잉글랜드에서는 웨식스의 왕들이 최종적으로 붕괴할 때까지 데인인들에게 맞서서 용감하게 효과적으로 대항하였고, 독일에서는 오토 대제가 헝가리에 대해서 마찬가지로 대항하였다. 그렇지만 유럽 대륙 전체로 보아서 실제로 성공을 거둔 유일한 저항세력은 그들이 아니라, 인적 자원이 좀더 가까이 있고 지나치게 웅대한 야망에 골몰하는 일이 적었기 때문에 왕권보다 더욱 강력할 수 있었던 권력, 곧 무수한 소규모 장원의 위에서 서서히 형성되고 있던 지역적 권력들(pouvoirs régionaux)에서 나왔던 것이다.

서유럽 최후의 침입들에 관한 연구가 아무리 교훈에 차 있다고 하더라도, 그 교훈 때문에 침입의 종언이라는 더 중요한 사실이 간과되어서는 안 된다. 침입 종료에 이를 때까지, 외부에서 도래한 유랑민 무리에 의한 유린과 민족의 대이동은 참으로 서유럽과 여타 지역 역사의 기본 줄거리를 형성해놓았던 것이다. 이때 이후로 서유럽은 이민족의 침입을 면하게 된다. 이에 반해 여타 지역은 전혀 그렇지 못했거나, 또는 거의 그렇지 못하였다. 훗날에는 몽골족도 투르크족도 서유럽의 변경을 스치고 지나가는 일밖에는 하지 않게 되었다. 물론 서유럽도 불화를 겪게는 되지만 그것은 어디까지나 서유럽 내부에서의 일이었다. 따라서 이곳에서는 외부로부터의 어떠한 공격에 따른 단절도 겪지 않고 어떠한 외부인의 유입도 겪지 않은 채, 훨씬 더 정상적인 문화적·사회적 발전이 가능해졌다.

---

28) *Analecta Bollandiana*, 1883, p.78.

이와는 대조적인 예로서 14세기에 참인(Cham)[*21]이나 크메르인의 영화가 안남(安南)인 또는 시암인(Siam)[*22] 침략자들의 공격으로 붕괴되어버린 인도차이나의 운명을 보라. 특히 근대에 이를 때까지 초원지대의 민족들과 투르크족에게 짓밟힌, 서유럽과 한층 가까운 동유럽을 보라. 폴로베츠인(Polovets)[*23]과 몽골족이 없었더라면 러시아의 운명이 어떻게 되었을까를 잠시 생각해보기 바란다. 서유럽과 일본만이 특권처럼 함께 누리고 있었을 뿐 그밖의 지역에서는 거의 찾아볼 수 없는 이러한 이례적인 면제혜택이야말로 문자 그대로의 의미에서나 더욱 심층적인 의미에서나, 유럽 문명의 기본적인 요소 가운데 하나였다고 생각해서 안 될 것이 없다.

[*21] 현재 베트남 고원지대와 캄보디아 메콩 강 유역에 거주하는 민족. 언어는 폴리네시아족에 속하며 문자는 아랍어와 비슷하다. 고대 힌두 문명의 영향을 받은 참파 문명의 후예로, 2세기부터 17세기 말까지 중부 베트남 해안에 참파 왕국을 건설하고 중계무역으로 번영을 누렸다.

[*22] 타이인을 가리킨다.

[*23] 11~13세기에 남러시아 평원을 휩쓴 호전적인 유목민족. 13세기 초에 몽골인들에게 굴복하였다. 복수형을 따서 폴로프치(Polovtsy)라 일컫기도 한다.

생활조건과 정신적 분위기

제1장

물질적 조건과 경제적 기조(基調)

1. 두 단계의 봉건시대

한 사회를 지배하는 제도적 기본골격은 궁극적으로는 인간 환경 전체에 대한 이해 없이는 설명할 수 없을 것이다. 왜냐하면 피와 살을 가진 인간존재를 '경제인' '철학인' '법률인'이라는, 실체가 없는 개념으로 규정하기를 강요하는 작업가설은 그것 나름대로 필요한 것임에는 틀림없겠지만 어디까지나 사람을 미혹시키지 않는 범위 내에서만 받아들여질 수 있는 것이기 때문이다. 이 책이 속해 있는 이 총서(叢書) 중에는 전적으로 중세 문명의 다양한 측면들을 다루는 별도의 책들이 있는데도—비록 그러한 기술이 이 책과는 다른 각도에서 기획되고 있기는 하지만—내가 이 책에서 유럽 봉건제를 이루고 있던 역사적 풍토의 기본적인 성격을 따로 상기시키지 않을 수 없다고 생각하게 된 것은 바로 위에서 말한 이유를 고려해서이다. 사족 삼아 이야기하건대, 지금 이 진술을 책의 거의 첫머리에 해당하는 부분에서 하고 있기는 하지만, 그렇다고 해서 지금부터 간략하게 다루게 될 이 물적 조건이라는 주제와 관련된 사항들이 다른 사항들보다 우선권을 가져야 한다는 부질없는 요구를 내세울 생각은 추호도 없다.

전혀 다른 계열에 속하는 두 개의 특수한 현상—예를 들면 거주형

태의 특정한 분포와 법률적 편성의 특정한 형태들——을 병렬하는 경우
에는 원인과 결과라는 미묘한 문제가 틀림없이 제기되기 마련이다. 그
런데 본질적으로 상이한 두 계열의 현상을 수세기에 걸친 발전과정에
비추어 비교한 뒤, "한쪽에는 모든 원인이 있고 다른 한쪽에는 모든 결
과가 있다"고 말하는 것만큼 무의미한 이분법도 없을 것이다. 정신과
마찬가지로 사회도 끊임없는 상호작용의 조직이 아닐까. 그러나 어떠
한 탐구에도 고유한 축(軸)이 있게 마련이다. 경제나 의식 구조를 분석
하는 것은 다른 중심점을 지닌 탐구에서는 도달점이겠지만 사회구조를
탐구하는 역사가에게는 출발점이다.

목적을 일부러 제한한 예비적 개관인 이 책에서는 본질적인 주제, 미
심쩍은 점이 가장 적은 주제들만을 취급할 수밖에 없을 것이다. 그 중
에서도 특히 계획상 일부러 생략한 부분에 관해서는 간단한 설명이 있
어야겠다. 적어도 11세기 이후의 봉건시대의 찬란한 예술적 개화는 후
세 사람들이 보기에는 단순히 이 시대 사람들의 가장 영속적인 영광만
으로 머무르지는 않는다. 그러한 중세 예술은 당시 가장 고상한 형태의
종교적 감수성을 위해서도, 또는 교회의 몇몇 프리즈(frise, frieze)*1나
기둥머리〔柱頭〕라는 소박한 증거밖에 남기지 않기는 했지만 그러면서
도 그렇게 특징적인 현상이었던 성(聖)과 속(俗)의 상호 침투작용을 위
해서도 표현수단으로서의 구실을 해주었다.

그것은 또한 실로, 흔히 다른 것으로는 표현될 수 없었던 다양한 가
치의 피난처 같은 구실을 하였다. 중세의 서사시에서는 그토록 불가능
했던 표현상의 간결성을 로마네스크 건축에서는 찾아볼 수 있다. 공증
인들은 자기네 문서 속에서 정신의 명확성에 도달할 수 없었지만 궁륭
(穹窿)을 건축했던 사람들의 작품을 지배하고 있는 것은 바로 이 정신
의 명확성이었다. 그러나 조형적 표현과 한 문명의 다른 국면들과의 연
결관계는 아직 너무나도 잘 이해되지 않고 있고 너무나도 복잡하며 시

---

*1 건물의 외벽과 처마 사이 등에 붙인 띠 또는 물결 모양의 장식.

간적 편차와 일탈의 여지가 너무나도 많으므로, 여기에서는 이와 같이 까다로운 관계와 그토록 심해 보이는 모순으로 인해 제기되는 문제들은 잠시 제쳐놓을 필요가 있다.

한편 '봉건적인 문명'이 그 시대 속에서 연속성을 지니는 단일체로서만 존재한 것으로 취급한다면 크나큰 잘못이 될 것이다. 지극히 심층적이고도 일반적인 일련의 변화가 11세기 중엽에 일어났다. 이 변화는 분명히 최후의 이민족 침입이 종료되면서 유발되었다고, 또는 가능해졌다고 할 수 있는 것이기는 하지만, 이 위대한 사실의 결과이면서도 이보다 몇 세대 지난 후에야 처음으로 나타난 것이었다. 이것은 분명히 과거와의 단절은 아니고 방향의 전환이었는데, 고찰의 대상이 되는 지방과 현상에 따라 불가피하게 시간적 편차가 있기는 했지만 차례로 사회적 활동의 거의 모든 영역에 영향을 미치게 되었다. 한마디로 말해서 서로 아주 다른 기본적 특성을 가진 두 개의 연속적인 '봉건' 시대가 있었다. 다음에서는 이 두 국면의 공통된 특징과 그 차이점을 똑같이 정당하게 평가하도록 노력해볼 것이다.

2. 봉건시대 제1기 : 인구의 증가

봉건시대 제1기의 유럽 여러 나라의 인구에 대해서는 어림셈 정도의 계산조차 해내기가 불가능하며 앞으로도 영구히 불가능할 것이다. 게다가 여기에는 사회적 혼란의 불규칙적인 움직임으로 인하여 끊임없이 깊어진 커다란 지역적 편차가 분명히 존재하고 있었다. 이베리아 고원의 기독교권과 이슬람권과의 경제지역에 하나의 광대한 '무인지대'라는 황폐한 모습을 뚜렷이 새겨놓고 있던 명실상부한 사막지대와 비교해볼 때, 또는 전(前)시대의 민족대이동에 의해 수많은 지역들이 초토화를 겪었다가 그제야 서서히 회복되고 있던 옛 게르마니아와 비교해보더라도, 플랑드르나 롬바르디아의 농촌은 비교적 형편이 좋은 지역이었다.

　그러나 이러한 대조적인 현상이 얼마나 중요한 것이든, 그리고 이러한 대조를 반영한 문명의 온갖 미묘한 차이가 얼마나 중요한 것이든 간에 인구곡선이 전반적이고도 심층적인 하락상태에 빠져 있었다는 점만은 변함없는 기본적 특징이었다. 유럽 전지역의 인구는 18세기 이후와 비교해서뿐 아니라 12세기 이후와 비교해보더라도 엄청나게 더 적었으며, 일찍이 로마의 지배 아래 있었던 지방들에서도 필시 로마 제국의 전성기에 비해 인구가 현저히 더 희박했던 것으로 보인다. 심지어는 가장 유명한 도시에서조차 인구가 수천 명을 넘지 않았으며, 주택가의 온갖 지역이 빈 터나 채소밭으로, 심지어는 농경지나 목장으로 잠식당하였다.

　당시의 서유럽에서는 인구밀도가 이렇게 극도로 낮았을 뿐 아니라 설상가상으로 인구가 매우 불균등하게 분포되어 있었다. 확실히, 사회적인 관습도 물리적인 조건도 다 같이 농촌지역에서 거주형태 사이의 심층적인 차이를 유지하는 데에 한몫 하였다.

　가호(家戶)들은—또는 적어도 가호들 가운데 일부는—때로는 서로 상당히 멀리 떨어져서 각기 자기네 농경지 복판에 거주하는 경우도 있었다. 리무쟁 지방 같은 곳이 그러하였다. 그러한 반면 또 때로는 일 드 프랑스에서처럼 가호들의 거의 전부가 밀집하여 촌락을 이루고 사는 경우도 있었다. 하지만 전체적으로 보면 수장들의 압력과 특히 안전에 대한 염려 때문에 지나친 분산 거주는 저지당하였다. 중세 초기의 무질서로 인해 사람들은 흔히 무리를 이루어 함께 거주하게 되었던 것이다. 이러한 취락에서 사람들은 함께 나란히 살기는 하였다. 그러나 취락들 상호간에는 많은 공한지가 경계를 이루고 있었다.

　촌락의 식량공급원이 되어주는 농경지 자체는 인구비(人口比) 면적으로 따졌을 때 오늘날보다 훨씬 더 넓어야만 하였다. 당시의 농업은 땅을 아주 크게 잡아먹고 있었기 때문이다. 심경(深耕)이 제대로 이루어지지 않고 비료가 충분히 주어지는 적도 거의 없었던 당시의 농경지에서는 곡식의 낱알은 알차지도 않았고 낱알수가 많지도 않았다. 특히 촌락공동체의 경작지 전체가 일시에 수확물로 뒤덮이는 적은 결코 없었다. 당시 가장 발달한 윤작농법하에서도 매년 경작지의 절반 또는 3분의 1이 휴경지로 남겨져야만 하였다. 흔히 휴경과 수확이 일정한 주기가 정해지지도 않은 채 교대로 계속되었는데, 이러한 농법에서는 경작기간보다도 잡초의 자연발생적인 생장기간이 언제나 더 길었다. 이런 경우 경작지란 그저 황무지를 일시적으로 갈아서 짧은 기간 동안 활용하는 것에 불과했다고 해도 과언이 아니다.

이와 같이 농경지 복판에서조차 자연은 끊임없이 우위를 되찾는 경향을 보여주곤 하였다. 농경지 너머나 주변 또는 사이사이에는 삼림·덤불·황야 등 광대한 미개지가 펼쳐져 있었다. 이러한 미개지에도 사람이 전혀 없지는 않았지만, 고작해야 숯 굽는 사람이나 양치기 또는 법의 보호를 박탈당한 자 등등이 이웃에서 멀리 떨어진다는 대가를 치르면서 출몰하고 있을 뿐이었다.

3. 봉건시대 제1기 : 교류생활

이렇게 흩어져 사는 인간집단들 사이에서는 교통·통신상의 어려움도 대단히 컸다. 카롤링거 제국이 붕괴함으로써, 공공사업에 대해 배려할 만큼 지각 있고 또 최소한 몇 가지만이라도 이같은 공공사업을 실행으로 옮길 수 있을 만큼 강력했던 마지막 정권이 파괴된 셈이 되었다. 로마 시대에 놓인 옛 도로들도 사람들이 흔히 생각하는 것만큼 견고하게 만들어진 것은 아니었는데, 그나마 이 도로들조차 제대로 보존되지 못한 채 망가져 있곤 하였다. 특히 교량은 더 이상 보수가 되지 않아 통행에 이용될 수 없는 것이 상당수였다.

더욱이 사회에는 불안이 만연했는데, 인구의 감소——사회적 불안 자체가 인구감소를 초래한 하나의 요인이기도 했지만——에 따라 이런 불안상태는 가중되었다. 841년 아키텐에서 출발하여 샤를 대머리왕에게 바칠 보석류를 운반해온 사자들이 트루아(Troyes)*2에 도착했을 때 이 왕의 궁정은 얼마나 놀랐던가. 그렇게도 적은 수의 사람들이 이렇게도 귀중한 짐을 가지고 도처에서 산적떼가 들끓는 그 넓은 지역을 무사히 통과해서 왔다니 말이다![1] 반면 1061년에는 잉글랜드의 최대 제후 가운데 한 사람인 토스티그(Tostig) 백작이 로마로 들어오는 길에서 도적떼에게 잡혀 몸값을 치르고 풀려난 일이 있었는데, 『앵글로색슨 연대기』의 저자는 이 경위를 밝히면서 이미 결코 그렇게 놀라워하지 않았던 것이다.

당시의 사람들이 여행하는 속도는 현대와 비교해볼 때 극히 느렸던 것으로 보인다. 그렇지만 중세 말이나 18세기 초까지의 상태와 비교한다면 이 당시의 이동속도가 그렇게 두드러지게 느렸던 것은 결코 아니다. 오늘날과는 달리 그때는 해상으로 이동하는 것이 가장 빨랐다. 물론 너무 심한 역풍이 불지 않는 날씨일 때에 한하는 이야기이긴 하지만, 배편으로 하루에 100킬로미터에서 150킬로미터를 항해한다는 것은 드문 기록이 아니었다.

육로로는 보통 하루 평균 30~40킬로미터를 주행한 것으로 생각된다. 대상(隊商)이라든가, 성에서 성으로 수도원에서 수도원으로 내왕하는 대(大)영주라든가, 짐을 휴대하고 있는 군대 등 서두르지 않고 여행하는 사람들이 이 속도로 길을 갔다. 파발군이나 아예 단단히 출발한 소수의 사람들이 굳이 노력하면 그보다 갑절 또는 그 이상으로 더 빨리 갈 수 있었다. 1075년 12월 8일 그레고리우스 7세가 로마에서 쓴 편지가 하르츠(Harz) 산맥 기슭에 있는 고슬라르(Goslar)에 도착한 것은 다음해 1월 1일이었다. 이 편지의 전령사는 평균으로 계산해 매일 약 47킬로미터씩 진행한 셈이 되지만, 실제로는 이보다 훨씬 더 빨랐을 것임에 틀림없다.

너무 피곤하지도 않고 너무 느리지도 않게 여행하려면 동물의 등에 올라타고 가거나 수레를 이용해야 하였다. 말이나 노새는 사람보다 빨

---

*2 프랑스 북동부 옛 샹파뉴의 주도(州都).

1) Nithard, *Histoire des fils de Louis le Pieux*, éd. Laeur, II, c.8.

랐을 뿐 아니라 소택지에도 더 잘 적응하였다. 따라서 계절적으로 자주 발생한 연락의 두절은 악천후 때문이었다기보다는 오히려 마초(馬草) 의 부족에 기인하는 것이었다. 일찍이 카롤링거 왕조의 국왕순찰사 (missi dominici)들은 풀이 일단 돋아난 후에 순찰의 길에 오르려고 애 쓰고 있었던 것이다.[2]

그러나 오늘날 아프리카에서 목격할 수 있는 것처럼, 능숙한 보행자 는 며칠 안 되는 사이에 놀랄 만큼 먼 거리를 이동했으며, 어떤 장애물 따위를 헤쳐나아갈 때에는 말을 탄 사람보다 틀림없이 더 빨랐을 것이 다. 샤를 대머리왕이 제2차 이탈리아 원정군을 조직했을 때, 알프스 산 맥 너머 갈리아 지방과의 연락을 확보하는 데에 이용하고자 생각했던 것 가운데 하나가 바로 능숙한 도보주자였다.[3]

도로라든가 도보주자가 다니는 오솔길 등은 노면상태가 좋지도 않고 별로 안전하지도 않았지만, 그렇다고 해서 이 길들이 이용되지 않은 적 은 없었다. 오히려 그와는 정반대였다. 수송이 곤란한 고장에서는 물건 을 자기에게 가져오게 하느니 거꾸로 자기가 그곳으로 가는 편이 수월 하였다. 더욱이 사람과 사람 사이의 개인적인 접촉을 대신할 만큼 좋은 제도나 기술적 방법은 없었다. 궁궐 안에 앉아서 나라를 통치할 수는 없었다. 다시 말하면, 한 나라를 다스리기 위해서는 쉴새없이 말을 타 고 사방으로 돌아다니는 것밖에 다른 도리가 없었다.

봉건시대 제1기의 왕들은 문자 그대로 여행의 과로로 죽어갔다. 예 를 들면 1033년—이 해는 여느 해와 다를 바가 전혀 없었다—(신성 로마—옮긴이) 황제 콘라트 2세는 부르고뉴 지방에서 폴란드 국경지대 로 갔다가 거기에서 다시 상파뉴 지방으로 갔고, 마지막으로 라우지츠 (Lausitz)[*3]로 계속 순행하였다. 제후는 종자(從者)들과 함께 자기 영지

---

2) Loup de Ferrières, *Correspondance*, éd. Levillain, t. I, nº 41.

3) *Capitularia*, t. II, nº 281, c.25.

*3 독일 엘베 강과 오데르 강 사이에 있던 변경백령.

의 이곳저곳을 끊임없이 돌아다니곤 하였다. 그것은 영지를 좀더 잘 감독하기 위한 것만이 아니었다. 생산물을 수레에 실어 전체의 중심지로 운반하는 것은 불편할 뿐 아니라 비용도 많이 들 것이었으므로 현지에서 소비하는 수밖에 없었던 것이다. 사고 파는 일을 대행해줄 거래처가 없는데다가 더욱이 한 곳에서 이익을 보장해줄 만큼 충분한 고객을 확보할 수도 없는 것이 거의 확실했으므로, 상인이라면 누구나 몸소 산을 넘고 물을 건너다니며 이익을 추구하는 행상(行商), 곧 '떠돌이' 였다.

학문과 고행수도를 갈망하는 성직자들은 마음에 드는 스승을 찾아 유럽을 온통 돌아다녀야 했다. 예를 들면 제르베르 도리야크(Gerbert d'Aurillac)*4는 에스파냐에서 수학을, 랭스에서 철학을 배웠으며, 스티븐 하딩(Stephen Harding)이라는 잉글랜드 사람은 부르고뉴의 몰레슴(Molesmes) 수도원에서 수도생활을 쌓았다. 그들보다 앞선 인물로, 나중에 클뤼니 수도원 원장이 된 성 외드(Eude)는 계율에 따라 생활하는 수도원을 찾으려는 일념에서 온 프랑스를 돌아다녔다.

더욱이 '떠돌이 중'(gyrovagi), 즉 끊임없이 '두루 방랑하는' 불량한 승려들에 대한 베네딕투스 계율의 뿌리깊은 적대감에도 불구하고 성직생활의 모든 것이 이러한 유랑생활을 조장하였다. 다시 말해 교회가 지닌 국제적 성격, 유식한 성직자와 수도사들 사이에 라틴어가 공통어로 사용되었던 것, 수도원들 사이에 맺어져 있던 결연관계, 수도원 소유의 토지가 분산되어 있었던 것, 끝으로 교회라는 큰 조직체에 주기적으로 큰 파문을 일으키면서, 혁신적인 정신을 먼저 받아들인 곳으로 하여금 사람들을 불러모으는 진원지가 되게 하는——훌륭한 계율을 찾는 사람들이 사방에서 이곳으로 모여들었다——동시에 운동의 열렬한 지지자들이 가톨릭 세계를 정복하기 위해 돌진해나서는 출발지가 되게 하였던 '교회개혁' 등등이 모두 그러한 요인이었다.

---

*4 로마 교황 실베스테르 2세의 속명.

얼마나 많은 타지방 사람들이 이런 식으로 클뤼니 수도원을 찾아들었던가! 얼마나 많은 클뤼니 수도원 출신자들이 타지방으로 가서 운동을 계속하였던가! 윌리엄 정복왕이 노르망디 공으로 있던 시절 ‘그레고리우스 개혁운동’의 첫번째 물결이 밀어닥치기 시작한 노르망디의 거의 모든 교구와 대수도원의 장(長)들은 이탈리아인 또는 로타링기아인이었다. 또 루앙의 대주교 모리유(Maurille)는 랭스 출신으로서, 네우스트리아의 주교직을 맡기 전에는 리에주(Liège)에서 배우고 작센에서 가르쳤으며 토스카나 지방에서 은자생활을 한 적이 있었다.

그렇다고 해서 서유럽의 통행로에 신분 낮은 사람들은 별로 지나다니지 않았다는 이야기는 결코 아니다. 전쟁이나 기근에 쫓겨 떠나는 피난민들, 일확천금을 노리며 떠도는, 반은 군인이고 반은 도둑인 사람들, 더 나은 생활을 희구하여 고향을 멀리 떠나 개간할 땅을 얼마만이라도 찾고 싶어하는 농민들 그리고 순례자들 등이 통행로를 오고 갔다. 순례가 성행하였던 것은 종교적 의식구조 자체가 여행을 부채질했기 때문이며, 부자이거나 가난한 자이거나, 성직자이거나 평신도이거나 간에 육체와 영혼의 구원은 장거리여행에 의해서만 얻을 수 있다고 생각하는 선량한 기독교인들이 많았기 때문이다.

흔히 지적되듯이, 훌륭한 도로의 특징은 도로 자체를 위해 주위에 아무것도 남겨져 있지 않은 상태이다. 도로사정이 모두 좋지 않았던 봉건시대에는 어느 한 도로가 이런 식으로 하여 교통을 독점한다는 것은 거의 불가능하였다. 하긴 몇몇 노선은 지형의 기복상태, 빈번한 왕래의 전통, 여기에는 시장이 있고 또 저기에는 교회가 있다는 식의 여건 등으로 해서 확실히 덕을 보기는 하였다. 문학적·심미학적인 영향을 받은 역사가들이 때때로 그렇게 믿어온 것에 비한다면 이러한 요인들의 결정적 중요성이 그렇게 큰 것은 아니었지만 말이다.

우연한 사태—물질적인 재난, 돈이 궁해진 영주의 착취 등—만으로도 충분히 통행의 방향이 바뀔 수 있었으며 이와 같은 상태가 때로는 지속되기도 하였다. 로마 시대에 만들어진 옛 도로상에 한 무리의 도둑

기사들, 곧 메레빌(Méréville)*5의 영주들이 성을 쌓았는데, 여기에서
조금 떨어진 장소에서는 투리(Toury)의 생 드니(Saint-Denis) 수도원
이 건립되어 도둑기사들의 경우와는 반대로 상인들과 순례자들의 내방
을 환영하게 되었다. 이리하여 마침내 파리와 오를레앙을 잇는 도로 가
운데 보스(Beauce) 평야 구간의 통행방향이 서쪽으로 바뀌게 되었고,
그뒤로는 옛 로마의 포장도로가 잘 이용되지 않게 되었던 것이다.

　더욱이 오가는 문제와 관련하여 여행자 앞에는 이용할 수 있는 여러
노정이 있었는데 이들 가운데 어느 하나도 절대적으로 이용되어야 할
이유는 없었기 때문에 여행자가 어느 길을 택하는가는 거의 언제나 그
의 자유였다. 요컨대, 사람들은 몇 개의 큰 간선도로만을 따라 왕래한
것이 아니라 마음내키는 대로 수많은 샛길로도 갈라져 오갔던 것이다.
아무리 외딴 곳에 위치해 있는 성이나 마을이나 수도원이라 하더라도
때로는 길 잃은 사람들의 방문을 받을 수 있었으며, 이것이야말로 바깥
넓은 세상과 이어주는 살아 있는 유대였다. 그 대신 이러한 방문을 늘
받고 있는 곳은 드물었지만.

　이렇듯 도로의 장애와 위험도 결코 사람들의 왕래를 가로막을 수는
없었다. 하지만 그러한 장애와 위험 때문에 여행길 하나하나가 하나의
원정과도 같았으며 일대 모험을 방불케 하였다. 따라서 사람들은 절박
한 필요 때문에 웬만큼 일정이 긴 여행을 계획해야 되는 경우에는 별로
두려워하지 않았음에 반해—아마도 우리와 더 가까운 시대에 살던 사
람들이 두려워하던 것보다는 덜했을 것이다—다른 문명세계에서는 마
치 일상생활의 씨줄과도 같은 것이라고 할 수 있을 빈번한 단거리 왕래
를 해야 할 때에는 오히려 망설이곤 하였다. 특히 한 고장에 붙박아 살
며 생업에 종사하는 신분 낮은 사람들은 더욱 그러하였다.

　그 결과, 우리에게는 놀랍게 여겨지는 하나의 인간관계의 구조가 생
겨났다. 사회 전체에 속속들이 영향을 미치면서 불규칙적이면서도 영

---

*5 프랑스 서부 센 에 우아즈 주의 마을.

속적으로 일어나고 있던 이러한 일종의 브라운(Brown) 운동과 간헐적
으로나마 어느 정도의 관련을 가지지 않은 곳은 서유럽 땅 구석구석마
다 거의 없었다. 반면에 아주 가까운 두 개의 취락 사이에서는 사람들
의 교류가 오늘날보다 훨씬 드물었으며, 감히 말할진대 오늘날보다 인
간관계가 한없이 더 소원했다고 할 수 있을 것이다. 시각에 따라 봉건
시대의 유럽 문명이 때로는 놀라울 만큼 보편주의적으로 보이기도 하
고 때로는 극도로 분파주의적으로 보이기도 한다면, 이같은 상극성의
근원은 다른 데에 있는 것이 아니었다. 즉 대단히 일반적인 성격을 띤
영향의 흐름이 멀리까지 퍼져나아가는 것은 부추겨주면서도 국지적인
차원에서 이웃간의 관계가 균일화하는 것은 가로막고 있던 교통·통신
의 체계가 무엇보다도 그 근원이었다.

거의 정기적인 우편배달 활동 가운데 봉건시대 전체를 통해 유일하
게 그 기능이 유지되었던 것은 베네치아와 콘스탄티노플을 잇는 연락
망이었다. 이러한 것은 서유럽에서는 사실상 생소하였다. 로마 정부에
서 물려받은 방식대로 군주를 위해 파발제도를 이용하려는 마지막 시
도는 카롤링거 제국의 붕괴와 함께 자취를 감추었다. 카롤링거 제국과
이 제국의 야망을 진정으로 계승한 존재였던 독일 군주들 자신이 광대
한 영토를 지배하는 데에 불가결한 이 제도를 부활시킬 만한 권위라든
가 지성을 결여하고 있었다는 것은 파발제도의 전반적인 붕괴와 관련
하여 의미심장하다.

통치자들이나 제후들 그리고 고위 성직자들은 전적으로 이 목적만을
위해 파견하는 배달인에게 서신을 맡겨야 했다. 그렇지 않으면——주로
신분이 그리 높지 못한 사람들 사이에서는——길 가는 나그네의 친절에
의존하는 수밖에 없었다. 이를테면 갈리시아의 산티아고 수도원을 향
해 가던 순례자들이 그런 일을 하였다.[4] 사자들의 이동이 비교적 느리
기도 했을 뿐 아니라 또 이들에게는 가는 곳마다 재난의 위험도 도사리

---

4) 파랄(E. Faral)의 논문(*Revue critique*, 1933, p.454) 참조.

고 있었기 때문에 효과적인 권력을 행사할 수 있는 것은 현지의 권력자뿐이었다. 대(大)권력자의 지방 대행자들은 끊임없이 가장 중대한 주도권을 행사해야 되는 형편이었던 만큼——이 점에서 교황 특사의 역사는 시사하는 바가 많다——이에 따라 그들 모두가 자기 자신의 이익을 도모하고 마침내는 독립적인 지배자로 탈바꿈하는 경향을 보이게 된 것은 너무나도 당연한 추세였다.

멀리서 무슨 일이 벌어지고 있는지 알려는 사람은 어떤 신분에 있는 누구이건 간에 우연히 만나는 사람에게 의존하지 않을 수 없었다. 그렇게 만나는 사람들 중 가장 정보에 밝은 사람이라 할지라도 그들이 가지고 있던 당대의 세계상에는 많은 공백이 있었다. 말하자면 당시로서는 소식통들의 보고서와도 같은 것이었던 수도원 연대기들 가운데 가장 훌륭한 기록조차 정보의 누락을 피할 수 없었다는 사실을 볼 때 우리는 이러한 사정을 충분히 짐작할 수 있다. 게다가 이런 정보는 시의에 적절한 것인 경우도 드물었다.

예를 들어 샤르트르의 주교였던 퓔베르(Fulbert)*6처럼, 세상일을 잘 알 수 있는 자리에 있던 저명한 인물이 크누트 대왕에게서 그의 교회를 위한 선물을 받았을 때 놀란 일은 인상적이지 않은가. 그 까닭은 이 주교가 스스로 고백하고 있듯이, 사실은 이미 어린 시절부터 세례받은 기독교도였던 이 군주를 주교 스스로는 그때까지 이교도라고 믿고 있었기 때문이었다.5) 헤르스펠트(Hersfeld)의 수도사인 람베르트(Lambert)는 독일의 사정에는 정통했으나, 그러한 그도 신성로마 제국에 인접해 있고 더욱이 그 중 일부는 이 제국(帝國)의 봉토이기도 했던 플랑드르 지방에서 당시 전개되고 있던 중대한 사건들을 언급할 때에는 갑자기 터무니없는 실수를 연발하곤 하였다. 이처럼 불완전한 의사전달체계는

---

*6 11세기 초에 샤르트르를 유럽 학술 연구의 중심지로 만들고 많은 저서를 남겼다. 아키텐 공과 프랑스 왕의 충실한 조언자이기도 하였다.

5) *Ep.*, n° 69(Migne, *P. L.*, t. CXLI, col. 235).

원대한 정치적 구상의 실현을 위한 토대가 되기에는 참으로 빈약한 것이었다.

4. 봉건시대 제1기 : 교역

봉건시대 제1기의 유럽의 생활이 완전히 폐쇄적이기만 했던 것은 아니다. 유럽과 이웃한 여러 문명들과의 사이에는 많은 교역로가 있었다. 무역이 가장 활발하게 이루어진 교역로는 필시 유럽과 이슬람 지배하의 에스파냐를 잇는 길이었을 것이다. 수많은 아랍의 금화가 이 길을 통해 피레네 산맥 북쪽지역으로 흘러들어와 흔히 모조의 대상이 될 만큼 큰 인기를 누리고 있었던 것이 그 증거이다. 반면에 서부 지중해에서는 이미 원거리 항해는 볼 수 없게 되었다. 동방과의 주요한 연락로는 다른 곳에 있었다. 그 중 하나는 아드리아 해를 통과하는 해상로였는데, 이 바다가 시작되는 깊숙한 곳에서는 베네치아가 비잔티움 제국의 일부 같은 형상을 하고서 이국적인 세계의 일환으로 놓여 있었다. 육상로인 도나우 강을 통하는 무역로는 오랫동안 헝가리인들에 의해 차단되어 있었기 때문에 거의 이용되지 않았다.

그러나 더 북쪽에는 바이에른 지방과 프라하의 큰 시장을 연결하고 다시 프라하에서 카르파티아 산맥 북쪽 기슭의 단구지대를 거쳐 드네프르 강에 이르는 험로(險路)가 있어서 대상이 이 길을 오가고 있었는데, 이들은 돌아오는 길에 콘스탄티노플이나 아시아의 몇몇 산물을 싣고 왔다. 이 무역로는 평원들을 가로지르고 수로에서 수로로 이어지면서 발트 해안지역과 흑해, 카스피 해, 투르키스탄의 오아시스 지역들을 잇고 있던 대횡단로와 키예프에서 합류하였다. 왜냐하면 당시의 서유럽은 유럽대륙의 북부 또는 북동부와 동부 지중해 사이의 중개무역 활동에 참여하지 못했을 뿐 아니라 키예프 러시아를 번영하게 한 상품의 활발한 거래에 견줄 만한 자체의 생산물을 분명 가지고 있지 못했기 때문이다.

이처럼 당시 유럽의 교역활동은 극소수의 무역로만을 중심으로 하여 이루어지고 있었던데다가 그 내용도 빈약하기 짝이 없었다. 게다가 수지균형도 분명히 적자상태였던 것으로 보인다. 적어도 동방과의 무역에서는 그러하였다. 서유럽이 레반트 지역의 여러 나라들에서 수입할 수 있었던 것이라고는 무게에 비해 그 가치가 지극히 높기 때문에 수송비와 위험부담을 물고도 남음이 있는 몇몇 사치품 외에는 거의 없었다.

그 대신 서유럽이 내놓을 것도 노예말고는 거의 아무것도 없었다. 그나마 엘베 강 너머의 슬라브족이나 레트인 거주지역에서 사냥되어 브리튼 섬의 노예무역상들 손에 넘겨진 인간가축들의 대부분은 이슬람교도가 지배하는 에스파냐로 흘러들어갔으며, 또한 동부 지중해 지역은 그 자체 내에서 노예들이 넘칠 정도로 공급되었기 때문에 막대한 수효의 노예를 수입할 필요가 없었을 것임에 거의 틀림없다. 이러한 인신매매의 이득은 전체적으로 보아 보잘것없었기 때문에 비잔티움 세계나 이집트 또는 중동 지역에서 귀중품과 향료를 사들이는 비용을 상쇄시킬 정도가 되지 못하였다.

그 결과, 은과 특히 금이 서유럽에서 서서히 유출되었다. 이 원거리상업에서 돈을 번 상인들도 틀림없이 몇몇 있기는 했겠지만, 사회 전체로 보면 통화가 부족해진 것 외에는 이 원거리상업에서 얻어낸 것이 거의 없었다.

물론 '봉건적' 서유럽에서도 화폐가 전혀 거래되지 않았던 것은 결코 아니었으며, 농민들 사이에서조차 이 점은 마찬가지였다. 특히 화폐가 교환의 기준으로서의 역할을 중단한 적도 결코 없었다. 채무자는 종종 현물로 지불하기도 하였다. 그러나 그 현물은 대개의 경우 평가의 합계가 리브라(livra) 화(貨), 솔리두스(solidus) 화, 데나리우스(denarius) 화로 규정된 가격과 일치하도록 하나하나 '평가되었다'. 그러므로 우리는 '자연경제'라는 너무나도 간략한, 그리고 너무나도 모호한 말을 사용하지 않도록 하자. 그저 화폐 기근(饑饉)이라고 말하는 편이 더 적절할 것이다.

게다가 정화(正貨) 부족현상은 정치적 권력의 세분화의 결과이자 또한 교통·통신의 곤란에서 빚어진 결과이기도 한 무질서한 화폐 주조로 인해 더욱 악화되었다. 왜냐하면 정화 부족사태에 직면하자 중요한 시장이 있는 곳은 제각기 그 지방 자체의 화폐 주조소를 가질 수밖에 없었기 때문이다. 외국 화폐의 모조품과 몇 가지 하찮은 소단위 화폐를 제외하면, 은의 함유량이 대단히 낮은 은화이던 데나리우스 화밖에 주조되지 않게 되었다. 금화로는 아랍 금화나 비잔티움 금화 아니면 그 모조 주화만이 유통되고 있었다.

리브라 화와 솔리두스 화는 그 본래의 물질적 실체로서 주조된 것이 아니라 다만 데나리우스 화보다 각기 몇 배의 가치가 있는가를 표시하는 산술적 배수(陪數)에 지나지 않았다. 그러나 데나리우스 화도 여러 종류가 있어서, 데나리우스라는 같은 이름으로 불리기는 하면서도 주조된 곳이 어디인가에 따라서 금속의 함유량이 각기 달랐다. 설상가상으로 동일한 주조지에서조차 화폐가 발행될 때마다 그 무게와 합금 비율이 달랐다고 해도 과언이 아니었다. 화폐는 대체로 희소하기도 할뿐더러 또 들쑥날쑥이 심해서 불편하기까지 했는데, 게다가 유통조차 너무나 느리고 불규칙적이었던 까닭에 사람들은 필요한 경우에 화폐를 손에 넣을 수 있다는 확신을 결코 가질 수 없었다. 이 때문에 교역이 활발하게 이루어지지 않았던 것이다.

그러나 여기에서도 폐쇄경제(閉鎖經濟)라고 너무 성급하게 공식화하는 것은 삼가자. 이 말은 농민의 소규모 영농생활에 대해서조차 곧바로 적용되지는 못할 것이다. 농사꾼들이 분명히 자기네 경지에서 거둔 농산물이나 가내제품의 얼마를 도시주민이나 성직자 또는 무사들에게 내다 파는 시장이 존재했었다는 사실을 우리는 알고 있다. 그들은 이런 식으로 해서 공조로 낼 화폐를 손에 넣게 되었던 것이다. 몇 온스의 소금이나 철제품조차 살 수 없었던 자들은 어지간히도 가난한 사람들뿐이었다. 대(大)장원의 '자급자족'이라는 통념을 놓고 보더라도 그러하다. 만약 그것이 정말이라면 영주는 무기나 보석류를 가지고 있지도 않았고, 그들의 영지에서 생산되지 않으면 포도주도 마시는 일이 없었으며, 그들에게 소속된 토지 보유농의 아내가 짠 거친 직물로 만든 의복만을 입고도 만족했다는 식의 이야기가 될 텐데, 사실 그럴 리야 없지 않았겠는가.

심지어는 농업기술의 미발달, 사회적 혼란 그리고 기후불순 등의 요인들까지도 오히려 어느 정도의 내륙상업은 유지시켜주는 역할을 하였다. 왜냐하면 수확이 저조하여 문자 그대로 수많은 사람들이 굶어 죽는 지경에 이를 때조차 주민 전체가 극도로 감소되지는 않았으며, 우리가 알기로는 형편이 더 나은 지역에서 식량부족에 허덕이는 사람들 쪽으로 밀이 매출되어 투기를 유발하곤 하는 일이 종종 있었기 때문이다. 따라서 교역이 없었던 것은 결코 아니다. 오히려 교역이 있되 극도로 불규칙했을 따름이다. 그 당시의 사회에도 매입과 매출은 물론 있었다. 다만 이 사회는 오늘날의 사회처럼 매매로써 생활하지는 않았던 것이다.

그뿐 아니라 상거래가 물물교환의 형태로 이루어졌다고는 하더라도 상업만이 그 당시 사회의 여러 계층에 걸쳐서 재화가 유통되는 유일한 통로였던 것은 아니며, 추정하건대 심지어는 상업이 재화유통의 가장 중요한 통로였다고 말하기조차 어려울 듯하다. 생산물 가운데 상당부분은 영주의 보호에 대한 대가로서 또는 단지 그의 권력을 인정한다는 표시로서 수장에게 귀속되는 공조(貢租)라는 명목으로 사람들 사이에서 이동하고 있었다. 인간의 노동력이라는 또 다른 형태의 상품의 경우에도 사정은 마찬가지였다. 즉 일손의 대부분이 고용노동력이 아니라 부역에 의해 충당되었다.

요컨대 엄밀한 의미의 교역은 경제생활에서 공납에 비해 부차적인 역할밖에 하지 못하고 있었던 것이 분명하다. 상거래는 이처럼 희소하였고, 자기가 생산한 것만으로 생계를 유지하는 처지를 감수할 수 있는 것은 단지 가난한 자들뿐인 그런 상황이었던 만큼, 부귀와 안락한 생활을 누린다는 것은 (타인에게서 공조를 징수할 수 있게 해주는—옮긴이) 지배권과 불가분의 관계에 있는 것으로 보였다.

그렇기는 하지만 이러한 경제구조 속에서는 권력자들 자신이 사용할 수 있는 취득수단이라는 것도 결국은 크게 제한되어 있었다. 우리가 화폐라고 말할 때에는 축적의 가능성, 예치의 능력, '미래가치의 예상' 등 화폐가 부족한 경우에는 실현시키기가 극히 곤란해지는 모든 것을 전제로 한다. 사람들은 물론 다른 형태로 축적하고자 하고 있었다. 제후니 국왕이니 하는 사람들은 그들의 창고에 금이나 은으로 된 그릇들과 보물을 쌓아두었고, 교회도 전례용의 금은 세공품을 모아두고 있었다. 뜻하지 않게 갑자기 지출의 필요성이 생기면 왕관이라든가 굽 달린 큰 잔 또는 십자가 따위를 내다 팔거나 저당잡혔으며, 그렇지 않으면 이런 것들을 가까이 있는 화폐 주조소에 보내서 화폐로 주조하거나 하였다.

그러나 거래가 부진했다는 바로 그 이유 때문에, 이같은 재화의 처분은 용이하지도 않았고 확실한 이득이 보장된 것도 아니었다. 게다가 재보 그 자체가 전부 합해보았자 대단한 양이 못 되었다. 귀천을 불문하고 사람들은 그때마다의 재원에 의지하여, 대체로 이를 곧바로 소비하지 않을 수 없는 상태 속에서 그날그날을 살아가야만 하였다.

교환과 화폐유통이 활발하게 이루어지지 못한 상황은 또 하나의 지극히 중요한 결과를 초래하였다. 즉 그것은 봉급의 사회적 역할을 극도로 감소시키고 있었다. 실제로, 봉급제가 제 기능을 발휘하려면 고용자 쪽에서는 통화량이 언제나 풍부하여 어떤 경우에도 공급원이 바닥날 위험성이 없어야 하고, 봉급생활자 쪽에서는 이렇게 해서 받은 화폐가 생활에 필요한 물품을 사들이는 데에 사용될 수 있다는 확실성이 전제되어야 한다. 이러한 조건들이 봉건시대 제1기에는 결여되어 있었다. 국왕이 고위관리의 봉사를 확보하고자 하는 경우이건, 또는 시골귀족이 무장수행인이나 농장노동자를 고용하여 일을 시키려 하는 경우이건 간에 그 어떤 지위에 있는 사람도 모두 일정액의 화폐를 정기적으로 지불하는 방식에 결코 토대를 두지 않는 보수체계를 이용할 수밖에 없었다.

여기에는 두 가지 해결책이 있었다. 즉 필요한 사람을 고용자의 집에 유숙시키면서 그에게 식사와 의복을 제공하는 이른바 '솔거부양'(率居扶養) 방법이 그 하나이며, 다른 하나는 수고의 대가로 토지를 봉사자에게 양도해줌으로써 이를 직접 경영하는 방식에 의하거나 또는 토지경작자들에게서 공조를 징수하는 형태로 봉사자 자신의 생계를 스스로 유지하게 하는 방법이었다.

그런데 이 두 가지 방법은 서로 반대되는 방향으로이기는 하지만, 봉급제하의 인간관계와는 매우 다른 인간적 유대관계를 형성하는 데에 함께 이바지하고 있었다. 일단 일이 끝나면 호주머니에 돈을 챙겨넣고 마음대로 떠나버릴 수 있는 봉급생활자와 고용주 사이의 관계보다는 주인의 집에서 먹고 사는 피부양자와 주인 사이의 결속관계가 훨씬 더 긴밀하지 않았겠는가. 그러한 반면에 종속자가 별도의 토지에 정주하면서부터 당연히 있을 수 있는 추세대로 점차 그 토지를 자기 자신의 소유물인 양 생각하게 되고 그의 봉사에 따르는 부담을 줄이려고 하게 되면 양자간의 유대관계는 거의 필연적으로 느슨해지기 마련이었다.

덧붙여 말할 것은, 교통·통신이 불편하고 교역이 빈약하여 수많은 식솔을 비교적 윤택하게 부양하기가 곤란했던 시대에는 대체로 솔거부양제가 토지급여에 기초한 보수체계만큼 널리 받아들여질 수 없었다는 점이다. 봉건사회가 이 양극 사이, 곧 사람과 사람 사이의 긴밀한 관계라는 하나의 극단과 토지 보유로 인해 해이해진 인간관계라는 다른 극단 사이에 머물러 있었다고 할 때, 그 원인은 대체로 보아 적어도 그 초기에는 봉급제의 성립을 불가능하게 만들고 있었던 그러한 경제체제에 있다.

5. 봉건시대 제2기의 경제혁명

1050년부터 1250년까지 유럽의 모습을 변형시킨 식민운동에 관해서는 이 책의 제2부에서 서술하기로 하겠거니와, 이 시기에 서유럽의 변경지방에서는 이베리아 고원과 엘베 강 동쪽 대평원의 식민화가 이루어졌고 오래된 지방들 내부에서는 삼림과 황무지가 끊임없이 경작지로 변해갔다. 나무와 덤불이 우거진 사이에 있는 공한지에서는 처녀지가 일구어져서 완전히 새로운 마을들이 생겼고, 또 다른 곳에서는 오래된 주거지 근처에서 개간자들의 극성스러운 노력으로 경작지가 확대되어 갔다. 그렇다고 할 때 식민운동의 전개단계를 구분하고 지역적인 편차를 특징적으로 밝히는 것도 좋을 것이다. 그러나 지금 당장으로서는 현상 그 자체와 그것의 주요한 영향들만을 염두에 두기로 하겠다.

가장 먼저 눈에 띄는 것은 물론 인간집단 상호간의 밀도가 좁아졌다는 점이다. 식민운동에서 유달리 손길이 미치지 않은 몇몇 지방을 제외하고는 이때 이후 여러 정주지 사이에 있던 광대한 공한지가 자취를 감추었다. 그런 한편 정주지들을 떼어놓고 있던 거리도 더 쉽게 좁혀질 수 있게 되었다. 왜냐하면 바로 이 인구증가라는 현상 자체 덕분에 더 쉽게 상승할 수 있었던 여러 권력이 새로 출현하기도 하고 또는 기왕의 상태에서 더욱 공고해지기도 하여, 그 확대된 영역에 걸맞게 새로운 과업들을 추진하기 시작했기 때문이다.

그러한 세력으로는 우선 존립 바탕을 거의 전적으로 교역에 두고 있는 도시의 부르주아지가 있었고, 또한 왕권과 영역제후권이 있었다. 국왕들이며 영역제후들은 조세나 통행세를 통해 그들 자신에게 막대한 양의 수입을 획득할 수 있게 해주는 상업의 번영에 관심을 가지고 있었으며, 더 나아가 명령의 자유로운 전달과 군대의 자유로운 통행이 그들 자신의 이익을 증진시키는 데에 얼마나 절실한 중요성을 가지는가에 대해서도 과거보다 훨씬 더 잘 인식하게 되었다.

루이 6세*7의 치세에 전형적으로 찾아볼 수 있는 것과 같은 획기적인

---

*7 일명 루이 뚱보왕(Louis le Gros). 프랑스 왕. 재위 1108~37. 왕령지가 몰려 있는 일 드 프랑스를 위협에서 막아내고 군사적으로 영국과 맞섰으며 신도시(新都市) 건설을 촉진시켰다.

전환이 일어나던 무렵이 되면 카페 왕조 국왕들의 활동, 곧 그들의 군사적 노력, 왕령지 확대정책, 식민운동에서의 그들의 역할 등은 대부분 이러한 종류의 관심, 즉 파리와 오를레앙이라는 두 수도 사이의 교통·통신의 통제권을 유지하고, 루아르 강이나 센 강 너머로는 베리 지방이며 우아즈(Oise) 강*8 및 엔(Aisne) 강*9 유역과의 접촉을 확보하려는 노력의 표명에 지나지 않았다. 사실대로 말하자면 이들 지역에서 치안상태는 나아졌겠지만 도로사정은 그 자체로서 별로 나아진 것이 없었던 것으로 보인다. 그래도 토목공사 장비는 훨씬 먼 곳까지 운반되어 건설사업에 동원되었다. 12세기중에 유럽의 그 숱한 강들 위에는 얼마나 많은 교량이 설치되었던가! 끝으로, 바로 이 무렵 다행히도 마구(馬具) 사용법이 개량됨으로써 수레에 의한 운송 능률이 크게 높아졌다.

인접한 여러 문명권과의 관계에서도 같은 변화가 일어났다. 지중해를 오가는 선박들이 점점 더 늘어났고, 아말피의 암벽에서 카탈루냐 지방에 이르는 지중해 항구들은 상업의 일대 중심지로 부상했으며, 베네치아 사람들의 상업활동의 범위는 끊임없이 확대되었고, 도나우 강 평원의 교역로에까지 많은 화물을 실은 대상이 지나다니고 있었다. 이러한 사실들 자체만도 이미 중요한 의미를 가지는 것이었다.

그러나 동방과의 관계는 단지 더욱 편리해지고 더욱 긴밀해졌다는 점에만 그치지 않았다. 가장 중요한 특징은 관계의 성격이 변화하였다는 점이다. 예전에는 거의 일방적인 수입지역에 지나지 않았던 서유럽이 이제는 가공품의 강력한 수출지역이 되었다. 이렇게 해서 비잔티움 세계나 이슬람 교도 지배하의 레반트와 라틴 지역 그리고 마그레브 지역——이 마그레브 지역으로 수출하는 양은 좀더 적기는 했지만——으로 대량수출되고 있던 서유럽의 상품은 이제 그 종류가 대단히

---

*8 센 강의 주요 지류.
*9 북부의 솜 지방에서 발원하여 우아즈 강에 합류한다.

다양해졌다.

그런 중에도 수출품목들 가운데 한 가지가 일찍부터 다른 모든 품목을 능가하였다. 중세 유럽 경제의 팽창과정에서 직물류는 19세기 영국 경제의 팽창에서 금속류와 면제품이 차지한 것과 같은 주도적인 역할을 담당하였다. 플랑드르, 피카르디, 부르주(Bourges),*10 랑그도크(Languedoc),*11 롬바르디아 그리고 다른 지방에서——직물업의 중심지는 거의 도처에 흩어져 있었다——방적기가 돌아가고 축융기(縮絨機)가 작동된 것은 서유럽 자체 내에서의 소비를 위한 것이기도 했지만, 이에 못지 않게 또는 거의 이에 육박할 정도로, 해외시장에 수출하기 위한 것이기도 하였다.

물론 이 하나의 혁명, 곧 서유럽의 여러 나라가 동방에서부터 세계의 경제적 정복을 시작했다는 사실을 의미하는 이 현상을 설명하기 위해서는 갖가지 원인들을 언급하는 게 좋을 것이고, 또 가능하다면 서방에 대해서와 마찬가지로 동방에 대해서도 눈길을 돌려 살펴보는 편이 좋을 것이다. 그렇기는 하지만 바로 우리가 방금 앞에서 언급한 이같은 인구학적 현상들이 발생하지 않았더라면 이 혁명도 가능하지 않았으리라는 것은 어김없는 사실이다. 만약 인구가 전보다 더 늘지 않고, 경작면적도 확대되지 않았다면, 그리고 더 많은 일손이 투입되어 경작지를 더 잘 경작하고 또 무엇보다도 한 경작지라도 더 여러 차례에 걸쳐 이용함으로써 경작지가 더 많은 수확, 더 여러 차례의 수확을 올릴 수 있게 되지 않았다면 어떻게 수많은 직조공이나 염색공 또는 피륙 전모공(剪毛工)들이 도시에 모일 수 있었고 먹고 살 수 있었겠는가.

북유럽도 동방과 마찬가지로 서유럽 경제에 의해 정복되었다. 11세기 말부터 플랑드르의 직물이 노브고로트에서 판매되었다. 러시아 평

---

*10 프랑스 중앙부의 도시.

*11 또는 Langue d'oc. 원래는 오크(oc)어(語), 곧 남쪽 지방 말이라는 뜻으로, 랑그도크 지방이란 이 말을 쓰는 남프랑스 지방을 가리킨다.

원을 가로지르는 무역로는 점점 위태로워지더니 끝내는 폐쇄되었다. 그리하여 이때부터 스칸디나비아와 발트 해 연안의 나라들은 서유럽으로 향하게 되었던 것이다. 이렇게 해서 시작된 변화는 12세기중에 독일의 상권(商權)이 발트 해까지 장악하는 결과를 가져오면서 일단 끝나게 된다. 이때부터 저지대*12의 항구들, 특히 브뤼주(Bruges)야말로 서유럽 자체의 산물뿐 아니라 동방에서 유입된 상품이 북유럽의 생산물들과 교환되는 중심지가 되었다. 독일과 특히 샹파뉴의 정기시(定期市, foire)를 통한 국제적인 교역의 성행으로 봉건 유럽의 양대 변경지역인 동방과 북유럽이 연결되기에 이르렀다.

대외무역이 수지균형에서 흑자를 보인 덕택에 화폐와 귀금속이 유럽으로 흘러들어오지 않을 수 없었고, 그 결과 지불수단의 양이 상당한 정도로 증가하였다. 화폐량 자체가 이렇게—적어도 상대적으로는—풍부해진데다가 화폐의 유통속도까지 가속화함으로써 화폐 증가의 효과는 배가되었다. 왜냐하면 서유럽의 내부 자체에서 식민사업이 진전되었고 사람들 사이의 교류가 더욱 용이해졌으며 한동안 서유럽 세계를 혼란과 공포의 분위기 속에 놓이게 했었던 외부로부터의 침입이 정지되었고, 그밖에 여기서 일일이 열거하기 힘들 정도로 많은 여러 가지 이유들이 작용함으로써 상업이 부활했기 때문이다.

그러나 과장하지 않도록 조심하자. 이 사실을 기술할 때에는 지역과 계급에 따른 미묘한 편차를 고려할 필요가 있다. 자급자족적인 생활은 오랜 세기 동안 수많은 농민과 대부분의 촌락들의 이상—비록 이 이상은 실현된 경우가 드물기는 했지만—으로 남아 있었음에 틀림없다. 그런 반면 심층적인 경제적 변화는 매우 느린 속도로 일어났다. 이 문제와 관련하여 의미심장한 것은 화폐제도상에서 보이는 두 가지 본질적인 징후이다. 그 가운데 하나는 데나리우스 화보다 훨씬 더 무겁고 단위가 큰 은화의 주조가 13세기 초가 되어서야 비로소 이루어졌다는

---

*12 오늘날의 베네룩스 3국.

점—그나마 이 시기에도 이 은화가 주조된 곳은 이탈리아뿐이었다—이고, 또 하나는 서유럽의 독자적인 유형의 금화가 같은 세기 후반에 가서야 비로소 다시 주조되기 시작했다는 사실이다.

여러 가지 점에서 보아 봉건시대 제2기에는 봉건시대 제1기의 조건들이 소멸되었다기보다는 그저 약화되었다고 할 수 있다. 이와 같은 관찰은 상업제도에 대해서뿐 아니라 공간적 거리(距離)가 사람들의 삶에서 가졌던 의미에 대해서도 마찬가지로 적용될 수 있다. 그렇기는 하지만 당시 국왕들이나 상급제후들 그리고 영주들이 조세를 통해 다시 막대한 재부를 모을 수 있었다는 사실이나, 봉급제가 때로는 옛날의 관행에서 서투르게나마 착상을 얻은 법적 형태를 취하면서 봉사에 대한 여러 보수체계들 가운데에서 다시 점차 우세한 위치를 차지하게 되었다는 사실 등은 부활하고 있던 한 경제의 조짐들이었으며, 이러한 조짐들은 그것들대로 이미 12세기부터 인간관계의 구조 전체에 영향을 미쳤다.

이것만이 전부는 아니었다. 경제 발전은 사회적 여러 가치체계의 진정한 수정을 초래하였다. 장인과 상인은 언제나 존재해왔고, 또 개별적으로 보면 최소한 상인은 경우에 따라 자기 스스로 중요한 역할을 하기도 했었다. 그러나 집단으로서는 이 두 계층 가운데 어떤 계층도 별로 중요한 지위를 차지하지 못했던 것이 그때까지의 실정이었다.

그런데 11세기 말부터 장인계층과 상인계층은 수효도 훨씬 많아지고 모든 사람의 삶에 훨씬 더 불가결한 존재가 되어, 도시라는 환경 속에서 점점 더 강력하게 스스로의 위치를 확립하게 되었다. 특히 상인계층이 그러하였다. 왜냐하면 이 결정적인 시기에 대대적인 부흥이 이루어지면서부터 중세의 경제는 언제나 생산자가 아닌 상인에 의해 지배받게 되었기 때문이다. 전(前)시대의 법률적인 골격은 상인들의 지위가 미약할 수밖에 없는 경제체제에 바탕을 두고 있었기 때문에 상인들을 위한 것이 되지 못하였다. 그러나 이제는 상인들의 실제적 요구와 새로운 의식구조가 법률적 골격에 당연히 새로운 변화 촉진제를 주입하게 되었다. 교역이 보잘것없고 화폐가 흔하지 않았던 아주 엉성하게 짜인 사회에서 탄생했던 유럽 봉건제는 인간관계의 망이 긴밀하게 짜이고 재화와 화폐의 유통이 차차 증가하게 되자마자 심층적인 변화를 겪게 된 것이다.

제2장

느끼고 생각하는 방식

1. 자연과 시간적 지속에 대한 인간의 태도

두 시기에 걸치는 봉건시대에 살고 있던 인간은 우리보다 훨씬 더 자연에 가까웠는데, 자연은 자연대로 오늘날보다 사람의 손길이 훨씬 덜 미치고 또 훨씬 더 거친 상태에 있었다. 농촌의 풍경은 황무지가 너무나도 광대한 공간을 차지하고 있어서 인간의 체취를 별로 느끼지 못하게 할 정도였다. 오늘날에는 그저 동화에나 나올 법한 곰이라든가 특히 늑대 같은 사납기 짝이 없는 짐승들이 인적 없는 곳에서는 어디서나, 그리고 심지어는 경작지 사이에서까지 돌아다니곤 하였다. 사냥은 오락인 동시에 불가결한 방위수단이었고, 식량 보급이라는 면에서도 이와 맞먹을 만큼 필수적인 도움을 제공하고 있었다. 인류의 초기 시대에서처럼 야생 과실이나 벌꿀의 채취가 계속 행해지고 있었다. 연장을 만드는 데에는 목재가 으뜸가는 구실을 하였다. 밤은 조명시설이 형편없었기 때문에 더욱 어두웠고, 추위는 성채의 실내에서조차 더욱 매서웠다.

한마디로 모든 사회생활의 이면에는 원시성, 인간의 능력으로는 어떻게 할 수 없는 여러 힘에 대한 굴복, 늦추어지지 않는 물리적 환경과의 대립 등이 배경을 이루고 있었다. 이러한 환경이 인간의 정신에 어떠한 영향을 끼칠 수 있었던가는 측량할 길이 없다. 그렇기는 하지만 그러한 환경이 인간을 거칠게 하는 데에 한몫 작용했다는 생각은 금할 수 없지 않겠는가.

오늘날 남아 있는 자료에만 의거할 때는 소심한 시론에 머무를 수밖에 없는 형편이므로 이보다 더 역사다운 역사를 쓰기 위해서는 인간의 신체가 겪은 변화를 제대로 이해할 필요가 있을 것이다. 당시 인간들의 건강상태가 어떠하였던가를 알지 못한 채 인간들을 이해하겠다고 주장하는 것은 대단히 고지식한 짓이다. 그러나 사료가 부족한데다가, 설상가상으로 우리의 연구방법까지 충분히 다듬어지지 않은 것이어서 이를 알아보려는 우리의 의도는 제약을 받고 있다.

두말할 나위도 없이 봉건시대의 유럽에서 유아사망률은 매우 높았기 때문에 거의 일상적이다시피 된 사망에 대해 사람들은 약간은 무감각하게까지 될 정도였다. 전쟁에서 비명에 죽은 사람들을 제쳐두고서도 당시 성인의 평균 수명은 상당히 짧았다. 적어도 우리에게 참고가 될 만한 것으로는 유일하게 어느 정도 정확한 자료인 왕족에 관한 기록을 통해 판단하건대 그러하다. 로베르 경건왕(Robert le Pieux)[1]은 60세쯤 되어 죽었다. 앙리 1세는 52세에, 필리프 1세와 루이 6세[2]는 56세에 숨졌다. 독일에서는 작센 왕조의 처음 네 명의 황제가 60세 전후, 28세, 22세 그리고 52세에 사망하였다. 노년기는 대단히 빨라서 우리의 중년기와 맞먹는 무렵부터 벌써 시작되었던 것으로 보인다. 우리가 나중에 살펴보게 되듯이 대단히 나이가 많이 들었다고 자처하고 있던 이 세계는 실은 젊은이들에 의해 주도되고 있었다.

그 수많은 단명한 사람들 가운데에는 예방수단을 제대로 갖추지 못

---

*1 프랑스 국왕 로베르 2세. 970?~1031. 위그 카페의 아들로서, 재위 기간중 부르고뉴 공국을 프랑스 영토에 병합하는 영토상의 성과를 이루었다. 클뤼니 수도원 운동의 후원자이기도 하였다.
*2 이 세 명은 모두 프랑스 카페 왕조의 국왕들이다.

한 인간들에게 걸핏하면 엄습하곤 하던 대대적인 전염병 때문에 죽은 사람들이 많았을 뿐 아니라 신분이 낮은 사람들 사이에서는 굶주림으로 인한 사망자도 많았다. 매일같이 벌어지는 폭력사태에다 이와 같은 파국적 재난마저 겹침으로써 인간의 생존은 끊임없는 불안의 기미를 띠고 있었다. 이것이야말로 필시 봉건시대, 그 중에서도 특히 제1기 봉건시대의 정신상태의 특징이었던 감정적 불안정성이 나타나게 된 중요한 이유 가운데 하나였을 것이다.

분명 열악하기 짝이 없었던 위생상태 또한 이러한 신경과민적 흥분상태를 초래한 요인의 하나였다. 오늘날에 와서는 영주제하의 사회도 목욕이라는 것을 전혀 모르지는 않았다는 사실을 입증하느라 꽤 큰 수고들을 들였다. 이러한 것을 관찰한답시고 정작 그 수많은 딱한 생활조건들, 특히 가난한 사람들 사이에서의 영양실조와 부자들의 과식 문제를 망각해버린다면 꽤나 철부지 같은 짓이 될 것이다.

끝으로, 초자연적이라고 생각되는 현상에 대하여 그 당시 사람들이 보이고 있던 놀라울 정도로 민감한 반응의 효과 또한 결코 무시할 수 없다. 이같은 놀랄 만한 감수성 때문에 사람들의 마음은 온갖 종류의 징조, 꿈이나 환각 등에 끊임없이 거의 병적일 정도로 열중하였다. 실제로 이러한 특징은 수도사들의 세계에서 특히 두드러지게 나타났는데, 왜냐하면 그 세계에서는 사람들이 직업상 보이지 않는 것에 대한 문제를 중심으로 생각하고들 있었을 뿐 아니라, 고행과 금욕의 생활을 하고 있었으므로 수도사들이 그러한 것의 영향을 아울러 받게 되었기 때문이다. 어떤 정신분석학자라 할지라도 10세기나 11세기의 수도사들만큼 열성을 가지고 자신들의 꿈을 분석한 사람은 없었다.

뿐만 아니라 이 당시의 유럽 문명은 도덕적·사회적 규범상 점잖은 사람은 눈물과 '미칠 듯한 기쁨'을 억제해야 된다는 식의 강요를 하는 일이 아직 없었으므로 이같은 문명권 전체의 감수성을 세속인들 역시 공유하고 있었다. 절망, 격분, 충동적 행위, 급격한 감정변화 등은 본능적으로 이지적인 관점에 의해 과거를 재구성하고자 하는 존재인 역사가들에게는 커다란 어려움을 안겨준다. 그러나 이러한 불합리한 것들은 모든 역사에서 중요한 요소들이었음에 틀림없고 봉건시대 유럽의 정치적 사건들의 전개에도 중요한 영향을 미쳤던 것이므로, 이러한 영향을 못 본 척 묵과할 수 있는 사람은 일종의 공허한 근엄성에 사로잡힌 자일 뿐이다.

자신들 주변과 또 내부에 널려 있는 그토록 많은 예측 불가능한 힘에 지배당하고 있던 당시 사람들은 시간을 제대로 측정할 수 없기 때문에 시간의 경과를 파악하기도 그만큼 더 어려운 세계에서 살고 있었다. 물시계는 비용도 많이 들고 거추장스러웠던 까닭에 그 수가 아주 적었다. 모래시계도 그리 널리 쓰이지 않았던 것으로 보인다. 해시계의 불완전성, 특히 걸핏하면 구름으로 해가 가려지는 날씨가 많은 곳에서 드러나는 이 기구의 결점은 지독한 것이었다. 그 결과 기묘한 장치가 고안되기에 이르렀다. 이리저리 돌아다녀야 하는 일이 아주 많은 생활에서 일정을 규칙적으로 조정하는 일에 골몰하고 있던 앨프레드 대왕은 길이가 같은 초들을 늘 가지고 다니면서 이것을 차례로 켜게 하는 방법을 생각해냈다.[1] 하루를 균일한 길이로 구분한다는 이러한 배려는 당시로서는 예외적인 일이었다.

교육수준이 아주 높은 사람들도 고대의 예에 따라 계절과 관계없이 대개 낮을 열두 시간, 밤을 열두 시간으로 셈하면서 지구가 태양의 둘레를 연간 공전함에 따라 밤과 낮의 각 길이가 끊임없이 늘어났다 짧아졌다 하는 불편을 감수하고 있었다. 이러한 상태는 14세기경에 마침내 추(錘)가 달린 시계가 발명되어 시계의 기계화뿐 아니라 시간의 기계화를 가져오게 할 때까지 계속되었다.

에노(Hainaut)*3의 연대기에 나오는 한 일화는 당시 일어났던 이런

---

1) Asser, *Life of King Alfred*, éd. Stevenson, c. 104. L. Reverchon, *Petite histoire de l'horlogerie*, p.55에 따르면 샤를 5세 또한 이 비슷한 방법을 사용하였다.

식의 끊임없는 시간의 증감 파동을 기가 막히게 잘 보여주고 있다. 몽스(Mons)에서 결투재판이 행해지게 되었는데, 한쪽 결투자만이 새벽부터 모습을 드러내었다. 그는 관습에 따라 정해진 대기시간의 종료를 표시하는 제9시가 일단 되자, 상대편의 의무 불이행이라는 사실을 인정해야 한다고 요구하고 나섰다. 이 요구는 법적인 면에서는 의심의 여지가 없었다. 그러나 정말로 정해진 시각이 지났었을까.

이 일이 일어난 백령의 재판관들은 서로 숙의하기도 했고 태양을 쳐다보기도 했으며, 의식의 집전을 통해 시간의 리듬에 대한 비교적 확실한 감각을 지닐 수 있게 된 존재이자 꼬박꼬박 종을 쳐서 일반 사람들에게 다소나마 정확한 시각을 알려주는 존재였던 성직자들에게 묻기도 하였다. 드디어 법정은 분명히 '제9시'가 지났다고 선언하였다.[2] 언제나 시계를 쳐다보면서 사는 데에 익숙한 오늘날의 우리에게는 하루중의 어느 시각을 알기 위해 재판소가 이와 같이 논의하고 문의하지 않으면 안 되었던 이 사회가 얼마나 동떨어져 보이는가!

그런데 시간 측정의 불완전성은 시간에 대한 엄청난 무관심을 보여주는 다른 수많은 징표들 가운데 하나에 지나지 않았다. 군주의 출생일자와 같은, 법적으로도 중요한 날짜를 정확히 기록하는 일만큼 쉽고 유익한 일도 없었을 것이다. 그런데도 1284년에는 카페 왕국의 최대 상속자 가운데 한 사람인 젊은 샹파뉴 여백작의 나이를 어떻게든 결정하기 위해 온갖 조사를 다해야만 했던 적이 있었다.[3] 10세기와 11세기의 수많은 증서와 약기(略記)들은 기억을 보존하는 것을 유일한 존재이유로 하고 있는 것인데도 연대(年代)에 관해서는 아무런 언급도 하지 않고 있다. 예외적으로 연대를 좀더 잘 기록해놓은 다른 기록들도 있지

---

*3 벨기에 남부의 주.

2) Gislebert de Mons, éd. Pertz. pp.188~89(1188).

3) P. Viollet, *Les Établissements de Saint Louis*, 1881~1886(Soc. de l'Hist. de Frances), t. III, p.165. n.8.

않았을까. 그러나 이들 기록을 남긴 공증인들은 동시에 여러 가지 계통의 참고자료를 이용했던 까닭에 참고자료들 사이의 다양한 연대 계산 결과를 일치시키지 못하는 때가 종종 있었다.

더욱이 이러한 모호함은 단지 시간 관념에만 있었던 것이 아니라 수(數)의 영역 전체에도 깔려 있었다. 연대기 저작자들이 써대고 있던 터무니없는 숫자는 문학적인 과장만이 아니다. 그것은 통계적 정확성을 기하고자 하는 감각이 그들에게는 전혀 결여되어 있었음을 증명한다. 윌리엄 정복왕이 잉글랜드에 5천 이상의 기사(騎士)봉토를 설치하지 않았음은 분명한 사실이다. 그런데 그 다음 몇 세기 동안의 역사가들은, 아니 심지어는 몇몇 행정관들조차도 정확하게 조사하는 것이 그리 어렵지 않았음에도 불구하고 서슴지 않고, 윌리엄 왕이 3만 2천에서 6만 개까지나 되는 군무조건부 보유지를 창출했다는 식으로 주장하였다. 이 시대는 특히 11세기 말부터 그리스인들과 아랍인들의 모범을 따라 용감하게 연구 노력하는 수학자들이 있었던 때이며, 건축가들과 조각가들은 비교적 간단한 기하학 정도는 이용할 줄 알고 있던 시기였다. 그런데도 오늘날까지 전해진 계산들 가운데에는—중세 말까지도 그러하였다—놀랄 만한 과오를 보여주지 않는 것이 거의 없다. 로마식 숫자체계가 주판의 사용에 따라 그 결점이 교묘히 교정되기는 했으면서도 그래도 불편한 것이었음은 사실이지만, 이러한 잘못은 로마 숫자의 불편함만으로는 설명될 수 없다. 수장들 자신까지 포함하여 당대인들의 정신이 정확성에 대한 지향을 거의 알지 못했을뿐더러, 이를 위한 좀더 확실한 토대가 되는 숫자에 대한 존중심도 거의 알지 못하고 있었다는 점이야말로 그 진정한 이유이다.

2. 표현

한편에는 거의 라틴어 일색이나 다름없는 교양어가 있고 다른 한편에는 다종다양한 일상어가 있다는 것, 이것이 바로 봉건시대 거의 전체를 통하여 삶을 지배하고 있던 특이한 이중구조였다. 그것은 고유한 의미의 서유럽 문명이 지닌 특징이었으며, 이웃 세계들, 곧 민족 고유어로 된 풍요로운 시적·교훈적 문학작품들을 가지고 있던 켈트어와 스칸디나비아어의 세계, 그리스어를 사용하고 있던 동방 세계, 이슬람 세계 중에서도 적어도 참되게 아랍화한 지역들 등으로부터 서유럽 문명을 뚜렷이 구별하는 데에 이바지하고 있었다.

사실 서유럽 내에도 오랜 세월 동안 예외를 이루었던 한 사회가 있었으니 바로 대 브리튼 섬의 앵글로색슨 사회가 그것이다. 이곳에서 라틴어가 글로 씌어지지 않았다거나 아주 능숙하게 씌어지지는 않았다거나 하는 이야기는 아니다. 그러나 이곳에서는 기록이 거의 전적으로 라틴어만으로 이루어지지는 않고 있었다. 고대 영어가 일찍부터 문학용어와 법률용어의 위치로까지 높여져 있었기 때문이다. 앨프레드 대왕은 젊은이들이 일단 학교에서 영어를 먼저 배우고 난 후, 그 중 재능이 아주 뛰어난 사람들만이 라틴어를 배우게 되기를 희망하였다.[4] 시인들은 영어로 노래가사를 지었으며 그것을 낭송하는 것만으로 만족하지 않고 글자로 옮겨놓곤 하였다. 국왕의 법령에서, 왕이나 유력자들을 위해 작성된 상서부(尙書部)의 법률문서들에서, 심지어는 수도사들의 연대기에서까지 마찬가지로 영어가 사용되었다. 이러한 것은 당대에는 대중의 표현수단과의 접촉을 유지할 줄 아는 한 문명에서나 찾아볼 수 있었던 참으로 독특한 현상이었다.

노르만인의 정복으로 이러한 발전은 갑자기 좌절되었다. 헤이스팅스 전투 직후 노르망디 공 기욤(윌리엄)이 런던 사람들에게 보낸 서한에서 12세기 말경의 몇몇 희귀한 훈령문에 이르기까지 라틴어로 작성되지 않은 국왕의 문서는 하나도 없었다. 단 하나를 제외하고는 11세기 중엽부터 앵글로색슨어로 된 연대기는 침묵해버린다. 문학적 작품이라고 하기에는 뭣하지만 그래도 그런 류의 작품이라고 할 수 있는 것이 다시

---

4) *Pastoral Care*, éd. Sweet, p.6.

나타난 것은 1200년이 거의 되었을 무렵이었고, 그나마 처음에는 몇 편의 교화적 소책자의 형태로 나타났다.

대륙에서는 카롤링거조(朝) 르네상스라는 훌륭한 문화적 노력이 기울여질 때에도 민족어가 완전히 무시되지는 않았다. 사실 당시 사람들은 로망스어가 표기에 사용할 만한 가치가 있는 언어라는 생각을 하지 못하였다. 로망스어는 단지 라틴어의 효용을 지극히 손상시키는 것으로 생각되었다. 그런 반면에 게르마니아의 방언들은 사람들의 관심을 끌었는데, 이러한 사람들 가운데 다수가 게르만어 계통의 방언을 모국어로 하는 궁정인이나 고위 성직자들이었다. 그때까지 순전히 구전되어왔던 옛 시들이 문자로 옮겨졌고 주로 종교적인 주제에 바탕을 둔 새로운 시들이 게르만어 계통의 방언으로 지어졌으며, '티외스'(thiois)어[*4]로 된 필사본들이 권세가들의 서가에 나타났다.

그러나 여기에서도 또다시 일련의 정치적인 사건들(이번에는 카롤링거 제국의 붕괴와 그에 잇따른 혼란)이 그러한 추세를 가로막았다. 9세기 말에서 11세기 말까지 종교시 몇 편과 번역물 몇 편이 씌어졌다—독일 문학사를 연구하는 학자들이 이렇게 기록할 수밖에 없을 만큼 이 당시의 성과는 빈약하였다. 같은 땅에서 같은 시기 동안에 씌어진 라틴어 작품에 비해 수적인 면에서나 지적 가치의 면에서나 게르만어 방언으로 된 작품들은 보잘것없었다.

그런 한편, 봉건시대의 라틴어가 사어(死語)였으며 '봉건시대의'라는 수식어가 풍기는 것과 같이 틀에 박히고 획일적인 것이었다는 식으로 생각하는 일은 삼가야겠다. 카롤링거조 르네상스에 의해 라틴어를 정확하고 순수하게 쓰려는 경향이 부활했음에도 불구하고 당시의 모든 여건으로 인하여 라틴어는 단어나 표현법 상에서 새로운 변화를—물

---

*4 튜튼어, 곧 lingua theotisca라고도 한다. 이는 라틴어에 대비되는 '토착어' 라는 뜻을 가지며 게르만어를 가리킨다. 여기에서 게르만어와 튜튼어라는 동의어가 생겼다.

론 환경과 사용자 개인에 따라 정도 차이는 대단히 컸지만—겪지 않을 수 없었다. 즉 고대인에게는 알려지지 않은 현실이라든가 특히 종교적인 영역에서처럼, 고대인들이 몰랐던 관념들을 표현해야 할 필요성이 생겼고, 전통적인 문법의 논리구조와 아주 다른, 그러니까 통속어의 사용을 통해 일반인들의 마음에 익숙해져버린 새로운 논리구조가 라틴어를 감염시키고 있었으며, 끝으로 무지와 학문적인 미숙함까지 가세함으로써 라틴어는 변질되었던 것이다.

뿐만 아니라 서책(書冊)이 언어의 고정화를 촉진하는 것이라고 한다면, 이에 반해 구어(口語)는 언제나 변화의 요인이 아니겠는가. 그런데 당시의 사람들은 라틴어를 글로 쓰는 데에만 그치지 않았다. 그들은 라틴어로 노래를 부르기도 하였다—적어도 진실한 감정을 가장 풍부하게 담고 있는 형태의 라틴어 시가 모음의 장단에 따른 고전적 운율법을 버리고 억양이 붙은 리듬을 시작법(詩作法)의 기준으로 삼게 되었으며, 그후에는 이것이 귀로 지각할 수 있는 유일한 음악이 되었다는 사실이야말로 그 증거이다.

그뿐 아니라 그들은 라틴어로 이야기도 하였다. 오토 1세의 궁정에 초빙된 어떤 학식 있는 이탈리아 사람이 생 갈 수도원의 한 동자승에게 호되게 조롱을 당했던 것은 (라틴어로—옮긴이) 대화를 하던 중에 저지른 어법상의 잘못 때문이었다.[5] 리에주의 주교 노트케(Notker)는 설교할 때 평신도들 앞에서는 왈론(Wallon, Walloon)말[*5]을 쓰고, 그와 반대로 성직자들 앞에서는 라틴어를 사용하였다. 물론 교회관계자들, 특히 소교구의 사제들 중에는 그를 본떠서 그런 식으로 할 수 없을뿐더러 심지어는 그의 말을 알아들을 수조차 없는 사람들도 수두룩했을 것임에 틀림없다. 그러나 학식 있는 성직자들과 수도사들 사이에서는 교회의 오래된 표준어(κοινή)[*6]가 대화의 수단으로서의 역할을 계속 유지하

---

5) Gunzo Novariensis(Migne, *P. L.*, t. CXXXVI, col. 1286).
*5 벨기에 남부 사람들의 말.

고 있었다. 라틴어의 도움이 없었더라면 사방에서 모여든 사람들이 교황청이나 대(大)종교회의에서 또는 수도원에서 수도원으로 오가는 방랑의 도중에서 어떻게 상호간에 의사를 소통할 수 있었을 것인가.

물론 사람들이 사용하고자 하는 용법에 따라 또는 계층에 따라 표현방식들이 다르게, 그것도 때로는 아주 두드러질 정도로 다르게 나타난다는 것은 거의 모든 사회에 공통된 현상이다. 하지만 그러한 대조는 대개 문법적 정확성이나 어휘의 질 같은 면에서의 미묘한 차이에 국한될 뿐이다. 그러나 봉건시대 유럽에서는 이 차이가 비길 데 없을 만큼 심하였다. 대부분의 유럽지역에서 게르만어군(語群)과 결부되어 있던 상용어들은 교양어와는 전혀 다른 어족에 속하였다. 로망스어 계통의 방언들 자체만 하더라도 그들 공통의 조상어에서 너무도 멀리 벗어나 있어서 이들 언어를 쓰다가 라틴어로 옮겨가려면 오랫동안 학교교육을 받아야만 할 정도였다.

그 결과 언어상의 분열은 마침내 양대 인간집단 사이의 대립으로 귀착되었다. 한편에는 막대한 수의 무식한 대중이 있었다. 이들은 제각기 자기 고장의 사투리밖에 알지 못하였고 문학작품이라고는 다해봐야 고작, 거의 한결같이 구전으로만 전승된 몇 편의 세속적인 시라든가 성직자 중에 좋은 의도를 가진 사람들이 소박한 민중을 위해 속어로 지어서 때로는 양피지에 기록까지 해둔 성가 따위를 가지는 정도에 지나지 않았던 사람들이다. 다른 쪽에는 극소수 교양 있는 사람들이 있었다. 그들은 일상어이자 지방어(地方語)인 말과 지식층의 언어이자 보편어(普遍語)인 말, 이 두 가지 사이를 끊임없이 오가고 있던, 진정한 의미에서의 이중언어 사용자들이었다. 언제나 한결같이 라틴어로 저술된 신학서와 역사서는 바로 이들을 위한 것이었으며, 전례에 관한 지식이라든가 심지어는 공문서에 관한 지식까지도 이들에 의해 독점되었다. 라틴어는 교육의 전달수단이 되는 언어였을 뿐 아니라 교육을 통해 사람

---

*6 라틴어를 말한다.

들이 배우는 유일한 언어였다. 요컨대, 읽을 줄 안다고 할 때 그것은 라틴어를 읽을 줄 안다는 이야기였다.

예외적으로 법률문서에 민족어가 사용되는 경우도 있지 않았을까. 이러한 이례적인 사태는 그것이 발생한 사정이 무엇이건 간에, 일단 무지를 표시하는 일이었다고 인정해도 전혀 잘못이 아닐 것이다. 10세기경 남부 아키텐 지방의 몇몇 문서들은 다소 부정확한 라틴어 문장으로 씌어 있는데다가 그 속에도 온통 프로방스 사투리가 뒤섞여 있었는데, 이는 그곳에 있는 루에르그(Rouergue)나 케르시(Quercy) 지방의 수도원들이 카롤링거조 르네상스의 대(大)중심지에서 멀리 떨어져 있어 문예에 소양이 있는 성직자들이 별로 없었기 때문이었다. 사르데냐 섬은 가난한 고장으로, 그곳 주민들은 해적들에게 약탈당하는 해안지대에서 도피하여 거의 고립상태에 가까운 생활을 하고 있었기 때문에, 사르데냐말로 된 최초의 기록이 나타난 연대는 이탈리아 반도 내에서 작성된 가장 오래된 이탈리아어 문서의 연대보다도 훨씬 더 앞선다.

이러한 언어상의 계층적 분화가 초래한 가장 직접적으로 명백한 결과는 의심할 바 없이, 봉건시대 제1기가 스스로에 대해 남긴 이미지가 그로 인해 극도로 흐려졌다는 점이다. 매매나 증여의 증서, 예속화나 해방에 관한 증서, 재판판결문, 국왕의 특허증서, 신종선서를 바치는 의식에 관한 보고서, 실무적인 문서 등은 봉건사회를 연구하는 역사가들이 의존할 수 있는 가장 귀중한 사료이다. 이러한 사료들이 반드시 진실되기만 한 것은 아닐 수도 있다. 그러나 어쨌든 이러한 사료는 후세에 전해질 목적으로 씌어진 기술사료들과는 달리, 기껏 속인다고 해도 우리가 아니라 당대인들, 그러니까 오늘날의 우리와는 달리 무엇이든 쉽게 믿어버리곤 했던 그러한 사람들을 속이려고 한 것일 뿐이라는 점에서는 장점을 가지는 것이다.

그런데 이제 방금 설명한 것과 같은 극히 적은 예외적 현상을 제외하고는 이 문서들은 13세기까지 한결같이 라틴어로 작성되었다. 그러나 이러한 문서들이 기록해서 보존하고자 하는 현실의 사태들이 처음부터 라틴어로 표현되었던 것은 아니다. 두 사람의 영주가 어떤 땅의 가격을 흥정하거나 어떤 종속관계의 약정조항을 논할 때 키케로식의 말로 이야기를 주고받지 않았음은 틀림없다. 나중에 그들 약정에다 어떻게 해서든 고전적인 옷을 입히는 작업은 공증인이 할 일이었다. 따라서 라틴어로 된 증서와 약기(略記)는 전부, 또는 거의 전부가 공증인의 대서(代書)작업의 결과로 나타난 것인지라, 오늘날의 역사가가 저변에 깔린 진실을 알려고 한다면 처음으로 거슬러 올라가서 다시 시작하지 않으면 안 될 것이다.

라틴어로 단장하는 일이 언제나 같은 방식으로 이루어졌으면 좋을 테지만 그럴 리는 없었다. 속어로 이루어진 머릿속의 구상을 어설픈 라틴어 흉내만 내서 옮겨 쓴 학생 아이의 작문부터 유식한 성직자에 의해 세심하게 윤색된 라틴어 강연문에 이르기까지 천차만별의 라틴어 문장이 존재하였다.

때로는——말할 나위도 없이 이것만 해도 형편이 아주 나은 경우이지만——일상적인 용어에다 인위적인 라틴어 어미를 첨가하여 이럭저럭 단순히 위장시키는 일도 있었다. 이를테면 'hommage'(신종선서)가 가까스로 라틴어형인 'homagium'으로 둔갑한 경우가 그러하다. 반대로 다른 경우에는 사람들은 가장 고전적인 말들만을 골라 쓰려고 애쓰고들 있었다. 그러한 경향이 하도 심해서, 때로는 거의 신성모독에 가까운 정신의 유희에 의하여 주피터의 사제와 '살아 계신 하느님'의 성직자를 동일시함으로써 'archevêque'(대주교)를 'archiflamen'으로 옮겨 쓸 지경까지 되곤 하였다. 극단적인 경우, 순수언어주의자들은 비슷한 말을 찾으려는 과정에서 흔히 의미의 유사성보다도 오히려 발음의 유사성을 그 지침으로 삼는 일마저 서슴지 않았다. 프랑스어로 'comte'(백작)의 주격이 cuens였기 때문에 사람들은 comte를 consul(집정관)이라는 말로 표기했으며, 때로는 'fief'(봉토)를 fiscus(국고)라고 표시하기도 하였다.

물론 다른 언어로 옮겨 쓰기의 전반적인 체계가 점차 확립되어 그 중의 몇몇은 보편적인 성격을 지닌 학술어가 되었다. 즉 독일에서 Lehn 이라고 일컬어지는 'fief'의 경우, 독일의 라틴어 증서 속에서는 프랑스어를 본떠 만들어진 몇몇 낱말이 정규적인 동의어로 쓰이고 있었다. 그러나 비교적 서투르지 않은 낱말 사용법에서조차, 공증인이 라틴어로 옮겨 쓸 때에는 이 라틴어에 어느 정도의 일그러짐은 꼭 일어나게 마련이었다.

이와 같이 전문적인 법률용어조차도 너무나 고풍스러운 동시에 유동적이어서 현실에 제대로 접근할 수 없는 어휘들로 이루어져 있었다. 일상어 어휘는 순전히 구어적(口語的)이고 통속적인 모호하고 불안정하기 짝이 없는 말들로 가득 차 있었다. 그런데 사회제도로 말하자면 어휘의 혼란은 거의 필연적으로 사물의 혼란을 초래하게 마련이다. 단지 용어상의 불완전이라는 이유 하나만으로도 이미 인간관계의 분류는 크나큰 불확실성을 겪고 있었다.

게다가 고찰되어야 할 것은 이것만이 아니다. 어떤 용도로 쓰이건 간에 라틴어는 그 시대의 지식인들에게 국제적인 의사 전달수단을 마련해준다는 이점을 가지고 있었다. 하지만 그 반면에 라틴어는 이를 사용하는 대부분의 사람들에게는 마음속에서 생각하는 말과 엄청나게 동떨어진 것이 되어버리고, 따라서 그들의 생각을 언제나 근사치로밖에는 표현할 수 없게 해버린다는 막대한 불편함을 드러내는 것이기도 하였다. 앞에서 이미 살펴보았듯이 정신적 엄밀성의 결여는 이 시대의 특징들 가운데 하나였다. 그런데 이같은 결여를 초래하였음에 틀림없는 수많은 원인들 중에서도 빼놓을 수 없는 것은 바로 당대인들이 이렇게 두 차원의 언어 사이를 끊임없이 왔다갔다해야만 했다는 사실인 것이다.

3. 교양과 사회계급

교양인의 언어였던 중세 라틴어는 어느 정도로 귀족층의 언어였을까. 바꾸어 말해 지식인 집단은 어느 정도까지 지배자 집단과 일치하고

있었을까. 교회의 최고위 집단이 지식인 집단이었다는 점은 전혀 의심
할 바 없다. 형편없는 성직임명제도 때문에 여기저기서 무식한 자가 최
고 요직에까지 임명되기도 했던 것은 사실이지만 이것은 그리 중요하
지 않다. 주교청, 대수도원, 통치자의 예배당 등, 한마디로 말해 교회
세력의 모든 주요기관에는 언제나 학식 있는 성직자들이 포함되어 있
게 마련이었으며, 더구나 그들은 흔히 제후나 기사 가문 출신으로서 수
도원 학교나 특히 성당 학교에서 양성된 인물인 경우가 많았다. 그러나
세속사회에 이르면 문제는 더욱 까다로워진다.

이 시대가 아무리 어두웠다고 하더라도 일체의 지적 자양분에 대해
완고하게 적대적인 태도를 보이는 사회였다고 생각하지는 말기로 하
자. 당시 사람들도 일반적으로 성찰과 기억의 보고(寶庫), 그러니까 씌
어진 글인 라틴어를 알아야만 들어갈 수 있는 이 보고에 접근하는 일이
지도적인 위치의 사람들에게는 유용한 일이라고 생각하였다. 수많은
통치자들이 그들의 후계자 교육을 중시하고 있었다는 사실이야말로 그
가장 확실한 증거이다. '신에 대한 지식이 풍부한 왕'이라고 일컬어졌
던 로베르 경건왕은 랭스에서 고명한 제르베르의 제자로 수학한 적이
있었고, 윌리엄 정복왕은 한 성직자를 자신의 아들 로버트의 가정교사
로 삼았다.

세속의 권력자들 중에는 참으로 애서가(愛書家)라고 할 만한 사람들
이 있었다. 이를테면 비잔티움의 공주 출신으로 모국으로부터 훨씬 더
세련된 문명의 관습들을 지니고 왔던 어머니에 의해 사실상 양육되었
다고 할 수 있는 오토 3세는 그리스어와 라틴어로 유창하게 말하였고,
아키텐의 기욤 3세는 훌륭한 도서관을 만들어 거기에서 종종 밤 깊도
록 책을 읽곤 하였다.[6] 더욱이 처음에는 교회에 몸을 담기로 작정했었

---

6) Adémar de Chabannes, *Chronique*, éd. Chavanon, III, c. 54. 나중에
   다룰 하인리히 3세는 수도사에게 사본을 베끼게 하였다. *Codex epistolarum
   Tegernseenstum*(*Mon. Germ.*, *Ep. selectae*, t. III), nº 122.

던 까닭에 첫 수학(修學)시기부터 성직자 세계에 고유한 일정한 지식이며 취향을 배워 간직하고 있는 군주들도 있었는데, 이러한 경우는 결코 드문 일이 아니었다. 예를 들어 용맹한 전사이기도 하면서 예루살렘 왕국의 왕관을 쓰게 되었던 불로뉴(Boulogne)의 보두앵(Baudoin)도 그러한 사람이었다.

그러나 꽤 수준 높은 이러한 교육이 가능하려면 그들의 세습적인 권력에 이미 공고하게 바탕을 둔 상층 가문의 분위기가 형성되어 있어야 했다. 독일에서 왕조의 창건자들과 그 후계자들 사이에 거의 한결같이 나타나는 대조만큼 의미심장한 현상도 없을 것이다. 즉 작센 왕조의 세번째 왕인 오토 2세와 잘리어(Salier) 왕조[*7]의 두번째 왕인 하인리히 3세는 둘 다 세심한 배려로써 교육을 받았는데, 그들의 부친은 각기 이와는 아주 대조적이어서 오토 대제는 30세가 되어서야 글 읽기를 배우기 시작했으며 콘라트 2세는 "문자를 알지 못하였다"고 그의 궁정 예배당 전속 신부가 실토하고 있었다. 흔히 그러했듯이, 이 두 사람의 왕은 모두 아주 젊어서부터 모험과 위험으로 가득 찬 생활 속에서 살아야 했기 때문에 실제 경험과 구전을 통한 것말고는 지배자로서의 본분 수행에 걸맞은 교육을 받을 겨를이 없었던 것이다. 더구나 사회적 사다리의 좀더 낮은 층으로 내려가면 거의 예외없이 이와 같은 사정을 확인할 수 있었다.

왕가라든가 제후가문 등 몇몇 대가문이 가졌던 비교적 뛰어나다고 할 만한 교양수준만 생각하고 착각해서는 안 된다. 또한 이탈리아나 에스파냐의 기사계급이 교육적인 전통—비록 그 자체가 대단히 초보적인 것이기는 하지만—을 유례없이 충실하게 견지하고 있었다는 것, 즉 르 시드(le Cid)[*8]와 히메나[*9]도 비록 그리 심원한 지식을 가지고 있

―――――――――――――――

*7 일명 프랑켄 왕조. 작센 왕조의 단절 후 콘라트 2세 이래 4대에 걸쳐 독일 국왕, 신성로마 황제를 배출하였다.

*8 이슬람 교도들과의 전투에서 많은 승리를 거둔 에스파냐의 영웅. 서사시 『르

지는 않았겠지만 그래도 그들의 이름을 서명할 줄은 알았다는 사실[7]에 미혹되어서도 안 된다. 적어도 알프스 산맥과 피레네 산맥의 북쪽에서는 당시 주요한 권력을 장악하고 있던 중소영주들의 대부분이 글자 그대로 진짜 문맹자들로 이루어져 있었다는 것은 의심할 수 없을 것이다. 그 결과 이들 가운데 몇몇 사람들이 노년에 몸을 의탁하곤 했던 뭇 수도원에서는 '전직자'(轉職者, conversus), 다시 말해 성직에 늦게 귀의한 사람이라는 말과 성서를 읽을 줄 모르는 수도사를 나타내는 '무식꾼'(idiota)이라는 말이 동의어로 취급되고 있었다.

당시 세속사회에서 교육이 이처럼 등한시되었다는 사실을 볼 때 성직자들이 권력자들의 관념세계의 해설자이자 동시에 정치적 전통의 보존자로서의 역할을 했던 것을 이해할 수 있다. 군주들은 다른 부류의 측근들에게서 제공받을 수 없는 것을 이 성직자라는 범주의 봉사자들에게서 구하지 않을 수 없었다. 8세기 중엽쯤에는 메로빙거 왕조 왕들의 마지막 속인(俗人) 출신 문서총감(文書總監)들이 사라졌으며, 1298년 4월에 가서야 필리프 미남왕(Philippe le Bel)[*10]이 기사인 피에르 플로트(Pierre Flotte)에게 옥새를 다시 맡겼다. 즉 이 두 시기 사이에 5세기 이상이 흐른 셈인데, 이 기간 동안 프랑스를 지배한 통치자들의 상서부에는 한결같이 교회 인사들이 수반으로 앉아 있었다. 대체로 다른 방면에서도 사정은 마찬가지였다.

출신 계급과 민족에서 유래한 그들의 편파성이 어떠하든 간에 그들의 교육 전체를 통하여 보편주의적인 성향을 가진 사회이자 정신적인 것에 토대를 둔 사회에 속하게 되었다는 점에서는 다를 바 없는 이러한

시드의 노래』의 주인공이다.

*9 『르 시드의 노래』에 나오는 등장인물로, 르 시드와 결혼한다.

7) Menendez Pidal, *La España del Cid*(Madrid, 1929), pp.590, 619.

*10 프랑스 국왕. 재위 1285~1314. 왕권을 크게 강화했으며 성직임명권을 둘러싼 로마교황과의 투쟁의 결과 교황청을 아비뇽으로 옮겨버린 사건(이른바 교황의 바빌론 유수)으로 유명하다.

사람(성직자)들이 세속세계 유력자들의 정책 결정을 때때로 입안하였으며 더구나 이를 표현하는 일은 전적으로 바로 그들의 손에 맡겨져 있었다는 사실, 이것이 전혀 대수롭지 않은 일이었다고 생각할 수는 없을 것이다. 통치자 측근의 이같은 성직자들이 뭇 사람들로 하여금 국지적인 작은 분규의 소용돌이를 넘어서서 좀더 넓은 지평의 몇몇 문제들에 대한 관심을 유지하게 하는 데에 이바지하였음은 틀림없다.

그런 반면 정치적 행위들을 기록해두는 임무를 맡고 있던 그들은 그들 특유의 도덕적 규범에서 나온 동기에 따라 반드시 이같은 행위를 공식적으로 정당화시켜주기 마련이었고, 그리하여 봉건시대 거의 전반에 걸쳐서 기록문서들에다 속임수투성이의 겉치레를 퍼뜨리게 되었던 것이다. 실제로는 돈을 주고 산 것이면서도 마치 순전히 선심에서 이루어진 것인 양 위장된 수많은 해방증서라든가, (국왕의 결정이―옮긴이) 순수한 신앙심에서 비롯된 행위인 것처럼 보이게끔 작성되었다는 점에서 예외가 없는 수많은 국왕 특허증서 등의 문서에 붙은 서문이 특히 이같은 사실을 잘 예증해준다. 가치판단을 수반하게 마련인 역사 편찬 자체도 또한 오랫동안 성직자들의 수중에 있었으므로, 문학적인 인습과 마찬가지로 사고상의 인습 또한 인간적인 동기들을 가진 냉소적 현실을 일종의 베일, 그러니까 근대 초에 이르러 코민(Commynes)[*11]이나 마키아벨리 같은 사람들의 냉철한 필치에 의해서야 마침내 벗겨질 수 있었던 그러한 베일로 은폐시키는 역할을 하였다.

그렇기는 하지만 비(非)성직자들도 여전히 여러 가지 면에서 세속사회를 움직이고 있는 동인이었다. 그들 가운데 아주 무학(無學)인 자라 하더라도 그렇다고 해서 무지한 존재는 아니었음에 틀림없다. 그들은 자기네야 읽을 수 없다지만 필요한 경우에는 반드시 번역을 시켰을 뿐 아니라, 이제 곧 보게 될 터이지만 속어로 된 이야기들을 통해 수많은

---

*11 1447~1511. 프랑스의 역사가. 정치·외교 분야에서 활동했고, 그 체험을 바탕으로 하여 『각서』를 남겼다.

기억이나 사상을 전달받을 수 있었다.

그러나 대부분의 (일반)영주들과 상당수의 상급제후들이 처해 있던 경우를 상상해보자. 그들은 행정관이면서도 보고서나 회계기록을 친히 살펴볼 수 없는 그런 행정관이었고, 재판관이면서도 자기네가 내린 판결을 작성할 때—설사 문자로 작성된다고는 하더라도—재판소의 언어가 아닌 말로 작성할 수밖에 없는 그런 재판관이었다. 이러한 지배자들은 대개의 경우 머릿속의 기억에 의존하여 자신들이 과거에 내린 결정사항들을 되살려내야만 하는 존재였다. 사정이 그러한 것이었을진대, 오늘날의 역사가들이 가끔 아주 잘못 알고서 이들 지배자들은 일관된 정신을 가지고 있었다는 식으로 애써 주장하려 하지만, 그와는 달리 실제로는 그들이 그러한 일관성을 전적으로 결여하고 있었다고 한들 어찌 놀라운 일이겠는가.

이들은 쓰는 것에는 거의 어두웠으므로 문서를 별로 대수롭지 않게 생각하는 수가 있었다. 오토 대제가 962년 교황에게서 제관(帝冠)을 받았을 때 대제는 카롤링거 왕조 황제들이 맺었던 여러 '협약'과 아울러 추정하건대 역사서 내용 등에서 발상을 얻어, '세상 끝나는 날까지' 교황에게 하나의 방대한 영토의 소유권을 인정해주는 특권을 그 자신의 이름으로 수여하였다. 만약 그가 실제로 이런 식으로 자기 토지를 떼어주었더라면 황제이자 국왕이었던 오토는 이탈리아의 대부분과 알프스 산맥의 가장 중요한 통로 가운데 몇몇에 대한 통제권까지를 성 베드로의 가산(家産)*12으로 양도해주는 폭이 되었을 것이다. 확실히 오토는 이러한 조치들이 매우 명확한 내용을 담고 있기는 하지만 과연 실행에까지 옮겨질 수 있으리라고는 단 한순간도 생각지 못했을 것이다. 하긴 문제의 이 약속이 어느 시대에나 있을 수 있듯이 실천에 옮길 의도는 전혀 없으면서도 상황의 압력에 못 이겨 서명된 허위협정들 가운데 하나에 불과했다 하더라도 별로 놀라울 것은 없다.

---

*12 로마교황청에 속하는 재산.

그러나 당시 역사적 전통이 다소 왜곡되어 이해되지 않았더라면 작센 출신의 이 군주로 하여금 이와 같은 가장을 하게끔 강요할 만한 것은 전혀 없었다. 한편에는 양피지와 잉크가, 다른 한편에는 그것과 무관한 행동이 있었으니, 이것은 유례없이 노골적인 형태를 띠고 있기는 하지만 사실은 훨씬 일반적으로 퍼져 있던 분열현상의 극단적이고 각별히 두드러진 한 예에 지나지 않는다. 인간에 관한, 그리고 인간의 구제에 관한 가장 유익한 지식뿐 아니라 일체의 사회적 행위의 결과들까지 정확하게 전달할 수 있다고 생각되던 유일한 언어를, 인간사를 지도하는 위치에 있던 많은 사람들이 까마득히 모르고 있었던 것이다.

4. 종교적 심성

봉건시대 유럽의 종교적인 태도를 특징적으로 규정하기 위해 '신심 깊은 사람들'이라는 표현이 곧잘 쓰인다. 초자연적인 것을 배제하는 어떠한 세계관도 이 시대 사람들이 지닌 정신과는 무관했다는 것, 더 정확히 말해 이 시대 사람들이 인간의 운명과 우주에 대해 가지는 이미지는 거의 한결같이 서유럽적인 형태의 기독교 신학과 종말론에 바탕하여 그려진 구도 속에 들어 있는 것이었다고 한다면 이 신심 깊은 사람들이라는 말의 의미를 가장 정확하게 파악한 셈이 될 것이다. 성서의 '꾸며낸 이야기들'에 관한 몇몇 회의적인 표현이 여기저기 나타나고는 있었지만 이것은 별로 중요하지 않다. 합리적인 근거를 전혀 가지지 못했고 당시 교양인들의 일반적 속성도 아니었던 이 초보적인 회의주의는 위기를 맞으면 햇볕 아래 눈처럼 녹아버리곤 했던 것이다.

신앙이 이때보다 더 순수한 의미에서 제 이름값을 한 적은 결코 없다고까지 말해도 무방할 것이다. 왜냐하면 신비적인 것에다 논리적인 사색의 초석을 놓으려는 학문적인 노력은 고대 기독교 철학이 소멸된 이래 단절되어 고작 카롤링거조 르네상스 시대에 잠시 부활한 적이 있을 뿐 11세기 말이 될 때까지 재개된 적이 거의 없었기 때문이다. 그렇다고 해서 당시 기독교도들이 철저히 획일적인 신앙을 지니고 있었다고 생각한다면 그것도 큰 잘못일 것이다.

그것을 말해주는 몇 가지 요인 가운데 하나를 들어보자면, 실제로 가톨릭교는 그 교리를 완벽하게 정착시키기에는 아직도 요원한 상태에 있었다. 그렇기 때문에 당시 가장 엄격했던 정통 신앙조차도 나중의, 그러니까 우선 스콜라 철학이 확립된 이후의 경우와 이어서 반동종교 개혁이 있은 다음의 경우에 비한다면 경직성이 훨씬 더 적었다. 그뿐 아니라 기독교 내의 이단이 점차 기독교에 대립되는 종교로 변질되어 가고 있던 유동적인 점이지대에서는 오랜 전통을 지닌 마니교가 여기 저기에서 꽤 많은 신도들을 유지하고 있었다. 그런데 이같은 마니 교도들이 그들 신앙을 과연 자체 내부로부터, 다시 말해 박해받고 있던 이 종파에 중세 초기 이래 완강히 매달리고 있던 신자집단에게서 물려받은 것인지 아니면 오랜 공백기간을 거친 후 동유럽에서 전수받은 것인지는 정확하게 알려져 있지 않다.

가장 심각한 문제는 가톨릭교가 일반민중 속에 완전히 침투하지 못하고 있었다는 점이다. 엄격한 기준도 없이 모집되고 철저한 교육을 받지도 못했던 교구 성직자들—성직자 교육이라는 것은 대개의 경우 기껏해야 이러저러한 주임신부, 그러니까 아마도 그 자신도 신통치 않은 교육밖에 받지 못했을 그런 신부가 미사 집전을 보좌하면서 성직자가 될 수업을 쌓고 있던 소년에게 아무 체계 없이 되는 대로 가르쳐주는 사항이 전부였다—은 전체적으로 보아 도덕적으로나 지적으로나 자신의 직분을 수행하기에 적당하지 못한 존재였다. 설교는 사람들로 하여금 성서 속에 담긴 비의(秘義)에 효과적으로 접근할 수 있게 해주는 유일한 수단이었는데도 규칙적으로 이루어지지 않았다. 1031년 리모주 종교회의에서는, 주교들만으로는 모든 교구민에게 복음을 전할 수 없음에도 불구하고 설교할 수 있는 권한을 오직 이들에게로만 제한해야 한다고 주장하고 있던 사람들의 오류에 대하여 항의가 제기될 수밖에 없지 않았던가 말이다.

가톨릭의 미사 봉독(奉讀)절차는——물론 상당히 부정확한 경우도 종종 있기는 했지만——모든 교구에서 그런대로 정확하게 알려져 있었다. 주요한 교회들의 벽면이나 기둥머리에 그려지고 새겨진, '글을 읽지 못하는 뭇 사람들의 문자'인 프레스코화와 저양각(低陽刻)부조에는 감동적이기는 하되 명확하지는 않은 교훈들이 풍성하게 표현되어 있었다. 확실히 신자들은 거의 하나같이 세계의 과거·현재·미래를 기독교적으로 표현한 바로 이같은 작품들을 통해 가장 인상적으로 인간의 상상력을 자극하는 국면들에 관한 개략적인 지식을 얻어 가지곤 했음에 틀림없다.

그러나 신자들의 종교생활은 이것 외에도 다양한 신앙과 의식(儀式)들, 즉 경우에 따라서는 몹시 오래된 주술신앙에서 물려받은 전통의 소산이기도 하고 또 때로는 신화적인 요소가 아직도 풍성하던 한 문명 속에서 비교적 가까운 과거에 발원하기도 하여, 공식적인 교리에 끊임없는 영향력을 미치고 있던 그러한 신앙과 의식들에서도 자양분을 섭취하고 있었다. 사람들은 줄곧, 폭풍우가 몰아치는 하늘에는 유령의 부대가 지나가고 있다고 생각하였다. 즉 일반대중은 이것이 사자(死者)의 무리라고 말했고, 이러한 환영을 부정하기보다는 오히려 이들 대중에게 거의 정통적이라고 할 만한 해석을 내려주어야겠다는 의향을 가지고 있던 식자들은 이것이 기만적인 악마의 무리라고 말하였다.[8] 헤아릴 수조차 없는 자연숭배 의식들이 농촌에서 거행되고 있었는데, 시편들을 통해 우리에게도 각별히 잘 알려져 있는 오월주 축전(五月柱祝典) 같은 것이 그 중에서도 대표적인 행사였다. 한마디로 말해 참으로 생생한 감정이자 생활체험이었던 민중의 집단신앙은 그 어느 때보다도 더욱더 두드러지게 신학과는 무관한 성격을 가지고 있었다.

각 지역의 환경과 전통에 따라 무수히 많은 미묘한 차이가 있기는 했

---

8) O. Höfler, *Kultische Geheimbünde der Germanen*, t. I, 1934, p.160을 참조하라.

지만, 그럼에도 불구하고 이와 같은 종교적 심성에 공통적으로 깃들여 있던 몇 가지 특징을 지적할 수 있다. 심원한 또는 감동적인 여러 가지 특징들과 영구한 인간적 가치들로 충만한 열띤 질문을 제기하는 것은 그만두고, 여기에서는 사회적 행위에 특별히 강력한 영향을 미친 것으로 보이는 사고와 감정의 경향들을 파악하는 것만으로 그쳐야 할 것이다.

성찰능력을 가진 모든 사람들의 눈에는 감각적 세계란 진정으로 중요한 모든 일들이 이루어지는 앞에 둘러쳐진 일종의 가면에 지나지 않는 것, 아울러 징조들을 통하여 더욱 심오한 어떤 실체를 표현할 임무를 띤 하나의 언어에 불과한 것으로 비치고 있었다. 가시적 현상으로 짜여진 세계는 그 자체로서는 별다른 관심의 대상이 되지 못하였으므로, 이러한 편견의 결과 일반적으로 현상의 관찰은 포기된 채 현상에 관한 해석이 중시되곤 하였다.

9세기에 씌어져 매우 오랫동안 인기를 끌었던 『우주론』이라는 한 작은 저서 속에서 라바누스 마우루스(Rabanus Maurus)는 자신의 저술 의도가 무엇인지를 이렇게 설명하고 있다. 즉 "사물의 본성과 단어들의 속성뿐 아니라……이들의 신비한 오의(奧義)까지도 취급하는……소논문을 작성할 생각이 나에게 떠오르게 되었다"⁹고. 이러한 발언을 볼 때 당대인들이 자연이란 근본적으로 그렇게 깊은 관심을 쏟을 만한 대상이 되지 못한다고 여겼고 또 이 자연에 대한 그들의 학문적 파악도 보잘것없었던 이유가 무엇인가를 대체로 설명할 수 있다. 기술분야에서는 때때로 상당한 진보가 이루어지기도 했지만, 그런 경우에조차 당대의 기술은 경험론적인 것에 지나지 않았다.

이렇게 응분의 주의를 받지도 못한 자연이 하물며 어떻게 그 자체로부터 자신에 대한 진정한 해석을 끌어낼 수 있을 만한 것이라고 여겨졌겠는가. 끝도 없이 세세한 현상들을 드러내 보이면서 현혹적으로 펼쳐

---

9) Raban Maur, *De Universo libri XXII*(Migne, *P. L.* t. CXI, col. 12).

지는 이 자연이라는 것은 무엇보다도 감추어진 의지들의 행위 결과로 생각되고 있지 않았던가. 적어도, 생각이 단순한 대중은 물론이고 심지어는 수많은 식자들이 믿기로도 이 의지란 복수(複數)였다. 왜냐하면 대부분의 사람들이 상상하기에는 '유일신 하느님'의 밑에, 또한 그의 '전능한 힘'에 복속하면서—하기야 사람들은 대체로 이러한 복속의 정확한 의미를 아주 분명하게 떠올리지는 않았지만—수많은 선한 존재들과 악한 존재들, 곧 성인들, 천사들 그리고 특히 악마들의 대립되는 의지들이 영원한 투쟁의 상태에 있었기 때문이다.

"전쟁이며 폭풍우며 페스트며 참으로 인류에게 덮치는 모든 재난이 악마의 농간으로 일어난다는 것을 그 누가 모르겠는가"[10]라고 성직자였던 헬몰트(Helmold)는 기록하고 있다. 우리는 전쟁이 폭풍우와 한데 뒤섞여 언급되고 있다는 사실에 주목해야 할 것이다. 그러니까 사회적 재난들이 오늘날 우리가 자연적인 것이라고 이름붙일 수 있을 재난들과 동일한 평면에서 취급되고 있었던 것이다. 이민족에 의한 유럽 침략의 역사를 통해서도 이미 명백하게 드러났던 하나의 정신적 태도가 바로 여기에서 생겨났다. 즉 엄밀한 의미에서의 자포자기는 아니지만 인간의 노력보다 더욱 효과가 있다고 생각되는 행위 수단들로 도피하려는 태도가 그것이었다.

물론 강렬한 현실주의를 지향하는 본능적인 반응도 결코 없지는 않았다. 그러나 로베르 경건왕이나 오토 3세 같은 사람들은 순례를 전쟁이나 법률과 같은 정도로 중시하였음이 분명하니, 그런 만큼 이같은 사실에 대해 못마땅하게 생각하거나 또는 이러한 경건한 여행의 이면에서 감추어진 정치적 꿍꿍이속을 찾아내려고 고집하는 역사가가 있다면 그러한 사람은 19세기나 20세기 사람들의 색안경을 떨쳐버리지 못하는 그들 특유의 무능함을 드러낼 뿐이다. 순례의 길에 나선 이들 군주들의 동기를 이룬 것은 단지 개인적 구원을 위한 이기심만이 아니었다. 군주

10) Helmold, *Chronica Slavorum*, I, 55.

들은 수호성인들에게 간구하기 위하여 왔으며, 그들 자신과 아울러 그들의 신민들을 위하여 이 수호성인들로부터 저 세상에서의 영원한 약속과 함께 지상에서의 행복을 확보하기를 기대하고 있었다. 전투나 재판소에서와 마찬가지로 성전(聖殿)에서도 그들은 인민의 지도자로서 자신의 역할을 수행하려고 했던 것이다.

눈앞에 보이는 이 세계는 또한 하나의 과도적 세계이기도 하였다. 물론 이 세상 최후의 날에 대한 이미지는 그 자체가 모든 기독교적 우주관에서 분리될 수 없는 것이기는 했지만 그래도 이것이 이 당시만큼 집요하게 사람들의 의식을 사로잡은 적도 드물었다. 사람들은 종말에 대해 깊이 생각했고 그 전조들을 예측하곤 하였다.

모든 세계사 중에서도 가장 세계사적인 오토 폰 프라이징 주교의 연대기는 천지창조부터 시작하여 최후의 심판 장면에 대한 묘사로 끝나고 있다. 당연한 일이겠지만 이 연대기에도 불가피한 공백은 있었다. 즉 저자가 붓을 놓은 연대인 1146년부터 대파국의 날까지였다. 오토는 대파국의 날까지의 기간이 얼마 남지 않았다고 생각했음에 틀림없다. 즉 "이 세상의 종말에 들어선 우리는……"이라고 그는 몇 번씩이나 되풀이해서 말하고 있는 것이다. 그의 동시대 사람들이나 그 이전 사람들은 흔히 이렇게 생각하고 있었다.

이러한 생각이 성직자들만의 것이었다고 말해서는 안 된다. 그렇게 생각하는 것은 성직자층과 세속인층이라는 두 집단이 서로 깊이 침투하고 있었다는 사실을 잊어버리는 일이 될 것이다. 비록 모든 사람이 성 노르베르투스(Norbertus)처럼, 종말의 위협이 너무나도 가까이 다가와 있어서 현세대가 사라지기 전에 필시 대파국의 날이 닥침을 목격하게 되리라고까지 절박하게 생각하지는 않았겠지만, 그래도 위협이 눈앞에 닥쳐와 있음을 부인할 수 있는 사람은 아무도 없었다. 독실한 신앙을 가진 사람들은 모든 사악한 군주들 속에서 반(反)그리스도의 마수를 보았고, 이들의 포악한 제국 다음에는 '신의 왕국'이 도래하리라고 믿고 있었다.

그런데, 바로 가까이에 다가와 있는 이 최후의 시각이 그러면 도대체 언제 종소리를 울리리라고 사람들은 생각했던가. 「요한계시록」에 그 대답이 나타나 있는 것으로 보였다. 즉 거기에서 "천년이 지난 그때⋯⋯"라고 하고 있는 것이다. 그 천년이란 그리스도의 죽음 이후부터라고 이해되어야만 했을까. 개중에는 바로 그런 식으로 생각해서, 통상적인 계산법에 따라 1033년까지 이 대대적인 마감일이 찾아올 것이라고 생각하는 사람들이 더러 있었다. 아니면 차라리 그리스도의 탄생 이후부터라고 계산되어야 했을까. 이 두번째 해석이 가장 널리 받아들여졌던 것으로 보인다.

어쨌든 서기 1000년의 전야에 파리의 뭇 교회에서 설교자가 이 해를 '세계의 종말'이라고 선언하고 있었던 것은 확실하다. 그럼에도 불구하고 당시 대중 사이에는 후대의 낭만주의 역사가들이 잘못 묘사하고 있는 것과 같은 전반적인 공포가 팽배해 있지는 않았는데, 그 이유는 무엇보다도 이 시대 사람들이 주로 계절의 변화와 교회축일의 연례적 순환에만 주목하고 있어서 대체로 햇수를 따져가며 생각한다거나 더욱이 균일한 기준에 기초해서 명확하게 산정된 연대를 따져가며 생각한다거나 하는 일이 없었다는 점에 있다. 우리가 이미 살펴보았듯이 얼마나 많은 문서들이 연대에 관한 언급을 전혀 결하고 있었던가.

그렇지 않은 문서들이라 하더라도 국왕이나 교황의 재위연대, 온갖 종류의 천문학적 기준, 일찍이 로마의 세정(稅政)제도상의 실무에서 비롯된 15년 주기의 연대표시법 등, 구세주의 일생과 대개 아무런 관련이 없는 책력체계들이 얼마나 많이 쓰이고 있었던가! 에스파냐에서는 나라 전체가 다른 어떤 지역들보다도 더 일반적으로 하나의 명확한 연호를 사용하고 있었는데, 이유는 전혀 알 길이 없지만 이곳에서는 복음서와는 전적으로 무관한 서력 기원전 38년을 원년으로 삼고 있었다.

예외적인 경우이기는 하지만 법률문서 중의 일부에서도 그러했고 또 연대기에서도 이보다는 좀더 자주 그러했듯이, 그리스도의 강생(降生)을 연대 계산의 기준으로 삼는 사람들도 있지 않았던가 하고 반문할 수도 있겠다. 그러나 이러한 경우에도 또다시, 한 해의 기점이 여러 가지로 달랐다는 점을 고려해야만 한다. 왜냐하면 기독교회는 1월 1일을 이교도의 축일이라 하여 배척하였기 때문이다. 이리하여 온갖 지방과 상서부에 따라 1000년도라고 칭하는 해가 그때그때마다 6, 7일씩의 차이를 두고 시작되었다. 이것을 오늘날의 책력으로 나타내면 999년 3월 25일부터 1000년 3월 31일까지 차례차례 자리하고 있었다.

설상가상으로 부활절 기간중의 어떤 특정한 전례일자를 한 해의 출발점으로 설정한 경우가 때때로 있었기 때문에 이러한 출발점은 본질적으로 일정하지 않았으며, 따라서 식자들만이 사용하고 있던 책력을 보고 대조할 수 없는 경우에는 날짜의 예측조차 불가능했을 뿐 아니라 또한 차례차례 이어지는 각 연도의 길이가 심하게 달랐던 까닭에 사람들의 머리를 결정적으로 혼란스럽게 하기에 꼭 알맞은 것이었다. 그러기에 같은 1년중에도 3월이나 4월에 같은 날짜가 두 번씩 나타나거나 동일한 성인의 축일이 두 번이나 되풀이되는 수가 허다하지 않았던가. 기원 1000년이라는 이 말을 놓고 우리는 딴 사람들의 이야기에 의거하여 이것이 더할 나위 없는 괴로움에 가득 찬 연도였으리라 믿고 있지만, 정작 당시의 서유럽 사람들 대부분에게 이 1000년이라는 것은 세월의 흐름 속에서 정확하게 언제부터 언제까지에 해당하는지 집어서 말할 수 없는 그런 나날이었다.

그렇지만 '분노의 날'이 임박했다는 선언으로 인해 그 당시 사람들의 마음에 어두운 그림자가 드리워졌다고 생각하는 것은 그리 크게 잘못된 일이 아닐 것이다. 유럽 전체가 기원 1000년이 끝날 무렵 한꺼번에 공포에 떨다가 이른바 운명적이라는 이 날이 지나자마자 갑자기 평온해졌던 것은 아니다. 그러나, 아마 그보다 더욱 딱한 일이었지 싶은데, 공포의 물결이 거의 그칠 새 없이 이곳저곳을 휩쓸었으며, 한 군데가 조용해지면 어김없이 그리 멀지 않은 다른 지역에서 금방 다시 소동이 벌어지곤 하였다. 때로는 하나의 허깨비 때문에 야단법석이 일어나거나 1009년의 그리스도 성묘(聖墓) 파괴와 같은 역사적인 일대 비극이 초래되기도 했으며 심지어는 단지 격렬한 폭풍우만으로도 이런 난리가 나기도 하였다. 또 어떤 때에는 전례(典禮)학자의 예측—이는 식자층에서 대중에게까지 전해 내려가곤 하였다—때문에 일이 벌어지는 수도 있었다.

"성모 수태고지(受胎告知) 축일이 성 금요일과 일치할 때 말세가 온다는 소문이 거의 온 세상에 퍼져 있었다"[11]고 서기 1000년이 되기 얼마 전 플뢰리 수도원장인 아보(Abbo)[*13]가 연대기에 기록한 바 있다. 사실을 말하자면, 주님은 '밤의 도둑과도 같이' 인간들을 갑자기 찾아오리라고 했던 성 바울로의 말을 기억하는 많은 신학자들은 신이 그의 격노를 신비로 덮어두기로 했음에도 불구하고 그것을 무시하고 있는 이 경망스러운 시도는 신의 비밀을 들여다보려는 짓이라고 생각하여 이를 비난하였다. 하지만 그 대충격의 날이 언제 올지 모른다고 해서 대기하는 나날이 덜 불안스러울 것인가.

오늘날 우리가 기꺼이 청년기의 격정이라고 부를 수 있을 법한 이 만연된 혼란을 두고 당시 사람들은 한결같이 '나이 든' 인류의 노쇠현상이라고만 여기고들 있었다. 무엇이 어떻든 간에 당시 사람들 속에서는 억누를 길 없는 생기가 움트고 있었다. 그러나 그들이 일단 명상을 하기 시작했다 하면 그때엔, 활기 넘치는 젊은이 앞에 열려 있게 마련인 망망한 미래라는 것만큼 그들에게 낯선 느낌을 주는 것도 없었다.

인류 전체가 종말을 향해 급속히 치닫고 있는 것처럼 생각되었던 것도 그렇지만, '가는 도중'이라는 이 감각은 개별적으로 이루어지는 각 개인의 삶에서야말로 더욱 강렬하게 작용하고 있었다. 수많은 종교적 저작들 속에서 소중히 다루어졌던 한 단어에 따르면 지상의 신자는 행

---

11) *Apologeticus*(Migne, *P. L.*, t. CXXXIX, col. 472).

*13 945?~1004. 오를레앙 출신의 베네딕투스회 수도사. 교황권의 열렬한 옹호자로서 클뤼니 수도원의 개혁운동을 지지하였다. Abbon 또는 Abbot라고도 표기한다.

로의 뜻하지 않은 위험보다도 여행 목표 자체에 당연히 훨씬 더 중요한 의미를 부여하는 한 사람의 '순례자'가 아니었던가. 물론 대부분의 사람들이 언제나 구원을 생각하고 있었던 것은 아니다. 하지만 그들이 그것을 생각할 때에는 그 생각은 격렬했고, 특히 매우 구체적인 이미지의 도움을 받고 있었다. 이러한 생생한 이미지는 흔히 갑작스럽게 그들에게 떠오르곤 하였다. 왜냐하면 근본적으로 불안정한 상태에 있던 그들의 마음은 돌변하기 쉬운 경향을 지니고 있었기 때문이다.

쇠락해가고 있는 세상에 대해 속죄하고 싶다는 기분도 드는데다 영원한 보수를 얻고 싶다는 염원도 가세했기 때문에 많은 지배자들이 지배자로서의 생활을 청산하고 수도원으로 들어가 은둔했으며, 심지어는 이로써 여러 영주 가문의 자손 번식이 완전히 중단되는 일까지 벌어졌다. 이를테면 퐁텐 레 디종(Fontaine-lès-Dijon) 영주의 여섯 아들이 그러하였는데, 이들은 그들 가운데 가장 이름 높은 형제인 베르나르 드 클레르보(Bernard de Clairvaux)의 인도에 따라 모두 수도원 생활로 들어갔다. 이리하여 종교적 심성은 그 나름대로 사회계층들간의 이동에 기여하였다.

그러나 많은 기독교도들은 이같은 엄격한 규율에 따라 살려고 나설 만큼 굳은 마음가짐이 되어 있지 않았다. 한편 그들은——아마 이유가 없는 것만도 아니었겠지만——그들 자신의 덕행으로는 천국에 갈 수 없다고 생각하고 있었다. 그래서 그들은 경건한 영혼들이 바치는 기도, 모든 신도를 위하여 몇몇 금욕주의자 집단이 축적한 선행 그리고 남겨 놓은 성유골(聖遺骨)을 통해 사람들에게 구체적인 상을 전달하는 존재이자 자기네들의 종(從), 곧 수도사들로 대표되는 존재인 성인들의 알선 등에 희망을 걸고 있었다.

이 기독교 사회에서는 집단적 이해관계의 기능들 가운데 종교적 기관의 역할만큼 필요불가결하게 여겨지는 것도 달리 없었다. 그렇다고 오해는 하지 말자. 문자 그대로 종교적인 역할이라는 의미에서 그러했다는 이야기이니까. 대성당의 참사회나 수도원의 자선적·문화적·경제적 역할도 사실 상당히 중요한 것이었을 수도 있다. 그러나 당대인들이 보기에 이것은 부차적인 의미밖에 없었다.

현세가 초자연적인 것으로 온통 충만해 있다는 관념은 여기에서 저 세상에 대한 집념과 결부되어 있었다. 현세에는 왕과 왕국의 행복이 있고, 영원의 세계에 이르면 왕실의 조상들과 왕 자신의 구원이 있다는 관념이 그것이다. 이를테면 루이 뚱보왕(Louis le Gros)이 파리의 생 빅토르(Saint-Victor) 수도원에 정규 성당 참사회원들을 위한 수도단체를 설립했을 때, 그 자신이 피력한 바대로 이 단체 설립에 따라 그가 기대하고 있던 이중의 이익이라는 것도 바로 그러한 것이었다. 이와 마찬가지로 오토 1세도 "우리는 신에 대한 존숭(尊崇)이 더욱 융성해지는 속에 우리의 제국이 보우된다고 믿는다"[12]고 말하였다.

강력하고 부유하며 독자적인 법률체계를 창출할 수 있었던 교회들, 이 종교적인 '나라'를 세속적인 '나라'에 적응시키려는 간단하지 않은 기도(企圖)에서 제기되어 열렬한 논쟁을 불러일으키고 서유럽의 전반적인 발전에 심대한 영향을 미치게 되었던 수많은 문제들—봉건세계의 그야말로 정확한 참모습 그 자체와 떼려야 뗄 수 없게 결부되어 있는 이같은 특징들을 앞에 두고 볼 때 지옥에 대한 공포가 이 시대의 중대한 사회적 진상들 가운데 하나였다는 사실을 어찌 인정하지 않을 수 있겠는가.

---

12) Tardif, *Cartons des rois*, nº 357 ; *Diplom. regum et imperatorum Germaniae*, t. I, Otton 1ᵉʳ, nº 366.

제3장

집단기억

1. 역사 서술

봉건사회에서는 수많은 요인들이 한데 작용하여 과거에 대한 관심을 고취시키고 있었다. 기독교는 성서라는 역사책을 가지고 있었고 종교적 축전은 과거에 일어났던 일들을 기념하는 것이었으며, 또 그 가장 민중적인 형태의 것으로 말하더라도 기독교는 아주 옛날의 성인들에 관해 사람들이 하는 이야기들에서 생명력 유지를 위한 자양을 섭취하고 있었다. 그뿐 아니라 한 가지 더 말한다면, 기독교는 인류가 파멸에 다가서고 있다고 단정함으로써, 커다란 희망으로 넘친 시대들에서 찾아볼 수 있듯이 현재와 미래에만 관심을 쏟게 하는 환상을 가지기를 거부하였다. 교회법은 옛날 문헌들에 기초하고 있었고 세속법은 선례(先例)에 의존하고 있었다. 수도원이나 성곽 내에서의 한가로운 시간들은 긴 이야기를 하기에 알맞았다.

사실대로 말하자면 역사에 관한 이야기는 원칙상 다른 목적을 위한 강독(講讀)이 이루어질 때, 다시 말해 사람들이 신학적·도덕적 가르침을 찾기 위해 의존하는 종교적 저술들이라든가, 또는 무엇보다도 훌륭한 말솜씨의 본보기를 제공한다는 구실을 하고 있던 고전고대의 작품들 따위가 강독될 때 이를 매개로 곁들여지는 것이 고작이어서 학교에서 따로 '전문적으로' 가르쳐지지는 않았다. 그렇기는 하지만 역사는 바로 이러한 공통의 지적 유산 가운데 누가 뭐래도 역시 으뜸가는 위치를 차지하고 있었다고 해도 틀린 말이 아니다.

과거에 대해 알고자 하는 열망을 품고 있던 학식 있는 사람들은 어떤 자료들을 통해 그 지식을 얻어낼 수 있었을까. 고대 라틴의 역사가들은 비록 단편적인 작품들을 통해서 알려지고 있는 것에 불과하였지만 그래도 권위를 조금도 잃지 않고 있었다. 티투스 리비우스(Titus Livius)는 결코 가장 많이 읽히는 역사가라고는 할 수 없었지만 1039년에서 1049년 사이에 사순절 강독을 위하여 클뤼니 수도원의 수도사들에게 배포된 책들 속에는 그의 이름이 들어 있었다.[1] 중세 초기의 서술적 역사서들 또한 잊혀지지 않고 있었다. 예컨대 10세기에서 12세기 사이에는 투르의 그레고리우스가 저술한 책들의 필사본이 여러 부 만들어져서 간직되었다.

그러나 두말할 나위도 없이 가장 큰 영향을 미친 것은 4, 5세기의 결정적 전환기에 새로운 세계에 남겨진 이중의 유산, 즉 성서적 유산과 그리스·로마적 유산이라는, 그때까지만 해도 서로 아주 소원했던 양대 역사적 전통을 종합하는 과제에 몰두하였던 문필가들이었다. 더구나 케사레아의 유세비우스(Eusebius)[*1]나 성 히에로니무스(Hieronymus)[*2] 또는 파울루스 오로시우스(Paulus Orosius)[*3] 같은 사람들이 중세 초기에 꾀하였던 것처럼 두 전통을 융합하려는 노력을 이어받기 위해서는 굳이 이들 선구자들의 저작을 직접 뒤적여야 할 필요조차 없었다. 이들의 저작 내용은 그후의 수많은 저서들 속에 그야말로 끊임없이 받아들

---

1) 윌마트(Wilmart)의 논문(*Revue Mabillon*, t. XI, 1921).

*1 260~339?. 주교이자 역사 서술자. 『연대기』『교회사』를 남겼다.

*2 340~420?. 로마 교황의 비서를 역임한 교부. 신약성서의 라틴어 번역(이른바 불가타본)으로 유명하다.

*3 390~?. 에스파냐 태생의 신학자·역사가. 『반(反)이단사』를 지었다.

여겼고 또 계속 받아들여지고 있었으니까.

왜냐하면 일순간에 지나가는 현재의 배후에서 시간이라는 대하(大河)의 흐름을 드러내 보이고 싶은 바람이 너무도 강렬하였으므로, 많은 저술가들은—무엇보다도 최근에 일어난 사건들에 주로 관심을 가지고 있던 사람들까지 포함하여—아무리 현재의 일을 다룬다고 할지라도 적어도 서문이라는 형태를 취해서 세계사를 주마간산 격으로나마 더듬어보는 것이 유용하다고 생각하고 있었기 때문이다. 1078년 무렵 헤르스펠트 수도원의 골방에서 수도사 람베르트가 작성한『연대기』에서 우리가 알고 싶은 것은 단지 하인리히 4세 치세 동안의 신성로마 제국의 분열상뿐이지만, 이『연대기』는 천지창조를 서술의 출발점으로 삼고 있다. 오늘날의 연구자들은 카롤링거 제국의 국가권력이 붕괴된 이후의 프랑크 왕국들에 관해서는 프림의 레기노가 쓴 편년지(編年誌)를, 앵글로색슨 사회들에 관해서는 우스터(Worcester)나 피터버러(Peterborough)의 편년지들을, 부르고뉴 역사의 세부적인 사항들에 관해서는 베즈(Bèze)의『연대기』들을 참조하게 되는데, 그럴 때면 얼마나 자주 이들 책에서 인류 역사가 그리스도 강생 이후부터 개관되고 있음을 보게 되는가 말이다.

역사 서술이 좀더 후기 시대부터 시작되는 경우에도 이야기는 비망록 기록자가 기억할 수 있는 시대보다 훨씬 앞선 시기부터 시작됨을 흔히 볼 수 있다. 비록 이러한 서문들을 작성하는 데에 바탕이 된 독서물이라는 것들은 종종 잘못 정리되고 잘못 이해된 것들이었으며 따라서 아주 오래된 사실들에 대하여 자세히 언급하고 있다고 자처하면서도 실제로는 이같은 사실에 대해 우리에게 아무것도 알려주지 못하는 그런 성격의 것이었음이 사실이지만, 그 대신 이 서문들은 그것들이 작성된 당대의 의식구조를 알려주는 데에는 귀중한 증거가 된다. 또한 이 서문들은 우리에게 봉건 유럽이 스스로의 과거에 대하여 가졌던 상(像)이 어떤 것이었던가를 생생하게 보여주며, 이들 편년지나 연대기의 작자들이 일부러라도 편협한 시야를 가지지 않으려고 했었다는 사실을 설득력 있게 증명해준다.

유감스럽게도 저술가가 문헌이라는 안전한 바람막이에 더 이상 의존하지 못하고 자기 스스로 정보를 얻어내야만 하는 상황에 처하게 되는 경우도 있었는데, 그러한 때에는 당시 사회의 세분화 상태로 인하여 그들이 알 수 있는 내용이 대번에 제한되어버리곤 하였다. 그 결과 서술이 진행됨에 따라서 세부적인 묘사는 풍부해지지만 그와 동시에 공간적으로는 시야가 좁아져버린다고 하는 독특한 대조현상이 흔히 나타나곤 하였다. 그리하여 앙구무아(Angoumois)*4의 한 수도원에서 아데마르 드 샤반이 정성들여 편찬한 프랑스 국민의 대(大)역사는 차츰 범위가 좁아지더니 드디어는 일개 아키텐 지방의 역사나 별 다름 없는 것이 되고 말았다.

한편 역사 서술자들이 이용한 역사 서술의 형식이 다양했다는 사실 자체는 그 당시에 직접 이야기를 하거나 다른 사람이 이야기하는 것을 듣는 재미가 일반인들에게 널리 퍼져 있었다는 것을 말해준다. 세계사 또는 세계사적이라고 여겨진 역사 그리고 민족의 역사와 교회사는 모두 해마다 이루어지는 새로운 사실들의 단순한 편집에 가까웠다. 큰 사건들이 사람들의 마음에 충격을 주게 되면 그때부터 이미 이것은 온갖 설화체적 저술의 주제가 되곤 하였다. 이를테면 황제들과 교황들의 투쟁이 그러하였고, 특히 십자군 원정이 그러하였다.

비록 문필가들이 인간을 하나의 개인이게끔 만드는 독자적인 특성들을 표현하는 데에 조각가들만큼 능란하지는 않았지만 그래도 전기(傳記)는 당시 유행하고 있었다. 그러한 전기의 형식이 성인전뿐이었던 것은 결코 아니다. 윌리엄 정복왕, 독일의 하인리히 4세, 콘라트 2세 등은 성인의 반열에 오를 만한 자격을 전혀 갖추지 못한 사람들이었음에 틀림없지만 그래도 자기네 공적을 기술할 성직자들은 거느리고 있었

---

*4 프랑스 중부에서 약간 남서쪽으로 비스듬히 자리잡은 지방. 처음에는 백령이었다가 나중에 공작령이 되었다.

다. 11세기의 한 상급제후, 곧 앙주 백작이었던 풀크 르 레섕(Foulque le Réchin)*5은 한술 더 떠서 자신의 전기와 가계의 역사를 스스로 작성하기도 하고 또는 자기 이름으로 작성하게 하기도 하였다. 당시 사회의 권세가들은 과거 행적의 기록을 이토록 중시하였던 것이다!

분명히 몇몇 지방의 경우에는 이러한 전기들이 비교적 적었던 것으로 보인다. 그것은 이런 지방에서는 어떤 종류의 저술활동도 거의 존재하지 않았던 데에 기인한다. 센 강과 라인 강 사이에 있는 지방들보다 편년지나 연대기가 훨씬 적었던 아키텐 지방과 프로방스 지방에서는 신학적인 저작들 역시 훨씬 더 적었다. 이처럼 봉건사회의 뭇 관심사들 가운데서도 역사는 그것이 많이 씌어졌느냐 적게 씌어졌느냐에 따라 일반적으로 문화수준의 정도를 가늠할 수 있는 좋은 척도가 될 만큼 중요한 역할을 하고 있었다.

그러나 이 점에 관해서 오해는 말기로 하자. 이 시대가 과거에 대해 그토록 큰 관심을 기울였다고는 하지만, 정작 이 당시 씌어진 것은 과거에 대한 정확한 기술이라기보다 오히려 장황한 묘사라고 할 만한 것들뿐이었기 때문이다. 당시에는 최근 사건에 대해서조차 정보를 얻기 어려웠던데다가 일반적으로 사람들의 사고방식도 정확하지 못했기 때문에 역사에 관한 대부분의 저작들에는 희한한 잡동사니가 끼여들어 있게 마련이었다. 9세기 중엽부터 시작되는 이탈리아의 모든 역사 서술적 전승물들은 800년에 있었던 (샤를마뉴의—옮긴이) 대관을 잊어버리고 기록하지 않았던 까닭에 루트비히 경건왕을 카롤링거 제국의 첫 황제로 만들어버리고 있었다.2)

그렇지만 거의 모든 성찰적 작업에 불가결하다고 할 수 있는 사료 비

---

*5 '찌푸린 얼굴의 풀크'라는 뜻.

2) E. Perels, *Das Kaisertum Karls des Grossen in mittelalterlichen Geschichtsquellen*(*Sitzungsberichte der preussischen Akademie, phil-hist. Klasse, 1931*).

판이 그 자체로서 전혀 알려지지 않은 바는 물론 아니었다. 성유물에 관한 기베르 드 노장(Guibert de Nogent)*6의 보기 드문 논거가 그 증거이다. 그러나 사람들은 이것을 고문서 연구에 체계적으로 적용하려고 생각하지는 않았다. 적어도 아벨라르(Abélard)*7 이전까지는 그러하였다. 그나마 이 위대한 인물의 경우에조차 사료 비판은 아주 제한된 범위 내에서 이루어졌을 따름이다.[3]

고전고대 역사 서술의 유감스러운 유산인 웅변적인 것과 영웅적인 것에 집착하는 편견이 이들 문필가들의 마음을 짓누르고 있었다. 수도원의 몇몇 편년지에 고문서 보관소의 문서들에서 인용한 내용들이 가득 들어 있다고는 하지만, 그럴 때 이들 편년지의 거의 유일한 목적은 수도원은 (고문서 등을 포함한—옮긴이) 수도원 소유재산에 대해 당연히 권리를 행사할 수 있다는 사실을 과시하고자 한다는 보잘것없는 성격에 지나지 않았다.

그런가 하면 질 도르발(Gilles d'Orval) 같은 저작자는 더욱 고상한 문체로 된 저작 속에서 리에주 주교들의 위업을 서술하는 일에 헌신하였는데, 그 책을 쓰는 도중에 도시적 자유에 관한 초창기의 특허증서들 가운데 하나인 위이(Huy) 시의 특허증서를 발견했으나 자기의 독자들을 '성가시게 만들까' 두려워 이 문서의 개요를 제시하기를 마다하였다. 역사의 이해라는 점에서 라틴 세계의 연대기 작가들보다 훨씬 뛰어났던 아이슬란드 학파의 강점 가운데 하나는 바로 이러한 허세를 피했다는 점이다.

---

*6 1053~1124. 베네딕투스회 수도사. 노장의 노트르담 수도원장. 『성유물전』 『십자군의 역사』 등을 남겼다.

*7 1079~1142. 중세 프랑스의 대철학자이자 신학자. 스콜라 철학자들 사이에서 펼쳐진 이른바 보편논쟁에서 보편을 언어의 개념적 의미로 파악하여 실재론에 반대하고 유명론을 펴서 이 논쟁을 마무리지었다.

3) P. Fournier et G. Le Bras, *Histoire des collections canoniques*, t. II, 1932, p.338.

또 다른 하나의 정신적 조류 때문에 불가피하게 생겨났던 상징적 해석이라는 것도 역사적 실재에 대한 이해를 흐리게 하고 있었다. 성서는 역사책이었을까. 그러함에 틀림없다. 그러나 성서 해석에 따르면 이 역사책의 적어도 한 부분 전체, 곧 구약성서에서의 기술은 그 자체로서 의미를 가지는 사건들의 묘사라기보다도 오히려 다가올 것에 대한 예시(豫示), 다시 말해 성 아우구스티누스의 표현을 빌리면 '미래의 그림자'라고 인정하지 않을 수 없었다.[4] 끝으로, 그리고 무엇보다 특히 역사에 대한 상(像)이 올바르게 정립되기 어려웠던 것은 사람들이 과거를 조망할 때 시대별로 이어지는 각각의 국면들이 서로 차이가 있다는 사실을 제대로 인식하지 못했다는 점에도 기인하고 있었다.

가스통 파리(Gaston Paris)[*8]가 주장한 것처럼 이 당시 사람들이 사물의 '불변성'을 철두철미 믿었던 것은 아니다. 불변성을 믿는 성향은 예정된 목표를 향해 빠른 속도로 진행해가고 있는 인류라는 개념과 양립하기가 사실상 불가능한 것이었다. 오토 폰 프라이징은 당시의 일반적인 견해에 맞추어 자기가 쓴 연대기의 제목을 『시류의 변화에 관하여』라고 붙이고 있었다. 그러나 속어로 된 당시의 시들은 카롤링거 왕조의 편력기사들과 아틸라 통솔하의 훈족 및 고전고대의 영웅들을 묘사한답시고 할 때에도 사실은 획일적으로 11세기와 12세기 기사들의 특징을 나열하고 있는데, 그런데도 사람들에게 이상하다는 느낌을 주지 않았다.

이러한 영원한 변화라는 것은 부인될 수는 없었지만 실제로는 결코 충분히 파악될 수 없는 것이라고 여겨지고 있었다. 그것은 틀림없이 무지 때문이기도 하였다. 그러나 무엇보다 주된 이유는 당시 사람들이 과거와 현재가 밀접히 관련되어 있다는 의식에 너무나도 강력하게 사로잡혀 있었던 까닭에 이로 인하여 과거와 현재 사이의 차이점들이 은폐

---

4) *De civ. Dei*, XVII, 1.

*8 1839~1903. 프랑스의 중세문학 연구자. 무훈시의 전승성을 강조하였다.

되었으며, 이 차이점들을 지각할 필요성조차도 감지되지 못했다는 데에 있었다. 로마 제국이 아직도 존속하고 있으며, 작센 왕조와 잘리어 왕조 출신 군주들이 카이사르와 아우구스투스의 직계 계승자들이라고 생각되던 판국이니 이 당시 사람들이 옛 로마의 황제들은 당대의 통치자들과 아주 비슷한 존재였다고 생각하고 싶은 유혹을 어떻게 물리칠 수 있었겠는가. 모든 종교적 운동들 그 자체도 개혁이라는 그 말의 본래 의미, 즉 본디의 순수한 상태로 복귀한다는 그런 의미에서의 개혁이라는 양상으로 생각되고 있었다. 뿐만 아니라 끊임없이 현재를 과거에 끌어다 붙이고 이로 인해 자연히 현재와 과거의 차이를 구분하지 못하게 만들어버리는 전통주의적인 태도도 다양성에 대한 의식을 주조(主調)로 하는 역사정신과는 정반대되는 것이 아니었던가.

봉건시대의 환상들은 대개는 무의식적으로 형성된 것이지만 때로는 고의적으로 만들어지기도 하였다. 봉건시대의 세속적 · 종교적 정치에 영향을 미친 중대한 위조행위는 이러한 환상들이 생겨난 것보다 약간 이른 시기에 이루어졌음에 틀림없다. 즉 '가짜 콘스탄티누스 황제 기증장'*9은 8세기 말의 것이었다. 세비야의 이시도루스(Isidorus)의 명의로 간행된 가짜 교황령(敎皇令)집과 베네딕투스 보좌신부의 가짜 법령집 등과 같은 주요 문서들을 날조해낸 저 놀랄 만한 공방(工房)은 카롤링거조 르네상스가 활짝 꽃필 무렵의 산물이었다.

그러나 이와 같은 작태는 이후로도 여러 세기에 걸쳐서 계속되었다. 1008년과 1012년 사이에 보름스의 성 부르하르트(Burchard) 주교가 편집한 교회법령집은 그릇된 추정들과 거의 파렴치하다고까지 할 만한

---

*9 콘스탄티누스 대제가 기독교로 개종했을 때 로마 교황에게 로마, 이탈리아, 서방 여러 지역의 종교권과 통치권을 기증했다는 내용이 적힌 가짜 문서. 가짜 『이시도루스의 법령집』에 포함되어 중세에 교황의 지상권(至上權)을 주장하는 데에 이용되었으나, 15세기 중엽 인문주의자 로렌초 발라에 의해 허위임이 판명되었다.

변조들투성이였다. 허위문서들은 황제의 궁정 안에서도 만들어졌다. 헤아릴 수조차 없이 많은 다른 가짜문서들이 교회의 기록필사실에서 날조되었는데, 이 점에서 교회 기록필사실의 악명은 너무나도 높아, 그 무렵 풍토병적이었다고 할 정도로 만연되어 있던 진실의 왜곡—실제로 알려진 것이건 단순히 추정된 것이건 간에—은 실로 문서로 씌어진 증거의 신용을 적잖이 떨어뜨릴 지경이었다. 그래서 어떤 소송중에 있던 독일의 한 영주는 "어떤 펜이라도 한 자루만 있으면 무엇이든지 해낼 수 있다"고 말했던 것이다.[5]

위조자와 가공적인 이야기를 하기 좋아하는 자는 그 자체로는 어느 시대에나 있기 마련이지만 그들이 하는 짓이 확실히 이 몇 세기 동안 보기 드물게 호황을 누렸던 것은 사실이며, 그 책임은 대체로 선례에 바탕을 두고 있던 법적 생활상의 여건과 당시 만연해 있던 혼란에 있었다. 다시 말해 날조된 문서들 가운데 상당수는 단지 원본의 파손에 대비하려는 목적에서 만들어진 것에 지나지 않았다. 하지만 그토록 많은 허위문서가 그 당시 만들어졌다는 것, 그리고 독실한 신앙심을 가진 그 수많은 사람들과 의심할 바 없이 고상한 인격을 가진 그 수많은 사람들이 당시의 법과 도덕으로도 분명히 비난받을 만한 이런 흉계들에 가담했다는 것, 여기에는 그야말로 숙고해볼 만한 심리학적인 조짐이 있다. 즉 기이한 역설적 현상이기는 하지만 당시 사람들은 과거를 숭앙한 나머지 과거가 당연히 그렇게 존재했어야 마땅하리라고 생각된 대로 과거를 재구성하기에 이르렀던 것이다.

그런 한편, 역사 관련 저작물들이 아무리 많았다고 하더라도 그것을 가까이할 수 있는 것은 수적으로 아주 제한된 선택된 사람들뿐이었다. 앵글로색슨족의 경우를 제외하면 이들 저술은 라틴어로 씌어졌기 때문이다. 그러므로 어떤 지도자가 소수의 지식인 집단에 속하는가 그렇지

---

5) Ch. E. Perrin, *Recherches sur la seigneurie rurale en Lorraine d'après les plus anciens censiers*, p.684.

않은가에 따라서 과거가——그것이 사실 그대로이든 왜곡된 형태이든 간에——그에게 어느 정도로 심층적인 영향을 미치는가가 달라졌다. 독일의 경우에 오토 1세는 현실주의 정책을 취했고, 그뒤 오토 3세는 과거 로마 제국의 경험을 답습하려는 정책을 취했으며, 문맹자였던 콘라트 2세는 영원의 도시 로마를 귀족파벌들과 그들의 꼭두각시 교황들의 상쟁에다 기꺼이 내맡겨버리고자 하였음에 반해 그후에 즉위한 학식이 매우 높은 하인리히 3세는 '로마인의 귀족'이라고 불린 인물이자 교황권의 개혁자였다는 사실 등이 이를 증명한다.

그렇지만 지배자들 가운데 교양수준이 극히 낮은 사람들이라고 할지라도 이 기억의 보고(寶庫)로부터 어느 정도로나마 혜택을 받지 않은 사람은 없었다. 틀림없이 측근의 성직자들이 이들로 하여금 그렇게 하도록 도왔을 것이다. 오토 1세는 확실히 그의 손자[*10]만큼은 로마 제국적인 분위기의 위광에 민감하지 못한 인물이었으나, 그래도 그는 자기의 가문 중에서는 최초로 로마 황제의 관을 쓴 사람이었다. 거의 문맹에 가까운 이 군주가 로마 제국의 전통을 재건하기에 앞서서, 어떤 교사가 어떤 작품들을 번역해주거나 요약해주면서 그에게 로마 제국의 전통을 가르쳐주었는지, 그것은 알 수 없는 일이 아니겠는가.

무엇보다도, 속어로 씌어진 서사시적인 이야기는 읽지는 못하지만 듣기는 좋아하는 사람들의 역사책이었다. 서사시를 둘러싼 문제는 중세 연구에서 가장 논란이 많은 것들 가운데 하나이다. 단 몇 페이지만으로는 이 복잡한 문제를 면밀히 검토하는 데에 충분하지 못할 것이다. 그러나 적어도 여기에서는 무엇보다도 사회구조의 역사에서 중요한 의미를 지닐 뿐 아니라, 추정하건대 좀더 일반적인 관점에서 보아 바람직한 전망을 가지는 데에도 마찬가지로 적합할 시각, 즉 집단기억이라는 시각에서 이 문제를 제기하는 것이 마땅할 것이다.

[*10] 오토 3세.

2. 서사시

우리가 알고 있는 것과 같은 프랑스 서사시의 역사는 11세기 중엽 또는 추정하건대 그보다 조금 전일지도 모르는 시기부터 시작된다. 실제로 이 무렵부터 북프랑스에서는 속어로 된 영웅 '무훈시'가 유행하고 있었음이 확실하다. 이러한 비교적 오래된 시대의 작품들에 관한 우리의 지식은 유감스럽게도 간접적인 것밖에 없다. 즉 편년지들 속에 언급된 것이라든가 라틴어로 번안된 단편(斷片)들(신비에 싸여 있는 「헤이그의 단편」[fragment de La Haye]*11) 등이 고작이다. 현존하는 서사시의 사본 가운데 12세기 후반보다 앞선 시기에 작성된 것은 하나도 없다. 그러나 사본의 성립 연대를 가지고 원본의 성립 연대를 추정할 수는 없을 것이다. 늦어도 1100년 무렵에는 이미 오늘날 우리가 읽고 있는 것과 아주 비슷한 형태로 된 시가 적어도 세 편은 존재하고 있었다는 것을 알려주는 확실한 증거가 있다. 즉 『롤랑의 노래』(*Chanson de Roland*)와 『기욤의 노래』(*Chanson de Guillaume*)——이 작품 속에서는 도중에 다른 여러 편의 무훈시도 언급되고 있으나 그러한 작품들의 고본(古本)은 현재 전해지지 않고 있다——그리고 또 하나, 즉 원문의 첫부분도 전해지고 아울러 1088년에 처음으로 만들어진 개요도 전해지고 있어 사람들이 『고르몽과 이장바르』(*Gormont et Isembart*)라는 제목을 붙인 이야기 등이 그것이다.

『롤랑의 노래』의 줄거리는 역사보다는 오히려 민간전승에 바탕을 두고 있다. 즉 그것은 의붓아들과 의붓아버지의 증오·질투·배반에 관한 이야기이다. 이 배반이라는 주제는 『고르몽과 이장바르』에서도 나타난다. 『기욤의 노래』의 줄거리는 지어낸 것에 지나지 않는다. 이들 작

---

*11 헤이그 시 왕립도서관에 소장된 사본 3장에 기록된 라틴어의 짤막한 글월. 10세기 말 또는 그 이전부터 존재한 라틴어 운문의 내용을 산문화한 것으로, 이 시기에 이미 무훈시가 존재했음을 증명한다.

품 가운데 어느 것을 보아도 등장인물들은 순전히 꾸며낸 존재에 불과해 보이는 경우가 많으며, 그것은 가장 중요한 인물인 경우에조차 그러하다. 예를 들어 올리비에*12나 이장바르·비비앵(Vivien)*13 등이 그러하다.

그러나 윤색된 이야기의 근저에는 역사적 맥락이 도처에 깔려 있다. 778년 8월 15일 샤를마뉴의 후위부대가 피레네 산맥을 넘는 도중 일단의 적군——역사서에서는 이것을 바스크(Basque)족*14의 군대였다고 하고, 전설상으로는 이것이 사라센인의 군대였다고 일컬어지고 있다——에게 기습당하고 이 치열한 접전에서 롤랑이라고 이름하는 한 백작이 다른 수많은 장수들과 함께 목숨을 잃었다는 것은 역사적으로 사실이다. 『고르몽과 이장바르』이야기 가운데 고르몽이 활동을 펼치는 비뫼(Vimeu) 평원에서는 881년에 실재인물인 루이 왕, 즉 카롤링거 왕조의 루이 3세가 실제로 이교도들과 싸워서 빛나는 승리를 거두었다. 이 이교도들은 실제로는 노르만인들이었으나 가공의 이야기는 다시 한번 이들을 이슬람의 병사로 바꾸어놓았다. 『기욤의 노래』에 나오는 기욤 백작은 아내 기부르크(Guibourc)와 더불어 샤를마뉴 치하에서 살았다. 그는 노래에 나오는 것과 마찬가지로 회교도를 단칼에 무찌르는 용사였는데, 때로는 또 역시 노래에 나오는 것처럼 이교도에게 패배하기도 했지만 그런 경우에도 언제나 영웅적으로 분투했음에는 변함이 없었다.

묘사된 전체 상(像)의 중경(中景)을 보거나 심지어는 수많은 사람들이 복닥거리고 있는 원경(遠景)을 들여다보더라도 이들 세 작품에서는 실체가 없는 가공의 인물들과 함께 비록 시인들의 잘못으로 가끔 연대가 뒤바뀌는 일도 있기는 했으나 그래도 실제로 존재했음에 틀림없는 수많

———————————

*12 『롤랑의 노래』에 나오는 인물. 용사이자 롤랑의 친구였다.
*13 『기욤의 노래』에 나오는 등장인물.
*14 피레네 산맥의 산지 주민. 당시 기독교도들이었다.

은 인물들을 어렵지 않게 찾아낼 수 있다. 이를테면 튀르팽(Turpin) 대주교*15나 유명한 바이킹이었던 이교도 국왕 고르몽을 비롯해서, 『기욤의 노래』에 등장하는 음울한 부르주 백작 에스튀르미에 이르기까지 모두 그런 실존인물들이다. 작품 속에서 에스튀르미의 모습이 그토록 칙칙한 빛으로 그려진 것은 그가 예속 신분 출신이었기 때문에 그 시대에 예속 신분 출신들에게 쏟아지던 경멸을 무의식중에 반영한 것일 따름이다.

12세기와 13세기중에 유사한 주제들을 바탕으로 씌어진 수없이 많은 시들 속에서도 마찬가지의 대조현상이 나타난다. 이 시들 속에는 지어낸 이야기가 많은데 이 장르의 작품들 수가 늘어나면서 시의 주제를 참신하게 하기 위해서는 허구를 이용할 수밖에 없게 되었고, 따라서 이러한 지어낸 이야기는 점점 더 판을 치게 되었다. 그러나 비록 오늘날 우리가 알고 있는 형태와 같은 것은 아니라고 하더라도 적어도 전체적인 구상은 상당히 이른 시대에 이루어졌음에 틀림없는 그런 작품들을 보면, 작품의 중심 줄거리가 의심할 바 없이 역사적인 사실에서 따온 모티브로 되어 있다든가, 또는 세부묘사 중에서도 삽화 격으로 슬쩍 끼여든 인물이나 오래 전부터 그 존재가 잊혀졌다고 믿어도 좋은 성채 따위를 묘사한 부분이 예상도 못했을 만큼 정확한 기억을 담아 전해준다든가 하는 것을 거의 언제나 감지할 수 있다.

이리하여 역사 연구자 앞에는 두 가지 해결 불능의 문제가 제기된다. 수세기나 되는 심연 위에 어떠한 다리가 놓여 있었기에 그렇게도 아득한 옛날의 기억이 시인들에게 전달될 수 있었을까. 이를테면 778년 8월 15일의 비극적인 사건과 11세기 말의 『롤랑의 노래』 사이에는 어떠한 전승이 신비스러운 실올을 엮어놓았을까. 12세기에 『라울 드 캉브레』(*Raoul de Cambrai*)를 읊은 음유시인(trouvère)*16은 누구에게서

---

*15 『롤랑의 노래』에 나오는 등장인물.
*16 엄밀히 말하면 이 트루베르는 북프랑스의 음유시인이다. 지방에 따라서 트

이야기를 들었기에 라울 드 구이(Raoul de Gouy)의 아들인 라울이 943년에 에르베르 드 베르망두아(Herbert de Vermandois)*17의 아들들을 공격한 것과, 침략자의 죽음과, 그리고 이 중심적인 사건들과 함께 이 극적 이야기의 핵심을 이루는 사람들, 곧 리베몽(Ribémont)의 영주 이베르(Ybert)니, 베르나르 드 르텔(Bernard de Rethel)이니, 에르노 드 두에(Ernaut de Douai)니 하는, 주인공과 같은 시대의 여러 인물의 이름을 알게 되었을까. 이것이 첫번째 수수께끼이다.

게다가 이에 못지 않게 중대한 두번째 불가사의한 문제가 있다. 즉 이러한 정확한 자료가 어떻게 하여 그토록 이상야릇하게 왜곡되었을까. 또는 차라리—분명히 이들 마지막 편찬자만이 이 모든 왜곡에 대하여 전적으로 책임이 있다고는 볼 수 없으므로—어떻게 하여 순수한 낱알이 그 수많은 오류 또는 지어낸 이야기들과 한데 뒤섞인 상태로 이들에게 전달될 수밖에 없었을까. 다시 말해 작품의 일부는 신빙성이 있는 것으로, 다른 일부는 가상적인 것으로 이루어져 있는 것이다. 그러므로 이 두 요소를 똑같이 충분하게 고려하지 않은 채 해석하려는 일체의 시도는 바로 그 이유 때문에 실패로 끝날 수 밖에 없을 것이다.

서사적 '무훈시'는 원칙적으로 눈으로 읽히는 것을 목적으로 삼고 있지 않았다. 이것은 낭독하기 위해서 또는 차라리 읊기 위해서 만들어지곤 하였다. 그것은 성(城)에서 성으로, 공중의 장소에서 공중의 장소로 '유랑가객'(流浪歌客, jongleur)이라고 불리는 직업적 낭송자들을 통해서 그처럼 퍼뜨려졌다. 실상 이들 가운데 최하층 사람들은 각 청중이 '그들의 속옷자락에서' 꺼내주는 잔돈 몇 푼에 의지하여 생계를 이으면

루바두르라고도 하는 이 트루베르를 이 역서에서는 음유시인이라고 옮겼고, 저자 블로크가 좀더 자주 사용한 단어인 종글뢰르(jongleur)는 유랑가객이라고 번역하였다.

*17 베르망두아는 파리 북쪽의 지명. 이 베르망두아 백령의 주인인 에르베르의 일파는 샤를 단순왕을 체포하여 옥사시켰다.

서[6] 유랑하는 이야기꾼이라는 직업에다 어릿광대라는 직업을 겸하고 있었다. 한편 이와는 달리 운이 좋아서 그 어떤 고위 영주의 궁정에 소속되어 그의 보호를 받을 수 있었던 일부 유랑가객들은 그 덕분에 좀더 안정된 생계를 보장받았다. 시편들의 작자가 출현하게 된 것도 바로 이같은 연희자(演戲者)들 사이에서였다. 바꾸어 말해 유랑가객들은 다른 사람의 작품을 낭송하기도 했지만 때로는 그들 자신이 먼저 시가를 '창작하여' 이를 읊기도 하였다. 그러나 창작과 낭송이라는 이 두 극단 사이에는 무수한 편차가 존재하였다. '창작자'(trouveur)가 자신의 소재를 전적으로 창작한다는 일은 거의 없었으며 연출자가 전혀 개작을 하지 않는다는 일도 좀처럼 드물었던 것이다.

청중은 매우 다양한 층으로 이루어져 있었고 그 대부분은 문맹자들이었으며 대개는 사실의 진위를 판별할 능력이 없었을 뿐 아니라, 더욱이 진실성에 관심을 가졌다기보다는 오히려 재미있게 즐기는 일이라든가 자기네에게 친숙한 감정의 고양에 훨씬 큰 관심을 가진 사람들이었다. 작자(作者)라는 사람들은 어떤가 하면 이야기의 내용을 쉴새없이 다시 만드는 일에 익숙해져 있었던 반면 연구에 몰두하기에는 별로 적합하지 않은 생활양식에 젖어 살고 있었는데, 그러면서도 또 이들은 고관대작들을 때때로 배알할 수 있는 위치에 있었으며 이들을 즐겁게 해주려고 애쓰던 사람들이었다. 이러한 것이 이 문학의 인간적 배경이었다. 그 많은 정확한 기억들이 어떻게 이들 문학작품 속에 흘러들어갈 수 있었는지를 탐구한다는 것은 어떤 경로를 통하여 유랑가객들이 뭇 사건이며 사람들의 이름이며를 알게 되었는지를 묻는 일로 돌아간다.

우리가 알기에, 서사시들에 담겨 있는 진실된 내용 일체는 형태를 달리하여 편년지라든가 증서들 속에도 포함되어 있던 것들로서 이 사실은 여기에서 새삼스럽게 말할 필요조차 없다고 할 것이다. 만약 그렇지

---

6) *Huon de Bordeaux*, éd. Guessard et Grandmaison, p.148.

않았다면 어떻게 오늘날 우리가 그것들을 선별해낼 수 있겠는가. 그렇지만 유랑가객들이 모두 하나같이 도서관의 책벌레였다는 식으로 생각한다면 터무니없는 잘못이 될 것이다. 그 대신에, 이 유랑가객들은 작품의 소재가 되는 문헌들을 자기네 능력으로 직접 참조할 가능성은 거의 없었으되 이러한 자료에 간접적으로 접근할 수는 있지 않았겠는가 하고 묻는 것이 온당하다. 그 중간매개자 구실을 해준 사람들로서 우리가 의당히 생각할 수 있는 것은 그러한 기록물을 통상 관리하고 있던 인물인 성직자와 특히 수도사들일 것이다. 이러한 견해에는 그 자체 봉건사회의 여러 사정과 들어맞지 않는 구석이 전혀 없다.

매사에 '자연발생적인 것'과 '학자적인 것'을 대립시키는 일에 여념이 없던 낭만주의적 성향의 역사가들이 이른바 민중적이라고 일컬어지는 시를 부르고 다니던 시인들과 라틴어 문학에 정통한 전문가인 성직자들 사이에는 무엇인지 모르지만 뛰어넘을 수 없는 장벽이 있었다는 식으로 생각한 것은 사실 이만저만 잘못된 것이 아니다. 다른 증거가 없더라도 수도사 아리울프(Hariulf)의 편년지 속에 나오는 서사시 『고르몽과 이장바르』의 줄거리, 십중팔구 학교의 교재였으리라고 생각되는 「헤이그의 단편」, 12세기에 프랑스의 어떤 성직자 하나가 가늘롱(Ganelon)[*18]의 배반을 주제로 하여 지은 라틴어 시 등을 보면 속어로 된 서사시가 수도원의 담벼락 안에서 결코 무시되지도 않았고 경시되지도 않았음을 충분히 알 수 있다. 독일의 경우에도 사정은 마찬가지여서 게르만인의 전설을 아주 기이하게도 베르길리우스풍의 육각운(六脚韻) 시구로 읊은 『발타리우스』(*Waltharius*)[*19]는 아마도 학생들이 제출

[*18] 『롤랑의 노래』에 나오는 등장인물. 샤를 대머리왕을 등지고 루트비히 독일인왕 편에 섰던 프랑스의 가늘롱 대주교를 원형으로 하고 있다.

[*19] 9세기쯤에 만들어진 라틴어 영웅서사시. 게르만족의 영웅 발터 폰 아키텐을 주인공으로 하고 있다. 그 동안 수도사 에케하르트(Ekkehard 1 der ältere)의 작품으로 여겨져왔으나, 1941년 이래 게랄두스(Geraldus, 또는 Gerald)가 저자라고 인정된다.

한 과제물을 바탕으로 생겨난 것으로 보인다. 또 나중에 12세기의 잉글랜드에서는 아서 왕의 비장한 모험이야기가 세속인들과 마찬가지로 젊은 수도사들의 눈물을 자아냈다고 전해진다.[7] 더구나 몇몇 엄격주의자들이 이 '익살광대들'에게 퍼붓는 맹렬한 비난에도 불구하고, 일반적으로 자기네 수도원의 영예와 또 가장 귀중한 보물인 성유물의 명성을 널리 퍼뜨리는 일에 당연히 관심을 기울이고 있던 수도사들로서는, 흔히 공공장소에 나타나 아주 속된 노래부터 경건한 성인전 이야기에 이르기까지 광범위하게 불러대고 있던 유랑가객들이야말로 비길 데 없을 정도로 막강한 전파력을 가지고 있다는 사실을 알아차리지 못할 리 없었다.

실제로 조제프 베디에(Joseph Bédier)[*20]가 대단히 인상적인 구절들을 통해 밝혔듯이 수많은 서사적 전설에는 수도사 고유의 특징이 분명하게 새겨져 있다. 제라르 드 루시용(Gérard de Roussillon)[*21]으로 말하자면 그와 관계되는 모든 역사적 사항들이 론 강 기슭에 국한되어 있었던 사람인데도 서사시에서의 그의 활동무대는 부르고뉴 지방으로 옮겨져 있는데, 이는 오직 포티에르(Pothières)의 수도사들과 특히 베즐레(Vézelay)[*22]의 수도사들의 끈덕진 노력 때문이었다고 설명할 수밖에 없다.

생 드니 드 프랑스(Saint-Denis-de-France) 수도원이 없었다면, 그리고 이 수도원 소속의 정기시장과 이 수도원 소유의 성체(聖體)가 없었다면, 그 많은 시가들, 곧 교회 순례자들을 위해서라기보다는 오히려 장터에 오는 사람들을 위하여 만들어졌음에 틀림없는 작품으로서 성유

---

7) Aireld de Rievaulx, *Speculum charitatis*, II, 17(Migne, *P. L.*, t. CXCV, col. 565).

*20 1864~1938. 프랑스의 중세문학 연구자.

*21 샤를 대머리왕에게 반항했던 영주로서 서사시 『지라르 드 루시용』의 주인공. 860년경 베즐레에 수도원을 건립하였다.

*22 파리 남동쪽의 도시 이름.

물의 역사에 해학적인 윤색을 가한 서사시인 『샤를마뉴의 순례』
(*Voyage de Charlemagne*)도, 비슷한 주제를 더욱 심각하고 더욱 지
루하게 다루고 있는 『플로방의 노래』(*Floovant*)도 결코 생겨날 수 없
었을 것이며, 카롤링거 왕조 군주들에 대한 기억을 경건하게 보존하고
있던 바로 이 생 드니 수도원의 정경을 배경으로 깔면서 그 군주들을
작중인물로 등장시키고 있는 다른 수많은 시가들도 십중팔구 생겨날
수 없었을 것이다. 카페 왕조 국왕들의 동맹자이며 조언자이기도 했던
이 대수도원이 샤를마뉴를 주제로 한 작품을 다듬는 과정에서 어떠한
역할을 했는지에 대해서는 아직 최종적인 결론이 나와 있지 않다.

하지만 그밖의 것들, 특히 아주 오래된 작품들 중에는 수도원이 적어
도 작품 제작에 협력했다거나 아니면 이를 지원해주었다거나 하는 식
으로 영향을 미친 흔적을 찾아내기가 힘든 경우도 많다. 이를테면 『기
욤의 노래』, 『라울 드 캉브레』, 일련의 『로렌인의 무훈』 시편들(*Cycle
des Lorrains*)*23 전체가 그러하다. 다름아닌 『롤랑의 노래』만 하더라
도, 사람들은 이 작품을 콤포스텔라(Compostela)*24로의 순례여행과
관련지으려고 애써왔지만, 만약 이 가설이 사실이라고 한다면 어찌하
여 이 작품 속에는 놀랍게도 그토록 많은 성인들 가운데 성 야고보(산
티아고)의 이름이 언급되어 있지 않으며, 또 어찌하여 놀랍게도 그토록
많은 에스파냐의 도시들 가운데 갈리시아 주교구 대성당이 언급되어
있지 않단 말인가. 언필칭 수도사들로부터 착상을 얻었다는 작품 속에
서 시인이 수도원 생활에 대해 악의에 찬 경멸을 퍼붓고 있는 것은 또
어떻게 설명해야 좋은가.8)

―――――――――――

*23 12세기 초부터 씌어진 것으로 보이는 일련의 무훈시집. 보르도인과 로렌인
　　사이의 무자비한 상쟁을 주제로 하고 있으며, 이 책에서 언급되는 『가랭 르
　　로랭』은 그 가운데 첫번째 편이다.
*24 사도 야고보의 성지로 알려진 산티아고 데 콤포스텔라를 가리킨다.
　8) V. 1880~82. 이 경멸의 말은 『롤랑의 노래』에서 어떤 대주교가 한 것이라

더구나 무훈시에 인용된 신빙성 있는 일체의 자료들은 원칙적으로 기록보관실과 도서실을 드나듦으로써 얻어낼 수 있었던 것임에 틀림없거니와 대개의 경우 이러한 자료는 출전이 되는 문서 속에 체계정연하게 들어 있는 것이 아니어서, 서사시 작가가 채택하지 않는 다른 수많은 내용들 사이에 여기저기 아무렇게나 널려 있는 모습을 하고 있을 따름이었다. 그리하여 이들 문헌사료 속에서 이 관계되는 자료들을, 아니 오로지 이 관계되는 자료들만을 뽑아내려면 비교와 선별 등의 온갖 작업, 한마디로 말해 당시의 지적 관습과는 상당히 동떨어진 고증학적 연구라는 작업을 하지 않을 수 없었을 것이다.

끝으로 특히, 모든 무훈시의 시발점에는 학식 있는 성직자가 선생으로서, 그리고 고분고분한 유랑가객이 학생으로서 교육적인 한 쌍을 이루면서 존재하고 있었다는 식으로 설정한다면, 그것은 이들 작품 속에 진실과 나란히 들어 있게 마련인 오류가 왜 발생했는지 그 이유를 설명하려는 노력을 포기해버리는 것과 같다고 생각된다. 왜냐하면 연대기적 문헌이 아무리 엉성하다고 하더라도, 또 수도원의 전승이 전설과 위조로 가득 차 있다는 생각이 아무리 옳다고 하더라도, 더구나 유랑가객이 아주 제멋대로 내용을 윤색하는데다 그들의 기억력도 그다지 신통치 못했다는 것을 아무리 참작한다고 하더라도, 편년지나 증서의 도움을 빌려 만들어진 이야기는 설사 최악의 것일지라도 서사시 중 가장 거짓이 적은 것이 저지른 실수의 4분의 1도 채 저지르지 않았을 것이기 때문이다.

더욱이 여기에는 또 다른 측면에서 나온 증거도 있다. 12세기 중엽, 두 사람의 성직자가 자기네가 직접 읽은 사본에서 하나의 역사적 주제를—적어도 그 내용의 대부분을—얻어내어, 이 주제를 마치 서사시 같은 문체에 실어 잇따라 프랑스어 운문으로 읊은 일이 있었다. 바로

는 점에서 그만큼 더 인상적이다. 아마 그레고리우스의 개혁도 거기에까지 이르지는 못하고 있었을 것이다.

그 작품들, 즉 웨이스(Wace)*25의 『루 이야기』(*Roman de Rou*)*26를 보아도, 또 생트 모르(Sainte-Maure)의 브누아(Benoît)*27가 쓴 『노르망디 공 열전』(*Histoire des ducs de Normandie*)을 보아도 그 안에는 분명히 전설적인 요소도 들어 있고 혼동도 없지 않다. 그러나 이것들도 『롤랑의 노래』와 비교하면 정확함이라는 면에서는 걸작인 셈이다.

 따라서 11세기 말과 12세기 초의 '음유시인'들이 적어도 대부분의 경우 시를 짓는 바로 그 순간에 간접적일망정 편년지나 서고의 고문서에서 무훈시의 소재를 얻어냈다는 식의 이야기는 증명할 길이 없다고 생각해야 되겠지만,9) 반면에 그전 시대의 전승이 그들 이야기의 바탕을 이루고 있었다는 것은 아무래도 인정하지 않을 수 없다. 사실 오랫동안 정설이라고 여겨져온 이 가설이 의심받고 있는 것은 이 가설이 제시될 때 흔히 취하게 되는 형태가 문제되기 때문에 그런 것에 지나지 않는다.

 문제가 되는 가설의 형태는 이런 식이다. 즉 당초에는 사건 자체와 같은 시대에 지어진 아주 짤막한 시가 나왔고 오늘날 우리가 알고 있는 것과 같은 무훈시는 나중에, 이 원래의 '영탄가'(詠嘆歌)의 도움을 빌려 전후를 다소 솜씨없게 꿰매서 만들어낸 것이다——한마디로 말해 시발점에는 민중혼(魂)의 자연발생적인 표출이 있었고 종착점에는 문인의 노작이 있었다는 식이다. 그런데 이같은 모습으로 서사시의 형성과정을 상정하는 것은 논지의 단순명료함 때문에 사람들을 매료시킬 수 있었지만, 조금만 자세히 검토해보면 많은 허점이 드러난다. 하기야 모

---

*25 앵글로 · 노르만계의 시인. 잉글랜드 왕 헨리 2세의 비호를 받았다.

*26 이는 노르망디 공 가문의 정사이다. 루는 초대 노르망디 공인 롤로를 말한다.

*27 앵글로 · 노르만계의 시인. 웨이스를 물리치고 국왕의 명으로 『노르망디 공 열전』을 계속 썼다.

9) 『루이의 대관』(*Le Couronnement de Louis*)에서는 예외적으로 연대기의 사용 흔적을 찾아볼 수 없을지도 모른다. Schladko, *Zeitschrift für die französische Sprache*, 1931, p.428을 참조하라.

든 노래가 한결같은 질적 성장을 보여준 것이 아님은 확실해서 조잡한 군더더기의 흔적을 남긴 개작들도 없지 않다.

하지만 아무런 고정관념을 가지지 않고 『롤랑의 노래』를 읽어보면 그것이 단숨에 씌어진 작품이라는 것과 어떤 한 사람에 의한, 즉 그 사람의 미학적 기준이—개인적인 요소를 빼고는—그 시대의 사고방식을 표현한 것이며 잊혀진 송가의 퇴색한 반영이 아니라는 점에서 위대하다고 할 수 있는 한 사람에 의한 작품이라는 것을 어느 누가 인정하지 않으려 하겠는가. 그런 뜻에서 무훈서사시가 11세기 말 무렵에 '탄생하였다'고 말하는 것은 충분히 타당하다. 그러나 설사 재능이 뛰어난 시인이라 하더라도—이런 일은 분명 그리 흔한 경우가 아닌데, 사람들은 『롤랑의 노래』의 아름다움이 얼마나 보기 드문 것인가 하는 점을 너무 쉽게 잊어버리는 경향이 있다—그가 한 일이라고는 세대에서 세대로 집단의 유산으로서 전해져온 주제들을 자신의 기량에 따라 이용한 것 이외에 그 무엇이 있었겠는가.

더욱이 봉건시대의 사람들이 과거에 대해서 얼마나 큰 관심을 가지고 있었으며 지난날의 이야기를 듣는 데 얼마나 큰 즐거움을 느끼고 있었던가를 안다면 설화의 전승이 시대라는 실오리를 타고 후세에 이어진 일이 어찌 그리 놀라운 일이겠는가. 편력하는 사람들이 모여드는 장소라면 어느 곳이나 다 전승이 퍼지기에 안성맞춤인 중심장소가 되고 있었다. 순례지, 정기시장터, 순례자들의 행로 그리고 상인들의 통로가 그러하였다. 그런 장소에 대한 회상은 수많은 시편마다 아로새겨져 있었다.

우연히 우리 손에 들어오게 된 한 문헌사료를 볼 때 먼 거리를 오고간 독일인 상인들이 독일의 몇몇 전설을 스칸디나비아 세계에까지 들고 들어가 전파시켰다는 것을 알 수 있으니,[10] 원거리를 통행하는 상

---

10) *Thidreksaga*의 머리말. H. J. Seeger, *Westfalens Handel*, 1926, p.4를 참조하라.

인이 설령 프랑스인이었다고 하더라도 그가 이들 독일 상인들이 했던 것과 마찬가지로 직조물 보따리나 향료 꾸러미와 함께 낯익은 여로의 끝에서 끝까지 수많은 영웅적 주제들뿐 아니라 심지어는 단순한 고유명사들까지도 전파해주었으리라는 것은 굳이 믿기 어려워할 이유가 없지 않겠는가. 정녕 유랑가객들이 동방의 지리적 명칭들을 배우게 되고, 북방의 시인들이 지중해의 올리브나무가 아름답다는 것을 배우게 된 것은 바로 그러한 원거리 상인들과 순례자들이 읊은 이야기 덕분이었으며, 그래서 소박한 이국취향에 도취한데다 고유한 지방색에 대한 놀랄 만한 무시까지 가세하여 시(詩) 속에서 그만 용감하게도 부르고뉴와 피카르디의 언덕 위에 올리브나무를 심어버리게 되었던 것도 분명 그들의 이야기 덕분이었다.[*28]

수도원들은 대체로 전설을 직접 지어내는 일은 없었다고 하지만, 그래도 역시 전설을 꽃피우기에 유례없이 안성맞춤인 토양을 제공해주었다. 왜냐하면 이곳에는 수많은 여행자들이 다녀가곤 했기 때문이고 이곳에는 수많은 옛 기념물에 회상이 깃들여 있었기 때문이며, 게다가 수도사들은 언제나 이야기하기를 좋아했기 때문——페트루스 다미아누스(Petrus Damianus)[*29] 같은 엄격주의자의 말을 빌리면, 너무 지나치게 좋아했기 때문[11]——이다. 샤를마뉴에 관한 가장 오래된 일화집은 일찍이 9세기에 생 갈 수도원에서 씌어졌다. 몽 스니(Mont-Cenis) 산길에 있는 노발레자 수도원에서 11세기 초에 편찬된 편년지는 전설적인 요소들로 가득 차 있다.

그러나 모든 역사적 전승이 성전(聖殿)에서만 나왔다고 생각하지는

---

*28 올리브나무는 지중해 연안을 비롯한 남부 유럽에서 주로 자라는 식물인데, 피카르디는 프랑스에서도 아주 북부에, 그리고 부르고뉴도 중부에 위치해 있다.

*29 1007~72. 이탈리아의 수도사였다가 나중에 추기경이 되었다. 성직임명권 투쟁에서 교권의 앙양과 순화를 주장하였다.

11) *De perfectione monachorum*(Migne, *P. L.*, t. CXLV, col. 324).

말기로 하자. 영주들의 뭇 가문에도 그 나름대로 독자적인 전승이 있었으며, 거기에서 정확한 것이든 일그러진 것이든 간에 수많은 회상이 비롯되었음에 틀림없기 때문이다. 수도원의 회랑에서와 마찬가지로 성채의 홀 안에서도 사람들은 조상들의 이야기를 즐겨 나누곤 하였다. 우리는 로렌의 고드프루아(Godefroy) 공작이 거리낌없이 샤를마뉴에 관한 일화들로 손님들을 아주 즐겁게 만들곤 했다는 것을 알고 있다.[12) 이러한 취향이 그 혼자만의 것이었다고 추정할 수 있을까.

그런데 서사시에는 이 위대한 카롤링거 왕조 출신 군주에 관해 극심하게 대조되는 두 가지의 상이 그려져 있음을 어렵지 않게 찾아볼 수 있다. 즉 거의 종교적인 숭앙에 가까운 존경심으로 둘러싸인 『롤랑의 노래』 속의 고귀한 통치자의 상과, 이와는 아주 대조적으로 수많은 다른 노래들에 그려진 '탐욕스럽고' '얼빠진' 늙은이의 모습 말이다. 첫번째 각색은 카페 왕조의 선전상의 필요에 응하는 것이었을 뿐 아니라, 또한 교회 역사 서술의 철칙에도 부합되고 있었다. 이에 반해 두번째 윤색에서는 제후층의 반(反)왕정적 주장의 영향이 뚜렷이 새겨져 있음을 인정하지 않을 수 없다.

갖가지 일화가 이렇게 해서 세대에서 세대로 어김없이 전해져 갈 수 있었는데, 그렇다고 해서 그럴 때마다 일화들이 반드시 시의 형태를 갖추고 있었던 것은 아니다. 그러나 결국에는 이같은 시들이 만들어지고야 말았다. 그것은 언제부터였을까. 이 문제에 대해서는 무어라 말할 수가 없다. 왜냐하면 우리가 지금 문제로 삼고 있는 것은 프랑스어, 다시 말해 단순히 라틴어의 타락한 형태로 여겨져서 문학어의 품위를 갖춘 것으로 격상되기까지는 몇 세기나 걸렸던 언어로 된 시이기 때문이다.

'촌스러운 노래들', 곧 일찍이 9세기 말에 오를레앙의 한 주교가 성직자들에게 금지시켜야 되겠다고까지 생각할 정도였던 속어체로 씌어

---

12) Pierre Damien, *De elemosina*, c. 7(Migne, *P. L.*, t. CXLV, col. 220).

진 이 시가들에 영웅시의 어떠한 요소가 이미 스며들어갔던 것일까. 이에 관해서 우리는 아무것도 알 수 없을 것이다. 왜냐하면 그 모든 것은 당시 문필가들의 주의가 미치는 영역보다 훨씬 아래층에서 일어나고 있었기 때문이다. 그렇지만 '침묵하는' 사료로부터 지나친 논거를 끌어내려고 하지 않을진대, 서사시에 관한 최초의 언급은 겨우 11세기가 되어서야 나타나는 것을 인정하지 않을 수 없다. 이러한 증거가 오랜 어두움 끝에 갑자기 나타난 것으로 보아 족히 미루어 생각할 수 있는 것은 운문으로 된 무훈시가 적어도 양적으로 이렇다 할 만한 정도로까지 씌어지게 된 것은 그리 오래 전의 일이 아니었을 것이라는 점이다.

한편 대부분의 옛 무훈시에서는 랑(Laon)*30이 카롤링거 왕조의 역대 국왕이 흔히 거처하던 고장으로 나타나는 것도 크게 주목할 만한 일이다. 『롤랑의 노래』만 하더라도 그 자체로서는 아헨(Aachen)*31을 본래의 지위로 복귀시켜주고 있지만, 그럼에도 불구하고 마치 무의식적으로 그러한 것인 양, 랑을 수도로 삼고 있던 전승의 흔적들을 몇 가지 간직하고 있다. 그런데 이같은 전승은 10세기에 생겨난 것일 수밖에 없을 것이다. 그때야말로 '랑 산(山)'(Mont-Loon)이 서사시에서 이런 식으로 스스로에게 할당된 몫을 정말로 해내고 있던 시기이기 때문이다. 그 이전의 일로도 그 이후의 일로도 이 전승을 설명할 수는 없을 것이다.13) 따라서 서사시의 주된 주제들이—비록 아직 운문의 형태를 완전히 취한 것은 아니라 하더라도, 적어도 그러한 형태를 받아들일 태

---

*30 프랑스 북부의 도시. 구릉 위에 위치하므로 다음에 나오는 '랑 산'이라는 표현이 가능하였다.

*31 독일의 국경도시. 프랑스어로는 엑스 라 샤펠(Aix la Chapelle)이라고 한다. 프랑크 왕국의 중심으로 샤를마뉴 때 서로마 제국의 수도 가운데 하나였으며 카롤링거조 르네상스의 중심지였다.

13) 페르디낭 로의 논문(*Romania*, 1928, p.357)과 앞에서 말한 모든 것에 대해서는 이 학자가 발표한 일련의 논문을 참조하라.

세를 갖추면서—확립되게 된 것은 어느 모로 보나 10세기의 일이었을 것이다.

한편 서사시의 본질적인 특징들 가운데 하나는 흘러간 옛 일들만을 더듬어보려고 한다는 점이었다. 당대에 일어난 일로서 곧바로 서사시의 주제가 될 만하다고 생각되고 있던 거의 유일한 사건은 십자군 원정이었다. 그것은 십자군이 상상력을 북돋우는 모든 요소를 지니고 있었기 때문이며, 또 그것은 분명 11세기 이래 시와 친근했던 기독교적 영웅주의의 한 형상을 현실로 옮겨놓는 것이었기 때문이기도 하였다.

이러한 현실감 넘치는 작업을 하게 됨으로써 유랑가객은 자기네의 부유한 시작(詩作) 후원자들에게 은근한 압력을 넣을 수 있는 기회를 잡게 되었다. 이를테면 아르드르(Ardres)*32의 아르눌(Arnoul)*33은 한 유랑가객에게 진홍빛 짧은 바지 한 벌을 주는 것을 거절했기 때문에 자기 이름이 『안티오키아의 노래』(*Chanson d'Antioche*)*34 속에서 빠져버린 것을 감수해야 되었다.14) 그렇지만 자기네 공적이 이렇게 사람들의 입에 회자되는 것을 들으면서 제후들이 아무리 큰 기쁨을 느꼈다 할지라도, 또 시인들이 이러한 작품을 통해 얻어낼 수 있으리라 기대하고 있던 이익이 아무리 많았을지라도, '성지'(聖地)가 무대가 되지 않는 한, 당대의 전쟁을 이 무훈시라는 형식을 빌려 찬미하려는 사람은 일반적으로 아무도 없었다.

가스통 파리가 지적했듯이 과연 '서사시의 발효(醱酵)'는 '프랑스 국민'의 형성이 결정적으로 이루어지게 된 그 순간에 끝났다고 말해야 할 것인가. 이러한 명제는 그 자체가 별로 신빙성이 없는 것으로서, 9세기

---

*32 프랑스 북서해안 근처의 도시.

*33 아르드르의 영주로서 제1차 십자군에 참가하였다.

*34 그랭도르 드 두에가 지은 무훈시. 1180년경에 성립하였다.

14) Lambert d'Ardre, *Chronique de Guines et d'Ardre*, c. CXXX, éd. Ménilglaise, p.311.

와 10세기에 관련된 이야기가 그 즉시 시의 형태를 갖추고 있었다는 가정에 바탕을 둔 것일 테지만, 이 주장만큼 정확하지 못한 것도 없다. 사실은, 그 당시 사람들은 지나간 시대에 대한 경의로 가득 차 있었기 때문에 아주 오래된 것들에 특유한 위신을 이미 갖추고 있는 과거사의 회상을 들을 때가 아니고서는 감정의 고양을 얻을 수 없었음에 틀림없다.

한 유랑가객이 1066년 노르만인 전사들을 따라 헤이스팅스에 갔었다. 그는 과연 무엇을 노래하고 있었을까. '샤를마뉴와 롤랑에 대해서' (de Karlemaigne et de Rollant)였다. 1100년 무렵에 또 한 명의 유랑가객이 부르고뉴의 어느 약탈단의 앞장을 서서 국지적인 소규모 분쟁에 끼여들고 있었다. 그는 무슨 노래를 읊었을까. '조상의 위업' (les hauts faits des aïeux)에 대해서였다.[15] 11세기와 12세기에 일어난 대규모 격전들이 그것들대로 먼지 쌓인 과거로 가라앉게 되었을 때에도 과거에 대한 취향은 여전히 살아 있었다. 그러나 그 흥취는 다른 방법으로 충족되었다. 역사는 때로는 아직도 운문으로 씌어지는 경우도 없지 않았으나 이때부터는 문서에 의한 전승에 바탕을 두게 되었기 때문에 전설과 뒤죽박죽 섞이는 일이 훨씬 적어졌으며, 서사시가 차지하던 자리를 대신 차지하게 되었다.

역사에 관한 이야기나 전설적인 이야기에 대한 기호(嗜好)는 봉건시대를 통해서 프랑스에만 국한된 것이 아니었다. 이를 충족시키는 방법은 갖가지였지만 이 기호 자체는 유럽 전역에 공통된 것이었다.

게르만 부족들의 역사를 될 수 있는 대로 멀리까지 거슬러 올라가보면, 그들은 영웅의 무훈을 운문으로 기리는 습관을 간직하고 있었다는 것을 알 수 있다. 더 나아가 유럽 대륙과 브리튼 섬의 게르만인들 사이에서는 스칸디나비아인들 사이에서처럼 두 장르의 전쟁시가 나란히 읊어졌다. 한 장르는 아주 먼 옛날의 인물들과 때로는 신화적인 인물들에

---

15) *Miracles de Saint Benoît*, éd. Certain, VIII, 36.

게 바쳐진 것이었으며, 다른 한 장르는 아직 현존하거나 방금 막 숨을 거둔 우두머리의 영광을 기리는 것이었다.

이어서 10세기에는 극소수의 시가 (그것도 라틴어로만) 씌어진 것 외에는 시라고는 거의 씌어지지 않았던 한 시기가 시작되었다. 어두움에 싸인 이 몇 세기 동안 독일 땅에 옛 전설들이 살아 있었다는 것을 뒷받침하는 것은 오로지 라틴어로 번안된 작품—『발타리우스』—의 존재와 민중문학의 샘이 끊임없이 신선하게 솟아나고 있던 북녘 여러 나라의 몇몇 이야기 주제가 지역을 바꾸어 전파되었다고 하는 사실 이 두 가지뿐이었다고 해도 과언이 아니다.

그러나 이들 전설은 사라지지도 않았고 매력을 잃지도 않았다. 1057년부터 1065년까지 밤베르크 주교구를 차지했던 주교 군터(Gunther)는—그곳 교회 참사회원의 말을 믿을 것 같으면—성 아우구스티누스나 성 그레고리우스의 저서를 읽기보다는 아틸라에 관한 이야기나 아말링 왕조(Amalings), 즉 6세기에 소멸한 동고트의 옛 왕조에 관한 이야기를 더 즐겨 하곤 하였다. 그는 아마도—원문이 어느 것인지 분명하지는 않지만—이들 이교적인 주제에 관해 자기 나름대로 이야기를 꾸며내서 '시작(詩作)을 하기까지' 했던 것 같다.[16] 따라서 그의 주위에서는 사람들이 아득한 옛날에 죽은 국왕들의 모험에 관해 끊임없이 이야기하고 있었다. 그 주변 사람들은 또한 이같은 이야기를 끊임없이 일반 세속인의 언어로 노래지어 읊기도 하였음에 틀림없다. 하지만 그들이 지어 부르던 노래는 지금 전해지지 않고 있다. 1077년이 지난 지 얼마 되지 않았을 때 쾰른 주교구의 한 성직자가 독일어 운문으로 읊은 한노(Hanno) 대주교*35의 생애 이야기는 광범한 청중을 위해 엮인 설

---

16) C. Erdmann, *Zeitschrift für deutsches Altertum*, 1936, p.88 et 1937, p.116.

*35 1010?~75. 쾰른의 대주교이자 정치가. 하인리히 4세 치하에서 정치적으로 큰 역할을 하였다.

화문학이라기보다는 차라리 성인전에 속한다.

독일어로 된 시의 베일이 벗겨지는 시기는 프랑스의 무훈시가 출현한 지 1세기 가까이나 지났을 때였다. 그보다 한 세대 전부터 이미 독일의 일반대중은 이들 프랑스 무훈시라든가 또는 그보다 후대의 것이기는 하지만 같은 원천에서 나온 다른 작품들 등을 모방한 시들을 통해 마치 대대적인 프레스코화처럼 풍성하게 펼쳐진 속어로 된 시편들을 감상하는 데에 익숙해져 있었던 것도 틀림없는 사실이다. 토착적인 착상에 의한 최초의 영웅서사시가 오늘날 우리가 알고 있는 것과 가까운 형태로 읊어진 것은 12세기 말에 가서의 일이었다. 그뒤로는 독일인들도 프랑스에서와 마찬가지로 당대인들의 위대한 업적을 기술하는 일은 연대기 작가라든가 라틴어 운문작가들에게 맡겨버리고, 그 대신 오랜 세월을 거쳐 전해지면서 이리저리 다듬어진 모험담에서 영웅시의 주제를 찾으려고 애쓰게 되었다.

그런데 흥미로운 점은 프랑스와는 달리 독일의 경우 영웅시의 주제로 즐겨 선택되던 과거라는 것은 훨씬 까마득한 옛날이었다는 사실이다. 단 하나의 예외는 『에른스트 공(公)의 노래』(Herzog-Ernst-Epos)[*36] 인데, 이는 11세기 전반에 일어난 사건을 기묘하게 일그러뜨려서 이야기하고 있다. 다른 노래들은 순수한 전설이라든가 또는 아직도 전적으로 이교적인 색채를 띨 때도 가끔씩 있는 불가사의한 이야기 따위에다 민족이동 시대의 옛 회상들을 섞어넣은 것들이었다. 하지만 그러한 회상들은 대개의 경우 세계적인 격변이라는 그 원래의 높은 차원으로부

---

*36 2세기의 바이에른 공 에른스트 1세, 오토 대제 시절 그와 심각한 갈등을 빚었던 리우돌프 폰 슈바벤 공, 의붓아버지인 콘라트 2세에 반역해서 1030년에 살해당한 에른스트 폰 슈바벤 공 등 세 사람의 특징과 경험들을 한데 엮어 1180년경 처음으로 씌어진 서사시. 중세를 거쳐가면서 각 시기마다 각기 다른 방언·라틴어 등으로 새로 씌어져 오늘날 모두 7개의 판본이 전해진다. 에른스트 공의 십자군 원정담도 포함되어 있다. 마르크 블로크는 그 가운데 에른스트 폰 슈바벤을 모델로 한 내용만을 염두에 두고 있다.

터 하잘것없는 개인적 근친복수라는 평범한 수준으로 격하되어 있게 마련이었다.

이 영웅시 문학 전체에서 역사적인 인물로 가려낼 수 있는 21명의 주요한 영웅은 375년에 죽은 고트족의 왕부터 575년에 숨을 거둔 롬바르디아족의 왕에까지 이르고 있다. 어쩌다 더 후대에 속하는 인물들이 여기저기에서 나타나는 것은 사실이다. 예를 들면 『니벨룽겐의 노래』(*Niebelungenlied*)[*37]에는 지크프리트나 브룬힐트처럼 역사적 신빙성이 없는 환상의 인물들과 더불어 아틸라, 테오도리쿠스(Theodoricus) 대왕,[*38] 라인 지방에 있던 부르군트 왕국의 여러 왕 등이 이루는, 그렇지 않아도 이만저만 이질적이지 않은 혼합체 속에 10세기의 한 주교가 슬며시 끼여들어 있는 것을 우리는 분명히 본다. 이 난데없이 끼여든 인물은 추정하건대 지방적이거나 교회적인 영향의 산물이었던 것으로 보이며 삽화적인 존재 이상의 것은 결코 되지 못하고 있다.

시인들이 만일 그들의 주제를 기록된 문헌의 조사에 골몰하던 성직자들에게서 얻었더라면 분명히 이런 식이 되지는 않았을 것이다. 왜냐하면 독일의 수도원을 건립하는 데에 만족(蠻族)의 우두머리들은 전혀 도움을 주지 않았으며, 연대기 작가들은 아틸라에 관해서는 물론이고 심지어는 '참주' 테오도리쿠스에 관해서도 꽤 많은 이야기를 하기는 했으나, 그러한 경우 이들의 모습을 서사시에서 묘사된 것보다 엄청나게 더 어두운 색조로 그려내고 있었기 때문이다.

하지만 사실 이러한 차이가 나타난 더욱 근본적인 이유는 다음에 말할 유례없이 두드러진 대조에 있었다. 즉 프랑스로 말하자면 중세 초기라는 도가니 속에서 철저하게 다시 녹여 부어서 만들어진 문명과 비교적 새로운 언어——(라틴어에서—옮긴이) 진정으로 다르게 다듬어져 나온 언어적 실체라는 점에서——를 가진 나라였으므로 자기네의 가장

[*37] 13세기 초에 현재의 모습으로 완성된 중세 독일 영웅서사시의 대표작.
[*38] 동고트족의 국왕으로 이탈리아를 차지하였다.

오랜 전통 쪽으로 눈길을 돌리더라도 기껏 카롤링거 왕조의 왕들밖에 찾을 수 없었다(우리가 알기에 메로빙거 왕조에 대한 언급이 나타나는 무훈시는 단 하나 『플로방의 노래』뿐인데, 이 무훈시는 비교적 후대에 작성되었으며, 우리가 이미 살펴보았다시피 박식한 수도사인 생 드니 수도원의 수도사들에게서 직접 영감을 받아 만들어진 일군의 작품들 가운데 하나였으리라고 추정된다). 이에 반해 독일에서는 이야기의 흐름도 그리고 짐작하건대는 노래의 흐름도——비록 오랫동안 땅 밑을 흘러야 하는 상태이기는 했지만 결코——한번도 끊인 적이 없었던 까닭에, 한량없이 오랜 축적물을 설화문학을 위한 자양분으로 섭취할 수 있었던 것이다.

카스티야도 마찬가지로 시사적(示唆的)인 역사적 실례를 보여준다. 회상을 향한 갈망은 이곳 역시 다른 지방 못지 않게 강렬하였다. 그러나 이슬람 세력을 축출하고 재정복에 의해 세워진 이 나라에서는 국민적 추억의 역사가 지극히 짧을 수밖에 없었다. 그 결과 유랑가객들은 외국의 본을 그대로 베끼지 않는 한, 이제 방금 마무리지어진 사건들에서 영감을 끄집어내었다. 르 시드가 숨을 거둔 것은 1099년 7월 10일의 일이었다. 끝난 지 얼마 안 되는 전쟁에서 활약한 영웅들에게 바쳐진 한아름의 '노래'들(cantares) 가운데 유일하게 살아남은 작품인 『르 시드의 노래』(*El cantar de mio Cid*)가 씌어진 것은 1150년 안팎의 일이었다.

이탈리아의 경우는 더욱더 특이하다. 이탈리아에는 토착 서사시가 아예 없었는데, 그전에도 이러한 것이 존재했던 것으로 보이지 않는다. 왜 그럴까. 이렇게 어려운 문제를 단 몇 마디로 풀려고 덤빈다는 것은 대단히 무모한 일일 것이다. 그럼에도 불구하고 하나의 풀이는 제시할 만한 값어치가 있다. 봉건시대의 이탈리아는 영주계층은 물론이고 심지어는 상인들 사이에서조차 분명히 글을 읽을 줄 아는 사람이 많았던 희귀한 나라 가운데 하나였다. 과거에 대한 취향이 이곳에서 노래의 탄생을 가져오지 않았던 것은 라틴어로 된 연대기를 읽는 것만으로도 그러한 취향을 충분히 충족시킬 수 있었다는 사정 때문이 아니었을까.

서사시는 일단 그것이 발달할 수 있었던 고장에서는 사람들의 상상력에 강한 작용을 미쳤다. 이 작용은 책을 읽는 일처럼 오로지 눈에만 호소하는 것과는 아주 달리, 사람의 말투에서 풍겨나오는 온갖 열렬함과, 같은 주제라든가 때로는 같은 연구(連句)를 말소리로 거듭 되풀이하는 데에서 생기는 그런 종류의 지적 공명(共鳴)이라는 장점을 가지고 있었기 때문에 그만큼 더 강력하였다. 오늘날의 여러 나라 정부에게 라디오가 신문보다 더욱 효과적인 선전수단이 아닌지 어떤지 한번 물어보시기 바란다.

상층계급 사람들이 자기네 전설을 진정으로 생활 속에서 실천하기 시작한 것은 주로 12세기 말부터, 즉 이제는 더욱 심층적인 교양을 몸에 익힌 환경 속에서였음에 틀림없다. 예를 들어 기사가 비겁자를 조롱하고자 할 때에는 궁정풍 로망스에서 빌려온 빈정거림보다 더 신랄하고 절묘한 조롱거리도 없었다. 그런 지 얼마 후 키프로스의 귀족 한 패는 『여우 르나르』(*Roman de Renard*)*[39]의 등장인물을 의인화해서 공연하였다.[17] 마치 현대에 좀더 가까이 오면서 몇몇 사교집단 사람들이 발자크의 소설에 나오는 주인공들 흉내를 내면서 즐거워했던 것처럼 말이다. 그렇지만 프랑스의 무훈시가 생겨나자마자, 다시 말해 1100년도 되기 전부터 이미 영주들은 자기네 아들에게 올리비에라든가 롤랑이라든가 하는 이름을 즐겨 붙여주었으나, 그 반면 오욕의 낙인이 찍혀

---

*39 르나르는 Renart로도 표기한다. 우화적인 내용을 담은 26편의 짤막한 이야기 모음이다. 사자왕이 지배하는 나라에서 늑대를 상대하는 여우 르나르의 행동을 주된 줄거리로 하여 인간사회의 갖가지 행태를 풍자하고 있다. 민담으로 전해지던 내용이 12세기 후반에 오늘날과 같은 형태로 정비된 것으로 보인다.

17) *Histoire de Guillaume le Maréchal*, éd. P. Meyer, t. I, v. 8444 et suiv. ; Philippe de Novare, *Mémoires*, éd. Ch. Kohler, c. LXXII. 또한 c. CL et suiv.를 참조하라.

버린 가늘롱이라는 이름은 사람 이름으로는 두번 다시 쓰이지 않게 되었다.[18]

이런 따위 무훈시의 이야기들이 때로는 마치 진짜 사료인 양 참조되는 경우도 있었다. 플랜태저넷 왕조(Plantagenets)[*40]의 헨리 2세 치하에서 유명한 세네샬(sénéchal)[*41]이었던 라눌프 글랜빌(Ranulf Glanville)은 이들 서사시가 나오던 무렵에 비한다면 훨씬 더 가까이 책과 접할 수 있었던 시대의 인물이었다. 그런데도 노르망디 공에 비해서 프랑스의 역대 국왕이 오랫동안 무력했던 이유를 질문받고는 그 답으로 일찍이 전쟁이 프랑스의 기사들을 거의 '근절시킨 일'을 상기시키면서, 『고르몽과 이장바르』 및 『라울 드 캉브레』의 이야기가 그 증거라고 대꾸했던 것이다.[19] 이 위대한 정치가가 역사에 대해 사유(思惟)하는 것을 배운 것은 무엇보다 이러한 시들을 읽는 데서부터였음에 틀림없다.

사실 무훈시가 표현하는 인생관은 많은 점에서 바로 그 청중이었던 사람들의 인생관을 반영하는 것 이외에 아무것도 아니었다. 사회는 모든 문학 속에서 언제나 현재의 스스로의 모습을 찬찬히 지켜보고 있다. 그러나 지난날의 일에 대한 회상은 설사 그것이 아무리 불완전한 것이라 할지라도 그 회상 자체와 더불어 과거로부터 진정으로 이끌어낸 갖가지 전통을 스며들게 하는 것이다. 그리고 우리는 이러한 전통의 흔적에 몇 번이고 되풀이하여 부딪치게 될 것이다.

---

18) 지나가는 김에 말해두자면, 이 이름의 소멸에 관한 연구는——이는 아직까지 행해지지 않고 있는 것으로 보인다——롤랑의 전설이 대중성을 띠게 된 시기를 언제로 잡을 것인가 하는 문제에 대한 좋은 지침을 마련해줄 것이다.

*40 노르만 왕조를 이은 영국의 왕조. 남계로는 프랑스의 앙주 백작 가문에 이어지기 때문에 앙주 왕조라고도 한다. 1154~1399.

*41 봉건시대에 대제후령에서 영주를 대신하여 행정·사법·재정 등의 업무를 맡아보던 직책.

19) Giraldus Cambrensis, *De principis instructione*, dist. III, c. XII(*Opera, Rolls Series*, t. VIII, p.258).

제4장

봉건시대 제2기의 지적 르네상스

1. 새로운 문화의 몇 가지 특징

11세기에 프랑스에서 대서사시들이 나타난 것은 아마도 다음 시대의 힘찬 문화적 발전을 미리 알리는 선구적 징후의 하나였다고 생각할 수 있을 것이다. 이러한 추세는 흔히 '12세기의 르네상스'(Renaissance du XIIᵉ siècle)라고 표현된다. 이 르네상스라는 말은 글자 그대로 해석하면 새로운 변화라기보다 단순한 재생을 연상시키기 쉬울 터인데, 그러한 점만 충분히 주의한다면 이같은 표현도 아마 성립될 수 있을 것이다. 단, 여기에 지나치게 엄밀한 연대적 의미를 부여하지 않는다는 조건하에서 그러하다.

이 움직임이 전면적으로 개화한 것은 원래 이름붙여진 그대로 오직 12세기 전(全)기간을 통한 일이었던 것이 사실이지만, 그에 수반되는 인구동향과 경제적인 변화가 나타남과 더불어 이 문화적 부흥이 처음으로 싹을 틔우기 시작한 결정적인 시기는 1100년이 되기 직전의 20~30년 동안이었다. 그때의 예를 몇 가지만 들어보더라도 캔터베리의 안셀무스(Anselmus)[*1]가 쓴 철학저서, 이탈리아 최고(最古)의 로마법 학

---

*1 1033~1109. 북이탈리아 피에몬테 출신의 스콜라 철학자. 캔터베리 대주교

자들의 법학저서와 그들의 경쟁자인 교회법 학자들의 저서 그리고 샤르트르의 여러 학교에서 이루어진 수학 연구의 발족 등이 있다.

다른 어떠한 영역에서와도 마찬가지로 지적 영역에서의 변혁도 전반적인 것이 되지는 못하였다. 그러나 봉건시대 제2기의 정신적 구조가 여러모로 봉건시대 제1기와 닮은 점이 대단히 많았던 것은 사실이지만, 그럼에도 불구하고 이 시기는 몇 가지 새로운 지적 특징들로 새겨져 있으니 우리는 그 작용을 명확히 규정하도록 애써보아야 하겠다.

상호교류 생활의 발전은 경제지도에도 아주 명백하게 나타나 있거니와 문화지도에도 그에 못지 않게 뚜렷한 윤곽이 새겨져 있다. 그리스어 저작물과 특히 아랍어 저작물이 풍성하게 번역된 것—그런데 이 아랍어 저작물이라는 것들은 대부분 그리스 사상의 중개자에 불과하였다—, 그리고 그러한 번역이 서유럽의 의식과 철학에 미친 영향 등은 이제부터 하나의 문명이 전보다 더 성능 좋은 촉수를 갖추게 되었다는 것을 입증해준다. 이러한 저서의 번역자 가운데는 콘스탄티노플에 자리잡은 상인식민지(商人植民地) 거주자들이 여러 명 끼여 있었던 것도 결코 우연이 아니다.

유럽 자체의 내부에서도 원래의 발상지인 서쪽에서 동쪽으로 실려간 옛 켈트족의 전설이 그 기이한 마력으로 프랑스의 이야기 작가들의 상상력을 사로잡게 되었다. 그런가 하면 프랑스에서 지어진 시들 자체도—옛 무훈시이든 새로운 흥취의 이야기이든—독일·이탈리아·에스파냐 등지에서 모방의 대상이 되었다. 새로운 학문의 중심지는 볼로냐(Bologna) 대학, 샤르트르의 학교, '하늘을 향해 치솟은 야고보의 사닥다리'라고 일컬어진 파리 대학[1] 등의 큰 국제적인 학교들이었다.

를 역임했으며, 교회의 권리를 앞세워 세속군주의 왕권 확대정책과 대립하였다.

1) Jean de Salisbury(H. Denifle et E. Chatelain, *Chartularium universitatis Parisiensis*, t. I, pp.18~19).

로마네스크 예술은 무수한 지역적 편차를 전제로 하면서도 이를 초월하여 보편적인 그 무엇을 가지고 있었다는 점에서 무엇보다도 일종의 문화공동체를—즉 문화적 영향 인자(因子)들이 수많은 소폭적 집결점을 만들어내되, 다시 이 집결된 것들이 한데 상호작용하는 그런 상태를—표현하고 있었다. 이에 반해 고딕 예술은 이를테면 수출되는 미학적 형태의 한 예를 보여주게 되었다. 무슨 말인가 하면, 고딕 예술에는 물론 지역별로 온갖 손질이 덧붙여지기는 했으나 그래도 역시 이 장르는 분명히 한정된 확산의 중심지들을 가지고 있어서 그같은 중심지인 센 강과 엔 강 사이의 프랑스 땅, 부르고뉴 지방의 시토회 수도원 등에서 퍼져나아간 것이었다.

수도원장이었던 기베르 드 노장은 1053년에 태어나 1115년경에 『고백록』을 썼는데, 여기에서 그는 어린 시절과 노후의 상황을 이와 같이 대비시키고 있다.

내 유년기의 바로 앞 시기나 내 유년시절에는 그 시기 내내 학교선생이 너무나 부족해서, 작은 도시에서는 선생이란 거의 하나도 찾아볼 수 없다시피 하였고 큰 도시에서도 겨우 어쩌다 찾아볼 수 있을 정도였다. 어찌어찌해서 이런 이를 만날 수도 있지 않았겠는가고? 그런 경우에도 그들의 학식은 너무나 빈약해서 오늘날의 보잘것없는 방랑 성직자하고도 비교가 되지 못할 것이다.[2]

실제로 교육이 12세기를 통해 질적으로나 양적으로나 사회의 온갖 계층에 걸쳐 엄청난 진보를 거둔 것은 의심할 여지가 없다. 교육은 그 어느 때보다도 굳건하게 고전고대의 모범을 모방하는 데에 바탕을 두고 있었기 때문에 고전은 비록 그전보다 더 큰 공경을 받지야 못했겠지만, 그전보다 한층 더 잘 알려지고 한층 더 잘 이해되었으며 한층 더

---

2) *Histoire de sa vie*, I, 4 ; éd. G. Bourgin, pp.12~13.

잘 감지되었다. 그같은 경향은 아주 철저한 지경에까지 이르러서, 라인 지방의 유명한 '대시인'[*2]의 경우에서처럼 때로 성직자 세계의 언저리에 있던 몇몇 시인들 사이에서는 그전 시기까지만 해도 전혀 생소하였던 일종의 도덕상의 이교주의의 탄생까지 가져오게 되었다.

그러나 이 새로운 인문주의는 대개의 경우 기독교적 인문주의라는 성격을 띠고 있었다. 베르나르 드 샤르트르(Bernard de Chartres)[*3]가 한 말로서 사람들의 입에 자주 오르내리곤 하였던 "우리는 거인의 어깨에 무동 탄 난장이이다"라는 표현은, 당시 아주 진지한 마음씨를 지닌 사람들이 고전문화에 대해 스스로 얼마나 큰 빚을 지고 있다고 느끼고 있었던가를 더욱 확실하게 드러내준다.

이 새로운 입김은 세속사회에도 미쳤다. 베게티우스(Vegetius)[*4]나 발레리우스 막시무스(Valerius Maximus)[*5]의 책을 원전으로 읽은 샹파뉴 백령(伯領)의 앙리 관용백(Henri le Libéral), 요새(要塞) 구축을 위해 역시 베게티우스 저서에 도움을 청했던 앙주 백령의 조프루아 미남백(Geoffroi le Bel) 같은 사람들은 이제부터는 그리 예외적인 존재가 아니게 되었다.[3] 그러나 사람들이 학자들 특유의 언어로 씌어진 책에 담긴 오묘한 의미를 알아차리기에는 교육이 극히 초보적이었던 까닭에 이러한 취향은 번번이 장애에 부딪히곤 하였다.

하지만 이를 충족시키려는 노력 또한 끊이지 않았다. 긴(Guines) 백

---

*2 Archipoeta. 본명 미상. 12세기 중엽에 라틴어로 세속적인 주제의 시를 쓴, 이른바 골리앗파 시인의 통칭.

*3 ?~1124?. 샤르트르의 수도사이자 샤르트르 학교의 창설자. 당시 '가장 완전한 플라톤주의자'라고 일컬어졌다.

*4 군사기술론을 쓴 라틴 저작자. 4세기 말~5세기 초.

*5 로마의 역사가. 기원전 1세기~기원후 1세기.

3) D'Arbois de Jubainville, *Histoire des ducs et comtes de Champagne*, t. III, p.189 et suiv. ; *Chroniques des comtes d'Anjou*, éd. Halphen et Poupardin, pp.217~19.

작 보두앵 2세(1205년 사망)의 경우를 보기로 하자. 사냥을 즐기고 술고래이며 대단한 호색가일 뿐 아니라 무훈시나 야비한 우화시(寓話詩, fabliaux)*6를 낭송하게 되면 유랑가객 뺨칠 정도로 재주를 부리던 이 피카르디 지방의 영주는 비록 '배우지 못했다'고는 하지만 그렇다고 해서 노상 영웅담이나 외설스러운 이야기만을 즐긴 것은 아니다. 보두앵 2세는 성직자들과 이야기 나누기를 즐겨했으며—그는 이러한 학문적 논의를 통하여 아주 높은 교양을 쌓아서 적어도 자기 지방의 한 성직자의 마음에 흡족하게 여겨질 정도였고, 이렇게 해서 획득한 신학지식을 앞세워 자기의 시강(侍講)들과 논쟁을 벌이곤 하였다—그 대가로 성직자들에게 '이교의' 일화를 들려주었다. 하지만 그는 그저 말을 주고받는 것만으로는 만족해하지 않았다. 큰 목소리로 낭송시켜 듣기 위해 그가 프랑스어로 번역하게 한 라틴어 서적은 한두 권이 아니었다. 그 가운데에는 이를테면 『아가』(雅歌), 『복음서』, 『성 안토니우스전(傳)』과 함께 아리스토텔레스의 『자연학』의 대부분, 로마의 저술가 솔리누스(Solinus)가 쓴 옛 『지리서』 등이 포함되어 있었다.4)

그리하여 이같은 새로운 수요로 인해 유럽의 거의 전역에 걸쳐 속어 문학이 태어나게 되었다. 이 문학은 온 세상 사람들을 위한 것이었지만 그저 흥미 본위만은 아니었다. 이러한 문학은 처음에는 거의 전적으로 다른 작품의 의역들일 뿐이었지만 그러면서도 역시 전통 전체에 한 발 다가서는 기회를 활짝 열어주었으며, 무엇보다 특히 예전처럼 그렇게 허구적인 빛깔로 칠해지지 않은 과거의 상에 다가갈 수 있는 계기를 마련해주었다.

실상을 말하자면, 속어로 씌어진 역사적 서술은 오랫동안 운문체와 옛 무훈시 투의 문체를 그대로 지녀오고 있었다. 사실대로 저술하기 위한 자연적 표현수단인 산문이 뿌리내리게 된 것은 13세기의 처음 몇십

---

*6 12, 13세기의 우스꽝스럽고도 풍자적인 이야기.

4) Lambert d'Ardre, *Chronique*, c. LXXX, LXXXI, LXXXVIII, LXXXIX.

년을 거쳐가면서의 일이었고, 그때 역사 서술의 두 가지 형태가 모습을 드러내게 되었다. 하나는 유랑가객의 세계에도 성직자의 세계에도 속하지 않는 사람들——상급제후인 빌라르두앵(Villehardouin)이나 낮은 신분의 기사인 로베르 드 클라리(Robert de Clary) 등——에 의하여 작성된 회상록들이었으며, 다른 하나는 광범한 대중의 계발을 위하여 특별히 의도적으로 편찬된 것들이었다.

　그러한 것으로는 『로마인의 위업』,*7 짐짓 겸양을 떠는 기색도 없이 호기롭게도 『프랑스 전사(全史)』라는 제목을 내건 역사적 개요, 작센인이 만든 『세계 연대기』 등이 있다. 한편 이와 거의 비슷한 시기에 프랑스에서, 그리고 이어서 저지대와 독일에서도 일상어로 씌어진 몇몇 증서가 나타나기 시작했는데, 이같은 증서는 처음에만 하더라도 상당히 드물기는 했지만, 이로 인해 마침내는 그 계약에 참여한 사람들이 번역 없이도 그 내용을 직접 알아볼 수 있게 되었다. 행위와 그 표현 사이에 가로놓인 심연은 이리하여 서서히 메워지고 있었던 것이다.

　이와 때를 같이하여, 강대한 통치자들——앙주 가문 전성기 때의 플랜태저넷 왕조의 국왕들, 샹파뉴 백작들 그리고 벨프 가(Welfen)*8 사람들——주위에 모인 교양 높은 정신(廷臣)들 사이에서는 우화와 환상으로 엮인 새로운 문학 전체가 대단한 성가를 누리고 있었다. 물론 이 무렵에도 무훈시가 다소나마 시대의 취향에 맞추어 수정되기도 하고 또 수많은 에피소드로 살이 붙기도 하면서 아직 인기를 완전히 잃어버리지는 않고 있었다.

　그러나 진정한 역사가 점점 집단적 기억 속에서 서사시에 대신하는 자리를 차지하게 됨에 따라, 프로방스 지방 또는 북프랑스에서 기원한 새로운 형태의 시가 싹트게 되었으며, 그것이 이들 지역에서 곧 유럽

---

*7 13세기 말 또는 14세기 초쯤에 라틴어로 엮인 일화집. 그리스·로마 이외의 세계에서 생겨난 설화도 약간 싣고 있다.
*8 12세기에 바이에른 공국과 작센 공국을 지배한 독일의 명문.

전역으로 퍼져나아갔다.

그 가운데 하나의 형태는 '신기(神技)의 검술'(grans borroflemens)을 주된 내용으로 하는 순전한 허구의 산물인 로망(roman)이었다. 이러한 검술 이야기는 시종일관 본질적으로 상무적(尚武的)인 성격을 지니고 있던 이 사회에서는 언제나 사랑받아온 주제이기는 하였지만 이제부터 이 로망에서는 불가사의한 매력으로 가득 찬 세계가 그러한 검술 이야기의 단골 배경으로 등장하게 되었다. 다시 말해 로망은 역사적 정확성을 내세우려는 의도 같은 것은 아예 처음부터 추호도 없었으며 동화의 세계로 도피하려는 경향이 있었다는 점에서, 이제 현실세계의 서술과 순수한 문학적 도피를 구분할 수 있을 정도로 상당한 세련됨을 갖추게 된 한 시대의 표현이기도 하였다.

또 다른 하나의 형태는 짧은 서정시였다. 이같은 서정시가 처음으로 작품화되어 나타난 것은 영웅서사시 자체와 거의 때를 같이할 만큼 오래된 일이었으나 이때부터는 창작되는 수가 점점 더 늘어났으며, 표현 기법이 점점 더 절묘해져갔다. 왜냐하면 더욱 예리해진 미의식의 요구에 따라서 참신한 형식이, 아니, 더 나아가서는 까다로울 정도로 교묘한 형식이 점점 더 큰 가치를 부여받게 되었기 때문이다. 12세기의 프랑스에서 가장 매혹적인 이야기 작가로 손꼽히는 크레티앙 드 트루아(Chrétien de Troyes)[*9]를 추모하면서 그의 경쟁상대였던 한 사람이 발견해낸 저 향기 드높은 시구, 곧 이 경쟁시인의 판단에 따르자면 크레티앙에게 바칠 만한 찬사로서는 가장 아름다운 표현이었던 '그는 양 손 가득 프랑스어를 담고 있었다'는 구절도 바로 이 시대의 것이었다.

[*9] 1135?~84?. 12세기 프랑스 최대의 시인이자 기사문학 작가의 한 사람. 부르고뉴 전설에서 소재를 따온 『트리스탄 이야기』, 아서 왕 전설에 바탕을 둔 일련의 기사문학 작품들을 지었다. 그의 작품에서는 속죄와 영혼의 구원을 희구하는 기독교적 이상의 추구가 엿보이며, 이 점에서 그는 많은 추종자와 모방자를 낳았다.

특히 로맨스와 서정시는 그저 행위만을 그리는 데에 그치지 않아서 그 작가들은 어느 정도 어설프기는 하나마 어쨌든 대단한 열정을 가지고 감정을 분석하는 일에도 노력을 기울이고 있었다. 전투장면의 에피소드에서조차 옛 무훈시에서 즐겨 읊어지던 것 같은 두 부대의 대접전보다는 두 기사가 겨루는 기마시합의 묘사가 환영받았다. 이 새로운 문학은 어느 모로 보나 개인의 의미를 회복시켜주면서 청중으로 하여금 자기 자신을 성찰해보도록 인도하는 경향을 가지고 있었다. 내적 성찰을 촉구한다는 이 점에서 로맨스는 성직자 집단이 미치고 있던 영향을 강화시키는 방향으로 작용하였다. 즉 신자들이 사제에게 '들려주는' 고해라는 관행은 오랜 세월 동안 수도원 세계에만 한정되어 있었지만, 12세기를 거치면서 세속의 사람들 사이에도 널리 퍼져갔던 것이다.

수많은 특징을 볼 때 1200년 무렵의 상류계층 사람들은 몇 세대 전의 조상들과 비슷해 보인다. 한결같은 폭력 기질, 기분의 갑작스러운 변화라는 한결같은 경향, 초자연적인 것에 대한 한결같은 몰두 등이 이 무렵 사람들에게서도 나타나고 있었는데, 특히 초자연적인 것에 대한 몰두는 악마적 존재에 사로잡힌 형태를 취하는 경우도 있었다. 추정하건대 그러한 경향은 이 당시 크게 번창하고 있던 마니교(敎)적 이단들 때문에 정통파 신앙을 믿는 사람들 사이에까지 번지고 있었던 이원론의 영향을 받아 더욱 강화된 것으로 보인다. 하지만 그들은 두 가지 점에서 예전 시대 사람들과는 심층적인 차이가 났다. 그들은 더 많은 교육을 받았으며 또한 더 각성된 존재였던 것이다.

2. 의식의 각성

더욱이 이러한 의식의 각성은 고립적인 개개인을 초월해서 실로 사회 자체에까지 퍼졌다. 여기에서 기폭제가 된 것은 11세기 후반에 일어난 종교적인 일대 '각성', 곧 주요 추진자 가운데 한 사람이었던 교황 그레고리우스 7세의 이름을 따서 흔히 '그레고리우스의 개혁'이라고 일컬어지게 된 움직임이었다. 이것은 옛 문헌으로 교육받은 성직자들, 그 중에서도 특히 수도사들의 갖가지 열망에 민중의 영혼 가장 깊숙한 곳으로부터 치솟아오른 수많은 상념들이 한데 뒤섞인, 비길 데 없이 복합적인 운동이었다.

성행위로 몸이 더렵혀진 사제는 신성한 미사를 유효하게 집전할 수 없다는 사고방식은 수도원의 금욕주의자들에 못지 않게 평신도 군중 사이에서 가장 열렬한 신봉자를 얻고 있었으며, 이같은 경향은 신학자들 사이에서보다도 훨씬 더 강렬하였다. 이 운동은 또한 유례를 찾아볼 수 없을 만큼 강력한 효과를 가진 것이기도 해서, 때마침 이때에 동방의 기독교에서 영구히 떨어져나오게 된 라틴적 가톨릭 교회가—이것도 우연의 일치에 따른 것만은 아니다—바로 이 운동으로 인해 결정적으로 형성되기에 이르렀다고 말해도 전혀 과장이 아닐 것이다.

그 시대 사람들 자신이 인식하고 있던 것보다도 더욱 새로운 성격을 가지고 있던 이 시대정신은 비록 표출된 형태는 아주 복잡다단했지만 그 본질은 몇 마디로 간추릴 수 있다. 즉 그레고리우스의 노력은 그때까지만 해도 성스러운 것과 세속적인 것이 거의 구분되지 않은 채 뒤섞여 있던 세상에서, 교회에 맡겨진 정신적 사명의 독자성과 우위성을 거듭 확인하고, 사제를 단순한 평신도로부터 분리하여 그 위에 앉게 하려는 목적을 가진 것이었다.

분명한 것은 개혁자들 중에서도 가장 엄격주의적인 입장을 취한 사람들을 지성의 벗이라고 하기는 거의 어렵다는 점이었다. 그들은 철학을 의심쩍게 여겼으며, 그들 자신도 걸핏하면 수사학의 힘에 굴복하지 않는 바가 아니면서도 이 수사학을 경멸하였다—페트루스 다미아누스는 라틴어의 명사 변화나 동사 활용법을 아주 정확하게 구사하는 사람이면서도 "나의 문법은 그리스도이다"라고 말하고 있었다.

이러한 엄격주의자들은 수도사의 본분이란 배우는 데에 있다기보다는 오히려 눈물 흘리며 우는 데에 있다고 생각하였다. 요컨대 성 히에로니무스 이래 고전고대의 사상이나 예술에 대한 찬미와 금욕주의적인 종교의 질투 어린 요구사항들 사이에 끼여 수많은 기독교도의 심정을 갈가리 찢어놓았던 저 장대한 의식(意識)의 드라마에서 이 엄격주의적인 개혁자들은 단호하게도 비타협적인 사람들의 편, 곧 아벨라르처럼 이교의 철학자들을 '신의 영감을 받은' 사람들로서 존경하기는커녕 라이허스베르크(Reichersberg)[*10]의 게어호(Gerhoh)[*11]를 본받아 그들을 '그리스도의 십자가의 적'으로밖에 여기려 하지 않았던 그러한 사람들의 편을 들었던 것이다.

하지만 그들 또한 종교계를 재정비하고자 시도하는 과정에서, 그리고 이어 자기네 강령이 요구하는 대로 세속권력, 특히 신성로마 제국에 맞서서 싸움을 벌이는 와중에서 아무래도 자기네 이념을 지적인 형태로 표현하고 스스로 합리적으로 사물을 생각하며 다른 사람들에게도 합리적으로 사고할 것을 촉구하지 않을 수 없게 되었다. 그리하여 그때까지만 해도 극소수의 학자들 사이에서만 논의되어왔던 여러 문제들이 갑자기 매우 큰 현실적인 의미를 지니게 되었다.

독일에서는 논쟁으로 해서 아직도 온통 흥분에 차 있던 성직자들이 국가의 목적이라든가 국왕과 인민 그리고 교황의 권리라든가 하는 문제에 대하여 여러 각도에서 논한 저작물들을 일반 사람들이 공공장소나 가게 안에서까지 읽고 있었다고들, 아니면 이 일반 사람들이 적어도 그러한 저작물들을 자기네 나라 말로 옮겨서 이야기해주게끔 했다고들 전하지 않는가.[5] 다른 나라는 이렇게까지 논쟁에 휩싸이지는 않았다. 그러나 이 논쟁의 영향을 받지 않은 곳은 한 군데도 없었다. 이제부터 사람들은 그전과는 비교가 되지 않을 만큼 강렬한 열의와 함께 인간사

---

*10 오스트리아 북부의 마을.

*11 1093?~1169. 독일에서 개혁운동을 주도한 인물 가운데 하나이며, 1066년에는 신성로마 황제 쪽에서 내세운 대립교황에 대한 지지를 거부하여 제국으로부터 추방되었다.

5) Manegold de Lautenbach, *Ad Gebehardum liber*(*Monum. Germ.*, *Libelli de lite*, t. I, pp.311, 420).

라는 것을 심사숙고해야 할 주제로 여기게 된 것이다.

여기에다 또 하나의 요소가 영향을 미쳐서 이러한 결정적인 변화에 기여하게 되었다. 세력깨나 있는 사람이면 누구나 어느 정도는 법률가 노릇을 하지 않을 수 없었던 이 시대에 전문적인 법학이 부활하게 된 것은—이 문제는 다음 장에서 살펴보게 될 것이다—파급력이 매우 큰 일이었다. 또한 이 부활로 해서 당대인들은 사회적 현실이란 체계적으로 서술될 수 있고 의식적으로 논구될 수 있는 그 무엇이라는 것을 알게 되었다.

그렇기도 하지만 새로운 법학 교육의 가장 확실한 성과는 다른 방면에서 찾을 수 있을 것이다. 무엇보다도 법학 교육은 추론의 대상이 무엇이건 간에 정연한 형식을 갖추어 생각할 수 있는 정신적 습관을 길러 주었다. 그리하여 법학 교육은 다른 면에서도 이미 서로 긴밀한 연관관계를 맺고 있던 철학적 사유의 진전과 이 점에서도 결부되기에 이르렀다. 물론 성 안셀무스라든가 아벨라르, 페트루스 롬바르두스(Petrus Lombardus)[*12] 같은 사람들의 논리학적 노고는 거의 전적으로 성직자들로 이루어진 극소수 사람들에게만 이어졌을 뿐이기는 하다.

그러나 바로 이들 성직자들이야말로 흔히 가장 활동적인 세상사와 연관을 가진 사람들이었다. 일찍이 파리의 학교들에서 수학한 다셀(Dassel)의 라이날트(Rainald)[*13]는 신성로마 제국의 상서(尚書)가 되었다가 또 나중에 쾰른의 대주교가 되어서 오랜 세월 동안 독일의 정치를 좌우하였다. 철학자이자 고위 성직자였던 스티븐 랭턴(Stephen Langton)은 존 실지왕(失地王, John Lackland)[*14] 치하에서 반란을 일

---

*12 1100?~60. 이탈리아의 신학자로, 13세기 신학 연구의 필수 교과서인 『명제집』의 저자.

*13 프리드리히 바르바로사 황제 시절 신성로마 제국의 상서를 지낸 인물. 1157년 10월 교황이 황제에게 보낸 편지의 용어를 번역하는 과정에서, 제국이 교황에게서 황제한테 수여된 봉토인 양 해석할 빌미를 제공하는 바람에 황제권-교황권 논쟁에서 큰 파문을 불러일으킨 것으로 유명하다.

으킨 잉글랜드 제후들의 앞장을 선 바 있다. 그뿐 아니라, 하나의 사상적인 분위기가 만들어낸 최고의 표현물에 반드시 한몫 끼여들지 않더라도 이 분위기의 영향은 얼마든지 받을 수 있었다.

1000년 무렵에 작성된 한 증서와 12세기 말엽에 씌어진 또 하나의 증서, 이 두 가지를 나란히 비교해보자. 거의 예외없이 이 두번째 문서가 더욱 명쾌하게 표현되어 있고 더욱 정확하며 덜 혼란스러운 것임을 알 수 있다. 하기는 12세기 자체 내에서도 씌어진 환경에 따라 문서들마다 아주 두드러진 대조를 보여주는 것은 사실이다. 학식을 갖추었다기보다는 오히려 빈틈이 없다고 할 수 있는 사람들이었던 부르주아지에 의해 작성된 도시의 증서는 이를테면 프리드리히 바르바로사(Friedrich Barbarossa)*15 황제 같은 군주의 박식한 상서부 사람들에 의해 발행된 훌륭한 문서와 비교해볼 때 일반적으로 작성솜씨가 훨씬 뒤떨어져 있다.

그러나 역시 대국적으로 보면 이들 두 봉건시기 사이의 대조는 매우 뚜렷하다. 그런데 이 경우에 표현방법이라는 것은 그 내용과 불가분의 관계에 있었다. 사유와 실천의 관계의 역사——이는 지금도 아직 대단히 불가해한 것이기는 하지만——에서, 봉건시대 제2기의 말엽에는 영향력 있는 사람들이 그들의 선배에 비해 한결같이 더 유용한 정신적 분석의 도구를 활용할 수 있었다는 이 사실이야말로 어찌 뜻깊은 일이 아닐 수 있겠는가.

---

*14 잉글랜드 왕. 재위 1199~1216. 프랑스의 필리프 2세와 싸워 프랑스 내의 잉글랜드 영토를 잃었기 때문에 실지왕이라는 별명을 얻었다.

*15 신성로마 제국의 황제. 재위 1152~90. 당시 기사의 전형이라고 일컬어졌으며, 십자군 원정에 참여했다가 소아시아에서 익사하였다.

제5장

법의 토대

1. 관습의 지배

봉건시대가 시작되기 전인 9세기 초의 유럽에서 재판관이 법률을 선언해야 하는 경우에는 어떻게 하였을까. 그가 착수해야 할 첫 과제는 법전을 참조하는 일이었다. 그 법전이란 만약 그 소송이 로마법에 따라 판결되어야 하는 것일 때에는 로마법의 편찬물이었고, 그렇지 않으면 거의 전체적으로 조금씩 성문화되어온 게르만족의 관습법일 수도 있었으며, 또 때로는 만족 왕국의 통치자들이 수없이 반포한 입법칙령일 수도 있었다. 이들 옛 문헌에 해당사건에 관한 법 규정이 나와 있는 한 재판관은 이에 복종하는 것 외에 할 일이 없었다.

그렇다고 해서 이 일이 언제나 그렇게 간단하기만 한 것은 아니었다. 법전의 사본이 없는 경우나 또는 이것이 산더미 같은 로마법의 수집물 속에 들어 있든가 해서 제대로 참조하기 어려운 경우 등도 실제로 아주 흔히 발생하곤 했음에 틀림없지만 그런 경우를 아예 제쳐놓더라도, 해당조항의 근거를 법률 관계서적 속에서 찾을 수 있는 경우에조차 당시 사람들이 실제 그 조항을 알게 되는 것은 관례에 의해서일 뿐이었다. 더욱이 가장 중대한 사실은 그 어떤 책자도 모든 일에 대해서 판정을 내려주기에는 충분하지 않았다는 점이다.

사회생활의 여러 분야는 모두가—이를테면 장원 내부에서의 여러 관계나 사람과 사람 사이의 유대관계 등 이미 봉건제도의 조짐이 드러나 있던 여러 영역은—법전 속에서 아주 불충분한 규정밖에 받지 못하든가 아니면 심지어 전혀 아무런 규정도 받지 못하든가 하였다. 이리하여 순수히 구전에만 의거한 전승이라는 영역이 성문법과 나란히 이미 존재하고 있었다. 다음 시기, 다시 말해서 봉건체제가 진정으로 형성되었던 시대의 가장 중요한 특징 가운데 하나는 이 구두 전승이라는 여백 부분이 엄청나게 불어나서 몇몇 지방에서는 사법의 영역을 송두리째 잠식할 지경까지 되었다는 점이다.

독일과 프랑스에서는 이러한 사태의 진전이 극한에까지 이르렀다. 입법(立法)은 이제 더 이상 없었다. 프랑스에서 출현하였던 최후의 『칙령집』(*Capitularia*)[*1]은 884년의 것이었으며 더구나 그나마도 독창적이라고는 거의 말할 수 없는 것이었다. 독일에서는 루트비히 경건왕이 사망한 이후 카롤링거 제국이 해체되면서부터 입법의 원천이 고갈되어버린 것으로 보인다. 기껏해야 몇몇 영역제후들—이를테면 노르망디 공이라든가 바이에른 공 등—이 여기저기에서 그래도 어느 정도나마 일반적인 효력을 가지는 조치를 한두 개 공포했을 뿐이다.

이렇게 입법이 끊겨버린 것은 왕권이 무력해진 결과였다고 주장하는 사람들도 때로는 있었다. 그러나 프랑스만이 문제였다면 그런가 보다 했을지도 모를 이 설명도 훨씬 더 강한 권력을 가지고 있던 독일의 통치자들에게는 분명 어울리지 않는다. 더구나 이 작센 왕조나 잘리어 왕조 출신 황제들은 알프스 이북인 독일에서는 공문서 속에서 개별적인 경우밖에 다루지 않았으나, 이탈리아에 있는 그들의 국가에서는, 그곳에서의 자기네 권력이 독일에 비해 분명 강하지 못했는데도 (일반적 내용을 다룬 법의—옮긴이) 입법자로 군림하지 않았던가. 알프스 너머 독일에서는 일찍이 명백하게 규정된 여러 규칙에다 무엇 하나 덧붙일 필

---

*1 '카피툴라리아'는 프랑크 왕국의 칙령집을 말한다.

요가 없다고 여기고들 있었는지도 모르지만, 만약 그렇게 여겼다면 그 진정한 이유는 바로 그 규칙들 자체가 잊혀져버렸다는 데에 있었다.

10세기중에는 만족의 법률이건 카롤링거 왕조의 포고이건 간에 어쩌다 지나치는 참에 인용되는 경우를 제외하고는 옮겨 쓰어지는 일도, 언급되는 일도 차츰 없어져버렸다. 어쩌다가 공증인이 아직도 로마법을 인용하는 척하는 일이 있기도 했지만 그것도 대개는 상투적인 글귀 아니면 그릇된 해석을 참조하는 것에 불과하였다. 그럴 수밖에 없지 않았겠는가. 유럽 대륙에서 모든 옛 법률문서의 공통어인 라틴어를 이해한다는 것은 거의 전적으로 성직자들의 독점물이었기 때문이다.

그런데 교회사회는 더욱더 배타적인 고유의 법을 만들어내었다. 교회법은 원전을 바탕으로 하고 있었고, 따라서 프랑크 국가의 칙령집 가운데 계속해서 주해(註解)되어온 것이 있었다면 그것은 전적으로 교회에 관한 것이었지만, 이 교회법은 오로지 성직자들의 수중에 들어 있는 학교에서만 가르쳐졌다. 그러한 반면 세속법은 그 어디에서도 교육의 대상이 되지 못하였다. 그렇다고는 해도 만약 법률가라는 전문직이 존재하고 있었다면 옛 법전에 친숙해지는 일이 완전히 없어지지 않았을 것임에 틀림없다. 그러나 재판절차에서는 변호사가 전혀 필요없었고, 모든 수장이 재판관 노릇을 하고 있었다. 이것은 바로 대부분의 재판관이 글을 읽을 줄 몰랐다는 것을 뜻하며 성문법을 유지하기에는 확실히 불리한 여건이었다는 것을 의미한다.

한편 프랑스와 독일에서 옛 법률의 쇠퇴와 속인들 사이에서의 교육의 쇠퇴가 이렇듯 밀접한 관련이 있었다는 사실은 반대되는 경우의 예를 몇 가지 들어보면 더욱 뚜렷하게 드러난다. 이탈리아에서는 이미 11세기에 외국인 관찰자인 황제 전속성당 신부 뷔포(Wipo)*2가 교육과 법률 사이의 관련을 썩 훌륭하게 밝혀낸 바 있었다. 이 나라에서는 '모든 젊은이'——즉 지배계층의 모든 젊은이라는 뜻——가 '이마에 땀 흘

____

*2 신성로마 제국 황제인 콘라트 2세와 하인리히 3세를 섬겼다.

려가며 배우도록 학교에 보내졌으며'[1] 만족의 법률도, 카롤링거 왕조의 칙령집도 그리고 로마법도 결코 중단되는 일 없이 연구와 요약 그리고 주석의 대상이 되고 있다고 그는 말하였다. 이와 마찬가지로 비록 산발적인 것임에는 틀림없지만 분명히 연속성을 인정할 수 있는 일련의 법령이 반포되어, 이 나라에서는 입법의 관습이 지속되고 있었음을 입증하였다.

앵글로색슨 시대의 잉글랜드에서는 법률용어가 일상어였기 때문에 앨프레드 대왕의 전기 작가가 썼듯이 글을 읽을 줄 모르는 재판관도 사본을 다른 사람에게 읽게 함으로써 이를 이해할 수 있었으며,[2] 크누트에까지 이르는 역대 군주들은 애써 하나씩하나씩 관습법을 성문화하기도 하고 이를 보완하기도 하는가 하면, 더 나아가 자신들의 칙령으로 이를 명확하게 수정하기도 하였다. 노르만 정복 이후에는 말이 통하지 않아서 이같은 법률문서의 내용을 정복자들이나 아니면 적어도 그들이 데려온 성직자들에게 이해시킬 필요가 생긴 것으로 보인다. 그 결과 이 브리튼 섬에서는 이미 12세기 초부터, 바로 그 당시 영불 해협 너머 대륙에서는 전혀 알려지지 않았던 사태 발전이 목격되었다. 즉 라틴어로 표현되어 있기는 하지만 본질적으로 앵글로색슨 사회의 전거에 바탕을 두고 있는 법률문헌이 출현한 것이다.[3]

그러나 봉건시대의 유럽에서 각 지역마다 이렇게 나타난 차이가 아무리 두드러진 것이었다고 하더라도 사태 전개의 심층에서까지 그러한 차이가 나타났던 것은 결코 아니다. 법률이 더 이상 문서에 바탕을 두지 못하게 된 고장에서는 그 대신에 잡다한 기원을 가진 수많은 옛 규

---

1) *Tetralogus*, éd. Bresslau, v. 197 et suiv.

2) Asser, *Life of King Alfred*, éd. Stevenson, c. 106.

3) 이와 마찬가지로, 앞에서 이미 살폈듯이 속인들 사이에서도 어느 정도의 교육이 계속 이루어지고 있던 에스파냐에서는 서고트족의 법전이 계속 필사되고 연구되었다.

칙들이 구전(口傳)을 통해 유지되어왔다. 그와는 반대로 옛 법전을 계속 이용해오고 소중히 여겨온 여러 나라에서는 사회적 필요 때문에 묵은 성문법이 보완되거나 때로는 폐지되기도 하면서 그런대로 존속하는 가운데 새로운 관습이 숱하게 생겨났다.

한마디로 말해 어디에서나 선행한 시대부터 내려온 법적 유산의 운명을 최종적으로 결정지은 것은 바로 이 동일한 근거, 곧 관습이었다. 관습은 당시 법률의 유일하게 살아 있는 원천이었으며, 군주들은 스스로 입법을 하는 경우에조차 관습을 해석하는 일 이외의 것을 특별히 하려는 태도는 거의 취하지 않았다.

이같은 관습법의 발달은 법률구조를 전면적으로 재편성하는 결과를 수반하였다. 옛 로마 제국의 판도(로마니아) 가운데 유럽 대륙 부분에 자리잡은 속주였다가 만족에게 점령된 지역*3에서도, 그리고 나중에는 프랑크족에게 정복된 게르마니아에서도, 혈통으로 보아 각기 다른 종족에 속하는 사람들이 서로 무릎을 맞대다시피 하면서 한데 섞여 살고 있었던 까닭에, 처음에는 법학 교수가 악몽 속에서나 보았음직한 다시없이 희한한 잡동사니 상태가 벌어지게 되었다. 출신 종족이 다른 두 사람의 소송인 사이에 빚어지게 마련인 법률 적용상의 어려움은 별도로 해야겠지만, 원칙적으로 개인은 어디에 살고 있건 간에 자기 조상들을 다스리던 법을 여전히 따르고 있었다.

그 결과, 리옹의 어느 대주교가 한 유명한 말을 빌린다면, 프랑크 시대의 갈리아에서 다섯 사람—예를 들면 로마인, 살리 프랑크인, 리푸아리 프랑크인, 서고트인과 부르군트인 등—이 얼굴을 맞댔다고 할 때 이들이 제각기 다른 법에 복종하고 있었다 하더라도 전혀 놀랄 만한 일이 아니었다. 어쩔 수 없는 필요에 따라 일찍이 강요된 이러한 체제가 이제는 지긋지긋하게 거북살스러운 것이 되고 말았으며, 더구나 여

---

*3 프랑스·이탈리아·에스파냐·포르투갈·루마니아 등 로망스어를 쓰는 지역
  을 가리킨다.

러 인종적 요소들이 거의 융합되어 있던 사회의 여건에 비추어볼 때에
더욱더 어울리지 않는 것이 되었다는 점은 이미 9세기가 되었을 때부
터 사려 깊은 관찰자라면 누구라도 의심할 수 없던 바였다. 토착의 주
민들에 대해서 신경써야 될 일 따위가 거의 없던 앵글로색슨족에게는
이러한 사태가 전혀 벌어지지 않았다. 서고트 왕국은 이미 654년에 의
도적으로 이같은 체제를 폐지하였다.

그러나 일단 이러한 특정한 법이 성문화되어 있는 경우에는 그것은
매우 큰 저항력을 발휘하였다. 법률 적용의 이러한 다양성이 가장 오랫
동안——12세기 초까지——지속된 지방이 학문적 전통을 자랑하는 이탈
리아였다는 사실은 시사하는 바가 크다. 더구나 이것 또한 존속하기 위
해서는 기이한 변형이라는 대가를 치를 수밖에 없었다. 왜냐하면 사람
들이 어떤 혈통에 속하는지를 결정하기가 점점 어렵게 여겨졌기 때문
에 법적 행위에 관련되어 있는 각 당사자마다 자기가 어느 법에 복종하
는가를 가리키게 하는 관습이 도입되기에 이르렀으며, 이리하여 당사
자의 뜻에 따르다 보니 적용되는 법이 때로는 사건의 성질에 따라 바뀌
는 일까지 벌어지곤 하였기 때문이다. 대륙의 다른 지방에서는 이미 10
세기부터 이전 시대의 법전이 잊혀져버렸기 때문에 전혀 새로운 질서
가 수립될 수 있었다. 이것은 때로 영역적 관습법의 체계라고 불리기도
하지만, 차라리 집단 관습법이라 불리는 편이 분명 제격일 그러한 관습
법 체계이다.

실제로 인간집단은 크건 작건 간에, 또 경계가 일정하게 지어진 땅에
서 살고 있건 그렇지 않건 간에 각기 그 나름대로의 법적 전통을 발전
시켜나아가는 경향을 가진다. 그래서 사람은 그의 다양한 활동국면에
따라 이러한 법역(法域)에서 다른 법역으로 차례로 옮겨가곤 한다.

예를 들어 여기 하나의 농촌취락이 있다고 하자. 농민의 가족법은 일
반적으로 주위의 지방 전체에서 통용되는 거의 비슷한 규범들을 따른
다. 그 반면에 그들의 농경법은 자기네 공동체의 특유한 관례를 따른
다. 농민에게 부과되는 여러 의무부담 가운데 그들이 토지 보유농으로

서 걸머지는 부담은 장원의 관습에 따라 정해진다. 그런데 이 장원의 경계는 촌락 농토의 경계와 언제나 일치한다고는 결코 말할 수 없다. 또 농민이 농노 신분인 경우 그들의 인신에 대해 부과되는 부담은 같은 주인을 섬기고 같은 고장에서 사는 농노들로 구성되는, 일반적으로 더욱 한정된 집단의 법에 따라 규정된다.

이 모든 것이 있다 하더라도 그것과는 아무 상관없이, 어떤 경우에는 엄밀히 당사자에게만 적용되기도 하고 또 어떤 경우에는 한 가계 전체를 따라 자자손손 효력을 미칠 수도 있는 갖가지 계약이라든가 선례라든가 하는 따위도 또한 그것들대로 존재하고 있었음은 말할 나위도 없다. 서로 비슷한 구조를 지니고 인접해 있는 두 개의 작은 집단 사이에서 관습법의 체계가 본디 거의 같은 선을 따라 형성된 경우에조차 이같은 관습법이 문서로써 고정되지 못했던 까닭에 점점 차이를 나타내게 되는 것은 어쩔 수 없는 일이었다.

이러한 세분화 현상을 앞에 놓고는 어떠한 역사가라 할지라도 때로는 헨리 2세의 궁정에서 편찬된 『잉글랜드법 개론』(*Treatise on the Laws of England*)의 저자(글랜빌)가 내뱉은 환멸 섞인 발언, 곧 "이 왕국의 여러 법과 관습을 모두 성문화한다는 것은 오늘날 참으로 불가능하다……. 이들 법과 관습은 그토록 혼란스럽게 뒤엉킨 덩어리를 이루고 있으니"[4]라고 한 말에 동조하고 싶은 마음이 들지 않겠는가.

그렇기는 하지만 이같은 관습의 다양성을 특히 두드러지게 드러내고 있던 것은 주로 세부사항과 그 표현양식 따위의 것들이었다. 주어진 한 지역을 볼 때 서로 다른 집단들의 내부에서 지켜져온 규칙들 사이에는 그래도 대체로 크게 닮은 경향이 지배적으로 나타나고 있었다. 심지어 이러한 유사성은 종종 더욱 멀리까지 미치곤 하였다. 때로는 유럽의 이

---

4) Glanvill, *De legibus et consuetudinibus regni Angliae*, éd. G. E. Woodbine, New Haven(USA), 1932(Yale Historical Publications, Manuscripts, XIII), p.24.

러저러한 사회에만 특유하기도 하고 또 때로는 전유럽에 공통되기도 한 강력하고도 단순한 몇 가지 집단적 이념들이 봉건시대의 법을 지배하였다. 그같은 이념들이 적용되는 데에서 무수한 다양성이 나타났음은 사실이다. 하지만 바로 이 프리즘 작용이야말로 숱한 진화의 요인들을 분해해줌으로써 그에 따라 당연히 생겨난 엄청나게 풍요로운 역사적 체험의 작용사례를 역사가에게 보여준다고 생각해야 될 듯하다.

2. 관습법의 특징

봉건시대 제1기의 법률제도는 이 시대의 문명 전체가 그러했던 것처럼 근본적으로 전통주의적이었고, 따라서 존재한 것은 존재했다는 바로 그 사실 때문에 존재할 권리가 있다는 식의 사고방식에 바탕을 두고 있었다. 물론 더 높은 도덕성으로 고취된 몇몇 예외적 사례가 없지는 않았다. 특히 자기네들 이상과는 전체적으로 너무나도 동떨어진 유산을 물려받은 세속사회를 눈앞에 마주한 성직자들은 선례가 곧 언제나 올바른 것이라고 혼동해서는 안 된다고 생각할 만한 이유를 충분히 가지고 있었다.

관습이 '기독교적 공정(公正)'보다 가혹하다고 판명된 경우에는 국왕은 관습에 따라 재판하지 않는다고 이미 랭스의 힝크마르(Hincmar)*4는 선언한 적이 있다. 순수한 사람들의 마음에 진정으로 혁신적인 숨결을 불어넣어주고 있던 '그레고리우스 정신'의 해설자 역할을 하면서, 그리고 또 한 사람의 자기 시대 전통의 파괴자였던 저 옛날의 테르툴리아누스(Tertullianus)*5의 말을 지당한 유산으로 취급하면서, 교황 우르바누스(Urbanus) 2세는 1092년에 플랑드르 백에게 이렇게 편지를 쓰고 있었다. "그대는 지금까지 이 땅의 아주 오랜 관습에 따르는 일만

---

*4 806?~882. 랭스의 대주교이자 신학자. 샤를 대머리왕의 고문.
*5 160?~222. 로마 시대 카르타고의 기독교 교부.

해왔다고 말씀하시겠소? 그러나 알아두셔야 할 것이오. 그대의 창조주
께서는 '나의 이름은 진리이다'라고 말씀하셨지 '나의 이름은 관습이
다'라고 하시지는 않았다는 것을."[5] 다시 말해 '나쁜 관습'이 있을 수
있었던 것이다. 실제로 실무 문서에는 꽤 자주 이런 말이 씌어졌다.

하지만 그 수많은 수도원 문서에서 '이들 가증스러운 혁신'이라든가
'일찍이 듣도 보도 못한 지독한 착취' 같은 비난이 오르내린 것은 거의
한결같이, 근자에 도입되거나 또는 그렇다고 여겨진 규칙들을 이런 식
으로 낙인찍기 위해서였다. 다시 말해서 관습은 주로 지나치게 새로운
경우에나 비난해도 괜찮은 것으로 여겨지고 있었다. 교회의 개혁에서
도, 그리고 이웃하는 두 사람의 영주들 사이의 소송에서도 더욱 존경할
만한 과거를 대신 내놓지 않는 한 과거의 위신에 대해서 이의를 제기하
기는 불가능하였다.

기이하게도 일체의 변화를 사갈시(蛇蝎視)하고 있던 이 법은 불변이
기는커녕 실제로는 일찍이 알려진 것 중에서도 가장 변형하기 쉬운 것
가운데 하나였다. 그것은 무엇보다도 이 관습법이라는 것이 실무문서
의 형태로건 법령의 형식으로건 문서로서 고정된 것이 아니었기 때문
이다. 대부분의 재판소는 단순한 구두판결로 만족해하고 있었다. 판결
의 재진술을 원할 때에는, 만일 해당 재판관들이 아직 살아 있다면 그
들에게 문의하는 절차를 취하였다. 계약을 할 때에는 쌍방의 의사는 대
개의 경우 일정한 형식으로 정해진 몸동작에 따라, 그리고 때로는 역시
이런 식으로 정해진 관용적인 몇 마디 말을 주고받음에 따라 맺어졌다.
그것은 한마디로 말해 추상적인 것에는 매우 둔감한 편인 상상력에 호
소하기에 아주 알맞은 것이었다.

예외적으로 이탈리아에서는 동의를 교환하는 데에 문서가 한몫을 하
고 있었을 뿐 아니라 문서는 그 자체가 요식행위의 한 요소를 이루고

---

5) Hincmar, *De ordine palatii*, c. 21 ; Migne, *P. L.*, t. CLI, col.
　　356(1092, 2 déc.). Tertulien, *De virginibus velandis*, c. 1을 참조하라.

있었다. 즉 토지의 양도를 표시하기 위해 다른 고장에서는 흙덩이나 짚단 따위를 쓴 것처럼 이탈리아에서는 증서를 손에서 손으로 넘겼다.

알프스 이북에서는 어쩌다가 양피지가 법정에 제출되는 일이 있기도 했지만 이는 거의 각서 정도의 구실밖에 못하고 있었다. 이 '고시'(告示, notitia)는 공증문서로서의 효력은 전혀 없었고 증인명부를 적어넣는 것이 주된 목적이었다. 왜냐하면 모든 것이 결국 법정에서의 증언에 의존하고 있었기 때문이다. 그것은 '검은 잉크'를 썼을 경우에조차 그러했으며 '검은 잉크'를 쓰지 않은 경우에는 더구나 더 그러했는데, 후자의 경우가 분명히 더 빈번하였다. 기억을 안고 있는 사람이 이 세상에 오래 남아 있으면 있을수록 그 기억이 그만큼 오래 보존되는 것이 틀림없는 일이었으므로 계약 당사자들은 종종 어린이를 증인으로 데려가곤 하였다. 나이가 어려서 주의가 산만하지나 않을까 염려되면 뺨을 갈긴다든가 자잘한 선물을 준다든가 심지어 억지로 목욕을 시킨다든가 하는, 이때의 인상을 적절하게 되살려낼 수 있게 해주는 갖가지 수단을 동원함으로써 이를 예방할 수 있었다.

따라서 하나하나의 거래에서나 관습에 관한 일반적 규칙에서나 전승을 보증해주는 것이라고는 거의 기억밖에 없었다. 그런데 인간의 기억, 곧 보마누아르(Philippe de Beaumanoir)[*6]의 말마따나 흘러가는 것이고 '퇴색하는' 것인 바로 이 기억은 숨아내기도 하고 변형시키기도 하는 불가사의한 용기(容器)이며, 우리가 집단기억이라고 부르는 것은 특히 더 그러하다. 실제로는 세대에서 세대로 전달되는 것에 불과한 이 집단기억이라는 것은 문서화되어 있지 않은 경우 각자의 머릿속에 새겨질 때 생기는 잘못에다 말을 잘못 듣는 데에서 생기는 잘못이 덧붙여진 것이다.

---

*6 1246~96. 프랑스의 법학자이자 시인. 관습법의 권위자로 로마법과 교회법에 조예가 깊었으며, 약간의 시와 짧은 이야기도 썼다. 유명한 관습법전인 『보베지 관습법』의 편찬자이다.

다른 문명사회들, 예를 들면 스칸디나비아인들 사이에 존재하고 있던 것처럼 뭇 계층 중에서도 법적인 기억을 직업적으로 보존하는 담당자 계층이 봉건시대의 유럽에 있었다면 그래도 괜찮았을 것이다. 그러나 봉건시대 유럽에서는, 그리고 속인들 사이에서는 법을 선언하는 기능을 담당하던 사람들 대부분이 어쩌다 한번씩 그러는 경우를 빼고는 거의 법을 기록해두지 않는 사람들이었다. 그들은 계통이 선 훈련을 받지 못했기 때문에 그런 사람들 가운데 하나가 탄식하였듯이 흔히들 '지레짐작과 변덕'에 따르지 않을 수 없었다.[6] 그래서 한마디로 판결이란 지식이라기보다는 차라리 필요의 표현이었다. 봉건시대 제1기는 지난날을 본받으려고 애쓰고 있었으나 일그러져 보이는 거울밖에 가지지 못했으므로 스스로는 변화하지 않고 있다고 여기는 동안에, 몹시 급속하게 그리고 매우 심층적으로 변화하여갔다.

더욱이 전통에 근거하여 인정받고 있던 권위 바로 그 자체가 어떤 뜻에서는 변화를 부채질하고 있었다. 왜냐하면 모든 행위는 일단 이루어지고 나면, 아니 좀더 정확하게 말해서 서너 차례 되풀이되고 나면 선례로 변할 위험성이 있었기 때문이다. 그 행위가 원래 예외적이고 심지어는 명백히 부당한 것이었던 경우에조차 그러하였다.

생 드니 수도원의 수도사들은 일찍이 9세기에 베르(Vers)에 있는 국왕의 창고에 포도주가 떨어졌던 어느 날, 그곳에 포도주 200통을 가져와달라는 부탁을 받았었다. 이때부터 해마다 이 공급은 의무로서 요구되었는데, 이것을 폐지하는 데에는 황제의 공문서가 필요하였다. 우리가 듣기에, 일찍이 아르드르에서는 이 고장의 영주가 곰 한 마리를 키우고 있었다고 한다. 주민들은 그 곰과 개가 싸우는 것을 구경하기를 좋아해서 곰의 먹이를 대겠다고 자청하였다. 그러다가 곰은 죽었다. 그러나 영주는 먹잇덩이를 계속 강요하였다.[7] 이 이야기의 신빙성에는

---

6) *Chron. Ebersp.* (*SS.*, t. XX, p.14). 이 대목 전체는 극히 기이하다.

7) *Histor. de Fr.*, t. VI, p.541 ; Lambert d'Ardre, *Chronique*, CXXVIII.

이의의 여지가 있을 수도 있겠지만 대신 그 상징적인 의미만은 의심할 나위가 없다.

많은 공조가 이렇듯 호의 어린 선물에서 비롯되어 오랫동안 그 선물이라는 이름으로 계속되었다. 거꾸로, 일정한 햇수 동안 지불되지 않은 지대라든가 갱신되지 않은 복종의 의식 따위는 거의 필연적으로 시효에 따라 소멸되어버렸다. 그래서 고문서 연구학자들이 '무해증서'(無害證書)라고 일컫는 이 희한한 문서들을 더욱 많이 발행하는 관습이 생기기 시작하였다. 제후나 주교가 어느 수도원장에게 숙박의 제공을 바랐다거나 국왕이 돈이 궁해서 신민의 선심에 호소했을 때 이러한 간청을 받은 사람들은 "좋습니다. 하지만 나의 응낙으로 의무가 생겨서 나에게 손해를 끼치지 않는다는 것을 흰 종이에 검은 잉크로 분명히 써주셔야만 그렇게 하겠습니다"라고 조건부로 대답하였다. 그러나 이러한 예방책은 웬만큼이라도 신분이 높은 사람들 외에는 거의 허용되지 않았으며, 쌍방의 힘이 너무 균형을 잃지 않은 경우에 한해서만 어느 정도의 효험이 있었다.

관습적인 사고방식의 결과 폭력이 정당화되고, 또 폭력행위가 수지맞는 것이 되어감으로써 폭력의 행사를 만연하게 하는 일이 너무나 빈번하였다. 카탈루냐에서는 어떤 토지가 양도되었을 때에, 그 원래의 주인이 누리고 있던 모든 이익과 함께 '무상으로, 즉 폭력에 의해' 이 토지가 양도되었다는 것을 기묘하리 만큼 파렴치한 정형문구로 약정하곤 하는 관례까지 있지 않았던가.[8]

과거에 이루어진 사실을 이토록 존중하는 경향은 물권법(物權法) 체계에 유달리 강하게 작용하였다. 봉건시대 전체를 통틀어서 토지이건 명령권이건 간에 어떤 것에 대한 '소유'(propriété)라는 말이 입에 오르내리는 일은 무척 드물었으며, 이 소유권을 둘러싸고 소송이 일어나

---

8) Hinojosa, *El regimen señorial y la cuestion agraria en Cataluña*, pp.250~51.

는 경우란 더욱 드물었다—도대체 이탈리아를 제외하고는 이런 경우
는 한번도 없었을 지경이었다.

　소송 당사자들이 주장하는 것은 거의 한결같이 '장기특별점유'(長期
特別占有, saisine, 독일어로는 Gewere)였다. 13세기에 이르러서도
로마법의 영향을 받기 쉬웠던 카페 왕조 역대 국왕 치하의 고등법원은
장기특별점유에 관한 모든 판결에서 '소유권 확인 요청', 곧 소유권에
관한 소송을 포함시켜두려고 배려하였으나 이는 헛일이었다. 미리 이
렇게 대비해둔 소송이 실제로 벌어진 적은 단 한 번도 없었다.

　그렇다면 이 유명한 '장기특별점유'란 무엇이었을까. 정확하게 말해
서 그것은 토지나 권리의 무조건적인 장악을 성립시키기에 충분한 그
러한 소지(所持, possession)가 아니라, 가지고 있었던 시간의 지속
정도에 따라 존중받게 된 점유(possession)였다. 두 사람의 소송인이
경작지나 재판권을 놓고 다투게 되었다면 현 시점의 실질적인 소지자
가 누구이건 간에, 과거 몇 년 동안에 걸쳐서 경작 또는 재판을 해왔다
고 증명할 수 있는 사람이 승소하게 되었으며, 그보다 더 확실하게 승
소할 수 있는 이는 바로 당사자의 조상이 당사자 이전에 그런 일을 했
었다고 입증하는 사람이었다. 그래서 신명심판(神明審判)*7이나 결투재
판에 회부되는 경우가 아닌 한 소유자는 일반적으로 '소급될 수 있는
한 먼 옛날의 사람에 대한 기억'을 상기하려 할 터였다.

　이른바 소유자가 권리증서를 작성한 경우에는 어떻게 될까. 그것은
기억을 돕기 위한 것 이외의 거의 아무것도 아니었으며, 설사 이양받았
다는 것을 입증한다고 하더라도 그때의 이양은 이미 장기특별점유권의
이양일 뿐이었다. 오랫동안의 관습적인 사용에 대해 일단 이렇게 증거
가 제시되면 아무도 그밖의 다른 것을 증명하는 편이 유익하다고 생각
하지는 않게 되는 것이다.

---

*7 불이나 끓는 열탕 등에 손을 넣게 해서 다치지 않는가의 여부로 죄인을 가려
　냈던 게르만족의 죄인 판별법.

더구나 그밖의 여러 가지 이유 때문에도 소유권이라는 낱말은 부동산에 대해 쓰이는 경우에는 거의 아무런 의미도 없었을 것이다. 아니면 적어도—후대에 더욱 정밀하게 다듬어진 법학용어가 확립되었을 때 흔히 쓰이던 표현대로—토지에 대한 '이러저러한 권리들'을 소유했다거나 또는 장기특별점유했다는 말 정도밖에 할 수 없었을 것이다. 실제로 이 당시에는 거의 모든 토지와 수많은 사람들에 대해 성질이 각양각색이면서도 영역별로 각기 동등한 중요성을 가지는 것으로 보이는 수많은 권리가 행사되고 있었다. 이러한 권리들은 그 어느 것도 로마법의 소유권 개념에 특유하게 나타나는 저 엄격한 배타성을 보여주지는 않았다.

일반적으로 아버지에게서 아들로 대를 물려가면서 땅을 갈고 수확을 올리는 토지 보유농, 이 농민에게서 공조를 받으며 어떤 경우에는 토지를 몰수할 수도 있는 토지 보유농의 직접영주, 이 직접영주가 섬기는 바로 위의 영주와 이런 식으로 봉건제도의 사다리 전체를 따라 차례로 위로 올라가며 존재하는 영주들, 이 일련의 사람들이 누구라도 다른 사람들과 동등한 정당성을 지니고 이것은 "내 경작지이다"라고 말할 수 있지 않은가. 게다가 이 정도만으로 그친다고 하더라도 말도 않겠다. 왜냐하면 가지는 위와 아래의 관계만큼이나 옆으로도 퍼져 있었기 때문이며, 따라서 대개는 수확이 끝나자마자 경작지 전체의 사용권을 되찾게 되는 촌락공동체도, 그리고 토지의 양도에 필수불가결한 요소인 '동의'를 해주는 토지 보유농 가족도, 다시 차례차례 이어지는 영주들의 가족도 고려해야 되었기 때문이다.

물론 인간과 토지를 잇고 있는, 위계서열화되었으면서 복잡하기 그지없이 뒤얽힌 이러한 유대관계는 아주 오랜 그 기원 덕분에 인정받고 있었음에 틀림없다. 로마 제국의 판도 자체 내에서만 하더라도 대부분의 지역에서는 로마 시민적 완전소유(quiritium)[*8]라는 것은 외관상의

[*8] 절대적·배타적인 소유권을 말한다.

것에 불과하지 않았던가 말이다. 그렇기는 하지만 이같은 착종된 소유 제도는 봉건시대에 들어오자 비길 데 없이 더욱 극성스럽게 활개를 쳤다. 동일한 물(物)에 대해 이처럼 여러 개의 '장기특별점유들'이 한데 겹치더라도, 모순된 논리에 별로 민감하지 못한 정신상태에 있던 당시 사람들에게는 별로 신경에 거슬리지 않았으니, 이와 같은 법적 권리와 의견의 상태에 대한 정의를 내리는 데에는 사회학의 한 유명한 문구를 빌려 법적 '융즉'(融卽, participation)*9의 의식구조라고 말하는 것보다 더 좋은 표현이 아마 없을 것이다.

3. 성문법의 부활

앞에서 살펴본 대로 이탈리아의 여러 학교에서는 로마법의 연구가 결코 중단된 적이 없었다. 그러나 마르세유의 어느 수도사의 증언에 따르면 11세기 말경 바로 이때부터 교사진이 가르치는 수업에 학생들이 그야말로 '구름떼'처럼 몰려들었고, 교사진 자체도 더 수효가 많아지고 조직도 더욱 정연해져갔다고 한다.9) '법의 횃불'이라고 불린 이르네리우스(Irnerius)*10가 가르쳐서 유명해진 볼로냐에서는 특히 그러하였다.

---

*9 프랑스의 사회학자이자 인류학자인 레비 브륄(Lévy-Bruhl)이 원시인의 심성을 특징짓기 위해 쓴 용어. 그에 의하면 원시인들의 사고는 융즉의 원칙을 따르는데, 이는 사고의 주체와 객체를 확연히 구분하지 않고, 하나의 존재는 자신이면서 동시에 다른 존재일 수 있다고 여기는 것을 특징으로 한다. 사물을 추상화하고 분류하는 근대인의 논리적 사고에 대비시켜, 레비 브륄은 이러한 사고는 신비적이며 논리 이전(論理以前)적인 심성이라고 규정하고 있는데, 마르크 블로크는 미분화적(未分化的) 사유가 중세적 토지 소유 관행에 깃들여 있다고 보았으며, 이를 특징짓는 데에 레비 브륄의 이 용어가 가장 적합하다고 생각한 것으로 보인다.

9) Martene et Durand, *Ampl. Collectio*, t. I, col. 470(1065).

*10 12세기의 이탈리아 법학자이자 초기 주석학파의 대표자.

동시에 교육의 내용도 심대한 변화를 겪었다. 그전에는 보잘것없는 요약을 중시하느라 너무나도 자주 무시되어왔던 법전의 원전이 이제 다시 으뜸가는 위치를 차지하게 되었다. 특히 거의 잊혀져왔던 『로마법학설휘찬』(*Digesta*)은 앞으로 라틴법학 중에서도 가장 세련된 형태의 것을 연구하는 데 길잡이가 되기에 이르렀다. 이 부활과 이 시대의 다른 지적 활동은 더할 나위 없이 밀접한 연관관계를 맺고 있었다. 그레고리우스의 개혁이라는 고비를 거치면서 자극받은 모든 당파들은 정치적 사색과 마찬가지로 법학적 사유를 위해 애쓰기 시작하였다. 이 개혁에서 직접 고무받아 교회법의 대대적인 편찬이 이루어진 것은 볼로냐의 법학학교 사업이 처음 시작된 것과 시기적으로 정확하게 일치하고 있거니와 이 또한 결코 우연한 일은 아니었다. 이 볼로냐의 법학학교 활동에서 우리는 고전고대로의 복귀라는 징표와 아울러 부활하고 있던 철학에서와 마찬가지로 라틴어로 된 새로운 문학에서도 막 꽃피려 하고 있던 논리적 분석의 취향이라는 징표가 함께 나타나고 있었음을 인정하지 않을 수 없을 것이다.

이와 비슷한 요구는 거의 같은 무렵의 다른 고장에서도 나타났다. 거기에서도 역시 특히 상급제후들이 직업적인 법률가의 의견을 구해야겠다는 욕구를 느끼기 시작하였다. 1096년 무렵부터, 블루아(Blois) 백작의 법정을 이루고 있던 평결인(評決人)들 사이에서는 자부심이 섞인 태도로 스스로 '법의 학자'라고 일컫는 인물들이 출현하였다.[10] 아마도 그들은 알프스 산맥 이북의 수도원 서고에 아직도 간직되어 있던 고대법의 원전 몇 가지에서 지식을 얻은 것으로 보인다. 그러나 이같은 사람들은 너무나 적었기 때문에 그들만으로는 자기네 고장에서 로마법 부활의 인적 자원이 될 수 없었다.

부활의 추진력은 이탈리아로부터 밀어닥쳤다. 볼로냐 학파의 영향은

---

10) E. Mabille, *Cartulaire de Marmoutier pour le Dunois*, 1874, n^{os} CLVI et LXXVIII.

그전보다도 더욱 활발해진 교류생활에 힘입어, 그 수업——이는 외국인 청강자들에게도 문호가 개방되어 있었다——과 저작물류 그리고 몇몇 교사들의 이주에 의하여 널리 퍼져갔다. 게르마니아의 통치자이자 이탈리아 왕국의 통치자이기도 하였던 프리드리히 바르바로사 황제는 이탈리아 원정중에 롬바르디아의 법학자들을 자기 측근에 모아들였다. 일찍이 볼로냐에서 수학하였던 플라켄티누스(Placentinus)[*11]는 1160년 직후 몽펠리에(Montpellier)[*12]로 가서 정착하였다. 이보다 몇 년 전, 또 한 사람의 볼로냐 수학생이었던 바카리우스(Vaccarius)는 캔터베리에 초청되어 가 있었다. 12세기중에 로마법은 도처에서 학교들마다 파고들어갔다. 예를 들어 로마법은 1170년 무렵 상스에서 교구 성당의 보호 아래 교회법과 나란히 전수되었다.[11]

　사실인즉, 로마법의 부활은 한편으로는 세찬 반감도 불러일으키게 되었다. 로마법은 근본적으로는 세속법이었으므로 그 잠재적인 이교성은 수많은 교회인을 불안하게 만들었다. 수도원적 덕성의 옹호자들은 로마법이 수도사들을 믿음에서 빗나가게 한다고 비난하곤 하였다. 신학자들은 로마법이 그동안 성직자들에게 어울리는 유일한 사유(思惟)라고 생각되어온 다른 체계를 밀어내고 대신 들어앉으려 하고 있다고 질타하였다. 프랑스 국왕들 자신이나 그 조언자들도, 적어도 필리프 오귀스트(Philippe Auguste) 왕[*13] 이후로는 로마법이 신성로마 황제의 패권을 주장하는 이론가들에게 너무나도 쉽게 논거를 제공해준다고 생각해서 불쾌감을 가지게 되었던 것으로 보인다. 그러나 이러한 맹렬한 비난은 이 로마법 부활운동을 막을 수 있는 것이기는커녕 오히려 이 운

[*11] 이탈리아의 법학자로, 로마법 주석학파의 4대 박사 가운데 한 사람.

[*12] 프랑스 남부해안 가까이에 위치한 도시.

[11] *Rev. hist. du Droit*, 1922, p.301.

[*13] 필리프 존엄왕. 재위 1180~1223. 잉글랜드의 존 왕과 싸워 노르망디를 회복하고, 사법·행정 기구를 개혁하는 등 왕권을 비약적으로 성장시켰다.

동의 강력함을 입증해주는 것에 지나지 않았다고 해도 과언이 아니다.

관습법의 전통 가운데 로마법의 흔적이 깊디깊게 남아 있던 남부 프랑스에서는 이제부터 법학자들의 노력으로 로마법 원전을 참조할 수 있게 되었다. 그 결과 이 로마법이라는 '성문'법은 일반법의 지위로까지 끌어올려졌으며, 관례에 명백하게 어긋나는 점이 없는 경우에는 그대로 적용되고 있었다. 이것은 프로방스에서도 마찬가지였다. 이곳에서는 12세기 중엽부터 『유스티니아누스 법전』[*14]에 관한 지식이 일반 속인들에게조차 아주 중요한 것으로 여겨지고 있었던 까닭에 속어로 그 내용을 간추려 그들에게 제공해주려는 노력이 기울여졌다.

그러나 다른 지방에서는 로마법의 영향이 그렇게까지 직접적으로 미치지는 않았다. 그뿐 아니라 로마법의 영향이 미치기에 특별히 유리한 고장에서조차 조상 전래의 규칙이 너무나도 공고하게 '사람들의 기억'에 뿌리내리고 있었으며, 더구나 이것이 고대 로마와는 아주 다른 사회구조의 모든 체계와 너무나도 긴밀하게 연결되어 있었기 때문에 몇몇 법학 교사들의 의지만으로는 이를 뒤엎을 도리가 없었다. 하지만 어쨌든 이제부터는 어떤 고장에서도 구식 입증방법, 특히 결투재판을 기피하는 현상이 나타났으며, 공법(公法)의 영역에서 대역죄의 개념이 성립하였는데, 이 또한 『로마법 대전』(*Corpus Juris*)과 그 주석에 나오는 실례들에서 어느 정도 영향을 받은 것이었다.

더욱이 이 법학이라는 분야에서는 다른 온갖 요인들도 작용하여 고전고대의 모방을 강력하게 촉진하고 있었다. 즉 그것은 '하느님을 시험하려는' 목적을 가진 것으로 보일 수 있는 모든 관행과 유혈에 대해 교회가 가지고 있던 공포라든가 더욱 편리하고 더욱 합리적인 소송절차에 대해 특히 상인층이 느끼고 있던 매력이라든가 군주 위신의 회복 등이었다. 12, 13세기에 몇몇 공증인들은 로마법전의 어휘를 빌려 그 당시의 사회현실을 표현하려고 애썼으나 그런 어설픈 시도로 인간관계의

[*14] 정식 명칭은 『로마법 대전』.

가장 깊숙한 곳까지 영향을 미친다든가 하는 일은 거의 기대할 수 없었다. 당시 '학자의 법'이 '살아 있는 법'에 진정한 영향을 미친 것은 다른 경로를 통해서, 다시 말해 이 살아 있는 법으로 하여금 그 자체에 대한 더욱 분명한 인식을 가지게끔 가르쳐줌에 의해서였다.

실제로 그때까지 이럭저럭 사회를 지배해온 순전히 전통적인 규범들에 직면해서, 로마법 학교에서 교육받은 사람들이 필연적으로 취할 수밖에 없었던 태도는 그 당착과 불확실성을 제거하고자 하는 일이었다. 더욱이 그러한 지적 생리는 차츰 퍼져가는 성질이 있으므로 이러한 경향도 머지 않아, 고전고대의 법이론에서 물려받은 지적 분석이라는 썩 훌륭한 수단에 친숙해 있던 비교적 좁은 집단의 테두리를 넘어 확대되어갔다. 더구나 여기서도 이러한 경향은 자연발생적인 여러 추세와 합세하여 작용하였다. 예전 같은 무식함을 극복하게 된 이 문명은 문서를 열망하고 있었다. 더욱 강력해진 뭇 집단들—특히 도시적 집단들—은 그 유동적인 성격 때문에 과거에 그토록 숱하게 남용되어온 규정들을 이제는 고정시켜야 한다고 요구하고 있었다.

큰 국가나 대규모 영역제후령에서 사회적 요소들이 재편성된 것은 단지 입법의 부활뿐 아니라 더 나아가 광대한 영역에 대한 통일된 재판권의 확대를 뒷받침하는 일이었다. 『잉글랜드법 개론』의 저자가 앞에서 인용한 구절에 뒤이어, 맥빠질 정도로 잡다한 지방 관습법에다 국왕법정의 훨씬 더 훌륭하게 정비된 소송절차를 정면으로 대비시키고 있었던 것도 이유가 없지 않았다. 카페 왕국에서도 1200년을 전후하여 아주 좁은 의미에서의 지방 관습에 대한 고풍스러운 언급과 나란히 파리 주변의 프랑스, 노르망디 또는 샹파뉴와 같은 더 넓은 관습법 지역의 이름이 나타나기 시작했다는 것은 이같은 특징을 잘 말해준다. 이러한 모든 징후는 법률을 문서로 확정하는 작업이 추진되고 있었다는 것, 그리하여 12세기 말에는 비록 완성된 모습은 아니라 하더라도 적어도 그 선구적인 형태들이 분명히 드러나고 있었다는 사실을 알려준다.

이탈리아에서는 1132년 피사에 주어졌던 특허증서 이후로 도시법규

(statut urbain)가 점점 늘어났다. 알프스 이북에서는 부르주아에 주어지는 면제문서(免除文書, acte de franchises)가 모습을 바꾸어 관습의 세세한 진술이라는 형태를 취하는 경향이 점점 늘어났다. "법의 제정과 수정에 환한 법학자이며, 이미 쓰이지 않고 있는 판례의 숙달된 발견자"[12]였던 국왕 헨리 2세는 잉글랜드에서 왕성한 입법활동에 힘을 기울였다. 이러한 입법 관행은 평화운동이라는 이름 아래 독일에까지 재도입되었다. 프랑스에서는 매사에 잉글랜드의 경쟁자들을 흉내내지 않을 수 없었던 필리프 오귀스트 왕이 포고로써 갖가지 봉건적 사항들을 규정하였다.[13]

마침내는 아무런 공적 위임도 받지 않고 단지 법률가들의 실무 편의를 위해 현행 법규를 자기네들 주변에서 왕성하게 체계화하는 일에 전념하는 저술가들이 생겨났다. 여기에 앞장선 것은 당연히 그럴 수밖에 없었듯이 오래 전부터 순전한 구전상의 전승만으로는 만족해하지 않는 버릇을 길러온 사회들, 곧 북이탈리아와 잉글랜드였다. 예컨대 북이탈리아에서는 한 편찬자가 1150년경 봉토의 권리에 관한 견해들을 일종의 집성으로 묶어 펴냈는데, 여기에 실린 견해들이란 신성로마 제국 황제들이 권리에 관하여 롬바르디아 왕국 안에서 반포한 여러 법령을 바탕으로 자기 나라의 법학자들이 머릿속에 품어왔던 내용들이었다. 잉글랜드에서는 1187년경 대법관(justicier)*[15]인 라눌프 글랜빌의 측근들

---

12) Walter Map, *De nugis curialium*, éd. M. R. James, p.237.

13) 국왕이 반포한 아주 오래된 입법조치들 가운데에는 예루살렘의 역대 국왕들이 반포한 것들도 들어 있다. *Beiträge zur Wirtschaftsrecht*, t. I, Marbourg, 1931에 실린 미타이스(H. Mitteis)의 논문과 *Mélanges Paul Fournier*, 1929에 실린 그랑클로드(Grandclaude)의 논문을 참조하라. 또한 시칠리아 왕국의 노르만인 국왕들이 반포한 법령도 이에 포함된다. 그러나 후자는 부분적으로 서유럽에서 외래적인 전통을 계승하고 있었다.

*15 영어로는 justiciar. 최고 재판관으로서 국왕의 부재중에는 섭정 역할을 하기도 한 잉글랜드의 고위직. 13세기 중엽에 폐지되었다. 이 글랜빌이 앞에서

사이에서 우리가 이미 몇 번이나 인용한 바 있는『잉글랜드법 개론』이 성립되었거니와, 이어 1200년 무렵에는 가장 오래된 노르망디 관습법의 집성이 이루어졌다. 1221년 무렵에 한 기사가 속어로 편찬한『작센슈피겔』(Sachsenspiegel)[14] [16]은 새로운 정신의 철저한 터득을 (관습법의 집성이라는 점에서 그리고 속어에 의한 보급이라는 점에서—옮긴이) 이중으로 입증하고 있었다.

　이러한 작업은 다음 몇 세대를 통하여 활발하게 계속되었다. 따라서 중대한 변화를 겪었음에도 불구하고 여전히 유럽의 대(大)군주정 국가들에 수많은 특징을 남기고 있던 사회구조는 13세기 이전까지는 문서상 불완전하게밖에 서술되지 못하고 있었던 것인 만큼, 이 사회구조를 이해하려면 비교적 후대에 씌어진, 그러면서도 대(大)성당들과『신학대전』(Summa Theologica)[17]의 시대에 특유한 조직적인 명석성을 반영하고 있는 위의 저서들을—물론 조심해야 될 것은 충분히 조심해야 되겠지만—자주 참조하지 않을 수 없다. 기사(騎士) 시인이자 법학자였고, 각기 루이 성왕의 아들[18]과 손자[19]인 두 국왕을 섬긴 바이이(bailli)[20]였으며 1283년에는『보베지 관습법』(Coutumes du

---

　는 세네샬이라는 관직 명칭과 함께 나왔다.

14) 적어도 우리에게 전해지고 있는 유일한 판본은 속어로 되어 있다. 추정하건대 이에 앞서 라틴어판이 작성된 것으로 보이는데, 이는 오늘날 전해지지 않는다.

[16] 아이케 폰 레프고(Eike von Repgow)가 편찬한 법률서. 독일의 법률서적 중 가장 중요한 것으로서, 속지주의인 영방법(국가공법)과 속인주의인 봉건법 두 가지로 되어 있다. 작센에서는 법전처럼 다루어졌으며 작센 이외의 지역에서도 그 권위를 크게 인정받았다.

[17] 스콜라 철학의 체계를 집대성한 토마스 아퀴나스의 저작.

[18] 필리프 3세.

[19] 필리프 4세.

[20] 국왕이나 영주의 이름으로 재판하던 대법관.

Beauvaisis)을 편찬한 필리프 드 보마누아르라는, 봉건사회에 대한 가장 걸출한 분석가의 도움을 빌리지 않고 작업할 수 있는 역사가가 그 누가 있겠는가.

그런데 법은 이때 이후로 부분적으로는 입법이라는 수단에 의해 고정되기도 한데다가 어쨌든 전체적으로 교육의 대상이 되고 또한 성문화되기에 이르렀으니, 그 수많은 다양성과 아울러 융통성을 어찌 잃지 않고 배겨낼 수 있었겠는가. 물론 법이 계속 진화해가는 것을 절대적으로 가로막는 것은 아무것도 없었고, 또 실제로 법은 진화를 이루기도 하였다. 그러나 법의 변화는 무의식적으로 일어나는 것이 아니게 되었으며, 따라서 점점 드물어졌다. 왜냐하면 변화를 심사숙고한다는 것은 변화를 단념한다는 것을 언제나 내포하고 있기 때문이다.

유례없이 유동적이었던 한 시기, 모호하면서도 심층적으로 무엇인가가 배태되고 있던 한 시대는 그리하여 12세기 후반부터 다음 시대로 자리를 물려주게 된다. 이 시대에 들어서게 되면 사회는 이제 인간관계를 한층 빈틈없이 얽어매고, 여러 계층 사이에 더욱 뚜렷한 경계를 확립하며, 수많은 지방적 편차를 없애고, 끝으로 더욱 완만한 변화밖에 인정하지 않는 경향을 보이게 될 것이다. 한편으로는 다른 인과관계의 사슬과도 밀접히 연관되어 있던 이 법정신의 변천이 1200년을 전후하여 일어난 저 결정적인 변화에서 유일한 원인이었던 것은 물론 아니다. 하지만 그것이 이 변화에 대대적으로 기여했다는 사실만은 의심할 나위가 없다.

제2부 사람과 사람의 유대관계

제1장

혈족의 연대

1. '육친의 벗들'

혈연공동체에 바탕을 둔 유대관계는 봉건제의 특징적 인간관계보다도 훨씬 오래되었으며, 또 이것과는 본질적으로 무관한 것이었으나 바로 이 봉건제라는 새로운 사회구조 안에서도 계속해서 매우 중요한 역할을 하고 있었기 때문에 봉건사회의 구조를 그려보는 데에서 이 유대관계를 제외한다는 것은 있을 수 없는 일이다.

불행하게도 이 문제에 관한 연구는 쉽지 않다. 과거에 프랑스에서 농촌의 가족공동체를 흔히 '무언(無言)의' 공동체, 즉 '침묵하는' 공동체라고 불렀던 것도 이유가 없지 않다. 문서 없이도 쉽게 일을 처리할 수 있다는 것이 바로 근친간의 관계에 고유한 성질이다. 예외적으로 문서에 의존하는 경우도 있지 않았을까. 그러나 이러한 문서는 거의 오로지 상류계급 사이에서 사용되기 위하여 작성된 것들이었는데, 그나마 대부분 없어져버렸다. 적어도 13세기 이전의 것은 그러하였다. 왜냐하면 이 시기까지 작성된 고문서로서 우리에게 전해지는 것은 거의 전적으로 교회문서뿐이기 때문이다.

게다가 장애는 이것만이 아니다. 봉건적인 제도들은 하나의 유럽이 참되게 형성되고 있던 바로 그 순간에 태어났고 근본적인 차이 없이 유

럽 세계 전체에 퍼져갔으므로 봉건제도의 총체적인 모습을 그리려는
시도는 이치에 닿는 것이라 할 수 있다. 그러나 반면에 친족제도라는
것은 운명적으로 함께 모여살 수밖에 없기는 하지만 다양한 기원을 가
지고 있던 각각의 집단에게 그들의 개별적인 과거부터 이어져내려온
유달리 끈질긴 유산이었다. 예를 들어 군사적 봉토의 상속에 관한 규칙
은 거의 획일적인 데에 반하여 여타 재산의 이전을 규정한 규칙은 한없
이 다양하다는 사실을 비교해보면 딱 좋을 것이다. 다음에 이어질 논술
에서는 지금까지보다도 더욱 심하게 몇몇 커다란 추세를 강조하는 것
만으로 그칠 수밖에 없을 것이다.

그러니까 봉건시대의 유럽 전역에는 동족집단이 존재하였다. 이를
가리키는 데에 쓰인 용어들은 일정하지 않다. 즉 프랑스에서는 '파랑
테'(parenté, 친족)나 '리냐주'(lignage, 혈족) 같은 말들이 가장 흔하
게 쓰이고 있었다. 그런 반면 이렇게 해서 맺어진 유대관계는 아주 강
력했던 것으로 생각된다. 하나의 단어가 그같은 특징을 잘 나타내고 있
다. 즉 근친을 가리켜 프랑스에서는 대개 그냥 '아미'(ami, 벗)라고 하
며 독일에서는 '프로인트'(Freunde, 벗)라고 부른다. 11세기에 일 드
프랑스의 한 법령은 이렇게 열거하고 있다. "그의 벗들, 즉 그의 어머
니, 형제, 자매 그리고 혈연과 결혼으로 맺어진 그의 다른 근친들."[1]
때때로 '육친의 벗들'(amis charnels)이라고 명시되는 경우도 있기는
했지만, 이는 정확성을 추구하려는 그리 흔하지는 않은 배려에서 나온
것에 지나지 않았다. 마치 실제로 진정한 우정이란 피로 맺어진 사람들
사이에서밖에 존재할 수 없다는 듯이!

섬김을 가장 잘 받는 영웅이란 자기의 모든 전사들이 가신제(家臣制)

---

1) *Cartulaire de Sainte-Madeleine de Davron* : Bibl. Nat., ms. latin 5288,
   fol. 77 v°. 'ami'와 'parent'이 같은 뜻으로 사용된 사례는 갈리아와 아일
   랜드의 법률문서에서도 찾아볼 수 있다. R. Thurneyssen, *Zeitschrift der
   Savigny-Stiftung*, G. A., 1935, pp.100~101을 참조하라.

라는 새로운 그리고 진정으로 봉건적인 성격을 가진 관계에 의해 그에게 결합되어 있거나, 아니면 친족이라는 고래의 관계에 의해 그와 결부되어 있는 그런 사람을 말하였다. 이 두 결속관계는 동등한 구속력을 가지면서 다른 모든 유대관계보다 우선하는 것으로 여겨졌기 때문에 대개 동등한 차원에 놓여 있었다. '마겐과 마넨'(magen und mannen, 친척과 신하)이라는 두운(頭韻)을 밟은 구절은 독일의 서사시에서 거의 속담처럼 말해지고 있을 정도이다.

게다가 우리가 이 문제에 관해 확보하고 있는 보증은 시뿐만이 아니니, 13세기의 저작자였던 명민한 주앵빌(Jean Joinville)*1조차도 여전히, 기 드 모부아쟁(Guy de Mauvoisin)*2의 군대가 알 만수라(al-Mansūrah)*3에서 놀라운 무공을 세울 수 있었던 것은 군대 전원이 이 우두머리의 최우선 가신(最優先家臣, homme lige)이나 그의 혈족 출신 기사들로 이루어져 있었기 때문이라는 사실을 잘 알고 있었다. 이 두 가지 연대성(連帶性)이 서로 합쳐졌을 때 헌신은 최고의 열정으로 타오르게 된다. 무훈시에 따르면 1000명이나 되는 가신들이 "모두 같은 친족에 속했다"는 베그(Bègue) 공작*4의 경우가 그러했듯이 말이다. 플랑드르의 바롱(baron)*5이라거니 노르망디의 바롱이라거니 하는 제후들이 어디에서 자신의 군사력을 끌어냈는지, 연대기 작가들은 어떻게 증언하고 있을까. 물론 자기의 성채에서였고 자기의 막대한 경화(硬貨) 수입에서

---

*1 1224?~1317. 샹파뉴의 세네샬. 제7차 십자군 원정에 참가하여 루이 성왕의 언행을 적은 비망록 「성 루이전」을 남겼다.

*2 십자군 원정군의 한 장수.

*3 이집트 북부의 도시.

*4 이른바 반역자 무훈시에 속하는 『가랭 르 로랭』에 나오는 베그 드 블랭을 말한다. 이 일족의 수장인 에르베 드 메츠의 아들.

*5 여기에서 바롱은 국왕의 직신인 최상층 제후를 뜻한다. 바롱의 다양한 의미에 관해서는 이 책의 제2권 제1책 제5장 「귀족층 내부에서의 계층분화」를 참조하라.

였고 자기의 수많은 가신들에게서이기도 했지만, 또한 자기의 수많은 친족에게서이기도 했다는 것이다.

이것은 사회의 계층을 죽 따라서 더 아래 계층으로 내려가도 마찬가지였다. 강(Ghent)*6의 부르주아들에 관해 잘 알고 있던 한 저술가는 그들은 '자신들의 탑'—그 석벽(石壁)으로 도시 내에서 서민들의 초라한 목조가옥에 두터운 그림자를 던지고 있던 도시벌족(都市閥族)들의 탑—과 '자신들의 친족'이라는 두 가지 크나큰 힘을 확보하고 있었다고 말하고 있거니와 여기에서 말하는 부르주아란 상인이었다. 10세기 후반 런던 사람들로부터 "만일 그들이 도적떼의 보호자가 되어 우리의 권리행사를 가로막는다면" 전쟁도 불사하겠다는 선포를 받은 친족집단이 있었는데,2) 이 친족집단 가운데 적어도 일부 사람들은 200실링이라는 얼마 안 되는 인명배상금(人命賠償金, wergeld)*7을 받는 존재였던 단순한 자유민들, 아마 무엇보다도 특히 농민들이었을 것이다.

---

*6 또는 Gand. 벨기에 북부의 도시. 중세의 대표적인 상업도시 가운데 하나였다.

2) Joinville, éd. de Wailly(*Société de l'histoire de France*), p.88 ; *Garin le Lorrain*, éd. P. Paris, t. I, p.103 ; Robert de Torigny, éd. L. Delisle, pp.224~25 ; Gislebert de Mons, éd. Pertz, pp.235, 258 ; Aethelstan, *Lois*, VI, c. VIII, 2.

*7 옛 게르만 부족의 관습법에서는 어떤 사람이 다른 사람에게 살인을 비롯한 신체적 위해를 가했을 경우 가해자로 하여금 피해자의 친족에게 그 손상에 대한 일정액의 배상금을 지불하게 하고, 이로써 형벌을 대신하도록 하였다. 개인의 목숨값에 해당하는 이 배상금을 게르만어로 wergeld라고 했는데, 그 액수는 피해자의 신분에 따라 달랐다. 곧 신분이 높은 피해자에 대해서는 많은 액수의 배상금이, 신분이 낮은 피해자에 대해서는 적은 액수의 배상금이 지급되었다. 이 점에서 인명배상금의 액수에 관한 규정은 옛 게르만 사회의 신분적 위계구조를 연구하는 데에 좋은 자료가 된다. 국가권력이 약했던 중세 서유럽이나 슬라브족의 여러 사회에서도 한동안 이 인명배상금 제도가 유지되었다.

재판소에 불려간 사람은 자기 근친에게서 당연한 조력을 얻으려 하였다. '공동서약자들'의 집단적인 서약은 그것만으로도 피의자를 일체의 고소에서 풀려날 수 있게 해주고, 또 원고의 고소를 확인도 해줄 수 있을 만큼 막강한 것이었는데, 이 옛 게르만적 재판절차가 관행으로 남아 있던 곳에서는 법규에 따라 또는 편의에 따라 바로 '육친의 벗들' 사이에서 이 공동서약자들이 선출되었다. 카스티야의 우사그레(Usagre)에서 스스로 강간 피해자라고 주장하는 한 여인과 더불어 공동서약을 하기 위해 네 명의 친족이 소환되었던 것도 이러한 예에 속한다.[3]

사람들이 입증의 수단으로 결투재판을 택하는 경우에는 어떠한가. 원칙적으로 이 재판을 제기할 수 있는 것은 재판 당사자들 가운데 어느 누구뿐일 것이라고 보마누아르는 진술하고 있다. 그러나 두 가지 예외가 있다. 즉 최우선 가신은 자기 영주를 위해서 결투를 요구할 수 있으며, 혈족 가운데 어느 누군가가 소송 당사자라면 그 혈족 성원 가운데 누구라도 결투를 요구할 수 있다. 다시 한번 이 두 관계는 같은 차원에서 모습을 보이고 있다.

그래서 『롤랑의 노래』에서는 가늘롱을 반역자로 고발한 자와 결투하게 하기 위하여 가늘롱의 친족단이 자기네들 사이에서 한 사람을 뽑아 보냈다는 것을 찾아볼 수 있다. 그뿐 아니라 이 무훈시에서는 연대성이 훨씬 더 멀리까지 미치고 있다. 가늘롱의 혈족 30명은 그들의 옹호자(가늘롱)가 패배하자 그의 "보증인이 되었었다"는 이유 때문에 '저주의 숲'(Bois Maudit)의 나무에 매달려 교수형을 받게 될 터였다. 이것이 시인의 과장이라는 것은 의심할 여지가 없다. 서사시는 확대경이었다. 하지만 이같은 서사시의 꾸며낸 이야기는 그것이 바로 일반적인 감정에 영합하기 때문에 비로소 얼마간의 감응이라도 불러일으키리라고 기

---

3) Hinojosa, *Das germanische Element im spanische Rechte*(*Zeitschrift der Savigny-Stiftung*, G. A., 1910), p.291, n. 2.

대할 수 있었던 것이다. 1200년 무렵에 더욱 진보적인 법을 대표하고 있던 노르망디의 한 세네샬은 자기 대행자들이 범죄자와 함께 이 범죄자의 친족 전원을 처벌하려 드는 바람에 이를 말리느라 애를 먹었다.[4] 이럴 만큼 개인과 집단은 불가분의 관계에 있다고 여겨졌다.

혈족은 그 성원에 대한 지원세력이었을 뿐 아니라, 그 나름대로 하나의 재판관이기도 하였다. '무훈시'의 이야기가 사실이라면, 위기의 순간이 닥쳐왔을 때 기사의 생각은 친족을 향하고 있었다. "친족에게 누가 될 비겁한 행동을 하지 않도록 당신께선 이 몸을 도와주소서"라고. 기욤 도랑주(Guillaume d'Orange)는 소박하게도 성모 마리아에게 간구하였다.[5] 롤랑이 샤를마뉴의 군대에게 원조를 청하기를 마다한 것은 그의 친족이 자기 때문에 비난받지나 않을까 두려워하였기 때문이다. 친족성원 가운데 어느 한 사람의 명예나 불명예가 이 자그마한 집단 전체에 미치고 있었던 것이다.

그러나 혈연적 유대관계가 가장 강력한 힘을 과시하는 것은 무엇보다도 '근친복수'에서였다.

2. 근친복수

중세는 거의 처음부터 끝까지, 그리고 그 중에서도 특히 봉건시대는 사적(私的) 복수가 판을 치는 가운데 흘러갔다. 물론 사적 복수는 무엇보다도 모욕받은 개인 자신에게 가장 신성한 의무로서 부과된 것이었다. 그것은 무덤에 묻힌 뒤에라도 그러하였다. 벨루토 디 부온크리스티아노라는 피렌체의 어느 부자는 강대한 열국에 맞서서 독립을 지켜왔다는 바로 그 사실 덕분에 전통적인 명예의 사항들을 오래도록 충실히 지킬 수 있었던 그러한 부르주아 집단의 일원으로 태어난 인물이었는

---

4) J. Tardif, *Coutumiers de Normandie*, t. I, p.52, c. LXI.

5) *Le Couronnement de Louis*, éd. E. Langlois, v. 787~89.

데, 자기의 적(敵) 한 사람에게 상해를 당하여 죽게 되자 1310년 유언장을 작성하였다. 이 문서는 현명한 재산 관리의 소산이자 또 이에 맞먹는 경건함의 소산이기도 했던 터라 그 당시 사람들 사이에서는 무엇보다도 신심 깊은 기부행위를 통해 영혼의 구원을 확보하려는 목적을 가진 것으로 여겨지고 있었는데, 바로 이 유언장 속에서조차 벨루토는 만약 한 사람이라도 자기를 대신하여 복수해준다면 그를 위해 유산을 한몫 넘겨주겠다는 진술을 서슴없이 하고 있었다.[6]

그 반면 인간은 고립된 개인만으로는 거의 아무 일도 하지 못하였다. 더구나 복수해야 되는 것은 대개의 경우 사람이 죽었을 때의 일이었다. 여기에서 가족집단이 무리지어 등장했으며 옛 게르만어로 '페데'(Fehde, faide)라고 일컬어지는 것이 태어나 유럽 전역에 차츰차츰 퍼져가게 되었다. "페데라고 부르는 친족의 복수", 이것은 독일의 어느 교회법학자의 말이었다.[7] 어떠한 도덕적 의무도 이것보다 더 신성하게 여겨지지는 않은 듯하다.

12세기 말 무렵 플랑드르에 한 귀족 부인이 살고 있었는데, 그녀의 남편과 두 아들은 적에게 살해당하였다. 그리하여 그때부터 근친복수가 인근 일대를 벌집 쑤시듯 쑤셔놓게 되었다. 수아송의 주교였던 아르눌이라는 성인이 그들을 설득해서 화해시키기 위해 왔을 때 이 과부는 주교의 말을 듣지 않으려고 개폐식 교량을 들어올려버리게 하였다. 프리슬란트인들 사이에서는 시체까지도 복수를 절규하곤 하였다. 무슨 말인고 하니, 근친들이 복수를 완수해서 마침내 그를 떳떳이 매장할 수 있는 권리를 가지게 될 때까지 시체는 그대로 집 안에 매달린 채 말라 비틀어져갔던 것이다.[8] 프랑스에서는 어찌하여 13세기 말엽이 되어서

---

6) Davidson, *Geschichte von Florenz*, t. IV, 3, 1927, pp.370, 383~85.

7) Regino de Prüm, *De synodalibus causis*, éd. Wasserschleben, II, 5.

8) Hariulf, *Vita Arnulfi episcopi*(*SS.*, t. XV, p.889) ; Thomas de Cantimpré, *Bonum universale de apibus*, II, 1, 15.

까지, 무엇보다도 평화의 수호자로서의 임무를 가장 중요한 일로 삼는 존재인 국왕들을 섬기고 있던 바로 그 현명한 보마누아르조차, 모든 사람은 친족의 촌수를 계산할 줄 알아야 한다고 생각하고 있었을까. 그의 말에 따르면 그것은 사적 쟁투에서 '자기 벗의 도움'을 얻을 수 있게 하기 위해서였다.

이리하여 모든 혈족 성원들은 대개의 경우 한 사람의 '쟁투 지도자'(爭鬪 指導者, chevetaigne de la guerre) 지휘 아래 뭉쳐, 혈족의 한 사람을 죽였거나 아니면 그냥 상해라도 입힌 사람을 징벌하기 위하여 무기를 손에 들었다. 그러나 이는 단지 가해자 본인만을 벌하기 위한 것이 아니었다. 왜냐하면 한쪽의 능동적 연대성에 대하여 이와 맞먹을 만큼 강력한 다른 쪽의 수동적 연대성이 맞서 있었기 때문이다.

프리슬란트에서는 시체의 원한을 풀어주고 그를 무덤에 묻기 위해서는 반드시 살인자의 죽음이 필요하지는 않았다. 살인자의 가족 가운데 한 사람의 죽음이면 충분하였다. 벨루토가 유언장을 만든 지 24년이 지난 후 그의 근친 하나가 마침내 그가 그렇게도 바라던 복수자가 되어주었다고 하지만, 이때의 보복 또한 범죄자 자신에게가 아니라 범죄자의 친족 가운데 한 사람에게 가해진 것이었다.

이러한 사고방식이 얼마나 세차고도 끈질겼는가를 증명해주는 것으로는 비교적 후기에 작성되기는 했지만 파리 고등법원의 판결 이상 가는 것이 없음에 틀림없다. 1260년에 루이 드푀라는 한 기사가 토마 두 주에라는 사람에게 상해당하고 가해자를 법정에 고소하였다. 피고는 결코 사실을 부인하지는 않았다. 하지만 그는 자기 자신도 바로 얼마 전에 피해자의 조카에게 습격당한 일이 있다고 진술하였다. 그렇다면 무엇 때문에 그가 비난받아야 한단 말인가. 그는 국왕의 포고령에 따라, 복수할 때까지 40일 동안을 기다리지 않았던가 말이다—이 40일이라는 것은 혈족에게 위험이 다가올 것이라는 사실을 제대로 경고해주는 데에 필요하다고 생각되는 기간이었다. "좋소"라고 기사 드푀는 대꾸하였다. 그러고는 "하지만 내 조카가 저지른 짓은 나와는 아무 상관도 없소"라고 덧붙였다. 그러나 이런 논거는 아무런 소용이 없었다. 한 개인의 행위는 친족 전체를 연루시키는 일이었기 때문이다. 어쨌든 그 경건하고도 평화애호적인 루이 성왕의 재판관들은 그렇게 판결을 내렸다.

이리하여 피는 피를 불렀으니, 대개는 시시하기 짝이 없는 원인에서 비롯된 그칠 줄 모르는 싸움이 가문과 가문을 맞서게 하면서 이들을 원수로 만들어버렸다. 11세기에 부르고뉴의 두 귀족 가문 사이에서 벌어진 분쟁은 포도를 수확하는 날 시작되어 약 30년 동안이나 계속되었다. 첫번째 전투 이래 한쪽 집안에서만도 11명 이상의 인명을 잃어버렸다.[9]

이러한 근친복수 가운데서도 연대기에는 특히 유력한 기사 가문 사이의 분쟁이 기록되어 있다. 이를테면 12세기의 노르망디에서 지루아(Giroie) 가문과 탈바(Talvas) 가문을 대립 상쟁하게 한 것으로서 추악하기 짝이 없는 배신행위로 얼룩져 있던 '그칠 줄 모르는 증오'가 바로 그러한 것이었다.[10] 유랑가객들이 읊은 이야기들 속에서도 서사시적 장엄성으로까지 고양된 영주들의 격정이 메아리치는 것을 볼 수 있다. '보르도 사람들'에 대한 '로렌 사람들'의 근친복수나 에르베르 드 베르망두아(Herbert de Vermandois)의 친족에 대한 라울 드 캉브레의 친족들의 근친복수는 프랑스 무훈시 중에서도 가장 아름다운 작품들을 가득 채우고 있다. 어느 축제일에 라라(Lara)*8의 아들 하나가 자기 숙모의 근친 한 사람에게 가한 치명적인 일격은 잇따른 살인을 불러일으켰으며, 이것이 이리저리 엮여서 한 유명한 에스파냐 칸타르(cantar,

---

9) Raoul Glaber, éd. Prou, II, c. x.

10) 모테(Motey) 자작의 저서 *Origines de la Normandie et du duché d'Alençon*, 1920에는 탈바 가에 대한 숨김없는 편애로 기세를 올리는 이야기가 담겨 있다.

*8 카스티야 왕국의 한 영주.

노래)의 줄거리를 이루고 있다.

그러나 이러한 습속은 상층사회에서나 하층사회에서나 똑같이 유행하였다. 물론 귀족들이 13세기에 마침내 세습적인 집단으로서 제도적으로 확립되었을 때, 그들이 무력에 의존하는 모든 형태의 행위를 명예의 표지로서 독점하려는 경향을 보인 것은 사실이다. 공권력——이를테면 1276년에 에노 백작의 궁정이 그러한 예를 보여주었다[11]——과 법률이론은 기꺼이 이러한 귀족들의 입장을 옹호하고 나섰다. 이는 그들이 귀족들의 편견에 공감했기 때문이기도 하지만 또 한편으로는 평화를 확립하는 일에 골몰하고 있던 군주나 법률학자들이 근친복수라는 불길이 번지는 것을 막으려면 먼저 쓸데없는 것부터 제거할 필요가 있다는 사실을 다소 막연하게나마 느끼고 있었기 때문이기도 하다.

전사(戰士)라는 성격을 띤 카스트에게 일체의 복수를 포기하게 한다는 것은 실제로도 불가능하고 도덕상으로도 생각할 수 없는 일이었겠지만, 그밖의 주민들에게나마 이를 성공시켰다면 그것만으로도 대단한 성과였을 것이다. 이리하여 폭력은 계급적 특권이 되어버렸다. 적어도 원칙적으로는 그러하였다. 왜냐하면 보마누아르처럼 '장티욤(gentilshommes)*9 이외의 사람들이 싸우는 것은 허용될 수 없다'고 생각하고 있던 저술가들 자신이 바로 이 규칙의 실제적인 의미를 착각의 여지가 전혀 없을 정도로 명백히 알려주고 있기 때문이다.

아시시(Assisi)*10의 교회당 벽화에서도 볼 수 있는 것처럼 성 프란체스코가 불화의 마귀를 쫓아냈던 도시는 아레초(Arezzo)*11만이 아니었

---

11) F. Cattier, *La guerre privée dans le comté de Hainaut*(Annales de la Faculté de philosophie de Bruxelles, t. I, 1889~90, pp.221~23). 바이에른에 관해서는 Schnelbögl, *Die innere Entwicklung des bayer. Landfriedens*, 1932, p.312를 참조하라.

*9 가문이 좋은 사람, 곧 귀족이라는 뜻. 이 말의 용법에 관해서는 이 책의 제2권 제1책 제2장 「귀족의 생활」을 참조하라.

*10 이탈리아 중북부 산악지방의 마을. 성 프란체스코의 출생지로 유명하다.

다. 도시의 초기 법령들은 평화를 주요 관심사로 삼고 있었으며, 또 때때로 그같은 법령에 붙여지곤 했던 명칭 그대로 본질적으로 '평화'의 법이라는 성격을 지니고 있었다. 이는 무엇보다도 다른 수많은 쟁의 원인들 중에서도 "혈족과 혈족을 맞서게 하는 상쟁과 증오로 말미암아"—이 또한 보마누아르의 표현이다—막 생성되고 있던 부르주아지가 갈가리 찢김을 당하고 있었기 때문이었다. 또한 농촌생활은 눈에 잘 띄지 않기는 했지만 우리의 얼마 안 되는 지식이나마 동원해볼 때 그런 곳에서도 비슷한 사태가 벌어지고 있었다는 것을 알 수 있다.

그러나 이같은 감정이 철두철미하게 사람들의 삶을 지배하고 있지는 않았다. 이러한 감정은 다른 정신적 힘, 곧 교회가 설득하고 있던 유혈에 대한 공포나 공공의 평화에 대한 전통적 관념, 그리고 특히 이러한 평화의 필요성 등과 충돌하고 있었다. 내적 평온성을 확립하기 위한 고통에 찬 노력의 역사는 나중에 제2권에서 살펴볼 것이다. 그런데 이 시도는 다소 성공을 거두게 되기는 하거니와, 이같은 노력이야말로 중세 전체를 통해서 그것의 극복대상이었던 바로 그 악폐들을 무엇보다도 생생하게 입증해주는 징후였다.

혈족의 유대관계로 인하여 끊임없이 초래되고 있던 '파멸적 증오'—이 연어(連語)는 거의 전문용어적인 위치에까지 올라서게 되었다—가 사회적 혼란의 주된 원인 가운데 하나였다는 것은 의심할 나위가 없다. 하지만 그같은 증오는 질서의 가장 열렬한 사도들마저도 자기네 마음 깊숙한 곳에서는 분명 충실하게 지키고 있었음에 틀림없는 도덕적 규준의 필수불가결한 일부분이었던 까닭에 그것을 근본적으로 추방해야 한다고 꿈이라도 꿀 수 있었던 것은 단지 몇몇 공상적 사회개혁론자들 뿐이었다. 수많은 평화협약에서는 어떠한 형태의 폭력이든 간에 이를 금하는 벌금이나 금지구역 등이 규정되어 있으면서도 또 한편으로는 근친복수의 정당성이 명백히 인정되고 있었다. 대부분의 권력도 이와

---

*11 이탈리아 토스카나 지방의 도시.

비슷한 태도를 취하였다.

공권력은 집단적 연대성의 가장 극심한 폐해로부터 무고한 사람들을 지켜주는 데 전념하면서, 경계를 할 수 있는 유예기간을 설정하였다. 공권력은 (정당한—옮긴이) 보복을 빙자하여 자행되는 단순한 약탈행위와 공인된 복수행위를 구분해내는 데 힘을 기울였으며,[12] 또 때로는 피로써 갚아 없앨 수 있는 가해행위의 수와 성질을 한정하려고 꾀하기도 하였다. 윌리엄 정복왕이 반포한 노르망디의 포고령에 따르면 이러한 피의 복수는 부친 또는 아들이 살해된 경우에 한해서만 허용되었다.

공권력은 스스로의 힘이 강화되어감을 느끼게 되면서, 흉악한 범죄이건 또는 평화의 침해라는 항목에 들어가는 죄이건 간에 사적 복수가 행해지기 전에 미리 이같은 범죄를 처벌해버리고자 하게 되었으며, 이러한 시도는 점점 더 빈번해졌다. 특히 공권력은 대립하고 있는 집단들을 간곡히 설득하거나, 또는 간혹 볼 수 있듯이, 재판소가 중개해서 마련해놓은 휴전조약이나 화해조약을 체결하도록 그들에게 강요하려 애쓰기도 하였다. 한마디로 말해, 노르만 정복 이후 국왕의 '전제적 통치'가 행해지게 된 한 결과로 복수할 수 있는 일체의 합법적 권리가 소멸하게 된 잉글랜드를 제외하고는 공권력은 사적 복수를 막을 수도 없었고 또 아마 막으려고 그렇게 열렬히 애쓰지도 않고 있었을 것이기 때문에 단지 그러한 관행이 극단으로 흐르는 것을 규제하는 것으로 그치고 말았다.

더구나 어쩌다 피해자 쪽이 직접 행동보다는 법적 절차를 택했을 때라도 이 법적 절차라는 것 자체가 따지고 보면 조정된 근친복수 이외의 아무것도 아니었다. 1232년 아르투아(Artois)[*12]에 있는 아르크(Arques)의 도시 특허증서에서 고의적 살인의 경우에 대해 규정하고 있는 의미

---

12) 예를 들면 플랑드르에서 그러하였다. Walterus, *Vita Karoli*, c. 19(*SS.*, t. XII, p.547).

*12 프랑스 북부. 현재 벨기에와의 국경 부근에 있는 지방. 옛 주의 이름.

심장한 분배방식을 보기로 하자. 범인의 재산은 영주에게 넘어갔으며 그의 몸은 죽임을 당하러 피해자의 친족에게 넘어갔다.[13] 고소를 제기할 권한은 거의 언제나 친족에게만 허용되고 있었다.[14] 또한 13세기에 이르러서도 아직, 치안이 가장 잘 유지되고 있던 도시나 영역제후령, 그러니까 예를 들어 플랑드르라든가 노르망디 같은 곳에서조차 살인자는 피해자의 친족집단과 미리 합의한 경우가 아니고는 통치권자나 재판관에게서 사면을 받을 수가 없었다.

그러나 에스파냐 시인들이 신이 나서 말했듯이 "잊지 않고 간직해온 저 뿌리 깊은 원한"이 제아무리 존중할 만한 것으로 여겨졌다고 하더라도 이것이 영구히 지속되리라 기대할 가능성은 거의 없었다. 『지라르 드 루시용』(*Girart de Roussillon*)[*13]에서 이야기되고 있듯이 사람들은 조만간 '죽은 자의 근친복수'를 단념하지 않을 수 없게 되었다. 아주 연원이 오랜 관례에 따르면 화해는 대개 배상금 지불을 통해 이루어졌다. "일격을 당하고 싶지 않거든 너의 가슴을 겨누는 창, 그것을 사라"고 한 앵글로색슨의 옛 격언은 언제나 변함없이 슬기로운 충고였다.[15]

사실대로 말하자면, 만족이 지난날 그토록 세밀하게 다듬어서 규정한 화해금의 공정가격과 특히 살인의 경우 물어야 하는 '인명배상금'

---

13) G. Espinas, *Recueil de documents relatifs à l'histoire du droit municipal*, *Artois*, t. I, p.236, c. XXVIII. 이 규정이 1496년의 "Keure", p.251 c.IV *j*에서 삭제된 것은 의미심장하다.

14) 또한, 다음에 살펴보게 되겠지만 이는 희생자의 영주와 그의 가신에게도 적용된다. 그러나 이것은 개인적 보호 및 종속의 유대관계와 친족의 관계가 진정으로 동화한 결과이다.

*13 샤를 대머리왕에 맞서 반란을 일으켰던 영주 지라르 드 루시용을 주인공으로 하여 12세기에 씌어진 프랑스의 대표적인 무훈시.

15) 『지라르 드 루시용』을 마이어가 현대어로 번역한 책. p.104, n° 787 ; *Leges Edwardi Confessoris*, XII, 6.

(prix de l'homme)에 관한 복잡한 등급 매기기는 몇몇 지역, 곧 프리
슬란트나 플랑드르, 에스파냐의 일부 지방 등에서밖에 통용되지 않았
으며, 더욱이 이들 지역에서도 그같은 규정은 상당한 수정을 거쳐야만
하였다. 작센은 전반적으로 보수적인 곳이었는데, 13세기 초에 편찬된
『작센슈피겔』이 비록 이러한 종류의 배상금 규정을 담고 있다고는 할지
라도 이는 어디까지나 자못 무의미한 의고주의(擬古主義)라는 모습을
지닌 것에 지나지 않았다. 또한 루아르 강 유역에서 루이 성왕 치하에
작성된 몇몇 문헌사료상에 아직도 100솔리두스라고 규정되어 있던 '인
명배상금'(relief de l'homme)은 예외적인 경우에나 적용되었을 뿐이
다.[16] 그렇지 않고 달리 도리가 있었겠는가.

　서로 대립되는 형벌의 전통을 지닌 주민들에게 바야흐로 공통적으로
적용되고 있던 집단적 관습이 옛 부족법을 밀어내고 들어서게 되었다.
공권력은 전에만 하더라도 인명배상금 가운데 일부를 받게 되어 있었
기 때문에 규정된 액수의 엄격한 지불에 관심을 기울이고 있었으나, 10
세기와 11세기의 무정부상태를 거치는 동안 도대체 아무것도 요구할
힘이 없어지고 말았다. 마침내는, 그리고 무엇보다도 특히, 옛 산정법
(算定法)의 기반이 되어주었던 계층간의 구분이 심층적인 변화를 겪게
되었다.

　그러나 고정적인 산정률이 사라졌다고 하더라도 속죄금의 지불관례
자체에는 별로 영향이 미치지 않았다. 이 관례는 중세 말까지 존속하면
서, 평화운동의 신봉자들이 높이 평가하고 있던 체형(體刑)과 맞서, 범
죄인에게 깊은 두려움을 안겨주기에 더욱 적절한 수단으로서 이것과 계
속 겨루고 있었다. 다만 상해 또는 살인에 대한 배상금의 값—여기에는
때때로 죽은 자의 넋을 기리기 위한 경건한 기부금이 덧붙여지기도 하였
다—은 이제부터 각각의 개별적인 경우마다 재판소의 동의, 조정 또는
결정에 따라 정해졌다. 이런 식이었기 때문에, (사회적—옮긴이) 위계

---

16) *Établissements de Saint Louis*, éd. P. Viollet의 표.

서열의 양극단에서 취한 두 가지 예를 들어볼진대, 1160년 무렵 바이외(Bayeux)의 주교는 자기 조카딸을 죽인 영주의 한 친족한테서 교회 하나를 선사받은 데 반해, 1227년 상스에 살던 한 여자 농민은 자기 남편을 죽인 사람한테서 소액의 화폐밖에 받지 못하였던 것이다.[17]

근친복수 자체와 마찬가지로 근친복수를 마무리짓는 (배상금—옮긴이) 지불에도 집단 전원이 관련을 맺고 있었다. 하기야 단순한 과실이 현안(懸案)일 때에는 피해를 당한 개인에게만 국한해서 배상금을 지불한다는 관례가 아주 오래 전부터 확립되어 있었던 것으로 보인다. 그 반면 살인이라든가 때때로 볼 수 있던 지체(肢體) 절단의 경우에는 어떠했던가. 이럴 때에는 피해자의 친족단이 인명배상금의 전부 또는 일부를 받았다. 이 모든 사례에서 가해자의 친족단이 배상금 지불에 응분의 이바지를 하였는데, 공정가격이 아직 효력을 지니고 있던 고장에서는 엄격한 법적 의무와 미리 정해진 규준에 따랐으며, 그렇지 않은 곳에서는 액수가 관습에 따라 결정되거나 아니면 아마 그저 단순한 예의에 맞추어서 결정되기도 한 것으로 보인다.

그러나 이 두 가지는 모두 상당한 강제력이 있었기 때문에 공권력에 의해 거의 법률적인 효력을 가진 것으로 인정받고 있었다. 필리프 미남왕의 상서부 서기들은 이러한 배상금 결제의 의무를 지고 있는 여러 '육친의 벗들'이 얼마만큼의 분담금을 떠맡게 되는가를 관습에 대한 조사에 입각하여 규정하라고 명한 국왕의 칙령을 서식집에 옮겨 쓰면서 이 모범문서에다 「벗들의 분담금 조달에 관하여」(De la finance des amis)라는 표제를 붙인 바 있는데, 그들은 이 문서가 자주 쓰이게 될 것이라고 생각하고 있었음에 틀림없다.[18]

---

17) L. Delisle et E. Berger, *Recueil des actes de Henri II*, nº CLXII. 또한 CXCIV를 참조하라 ; M. Quantin, *Recueil de pièces pour faire suite au cartulaire général de l'Yonne*, nº 349.

18) Bibl. nat., ms. latin 4763, fol. 47 rº.

게다가 대부분의 경우 약조(約條)를 맺는 데에는 배상금 지불만으로는 충분하지 않았다. 이것말고도 피해자나 피해자의 일족에게 공개적으로 사죄하는 의식 또는 복종을 맹세하는 의식이 필요하였다. 대개의 경우, 적어도 비교적 높은 신분의 사람들 사이에서 이러한 의식은 그당시 알려진 바로는 가장 무게 있는 뜻을 지니고 있던 복종의 몸짓, 곧 '입맞춤과 두 손 맞잡기에 의한' 신종선서라는 형태를 취하곤 하였다. 여기에서도 역시 서로 상대한 것은 개인이라기보다는 집단이었다.

1208년 아르장퇴유(Argenteuil)[*14]에서는 생 드니 수도원 수도사들의 가령(家令)이 자기가 상처를 입힌 몽모랑시(Montmorency)[*15] 영주 댁 가령과 평화를 맺었는데, 이때 그는 속죄의 신종선서를 위해 자기의 '벗' 29명을 함께 데리고 가야만 하였다. 또 오를레앙의 부(副)수도원장이 살해된 뒤 1134년 3월에는 죽은 이의 친족 전원이 모여서 살인자 가운데 한 사람과 그의 공범자 및 가신들에게서뿐 아니라 '그의 친족 중 으뜸가는 사람'까지 해서 모두 240명이나 되는 사람들에게서도 신종선서를 받았다.[19] 어느 모로 보나 개인의 행동은 그 혈족의 내부에 집단적인 파문을 몰아치게 하였던 것이다.

3. 경제적 연대

봉건시대의 서유럽은 한결같이 개인적 소유의 합법성을 인정하고 있었다. 그러나 실제 관행에서는 혈족의 연대성이 연장되어 흔히 재산 소유의 공동체가 형성되곤 하였다. 농촌에서는 어디에서나 친척관계에

------

*14 프랑스 파리의 서북쪽 센 강가에 있는 도시.

*15 프랑스 중서부의 소도시. 이곳 영주의 가문 몽모랑시 가는 프랑스에서 가장 유명한 가문에 들어간다.

19) Félibien, *Histoire de l'abbaye royale de Saint Denys*, p. just., n° CLV ; A. Luchaire, *Louis VI*, n° 531.

있는 여러 세대의 사람들이 모인 '형제단'(兄弟團, frérèches)이라는 집단이 숱하게 생겨나 같은 '아궁이'와 같은 '냄비'를 사용하면서, 그리고 분할되지 않은 같은 경지를 경작하면서 살고 있었다. 영주는 흔히 이같은 '단체' 형성의 관례를 장려하기도 하고 또 때로는 강요하기도 하였다. 왜냐하면 영주는 '단체'의 성원들로 하여금 이 '단체' 내에서 좋든 싫든 공조납부의 연대책임을 지게 하는 편이 유리하다고 판단했기 때문이다.

프랑스 대부분의 지역에서 농노의 상속제도는 기존의 (가족)공동체가 계속 이어진다는 것 이외의 권리이전 체제를 인정하지 않고 있었다. 당연한 상속인이라고 할 수 있는 아들이나 (때때로) 형제가 상속 개시(開始) 이전에 이미 공동의 화덕을 버리고 있었다면 어떻게 될 것인가. 그런 경우에는, 또한 그런 경우에 한해서만, 상속자의 권리는 영주의 권리 앞에 완전히 없어져버렸다. 물론 이같은 공동소유의 습속은 더 높은 계층의 사람들 사이에서는 그리 일반적이지 않았다. 왜냐하면 부가 늘어날수록 필연적으로 분할이 더욱 손쉬워졌기 때문이며, 아마 무엇보다도 특히 영주의 수입은 명령권과 잘 구분하기 어려울 정도로 밀접히 결합되어 있었는데, 정작 이 명령권이라는 것은 그 성질상 집단적으로 행사하기에 그리 적합하지 않았기 때문일 것이다.

그러나 수많은 소영주들, 특히 프랑스 중부와 토스카나 지방의 소영주들은 농민들과 똑같이 공동재산제를 실시하여 공동으로 가산을 경영하면서 조상 전래의 성채에 모두 함께 모여 살거나 아니면 적어도 이 성채를 교대로 수비하고 있었다. 이것이 '누더기 같은 소매 없는 망토의 공동상속인들'이었는데, 그 중의 한 사람이었던 음유시인 베르트랑 드 보른(Bertrand de Born)*16은 가난한 기사의 전형 그 자체였다. 1251년에도 또한 제보당(Gevaudan)*17의 한 성채를 공동으로 소유하

---

*16 ?~1215?. 남프랑스 출신의 소영주이자 음유시인. 전리품을 얻기 위한 전쟁을 몹시 좋아하여 전쟁을 찬미하는 시편을 많이 썼다.

고 있던 31명의 사람들이 이러한 예를 보여주고 있었다.[20] 어쩌다가
외부인이 이 (공동소유자—옮긴이) 집단에 끼여드는 데 성공하는 경우
에는 어떻게 될까. 농사꾼이건 지위가 좀더 높은 인물이건 간에 가입
행위는 흔히 의제적(擬制的) '형제관계'라는 형태를 취하곤 하였다.
다시 말해 혈연에 바탕을 두지 못한 경우에는 적어도 혈연의 유대를
모방이라도 하지 않는 한, 진정으로 굳건한 집단적 계약이 성립할 수
없다는 식이었다.

대제후들 자신도 이러한 공동체적 관습을 언제나 무시하기만 했던
것은 아니다. 프로방스의 백령들을 휘어잡고 있던 보조(Boso) 가문만
하더라도 여러 세대를 거쳐가는 동안, 각각의 분가에마다 개별적인 세
력권이 나누어지기는 하였지만 봉토의 전반적인 통치는 분할 대상이
아닌 것으로 여겨서 전원이 다 전(全)프로방스의 '백작' 또는 '군주'라
는 동일한 칭호를 과시하고 있지 않았던가.

더구나 재산이 완전히 개인적인 것이었을 때조차도 이 재산이 그렇
다고 해서 온갖 가족적 구속에서 벗어날 수 있었던 것은 아니다. 오늘
날에는 흔히 상호 대립적인 것이라고 여겨지기 쉬운 두 개의 명사인 개
인재산과 가족재산도 법적 '융즉'의 시대였던 당시에는 하등 모순된 것
으로 생각되지 않았다.

교회 문서보관실에 보존되어 있는 10세기와 11세기 그리고 12세기의
매매문서들이나 기증문서들을 훑어보자. 성직자에 의해 작성된 머리글
속에서 양도자는 흔히 자신의 재산을 아무 제약도 받지 않고 자유로이
처분할 권리를 스스로 가지고 있다고 선언하고 있다. 실제로 이것이 교

---

*17 프랑스 남서부 가스코뉴 지방의 옛 이름.

20) B. de Born, éd. Appel, 19, v. 16~17 ; Porée, *Les statuts de la
    communauté des seigneurs pariers de La Garde-Guérin,
    1238~1313*(Bibl. de l'École des Chartes, 1907과 *Études historiques
    sur le Gévaudan*, 1919).

회의 이론이었다. 기부를 받아 끊임없이 부를 쌓아가고 있으며 더구나 영혼의 운명의 파수꾼임을 자처하는 존재였던 교회로서야, 경건한 대규모 기부행위를 통해 자기 자신과 사랑하는 사람들의 구원을 얻으려고 열망하는 신도들의 앞을 가로막아 그러한 일을 하지 못하게끔 하는 장애가 조금이라도 있다면 이를 어찌 용납할 수 있었겠는가.

서민들이 다소간에 자발적인 심정에서 넘겨준 토지로써 가산을 점점 불려가고 있던 고위 귀족의 이해관계도 같은 방향으로 움직이고 있었다. 일찍이 9세기에 작센법이 친족에게서 상속권을 박탈하는 결과를 초래해도 무방한 (토지—옮긴이) 양도행위는 어떤 경우에 허용되는가를 열거하면서, 교회 또는 국왕에 대한 대규모 기부행위와 함께, '굶주림에 짓눌려' 생계를 보장받는다는 조건으로 유력자에게 손바닥만한 자기 땅뙈기를 넘겨주는 가난뱅이의 경우를 나란히 적어놓았던 것은 결코 우연이 아니다.[21]

그러나 증서나 고시문(告示文)에서는 개인의 권리가 아무리 소리 높이 내세워지고 있다 하더라도 거기에는 뒤이어 매각인이나 기증인의 여러 근친들의 동의가 있었다는 대목이 거의 언제나 빠짐없이 언급되어 있다. 친족들의 이같은 동의를 얻어내는 것은 꼭 필요한 일이었기 때문에 대개의 경우 동의해준 사람들에게 사례금을 지불하는 것조차 꺼리지 않을 정도였다.

토지가 넘어가던 당시에 의논을 받지 않았던 어떤 친족이 오랜 세월이 흐른 뒤에 이 토지의 매매 또는 양도에 관한 협약의 무효를 주장하고 나서는 일이 생기면 어떻게 되었을까. 그럴 때면 수익자는 협잡이라느니 불경스럽다느니 하고 외치면서 때로는 재판소에 소송을 제기하기까지 해서 승소판결을 얻어내기는 하였다.[22] 그러나 이렇게 항의하거

---

21) *Lex Saxonum*, c. LXII.

22) 한 예로 블루아 법정의 판결을 보라. Ch. Métais, *Cartulaire de Notre-Dame de Josaphat*, t. I, n° CIII. 또한 n° CII를 참조하라.

나 재판 결과에 의거하면서도 십중팔구 수익자들은 결국 이 친족과 담판을 짓지 않을 수 없었다. 오늘날의 입법에서 볼 수 있는 것과 같은 상속인에게 주어지는 보호—비록 제한된 의미에서이기는 하지만—라는 것은 당시에는 전혀 문제가 되지 않았음이 분명하다.

동의를 받아내야 하는 친족의 범위가 어디까지인가를 한정짓는 원칙이 전혀 없었기 때문에, 엄연히 직계혈육이 있는데도 방계친척이 간섭한다든가 또는 같은 지파(支派) 내에서도 이 세대 저 세대 할 것 없이 모두 함께 동의해주어야만 한다든가 하는 일이 끊임없이 일어났다. 샤르트르의 어느 집사가 애쓰고 있었듯이, 설령 부인과 자녀 그리고 자매들이 이미 동의한 때에라도 '될 수 있는 대로 많은 친족과 근친'의 호의적인 의견을 얻어내는 것이 이상적이었다.[23] 어떤 재산이 그들의 수중에서 떨어져나갔을 때에는 친족집단 전체가 손해를 본 것으로 생각되고 있었던 것이다.

그러나 불확정적인 경우가 많기는 하면서도 몇 가지 위대한 집단적 이념에 바탕을 두고 있던 이러한 관습도 12세기부터는 차츰 밀려나고, 이것에 대신하여 더욱 엄밀하고 명확한 법체계가 들어서게 되었다. 그런 한편 경제적인 변화가 일어남으로써 교환을 가로막고 있던 여러 가지 제약조건들은 점점 더 용납하기 어려운 것이 되어가고 있었다.

예전에는 부동산 매각은 아주 드물었을 뿐 아니라 지독한 '가난' 때문인 경우를 제외하고는 당시 여론의 관점에서 볼 때에 그 합법성조차 의심받고 있었다. 매입자가 교회인 경우에는 그같은 매각은 흔히 연보(捐補)라는 이름으로 위장되곤 하였다. 아니, 틀림없이 더 정확히 말하자면, 파는 사람은 거의 속임수나 다름없는 이 겉치레를 통해서 이중의 이익을 바라고 있었다. 즉 이 세상에서는 (교회의 기도와 같은—옮긴이) 다른 보상은 전혀 없는 경우에 받을 만한 가격에 비한다면 좀 낮은

---

23) B. Guérard, *Cartulaire de l'abbaye de Saint-Père de Chartres*, t. II, p.278, n° XIX.

수준이기는 하지만 그래도 어쨌든 토지값을 받고, 저 세상에서는 하느님을 섬기는 사람들의 기도로 얻어질 영혼의 구원을 노렸던 것이다.

그러나 이제부터는 순수한 매각이 점점 더 빈번해지면서 떳떳이 공인받는 행위가 되어갔다. 물론 순수한 매각이 완전무결하게 자유로운 것이 되려면 특수한 유형의 사회에서 몇몇 대(大)부르주아지의 상업적 정신과 대담무쌍함이 등장해 있어야만 하였다. 이러한 환경이 갖추어지지 않은 곳에서 사람들은 매매에 관해서 증여에 관한 법과는 뚜렷이 구분되는 고유의 법을 제정하는 것으로 그쳤다.

이 매매에 관한 법은 아직 몇 가지 제약을 받고는 있었으나 과거보다는 덜 답답했으며 훨씬 더 잘 규정되어 있었다. 처음에는 재산을 유상으로 양도하고자 할 때에는 반드시 이에 앞서서 근친들에게 이 재산을 획득할 수 있는 우선권을 주어야 한다고 강력히 요구하는 경향이 있었는데 적어도 이 재산 자체가 상속에서 유래한 경우에는 그러하였다. 이것만 하더라도 이미 무거운 제약이었으며 또 이는 오래 지속되었다.[24] 이어서 대략 13세기 초부터는 토지가 매각된 후에라도 매입자가 이미 지불한 값을 그에게 되돌려줌으로써 이 토지를 되살 수 있는 권리가 친족의 성원들에게 (일정한 범위와 순서에 따라) 있다고 인정해주는 것으로 그치게 되었다.

중세사회에서는 이 '혈족의 되사기 권리'(retrait lignager)만큼 널리 보급된 제도도 거의 없을 지경이었다. 잉글랜드라는 유일한 예외를 빼놓고는[25]—그나마 이곳에서도 몇몇 도시관습법을 제외하고—이 되사기 제도는 스웨덴에서 이탈리아에 이르기까지 맹위를 떨쳤다. 이 제

---

24) 이 제한은 일찍이 1055~70년부터 *Livre Noir de Saint-Florent de Saumur* 의 주(Bibl. nat., nouv. acquis. lat. 1930, fol. 113 vº)에 나타난다.

25) 한편 앵글로색슨 시대부터 잉글랜드에서는 북랜드(book-land)라는 이름을 가진 토지의 한 종류—실은 그리 많지는 않았지만—가 창출되었는데, 이는 관습법의 제한을 받지 않으며 자유로이 양도할 수 있는 토지였다.

도는 그 어느 것보다도 굳건히 뿌리내리고 있었으며 프랑스에서는 대혁명에 의해서야 비로소 폐지되었다. 이리하여 혈족의 경제적 지배는 숱한 세월을 거치면서, 비록 좀더 완화되기는 했으나 그 대신 더욱 고정된 형태로 살아남아 있었다.

친족유대의 성격과 변천

1. 가족생활의 실태

그러나 혈족이 그 성원들을 지원해주고 또 제어하는 이같은 힘을 가지고 있었다 하더라도, 혈족의 내적 생활을 한결같이 목가적인 색조로만 그린다면 중대한 잘못이 될 것이다. 혈족이 혈족 상호간의 '근친복수'에 기꺼이 가담한 것은 사실이지만, 그렇다고 친족 자체 내에서는 가장 잔인무도한 싸움이 없었느냐 하면 반드시 그렇지만은 않았다. 보마누아르만 해도 근친간의 쟁투를 유감스럽게 여기기는 하면서도 이를 예외적인 것으로 간주하고 있었던 것은 분명 아니며, 또한 같은 부모에게서 태어난 형제간의 경우를 제외하고는 반드시 엄하게 금지해야만 하는 것으로도 여기지 않았다.

그런 만큼 이 점에 관해서는 왕후(王候) 가문들의 역사를 뒤져보는 것만으로도, 즉 예를 들어 그야말로 중세의 아트레우스(Atreus) 가문[*1]

[*1] 그리스 신화에 나오는 미케네 왕 아트레우스의 일가. 부모자식·형제·숙질 등의 근친간에 저질러진 처절한 살상과 복수, 유혹과 상간(相姦) 등으로 점철된 저주받은 운명의 가문. 아가멤논과 클리템네스트라·이피게네이아·엘렉트라·오레스테스는 모두 이 집안 사람들이다.

이라고 할 수 있는 앙주 가문의 운명을 대대로 추적해보는 것만으로도 충분할 것이다. 풀크 네라(Foulque Nerra) 백작으로 하여금 자기 아들 조프루아 마르텔(Geoffroi Martel)과 맞서서 7년 동안이나 싸움을 벌이도록 몰아쳤던 저 '내란 이상 가는' 상쟁(相爭)이며, 자기 형을 백작 작위에서 폐위시킨 뒤 토굴에 가두었다가 18년이 지난 다음 그가 미치광이가 되고 나서야 비로소 풀어주었던 풀크 르 레생이며, 헨리 2세 치하에서 아들들로 하여금 부왕과 맞서게 하였던 저 격렬한 증오[*2]며, 그리고 덧붙이자면 숙부인 존 왕에 의해 자행되었던 아서의 암살[*3] 등등의 이야기들 말이다.

그 바로 아래 계층에서는 가족의 성채를 둘러싸고 그토록 수많은 중소 영주들이 마찬가지로 피비린내나는 싸움을 벌이고 있었다. 이를테면 자기 자신도 두 형제에 의하여 자기 저택에서 쫓겨났던데다가 젊은 아내와 자식들까지 그들에게 죽임당하는 것을 목격하게 되자 드디어 자기 손으로 이 살인자들 가운데 한 사람을 죽이기에 이르렀던 플랑드르의 어느 기사의 파란에 찬 생애[1]가 그러한 것이며, 특히 어느 수도승 저술가의 차분한 필치로 전해지고 있으면서도 진가를 전혀 잃어버리지 않은 지극히 향기높은 이야기 중의 하나인 콩보른(Comborn) 자작 가문에 관한 무훈시가 바로 그러한 것이다.[2]

이야기의 발단에는 자작(子爵)인 아르샹보(Archambaud)가 있다. 그는 버림받은 자기 어머니의 복수자가 되어, 아버지의 후처 몸에서 난 이복형제 가운데 한 사람을 죽였다가 그후 여러 해가 지난 다음, 나이든 영주인 부친에게 지난날 불치의 상처를 입혔던 한 기사를 죽임으로

---

*2 헨리 2세의 네 아들은 그의 만년에 어머니인 아키텐의 엘레오노르와 한데 뭉쳐 부왕과 대립하였다.

*3 헨리 2세의 손자인 아서가 존 실지왕에게 살해당한 것을 말한다.

1) *Miracula S. Ursmari*, c. 6(*SS.*, t. XV, 2, p.839).

2) Geoffroi de Vigeois I, 25(Labbé, *Bibliotheca nova*, t. II, p.291).

써 부친의 용서를 받는다. 이번에는 그가 세 아들을 남기고 죽게 된다. 그런데 자작령을 이어받은 그의 장남은 어리디어린 단 한 명의 아들 에블 외에 후사를 남기지 못한 채 곧 죽어버린다. 그는 자기 바로 밑의 동생을 믿지 못해서 막내동생인 베르나르에게 아들아이가 미성년인 동안 자작령을 지켜달라고 부탁하였다. '어린 공자(公子)' 에블은 기사가 될 나이에 이르자 자기의 상속재산을 요구했으나 뜻을 이루지 못하였다. 그래도 그는 친구의 중개 덕분에, 다른 더 좋은 대안을 실현시킬 수 없어서이기는 했지만, 최소한 콩보른의 성채를 손에 넣을 수는 있었다. 가슴에 노여움을 품은 채 그곳에서 살아가던 어느 날 그는 우연의 장난으로 베르나르의 아내인 숙모를 데리고 있게 된다. 그는 숙모를 공공연하게 범한다. 모욕당한 그녀의 남편이 격분하여 그녀를 버리지 않을 수 없게 되기를 빌고 또 빌면서. 베르나르는 아내를 데리고 가서 복수를 준비한다. 어느 날 도전이라도 하듯 호위병 몇 명을 거느린 채 성벽 앞에 베르나르가 모습을 나타낸다. 취기로 머릿속이 흐리멍텅해져 있던 에블은 식탁에서 일어나 미친 듯이 숙부의 뒤를 쫓아간다. 일부러 도망치는 척했던 베르나르 일행은 조금 떨어진 곳에서 방향을 돌려 젊은 에블을 사로잡고 치명적인 상처를 입혀 죽여버린다. 이 비극적인 결말, 이 희생자가 겪어야 했던 온갖 억울한 일, 그리고 무엇보다 그의 젊음이 사람들의 가슴을 쳤다. 그가 쓰러진 바로 그곳에 마련된 에블의 임시무덤 위에는 마치 순교자의 성물함(聖物函) 위에 바쳐지듯 여러 날 동안 봉헌물이 놓이곤 하였다. 그러나 배신자이자 살인자인 숙부와 그리고 그의 후손들은 아무 일도 없었다는 듯이 성채와 자작령을 지켜가게 된다.

이같은 모순에 대해 격분하여 소리칠 것은 없다. 폭력과 신경과민 상태로 가득 차 있던 이 몇 세기 동안에는 사회적 유대관계를 대단히 강력한 것으로 간주하는 것은 충분히 있을 수 있는 일이었고, 또 실제로도 흔히 그런 모습을 볼 수 있었던 것은 사실이지만, 그래도 이러한 유대는 격정의 폭발 앞에 맥없이 무너지곤 하였다. 그뿐 아니라 탐욕이나 분노에서 비롯되는 이같은 난폭한 파괴는 그만두고라도, 지극히 정상적인 상황에서조차 아주 강렬한 집단의식은 개인을 상당히 무자비하게 취급하는 경향을 불러오기 일쑤였다는 것, 이 또한 어김없는 사실이다. 그렇듯이, 친족이라는 것이 무엇보다도 상호부조의 수단으로 여겨지고 있던 사회에서는 집단 자체를 그 성원 개개인보다 훨씬 더 중하게 여기는 것이 아마도 당연한 일이었을 것이다.

어떤 유력한 제후 가문에 고용되어 있던 한 역사가 덕분에, 이 가계의 조상이 어느 날 입에 담았다는 정곡을 찌르는 말이 오늘날까지 전해져 기억되고 있다. 잉글랜드의 원수(元帥)인 존(John the Marshal)*4이 약속을 어기고 스티븐(Stephen) 왕*5에게 자기 성채 가운데 하나를 반환하기를 거부했을 때 국왕은 존이 그전에 인질로 내놓았던 어린 아들을 그의 눈앞에서 처형하겠다고 위협하였다. 이에 대해, "이 아이가 내게 무엇 때문에 소중하겠습니까. 더 훌륭한 아이들을 만들어낼 모루와 쇠망치가 내게는 아직 있지 않습니까"[3]라고 이 선량한 영주는 대답하였다.

결혼이라는 것은 흔히 아주 솔직하기 짝이 없는 이해관계의 결합에 지나지 않았으며, 여자들에게는 보호제도에 불과하였다. 『르 시드의 노래』에서 자기네를 카리온(Carrion)의 공자(公子)들에게 정혼시켰노라고 알려주는 아버지의 말이 끝나자마자 주인공인 르 시드의 딸들이 아버지에게 무어라 말했던가 들어보자. 말할 나위도 없이 아직 한번도 약

---

*4 1150년에 사망한 무인. 헨리 1세의 딸인 마틸드가 왕위를 놓고 스티븐과 싸울 때 마틸드 편을 들었다. 그의 아들이 윌리엄 마셜이다.

*5 잉글랜드 국왕. 재위 1135~54. 블루아 백작 스티븐과 윌리엄 1세의 딸 사이에 태어난 아들. 헨리 1세가 사망한 뒤 그의 딸인 마틸드를 물리치고 국왕으로 즉위했으나 양자간의 왕위다툼이 일어나 잉글랜드는 내란상태에 빠졌다. 그러다가 1152년 마틸드 쪽과 협상을 맺어, 마틸드와 앙주 백작 사이에서 태어난 헨리 2세를 그의 후계자로 지명함으로써 내란이 종식되었다.

3) *L'histoire de Guillaume le Maréchal*, éd. P. Meyer, t. I, v. 339 et suiv.

혼자들을 만나본 적이 없는 형편이었던 이 젊은 아가씨들은 "아버지께서 저희를 결혼시켜주신다면 저희는 부유한 귀부인이 될 겁니다"라고 고마워했던 것이다. 이러한 관념은 너무나도 강력했기 때문에 가슴속 깊숙이까지 기독교화되어 있던 사람들 사이에서조차 습속과 종교적 계율 간의 기묘한 대립 갈등을 초래하였다.

교회는 두세 번씩 하는 결혼에 대해서 못박아 적대적인 태도를 보이지는 않았지만, 그렇다고 썩 호의적인 태도를 보이지도 않았다. 그러나 사회의 최상층에서 최하층에 이르기까지 재혼은 거의 어김없는 규칙으로 통용되고 있을 정도였다. 이는 어느 정도까지는 혼배성사라는 상징적 행위에 의해 육욕의 충족을 인정해주려는 배려에서 나온 것임에 틀림없었다. 하지만 이는 또한 남편이 먼저 죽은 경우에 여자 혼자 산다는 것은 위험하기 짝이 없는 일로 여겨졌기 때문이기도 하였으며, 다른 한편 영주로서는 여자 손에 들어간 토지에서는 순조롭게 봉사를 받아내지 못하게 될 위험성이 있다고 생각했기 때문이기도 하였다.

1119년 '피의 들판'에서 안티오키아의 기사부대가 궤멸당하고 난 뒤 예루살렘의 국왕 보두앵 2세가 자기의 통치령을 재건하는 데에 골몰하고 있을 때, 그는 고아에게 상속재산을 계속 지켜주고 과부에게 새 남편을 얻어준다는 이 두 가지를 똑같이 중요한 자기의 의무로 삼았다. 그리고 이집트에서 사망한 자기 휘하의 기사 여섯 명에 대해 주앵빌은 간단하게 "그래서 그들의 아내들은 여섯 명 모두 재혼할 수밖에 없었다"[4]고 기록하고 있다. 여자 농민이 운수 사납게도 과부가 되어 농지를 제대로 경작할 수 없거나 규정된 부역을 잘 수행할 수 없게 된 경우에는 때로는 다름아닌 영주권이 개입하여 이 과부에게 '남편을 마련해'주기도 하였다.

다른 한편, 교회는 배우자간에 맺어진 유대관계는 끊을 수 없는 것이

---

4) Guillaume de Tyr, XII, 12 ; Joinville, éd. de Wailly(*Soc. de l'Hist. de France*), pp.105~106.

라고 선언하고 있었다. 그런데도 특히 상류계층에서는 이혼이 빈번하였는데 이는 흔히 가장 세속적인 이해관심사 때문에 일어나곤 하였다. 많고도 많은 증언 가운데 잉글랜드 원수 존의 결혼 편력담을 들어보기로 하자. 이 이야기는 그의 손자들을 섬기던 음유시인의 입에서 시종일관 똑같은 어조로 읊어진 것이었다. 시인의 이야기로는 존 원수는 몸매와 정신이 모두 더할 나위 없이 뛰어난 명문의 귀부인과 결혼해서 "서로 아주 즐겁게 살았다." 그런데 불행하게도 존에게는 또한 "너무나 힘센 이웃"이 버티고 있었기 때문에 심사숙고 끝에 이 이웃과 화해할 수밖에 없게 되었다. 존은 매력 넘치는 자기 아내와 이별하고는 이 위험 인물의 누이와 결혼하였다.

그러나 결혼을 가족집단의 중심에 놓는다면 이는 분명 봉건시대의 실태를 크게 일그러뜨리게 될 것이다. 여성은 운명이 이끄는 대로 남편 혈족에 들어가기는 하지만 이 혈족에는 절반밖에 속하지 않았으며, 어쩌면 남편 혈족에 속한 기간이 얼마 되지 않을 수도 있었다.

가랭 르 로랭(Garrin le Lorrain)*6은 살해당한 자기 아우의 주검 위에 엎드려 눈물을 흘리며 애통해하고 있던, 과부가 된 제수에게 거칠게 말했다. "그만 좀 그치시오. 고귀한 기사가 당신을 다시 맞아들일 테니까……. 정작 애통해 마지않아야 할 사람은 바로 나란 말이오."5) 비교적 후대에 완성된 『니벨룽겐의 노래』에서는 크림힐트가 첫번째 남편인 지크프리트의 죽음에 대해 자기 남자형제들에게 복수하지만—더구나 이 행위 자체도 그렇게 확실한 정당성을 가진 것이었다고는 결코 생각되지 않는다—그 반면 이 이야기의 원형에서는 그녀가 자기 남자형제들을 죽인 인물이자 두번째 남편인 아틸라에 대해 남자형제들을 위한 복수를 꾀하고 있음을 볼 수 있다.

---

*6 로렌 사람 가랭. 13세기에 성립한 프랑스의 대표적인 무훈시 『가랭 르 로랭』에 나오는 주인공.

5) *Garin le Lorrain*, éd. P. Paris, t. II, p.268.

그 당시의 친족단은 공감대를 형성하는 주된 바탕으로 보나 범위로
보나 근대형(近代形)의 부부 중심의 핵가족과는 전혀 달랐다. 그렇다면
그 범위는 정확히 어디까지였을까.

2. 혈족의 구조

봉건시대의 서유럽에서는 정말이건 꾸며낸 것이건 간에 공통의 선조
에서 이어져 내려왔다는 감정으로 굳게 결속되어 있으며 그렇기 때문
에 대단히 명확한 테두리를 가진 집단인 광대한 씨족(gentes)은 이제
명실상부하게 봉건화한 지역의 바깥쪽에 자리잡은 가장 후미진 변두리
에서밖에 찾아볼 수 없었다. 북해 연안의 프리슬란트와 디트마르셴의
게슐레히트(Geschlecht, 복수는 Geschlechter), 서쪽으로 가서는 켈트
인들의 트리부스(tribus)나 클랜(clan)이 바로 그러한 것이었다.

어느 모로 보나 민족이동 시대의 게르만인들 사이에서는 아직 이러
한 성질의 집단이 존재하고 있었던 것 같다. 이를테면 이탈리아나 프랑
스에서 오늘날까지도 전해 내려오는 수많은 촌락 이름의 기원이 된 롬
바르디아인들이나 프랑크인들의 파라(fara, 복수는 farae)가 그러하고,
알레만인들[7]이나 바이에른인들의 게네알로기아(genealogia, 복수는
genealogiae)도 그러하였는데, 덧붙이자면 몇몇 문헌사료를 볼 때 이
들 게네알로기아는 토지를 소유하고 있었다. 그러나 이들 지나치게 큰
단위는 차츰차츰 허물어져가고 있었다.

요컨대 로마의 겐스(gens, 씨족)가 유례없이 엄격하게 유지될 수 있
었던 것은 바로 남계의 절대적 우위가 지켜졌기 때문이었다. 그런데 봉
건시대에는 이런 것을 전혀 찾아볼 수 없었다. 옛 게르마니아에서도 이

---

[7] Alemanne. 게르만족의 한 부족. 라인 강, 도나우 강 상류가 원주지이다. 3세
기 이후 남하하여 프랑크 시대에는 남서독일과 스위스에 정주하면서 알레마
니아 공국을 수립하였다. 8세기에 편찬된 『알레만 법전』은 유명하다.

미 각 개인은 '창칼 쪽' 근친(부계)과 '물레 쪽' 근친(모계)이라는 두 부류의 근친을 가지고 있었으며, 정도의 차이는 있되 이 두 쪽과 다 연대관계를 맺고 있었다. 즉 게르만인 사회에서는 남계 우위의 원칙이 철저하게 승리를 거둔 적이 결코 없었기 때문에 더 오랜 연원을 가진 여계(女系) 체제의 모든 흔적을 말끔히 씻어버리지는 못한 듯하다.

우리는 로마에 정복당한 지방의 토착민들이 가지고 있던 가족적 전통에 관해서는 불행히도 거의 아무것도 알지 못한다. 그러나 기원에 관한 이같은 문제에 대해서야 어떻게 생각하건, 여하튼 중세의 서유럽에서는 친족관계가 분명히 두 갈래의 성격을 취하거나 이를 보존해왔다. 서사시에서 모계 쪽 숙부와 조카 사이의 관계가 중대한 감정적 유대를 가진 것으로 묘사되어 있는 것은 모계의 인척과의 유대관계가 부계의 혈연간의 유대관계와 거의 맞먹을 만큼 중시되고 있던 사회체제를 말해주는 것 이외에 아무것도 아니다.[6] 무엇보다도 이름짓기의 관습이 확실한 증거로서 이를 증명해주고 있다.

게르만인의 이름은 대부분 제각기 독자적인 의미를 가진 두 가지 요소가 합쳐져서 만들어졌다. 사람들이 이 두 어간이 각각 어디에서 유래한 것인가를 잘 구분하여 기억할 수 있는 동안에는 이 합성요소들 가운데 하나를 빌려 친자(親子)관계를 표시하는 것이—규칙이라고까지는 할 수 없더라도 적어도—흔한 관례였다. 로망스어 사용지역에서도 이 점은 마찬가지였다. 그곳에서는 정복자들인 게르만인의 위광이 드높았던 만큼, 토착주민들 사이에 정복자들의 이름짓기 방식을 모방하는 일이 널리 퍼져 있었기 때문이다.

---

6) W. O. Farnsworth, *Uncle and Nephew in the Old French Chansons de Geste : a Study in the Survival of Matriarchy*, New-York, 1913 (Columblia University : *Studies in Romance Philology and Literature*) ; Cl. H. Bell, *The Sister's Son in the Medieval German Epic : a Study in the Survival of Matriliny*, 1922(University of California : *Publications in Modern Philology*, vol. X, n° 2).

그런데 이러한 언어상의 기법에 따라 아이들은 거의 별다른 구분 없이 때로는 아버지 쪽에 연결되기도 하였고 또 때로는 어머니쪽에 연결되기도 하였다. 예를 들어 9세기 초에 팔레조(Palaiseau)*8라는 촌락의 콜로누스인 테우드 리쿠스(Teud-ricus)와 그의 아내 에르멘베르타(Ermenberta)는 한 아들에게는 테우트 하르두스(Teut-hardus), 다른 한 아들에게는 에르멘타리우스(Ermentarius) 그리고 나머지 한 아들에게는 양친의 이름을 모두 따서 테우트 베르투스(Teut-bertus)라는 세례명을 지어주었다.7)

이어서 이름 전체를 대대로 자손에게 물려주는 관습이 생기기 시작하였다. 그러니까 이때에는 다시 부모의 이름 가운데 어느 한쪽을 택하는 방식에 바탕을 두고 있었다. 그래서 1065년 경에 죽은 앙부아즈(Amboise)*9의 영주인 리주아의 두 아들 가운데 아우는 아버지의 이름을 받았으나 형은 외조부나 외삼촌처럼 쉴피스(Sulpice)라고 불렸다.

더구나 그뒤에 가서 이름에 성(姓)을 붙이기 시작했을 때에도 사람들은 두 가지 방식의 성물림 가운데 어느 쪽을 택해야 할지 오랫동안 계속해서 망설이고 있었다. 자크 다르크와 이자벨 로메 사이에서 태어난 딸은 재판관에게 "나는 잔 다르크라고도 하고 잔 로메라고도 합니다"라고 말하였다. 역사상으로는 잔 다르크라는 이름으로만 알려져 있지만, 그녀는 딸에게는 어머니의 성을 붙이는 관례가 자기 고향에 있다는 사실을 알려주고 있었던 것이다.

이같은 이중의 연결관계는 중대한 결과를 초래하였다. 이렇듯 각 세

---

*8 프랑스 베르사유 근처의 마을.

7) *Polyptyque de l'abbé Irminon*, éd. A. Longnon, II, 87. 이런 식으로 이중의 계보를 표시하고자 한 욕구 때문에 때로는 얼토당토않은 괴상한 이름이 생겨나곤 하였다. 예를 들면 앵글로색슨의 이름인 위그프리스(Wigfrith)가 그러한데, 글자 그대로 옮기면 '전쟁의 평화'라는 뜻이다.

*9 프랑스 파리 동남쪽 옛 오를레앙 지방의 도시. 이곳을 지배하던 가문은 앙부아즈 영주로 불리면서 12세기 말경에 번영을 누렸다.

대마다 근친의 범위가 서로 달랐기 때문에 혈족원으로서 짊어져야 하는 의무의 범위도 끊임없이 변하고 있었다. 혈족의 의무는 엄격하였다. 그러나 혈족집단은 사회조직 전체의 바탕으로서 구실하기에는 너무나 유동적이었다. 설상가상으로 어떤 두 혈족이 서로 충돌했을 때 동일한 개인이 한쪽은 아버지 쪽으로, 또 한쪽은 어머니 쪽으로 해서 이 두 혈족에 동시에 속하는 일이 충분히 있을 수 있었다. 그럴 때에는 어느 쪽을 편들어야 한단 말인가. 현명하게도 보마누아르는 촌수가 가까운 근친 쪽 편을 들라고 하면서, 촌수가 같을 때에는 어느 편도 들지 말라고 충고하고 있다. 실제로는 흔히 개인적인 호불호(好不好)에 따라 결정이 내려졌다는 것은 말할 나위도 없다.

나중에 다루게 되겠지만 고유한 의미에서의 봉건적 관계인 가신제에서도 두 영주를 모시는 가신의 경우에 이같은 법률적 혼동이 일어나곤 하였다. 이러한 혼동은 하나의 특징적인 의식구조를 반영하는 것이었으며 종국에 이르러서는 유대관계를 약화시킬 수밖에 없었다. 13세기의 보베지에서는 한 아버지에게서 태어난 배다른 형제 둘이 어머니 쪽 친족끼리의 근친복수에서 각기 다른 편에 가담해 서로 싸움을 벌여도 합법적이라고 인정할 수밖에 없었을 지경이니, 이런 식의 가족제도라는 게 내부적으로는 얼마나 허약하기 짝이 없었겠는가.

'육친의 벗들'에 대한 의무는 부계와 모계의 계보에 따라 어디까지 미치고 있었을까. 이러한 의무의 한계가 어느 정도로나마 정확하게 규정되어 있었던 것은 (인명)배상금의 공정가격을 충실하게 지키고 있던 집단들뿐이었다고 해도 과언이 아니다. 그나마 이같은 관습도 비교적 나중에 가서야 성문화되었다. 이러한 관습에 따라 능동적 연대와 수동적 연대의 영역이 놀라울 만큼 넓게 설정되어 있다는 사실은 더욱 의미심장하다. 그뿐 아니라 그 영역은 등급이 매겨져 있었으며, 지불받거나 지불해야 하는 배상금액의 정률(定率)도 친족관계의 친소(親疏)에 따라 다양하였다.

13세기에 카스티야의 세풀베다(Sepulveda)에서는 근친의 살해자에게 복수해도 범죄로 몰리지 않으려면 복수자와 당초의 피해자가 같은 고조부의 후손이면 되었다. 오드나르드(Audenarde)*10의 법에서 규정된 유혈배상금의 일부를 받을 수 있는 권리, 그리고 릴(Lille)*11에서 정해져 있던 유혈배상금 지불에 일정한 몫을 해야 되는 의무 등도 역시 동고조(同高祖) 근친인 사람들에게 적용되었다. 생 토메르(Saint-Omer)*12에서는 배상금 지불에 참여해야 되는 의무를 '증조부의 조부를 공통의 조상으로 하는 친족들'의 선으로까지 확대시켜놓았다.[8] 다른 고장에서는 지불관계의 테두리가 더욱 모호하였다.

그러나 이미 살펴보았듯이 재산 양도의 경우에는 여러 가지를 신중히 고려해서, 미칠 수 있는 한 먼 촌수의 방계혈족의 동의까지 얻어야만 하도록 되어 있었다. 농촌의 가족공동체(무언의 공동체)는 오랫동안 수많은 개인을 한 '지붕' 밑에 모아두고 있었다. 그 수는 11세기의 바이에른에서는 50명, 15세기의 노르망디에서는 70명이나 되었다.[9]

그런데 좀더 자세히 살펴보면 13세기부터 거의 도처에서 일종의 가족공동체 축소라는 과정이 진행되고 있었던 것 같다. 그전까지의 대규모 친족단 대신 오늘날의 소가족에 훨씬 가까운 집단이 서서히 자리잡게 되는 것이다. 이 13세기 말 무렵에 보마누아르는 복수(復讐)의 의무로 묶인 사람들의 범위가 점점 줄어들고 있다는 느낌을 받았다. 이전 시대와는 달리 그의 시대에는 복수의 의무감을 여전히 아주 강하게 느끼는 범위는 육촌이나 그냥 사촌까지밖에 포괄하지 않을 정도가 되어

---

*10 벨기에의 강(Ghent) 남쪽의 도시.

*11 프랑스 북쪽 끝의 도시.

*12 프랑스 북쪽 끝의 도시.

8) *Livre Roisin*, éd. R. Monier, 1932, §143~44 ; A. Giry, *Histoire de la ville de Saint-Omer*, t. II, p.578, c. 791. 교회법이 별다른 무리없이 근친 결혼을 7촌까지 금지할 수 있었던 이유 또한 이로써 설명된다.

9) *Annales Altahenses maiores*, 1037(*SS.*, t. XX, p.792) ; Jehan Masselin, *Journal des États Généraux*, éd. A. Bernier, pp.582~84.

있었다. 12세기 말부터는 프랑스의 증서에서 문중의 동의를 얻는 범위를 아주 가까운 근친만으로 한정짓는 경향이 나타났음을 볼 수 있다.

이어서 혈족의 되사기 권리라는 제도가 생겼다. 이 제도는 취득재산(acquêt)*13과 가족재산을 구분하는 한편, 가족재산 중에서도 이 재산이 생기게 된 기원에 따라 부계친족만이 청구할 수 있는 재산과 모계혈족만이 청구할 수 있는 재산을 구분하고 있었는데, 이는 옛날의 관행과 비교해볼 때 거의 무한정에 가까운 혈족이라는 개념에는 훨씬 덜 부합되는 것이었다. 물론 이러한 진화의 리듬은 곳에 따라 크게 차이가 났다. 지금 우리로서는 이렇게도 중대한 결과를 가지는 이같은 전환이 왜 일어났던가, 그 가장 일반적이면서도 가장 가능성이 짙은 원인들을 주마간산 격으로나마 살펴보는 것으로 충분할 것이다.

공권력은 평화의 수호자 구실을 맡아 행동함으로써 친족집단의 연대성을 허물어뜨리는 데에 이바지하였음에 틀림없다. 그것은 여러 가지 방식으로 이루어졌는데, 그 중에서도 특히 윌리엄 정복왕이 실시한 것처럼 합법적인 복수의 범위를 제한하는 방법과 아마 무엇보다도 복수를 일절 자행하지 않도록 권장하는 방법이 대표적이었을 것이다.

친족단에서 자발적으로 탈퇴한다는 것은 옛날부터 인정되어온 일반적인 권리였다. 그러나 이같은 탈퇴는 그 개인에게 수많은 위험을 면하게 해주는 것이기도 했지만 오랫동안 없어서는 안 될 것으로 여겨져온 안전판을 장차 박탈해버린다는 것을 뜻하기도 하였다. 그런데 일단 국가의 보호가 효력을 가지게 되자 이러한 '지원거부'(forjurement)가 내포하던 위험성은 점점 더 줄어들었다. 때로는 공권력 자체가 서슴지 않고 이 '지원거부'를 강요하기도 하였다. 그래서 1181년 에노 백작은 어떤 살인사건이 일어나자 살인자를 구조하지 않겠다는 약속을 얻어내기 위해 미리 범인의 근친자 전부의 집을 불살라버리기도 하였다.

---

*13 가족 중의 어느 한 사람이 자기가 벌어서 획득한 재산이었으며, 자기 마음대로 처분할 수 있었다.

그렇기는 하지만 경제적 단위인 동시에 '근친복수'의 집행기관이기도 하였던 혈족이 허물어지면서 쇠퇴한 것은 무엇보다도 더욱 심층적인 사회적 변화의 결과였던 것으로 보인다. 교역의 진보는 재산에 대해 가해지는 가족의 속박을 줄어들게 하였다. 그전만 하더라도 법적 신원확인 문서가 전혀 없는 상황이어서, 사람들이 집단적인 통일체라는 느낌을 가지려면 그저 같은 장소에서 무리지어 계속 사는 수밖에 없었기 때문에 혈족집단이 결국 지나치게 거대한 형태를 취하게 되었으나, 이제 상호교류 생활이 진전됨에 따라 이러한 집단은 해체되어갔다. 이보다 훨씬 더 공고하게 형성되어 있었던 옛 게르마니아의 씨족들도 일찍이 이런 식으로 해서 이민족의 침입에 의해 치명적인 타격을 받은 바 있었다.

잉글랜드가 겪었던 격심한 동요——스칸디나비아인의 침입 및 이주와 노르만 정복——는 옛 혈족의 골격이 미처 때도 되지 않아서 무너져버리게 된 중대한 원인이었음에 틀림없다. 이후의 대대적인 토지개간 시대에는 유럽의 거의 전역에 걸쳐서 새로운 도시적 중심지들과 아울러 개척지에 세워진 여러 촌락들이 지니고 있던 흡인력으로 말미암아 수많은 농민공동체가 해체되어버렸음이 분명하다. 적어도 프랑스의 경우에는 아주 가난한 지방에서 이러한 형제단이 훨씬 더 오래 유지되었음을 알 수 있는데, 이는 전혀 우연한 일이 아니었다.

이전 시대의 대규모 친족단이 이렇게 잘게 나누어지기 시작한 바로 이 시대에, 아직 몹시 초보적인 형태로나마 가족의 이름이 나타났던 것은 기이하기는 하지만 불가해한 일은 아니다. 로마의 씨족(겐테스)과 마찬가지로 프리슬란트나 디트마르셴의 씨족(게슐레히트)에도 제각기 전통적인 호칭이 있었다. 게르만 시대에 세습적으로 신성한 성격을 부여받고 있었던 수장의 가문들도 마찬가지였다. 이에 반해 봉건시대의 혈족들은 이상하게도 오랜 세월 동안을 이름도 없이 지내왔다. 물론 그들의 윤곽이 불분명해서 그러하기도 했겠지만, 그밖에도 족보가 너무나도 빤히 알려져 있으므로 일부러 말을 만들어 이를 기억하게 해야 할 필요가 전혀 없었기 때문이기도 하였다.

그런데 특히 12세기부터는 그전에 단 한 가지만으로 표시되었던 이름(nom)——오늘날의 (성이 아닌) 세례명에 해당——에다 별명이라든가 또 때로는 두번째 세례명 따위를 덧붙이는 것이 흔한 습관이 되었다. 숱한 옛날식 이름이 차츰차츰 쓰이지 않게 되었고 게다가 인구도 증가함으로써 그 결과 골치아프기 짝이 없게도 동명이인이 늘어나게 되었다. 동시에 법률상의 변화가 일어나 이제부터 문서 사용이 관례화되었고, 또한 의식구조상에도 변화가 일어나 사람들이 과거보다도 훨씬 더 강력하게 명료함을 요구하게 되었기 때문에, 이름지을 거리가 이렇게 빈약한 데에서 발생하는 혼란은 점점 더 견디기 힘든 것이 되어갔다.

이제는 사람들을 구별하는 수단을 찾아야만 하기에 이르렀다. 하지만 이는 아직 개개인을 식별하는 표지(標識)에 불과하였다. 형태야 어떻든 간에 두번째 이름이 세습되면서 성(姓)으로 변하게 되었을 때에 비로소 결정적인 진전이 이루어질 수 있었던 것이다. 이리저리 돌아다니는 일이 타계층 사람들보다 더 많고, 또 그렇게 멀리 떨어져 있더라도 집단의 지원을 잃고 싶지 않다는 희망을 타계층 사람들보다 더 강렬하게 품고 있던 상층귀족들의 세계에서 처음으로 진정하게 가문을 표시하는 호칭이 관례화된 것은 시사하는 바가 크다. 12세기의 노르망디에서는 이미 지루아 가(家)라든가 탈바 가라든가 하는 말이 흔히 사람들의 입에 오르내렸으며, 동방의 라틴 왕국*14에서는 1230년경 '이블랭(Ybelin)이라는 첨명(添名, surnom)을 가진 혈족의 사람들'이라는 말이 쓰이고 있었다.10)

이어서 이러한 추세는 도시의 부르주아지에게도 미쳤다. 귀족들이나 마찬가지로 널리 돌아다니는 일에 익숙해져 있던 그들은 상업상의 필요 때문에 개인이나 또는 가족——가족이 곧 그대로 상업적 결사를 이

---

*14 십자군 원정으로 서유럽인들이 동방에 세운 기독교 국가.

10) Philippe de Novare, *Mémoires*, éd. Kohler, pp.17, 56.

루는 일은 흔히 찾아볼 수 있었다―에 대한 신원 파악에 조금이라도 착오가 일어나는 것을 몹시 싫어하였던 것이다. 그러다가 마침내 이러한 추세는 사회 전체에 퍼져가게 되었다.

그러나 집단의 호칭이야 이렇게 해서 정확해졌다 하더라도 집단 자체는 그리 확고한 테두리를 가지지도 못했고 또 그 규모에서도 옛날의 친족단에는 도저히 미치지 못했다는 사실을 제대로 이해해둘 필요가 있다. 이름의 계승은 이미 앞에서도 살펴보았다시피 부계와 모계라는 두 갈래 사이에서 왔다갔다하고 있었으며 몇 번이고 단절을 맛보곤 하였다. 지파(支派)들은 분가해 나가면서 흔히 다른 이름으로 불리게 되었다. 그런가 하면 하인들은 흔히 주인의 이름으로 불리곤 하였다. 요컨대 혈연적 유대관계의 전반적 진전에 상응하여, 씨족명보다는 오히려 단위세대의 가명(家名)을 붙이는 것이 중요한 관심사였다. 또한 이같은 가명의 계승은 집단이나 개인의 운명에 끼여든 대수롭지 않은 우발사건 따위에 의해서도 좌우될 정도였다.

가명을 엄격하게 세습하는 일은 훨씬 나중에 가서, 공권력이 치안 유지와 행정이라는 과제를 더욱 용이하게 수행하려는 목적으로 법적 신원확인 문서를 도입하게 된 때에 이르러서야 비로소 제도화되었다. 따라서 오늘날에 와서는 연대성의 생생한 감각을 전혀 지니지 못한 사람들까지―이런 사람은 종종 찾아볼 수 있다―한데 포괄하는 공통의 부호가 되어 있다고 할 수 있는 고정된 가족 이름은 변천을 거듭하던 봉건사회가 끝내 붕괴하고 난 뒤 훨씬 후대에 가서야 최종적으로 정착된 셈이다. 이것은 유럽에서는 혈족정신의 소산이 아니라 혈족정신과는 철두철미하게 대립되는 제도, 곧 주권국가의 소산이었다.

3. 혈연적 유대관계와 봉건제

그러나 아득한 부족시대 이래로 개인이 부단히 해방을 향한 걸음만을 내디뎌왔다고 생각하지는 말기로 하자. 적어도 유럽 대륙을 보면 재산의 양도가 근친의 동의에 따라 좌우되는 경향은 만족 왕국 시대보다 봉건시대 제1기 쪽이 훨씬 더 심했던 것으로 보인다. 사망에 따른 재산처분의 경우에도 사정은 마찬가지였다.

8세기와 9세기에는 로마법에 따른 유언, 또는 게르만족의 관습법에 입각하여 발달한 갖가지 제도 등에 의하여 개인이 어느 정도 자유롭게 자기 재산의 귀속을 스스로 정할 수 있었다. 11세기 이후, 에스파냐와 이탈리아——주지하다시피 이 두 지역은 옛 성문법의 가르침에 유달리 충실한 곳이었다——를 제외한 다른 모든 지방에서 이 권능은 문자 그대로 사라져버렸다. 당사자가 사망한 뒤부터 비로소 효력을 발휘하게 되어 있는 기증조차도 이때부터는 거의 전적으로 증여의 형태를 취하고 있었는데, 이 증여라는 것은 본질적으로 혈족의 동의를 얻어야만 하는 것이었다. 이는 교회의 이익에 저촉되는 일이었다.

교회의 영향 아래 12세기에는 원래 의미의 유언을 통한 재산양도가 되살아났다. 그것은 처음에는 경건한 연보(捐補)에 한해서만 허용되었지만, 이어서 당연한 상속권자의 이익을 해치지 않기 위한 몇몇 제한조건만을 설정한 채 차츰차츰 퍼져나아갔다. 이 무렵은 또한 혈족의 되사기 권리라는 더욱 완화된 제도가 가족의 동의라는 제도 대신 등장하게 된 시기이기도 하였다. 근친복수 자체만 하더라도 그전에는 이민족 침입의 결과로 생겨난 여러 나라의 국법에 따라 그 적용범위가 상당히 줄어들어 있었는데, 그러다가 일단 이러한 장애가 무너지게 되자 이 근친복수는 재건된 국왕권 또는 영역제후권에 의해 다시 한번 공격당하게 되는 날까지 형법에서 으뜸가는 자리를 차지하거나 되찾거나 하였다. 한마디로 말해 이러한 병행(竝行)현상은 모든 면에서 완벽한 것으로 보였다.

우리가 봉건제라고 부르는 사회상태의 특징이라 할 수 있는 인격적 보호와 종속의 관계가 활짝 개화하던 시기는 또한 혈연적 유대관계가 진정으로 구속력을 가지게 된 시기이기도 하였다. 왜냐하면 이 시대는 동란에 차 있고 공권력은 있으나마나 했던지라, 개인은 도움을 얻으리라 기대할 수만 있다면 그 어떤 형태의 소집단에 대해서이건 더 강렬한 결속감을 느끼게 되었기 때문이다. 그뒤 진정한 의미의 봉건적 구조가 점차 무너지거나 또는 변형되는 것을 볼 수 있던 몇 세기 동안에는 또한 대규모 친족단이 세분화해감과 함께 혈족의 연대성이 서서히 소멸해가는 전조도 엿보이고 있었다.

그런 한편, 폭력으로 가득 찬 사회 분위기로 인하여 갖가지 위험에 시달리고 있던 개인에게 친족은 봉건시대 제1기를 통해서조차 충분하다고 할 만한 보호를 제공하지 못하고 있었다. 그 당시 존재하고 있던 형태대로의 친족은 그렇게 힘이 되어주기에는 그 범위가 너무나 막연하고 유동적이었으며, 남계와 여계라는 계보의 이중성 때문에 내적으로 너무나 속속들이 약화되어 있었음에 틀림없다. 사람들이 다른 유대관계를 찾거나 받아들이지 않을 수 없었던 이유도 바로 이것이었다.

이 점에 관하여 우리는 결정적인 역사적 경험을 가지고 있다. 강력한 부계집단이 존속하였던 유례없는 지역들—북해 연안의 독일 각지, 브리튼 섬의 켈트인 거주지역들—에는 가신제도, 봉토도 그리고 농촌적 장원도 모두 결여되어 있었다. 혈족의 힘은 봉건사회의 본질적인 요소 가운데 하나였다. 그리고 그 힘의 상대적 허약함이야말로 도대체 왜 봉건제가 존재했던가를 설명해주는 것이다.

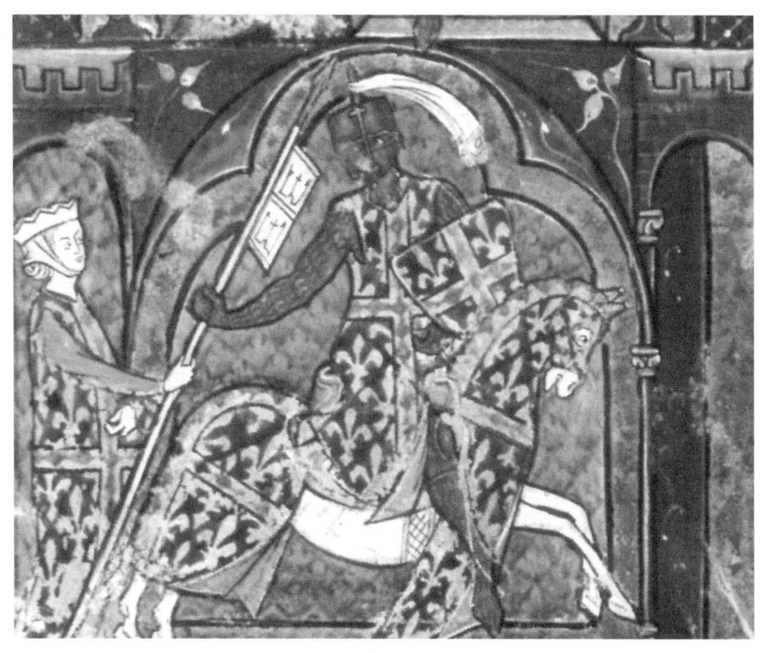

제1장

가신^{*1}의 신종선서

1. 타인에게 속하는 사람

봉건제에 관한 어휘들 중에서 타인의 '복속인'(服屬人, 'l'homme' d'autre homme)*2이라는 당착어법(撞着語法)*3만큼 널리 쓰이면서 또 그만큼 포괄적인 의미를 가진 표현도 없었다. 로망스어와 게르만어에서 공통적으로 쓰이고 있던 이 표현은 그 자체만으로도 인격적 종속관

---

*1 가신제는 원문의 vassalité를, 그리고 가신은 원문의 vassal을 각각 옮긴 말인데(이 책에서 vassal이라는 말 자체는 나중에 나온다), 가신은 봉건적 주종관계에서 종속적 위치에 있는 사람을 가리킨다. 같은 동양권에 속하면서 유일하게 서유럽적 유형의 봉건적 주종관계를 가졌던 일본에서는 이러한 사람을 가신(家臣 : 문무 포함) 또는 가사(家士 : 무인인 종속자만 지칭)라고 불렀다. 그런데 우리나라에서는 이 집 '家'자가 오해를 불러일으킬 여지—곧 주인의 집에 기거하면서 숙식을 제공받는 종속자만을 가리키는 것으로 오해할 우려—가 있다는 이유로 vassal을 봉신(封臣)이라 옮겨야 한다는 주장도 강력하게 대두하였다. 하지만 그렇게 옮길 경우 봉토를 지급받은 가신, 곧 vassi casati를 번역할 적당한 말이 없어지고 만다. 그런 점을 감안하여 이 책에서는 일단 잠정적인 약속으로서 솔거가신인 vassi non casati와 봉토를 지급받은 가신인 vassi casati를 한데 합쳐 그냥 가신이라고 칭하기로 했다. 적어도 이 책에서만은 이같은 의미상의 약속을 늘 염두에 두고 있어야 할 것이다.

계를 나타내주는 구실을 하고 있었다. 더구나 그것은 이 유대의 정확한 법적 성질이 어떠한 것이든 괜찮았고, 또한 계층의 구분 때문에 골치아파할 필요도 전혀 없이 쓰일 수 있었다. 농노가 자기 촌락영주의 '복속인'(사람)이었던 것과 마찬가지로 백작은 국왕의 '복속인'이었다.

때로는 한 사료 가운데에서조차 몇 행을 사이에 둔 채 근본적으로 서로 다른 사회적 신분의 사람들이 차례차례로 이같은 이름으로 불리고 있었다. 이를테면 11세기 말경 노르망디의 수녀들이 제출한 청원이 그러한 예인데, 이 속에서 수녀들은 어떤 상급제후 한 사람이 수녀들 자신의 '복속인들'—즉 그들의 농민들—을 제후 자신의 '복속인들', 다시 말해 자기 가신인 기사들의 성채에서 억지로 일하게 했다고 하소연하고 있는 것이다.[1] 신경을 거슬리게 할 만한 의미의 모호함은 전혀 없었다. 왜냐하면 신분 사이에 가로놓인 간극에도 불구하고 이 말의 역점은 기본적으로 공통적인 요소, 곧 한 개인이 다른 개인에게 종속된다는 사실에 놓여 있었기 때문이다.

그러나 이같은 인적(人的)인 결속관계의 원칙이 사회생활 전체에 온통 스며들어 있었다고 하더라도 그것이 취한 형태는 아무래도 극히 다양하였다. 신분이 가장 높은 경우에서 신분이 가장 낮은 경우에 이르기까지는 때때로 거의 알아차릴 수도 없을 만큼 미세한 과도적인 형태들

---

*2 호모(homo, 라틴어로 '사람'이라는 뜻)는 다른 사람에 대한 종속관계에 있는 인물을 나타내는 말로 널리 사용되었는데, 특히 어떤 영주의 가신인 '사람'을 homo suus(그의 사람)라고 표현하였다. 원문에 프랑스어로 l'homme d'autre homme라고 되어 있는 것은 이 라틴어 표현을 빌린 것으로, 앞의 homme는 '종속된 사람'을, 뒤의 homme는 그냥 일반적인 의미의 사람을 가리킨다.

*3 문자 그대로를 직역하면 다른 사람의 '사람'이라는 말이 되므로 당착적인 어법이라 한 것이다.

1) Haskins, *Norman Institutions*, Cambridge(USA), 1918(Harvard Historical Studies, XXIV), p.63.

이 존재하였다. 더구나 각 지방별로도 수많은 편차가 있었다는 것을 덧붙여두기로 하자.

　다만 여기에서는 이러한 종속관계들 가운데 가장 중요한 것의 하나인 가신제적 유대를 연구의 실마리로 삼아, 유럽 중에서도 가장 철저하게 '봉건화한' 지대, 곧 옛 카롤링거 제국의 심장부였던 프랑스 북부와 독일의 라인 강 유역지방 그리고 슈바벤 지방에 대하여 먼저 이 유대관계를 연구한 다음, 끝으로 일체의 발생론적인 탐구에 들어가기에 앞서 이 제도의 가장 완전한 개화기, 다시 말해 10세기에서 12세기에 이르는 시기에 나타난 이 제도의 가장 두드러진 특징들을 서술하고자 노력하는 편이 더 적당할 것이다.

2. 봉건시대의 신종선서(臣從宣誓)

　여기에 두 사람이 서로 얼굴을 마주하고 있다고 하자. 섬기기를 원하는 한 사람과 우두머리가 되기를 수락했거나 또는 그렇게 되기를 갈망하는 또 한 사람 말이다. 전자는 두 손을 한데 모으고 이 맞붙여진 두 손을 후자의 두 손 안에 놓는다. 이는 종속의 명백한 상징이었으며 때로는 무릎을 꿇어서 그 의미를 더욱 강조하기도 하였다. 이와 동시에 두 손을 내민 사람은 자기가 마주 보고 있는 사람의 '복속인'임을 자인할 만한 아주 짧은 몇 마디 말을 선언한다. 그런 다음 우두머리와 종속자는 서로의 입에 키스한다. 이는 곧 동의와 우정의 상징이다.

　이상이 봉건시대에 알려진 가장 강력한 사회적 유대 가운데 하나를 맺는 데에 역할하였던—아주 간단하고 또 바로 그렇기 때문에 눈에 보이는 것에 그토록 민감한 사람들의 마음을 감동시키기에 유별나게 적합하였던—몸짓들이었다. 문헌사료에서 골백번도 더 기술되거나 또는 언급되었으며 문장(紋章)이라든가 세밀화(細密畵) 또는 얕게 새긴 부조에서 골백번도 더 그 모습이 재현되었던 이 의식은 '신종선서'(hommage, 독일어로는 Mannschaft)라 불리고 있었다.

이 의식에 의하여 탄생하는 상급자를 가리키는 데에는 지극히 일반적인 명칭인 '영주'(seigneur)라는 낱말 이외에 다른 용어가 전혀 없었다.[2] 마찬가지로 종속자 또한 흔히 더 이상의 수식어 없이 이 영주의 '복속인'이라 일컬어졌다. 때로는 더욱 명확하게 영주의 '입맞춤과 두 손 맞잡기에 의한 복속인'이라고 불리기도 하였다. 그러나 이보다 더 특수한 용어도 사용되고 있었으니, '가신'(vassal)이라든가 또는 적어도 12세기 초까지는 쓰였던 '탁신자'(託身者, commendé)라는 말들이 그것이었다.

이러한 모습을 하고 있던 이 의식에는 기독교적인 흔적이라고는 눈 씻고 찾아봐도 없었다. 기독교적 흔적이 이렇게 결여되었다는 사실은 이 의식의 상징성이 먼 옛날의 게르만적 습속에서 기원했다는 점으로 설명할 수 있다. 하지만 대개의 경우 신을 증인으로 삼지 않는 한 약속은 결코 유효한 것으로 인정받을 수 없다고 여겨지고 있던 사회에서는 이같은 결여가 더 이상 계속될 수 없었다.

신종선서 그 자체는 형태 면에서 조금도 수정되지 않았다. 그러나 추정하건대 카롤링거 왕조 시대부터 문자 그대로 종교적인 성격을 띤 제2의 의식이 생겨나서 기존의 신종선서 의식에 덧붙여지게 된 듯하다. 즉 새로 가신이 된 사람은 한 손을 뻗쳐 복음서나 성유물 위에 얹고는 주인에게 충실하겠다고 맹세하였던 것이다. 이것은 '충성서약'(foi, 독

─────────────

2) 구체제(Ancien Régime)하의 봉건법학자들 이래 'suzerain'이라는 말이 때때로 이런 뜻으로 사용되어온 것은 명백한 착오이다. 이 낱말의 진정한 의미는 아주 다른 것이었다. 폴이 피에르에게 신종선서를 바치고 피에르가 자기대로 자크에게 신종선서를 바쳤다고 하자. 이럴 때에는 피에르가 아닌 자크가 폴의 'seigneur suzerain'(영주의 주군) 또는 줄여서 그냥 suzerain이 된다. 즉 suzerain이란 상급영주(seigneur supérieur)라는 뜻이었다. 이 suzerain이라는 말은 souverain과의 유추에 따라 부사 sus에서 파생된 것으로 보인다. 바꾸어 말해 나의 suzerain은 나의 직접영주가 아니라 나의 영주의 영주이다. 어쨌든 이 표현도 후대의 것으로 생각된다. 16세기쯤이나 될까?

일어로는 Treue라고 하며 옛날에는 Hulde라고 하였다)이라 불리고 있었다. 따라서 의식은 두 단계로 이루어져 있었다.

하지만 이 두 국면은 똑같은 가치를 가진 것이 결코 아니었다. 왜냐하면 '충성서약'에는 아무런 특정한 성격이 없었기 때문이다. 불신이 통례가 되어 있으면서 동시에 신의 제재에 호소하는 것이야말로 십중팔구 효험을 지니는 희귀한 구속력 가운데 하나라고 여겨지고 있던 이 어지러운 사회에서는 충성의 서약이 빈번하게 강요될 만한 이유가 많고도 많았다.

국왕이나 영주의 관리는 지위의 고하를 막론하고 직무에 취임할 때에 이 서약을 바쳤다. 고위 성직자들은 그들 휘하의 성직자들에게 즐겨 이 서약을 요구하였다. 토지영주도 가끔씩 자기 농민들에게 이를 요구하였다. 일단 맺어지면 한 개인의 전체를 얽어맴으로써 갱신할 수 없는 것이 된다고 일반적으로 여겨지고 있던 신종선서와는 달리 이 충성의 약속은 거의 진부한 것으로서 한 사람에 대해 몇 번씩이고 되풀이해서 행해질 수 있었다. 따라서 신종선서를 동반하지 않는 '충성서약' 행위는 숱하게 있었다.

반면에 우리가 아는 한 충성서약이 따르지 않는 신종선서는 없었다. 더욱이 이 두 가지 의식이 결합될 때에 의식에서 차지하는 위치 그 자체가 신종선서의 우위를 나타내주고 있었다. 즉 신종선서가 언제나 먼저 행해지곤 하였다. 그뿐 아니라 신종선서야말로 두 사람을 이끌어 밀접하게 결합시켜줄 수 있는 유일한 것이었다. 즉 가신의 충성서약은 일방적인 계약을 이루고 있어서, 영주가 이에 대응하는 유사한 서약을 한다는 것은 아주 드문 일이었다. 한마디로 말해서 신종선서란 가신관계를 종속과 보호라는 그 이중의 측면에서 진정으로 창출해내는 것이었다.

이렇게 해서 형성된 유대는 원칙적으로 이 유대에 의해 결합된 두 사람이 살아 있는 한 지속되었다. 그 반면에 두 사람 가운데 누구 하나라도 죽게 되면 그 당장에 이 관계는 자동적으로 해체되곤 하였다. 사실대로 말하자면, 나중에 살펴보게 되겠지만 실제로는 가신제는 아주 일찍부터 전반적으로 세습적인 상태로 전환되었다.

그러나 이같은 실제 상태는 그러했다 하더라도 법적 원칙만은 손상되지 않은 채 끝까지 살아남았다. 대개의 경우 사망한 가신의 아들이 일찍이 자기 아버지에게서 신종선서를 받아들였던 바로 그 영주에게 신종선서를 바치기는 했지만, 그리고 작고한 영주의 상속자가 거의 언제나 자기 아버지를 섬긴 가신들에게서 신종선서를 받아내기는 했지만 이러한 것은 그리 중요한 일이 아니었다. 어쨌거나 두 당사자의 짝짓기에 변화가 생길 때마다 어차피 의식이 되풀이되어야 한다는 점에는 틀림이 없었던 것이다.

마찬가지로 대리인을 통한 신종선서란 바쳐질 수도 없었고 수락될 수도 없었다. 이것에 어긋나는 사례들은 모두 아주 나중의 시기, 곧 그 옛 몸짓들의 의미가 이미 거의 다 사라져버렸을 때에 발생한 것들이다. 프랑스에서는 샤를 7세 치하에 이르러서야 비로소, 그나마 수많은 망설임을 여전히 수반한 채, 국왕에게 바쳐지는 것인 경우에 한해서 대리인을 통한 신종선서의 접수(接受)라는 이 권능이 합법적인 것으로 인정받았다.[3] 그럴 만큼 이 사회적 유대관계는 정형적(定型的)인 행위에 의해서 두 사람 사이에 확립된 거의 신체적이라고까지 할 만한 접촉과 불가분하게 연결된 것이라고 생각되고 있었던 것이다.

가신이 짊어지고 있던 부조와 복종이라는 일반적인 의무는 어떤 타인의 '복속인'인 사람들 모두에게 공통된 것이었다. 그러나 개별적인 의무 하나하나를 따져보면 미묘한 차이가 나타나고 있었다. 그 세부적

---

3) Mirot, *Les ordonnances de Charles VII relatives à la prestation des hommages*(*Mémoires de la Société pour l'Histoire du droit et des institutions des anciens pays bourguignons*, fasc. 2, 1935) ; G. Dupont-Ferrier, *Les origines et le premier siècle de la Cour du Trésor*, 1936, p.108 ; P. Dognon, *Les institutions politiques et administratives du pays de Languedoc*, 1895, p.576(1530).

인 사항은 다음에 살펴보기로 하겠다.

이들 의무의 성질은 지위와 생활양식 등의 아주 엄격하게 규정된 여러 조건에 부합되고 있었다. 왜냐하면 가신들이 서로간에 부와 위신에서 커다란 편차를 보이고 있기는 했지만, 그래도 그들이 주민의 모든 계층 가운데에서 무차별적으로 충원된 것은 결코 아니었기 때문이다. 가신 신분은 상류계층에 특유한 종속의 형태였으며, 이를 특징짓고 있던 것은 무엇보다도 전사(戰士)로서의 소명과 명령권이라는 직능이었다. 적어도, 시간이 지나면서 그렇게 되어버렸다. 가신제의 특징을 속속들이 잘 파악하려면 지금으로서는 그것이 인격적인 상호 의존관계의 복합적인 덩어리 전체에서 어떻게 점점 독특한 형태로서 모습을 드러내게 되었던가를 살펴보는 편이 좋을 것이다.

3. 인격적 종속관계의 발생

자기의 보호자를 구한다는 것과 기꺼이 다른 사람을 보호한다는 것, 이는 어느 시대에나 찾아볼 수 있는 갈망이다. 그러나 이러한 갈망이 독자적인 법률적 제도를 탄생시키는 것은 거의 오로지, 여타의 사회적 골격이 느슨해진 문명체계 안에서만 가능하다고 할 수 있다. 로마 제국이 붕괴된 다음의 갈리아 사정이 바로 그러하였다.

실제로 메로빙거 왕조 시대의 사회를 상상해보기로 하자. 국가도 혈족도 이제는 더 이상 충분한 보호의 손길을 뻗쳐주지 못하고 있었다. 촌락공동체는 내부의 치안을 유지할 정도의 힘밖에 없었다. 도시공동체는 거의 존재하지 않는 형편이었다. 약한 자는 자기보다 강한 자에게 몸을 내맡겨야 할 필요를 도처에서 느끼고 있었다. 강한 자는 강한 자대로 설득에 의해서이건 또는 강제력에 의해서이건 간에 자기를 도와줄 의무가 있는 하급자의 지지를 확보하지 못하는 한 위신이나 재산을 유지할 수도 없었고 심지어 자신의 안전을 보장할 수조차 없었다.

한편에서는 우두머리 곁으로 도피하는 사태가 있었고, 다른 한편에서는 흔히 폭력에 의한 지배권의 찬탈이 있었다. 그리고 약하다거나 강하다거나 하는 관념은 언제나 상대적인 것에 지나지 않기 때문에, 많은 경우에 한 인물이 자기보다 강한 사람에 대해서는 종속자가 되면서 동시에 자기보다 지위가 낮은 사람에 대해서는 보호자가 되곤 하였다. 여러 갈래로 얽히고 설키면서 사회적 구조물의 한 계층에서 다른 계층까지 줄곧 가로지르고 있던 인격적인 상호 의존관계의 거대한 체제가 이렇게 해서 형성되기 시작하였다.

이 몇 세대는 시대의 필요성에 무릎을 꿇었다고는 하지만 무슨 새로운 사회형태를 만들어내겠다는 욕구나 감정을 품고 있었던 것은 결코 아니다. 각자는 본능적으로 현존하는 사회조직이 제공하는 수단을 이용하려고 애썼으며, 별로 의식하지도 않은 채 마침내 무언가 새로운 것을 만들어내기는 하였다. 하지만 이는 어디까지나 옛 것을 적응시키려 노력하는 바로 그 과정에서 나왔다. 그런데 (만족의—옮긴이) 침입에서 벗어난 그 사회가 이용하고 있던 제도 또는 관행이라는 유산은 유례없이 잡다한 요소들이 뒤섞인 것이었다. 즉 로마의 유산에, 그리고 로마에 의해 정복되기는 했으나 그들 고유의 관습을 결코 전적으로 잃어버리지는 않고 있던 여러 민족의 유산에 게르만족의 전통이 한데 섞이게 되었던 것이다.

여기에서 가신제에 관해 또는 더욱 일반적으로 봉건적 제도들에 관해 특정한 인종적 계보를 구한답시고 로마인가 '게르마니아의 숲'인가라는 그 유명한 양도논법(兩刀論法)[*4]에 다시 한번 간혀버리는 잘못을 저지르지는 말아야겠다. 이러한 지적 유희는 이 진화를 이루어내었던 힘에 대하여 우리보다 지식이 적었던 탓에 불랭빌리에가 그렇게 믿었듯이 17세기의 귀족층은 거의 전부가 다 프랑크족 전사들의 후손들이라고 믿는 것이 가능했던 시대의 산물, 또는 청년기의 기조(François

---

[*4] 봉건제의 기원이 로마의 제도에 있었던가 민족이동 이전의 게르만족의 제도에 있었던가를 둘러싸고 전개된 논쟁을 말한다.

Guizot)[*5]가 그렇게 해석했듯이 프랑스혁명을 갈리아-로마인들의 보복이라고 해석하는 것이 가능했던 그러한 시대의 산물로 접어두어야 할 것이다. 이는 마치 옛날의 생리학자들이 인간의 정액 속에는 완전히 형성된 소(小)인간이 들어 있다고 믿었던 것이나 마찬가지이다.

그렇지만 봉건제에 관계되는 어휘가 시사해주는 바는 명백하다. 나중에 살펴보게 되겠지만 이 봉건제에 관한 용어들에는 갖가지 기원에서 유래하는 요소들이 병존하고 있었다——어떤 것들은 피정복민의 언어나 정복민의 언어에서 빌려온 것이고 또 어떤 것들은 '신종선서'라는 말 자체처럼 새로 만들어졌다. 그렇다면 이러한 용어들이 충실한 거울처럼 반영해주고 있는 사회체제란 비록 유례없이 복합적인 과거의 흔적을 강력하게 물려받고 있기는 했으나 그럼에도 불구하고 무엇보다도 그 당시의 독특한 여러 여건들에서 형성된 소산이 아니었겠는가. "사람은 자기 아버지를 닮기보다는 자기 시대를 닮는다"고 아랍인들의 속담은 말하고 있는 것이다.

자기의 보호자를 찾고 있던 약자들 가운데 가장 불행한 사람들은 아예 완전한 노예가 되었고, 이로 말미암아 자기 자신뿐 아니라 자기 후손들까지도 노예상태로 끌어들이고 있었다. 그러나 신분이 낮은 사람들까지 포함해서 다른 많은 사람들은 자유인으로서의 그들의 신분을 유지할 것을 열렬히 바라고 있었다. 그들의 복종을 받아들이고 있던 인물들로서도 대부분의 경우 이러한 바람에 반대할 이유는 거의 없었다.

인격적 유대관계가 아직 공적인 제도들을 질식시키지는 않고 있던 이 시대에 '자유'라 불리는 것을 향유한다는 일, 그것은 본질적으로 메로빙거 왕조의 통치자들에 의해 다스려지는 인민——정복민과 피정복민이 같은 이름 아래 한데 섞인 상태로서, 보통 '프랑크 인민'(populus

---

*5 1787~1874. 프랑스의 정치가이자 역사가로 7월 왕정하에서는 문교·외무장관에다 수상까지 역임했던 인물. 『대의제도사』『유럽문명사』 등을 저술했다.

Francorum)이라 불리고 있던 집단—에 속하는 일, 그것도 완전한 권리를 가진 성원의 자격으로서 속하는 일이었다. 이같은 등가성(等價性)에서 '자유로운'(libre)과 '프랑크의'(franc)라는 두 낱말이 동의어로 태어나게 되었고, 그 동의어적인 성격은 이 시대를 통하여 계속 이어지게 되었다. 그런데 수장의 입장에서 볼 때, 자유인의 특징이던 사법적·군사적인 특권을 갖춘 복속인들에게 둘러싸인다는 것은 예속 신분 출신자의 무리만을 거느리는 것보다 여러모로 더 유리하였다.

'자유인 신분에 관한'(d'ordre ingénuile, ingenuili ordine)—투르의 한 서식집(書式集)*6에서는 이렇게 말하고 있다—이러한 종속관계는 대부분 가장 순수한 라틴어 어휘에서 유래한 낱말들의 도움을 받아 표현되고 있었다. 왜냐하면 이 변동에 가득 찬 역사의 흥망성쇠를 온통 거치면서도 보호제(patronat)라는 고대의 관습은 로마 세계나 로마화한 세계에서 결코 사라지지 않고 있었기 때문이다.

특히 갈리아의 경우 이 관습은 복속된 주민들의 습관과 일치하고 있었기 때문에 그만큼 더 용이하게 이식되었다. 로마의 군단이 도래*7하기 전에 이미 갈리아의 수장들은 모두가 하나같이 농민이나 전사들로 이루어진 충성서약자들의 무리에 둘러싸여 있었다. 우리는 이들 토착적인 옛 관습들 가운데 갈리아가 로마에 정복된 뒤에도 보편적 문명이라는 겉치레 밑에서 살아남을 수 있었던 것이 무엇인지는 제대로 알지 못한다. 그러나 모든 것에 비추어볼 때 이들 관습은 전혀 상이한 정치적 정세의 압력으로 인해 많든 적든 심층적 수정을 겪기는 했으면서도 끝내 연장된 형태로 계속 살아남았던 것이라고 생각하지 않을 수 없다.

어쨌든 로마 제국 말기에는 혼란상으로 말미암아 제국 전역에 걸쳐

―――――――――――

*6 메로빙거 왕조 최고(最古)의 서식집으로, 로마법적 내용에 게르만법의 지식을 첨가한 것이다.

*7 B.C. 58년 카이사르가 갈리아 정복을 위해 군단을 이끌고 온 것을 말한다.

서 공법(公法)상의 제도들보다 더 가까이 있고 더 효과적인 권위에 의지해야 될 필요성이 그전보다 더욱더 심해졌다. 4세기와 5세기에는 사회의 상층에서 하층에 이르기까지, 재정을 담당하는 관리의 가혹한 착취에 대비하고자 하거나 재판관의 호의가 자기 편에 쏠리게끔 하고 싶어하거나 아니면 그저 명예스러운 경력이라도 확보하고 싶어하는 사람이라면 누구를 막론하고, 설령 자기가 자유인이고 때로는 드높은 지위에 올라 있다고 하더라도, 자기보다 더 신분이 높은 사람에게 스스로 결속되는 것이야말로 최선의 방책이라고 믿고 있었다.

이러한 유대관계는 공법상으로는 무시되거나 심지어는 금지되기까지 하였으므로 법적인 힘은 전혀 가지지 못하였다. 그런데도 이것은 역시 가장 강력한 사회적 결합력의 하나를 이루고 있었다. 따라서 프랑크인들의 지배 아래 들게 된 갈리아의 주민들은 보호와 복종의 약속을 점점 늘려가면서도 자기네가 선조의 언어 가운데에서 그 이름을 쉽게 찾아낼 수 없는 그런 짓을 하고 있다는 의식은 결코 가지고 있지 않았다.

사실대로 말하면 '피보호제'(clientela)라는 옛 낱말은 문학적인 회상의 경우를 제외하고는 로마 제국 최후의 몇 세기 이래 쓸모없어져버린 말이었다. 그러나 로마에서와 마찬가지로 메로빙거 왕조 치하의 갈리아에서도 여전히 수장은 종속민을 '책임지고 맡는다'(suscipere)고, 그리고 이 일로 해서 수장은 종속민들의 '보호자'(patron)가 된다고 이야기되었으며, 또한 종속민은 자기 보호자에게 스스로를 '탁신한다'—즉 스스로를 '맡긴다'는 뜻—고 이야기되고 있었다. 이렇게 해서 받아들여진 의무는 대개 '봉사'(service, servitium)로 취급되었다. 예전 같았으면 이 말을 들으면 자유인은 소름이 끼쳤을 것이다. 왜냐하면 고전 라틴어로 이 세르비티움(servitium)이라는 말은 예속의 동의어로만 쓰였고, 자유와 양립할 수 있는 의무를 가리키는 유일한 말은 오피키아(officia, 임무)였기 때문이다. 그러나 4세기 말부터 세르비티움이라는 낱말은 그 원래의 치욕적인 의미를 잃고 있었다.

하지만 게르마니아도 역시 봉건제의 요소들이 형성되는 데에 그 나름대로 기여하고 있었다. 유력자가 약자에게 베풀고 있던 보호는 흔히 문디움(mundium)·문데부르둠(mundeburdum)—이 말이 프랑스어로는 '맹부르'(maimbour)가 되었다—또는 미티움(mitium)이라 불리고 있었는데, 이 마지막 낱말은 좀더 특정하게, 어떤 사람이 법정에서 자신의 종속자를 대표하는 권리와 사명을 나타내었다. 모든 증서가 어쩔 수 없이 라틴어로 뒤덮인 모습을 하고 있었음에도 불구하고 그것으로도 완전히 가려버릴 수는 없었던 게르만어 어휘들이 바로 이러한 것들이었다.

이러한 다양한 표현들은 거의가 다 서로 맞바꾸어 쓸 수 있는 것들로서 계약자의 출신이 로마계이건 만족계이건 상관없이 무차별적으로 사용되고 있었다. 사적 종속의 관계들은 아직도 일체의 법률적 테두리 바깥에 머물러 있었으므로 여기에는 법의 속인주의(屬人主義) 원칙이 적용되지 않고 있었다.

이러한 관계는 공식적인 규제를 받지 않았던 덕분에 무한히 다양한 상황에 더욱더 수월하게 적응할 수 있었다. 국왕 자신은 인민의 우두머리로서 자기의 모든 신민에게 차별 없이 지지받고 있었으며 또한 그들에게 충성을 요구할 권리를 가지고 있었지만—이는 자유인의 일반 신민서약에 의해 뒷받침되고 있었다—그런데도 신민 가운데 일정한 수효의 사람들에게 자신의 특정한 '맹부르'를 내려주곤 하였다. '폐하 말씀의 범위 안'(dans sa parole)에 들어 있던 이 인물들에게 위해를 가한 사람은 국왕을 직접 공격한 것으로 여겨졌으며, 그 결과 유례없이 가혹한 징벌을 받게 마련이었다.

어지간히도 다종다양한 그들의 무리 중에서도 수효도 비교적 적고 지체도 비교적 높은 국왕 직속 충성서약자들의 집단이 두각을 나타내고 있었는데 이들은 군주의 근위, 곧 그의 '측근'(gens)이라 불리고 있었다. 메로빙거 왕조 말기의 무정부상태에서는 이들이 왕위와 국가를 멋대로 주무른 적도 한두 번이 아니었다. 그전에 로마에서 그러했던 것과 마찬가지로 출세하기를 바라는 양가의 젊은이는 유력자에게 스스로를 '맡기고 있었다'. 선견지명이 있는 아버지 덕택에 어린 시절부터 이미 바로 이 방식으로 장래를 보장받고 있던 경우는 별도였겠지만 말이다. 종교회의에서 내려진 금지조처에도 불구하고 온갖 지위의 많은 교회 성직자들 또한 아무런 거리낌없이 세속인의 보호를 갈구하고 있었다.

그러나 사회의 하위계층이야말로 일찍부터 종속의 관계들이 가장 강제적으로 형성될 수밖에 없었을 뿐 아니라 또 가장 널리 퍼져 있는 계층이었다고 보아도 틀림이 없다. 지금 우리가 가지고 있는 당시의 유일한 탁신 서식에는 단지 '먹을 것도 없고 입을 것도 없다'는 이유만으로 주인을 받아들일 수밖에 없었던 한 가난뱅이가 등장하고 있다. 이처럼 다종다양한 양상을 띠고 있던 종속관계들은 사회적 위치에서는 그렇게도 대조적이었지만, 그럼에도 불구하고 이들 사이에는 용어의 구별도 없었고 적어도 관념상의 아주 명확한 구별마저도 전혀 존재하지 않고 있었다.

탁신자는 어떠한 신분 출신이건 간에 거의 언제나 자기 주인에게 서약을 바치고 있었던 것으로 보인다. 관습상으로도 역시 탁신자는 복종의 정형적 행위에 따르도록 권유받고 있었을지, 그 점은 잘 알 수 없다. 공적 법률체계는 전적으로 인민과 혈족이라는 낡은 사회조직에만 결부되어 있어서 이 점에 관해서는 아무런 언급도 하지 않고 있다. 개개의 협약에 대해서는 흔적을 남기는 유일한 실마리가 되어줄 문서가 작성된 적이 거의 없었다.

그러나 8세기 후반부터 기록문서에는 두 손을 서로 맞잡는 의식에 관한 언급이 나타나기 시작한다. 그런데 이같은 언급은 무엇보다도 그러한 의식이 가장 지체 높은 인물들 사이에서 치러졌던 경우만을 보여준다. 즉 피보호자는 외국의 영역제후이고 보호자는 프랑스 국왕인 식이다. 하지만 기록 작성자들의 이러한 편중된 판단에 기만당해서는 안된다. 그들 생각에 이 의식은 고도의 정치적인 사건들과 관련되어 있어서, 가령 통치자들 사이에 회담이 이루어질 때 그에 수반된 절차로서 행해지는 그러한 경우가 아니고는 언급될 가치가 없는 것으로 보이고 있었으니 말이다. 다시 말해 삶의 일상적인 궤적에서는 이것은 흔해빠진 일이며 따라서 말없이 지나쳐버려도 되는 일로 여겨지고 있었던 것이다.

이 의식은 분명히 기록문헌에 나타나기 훨씬 전부터 관습적으로 치러지고 있었다. 프랑크족의 관습, 앵글로색슨족의 관습과 스칸디나비아인들의 관습이 일치한다는 사실이야말로 이 의식이 게르만족에게서 유래한 것이라는 점을 증명해준다. 그러나 이 의식의 상징적인 의미는 너무나도 분명했기 때문에 모든 주민이 이를 손쉽게 채택해서 쓰게 되지 않을 수 없었다. 잉글랜드와 스칸디나비아에서는 이 상징이 아주 다양한 형태의 종속—주인에 대한 노예의 종속, 전쟁 수장에 대한 자유인 종사(從士)의 종속—을 표현하는 데에 구분 없이 이용되고 있었다. 모든 점으로 미루어보아 프랑크인 지배하의 갈리아에서도 이러한 사정은 오랫동안 마찬가지였던 것으로 생각할 수 있다.

충성서약의 몸짓은 다종다양한 성질의 보호계약을 맺는 데에 구실을 하고 있었는데, 때로는 실제로 행해졌지만 또 때로는 생략되는 경우도 있었기 때문에 그 어느 보호계약에도 빠져서는 안 될 요소로까지 여겨지지는 않고 있었다. 하나의 제도가 확립되려면, 지나치게 모호한 의미 해석을 용납하지 않는 하나의 용어와 비교적 고정된 하나의 의식이 요구된다. 그러나 메로빙거 왕조의 세계에서 인격적 상호 의존관계들이라는 것은 아직까지 하나의 관행에 지나지 않았다.

4. 가내전사(家內戰士)

그러나 이때부터 이미 생활조건에서 다른 주민들과는 영속적으로 구분되는 한 무리의 종속민이 존재하고 있었다. 각각의 유력자나 또는 다름아닌 왕 자신의 둘레에 모여들어 그들의 가내전사 집단을 이루고 있던 것이 바로 이 사람들이었다. 왜냐하면 그 당시에 통치계급에게 부과되고 있던 모든 문제들 가운데 가장 절박한 것은 평화시에 국가나 또는 특정한 재산을 관리하는 일이라기보다는 오히려 전투 수단을 확보하는 일이었기 때문이다. 공적인 것이든 사적인 것이든 간에, 또는 그저 심심풀이 삼아 획책한 것이든 재산과 생명을 지키기 위한 것이든 간에, 전쟁은 몇 세기 동안이나 계속해서 수장의 전체 경력을 이루는 매일매일의 씨줄과 같은 것으로, 그리고 명령권을 행사하는 지위라면 어느 것에나 본질적으로 깃들여 있는 존재이유와 같은 것으로 여겨졌음에 틀림없다.

프랑크족의 국왕들이 갈리아의 주인이 되었을 때 그들은 군대를 편성하기 위해 대중을 동원하는 방법으로 두 가지 체제를 이어받고 있었다. 즉 게르마니아에서는 일체의 자유민이 전사였으며, 로마의 경우 아직 토착민들의 군대가 이용되고 있던 동안에는 주로 토지 경작자들 사이에서 이같은 군대병력이 충원되고 있었다. 프랑크 국가는 차례로 이어진 두 왕조[*8] 치하에서 국민개병(國民皆兵)의 원칙을 유지하고 있었는데, 이 원칙은 더 나아가 봉건시대 전체를 통해 관철되었을 뿐 아니라 봉건제 이후에도 계속 살아남게 되었다.

국왕의 칙령은 이 의무를 재산에 비례하게끔 하여, 이를테면 가장 가난한 사람들의 경우에는 몇 명을 한데 합쳐 소집단을 이루게 하고 이 각각의 소집단마다 한 명씩 병사를 내놓게끔 하려고 애썼으나 성과가 없었다. 실제적인 적용방식은 그때그때의 급박한 요구에 따라 변화했지만 이 원칙 자체는 손상받지 않은 채 그대로 지속되고 있었다. 이와 마찬가지로 유력자들도 싸움이 벌어지는 경우 서슴지 않고 자기네 농민들을 전투에 끌어들이고 있었다.

그러나 만족들의 왕국에서는 행정체계가 관료제적인 임무를 제대로 수행할 만한 능력을 점점 상실해가고 있었기 때문에 이같은 행정체계에는 군대 징모의 기구가 부담스러운 것이 되고 있었다. 그런 한편 게

[*8] 메로빙거 왕조와 카롤링거 왕조.

르만 사회가 평화를 위해서 또 전쟁에 대비해서 형성시켜두었던 옛 사회 골격도 정복으로 말미암아 부서져버렸다. 끝으로, 일반 게르만인은 민족이동기에만 해도 농민이라기보다는 전사였지만, 이때부터는 안정성이 더욱 증대해가고 있던 농업에 대한 배려에 사로잡혀 차츰 전사라기보다는 농민이라고 해야 할 존재가 되어가고 있었다.

하기야 예전에 로마의 콜로누스도 농경지에서 군대의 야영지로 끌려나오곤 했지만 그럴 때에도 전쟁에 관해 미리 알고 있는 바가 없었던 것은 분명하다. 그렇지만 이 콜로누스만 해도 어쨌거나 조직 정연한 군단의 병졸로 편입되어 이 군단에서 군인으로서의 수련을 쌓았다. 이에 반해 프랑크 국가에서는 국왕과 유력자를 둘러싼 친위대 이외에는 상비군이 없었으며, 따라서 신병에 대한 정규적인 훈육도 실시되지 않았다. 징집되어온 사병들의 사기 부족과 경험 부족 그리고 무장의 어려움—샤를마뉴 치하에서는 사람들이 그저 막대기 하나만 들고 봉건소집군에 응해서 나타나곤 하는 바람에 이를 금지하지 않을 수 없었다—등, 이러한 결함은 일찍부터 메로빙거 왕조 시대의 군사체제를 짓누르게 되었음에 틀림없다.

그런데다가 전쟁터에서의 우위가 보병으로부터 공격과 수비 양면에서 무거운 무장을 갖춘 기병으로 옮겨감에 따라 이러한 결함은 더욱더 뚜렷이 드러나게 되었다. 왜냐하면 군마(軍馬)를 갖추고 발끝부터 머리끝까지 무장하려면 웬만한 정도의 유복함을 누리고 있거나 아니면 자기보다 더 잘사는 사람의 도움을 받아야만 했기 때문이다. 『리푸아리 법전』(*Lex Ripuaria*)[*9]에 따르면 말 한 마리는 소 한 마리의 여섯 배 가치가 있었고, 사슬갑옷(broigne)—일종의 가죽갑옷인데 금속판을 붙여

[*9] 프랑크족의 일파인 리푸아리 부족의 법전으로 6~8세기경에 성립되었다. 라틴어로 되어 있으며 모두 98장이다. 잘리 부족의 『살리 법전』과 더불어 게르만법의 흔적을 강하게 지닌 것으로 유명하며, 로마법과 기독교의 영향도 보여주고 있다.

튼튼하게 한 것이다—한 벌은 말 한 마리와 같은 값이었으며, 투구 하나만 해도 말 한 마리 값의 절반이나 되었다. 761년에 알레마니아의 어느 소토지 소유자가 말 한 마리와 검 한 자루를 얻기 위해 조상이 물려준 농경지와 노예 한 명을 양도했다는 기록을 볼 수 있지 않은가.[4]

그런 한편 전투에 임하여 준마를 효율적으로 부리며 무거운 갑옷을 입은 채로 어려운 검술을 해내려면 오랜 훈련기간이 필요하였다. "사춘기의 소년은 기사로 키울 수 있다. 그보다 더 늦으면 결코 불가능하다." 이 격언은 카롤링거 왕조 초기 국왕들의 치세하에서 속담이 되어갔다.[5]

그런데 그토록 중대한 사회적 반향을 불러일으키게 되었던 이같은 보병의 쇠퇴현상은 왜 일어났을까. 이것을 아랍인들의 침입의 결과라고 믿어온 경우가 흔히 있었다. 즉 사라센 기병들의 습격을 견뎌내고, 또는 그들을 추격하기 위해 카를 마르텔이 자기 휘하의 프랑크인들을 기병으로 전환시켰다는 식의 이야기이다. 이것이 과장된 것임은 명백하다. 설령 그 당시 이슬람 교도들의 군대에서 기병이 그렇게까지 결정적인 구실을 했다고 상정하더라도—그러나 이는 이미 논박을 받은 이야기이다—프랑크인들은 언제나 기마부대를 가지고 있었기 때문에 기마부대에 빛나는 자리를 부여하기 위해서는 굳이 푸아티에(Poitiers) 전투[*10]까지 기다릴 것도 없었다.

755년 피핀(Pipin)[*11]이 유력자와 봉건 소집군의 연례적인 연합집회를 3월에서 5월로, 즉 첫 꼴베기 작업이 시작되는 계절인 이 달로 옮겼

---

4) H. Wartmann, *Urkundenbuch der Abtei Sanct-Gallen*, t. I, nº 31.

5) Raban Maur, *Zeitschrift für deutsches Altertum*, t. XV, 1872, p.444.

*10 푸아티에는 프랑스 중서부의 지명. 732년 카를 마르텔이 이끄는 프랑크 군대는 이곳에서 이슬람 군대를 격파함으로써 그들이 더 이상 서유럽을 잠식하는 것을 막게 되었다.

*11 카를 마르텔의 아들이자 샤를마뉴의 아버지로서 카롤링거 왕조 최초의 국왕. 재위는 751~768. '작은 키의 피핀'이라는 별칭을 가지고 있다.

을 때, 이 의미심장한 조치는 몇 세기 전부터 계속되어온 진화의 종착 지점을 장식한 데에 지나지 않았다. 이같은 진화는 대다수의 만족 왕국들과 아울러 심지어 동로마 제국 자체에서도 공통적으로 이루어졌음에도 불구하고 이러한 현상이 발생하게 된 이유는 반드시 그렇게 잘 이해된 편이 아니었다. 왜냐하면 한편으로는 몇몇 기술적 요인들이 충분하게 고려되지 못했기 때문이며, 다른 한편으로는 군사적인 기술의 영역 바로 그 자체에서도 지나칠 만큼 전적으로 전술에서만 주의가 기울여지는 바람에 이것이 이루어지게 된 과정이라든가 그후의 사정 같은 것은 무시되어버렸기 때문이다.

말의 등자와 말굽쇠는 고전고대의 지중해 사회에는 알려지지 않은 것이었고 9세기 이전까지의 서양에서는 그림이 포함된 문헌사료상에는 나타나 있지 않았다. 그러나 이 경우에는 그림 쪽이 현실보다도 꽤 뒤처져 있었던 것으로 보인다. 추정하건대 사르마티아인(Sarmatia)들[*12] 사이에서 발명된 것으로 생각되는 이 등자는 유라시아 대륙 초원의 유목민들이 서유럽에 전해준 선물이었으며, 이것이 차용된 것은 민족이동기에 서방의 정착민들과 대초원의 이들 기마민족 문명 사이에 확립된, 그전보다 훨씬 더 긴밀한 접촉의 결과 가운데 하나였다. 이 접촉은 일찍이 카프카스 산맥 북쪽에 정착해 있다가 그 중의 몇몇 분파가 게르만인의 물결에 휩쓸려 갈리아 또는 에스파냐의 중심부로 도피해오게 된 알란인(Alan)[*13]들의 이주 덕분에 직접 이루어지기도 하였으나, 또 때로는—이 편이 주종을 이룬다—고트족처럼 얼마 동안 흑해 연안지방에서 살았던 게르만족의 분파들이 중개함으로써 이루어지기도 하였다.

[*12] 발트 해와 흑해 연안에 걸쳐 살았던 유목민으로 스키타이인들과 언어·생활양식이 비슷한데, 3세기에 고트족에게 정복당하고 슬라브족에게 흡수되었다.

[*13] 이란계 유목민족의 하나.

말굽쇠도 역시 동방에서 온 것으로 생각된다. 그런데 말굽쇠가 등장함으로써 가장 지독하게 험한 땅 위에서도 말을 타고 가거나 짐을 실어 나르기가 훨씬 수월해졌다. 등자는 등자대로 말 타는 사람의 피로를 덜어주었을 뿐 아니라 승마자세를 더 좋게 만들어줌으로써 말달리기의 효과를 증대시켜주었다.

전투에서는 확실히 기마공격이 가장 흔히 쓰이는 전법 가운데 하나가 되었다. 하지만 그것만이 유일한 방법은 아니었다. 토지상태에 따라 불가피할 때에는 기병도 땅에 내려서서 공격을 위한 임시 보병이 되었다. 봉건시대의 군사사(軍事史)에는 이러한 전술의 예가 흔하디 흔하다.

그러나 다니기 편한 도로가 없고, 로마 군단의 전력(戰力)이 되어주었던 것처럼 정묘하게 짜인 군사훈련으로 단련된 군단도 없는 상황에서는 군주들간의 분쟁으로 인해 불가피하게 이루어지는 머나먼 원정이라든가 또는 일반적인 수장들이 즐겨 이용하던 기습적인 게릴라 작전 같은 것을 성공적으로 수행할 수 있게 해주고, 농경지나 늪지를 가로질러가며 힘들이지 않고 재빨리 전쟁터에 도착할 수 있게 해주며, 전쟁터에서 불시의 책략으로 적을 혼란에 빠뜨릴 수 있게 해주고, 더 나아가 전황이 나쁘게 돌아가고 있을 때에는 기회를 잘 틈타 도주함으로써 대량살육을 면할 수도 있게 해주는 것은 오직 말밖에 없었다. 1075년에 작센족이 독일의 하인리히 4세에게 패했을 때 귀족들은 민첩하게 움직이는 자기네 군마 덕택에, 그렇게 재빨리 살육을 피해 달아날 능력이 없었던 농민 출신 보병들보다 피해를 훨씬 적게 입었던 것이다.

따라서 이같은 모든 상황의 작용으로 프랑크족 지배하의 갈리아에서는 전문적인 전사들에게 의존하는 것이 점점 더 불가피해졌는데, 이들은 자기 집단 특유의 전통에 따라 훈육받는 사람들이었으며 무엇보다도 기병들이었다. 비록 원칙적으로는 소집에 응할 수 있을 정도의 경제적인 여유를 가진 모든 자유인들이 거의 9세기 말에 이를 때까지 국왕을 위한 기마(騎馬) 근무를 계속 강요받고 있었던 것이 사실이지만,

훈련을 쌓고 무장도 충분히 갖춘 기마군단, 그러니까 실질적인 효과를 기대할 수 있는 유일한 병력이었던 이 군단의 핵심세력은 자연히 오래 전부터 군주나 유력자의 주변에 모여들어 있던 무장수행인들로 이루어졌다.

고(古)게르만의 뭇 사회에서는 혈연집단과 인민(peuple)이라는 기본골격만으로도 정상적인 생존을 누리는 데에는 충분하였지만, 그 반면에 모험정신이라든가 야심은 결코 이것만으로는 충족되지 않았다. 수장들, 그 중에서도 특히 젊은 수장들은 자기네 주변에다 '종사'(compagnon)들을 모아들이곤 하였다(종사들은 고대 독일어로는 기진트[gisind]라고 하는데, 이는 원래 원정의 동료를 뜻하는 말이다. 타키투스는 아주 정확하게도 이 말을 코메스[comes]라는 라틴어로 옮긴 바 있다).

수장들은 이들 종사를 전투할 때에나 약탈하는 데에 데리고 다녔다. 평상시에는 수장은 몇 시간이고 앉아서 술잔치를 벌이기에 딱 알맞게 되어 있는 대규모 목조 '홀'에서 종사들에게 환대를 베풀곤 하였다. 이 소집단은 전투나 근친복수를 할 때 자기네 두목의 전력(戰力)을 이루어주었으며, 자유인들간의 토론이 행해질 때에는 두목의 권위를 보증해주었다. 두목이 그들에게 베풀어주곤 하던 하사품—음식물·노예·금반지 등—은 그 자신의 위엄을 세우는 데에 없어서는 안 될 요소 가운데 하나였다. 1세기의 게르마니아에서의 종사제를 타키투스는 이렇게 묘사해서 보여주고 있으며, 여러 세기가 지난 후 『베오울프』의 시에서도, 그리고 몇 가지 어쩔 수 없는 변형이 이루어졌지만 스칸디나비아의 옛 사가에서도 종사제는 여전히 이러한 모습으로 재현되고 있다.

로마 세계의 허물어진 터전 가운데에 일단 정착한 뒤에도 만족의 수장들은 자기네가 이제 막 침투해들어온 이 세계에서도 역시 사병(私兵)의 관습이 오래 전부터 성행하고 있었다는 것을 발견한 만큼, 더욱더 이 관행을 버리려 들지 않았다. 로마의 마지막 몇 세기 동안 상층귀족에 속하는 사람치고 자기 사병을 거느리지 않은 사람은 거의 없었다.

이들 사병은 흔히 부켈라리(buccellarii)*14라고 일컬어졌는데, 이는 그들에게 일반적으로 분배되고 있던 비스킷(buccella)——보통 먹는 양식인 빵보다 질이 좋았다——의 이름에서 연유하였다. 더구나 로마 제국의 장군이 된 자기들 주인을 둘러싸는 이들 개인적 호위병은 종사라기보다는 사비(私費)로 고용된 군인이라 하는 편이 훨씬 더 옳은 사람들이었지만, 그래도 수적으로 충분하고 충성심도 나무랄 데 없었기 때문에 군사력의 전열 중에서도 종종 제1선을 차지할 수 있었다.

메로빙거 왕조 시대의 혼란의 와중에서는 이와 같은 무장수행인을 활용하는 일이 그전보다 더욱 절박해질 수밖에 없었다. 국왕은 '친위대'(truste, trustis)라고 불리는 경호대를 거느리고 있었는데, 이들은 적어도 대다수가 상시(常時) 기마병이었다. 프랑크계 출신이건 로마계 출신이건 간에 국왕의 주요한 신하들도 이 점에서는 마찬가지였다. 심지어는 교회조차 이런 식으로 해서 안전을 확보할 필요가 있다고 생각하고 있었다.

투르의 그레고리우스가 '검투사'(gladiator)라고 부른 바 있는 이러한 무인들은 아주 잡다한 부대를 이루고 있어서 그 가운데에는 흉포하기 짝이 없는 한탕꾼들도 없지 않았다. 주인들은 자기 노예 중에서 가장 용맹한 자들도 서슴지 않고 이 안에 편입시키곤 하였다. 그러나 자유인들이 수적으로 가장 많았음은 분명한 듯하다. 그렇다고 해서 이들 자유인 무장수행인이 출신성분에서 언제나 최상층 신분에 속하는 사람들이었던 것은 아니다. 중요도에서나 보수에서나 봉사의 등급은 여러 가지가 있었음에 틀림없다. 그럼에도 불구하고 7세기에는 노예를 위해 '소토지'를 수여하는 데에나 가신두스(gasindus)*15를 위해 이를 수여하는 데에 구별없이 동일한 문서의 서식이 쓰일 수 있었다는 것은 의미

———————————

*14 단수는 buccellarius.

*15 무장수행인을 가리키는 또 하나의 낱말.

심장한 일이다.

이 가신두스라는 낱말을 보면 그것이 게르만족의 전쟁종사를 뜻하는 옛 명칭이었음을 알아차릴 수 있다. 실제로 이 낱말은 메로빙거 왕조 치하의 갈리아에서뿐 아니라 더 나아가 만족 세계 전역에 걸쳐 사적(私的)인 무장종속민을 가리키는 데에 흔히 쓰인 것으로 보인다. 그러나 이 말은 점차 바살(vassus, vassallus)이라는 토착의 낱말에 자리를 물려주게 되었다. 그렇게도 양양한 미래를 약속받고 있던 이 바살이라는 낱말에 말이다. 그 기원을 따져보면 이 새로운 낱말은 로마에서 유래한 것이 아니라 켈트어였다.[6]

그러나 이 말은 비록 『살리 법전』(*Lex Salica*)[*16]에서 처음으로 문자화되기는 했지만 그보다 훨씬 전에 갈리아 지방의 구어(口語) 라틴말 가운데 스며들어 있었음에 틀림없다. 왜냐하면 이 말의 차용이 이루어질 수 있었던 시대가 있다면 그것은 오직, 로마의 언어에 물들어버린 주민들 외에 아직도 선조들의 언어를 충실하게 지키는 상당수의 집단이 프랑스 땅에 존재하고 있던 무렵, 곧 클로비스 시대로부터도 한참을 더 거슬러 올라간 시대일 수밖에 없기 때문이다. 그런 만큼 만약 그럴 의향만 있다면, 이 바살이라는 말을 대할 때에는 갈리아인들의 진정한 유산 가운데 하나였으며 프랑스어의 심층에 스며들어 생명력을 계속 이어가고 있는 한 사물을 존중하는 마음으로 대하는 편이 좋겠다.

그렇지만 봉건제의 어휘 가운데 이 용어가 받아들여졌다고 해서 이것에서 군사적 가신제의 그 무슨 아득한 연원 같은 것을 끌어내려 하지는 않도록 조심해야 할 것이다. 물론 켈트족의 사회가 일반적으로 다

---

6) G. Dottin, *La langue gauloise*, 1920, p.296.

*16 프랑크족의 일족인 잘리 부족의 법전으로서 5, 6세기에 처음으로 편찬되었으며 카롤링거 왕조 치하에서 수정 편찬되었다. 따라서 민족이동 이전의 게르만 사회구조의 흔적과 아울러 민족이동 후의 변화상 등을 추적해볼 수 있는 중요한 자료이다.

그러하듯이 로마인들이 정복하기 이전의 갈리아 사회에서도 여러 가지 면에서 옛 게르마니아의 종사제와 비슷한 조직이 실제로 운영되기는 하였다. 그러나 로마적인 상부구조 아래에서 이러한 관습이 얼마만큼이나 살아남을 수 있었든 간에, 한 가지 사실만은 분명하다. 즉 카이사르가 우리에게 알려주고 있는 것과 같은 무장한 '피보호민'을 가리키는 명칭들, 곧 '암박투스'(ambactus)니 또는 아키텐의 솔두리우스(soldurius) 따위는 아무 흔적도 남기지 않고 사라져버린 것이다.[7]

바살이라는 낱말이 속어(俗語) 라틴말에 처음으로 들어갔을 때만 하더라도 이 말의 의미는 훨씬 더 비천한 것이어서 '젊은 사환'——이같은 어의는 중세 전체를 통해 '발레'(valet, 시종)라는 지소사(指小辭) 속에서 계속 살아남게 되었다——을 뜻하는 동시에 라틴어의 푸에르(puer, 시동)가 겪은 것과 유사한 의미상의 완만한 변화에 따라 '가내노예'를 가리키는 말이기도 하였다. 주인이 항상 자기 주변에 대기하도록 하는 사람들을 자기 '시동'(gar)이라고 부르는 것은 당연한 일이 아니겠는가. 프랑크족 지배하의 갈리아에서 6세기부터 8세기에 이르기까지 작성된 여러 사료에서는 이 단어에다 위에서 말한 두번째 의미를 계속해서 부여하고 있다.

이어서 8세기에는 새로운 의미가 점차 나타나서 종래의 의미와 나란히 세력을 겨루더니 그 다음 세기에는 이 낡은 의미와 자리를 바꾸는 것을 목격할 수 있다. 가내노예 출신이면서 호위대의 일원으로 받아들여짐으로써 '명예롭게 된' 사람은 하나둘이 아니었다. 이 호위부대의 다른 대원들도 노예가 아니면서도 마찬가지로 주인의 저택에서 살면서 온갖 종류의 봉사를 제공하고 또한 주인의 명령을 직접 받게끔 되어 있었다. 그들도 역시 주인의 '시동'이었다. 따라서 그들은 태어나면서부

---

7) 적어도 이 피보호민이라는 뜻에서는 그러하다는 말이다. 왜냐하면 프랑스어의 'ambassade'는——여기에서는 별로 구체적으로 말할 필요가 없는 우회로를 거쳐——ambacte에서 파생되었기 때문이다.

터 예속 신분이었던 동료들과 더불어 바살이라는 명칭 아래 포괄되었으며, 이 말은 이제부터 무장수행인이라는 한정된 의미로만 쓰이게 되었다. 그러다가 마침내 그때까지만 해도 상당한 정도의 친근감을 불러일으키면서 자유민에게나 예속민에게나 공통으로 적용되어왔던 이 호칭이 이제는 오로지 이 부대의 자유민들에게만 쓰이기에 이르렀다.

그런데 예속의 밑바닥 상태에서 출발하여 조금씩조금씩 명예를 획득하게 된 이 낱말의 이와 같은 역사는 바로 제도의 변화과정 자체를 보여주고 있다. 유력자들 또는 심지어 국왕 자신들에 의해 양성되고 있던 많은 '살인청부자'(sicaire, sicarius)들의 지위는 원래는 미천하기 짝이 없었지만 이제부터는 여기에 중대한 위신의 요소들이 포함되게 되었다. 이러한 전쟁종사들을 자기네 수장에게 결합시켜주고 있던 유대는 바로, 가장 높이 존중받는 사회계층의 사람들도 거리낌없이 행할 수 있는 자유로이 맺어진 충성계약의 일종이었다. 국왕의 호위대를 가리키던 용어야말로 정말 의미심장하다. 즉 그것은 충성을 뜻하는 트루스티스(trustis)였기 때문이다. 이 부대에 편입된 신병은 충성을 맹세하였으며 이에 대한 응답으로 국왕은 "그에게 원조를 제공하겠다"고 약속하였다. 이것이 모든 '탁신'의 원칙 바로 그것이었다. 유력자와 그의 가신두스 또는 가신들도 이와 비슷한 약속을 나누었을 것임에 틀림없다. 더욱이 지체 높은 인물에게 보호받는다는 것은 안전을 보장할 뿐 아니라 더 나아가 사회적 명망도 제공하였다.

국가가 해체되어가는 와중에서 지배권을 행사하는 모든 사람들이 점점 더 배타적으로 자기네에게 직접 결속된 사람들 사이에서밖에 도움을 얻을 수 없게 되었던 만큼, 또한 군무에 관한 옛날식 습속이 쇠퇴함으로써 직업적 전사의 충원이 날이 갈수록 더욱 절박해지고 무기를 지닌 사람이라면 누구를 막론하고 그 역할을 더욱더 칭송받게 되었던 만큼, 사람에 대한 사람의 종속관계의 온갖 형태들 중에서도 가장 높은 것은 스스로 충성을 다하겠다고 엄숙한 맹세를 바친 주인을 위해 검과 긴 창을 갖추어 말을 타고 봉사하는 데에 있다고 여기는 사고방식이 점.

점 더 널리 받아들여지게 되었다.

어쨌든 가신제도의 전개에 심층적으로 작용하면서 이 제도로 하여금 원래의 방향에서 크게 벗어나게끔 만들고야 만 한 현상의 영향력이 이 때부터 이미 감지되기 시작하고 있었다. 이는 그때까지만 하더라도 국가와는 무관하였던 이 인적 관계에, 새롭지는 않다고 하더라도 적어도 혁신되었다고는 할 수 있는 하나의 국가가 개입하게 된 것을 뜻한다. 그 국가는 곧 카롤링거 국가였다.

5. 카롤링거 왕조 시대의 가신제

카롤링거 왕조의 정책—일반적으로 그러하듯이 이 말은 개중에 걸출한 인물들을 몇몇 포함하고 있는 이 왕조 군주들의 개인적인 계획과 아울러 그들의 막료진의 견해까지도 뜻하는 것으로 받아들이는 편이 좋겠다—은 그들이 습득한 관습에 따라서도 좌우되었지만 동시에 원칙에 따라서도 좌우되었다고 말할 수 있겠다. 귀족 출신으로서 전통적인 왕권에 맞서 싸우는 오랜 노력 끝에 권력을 획득하게 된 카롤링거 가문 초기의 사람들이 점차 프랑크 인민의 주인이 될 수 있었던 것은, 자기네들 주위에 무장한 종속민들의 부대를 모이게 하고 자기네의 보호(maimbour)를 다른 수장들에게까지 부과한 데에 따른 것이었다. 그러니 그들이 일단 권력의 정상에 오른 다음에도 여전히 이러한 성격의 유대관계를 정상적인 것으로 여겼다고 한들 무엇이 이상하겠는가.

그런 한편 카를 마르텔 이래 그들이 품고 있던 야심은 애초에는 자기네가 다른 귀족들과 합세하여 해체시켜버리는 데에 한몫하였던 바로 그 공권력을 다시 확립하는 일이었다. 그들은 자기네 왕국 내에서 질서와 기독교적인 평화가 확립되기를 바라고 있었다. 또한 그들은 자기네 지배권을 멀리까지 펼치기 위해서도, 그리고 이교도에 대한 성전(聖戰), 곧 권력을 가져다 주는 동시에 영혼을 위해서도 은혜로운 이 사업을 수행하기 위해서도 병사들을 필요로 하고 있었다.

그런데 구래의 제도들은 이러한 과제를 해결하기에 불충분한 것으로 여겨졌다. 군주정체가 확보하고 있던 것은 소수의 권력대행자들뿐이었는데, 그나마 이들은 그리 믿음직스럽지 못했을 뿐 아니라——교회 계통의 몇몇 사람들을 제외하고는——전통도 전문적인 교양도 지니지 못한 존재들이었다. 그런데다가 경제적인 조건 때문에 광범한 봉급제 관료조직의 창설도 가로막히고 있었다. 교통·통신은 더디고 불편한데다 불확실하기까지 하였다. 따라서 중앙행정이 직면하고 있던 으뜸가는 어려움은 바로, 개개인에게 직접 손길을 뻗어서 그들이 마땅히 제공해야 되는 봉사를 강제적으로라도 받아내고 또한 필요한 경우에는 그들에게 제재를 가하는 그러한 일이었다.

여기에서 이제는 이미 막강하게 구축되어 있던 사적(私的) 종속관계의 그물을 통치라는 목적을 위해 이용하려는 생각이 떠오르게 되었다. 위계서열상의 각각의 등급에서마다 영주는 자기 '복속인'의 보증인이 됨으로써, 이 복속인들로 하여금 의무를 이행하도록 독려하는 책임을 지게 될 터였다. 이러한 구상은 카롤링거 왕조만의 독점물이 결코 아니었다. 이미 에스파냐의 서고트 왕국에서도 바로 이러한 발상에서 수많은 법률적 규정이 만들어진 바 있었다. 아랍인들의 침입 후에 프랑크 국가의 궁정에서 활동하게 된 수많은 에스파냐 출신 망명자들이 아마도 이곳에서 이같은 원칙을 인식하게 하고 또 그 진가를 알아차리게 하였다. 그보다 나중에 앵글로색슨법에서 '영주를 섬기지 않는 자'에게 가하게 된 아주 강렬한 불신도 이와 비슷한 고정관념을 반영하고 있다.

하지만 800년을 전후한 시기에 이같은 정책이 프랑크 왕국에서처럼 그렇게 의식적으로 추구되고——누구든지 이렇게 덧붙이고 싶은 생각이 들 것이다——이같은 착각이 프랑크 왕국에서처럼 그렇게 수미일관하게 지속된 곳도 드물었다. "하위자가 기꺼운 마음으로 황제의 명령과 지시에 더욱더 잘 복종하도록 각 수장은 자기 하위자들에게 강제력을 행사할 것"[8]——810년에 작성된 칙령집 속에 들어 있는 이 구절은 피핀 왕과 샤를마뉴가 수립한 조직체계의 한 근본적 준칙을 간단명료하게 요약해주고 있다. 이와 마찬가지로 농노제가 존재하던 시기의 러시아에서도 차르 니콜라이(Nikolai) 1세[*17]는 자기는 촌락 영주인 포메시치키(pomeshchiki)[*18]를 거느림으로써 "10만 명이나 되는 경찰서장"을 확보하고 있다고 자랑했다고 전해진다.

이러한 구상의 전개과정에서 가장 시급했던 조치는 가신제적인 관계를 법률체계 안에 통합시키고, 동시에 이 가신제적 관계에 안정성을 부여하는 일이었음이 분명하다. 이 안정성이 있어야만 비로소 가신제적 관계가 확고한 지주 역할을 해줄 수 있었을 테니 말이다. 투르의 서식집에서 굶주린 자라고 지칭되고 있는 하층계급 출신의 탁신자들은 일찍부터 그들의 전생애를 타인에게 내맡기고 있었다. 자기네가 명백하게 약속했기 때문이건 습속이나 이해관계에 따라 의무화된 것이기 때문이건 간에 실제로 수많은 전쟁종사들 자신도 역시 죽을 때까지 봉사하는 경우가 있었음은 사실이고 또 이는 분명 오래 전부터 목격할 수 있었던 일이다.

그러나 메로빙거 왕조 치하에서는 이 규칙이 일반적인 것이었다고 내세울 만한 증거가 전혀 없다. 에스파냐의 경우에도 서고트 왕국의 법에서는 사병들에게 주인을 바꿀 권리를 인정하지 않은 적이 단 한 번도 없었다. 왜냐하면 서고트법에서 말하고 있는 대로 "자유인은 언제나 자

---

8) *Capitularia*, t. I, nº 64, c.17.

*17 재위 1825~55. 바로 즉위일인 1825년 12월 14일에 전제정 폐지, 농노제 폐지를 주장하는 일단의 귀족·청년장교·지식인들이 일으킨 데카브리스트의 혁명 시도를 경험함으로써 이에 대한 역작용으로 재위기간 내내 철저한 반동정책으로 일관한 인물.

*18 러시아의 토지 소유자 계급. 형성 초기인 15, 16세기경에는 봉사 보유지를 가진 군관직(軍官職) 종사자를 가리켰으나 18, 19세기가 되면서는 영지를 가진 귀족층 일반을 가리키는 말이 되었다.

기 인격의 결정권을 가지고 있기" 때문이었다. 그런데 이와 반대로 카롤링거 왕조 치하에서는 국왕이나 황제의 여러 가지 칙령에서마다, 영주가 과연 어떤 잘못을 저질렀을 때 가신이 자기 쪽에서 계약을 파기해도 되는가를 정확하게 규정하는 데에 커다란 노력이 기울여졌다. 이것은 바로 거기에 적힌 예외적인 경우들을 빼고는, 그리고 상호동의에 따른 결별의 경우를 제외하고는 이 유대가 평생토록 해소될 수 없는 것이라고 규정함을 뜻하였다.

그런 한편 영주는 자기 책임 아래 가신이 재판소에 출두하고 군대의 소집에 응하는 것을 보장해야 된다는 공식적인 의무를 짊어지고 있었다. 영주 자신이 소집군의 일원으로 참가했을 때에는 그의 가신들은 영주의 명령 아래 전투를 하였다. 가신이 국왕의 대리인인 백작의 직접적인 명령권하에 들어가는 것은 단지 영주가 없을 때뿐이었다.

그러나 만일 이들 영주 자신이 통치자에게 굳건히 결부되어 있지 않다면 이런 식으로 영주들을 이용해서 가신들에게 통제권을 미치려고 하는 시도가 무슨 소용이 있겠는가. 카롤링거 왕조의 통치자들이 가신제를 사회적 관계의 구석구석에까지 철저하게 적용시키는 데에 공헌하게 된 것은 그들의 원대한 계획을 수행하는 데에 불가결한 바로 이 조건을 실현시키고자 노력하는 과정에서였다.

카롤링거 왕조의 군주들은 일단 권좌에 오르자 '복속인들'에게 보상을 해주지 않을 수 없었다. 그들은 복속인들에게 토지를 나누어주게 되었는데, 이때 이용된 절차는 나중에 자세히 서술하겠다. 더욱이 카롤링거 가문의 통치자들은 궁재(宮宰, major domus)[*19]로서, 그리고 나중에는 국왕으로서 필요한 지원세력을 확보하기 위해, 또 무엇보다도 특히 군대를 창설하기 위해 이미 대부분은 비교적 높은 지위에 올라 있던

[*19] 메로빙거 왕조 치하의 궁정장관으로, 국왕을 무시하고 실권을 행사하여 참주처럼 되는 경우가 많았다. 카를 마르텔이 대표적인 예인데, 마침내 751년 그의 아들인 피핀이 왕위에 오르게 되었다.

수많은 인물들을——흔히 토지를 선사하는 식의 방법을 여전히 이용하여——자기네에 대한 종속관계 속으로 끌어들이게 되었다.

이전에 군사적 수행인 집단의 일원이었던 사람들은 군주가 이양해준 토지재산에 정착하게 된 후에도 계속해서 군주의 가신으로 여겨지고 있었다. 그전에는 결코 군주의 종사가 아니었던 새로운 충성서약자들도 바로 동일한 유대관계에 의해 군주에게 결부된다고 여겨졌다. 종사 출신도 새로운 충성서약자도 군대에서 군주에게 봉사하였으며, 이때 그들 자신의 가신이 있으면 이 가신들의 추종을 받았다.

그러나 그들은 대부분의 시간을 군주로부터 멀리 떨어진 고장에서 보내지 않을 수 없었기 때문에 그들의 생활조건은 예전의 가내전사들이 누리던 생활조건과 아주 큰 차이를 보였다. 그 대신 그들은 종속민이 많고 적음의 차이는 있다 하더라도 각자가 다 자기 자신이 거느린 종속민 집단의 중심인물이었기 때문에, 이들 종속민 사이에 질서를 유지하고, 필요하다면 심지어 이웃에 대해서도 이와 비슷한 감독권을 행사할 수 있었으리라 생각되고 있었다.

이리하여 광대한 카롤링거 제국의 주민들 사이에서는 '영주의 가신'(vassal du Seigneur)——이는 곧 '영주인 국왕의 가신'(vassus dominicus, 국왕 직속가신)이라는 뜻이다——이라 불리는, 수적인 비율로 따져볼 때 아주 많은 편인 한 계급이 두각을 나타내게 되었다. 이들은 통치자의 특별한 보호를 누리면서 통치자의 군사력 대부분을 자기네 수완으로 채워넣어줄 책무를 띠고 있었으며, 더 나아가 전국 각 지방에 걸쳐 광대한 충성의 그물을 이루면서 그 고리 구실을 할 의무를 지고 있었다. 샤를 대머리왕이 871년에 자기 아들인 카를로만(Carloman)[*20]에게 승리를 거두고 나서 이 젊은 반역자의 공범자들에게 다시 자신에 대한 의무관계를 확립시키기를 원하였을 때 그가 이를 성공적으로 수행

———————————

[*20] 샤를 대머리왕의 차남으로, 형인 루이 3세가 죽은 뒤 서프랑크 왕국 전체의 왕으로 즉위하였다. 재위 879~884.

할 수 있는 최상의 방책이라고 확신한 것은 그들로 하여금 국왕의 가신들 중에서 자기 마음에 드는 영주를 각자 한 사람씩 선택하지 않을 수 없게 하는 일이었다.

그뿐이 아니었다. 경험으로 보아 가신제의 유대관계는 효력이 입증된 것으로 여겨졌기 때문에 카롤링거 왕조의 통치자들은 끊임없이 동요하고 있던 자기네 관리들의 충성심을 보장하는 데에도 이 유대관계를 이용하면 좋겠다는 생각을 품게 되었다. 관리들은 언제나 통치자의 특별한 '보호' 아래 놓여 있다고 간주되었으며 통치권자에게 언제나 서약을 바쳤다.

통치자에게서 직책을 제수받기 전에 이미 가신으로 그에게 봉사한 경력이 있는 사람들 사이에서 관리가 충원되는 일이 점점 더 빈번해졌다. 이러한 관행은 점점 더 일반화되어갔다. 적어도 루트비히 경건왕의 치세부터는 궁정의 그 어떤 직무이든, 그 어떤 유력한 명령권이든, 특히 그 어떤 백작직이든 간에 이 직책을 맡은 사람이라면 반드시 늦어도 그러한 고관대작 자리에 들어서게 될 때까지는 이미 두 손을 맞잡는 의식을 통해 국왕의 가신이 되어 있어야만 하였다. 심지어는 외국의 군주들까지도 프랑크 제국의 보호를 스스로 인정하고 있는 경우에는 8세기 중엽 이래 이러한 의식을 따르도록 강력히 요구받았으며, 그들 역시 국왕 또는 황제의 가신이라고 불렸다.

물론 이렇게 지체 높은 사람들이 모두 그전의 종사들처럼 주인 집안의 경호를 하리라고 기대하는 사람은 아무도 없었다. 하지만 그들은 무엇보다도 주인에게 충성을 바치는 동시에 전시에 원조를 제공하는 의무를 짊어지고 있었으므로 그들 또한 자기들 나름대로 주인의 군사적 추종자 집단에 속해 있었다.

그런데 유력자들은 그들대로 오래 전부터, 자기네 호위부대를 구성하고 있는 선량한 종사들이야말로 온갖 임무를 다 수행해낼 수 있는 심복이라고 여기는 버릇을 익혀왔다. 먼 고장에서의 근무나 토지의 증여 또는 재산의 상속 등으로 말미암아 이들 충성스러운 젊은 하인들 가운데 한 사람이 개인적인 봉사를 그만두는 경우에는 어떻게 될까. 그럴 때에도 유력자들은 이 사람을 여전히 자기의 충성서약자로 여기고 있었다. 한마디로 말해 여기에서도 또다시 가신제는 자연발생적인 추세로 말미암아 영주의 가택이라는 좁은 테두리를 벗어나는 경향을 드러내었던 것이다.

국왕들이 보여준 실례, 그들이 공포한 법률상의 규정의 영향 등을 통해 이 유동적인 관습은 안정되어갔다. 종속된 사람들뿐 아니라 영주들도 이제부터는 법률적 재가를 받게 된 이 계약형태에 자연히 마음이 쏠리지 않을 수 없었다. 가신제의 유대관계를 이용해서 백작들은 하급관리를 자기네에게 결속시켰으며, 주교나 수도원장은 속인들을 이런 식으로 자기네에게 결속시켜, 재판을 하거나 자기네 종속민들을 군복무로 이끄는 등의 일에서 이 속인들로 하여금 자기네를 돕게 하였다.*21 유력자는 누구를 막론하고 이런 식으로 점점 더 많은 무리의 소(小)영주들을 자기네 세력권 안으로 끌어들이려 노력하고 있었으며 또 소영주들은 그들 나름대로 자기네보다 힘이 약한 사람들에게 마찬가지 방식으로 행동하였다. 이들 사적인 가신은 잡다한 결집체를 이루고 있어서 그 중에는 아주 미천한 신분 출신의 사람들까지 포함되어 있었다.

봉건군대가 소집되었을 때 백작, 주교, 수도원장 또는 수녀원장에게서 그 고장에 남아 있어도 좋다는 허가를 받은 사람 중에는 이를테면 축소판 국왕 직속가신이기라도 한 양 평화의 유지라는 고귀한 임무를 떠맡게 되는 사람들도 있었다. 그 반면 또 다른 사람들 중에는 좀더 미미하게 주인의 집안을 지키고 추수를 감독하며 집안일을 관장하는 사람도 있었다.9) 하지만 적어도 이러한 일만 하더라도 이미 명령권을 가진 직책, 따라서 존중받을 만한 직책이었다. 국왕 주변에서와 마찬가지

---

*21 나중에 나오겠지만 이러한 임무를 띤 속인이 재속 대리인이다.

9) Ibid, t. I, n° 141, c. 27.

로 다른 모든 등급의 우두머리 주변에서도 종전에는 순수한 가내봉사에 지나지 않았던 지위형태가 하나의 모형을 제공하게 되었고, 이 모형에서 그후 결코 불명예스럽지 않은 온갖 종속관계가 펼쳐져나오게 되었던 것이다.

6. 고전적 가신제의 형성

카롤링거 왕조 국가의 붕괴가 찾아왔다. 이는 수많은 케케묵은 사고방식과 어설픈 일처리 방식을 보여주면서도 그래도 더할 나위 없는 선의를 가지고 질서의 가치와 문명의 가치를 얼마만큼이라도 보존하고자 노력하였던 그야말로 얼마 안 되는 사람들에게 안겨진 급격하고도 비극적인 패배였다. 그러고 나서는 오랫동안에 걸친 혼란과 배태(胚胎)의 시기가 찾아왔다. 가신제는 바로 이 시기에 그 특징을 결정적으로 가다듬게 되었다.

이때부터 유럽 사회가 빠져들게 된 끊임없는 전쟁상태——침입·내란——의 와중에서 그 어느 때보다도 더욱 절실하게 복속인은 우두머리를 찾았고, 우두머리들은 복속인들을 찾았다. 그러나 이러한 보호관계의 확대는 더 이상 국왕의 이익이 되는 방향으로만 작용하지는 않았다. 이때부터 줄곧 늘어나게 된 것은 사적인 신종선서였다. 특히 스칸디나비아인들이나 헝가리인들이 쳐들어온 다음부터 농촌지역에서 점점 더 여러 채 세워지게 된 성채 주위에서는 자기 자신의 이름으로 또는 자기보다 유력한 자의 이름으로 이같은 성을 다스리고 있던 영주들이 이들 성채의 수비를 확고하게 맡아줄 가신들을 모집하려고 애를 썼다.

"국왕에게는 이제 국왕이라는 이름과 왕관을 빼놓고는 아무것도 없다……. 국왕은 그의 주교나 또는 다른 신민들에게 가해지는 위협에 맞서서 이들을 지켜줄 만한 능력을 가지지 못하였다. 그리하여 이 사람이나 저 사람이나 간에 두 손 맞잡는 의식을 거쳐 유력자에게 봉사하려고 가버리는 것을 볼 수 있다. 그들은 이렇게 함으로써 평화를 보장받는다.” 1016년경 부르고뉴 왕국에서의 무정부상태에 관해 독일의 한 고위 성직자가 서술한 정황은 이러한 것이었다.

그 다음 세기에 아르투아에서는 한 수도사가 '귀족층' 가운데 단 몇 사람만이 영주적 지배의 유대관계를 피한 채 '오로지 공적인 제재에만 복종하고 있는 것'이 어떻게 가능하였던가를 적절하게 설명하고 있다. 더구나 여기에서조차 이 '공적 제재'라는 말은 너무나 까마득히 떨어져 있던 국왕의 권위를 가리킨다기보다는 오히려 백작의 권위, 곧 그 본질상 인격적 종속보다 상위에 속하는 권력 가운데 그래도 아직 존속해 있던 요소를 통치자 대신 떠맡아 지니고 있던 존재인 이 권력자의 권위를 뜻한다고 이해하는 편이 분명 옳을 것이다.[10]

종속관계가 이처럼 퍼진 것은 앞서 언급한 수도사가 말한 것처럼 '귀족'들에게만 그치는 일이 아니라 사회의 최상층부터 최하층까지를 두루 통해 이루어진 일이었다는 사실은 두말할 나위도 없다. 그러나 갖가지 사회적 환경의 영향을 받음으로써 그 나름대로의 특징을 가지게 된 다종다양한 종속의 형태들 중에서도 카롤링거 시대부터 그어지기 시작한 구분의 선이야말로 이제 확고부동한 위치를 차지하게 되었다.

물론 언어에서나 심지어는 습속에서도 예전에 그랬던 것과 같은 사회계층적 혼동상태의 흔적이 오랫동안 지속되기는 하였다. 천시당하는 토지노동에 종사해야 되었으며 또 이제부터는 예속적인 것이라고 여겨지게 된 부담들을 떠맡아야 되었던 사람들, 곧 신분이 아주 낮은 장원의 종속민들 가운데 몇몇 집단은 12세기까지도 계속해서 '탁신자'라는 이름을 가지고 있었는데, 이때부터 그리 멀리까지 거슬러 올라가지 않는 시대에 씌어진 『롤랑의 노래』에서는 최고위층의 가신들에게도 바로 이 탁신자라는 명칭이 붙여지고 있었던 것이다.

농노는 영주의 '복속인'들이었기 때문에 흔히 그들은 영주에 대한

---

10) Thietmar de Mersebourg, *Chronique*, VII, 30 ; *Miracula S. Bertini*, II, 8(Mabillon, *AA. SS. ord. S. Benedicti*, III, 1, pp.133~34).

'신종선서' 속에서 살고 있다고들 이야기되곤 하였다. 심지어는 한 개인이 다른 사람의 농노라는 것을 스스로 인정하는 정형적 행위마저도 때때로 이 '신종선서'라는 이름으로 불리곤 하였는데, 사실 아닌 게 아니라 이 행위가 의식절차상 '두 손 맞잡기'에 의한 신종선서의 특징적인 몸짓을 상기시키는 경우도 여기저기에서 찾아볼 수 있었다.[11]

그러나 이 예속 신분의 신종선서는 설령 그것이 행해진 경우라 할지라도 한 가지 결정적인 사항 때문에 가신의 신종선서와는 대비되었다. 즉 전자는 세대가 바뀔 때마다 새로 바칠 필요가 없었다. 왜냐하면 우두머리에게 결속되는 두 가지 방식이 점점 더 뚜렷하게 구분되기 시작하였기 때문이다.

그 가운데 한 가지는 세습적인 것이다. 이것은 아주 비천한 성질의 것으로 여겨지는 온갖 종류의 의무를 져야 한다는 점을 특징으로 하고 있다. 특히 이것은 종속이라는 문제에서 그 어떠한 선택도 용납하지 않기 때문에 지금 우리가 '자유'라고 일컫는 것에 반대되는 것이라 여겨진다. 이것이 바로 농노상태였으며, 대부분의 하층신분 출신 탁신자들은 사회적 구분이 이때와는 다른 원칙에 따라 이루어졌던 시대에는 그들의 종속관계가 원래 '태어나면서부터 자유로운' 성격을 지니고 있었음에 반해 이때 이후로는 이 농노상태 속으로 슬그머니 빠져들어가버리고 말았다.

---

11) 속죄행위로 신종선서를 이용한다는 것은 앞에서 말한 대로인데, 이는 비교적 높은 계층 사람들에게 특유한 복종 표시 동작이라는 역할 속에 포함되어 있다. 플라통(Platon)이 한 논문("L'hommage comme moyen de contracter des obligations privées," *Revue générale du droit*, t. XXVI, 1902)——이 논문은 비판적인 기능을 다했다고 보기는 어렵긴 하지만——에서 제시한 증언들을 보면 이 의식에는 그외에 사법상의 여러 가지 의무를 계약하는 방법도 포함되어 있었다는 점을 알 수 있다. 그런데 이는 후기에 소수 지역(카탈루냐와 추정하건대는 카스티야도)에 국한해서 나타난 변칙적인 관행이었다.

가신제라고 불리는 다른 하나의 유대관계는 실제로는 꼭 그런 것만도 아니었겠지만 법적으로는 이렇게 해서 서로 맺어진 두 사람 가운데 어느 한쪽이 사망하는 날까지만 지속되는 것이다. 혈통을 따라 세습되는 속박상태라는 불쾌하기 짝이 없는 외양을 벗어나게 해주는 바로 이 특징 덕분에 가신제는 검(劍)으로써 바치는 명예로운 봉사에 잘 들어맞는 것이 될 수 있다. 실제로 가신제에 포함되어 있는 부조의 형태는 본질적으로 전쟁에 관계되는 것이다. 9세기 말 이래로 라틴어 증서에서는 어떤 사람에 대해 그가 자기 영주의 가신이라는 표현과 영주의 밀레스(miles)라는 표현을 거의 아무런 구별 없이 쓰고 있는데, 이는 바로 두 낱말이 이의의 여지 없이 같은 뜻을 지닌 것임을 나타내준다고 하겠다. 문자 그대로 한다면 이 밀레스라는 용어는 '병사'라고 번역되어야 할 것이다.

그러나 프랑스어 문헌사료에서는 처음 출현했을 때부터 이 말을 '기사'(騎士)라고 옮기고 있는데, 그 옛날의 라틴어 문헌작성 공증인들이 당시에 이미 염두에 두고 있었던 것도 이 말에—비록 문자로 씌어지지는 않았더라도—함축되어 있던 바로 이 기사라는 표현이었음이 분명하다. 가장 전형적인 병사란 무거운 전투용 갑옷을 입고서 말을 타고 봉사하는 그런 사람이었으며, 가신의 직무는 무엇보다도 바로 그러한 방식으로 무장하고 자기 주인을 위해 싸우는 일이었다. 이리하여 전에는 그렇게도 비천한 뜻을 지니고 있던 이 낡은 단어가 다시 한번 의미상의 급변을 겪게 되었고, 그럼으로써 끊임없이 전화(戰火)에 시달리고 있던 이 사회에서 인정받을 수 있는 최상의 미덕이었던 용감성은 마침내 일상용어상으로는 흔히 '가신기질'(vasselage)이라고 일컬어지기에 이르렀다.

이렇게 규정된 종속관계는 두 손을 맞잡는 신종선서에 의해 맺어졌으며, 또 이 두 손을 맞잡는 신종선서는 이제부터 거의 전적으로 가신관계의 성립이라는 역할에만 한정되게 되었다. 그러나 지극한 헌신을 상징하는 이 의식에는 10세기 이래 일반적으로 입맞춤이 덧붙여짐으로써 형태가 완성된 것으로 보이는데, 이 입맞춤이야말로 두 개인을 동등한 우정의 차원에 자리잡게 함으로써 가신제적인 유형의 종속관계에 더 높은 존엄성을 부여하였다. 실제로 이러한 종속관계는 지체가 높은, 심지어 때로는 지극히 신분이 높은 인물들 사이에서만 맺어졌다. 군사적 가신제는 유서 깊으면서도 잡다한 요소를 지닌 탁신제로부터 완만한 분화과정에 의해 파생되어나온 것이었으며, 마침내는 탁신제의 최고(最高) 형태를 표상하게 되었다고 하겠다.

제2장

봉토

1. '은대지'와 봉토——급여로서의 보유지

프랑크 시대의 탁신자들 대부분이 자기네의 새로운 주인에게 바라고 있던 것은 단지 보호만이 아니었다. 그들은 부자이기도 했던 이 유력자가 자기네 생계상의 필요물도 원조해줄 것을 요구하였던 것이다. 로마 제국의 말기 무렵 가난뱅이가 '먹을거리'를 베풀어줄 보호자를 찾아 헤매는 모습을 성 아우구스티누스가 묘사한 이래, 이 책에서 몇 번이나 인용한 메로빙거 왕조 시대의 서식에 이르기까지, 수많은 문서에서는 똑같은 절규가 끈질기게 들려오고 있다. 그것은 배고프다는 절규이다. 영주도 영주대로 오로지 피보호자의 인격을 지배하겠다는 야심만을 가지고 있었던 것은 결코 아니다. 피보호자의 인격을 넘어서서 영주는 흔히 그들의 재산에도 통제권을 미치려고 노력하고 있었다. 한마디로 말해 종속의 관계는 애초부터 경제적인 양상을 지니고 있었다.

가신제도 다른 것과 마찬가지로 그러하였다. 전쟁의 종사(從士)들에 대한 우두머리의 통큰 선심은 유대관계에서 매우 본질적인 것으로 여겨졌기 때문에 카롤링거 왕조 시대에는 흔히 몇몇 선물——말 한 마리, 무기, 보석——을 주는 것이야말로 개인적 헌신의 몸짓에 대한 거의 의전절차상 당연한 응답이 되다시피 할 정도였다. 프랑크 시대 칙령집에서 가신이 결속관계를 파기하는 일을 금하고 있다는 것은 어찌된 내용일까. 그 가운데 어느 한 조항에 따르면, 가신이 영주에게서 금화 1솔리두스어치의 물건을 이미 받은 경우에는 그 원칙이 적용된다는 것이었다. 선물을 준 사람만이 진정한 주인이었다.

그런데 모든 고용자들의 경우에 다 그러했듯이 가신집단을 거느린 수장들에게도 경제의 전반적인 조건 때문에 두 가지 보수 지급방식 가운데 하나를 선택하는 길밖에는 남아 있지 않았다. 즉 수장은 복속인을 자기 가택에 머무르게 하면서 자기 부담으로 그를 먹이고 입히며 무장시켜줄 수도 있었으며, 그렇지 않으면 복속인에게 토지를 나누어주거나 또는 적어도 토지에서 나오는 일정한 소득을 나누어줌으로써 가신으로 하여금 스스로의 생계문제를 해결하게 할 수도 있었다. 이 두번째 방법을 프랑스어 사용지역에서는 가신에게 "토지를 지급한다"(chaser)고들 표현하고 있었는데, 이 말은 글자 그대로 하면 가신에게 그 자신의 집(casa)을 수여한다는 뜻이었다. 그렇다면 이 두번째 경우에 어떠한 방식으로 토지의 양도가 이루어졌던가를 알아내는 일이 우리에게는 남아 있다.

초기에는 세습권을 폐지한다거나 제한하는 조항이 들어 있지 않은 무조건적인 증여가 상당히 널리 행해졌던 것으로 보인다. 7세기의 한 서식을 보면 어떤 수장이 자기의 '종사'에게 소규모 영지를 줄 때에 이 방식에 의거하고 있으며, 또 그보다 나중에 루트비히 경건왕의 세 아들이 자기네 가신들로 하여금 의무를 제대로 지키게 하려는 명백한 의도를 가지고서, 그리고 이같은 기대가 배반당하게 되는 경우에 대비하여 가끔씩은 증여한 토지를 되찾을 수 있는 권한을 스스로 보유해두겠다는 복안도 함께 품고서, 몇 번씩이고 되풀이해서 자기네 가신들에게 선심공세를 폈던 것도 이 방식에 의거한 것이었다.

그러나 영주가 자기를 따르는 사람들에게 정규적으로 분배해준 토지재산은 보상(récompense)이라기보다는 급료(solde)라는 성격을 훨씬 강하게 지니고 있었기 때문에 봉사의 제공이 끊기는 순간에는 즉각 이

토지재산을 어려움 없이 반드시 영주의 수중으로 되찾아올 필요가 있
었다. 따라서 최종적으로 이 토지재산이 영주에게 반환되어야 하는 시
점은 가신의 사망에 따라 유대관계가 끊어지게 되는 때였다. 다시 말해
서 가신제는 혈통을 따라 계승되지 않는 것이었으므로 가신에게 지급
하는 대가가 세습적인 성격을 띨 수 없었다고 해도 이상할 것은 전혀
없었다.

이런 식의 토지 양여는 정의상(定義上) 일시적인 것에 불과하였고 또
한 적어도 애초에는 어떠한 보증도 제공하지 못하고 있는 것이었으며,
이러한 것에 관한 선례는 엄격한 쌍무계약체계를 갖추고 있던 공식적
인 로마법에서도 게르만 관습법에서도 찾아볼 수 없었다. 그 반면에 로
마 제국에서의 실제 관행을 살펴보면 유력자들의 영향을 받아서 이러
한 종류의 계약이 이미 광범하게 발전해 있었는데, 이같은 계약은 피보
호자의 생계를 보호자에게 맡기는 식이었기 때문에 자연히 보호제의
관례와 결부되어 있었다.

합법성의 테두리 밖에 있는 제도의 경우에는 거의 당연히 그럴 수밖
에 없겠지만 이들 계약의 용어도 매우 유동적이었다. 이 제도는 프레카
리움(precarium)——이는 재산을 받는 사람이 바치는, 또는 바친다고
생각되는 간구(懇求), 곧 프레케스(preces)에서 연원하는 말이다——이
라고 불리거나 또는 '은대지'(恩貸地, beneficium)라고 불리고 있었
다.[1] 법률적으로는 이같은 협약이 인정받지 못하고 있었으므로 수여자

---

[1] 은대지는 궁극적으로 가신에게 토지의 용익권을 인정해주는 것이었으므로 봉
토의 또 다른 이름이 되었다. 군무봉사 이외의 지조는 물지 않는 유리한 조건
의 보유지라는 뜻에서 은대지라는 이름이 붙게 되었으며, 따라서 일반보유지
와는 구별된다. 프레카리움은 아주 오랜 옛날부터 법의 테두리 밖에서 행해
진 관습으로부터 발달한 제도이다. 3세기의 법학자 울피아누스의 저서에는
"프레카리아란 간청에 의해 사용이 허락된 것이다"라고 적혀 있는데, 이렇게
해서 인정된 용익권은 세습적인 것도 합법적인 것도 아니었다. 토지를 준 쪽
에서는 언제든지 이를 되찾아갈 수 있었다. 이는 명목상으로는 대가 없이 수

는 대개의 경우 이 토지에 대해 의무부담을 부과하면서도 토지를 받는 사람에게 이 의무를 이행하라고 재판소에서 강요할 만한 수단을 법적으로 가지고 있지는 못하였다. 하지만 이것은 그에게 별로 문제가 되지 않았다. 왜냐하면 수여자는 원칙적으로 순전히 은혜로운 증여에 지나지 않는 이 토지를 되찾을 수 있는 권한을 언제나 지니고 있었기 때문이다.

프레카리움과 베네피키움이라는 두 낱말은 프랑크족 지배하의 갈리아에서 계속 사용되었다. 그러나 프레카리움이라는 말은 이 과정에서 역사가들로 하여금 무척이나 생각에 생각을 거듭하게 하는 문법상의 급격한 전환이라는 대가를 치러야만 하였다. 즉 중성명사이던 이 말이 여성명사인 프레카리아(precaria)로 바뀌었던 것이다. 이는 어느 모로 보나 후기 라틴어에서 아주 널리 퍼져 있던 언어학적 현상의 한 특수한 예에 지나지 않는다. 이는 중성단어의 복수(複數)가 a로 끝나는 어미를 가진 데에서 비롯된 일종의 점염현상으로, 이러한 방식에 따라 예컨대 폴리움(folium)*2이라는 말이 프랑스어의 '푀유'(feuille)라는 말을 낳았던 것이다. 프레카리아의 경우에는 청원인이 제출한 청원장, 곧 에피스톨라 프레카리아(epistola precaria)라 불리는 '간청서한'(懇請書翰)의 명칭 자체가 미치고 있던 문법적 흡인효과로 인해 이같은 변화가 촉진되었다.

프레카리아와 '은대지'라는 두 낱말은 처음에는 거의 구별 없이 쓰인 것으로 보인다. 그러나 프레카리아가 임대차법에서 빌려온 여러 요소들을 한데 합하여 아주 엄밀한 윤곽을 갖춘 계약으로 차츰 형성되어감

여된 토지였으나 실제로는 ①위장된 임대차, ②토지를 담보로 하는 채무관계, ③대지주의 소유지 확대수단(토지를 받는 사람은 자기 소유지를 대지주에게 기탁한 뒤 프레카리움의 형태로 이 토지의 용익권을 얻어내는 일도 많았다) 등의 성격을 띠면서 사회에서 널리 행해졌다.

*2 잎이라는 뜻.

에 따라서, 이 프레카리아라는 명칭은 지대의 지불을 조건으로 하여 인정된 토지 양여에 한해서만 사용되는 경향을 보이게 되었다. 반면에 '은대지'라는 명칭은 탄원이라는 관념을 함축하지 않고 있기 때문에 더욱 명예로운 것이면서 동시에 더욱 막연한 것이었는데, 이것은 영주의 가내에 결속되어 있는 인물들이라든가 특히 가신들을 위해 봉사에 대한 반대급부로 일시적인 선물을 베풀어줄 때에 그 수단으로 즐겨 이용되었다.

아주 중요한 사건 하나가 양자의 구분을 확립하는 데에 이바지하였다. 카롤링거 가문의 통치자들은 수많은 충성서약자의 지지를 확보하는 수단이 될 토지를 획득하려고 뻔뻔스럽게도 성직자의 막대한 재산에 손을 댔다. 카를 마르텔 치하에서 행해진 첫번째 약탈은 무자비한 것이었다. 그의 후계자들도 이러한 징발을 그만두지는 않았다. 하지만 그들은 과거와 현재에 행해진 이 재산몰수 행위와 미래에 행해질 행위를 동시에 가늠하여 조정함으로써 합법적인 소유권자의 권리도 어느 정도는 보호해주고자 마음을 썼다.

주교나 수도원은 그들의 소유지에 대한 용익권(用益權)을 국왕의 가신에게 (원칙적으로 당대에 한하여) 양도하도록 강요당했으며, 그렇게 하고 난 다음부터는 이 토지에서 일정한 지대를 징수하게 될 터였다. 그러나 이 토지의 용익권을 가진 가신의 봉사는 국왕에게 제공되었다. 따라서 교회의 입장에서 볼 때 이 토지는 법적으로 프레카리아였다. 그러나 가신은 이 토지를 국왕에게서 '은대지로서' 받아 보유하고 있는 셈이었다.

봉사, 특히 가신의 봉사에 대한 대가로 양도된 토지를 가리키기 위해 이 은대지라는 낱말을 사용하는 관례는 12세기가 한창 무르익을 때까지 상서부나 연대기 작가들이 쓰는 라틴어 문헌 속에서 계속 이어지게 되었음에 틀림없다. 그러나 탁신자라는 말처럼 진정으로 생생하게 살아 있는 법률용어들과는 달리 베네피키움이라는 단어는 로망스어 계통의 언어에 아무런 파생어도 남겨주지 않았다. 이는 곧 이 말이 어휘상

으로 보아 뒤떨어진 것이며 성직자들이 즐겨하는 회상으로 가득 찬 것
이어서 구어체에서는 이미 오래 전부터 다른 말에 밀려나버렸다는 사
실을 증명해준다. 추정하건대 9세기부터 이미 시작되어 봉건시대 전체
를 통해서, 프랑스의 서생(書生)들이 베네피키움이라는 말을 쓸 때 머
릿속에 그리고 있던 것은 '피에프'(fief, 봉토)였다.

음성학적인 순서와 관련된 몇 가지 난점—더구나 이 난점이라는 것
도 이 말의 로망스어 형태에 영향을 미쳤다기보다는 오히려 라틴어 표
기법에 영향을 미친 것이었지만—에도 불구하고 피에프라는 이 유명
한 단어의 역사는 명백하다.[1] 옛 게르만의 여러 갈래말은 모두 멀리
거슬러 올라가면 라틴어의 페쿠스(pecus, 가축)와 관련되는 하나의 단
어를 가지고 있었는데, 이 낱말은 각 지방마다의 어법이 달라지는 데
따라 어떤 때에는 동산(動産) 일반을 가리키는 데에 쓰이기도 했으며,
또 어떤 때에는 그 당시 이러한 동산 중에서도 가장 귀중한 형태이자
아주 널리 보급되어 있던 형태이기도 했던 것, 곧 가축을 가리키는 데
에 쓰이기도 하였다.

이같은 의미들 가운데 두번째 것을 충실히 유지해왔던 독일어는 오
늘날에도 이 뜻을 간직해서 가축을 말할 때 피(Vieh)라고 쓴다. 갈리
아-로망스어는 게르만족 침입자에게서 이 말을 빌려 '피에프'(fief, 프
로방스어로는 feu)라는 낱말을 만들었다. 처음에는 이 낱말의 전통적
인 의미 가운데 적어도 하나이며 또 그 가장 포괄적인 의미였던 동산이
라는 뜻을 이 낱말로 하여금 지니게 하려는 것이 그 목적이었다. 이같
은 뜻은 부르고뉴 지방의 갖가지 증서들을 볼 때 10세기 초까지도 아
직 쓰이고 있었음을 입증할 수 있다.

어떤 사람이 토지를 획득했다고 하자. 가격은 통상적인 화폐기준에

---

1) 언어학적인 관점에서 가장 좋은 설명은 Wartburg, *Französisches
   etymologisches Wörterbuch*, 1928 et suiv. t. III에 있다(그러나 884년의
   샤를 뚱보왕의 증서는 위조이다).

따라 정해졌다. 그러나 구입자는 이 금액을 결코 화폐로 가지고 있지 않았다. 따라서 그는 당시의 흔한 관례에 따라 같은 값어치의 현물로써 값을 지불하였다. 이러한 거래를 문헌사료에서는 이렇게 적고 있다. "우리는 귀하에게서 몇 리브라(libra) 몇 데나리우스(denarius)*3만큼의 값어치가 있다고 평가된 페오스(feos)로써 합의된 가격을 수령하였다."2) 다른 문서들과 비교해볼 때, 통상적으로는 무기·옷가지·말이, 그리고 때로는 식량 따위가 실제 지불수단으로 이용되고 있었음을 입증할 수 있다. 이는 주인의 집에서 부양되거나 또는 주인 부담으로 장비를 갖추는 종자(從者)들이 받는 분배품의 품목과 거의 같은 것이었다. 그런데 이러한 경우에도 페오스라는 말을 쓰고 있었음은 의심할 나위가 없다.

그러나 로망스어를 쓰고 있던 갈리아의 경우 이 페오스라는 낱말은 아무도 알아들을 수 없는 다른 언어에서 파생된 것이었고, 그 결과 이 말을 원래 버티어주고 있던 전체 어휘체계와의 관련성에서 완전히 벗어나게 되었기 때문에 이 낱말의 어원적인 알맹이를 쉽게 잃어버리지 않을 수 없었다. 이 말이 일상적으로 흔히 쓰이고 있던 영주의 집안에서는 이제부터 동산이건 부동산이건 간에 증여물의 성질과는 전혀 무관하게 이 말에서 오직 대가의 지급이라는 관념 자체만을 상기하는 것이 관례화되었다.

지금까지 수장에게서 부양을 받아오던 종사가 그로부터 토지를 받게 되면 이번에는 이 토지가 복속인의 페우스(feus)라고 일컬어졌다. 이어서 토지가 점차 가신의 정규적인 급여가 되어감에 따라 원래는 정반대의 뜻에서 출발했던 이 옛 낱말은 마침내 뜻이 완전히 뒤집어져서 다른

---

*3 리브라가 가장 높은 화폐단위이고 데나리우스가 가장 낮은 단위. 우리 식으로 하면 몇 원 몇 전 몇 푼 식의 표현이다.

2) *Recueil des chartes de l'abbaye de Cluny*, éd. Bruel et Bernard, t. I, n°s 24, 39, 50, 54, 68, 84, 103, 236, 243.

모든 의미는 배제한 채 오로지 이러한 급료의 형태만을 가리키게 되었다. 종종 그러하듯이 의미론상의 진화가 반대의 뜻으로 귀결된 것이다.

이처럼 가신의 토지라는 의미로 사용되는 봉토라는 말이 문헌자료에 등장한 가장 오래된 예는 9세기가 거의 끝나갈 무렵의 것이다.[3] 학식이 없는 서기들에 의해 작성되는 바람에 구어적인 어휘가 그 당시로서는 유례가 없을 정도로 많이 사용되었던 프랑스 남부지방의 한 증서에서 이를 찾아볼 수 있다. 그 다음 세기에는 마찬가지로 랑그도크 지방의 말로 씌어진 몇몇 다른 문헌사료가 이 뒤를 따른다.

언어의 순수성을 지키는 데에 좀더 큰 배려를 기울이고 있던 브르타뉴나 프랑스 북부 또는 부르고뉴의 상서부는 서기 1000년을 넘을까 말까 한 시점에 이르러서야 비로소 이 점에 관해 일상어의 압력에 어쩔 수 없이 무릎꿇게 되었다. 그것도 처음에는 흔히 일반어 낱말의 차원을 격하시켜 고전어로 된 용어를 모든 사람에게 명백히 밝혀주기 위한 주석 정도로나 취급하는 과정에서 나타난 것이었다. 즉 1087년 에노 지방에서 작성된 한 법률문서에는 "속된 말로 피에프라고 불리는 베네피키움"이라는 표현이 들어 있다.[4]

그러나 게르만어를 사용하던 지방에서는 피라는 낱말이 더욱 고상한 함축적 의미를 빼버린 채 가축이라는 뜻만을 보존하고 있었다. 실제로 이 지방에서는 갈리아의 공증인들이 로망스어인 '피에프'에 걸맞게끔 재치있게 마련해낸 이런저런 라틴어 모방체 단어를 증서용어로서 빌려

---

3) *Cartulaire de Maguelonne*, éd. J. Rouquette et A. Villemagne, nº III(이 것 외에 다른 원문이 *Histoire de Languedoc*, t. V, nº 48에 실려 있다). 날짜는 893년 1월 23일에서 894년 1월 27일까지, 또는(좀더 확실해 보이는 날짜는) 898년 1월 1일에서 12월 31일까지. 이보다 더 나중의 사례에 관해서는 여기에서 필자의 참고자료로 인용하기가 불가능하다. 프로방스 말의 feuz 라는 형태는 이미 956년 6월 9일부터 확인된다. *Histoire Languedoc*, t. V. nº 100.

4) A. Miraeus, *Donationes belgicae*, II, XXVII.

오더라도 아무런 지장이 없었다. 그 중에서도 가장 널리 보급되어 있던 페오둠(feodum)이라는 말은 카페 왕국의 상서부뿐 아니라 독일의 상서부에서도 낯익은 것이었다.

그러나 일상적인 현실을 제대로 표현해내기 위해서는 속어(俗語)도 그 나름대로의 낱말을 가지고 있어야만 하였다. 영주에게 봉사하는 복속인이 용익권을 가질 수 있도록 그에게 분배해준 토지는 원칙적으로 일시적인 용도만을 가진 것이었으므로 이러한 토지를 가리키는 데에는 일시적으로 양도한다든가 빌린다든가 하는 뜻을 가진 아주 일상적인 동사에서 파생된 명사를 사용하는 관습이 생기기 시작하였다. 봉토는 대여(貸與)된 것, 곧 렌(Lehn)이었다.[5] 그렇지만 이 낱말과 이 말의 어원이 되었던 동사—이것은 일상언어에서 여전히 아주 널리 쓰이고 있었다—사이의 친연(親緣)관계가 끊임없이 사람들의 머릿속에 남아 있었던 까닭에, 이 렌이라는 말은 같은 뜻을 가진 프랑스어 피에프만큼 철저한 특정성은 결코 획득하지 못하였다. 적어도 일반인들의 용법에서 렌이라는 말은 온갖 종류의 토지 양여에 계속 적용되었다. 차용된 말이 다른 어떤 낱말보다도 수월하게, 새롭고도 정확한 전문적 의미에 부합될 수 있다는 것은 이를 통해 입증된다.

'베네피키움', 피에프, 렌, 이들 다양한 동의어가 표현하고자 하고 있던 것은 요컨대 아주 명확한 하나의 개념이었다. 여기에서 이는 본질적으로 하나의 경제적인 개념이었다는 것을 잘못 파악해서는 안 되겠다. 봉토라는 것은 근본적으로 무엇인가를 지불해야 한다는 의무를 교환조건으로 해서가 아니라—가끔씩 지불의무가 부과되는 때도 있기는 했지만 그것은 단지 부차적인 것에 지나지 않았다—무엇인가를 행위해야 한다는 의무를 교환조건으로 하여 양도된 토지재산을 의미하는

---

5) 『하일란트』(*Heliand*)라는 시(822~840)에서는 프랑스어인 fief와 독일어인 Lehn을 각각 파생시킨 두 개의 어간이 기이하게도 한데 합쳐져서 lehni feho(빈 재산)라는 표현을 만들고 있다(1548행).

것이었다.

더 정확하게 말하자면 토지재산을 받은 데에 대한 대가로 영주에게 봉사하는 것이 주된 의무라는 점만으로는 봉토 성립의 충분조건이 되지 못하였다. 봉토의 성립을 위해서는 이같은 봉사는 나아가 아주 명백하게 규정된 직업적 전문화라는 요소와 개인적 행위라는 요소를 포함하고 있어야만 하였다. 13세기의 법학자들에 앞서 11세기의 증서에서도 이미 봉토와 명백히 대조되는 것으로 파악되고 있던 농촌의 '지조부과토지'(地租賦課土地, censive)에도 공조(貢租, redevance) 외에 노동의무가 부과되어 있었다. 그러나 경작 부역, 수레로 운송하기, 심지어는 가내공업의 자질구레한 생산품을 제공하기 등등, 이같은 지조부과토지에 부과된 과제라는 것들은 어느 누구라도 다 해낼 수 있는 일이라고 여겨지고 있었다. 더구나 이러한 과제는 공동체적인 관습에 의해 규제되고 있었다.

그에 반해 다른 토지 보유농들을 성심성의껏 감독한다는 조건으로 영주의 '집사'(執事, sergent)에게 한몫의 토지가 주어지는 경우, 그리고 자기 주인인 성직자들의 교회를 장식해주는 임무에 대한 대가로 화가에게, 앞으로 영주의 뜻에 응하여 자기네 기술을 부리게 될 것으로 보이는 목수나 금은 세공사에게, 더 나아가 교구 안 신도들의 영혼을 어루만져주는 데에 대한 대가로서 사제에게, 끝으로 무장한 종사이자 직업적 전사인 가신에게 토지가 주어지는 경우는 어떠한가. 이렇듯 각각의 경우마다 일일이 다른 협약에 의해 또는 전통에 의해 규정되고 있는 아주 특정한 성질의 봉사를 제공해야 한다는 의무를 부과받고 있던 보유지들은 무엇보다도 그것이 보수(報酬)라는 성격을 가졌다는 사실에 의해서, 한마디로 말해 급여로서의 보유지(tenure-salaire)라고 규정되고 있었다. 이같은 보유지가 바로 봉토(fief)라고 불렸다.[6]

---

6) 집사(執事, sergent)층의 봉토에 관한 사례들(남프랑스의 feuum sirventale가 그것이다. *Histoire de Languedoc*, t. V, n° 1037을 참조하라)은 잘 알려져

이는 사회적 지위와는 전혀 무관한 것이어서, 신종선서를 바쳐야 한다고 요구받지 않는 미미한 신분의 일꾼이 문제되는 경우에도 물론 이러한 이야기가 적용되었다. 영주의 관리인은 농노 신분인 경우가 빈번하였으며, 마유제(Maillezais)*4의 베네딕투스회 수도사들이나 푸아투 백작의 시중을 들고 있던 요리사들도, 트리어(Trier)*5의 수도사들을 맡아서 정기적으로 그들에게 사혈(瀉血)을 시켜주는 임무를 띠고 있던 사혈사들도, 자기네들의 일상적인 이 직업 덕분에 그리 큰 위신을 얻어내거나 하지는 못한 존재임에 틀림없었다. 하지만 이들은 모두 주인의 집안에서 나누어주는 음식물로 겨우 살아가고 있었던 것이 아니라 자기 몫의 보유지를 얻은 사람들이었기 때문에, 전문적인 자질을 갖춘 이들 봉사자들도 역시 봉토를 지급받은 종속민으로 간주되는 것은 정당한 일이었다.

이러한 미천한 신분의 봉토에 관한 몇몇 실례를 지적하면서 일부 역사가들은 이런 것이 뒤늦게 나타난 일탈현상이라고 믿었는데, 이는 아주 잘못된 생각이다. 9세기의 지조장부(地租帳簿, censier)에도 이미 농촌의 가령(家令, maire)·수공업자·마부 등이 보유한 '은대지'가 언급되어 있다. 루트비히 경건왕 치세 때 아인하르트(Einhard, 또는 Eginhart)*6는 한 화가의 '은대지'에 대해 언급한 바 있으며, 라인란트 지방에서 1008년부터 1016년 사이에 라틴어 형태로 변형된 봉토라는 낱말 자체가 처음으로 출현했을 때에도 이것은 한 대장장이의 보유지

있다. 사제의 봉토에 관해서도 마찬가지이다. 또한 수공업자의 봉토에 관해서는 M. Bloch, "Un problème d'histoire comparée : la ministérialité en France et en Allemagne," *Revue historique du droit*, 1928, pp.54~55를 참조하라.

*4 프랑스 중서부 해안지대의 지명.

*5 독일 라인란트의 종교도시. 대주교좌가 설치되어 있다.

*6 770?~840. 샤를마뉴 시대부터 활동한 문필가로, 루트비히 경건왕이 황태자일 때 시강(侍講)을 역임하였다.

를 가리키는 말이었다. 원래는 지극히 포괄적인 성격을 띠고 있던 하나의 제도가 조금씩 특정한 계급의 제도로 변화해갔다는 것, 이것이야말로 봉건시대에 가신제라든가 다른 수많은 법적 형식과 마찬가지로 봉토가 겪어온 발달과정이었다. 그 반대방향은 아니었다.

왜냐하면 결국은 세인들이 느끼기에, 그 자체만 보더라도 면적과 성질이 엄청나게 다를 뿐 아니라, 촌락의 소(小)가령이라든가 요리사라든가 수많은 농민을 거느린 영주인 전사라든가 백작이라든가 또는 공작 등등과 같이 극도로 대립되는 신분의 사람들이 보유하고 있던 그러한 여러 가지 토지를 이렇듯 똑같은 이름으로 불러야만 한다는 사실이 무언가 불편하기 짝이 없는 것임에 틀림없었기 때문이다. 비교적 민주적이라 할 수 있는 현대사회에서조차 육체노동자의 급여와 관리의 봉급 그리고 자유전문직 종사자의 보수 등을 각기 구분하여 말을 각기 달리함으로써, 이들 사이에 존중도라는 면에서의 일종의 구분선 같은 것을 설정하려는 필요성을 느끼고 있지 않은가.

그러나 봉토를 둘러싼 모호한 표현은 오랫동안 계속되었다. 13세기의 프랑스에서는 영주 관리인의 봉토, 수공업 장인(匠人)의 봉토라는 표현이 계속 쓰이고 있었다. 그래서 가신의 봉토를 어떻게 하면 별도로 다룰 수 있을까 하는 문제를 골똘히 생각하고 있던 법률가들은 흔히 오직 완전한 자유인에게 합당한 의무만을 진다는 뜻으로 '자유인의'(franc)라는 호칭을 붙임으로써 가신의 봉토에 특성을 부여하곤 하였다.

이미 프랑스어의 용법에서 이 말을 빌려 쓰고 있던 다른 언어에서는 이 봉(封, fief)이라는 말은 심지어 온갖 형태의 토지 증여를 가리키고 있었을 뿐 아니라, 더 나아가 급여라는 일반적인 의미까지 지니게 되었는데 이 후자의 관행은 더 오랫동안 지속되었다. 13세기의 이탈리아에서는 도시의 특정한 행정관이나 관리들이 화폐로 지급받던 봉급을 피오(fio)라고 부르고 있었다. 잉글랜드에서는 오늘날까지도 의사나 변호사에 대한 사례금을 여전히 피(fee)라고 부르고 있다.

그러나 이 '봉'이라는 낱말이 특별한 제한적 어구가 없이 쓰일 때에는 그것은 가신 신분으로서의—여기에서는 가신 신분이라는 것 자체도 이 용어가 이미 일찍부터 지니고 있던 명확하게 특수화된 의미에서의 그것을 말한다—봉사의무를 부과받은 보유지를 가리키는 것으로 이해하는 경향이 점점 더 늘어났다. 이 가신제적인 봉토야말로 수적으로 가장 많은 동시에 사회적으로도 가장 중요하였으며, 진정한 의미의 '봉건적' 법이 발달하여 나오는 핵(核)이 된 봉토였다. 그리하여 마침내 14세기에 이르면, 『작센슈피겔』의 주해서에서 "봉토(Lehn)는 기사의 급료이다"라는 정의가 내려지게 되는 것이리라.

2. 가신에 대한 '토지 지급'

가신에 대한 대가 지급의 두 가지 방식, 곧 봉토 지급과 솔거부양(率居扶養)은 절대로 양립할 수 없는 것은 아니었다. 충성서약자는 일단 자기 토지에 정착하더라도 그것 때문에 영주적 선심공세의 또 다른 징표물(徵表物)들을 포기한 것은 결코 아니었다. 특히 말이나 무기 그리고 무엇보다도 겉옷이나 외투, '은회색 다람쥐 모피' 등과 같은 이러한 징표물들은 수많은 관습법전에서 마침내 성문화되었으며, 최상층의 인물들조차도—예를 들면 리에주 주교의 가신이었던 어느 에노 백작이 그런 사람이다—전혀 마다하지 않고 받으려 애쓰고 있던 분배물들이었다. 때로는 우리가 잘 아는 바와 같이 1166년 잉글랜드의 대제후 주변에 모여들었던 몇몇 기사들이 정식으로 토지를 받고 있으면서도 영주에게서 '생활필수품'을 제공받으면서 그와 함께 살고 있는 경우 같은 것도 있었다.[7]

그러나 몇몇 예외적인 상황을 제외하고는 솔거부양 가신과 토지를

---

7) Gislebert de Mons, éd. Pertz, p.35 ; *Red Book of the Exchequer*, éd. H. Hall, t. I, p.283.

받은 가신은 실로 아주 뚜렷이 구분되는 두 유형을 대표하고 있었으며, 영주의 입장에서 보면 각기 다른 쓰임새를 가진 존재들이었다. 그렇기 때문에 일찍이 샤를마뉴 치세 때부터 국왕의 가신이 궁내에서 봉사하고 있으면서도 ‘그럼에도 불구하고’ 은대지를 보유하는 것은 규칙에 어긋난다고 여겨지고 있었다. 실제로, 위급할 때나 자문회의가 열릴 때 조력을 제공할 것, 평화시에 군사적 경계활동을 할 것 따위야 물론 봉토를 받은 가신들에게도 요구할 수 있었겠지만, 잡다하기 짝이 없는 경호업무라든가 더 높은 수준의 가내업무 같은 것을 맡아주리라고 기대할 수 있는 대상은 오직 언제나 영주 곁에서 시립(侍立)할 수 있는 솔거가신(率居家臣)들뿐이었다. 따라서 이 두 부류는 서로 맞바꾸어놓을 수 없는 것이었기 때문에 그들 사이의 대립은 엄밀히 말하자면 연속되는 두 발전단계 사이의 대립이 아니었다. 물론 주인의 가내에서 부양받는 종사의 유형이 더 오랜 연륜을 가진 것이기는 하였다. 그러나 이 유형은 봉토를 지급받은 종속민이라고 하는, 더욱 새로운 유형과 오랫동안 계속 공존하였다.

어떤 사람이 직접 주인을 섬기는 종자로서의 실습기간이 끝난 후 ‘토지 지급’을 받게 되는 경우에는 다른 사람—흔히 아직 자기 몫의 상속재산을 받지 못한 젊은이이거나 아니면 차남 이하의 자제였다—이 영주의 식탁에서 빈자리를 차지하게 되었다. 그리고 이렇게 해서 보장받는 의식주의 안정은 아주 부러워할 만한 것으로 여겨지고 있었기 때문에 중급의 기사가문에서는 자기 식구 가운데 가장 젊은 사람들에게 그러한 약속이 주어지기를 간청하는 일이 가끔씩 있었다.[8] 필리프 오귀스트 왕의 치세 초에는 봉토를 받지 못한 이러한 가신들이 아직도 상당히 많았기 때문에, 십자군을 위한 십일조에 관한 포고를 내릴 때 그 어떤 부류의 납세의무자들도 빠뜨려서는 안 되겠다는 생각에 골몰해 있던 이 국왕은 그래서 이들 봉토 없는 가신들을 별도의 부류로 설정해

---

8) *Cartulaire de Saint-Sernin de Toulouse*, éd. Douais, nº 155.

야겠다고 생각했을 정도였다.

그렇기는 하지만 이미 카롤링거 왕조 시대부터 이 두 부류의 가신들 사이에 뚜렷한 불균형상태가 나타나 봉토를 보유한 가신의 집단이 우세를 보이고 있었으며, 때가 지남에 따라 이러한 불균형이 더욱 심해져 갔다는 사실에는 의심의 여지가 없을 것이다. 이러한 추세에 대해, 그리고 그 원인 가운데 적어도 몇 가지에 대해 알려주는 유례없이 생생한 한 가지 증거를 우리는 어떤 에피소드에서 찾아볼 수 있다. 이것은 프랑스가 아닌 다른 나라에서 일어난 일이기는 하지만, 이 사건에서 핵심이 된 제도야말로 진정으로 프랑스적인 기원을 가지는 것이었던 만큼 여기에서 거론해도 합당할 것이다.

기욤 서자공, 곧 윌리엄 정복왕이 잉글랜드를 정복하였을 때 그가 첫 번째로 신경을 쏟은 것은 자기가 다스리던 노르망디 공국의 본보기를 통해 알 수 있는 바와 같은 괄목할 만한 봉건적 모병(募兵)제도를 자신의 새로운 왕국에 도입하는 일이었다. 따라서 그는 자기의 주요한 충성 서약자들에게 각 제후봉(諸候封, barony)*7마다 확고히 규정된 일정한 수의 기사들을 국왕이 마음대로 이용할 수 있도록 항시 확보해두어야 한다는 의무를 부과하였다. 이리하여 국왕에게 직접 종속되어 있던 대영주들은 각자 자기들대로 적어도 일정한 수효만큼의 군사적 가신을 자기에게 결속시켜두지 않을 수 없었다.

그러나 물론 이 대영주들은 자기네 가신의 생계를 보장하기 위해 어떤 방법을 채택할까 하는 문제는 자유로이 결정하였다. 처음에만 하더라도 많은 주교와 수도원장들은 자기네 가신에게 토지를 지급하지 않고 그들을 '직영지 안에' 살게 하면서 부양하는 편을 좋아하였다. 이러한 방법이 모든 고장에서 교회 수장의 눈에는 당연히 가장 마음에 드는 해결책으로 여겨졌다. 왜냐하면 이 방법을 채택하면 그들의 소관으로

---

*7 한 사람의 제후가 가진 봉토. 특히 영국에서는 국왕 직속의 가신이 지닌 영지를 한 단위로 쳐서 배러니라고 불렀다.

기탁된 양도 불가능의 가산(家産)을 고스란히 보존할 수 있을 것으로 여겨졌기 때문이다. 약 1세기 뒤에도 잘츠부르크의 대주교였던 콘라트 1세의 전기 작가는 자기 주인공이 "자기 기사들의 지원을 획득하는 데에 동산으로 된 선물을 주는 것말고는 그 어떤 방법도 쓰지 않은 채" 전쟁을 이끌 수 있었다는 이유로 여전히 그를 칭찬할 수 있었다.

하지만 극소수에 불과한 예외를 빼놓고는 잉글랜드의 고위 성직자들은 그들의 간절한 염원에 그렇게도 잘 부합되었던 이 체제를 아주 일찌감치 포기해버리고 그뒤부터는 교회의 토지 중에서 일부를 떼어내 설정한 봉토에다가 국왕의 소집군에 응해야 한다는 의무를 부과하지 않을 수 없게 되었다.[9] 일리(Ely) 수도원[*8]의 연대기 작가는 가신들이 그 수도원에서 직접 부양되던 시절 창고지기에게 하도 시끄럽게 불평을 퍼붓는 바람에 그들은 성가시기 짝이 없는 존재가 되어버렸다고 적고 있다. 실제로 걷잡을 수 없는 식욕을 가진 소란스러운 무인들의 집단이 수도원의 평화를 지키려는 사람들에게는 얼마나 거북살스러운 이웃이었겠는가는 어렵지 않게 상상할 수 있을 것이다. 심지어는 9세기 초 무렵에만 해도 대규모 종교단체의 주변에 그 수많은 교회솔거가신들이 몰려들어 있던—그렇기 때문에 예를 들어 코르비(Corbie)[*9]에서는 수도사들이 그들을 위해 다른 솔거부양자들의 빵보다 질이 더 좋은 특식 빵을 마련해두곤 하였을 정도였다—갈리아에서조차 그후에 이들의 수는 급격하고도 조속하게 줄어들어버렸는데, 여기에는 바로 위에서 말한 것과 같은 성가심이 부분적인 원인으로 작용하고 있었다.

이러한 불편이야 특정한 부류의 영주들에게나 유독 문제가 되었다고

---

9) H. Round, *Feudal England*(Londres, 1907) ; H. M. Chew, *The English Ecclesiastical Tenants-in-Chief and Knight-Service, especially in the Thirteenth and Fourteenth Centuries*. 잘츠부르크에 관해서는 *SS*, t.XI, c.25, p,46 참조.

*8 영국 케임브리지셔 북부의 늪지대 섬 안에 위치하고 있었다.

*9 프랑스 북부 아미앵 주의 도시이름. 아미앵 시의 북동쪽에 위치한다.

할 수 있는 것이었지만, 일은 여기에서 그치지 않아서 여기에 더욱 무거운 또 하나의 난점이 덧붙게 되었다. 바로 이 난점으로 말미암아, 집안에서의 부양이라는 관행이 완전히 불가능하게까지 되지는 않았다 하더라도 적어도 이 방법의 채택이 현저히 제한받게 되었다. 조금이라도 규모가 큰 집단에게 정규적으로 물자를 제공하고자 한다는 것은 봉건시대 제1기를 통해서 대단한 모험거리였다. 식당에서의 굶주림에 관해 언급하고 있는 연대기 작가는 하나둘이 아니었다. 그렇기 때문에 많은 경우에, 무장한 종자들에게 필요한 생활수단을 갖추어주고 그들로 하여금 자신의 생계유지를 스스로 책임지게끔 하는 것이야말로 주인을 위해서나 또 무장수행인들 자신을 위해서나 가장 좋은 방법이었다.

게다가 더욱 심각한 이유가 있었으니, 충성을 바치는 것을 본질로 삼고 있는 가신들이 지위가 너무 높아져서 주인의 그늘 아래에서 과거의 생활방식에 온통 그대로 만족하고 살기가 불가능해진 경우에도 솔거부양제는 유지할 수 없게 되었다. 지위가 높은 가신들에게는 그들이 행사하는 명령권과 관련해서 자기네 위신에 어울리는 여건 속에서 생활할 수 있게끔 해주는 독립된 수입이 있어야만 했던 것이다.

더구나 때로는 가신의 봉사를 제대로 이행해야겠다는 배려 때문에도 그같은 수입이 꼭 필요하였다. 카롤링거 왕조의 '국왕의 가신'은 자기 관구를 다스리는 데에 전념해서 거기에서 자기 일생의 대부분을 보내도록 하는 것이 직책상 전제가 되고 있었다. 그랬기 때문에 실제로 카롤링거 왕조 시대에는 가신제적 관계가 수적으로 확대되었을 뿐 아니라 말하자면 사회적 지위 면에서도 상승을 이루었는데, 이에 수반하여 '은대지'의 분배도 대대적으로 이루어졌다.

그런데 봉건적 관계가 증대하는 것과 관련하여, 모든 봉토는 기원을 따져볼 때 영주한테서 가신에게 실제로 주어진 것이었다고 상상하는 일이 있을 수 있겠는데 이는 아주 잘못된 생각일 것이다. 너무나 역설적으로 들릴 수도 있겠지만 실제로는 그와는 정반대여서, 그러한 관계 가운데 상당수는 가신이 영주에게 토지를 증여하면서 생겨나게 된 것들이었다.

보호자를 찾고 있던 사람들은 흔히 이 보호를 매입해야만 하였다. 더 약한 사람을 자신에게 강제로 결속시키고 있던 유력자는 흔히 그 약자의 인신뿐 아니라 재산까지도 자기 밑에 두어야 한다고 강요하였다. 따라서 힘없는 사람들은 그들 자신과 함께 토지까지도 수장에게 바쳤다. 일단 인격적인 종속의 유대관계가 맺어지게 되면 수장은 이렇게 일시적으로 양도된 토지재산을 자기의 새로운 종속민에게 반환했는데, 그러나 이때 이 토지는 재양도(再讓渡)되면서 수장 자신의 상급권에 얽매이게 되었으니, 여기에 부과된 갖가지 의무부담이 이 사실을 표현해주고 있었다. 토지의 헌납이라는 이 대대적인 움직임은 사회의 최상층부터 최하층까지를 휩쓸면서 프랑크 시대와 봉건시대 제1기를 통하여 계속되었다.

그러나 탁신자의 지위와 생활양식에 따라 그 형태는 아주 상이하였다. 농사꾼의 토지는 현물 또는 화폐로 납부하는 공조와 농업부역(賦役)이 부과된 채 다시 이 농사꾼에게 돌려보내졌다. 좀더 높은 신분에 속하며 전사로서의 습성을 몸에 익힌 인물은 신종선서를 바친 다음 자기의 옛 가산을 명예로운 가신의 봉토로서 되찾았다. 그때 물권(物權)의 양대 범주 사이의 대조가 마침내 뚜렷이 드러나게 되었다. 즉 한쪽에는 장원의 공동체적 관습에 따르게 되어 있던 '예농 신분'(villainage) 보유지라는 최하층 보유지와 아울러 봉토가 있었고, 다른 한쪽에는 일체의 종속관계에서 벗어나 있던 '자유토지'(allod, alleu)가 있었다.

'알로드'라는 말도 봉토라는 말과 마찬가지로 게르만어에서 비롯되었지만, 어원을 따져볼 때 봉토보다는 한결 직선적인 계보를 가지고 있었다(od는 '재산'을 뜻하며 al은 아마도 '전체적'을 뜻하는 듯하다). 이 말 또한 봉토라는 말과 마찬가지로 로망스어에 차용되었으며, 이 차용어의 세계에서밖에 살아남을 수 없었다. 독일어에서는 같은 뜻으로 '아이겐'(Eigen, '독자적인 것')이라는 말을 쓰고 있었다. 여기저기에서 불가피한 일그러짐이 있기는 했지만 그래도 이들 동의어의 뜻은 프랑크 시대부터 봉건시대의 끝까지, 다시 그후까지도 완전히 정착되어 살아남았다.

이러한 토지는 때때로 '완전소유지'라고 정의되기도 하였다. 이는 이러한 표현이 중세법에는 결코 정확히 적용될 수 없는 것이었다는 점을 잊어버린 소치이다. 도처에서 행해지고 있던 혈족집단의 견제는 그만두고라도, 자유토지의 소유자가 영주이기라도 하는 날에는 자기 밑에 토지 보유농이라든가 더 나아가서는 봉신(封臣)까지를 거리낌없이 거느릴 수 있었는데, 토지에 대한 이들의 용익권은 실제 관행상 세습적인 것이 대부분이었으므로 이것이 자유토지 소유자의 용익권을 심하게 제약하게 되었던 것이다.

바꾸어 말해 자유토지는 아래쪽을 향해서는 반드시 절대적인 권리이기만 했던 것이 아니다. 그러나 위쪽을 향해서는 절대적인 권리였다. 중세 말의 독일 법률가들은 이러한 토지에 대해 기발하게도 '태양의 봉토'—즉 그 어떤 사람도 영주로 섬기지 않는다는 뜻—라는 표현을 쓰게 되는 것이리라.

재산의 성질이 어떠하든 간에—농민의 자그마한 경작지부터 광범하기 짝이 없는 공조나 명령권의 복합적 체계에 이르기까지—그리고 이를 지니고 있는 사람의 사회적 지위가 어떠하든 간에 당연히 모든 종류의 부동산이나 부동산 수입은 이 자유토지로서의 특권을 누릴 수 있었다. 따라서 자유토지 대(對) 지조부과토지라는 대립개념과 함께 자유토지 대(對) 봉토라는 대립개념도 생겨났다. 당장은 이 두번째 대립개념만이 우리의 관심을 끌 것이다. 이 점에서 프랑스와 라인 지방의 발전은 지속기간이 다른 두 시기가 교대하였다는 점을 특징으로 하고 있었다.

카롤링거 국가의 해체에 따라 발생하여 그뒤까지 지속된 무정부상태가 초래한 현상 가운데 무엇보다도 두드러진 것은 수많은 봉신들이 자기네가 조건부로 양여받았던 '지급토지'를 단도직입적으로 사유화하는 기회를 안게 되었다는 점이었다. 그 중에서도 양여해준 쪽이 국왕이거나 교회였을 때에는 특히 그러하였다. 38년의 간격을 두고 작성된 리무쟁 지방의 두 증서를 예로 들어보자. 876년에는 샤를 대머리왕이 충성서약자인 알드베르에게 그와 그의 아들이 살아 있는 동안 이용할 수 있도록 "용익권자(用益權者)의 자격으로, 은대지로서" 카발리아쿠스의 토지를 넘겨주었다. 그런데 914년이 되자 알드베르의 아들인 알제가 리모주의 성당참사회원들에게 "부모한테서 물려받은 카발리아쿠스라고 불리는 나의 자유토지(alleu)를 증여하였던 것이다."10)

그러나 위에서 예로 든 것처럼 성직자의 수중으로 넘어가는 경우를 제외하고는 찬탈한 자유토지이건 정통적인 기원을 가진 고래의 자유토지이건 간에 대부분은 오랫동안 자유토지로서의 자격을 보존할 운명에 놓여 있지 못하였다. 어떤 연대기 작가가 이야기하는 바에 따르면 에루아(Herroi)와 아케(Hacket)라는 두 형제가 포퍼링어(Poperinge)*10의 부유한 영주였던 부친이 사망한 뒤 아버지의 자유토지를 나누어 가졌다고 한다. 불로뉴(Boulogne)*11 백작과 긴(Guines) 백작은 이들 토지에 대해 이 두 형제한테서 신종선서를 받아내려고 지칠 줄 모르고 기를 썼다. "하느님보다도 사람을 두려워했던" 아케는 긴 백작의 강권에 무릎꿇었으나, 그 반면 에루아는 두 박해자 중 누구에게도 굴복하기를 원하지 않았기 때문에 자기 몫의 상속재산을 테루안(Thérouanne)*12의 주교에게 바쳤다가 다시 이를 봉토로서 주교한테서 되찾았다.11)

이 전승은 나중에 이야기된 것이고 더구나 단순히 소문으로 전해진 것이기 때문에 세부사항에서는 그렇게 믿을 만하지 않은지도 모르겠

---

10) *S. Stephani. Lemovic Cartul.*, éd. Font-Réaulx, n° XCI et XVIII.

*10 벨기에의 도시 이름.

*11 프랑스 북쪽의 항구도시.

*12 프랑스 북부 파 드 칼레 주의 마을.

11) Lambert d'Ardre, *Chronique de Guines*, éd. Ménilglaise, c. CI.

다. 그러나 그 핵심을 보면 이 이야기는 자유토지를 가진 소(小)영주들이 이웃의 고위 제후들이 경쟁적으로 펼치는 야심의 틈바구니에서 시달리게 되었을 때 그들의 운명이 어떻게 될 수 있었던가를 제대로 보여주고 있는 것만은 틀림없다. 마찬가지로 질베르 드 몽스(Gilbert de Mons)*13가 쓴 정확한 연대기에서는 에노 지방의 자유토지에 세워진 성채들이 에노 백작이나 플랑드르 백작에 의해서 차츰차츰 격하되었음을 찾아볼 수 있다.

본질적으로 일종의 종속관계의 망이라고 정의할 수 있는 봉건체제는 그것이 태어난 본고장에서조차 결코 완전한 체계의 상태에 도달한 적이 없었으므로 자유토지는 항상 존속해왔다. 그렇기는 하지만 카롤링거 왕조 초기에만 하더라도 아직 무척이나 많았던 자유토지의 수효는——당시로서는 해당 백작령에 위치한 자유토지 가운데 하나를 보유하는 것이야말로 한 교회의 '재속 대리인'(在俗代理人, advocatus, avoué)*14, 즉 교회의 대리인 역할을 해주는 속인(俗人)으로 지명되기 위한 필수요건이었을 정도였다——10세기부터 급격하게 줄어들었으며, 그 반면 봉토의 수효는 끊임없이 늘어갔다. 사람과 함께 토지도 종속관계에 들어갔던 것이다.

봉토의 진정한 기원이 무엇이었든 간에——수장의 재산 중에서 일부를 떼어내 마련한 봉토였든, 나중에 법률가들이 그렇게 표현하게 되는 대로 '재취득'(再取得, reprise) 봉토였든 간에, 다시 말해 원래의 소유자가 포기했다가 나중에 봉건적으로 '재취득한' 옛 자유토지였든 간에——봉토는 공식적으로는 영주에 의해 양여된 것이라는 모습을 보이고 있었다. 여기에서 그 당시 모든 물권의 인도(引渡)에 통용되고 있던 형식, 곧 프랑스어로 '수여'(investiture)라고 일컬어지던 것에 따르는

---

*13 몽스의 주교로서 연대기 작가.

*14 이 제도에 관해서는 이 책 제2권 제2책 제3장의 제3절 '교회령'에서 자세히 서술되고 있다.

의식행위가 끼여들게 되었다.

영주는 가신에게 토지를 상징하는 물건을 건네주었다. 이 용도를 위해서는 흔히 작은 막대기 하나만으로도 충분하였다. 그러나 사람들이 더욱 설득력 있는 상징물을 더 좋아하는 경우도 있었다. 즉 양도된 토지를 상기시켜주는 흙덩어리라든가, 무장봉사를 생각나게 하는 창이라든가, 또 만약 그 봉신이 단순한 전사일 뿐 아니라 그 나름대로 자신의 군기 아래 다른 기사들을 거느리는 우두머리가 될 사람 같으면 깃발이라든가 하는 것이 그것이었다. 원래는 상당히 불명확하던 이 바탕 위에 관습이나 법률가들의 재주에 의해 점차 지방에 따라 다양한 수많은 구분의 양상이 수놓이게 되었다. 봉토 증여가 새로운 가신에게 행해질 때에는 이 봉토의 '수여'는 신종선서와 충성서약 직후에 이루어졌다. 수여가 이 두 가지에 앞서는 경우는 결코 없었다.[12] 충성의 유대관계를 태어나게 하는 의식이 이 충성에 대한 급여보다 반드시 앞서 있어야만 하였기 때문이다.

원칙적으로는 어떠한 재산도 봉토가 될 수 있었다. 그러나 실제 관행을 보면 가신의 봉토가 문제인 경우에는 수익자의 사회적 신분 때문에 몇 가지 제한이 가해지고 있었다. 적어도 탁신의 갖가지 형태들 사이에 확고부동한 계층간 구분이 세워진 뒤부터는 그러하였다.

7세기의 한 문서에 적혀 아직까지 전해지는 것처럼, '종사'에게 토지를 증여하는 데에 관한 당시의 서식은 이 토지에 대해 농업부역도 요구할 수 있음을 미리 인정한 것으로 보인다. 하지만 그 후대의 가신은 자기 손으로 노동해야 하는 처지로 기꺼이 내려오려고 하지 않았다. 따라서 그는 다른 사람의 노동으로 살아갈 수밖에 없었다. 그가 토지를 받았을 때 이 토지에는 토지 보유농들, 곧 한편으로는 공조를 바칠 의무를 지며 다른 한편으로는 주인의 직접적인 경영을 위해 떼어둔 몫의 토

---

12) 적어도 프랑스의 대부분 지역처럼 심층적으로 봉건화한 지방에서는 그러하였다. 이탈리아에서는 사정이 달랐다.

지를 경작할 수 있도록 노동력을 제공할 의무를 지는 그런 사람들이 살고 있어야만 하였다. 한마디로 말해 대부분의 가신봉토는 크고 작은 차이는 있을망정 장원이었다.

그러나 또 다른 유형의 봉은 수입원으로 이루어져 있었는데, 이는 그 소유자들에게 귀족적인 한가한 생활이라는 특권을 허락해준다는 점에서는 마찬가지이지만 다른 종속민들에 대한 권력의 행사는——부차적인 자격으로밖에——허용하지 않는 성질의 것이었다. 십일조, 잡부금 징수권을 가진 교회, 시장세, 통행세 등이 그것이었다.

사실대로 말하자면, 이 두번째 유형의 권리도 어느 정도는 토지에 붙어 있는 것이었으므로 중세의 분류법으로는 부동산 범주에 넣어지고 있었다. 다만, 좀더 후대에 이르러 교역과 행정조직의 발달로 왕국이나 대영역제후령 내에서 비교적 상당한 액수의 화폐를 축적할 수 있게 되었을 때에야 비로소 국왕이나 상급제후들은 토지라는 뒷받침이 없으면서도 신종선서를 바칠 것을 전제로 하는 단순한 수익징수권(收益徵收權, rente)을 봉으로 나누어주기 시작하였다.

이들 '왕실의' 봉(fief 'de chambre'), 다시 말해서 국고(國庫)의 봉은 수여자 쪽에서 볼 때 여러 가지 이점이 있었다. 이 경우에는 토지의 양도를 완전히 피할 수 있었다. 이러한 봉은 나중에 살펴보게 되듯이 대부분의 봉토를 세습재산으로 탈바꿈시키고 있던 개악현상을 전반적으로 면할 수 있었으며, 그 결과 끝까지 당대한(當代限)의 것으로 머물러 있었으므로 이 봉을 가진 사람을 훨씬 더 철저하게 수여자에게 종속된 상태 아래 놓아둘 수 있었다. 이같은 봉은 국가의 수장에게 그들의 지배권이 직접 미치는 영토의 범위 밖에 있는 먼 고장의 충성서약자들을 확보할 수단을 제공해주었다.

잉글랜드의 국왕들은 일찍부터 재력이 풍부했기 때문에 이 방법을 처음으로 이용한 사람들에 속한다고 여겨지는데, 그들은 이미 11세기 말부터 플랑드르 백작을 필두로 한 플랑드르의 귀족들에게 이를 적용하여 이들에게서 군사적 원조를 구하고 있었다. 이어 숙적인 플랜태저넷 왕조의 왕들을 언제나 재빨리 흉내내곤 하던 필리프 오귀스트 왕도 같은 방법으로 같은 플랑드르 땅에서 그들과 겨루려고 애를 썼다. 그뿐 아니라 13세기에 슈타우펜(Staufen) 왕조*15의 왕들은 같은 방법을 이 용해 카페 왕조의 조언자들을 자기네 편으로 끌어넣었고, 또 카페 왕조 의 왕들도 같은 방법으로 슈타우펜 왕조의 조언자들을 자신들에게 끌 어들였다. 또한 루이 성왕도 이런 식으로 해서 그때까지만 해도 자기의 배신(陪臣, arrière-vassal)*16에 지나지 않았던 주앵빌을 자신에게 직 접 결속시켰던 것이다.13)

그 반면에 가내의 무장수행인이 문제되었을 때에는 화폐를 지급함으 로써 물자 조달의 곤란을 면하였다. 13세기를 통해서 솔거부양 가신의 수는 아주 급격히 줄어들었는데, 이는 분명 대부분의 경우에 단순한 직 접 부양체계 대신 고정된 액수의 화폐급료가 봉의 형태로 주어진 데에 기인하는 것이었다.

그러나 오로지 동산적(動産的) 형태의 수입만이 합법적으로 사봉(賜 封)의 대상이 될 수 있었다는 것은 틀림없는 사실이었을까. 이 문제는 단순히 말로만 그치는 것이 아니었다. 왜냐하면 이는 결국 가신의 봉이 라는 개념을 둘러싸고 차츰 다듬어져나온, 아주 특정한 법적 규칙들이

---

*15 독일의 왕조로서 호엔슈타우펜 왕조라고도 한다. 통치 연대는 1138~1208, 1215~54. 성채 이름에서 비롯된 슈바벤 공의 가명(家名)인데, 이 가문 사 람들은 일시적인 중단을 겪기도 하면서 6대에 걸쳐 독일 국왕, 신성로마 제 국 황제를 배출하였다. 이탈리아 정책에 열중하였으며 교황과 자주 충돌하 였다.

*16 가신이 자기대로 가신을 거느렸을 때 원래 영주에 대하여 이 간접가신을 부 르는 칭호. 배신에 관한 좀더 자세한 설명은 이 책 제2권 제1책 제5장「귀 족층 내부에서의 계층분화」에 들어 있다.

13) G.-G. Dept, *Les influences anglaise et française dans le comté de Flandre*, 1928 ; Kienast, *Die deutschen Fürsten im Dienste der Westmächte*, t. I, 1924, p.159 ; t. II, p.76, n.2 ; 105, n.2 ; 112 ; H.- F. Delaborde, *Jean de Joinville*, n° 341.

어디까지 이르게 되었던가를 묻는 데로 귀착되기 때문이다. 독일과 이탈리아—이 두 나라는 엄밀한 의미에서의 봉건적인 특성을 지닌 이 가신봉(家臣封)에 관한 법이, 이 책에서 나중에 다루게 될 갖가지 여건 아래에서 자율적인 체계로 확립되는 데에 가장 크게 성공했던 곳이다—에서 법이론상으로나 법해석상으로 화폐수익은 봉의 성격을 가지지 못한다고 규정되기에 이르렀던 것도 바로 이 때문이다. 반면 프랑스에서는 이 어려운 문제가 법학자들의 흥미를 거의 불러일으키지 않았던 것으로 보인다. 이곳에서는 제후며 영역제후의 대(大)가문들이 군사적 보유지라는 묵은 이름을 그대로 사용하면서, 실제로는 매매에 바탕을 둔 새로운 경제의 특징인 유사(類似) 급여체제로 슬그머니 넘어갈 수 있었기 때문이다.

봉토의 양여는 탁신자에 대한 급료였으므로 그 지속기간은 당연히 봉토 양여 자체의 존재이유가 되는 인적 유대관계가 지속되는 기간과 일치하였다. 9세기 무렵부터 가신제는 영주와 가신 두 사람의 삶을 결합시키는 것으로 간주되고 있었다. 그 결과 '은대지' 또는 봉토는 전과 마찬가지로 이때 이후로도 여전히, 가신이 사망할 때나 영주가 사망할 때까지, 즉 오로지 그때까지만 가신이 보유하는 토지로 여겨지게 되었다. 이것이 마지막까지 형식적으로 법체계상에 기록되어 있던 규칙이었다. 원래의 주종(主從) 양자 중에서 살아남은 사람과 죽은 사람의 후계자 사이에 신종선서가 되풀이되어야만 비로소 가신제적 관계가 이 둘 사이에 지속될 수 있었던 것과 마찬가지로, 양여자에 의해 봉신의 후계자가 봉토를 유지하거나 또는 양여자의 후계자가 봉신에게 봉토를 유지시켜주기 위해서도 '수여'의식을 다시 거행할 것이 요구되었다.

그런데 어찌하여 현실은 얼마 안 있어 그토록 심하게 원칙과 어긋나게 되었던 것일까. 우리는 지금 당장이라도 바로 이 문제를 살펴보아야만 할 것이다. 하지만 이 점에서 진화의 과정은 봉건시대의 유럽 전체에 공통된 것이었기 때문에, 우선은 우리가 지금 막 서술한 제도들

과 모습이 비슷하거나 기능이 유사한 제도들의 발전을 지금까지는 시
계(視界) 밖에 놓아두었던 여러 나라들에서 그려보도록 하는 편이 좋을
것이다.

제3장

유럽 각국 개관

1. 프랑스의 다양성 : 남서부와 노르망디

프랑스가 일찍이 중세 이래로 날이 갈수록 힘찬 기운을 더해가는 국민적 통일이라는 유대를 통하여, 미스트랄(Frédéric Mistral)[1]의 아름다운 구절마따나 론 강(le Rhône)이 뒤랑스 강(la Durance)[2]을 맞아들이듯이[3], 원래 심한 차이점들 때문에 갈라져 있던 여러 사회의 덩어리를 한데 묶어 합칠 운명이었다는 것은 누구나 다 알고 있거나 예감하고 있다. 그러나 오늘날의 사정을 보면 이 사회지리학의 연구만큼 뒤떨어진 연구도 달리 없다. 따라서 여기에서는 고작 연구자들에게 푯대가 될 만한 몇 가지를 보여주는 것으로 그칠 수밖에 없을 것이다.

여기서 먼저 툴루즈 · 가스코뉴 · 기엔(Guyenne) 등을 포함하는 아키텐 남부지방을 살펴보자. 사회구조가 모든 면에서 아주 독특하며, 프랑

---

[1] 1830~1914. 프로방스말의 부활에 앞장섰던 프랑스의 문인. 1904년에 노벨문학상을 받았다.

[2] 알프스에서 흘러내리는 프랑스의 강.

[3] 프랑스어에서 론 강은 남성형 명사이고 뒤랑스 강은 여성형 명사이다. 곧 미스트랄은 이 두 강의 결합을 남녀의 결혼에 비유하고 있다.

크식의 여러 제도에서 받은 영향은 하잘것없던 이들 지방에서는 여러 종속관계의 보급이 수많은 장애에 부딪친 것으로 보인다. 이곳에서는 농민의 소규모 경영지이건 장원이건 간에 자유토지가 끝까지 아주 많이 남아 있었다. 봉토라는 개념 그 자체만 하더라도 어쨌건 도입되기는 하였으나 그 윤곽의 명료성을 급속하게 잃어버리고 말았다. 12세기부터 이미 보르도나 툴루즈 일대에서는 토지에 대한 근소한 공조의 납부 또는 농업부역의 이행을 조건으로 부과받고 있던 보유지들까지 예외없이 포함하여 모든 종류의 보유지가 봉토라는 이름으로 불리고 있었다.

말의 뜻이 변천함에 따라서(이것에 관해서는 나중에 이야기하겠다) 프랑스 북부지방에서는 '봉토'와 거의 같은 뜻의 말로 쓰이게 되었던 '명예봉'(名譽封, honneur)이라는 용어에 대해서도 똑같은 이야기를 할 수 있다.[4] 분명히 '명예봉'과 '봉토'라는 이 두 명칭은 처음에는 아주 특정한 것을 가리키는 보통의 의미로 받아들여져 쓰였었다. 위에서 살펴본 것과 같은 의미상의 편향은 진정으로 봉건화한 지역에서는 아예 일어나지 않았으며, 설사 일어났다 하더라도 그것은 나중에야 그렇게 되었다. 전혀 딴판인 관습에 젖어 있던 지역사회는 이러한 법적 개념들 자체를 불완전하게밖에 이해하지 못했던 것이다.

롤로의 영도 아래 있던 스칸디나비아인들은 프랑크족의 원초적인 관습에 가까운 종사제라는 제도에는 이미 익숙해져 있었으나, 그 반면 그들이 네우스트리아에 정착했을 때 당시 갈리아 지방에서 발달하고 있던 봉토와 가신제라는 제도에 유사한 것은 그들의 민족적 전통 속에서 전혀 찾아볼 수 없었다. 그러나 그들의 우두머리는 놀라울 정도로 유연

---

*4 명예봉, honneur. ① 관직에 대한 급여로서의 은대지, ② 관직 그 자체가 하나의 봉으로서 내려진 경우 따위를 가리키지만, 나중에는 일반적으로 봉토의 뜻으로 쓰이게 되었다. 영국에서는 복수의 장원으로 이루어진 제후의 대장원, 곧 배러니(barony)가 명예봉(honour)이라 불리기도 하였다.

하게 이들 제도에 적응하였다. 군주들이 자기네 권위를 위해 이 정복지에서만큼 효과적으로 봉건적인 여러 관계망을 이용할 수 있었던 곳도 달리 없었다. 하지만 사회의 밑바닥으로 내려가면 몇 가지 외래적인 특징들도 끊임없이 눈에 띄었다.

가론(Garonne) 강*5 유역에서와 마찬가지로 노르망디에서도 봉토라는 낱말은 보유지라는 일반적인 의미로 급속히 바뀌어갔다. 그러나 이것은 정확하게 동일한 이유에서 그러했던 것은 아니다. 왜냐하면 다른 곳에서는 생활양식에 따른 계급분화라는 의식(意識)과 이에 따라 형성되는 토지의 분화에 대한 의식이 대단히 강력하게 형성되었음에 반하여 이곳 노르망디에서는 그러한 의식이 결여되어 있었던 것으로 보이기 때문이다.

'배신'의 특수한 위치가 바로 그 증거이다. 이 낱말 자체는 전혀 색다른 것이 아니다. 로망스어를 쓰는 전지역을 통해서 이 낱말은 군무가 뒤따르는 봉토의 보유자들의 계열에서 가장 하위에 위치하는 사람, 즉 국왕이나 대제후들에 대해서는 '가신의 가신'에 지나지 않는 사람들을 가리키고 있었다. 그러나 노르망디 배신의 특수성은 배신의 재산에 대해 일반적으로 부과된 의무가 기묘한 잡동사니였다는 데에 있었다. '배신 보유지'(vavassorerie)에는 때로는 기마로, 때로는 도보로 수행하는 군사적 봉사의 의무말고도 공조가 부과되었을 뿐 아니라 심지어는 노역까지 부과되고 있었다. 요컨대 그것은 반(半)봉토·반(半)예농 보유지였다.

이같은 변칙적 현상에서 바이킹 시대의 흔적을 알아보는 데 주저할 사람이 있을까. 일체의 의심을 벗겨버리려면 잉글랜드의 노르망디, 곧 '데인로' 지방이라 불리던 잉글랜드 북부와 북동부 주들에 한번 눈길을 던져보는 것으로 충분할 것이다. 이곳에서도 마찬가지로 이중의 부

---

*5 바로 앞에서 언급된 툴루즈·가스코뉴·아키텐의 일부 지방을 거쳐 비스케만으로 흘러들어가는 강.

담이 드렝(dreng)—바살의 경우와 전혀 마찬가지로 이 드렝이라는 말
도 원래는 '시중드는 젊은 아이'를 뜻하였다—이라고 불리던 종속민
들의 토지에 지워져 있었다. 이 드렝이라는 말은 또 그것대로 분명히
노르드(Nord)어에서 연원하는 것이며, 더구나 앞에서 이미 살펴본 대
로 노르만인들의 침입 직후에는 센 강 유역에서도 사용되고 있었던 것
으로 보인다.[1]

점점 갈수록 고착화해가는 계층분류법에 사로잡혀 있던 법학자들은
다음 세기를 거쳐가는 동안 배신과 드렝이라는 말들 때문에 큰 골치를
앓게 되었다. 군무를 다른 모든 사회적 활동보다 우위에 두면서 별도로
취급하고 있던 당시 유럽 세계에서 이 배신과 드렝이라는 말은 '북쪽
사람들'의 사회에서 농민의 생활과 전사의 생활 사이에 아무런 구분이
없던 시대—아이슬란드의 사가 속에서 우리는 지금도 이를 아주 명백
하게 찾아볼 수 있다—를 끈질기게, 또 당혹스럽게 상기시켜주는 존
재였던 셈이다.

2. 이탈리아

롬바르디아인들이 지배하던 시기의 이탈리아에서는 자기 자신을 그
저 단순하게 예속상태로 넘겨주는 제도에서 군사적 종사제에 이르기
까지 거의 모든 점에서 갈리아인들의 탁신제에 가까운 인격적 상호
의존관계의 관행들이 자연발생적으로 발달하였다. 전쟁의 종사들은
적어도 국왕, 공(公), 주요한 수장 등을 둘러싸고 있는 경우에는 가신
디(gasindi)[*6]라는 공통의 게르만어 호칭으로 불리고 있었다.

---

1) 영어의 dreng에 관한 가장 훌륭한 설명을 보려면 Lapsley, *Victoria County Histories Durham*, t. I, p.284 ; Jolliffe, *Northumbrian Institutions*(*English. Historical Review*, t. XLI, 1926)를 참조하라.
*6 무장종사를 가리키는 가신두스의 복수형.

그들 가운데 다수가 토지를 사여(賜與)받고 있었다. 한편으로는 그들이 수장에게 복종하기를 거부하는 한, 대부분의 경우 이 토지를 다시 수장에게 되돌려주어야만 한다는 조건이 붙어 있었지만 말이다. 왜냐하면 이러한 종류의 관계들의 기원으로 올라가면 어디에서나 찾아볼 수 있는 관습에 따를 때 그 당시 이 유대는 결코 끊어버릴 수 없는 성질의 것이 아니었기 때문이다. 자유로운 신분의 롬바르디아인에게는, 왕국 바깥으로 빠져나가지 않는 한 '자기의 혈족과 더불어 원하는 곳에 갈 수 있는' 권리가 법적으로 명백히 인정되고 있었다.

하지만 봉사에 대한 보수로서의 특정한 성격을 지닌 재산이라는 법적 범주의 개념은 롬바르디아 국가가 카롤링거 국가에 흡수되기 전에는 뚜렷이 나타나지 않고 있었다. 이탈리아에서 '은대지'라는 것은 프랑크 왕국으로부터의 수입품이었다. 그뿐 아니라 이 제도가 태어난 바로 그 나라에서와 마찬가지로 이탈리아에서도 사람들은 얼마 안 있어서 은대지를 즐겨 '봉토'(fief)라고 부르게 되었다. 롬바르디아어로는 이 'fief'라는 말은 동산이라는 옛 의미를 지니고 있었다.

그러나 9세기 말에는 이미 이 말이 루카 주변에서는 군무가 딸린 보유지라는 새로운 의미로 쓰이고 있었음이 증명되었다.[2] 동시에 갈리아-프랑크어인 '바살'이 점차 가신두스에 대신하여 쓰이게 되었고 이 가신두스라는 말은 봉토를 받지 않은 무장수행인이라는 더 좁은 의미로 한정되게 되었다. 이것은 외국인의 지배가 현실 그 자체에 뚜렷한 자국을 남겼다는 사실을 말해준다.

온갖 종류의 보호관계를 증대시키는 요인으로 작용한 것은 단지 정복전쟁으로 말미암아 야기된 사회적 위기, 곧 카롤링거 왕조의 한 칙령에서 흥미롭게 증명되고 있는 그 사회적 위기[3]나 고위직책을 맡고 있

---

2) P. Guidi et E. Pellegrinetti, *Inventari del vescovato, della cattedrale e di altre chiese di Lucca(Studi e Testi pubblicati per cura degli scrittori della Biblioteca Vaticana*, t. XXXIV, 1921, nº 1).

던 이주한 귀족들의 야심만이 아니었다. 알프스 산맥 이북에서와 마찬가지로 산맥 이남에서의 카롤링거 왕조의 정책도 원래는 아주 느슨했던 인격적·토지적 종속관계의 체계를 조정하면서 동시에 확대시켰던 것이다.

유럽 전체를 통해서 북이탈리아는 분명히 프랑스 본토의 가신제와 봉토제에 가장 가까운 제도들을 가졌던 지방인데, 그 이유는 두 지방의 기본적인 조건들이 거의 비슷하였던 데에 있다. 즉 로마의 보호제 관습과 게르마니아의 전통을 한데 섞어 가지고 있던 동일한 형태의 사회적 기층이 두 사회의 밑바탕에 놓여 있었다는 점, 카롤링거 왕조 초기 통치자들의 조직 작업의 결과로 두 사회에서는 이 요소들이 한데 뒤섞인 반죽이 빚어졌다는 점 등이 그 유사점이다.

그런데 프랑스에서는 아주 오랜 세월 동안 봉건법과 가신법이라는 것이 단지 거의 순수하게 구전으로 전해지는 전통적 또는 법률적 규정들의 극히 엉성한 집성으로 구성된 것에 불과했음에 반하여, 입법활동이건 법률교육이건 간에 결코 중단된 적이 없었던 이 북부 이탈리아에서는 이러한 현상이 아주 이른 시기부터 사라지게 되었다. 1037년부터 이탈리아 왕국의 군주들——그들은 실제로는 독일인 출신 왕들이었다——이 이 문제에 관하여 공포한 포고들을 중심으로 해서, '법정에서의 훌륭한 관습'을 기술하는 데에 전적으로 관심을 기울이는 온갖 전문적 문헌들이 이들 법률의 주석과 나란히 나타났다.

이들 문헌의 주요한 단편은 주지하다시피 『봉토의 서』(*Libri Feudorum*)[*7]라는 유명한 편찬물에 한데 수록되었다. 그런데 이들 문서에 기록된 가신제에 관한 법은 유다른 특색을 보여주고 있다. 즉 입을 맞추고 두 손을 모아 쥐어서 바치는 신종선서에 대해서는 이들 문서에는 단 한마디의 언급도 없었다는 말인데, 이를 보면 충성의 근거를

---

3) *Capitularia*, t. I, n° 88.
*7 롬바르디아 지방 봉건관습의 집성.

마련하는 데에는 충성서약만으로 충분하였던 것 같다. 물론 당시의 교의적인 저작들 거의 전부에 일관되게 흐르고 있던 정신에 바탕을 둔 체계화 경향과 인위성이 이들 문서에도 어느 정도 깃들여 있었던 것은 사실이다.

반면에 실제 관행에 관한 문서들을 살펴보면 때로는 봉건시대 이탈리아에서도 프랑크식을 본받아 신종선서가 행해지고 있었음을 증명할 수 있다. 하지만 그러한 일은 항상 일어나는 것은 아니었고, 추정하건대 그리 빈번하게 일어나는 것조차도 아니었던 것 같다. 신종선서는 유대관계를 맺는 데에 필수적이지는 않았던 것으로 보인다. 이곳의 법사상(法思想)은 아무런 형식적 행위 없이 맺어진 의무도 의무로서 인정하고자 한다는 점에서 알프스 이북보다 훨씬 더 너그러웠던 만큼, 수입된 의식(儀式)에 불과한 신종선서가 이러한 법사상에 제대로 받아들여질 리 없었음은 너무나 분명하다.

이탈리아의 다른 한 지방, 즉 '성 베드로의 가산'이라 불리는 로마교황령에서 가신봉토가 겪은 역사는 이 가신봉토의 진정한 개념에 아주 생생한 빛을 던져준다. 999년 신성로마 황제인 오토 3세의 호의에 의해 어떤 사람이 교황자리에 오르게 되었는데, 그는 아키텐의 중심부에서 태어나 영화롭고도 격동으로 가득 찬 삶의 경로를 거쳐가면서 롬바르디아 국왕뿐 아니라 옛 프랑크 왕국에 속하던 지역의 군주국들과 대(大)교회제후령들에서도 경험을 쌓아온 인물이다. 그가 바로 제르베르 도리야크, 곧 교황 실베스테르(Sylveter) 2세로 불리게 된 사람이었다.

그는 자기의 선임자인 역대 교황들이 봉토를 알지 못했다고 확언하였다. 물론 로마 교회는 자체의 충성서약자들을 거느리고 있었으며, 그들에게 토지를 분배하는 일도 어김없이 행하고 있었다. 그러나 이를 위해 로마 교회는 로마 제국 시대의 옛 형태들, 그 가운데서도 특히 장기임대차 제도를 여태껏 이용하고 있었다. 이 계약방식은 전혀 다른 유형의 사회의 요구에나 적합한 것이었기 때문에 당시의 필요성에는 어울

리기 어려웠다. 이 계약은 그 자체 내에 (토지를 받는 사람의 —옮긴이)
봉사의무를 내포하지 않고 있었다. 또한 용익권의 양여는 비록 한시적
(限時的)이라고는 하지만 여러 세대에 걸쳐 적용되는 것이었으며, 각
세대로 이어질 때마다 일단은 용익권의 수여자에게 토지가 반환되어야
한다는, 수여자 쪽에 유리한 의무가 인정되지 않고 있었다.

제르베르는 이것을 진정한 사봉으로 바꾸고자 희망하면서 그 이유를
밝혔다.[4] 그가 이 첫번째 노력에서 그리 큰 성공을 거둔 것으로 보이
지는 않지만, 그럼에도 불구하고 제르베르 이후에 봉토와 신종선서는
교황정치의 실제에 조금씩 침투해들어왔다. 이 두 제도는 그뒤 군사계
급 내에서 종속관계를 훌륭하게 조직하려고 할 때에는 어떤 경우에나
빠질 수 없는 것으로 여겨질 정도까지 되었던 것이다.

3. 독일

10세기 초 무렵에 결정적으로 그 모습을 드러낸 독일 국가는 크게
두 부분의 영토를 한데 결합하여 형성되었다. 한 부분은 뫼즈(Meuse)
강과 라인 강 사이의 여러 지방들, 곧 애초부터 클로비스가 세운 왕국
의 불가결한 일부였으며 카롤링거 왕조 세력의 본거지였던 지역이고,
다른 한 부분은 온갖 부류의 인간들과 온갖 부류의 제도들의 일대 혼합
체——이것이야말로 갈리아-프랑크 사회의 특징이었다——를 이루고 있
던 이 지역의 테두리 바깥쪽에 위치한 광대한 땅덩이이다. 이 두번째
범주에 속하는 지역으로는 우선 샤를마뉴 이후에야 비로소 서방세계의
일원으로 편입된 작센 평원, 곧 라인 강에서 엘베 강까지 이르는 지역
을 들 수 있다.

---

4) 1000년 12월 26일자의 테라시나에 관한 교서에서. Jordan, *Das Eindringen
   des Lehnwesens in das Rechtsleben der römischen Kurie*(*Archiv. für
   Urkundenforschung*, 1931)를 참조하라.

그래도 봉토의 관행과 가신제의 관행은 라인 강 너머의 독일 땅 전역에 널리 퍼지기는 하였다. 그러나 이러한 관행은 특히 북방에서는 결코 옛 프랑크 국가의 지배 아래 있던 지역에서만큼 속속들이 사회라는 몸뚱이에 스며들지 못하였다. 사회 상층에서는 사람들이 신종선서를 프랑스에서만큼 철저하게 자기네 신분에 걸맞은 인간관계로 받아들이지 않았기 때문에, 신종선서는 그것을 순수한 종속의 의식으로 삼고 있던 그 원초적 성질에 아주 가까운 상태로 머물렀다. 두 손을 맞잡는 동작은 기본적인 것이었지만, 여기에다가 영주와 가신을 거의 동등한 위치에 두는 행위였던 우정의 입맞춤을 추가하는 것은 극히 예외적인 경우에 지나지 않았다.

수장의 대(大)가문에 속하는 성원들로서는 아직 절반쯤은 예속적인 것으로 여겨지고 있던 유대관계에 들어선다는 데 대하여 처음에는 얼마간 반발을 느꼈을 수도 있다. 12세기에 벨프 가의 측근인물들 사이에서 이야기되던 바에 따르면, 이 가문의 조상 가운데 한 사람은 자기 아들이 국왕에게 신종선서를 바쳤다는 것을 알게 되자 이 행위가 자기네 혈통의 '고귀함'과 '자유'를 해치는 것이었다고 생각하여 너무나 화가 난 나머지 수도원에 들어간 후 죽을 때까지 이 죄 지은 자식놈을 만나보려고도 하지 않았다. 이 전해져오는 이야기는 가계(家系)에 관해 잘못된 점이 섞여 있어서 그 자체로서는 확실한 신빙성이 없다. 그러나 이 이야기는 어쨌건 이 지역의 그러한 징후를 보여주고 있다. 봉건세계 가운데 다른 지방에서는 그 비슷한 이야기를 전혀 찾아볼 수 없으니 말이다.

한편 군사적 봉사와 토지 경작 사이의 대립은 다른 지역에서는 계급 분화의 진정한 기초였거니와, 이곳 독일에서는 그것이 확립되기 시작하는 데에 좀더 오랜 시일이 걸렸다. 10세기 초에 그 자신 작센족 출신인 하인리히 1세가 슬라브인들과 헝가리인들에게서 끊임없이 위협받고 있던 작센의 동부 경계지방에 방비시설을 갖춘 거점들을 마련하였을 때 그는 전사들을 규칙적으로 아홉 명씩 조별로 배치하여 그들에게 이들 거점의 방위를 맡겼다고 한다. 그들 가운데 여덟 명은 요새 주변에 정주하면서 위급한 경우에만 요새병력으로 배치되기 위해 오곤 하였다. 나머지 한 명은 자기 전우들 몫으로 마련된 집과 저장품을 지키기 위해 요새 안에 상주하였다.

이 제도는 처음 볼 때에는 이 당시 프랑스의 여러 성채들을 수비하기 위하여 채택되었던 원칙과 유사한 점이 없지 않다. 그러나 좀더 면밀하게 살펴보면 아주 심대한 차이가 눈에 띈다. 작센 국경지방의 이들 주둔병들은 서방(西方)의 '성(城)지기' 가신들처럼 자기네 호구지책을 주인이 나누어주는 물품이나 주인이 양여한 봉토에서—이 경우에는 봉토 경작 농민이 바치는 공조라는 형태로—구한 것이 아니다. 그들 자신이 바로 자기 손으로 땅을 가는 명실상부한 농민, 곧 농민병사(agrarii milites)들이었던 것이다.

중세 말에 이르기까지 두 가지 특징이 끊임없이 지속되면서 독일사회의 봉건화가 이처럼 불완전한 것이었음을 증명하고 있었다.

첫번째 특징은 무엇보다도 자유토지의, 그 중에서도 특히 수장들이 가진 자유토지의 수와 면적에서 찾아볼 수 있었다. 바이에른 공이자 작센 공이었던 벨프 가의 하인리히 사자공(Heinrich der Löwe)*8은 1180년에 재판을 받은 결과 자신이 신성로마 제국으로부터 받아 보유하고 있던 봉토들을 몰수당하게 되었으나, 이때 그의 자손들 수중에는 전혀 손색없는 영역제후령 하나를 충분히 이룰 수 있을 만큼 넓은 그의 자유토지가 남아 있었다. 바로 이 영역제후령이 75년 후에는 신성로마 제국의 봉토로 탈바꿈하여 브라운슈바이크-뤼네부르크(Braunschweig-Lüneburg) 공국이라는 이름을 가지게 되면서, 훗날 독일연방의 일원이 될 브라운슈바이크 영방(領邦)과 함부르크 영방의 기초를 이루게 되

---

*8 엘베 강 동쪽 지역의 게르만화·기독교화에 공이 큰 인물인데, 사촌인 신성로마 황제 프리드리히 바르바로사와 이탈리아 원정을 놓고 불화가 생겨 영토를 빼앗기고 영국으로 망명하였다. 나중에 작센 땅만 회복하였다.

었던 것이다.[5]

　다른 한 가지 특징은 독일에서는 봉토와 가신에 관한 법이 프랑스에서처럼 법망(法網) 전체에 빠져나오기 어려울 정도로 밀접하게 짜여들어가 있는 것이 아니라 일찍부터 여러 종류의 체계 가운데 별도의 한 체계인 것으로 여겨졌으며 그것에 포함되는 여러 규칙들은 일정한 토지나 일정한 사람에게만 적용될 수 있는 것이었고, 또 특별재판소의 관할 아래 놓이게 되어 있었다는 점이다. 이것은 오늘날 프랑스에서 상행위와 상인에 관한 법이 민법과는 별개의 것이 되어 있는 것과 거의 마찬가지이다. 즉 '봉건법'(Lehnrecht)은 봉토에 관한 법이고 영방법, 곧 '국가공법'(Landrecht)[*9]은 나라의 일반법이었다. 13세기의 주요한 법학개론서들은 거의 전적으로, 프랑스의 보마누아르 같았으면 꿈에도 생각하지 못했을 이같은 이중성 위에 세워져 있었다. 바로, 독일에서는 심지어 상층계급들 사이에서도 봉건적 관계의 항목 아래 포함될 수 없는 수많은 법적 유대가 존재하고 있었기 때문에 이러한 이중성이 의미를 지니고 있었던 것이다.

4. 카롤링거 제국의 바깥 : 앵글로색슨 시대의 잉글랜드와 아스투리아스 · 레온 왕국 시대의 에스파냐

　최악의 시기에조차 작은 배들의 왕래가 결코 끊이지 않았던 영불 해

---

5) L. Hüttebrauker, "Das Erbe Heinrichs der Löwen"(*Studien und Vorarbeiten zum historischen Atlas Niedersachsens*, H. 9, Göttingen, 1927)을 참조하라.

*9 독일 중세에 Land(영방) 내의 주민에게 적용되던 법을 말한다. 영주 대 농민 · 농노의 관계를 규정한 장원법(Hofrecht), 봉건영주 대 봉신의 관계를 규정한 봉건법(Lehnrecht), 미니스테리알레스의 권리 · 의무를 규정한 복무법(Dienstrecht) 등과는 달리 국가공법은 속인주의가 아니라 속지주약를 원칙으로 하고 있었다.

협 건너편에서는 대 브리튼 섬에 만족들이 세운 여러 왕국이 프랑크 왕국의 영향을 완전히 벗어나지는 못하고 있었다. 특히 카롤링거 국가가 이 섬의 여러 군주국들에 불러일으킨 찬탄은 대단해서, 때로는 진정으로 카롤링거 국가를 모방하려는 시도마저 이루어졌던 것으로 보인다. 그 증거로 들 수 있는 것은 무엇보다, 빌려온 말임에 틀림이 없는 '바살'이라는 낱말이 몇몇 증서와 전문적 문서들 가운데에 나타나 있다는 사실이다.

그러나 이 외부로부터의 영향은 전적으로 표면적인 것으로 머물렀다. 앵글로색슨 시대의 잉글랜드는 봉건제를 연구하는 역사가들에게 여러 가지 순수한 경험들 중에서도 가장 귀중한 것, 즉 게르만적 구조를 가진 채 11세기 말에 이를 때까지 거의 전적으로 자생적인 진화의 과정을 계속하였던 한 사회가 겪은 경험을 보여준다.

그들의 동시대 사람들과 마찬가지로 앵글로색슨족도 약자들에게는 보호의 요구를, 그리고 강자들에게는 그들의 권력본능을 충분하게 만족시켜줄 만한 수단을 인민의 유대와 혈족의 유대만으로써는 확보하지 못하고 있었다. 그전까지만 해도 문자기록을 전혀 가지지 못했던 이 사회의 역사의 베일이 우리 눈앞에 벗겨지게 되는 것은 7세기 초의 일로, 이때부터 우리는 종속관계의 그물과도 같은 체계가 명백히 드러나는 것을 보게 되는데, 이 그물은 데인인들의 침입에 따른 대혼란 때문에 2세기 후에야 그 발전이 완성되게 된다.

이 관계는 당초부터 법률에 의해 인정받고 또 법률의 규제를 받았는데, 잉글랜드에서도 역시 하급자의 복종이라는 측면을 두드러지게 보여주고자 할 때에는 코멘다티오(commendatio, 탁신)라는 라틴어 명칭으로써, 그리고 반대로 주인이 베푸는 보호에 강조를 줄 때에는 문트(mund, 비호)라는 게르만어 용어로써 이 관계를 나타내고 있었다. 적어도 10세기 이후로는 국왕들이 이 종속보호 관계를 장려하였다. 그들은 공공질서를 바르게 하는 데에 이 관계가 유익하다고 여기고 있었던 것이다.

925년에서 935년 사이에 한 개인이 영주를 가지고 있지 않은 경우에는 어떻게 되는가라는 문제에 관해 애설스탠(Aethelstan)*10의 법률은 이렇게 규정하고 있다. 만일 이 상태가 법적인 제재의 행사를 가로막는다고 확인되면, 그의 가족은 공공법정에서 그에게 주군(主君, lord)을 지정해주어야만 한다. 가족이 그렇게 하기를 원하지 않거나 또는 그렇게 할 수 없는 경우에는 어떻게 되는가. 그 개인은 법의 보호 바깥에 놓이게 되고, 누구든지 그를 만난 사람은 그를 도둑처럼 여겨 죽여도 무방하게 된다. 이 규정은 통치자의 권위에 직접 종속되어 있을 만큼 아주 높은 신분의 사람들은 전혀 건드리지 않고 있음이 분명하다. 이런 사람들은 자기 자신이 스스로의 보증인이었다.

그러나 이 규정은 그대로만 놓고 보더라도—한편으로는 어느 정도로나 실제 효력을 발휘할 수 있었는지 모르겠지만—적어도 그 의도에서는 샤를마뉴나 그 후계자들이 감히 꾀하려 했던 것보다 훨씬 앞서나아가 있었다.[6] 어쨌건 국왕들은 그들 스스로도 자기네 이익을 위해 이 유대관계를 거리낌없이 이용하였다. 국왕의 '세인'(thegn)이라 불리던 국왕의 군사적 종속자들은 국왕 직속가신들과 마찬가지로 왕국 전역에 널리 퍼져 있었고, 특별한 액수의 인명배상금으로 보호받고 있었으며, 참된 의미의 공무(公務)를 맡아보고 있었다.

하지만 역사에서 흔히 볼 수 있는 발전과정의 시간적 격차가 이곳에

---

*10 940년경에 사망한 잉글랜드의 왕.

6) Aethelstan, II, 2. 847년 루트비히 경건왕의 세 아들이 메르센에서 맺은 협정 가운데 샤를 대머리왕의 선언에는 다음과 같은 구절이 있다. "우리는 또한 우리 왕국 안에 있는 모든 자유인이 그가 바라는 대로의 영주를 우리와 우리의 신실한 친구들 가운데에서 취하기를 바란다(Volumus etiam ut unusquisque liber homo in nostro regno seniorem, qualem voluerit, in nobis et in nostris fidelibus accipiat)." 그러나 카롤링거 제국의 여러 분할 협정에 들어 있는 비슷한 규정을 검토해보면 '바란다'라는 말은 여기에서 '명한다'가 아니라 '허용한다'라는 뜻임을 알 수 있다.

서도 나타났으니, 그리하여 노르만 정복 이전의 잉글랜드에서는 이 종속보호 관계가 메로빙거 왕조 지배하의 갈리아 지방에서의 단계와 거의 같은, 여전히 불확정적인 상태를 결코 벗어나지 못하였다. 그 이유는 데인인들과의 전쟁 때문에 심대한 영향을 입어 잉글랜드의 왕권이 약해졌다는 사실에서 찾기보다는 오히려 원초적인 사회구조가 끈질기게 존속되었던 사실에서 찾아야 한다.

다른 곳에서와 마찬가지로 잉글랜드에서도 종속자들의 무리 가운데 유력자와 국왕들을 에워싼 무장한 충성서약자들이 일찍부터 두각을 나타내고 있었다. 수많은 명칭들이 한꺼번에 또는 차례로 나타나 이들 근위전사(近衛戰士)를 가리키게 되었는데, 이 명칭들이 유일한 공통점으로 공유하고 있던 음향은 이 근위전사들이 원래 상당히 낮은 신분에 속했으며 또한 가사(家事)와 관련을 맺고 있었음을 보여주는 것이었다. 우리가 이미 그렇게 자주 언급해온 게시트(gesith)*11는 물론이고, 같은 방의 동료를 뜻하는 게셀라(gesella), 식사를 같이하는 동료를 뜻하는 게네아트(geneat), 멀리 그리스어의 테크논(τέκνον, 아이)에 이어지는 말로서 바살의 경우와 마찬가지로 원래는 '젊은 시동'이라는 뜻을 가지고 있었던 세인, 하인 또는 노예를 뜻하는 독일말 크네히트(Knecht)와 똑같은 말인 나이트(knight) 등이 그같은 명칭이었다.

크누트 치세 때부터 사람들은 국왕이나 유력자의 무장수행인들을 가리키는 데에는 스칸디나비아어 가운데에서 '집안의 시종아이'를 뜻하는 하우스칼(housecarl)이라는 용어를 즐겨 차용하게 되었다. 영주는——군무를 지는 충성서약자의 영주이건 좀더 미천한 탁신자의 영주이건 심지어는 노예의 영주이건 간에——홀라포르드(hlaford, 이 말에서 현대영어의 lord라는 낱말이 비롯되었다)라고 불렀는데 이는 원래 '빵덩어리를 주는 사람'을 뜻하는 말이었다. 영주 저택에 모여 무리를 이룬 사람들이 '빵을 먹는 사람들', 곧 홀라푀탄(hlafoetan)이라 불렀던

---

*11 이 말이 라틴어화한 것이 가신두스이다.

것과 마찬가지이다. 영주는 정녕 방어자인 동시에 양육자가 아니었던가. 흥미로운 한 편의 시에는 자기의 우두머리가 죽은 뒤 새로운 '재물의 분배자'를 찾아 이 길 저 길을 따라 돌아다니지 않으면 안 되는 신세가 되었던 이들 전쟁종사들 가운데 한 사람의 장탄식이 읊어져 있다. 그것은 보호도 자애도 그리고 생활에 가장 필요한 기쁨도 모두 한꺼번에 빼앗겨버린 일종의 사회적 고립자의 애타는 슬픔의 노래이다.

그는 때때로 꿈꾼다. 자기 영주를 껴안고 입맞추며, 지난날 하사품 내려보내던 높은 의자 곁에서 그리했듯 두 손과 머리를 영주 무릎 위에 올려놓은 스스로의 모습을. 그리고는 벗도 없는 이 사내는 깨어나게 되건만, 이제 눈앞에 보이는 것은 어렴풋한 그림자들뿐. ……어디에 있는가, 넓은 연회장에서의 그 즐거움은? 아아, 찬란하던 술잔은 어디에 있는가?

앨퀸은 801년에 요크 대주교를 둘러싸고 있던 이들 무장수행인들의 한 무리에 대해 쓰면서, 거기에는 '귀족인 전사'와 '귀족이 아닌 전사'가 나란히 있었다는 사실에 주목하였다. 이것은 원래부터 이러한 종류의 모든 군대의 고유한 속성을 이루고 있던 잡다성을 증명해주는 동시에, 또한 그렇지만 그들의 지위 내에서도 이미 구별이 이루어져 차츰 세인의 눈에 부각되고 있었음을 증명해주는 것이기도 하였다.

앵글로색슨의 문헌자료가 우리에게 미친 공헌 가운데 하나는 이 점에 관한 인과관계, 다시 말해 한심할 정도로 빈약한 메로빙거 왕조 시대의 사료를 보아서는 거의 드러날 수 없는 그 인과관계를 강조해서 보여준다는 데에 있다. 즉 계층분화는 저절로 이루어지는 것이기도 했지만, 이는 또 이들 무사들을 토지에 정착시키는 관습이 차츰 널리 퍼짐에 따라 바로 그 관습에 의해 촉진되었음이 분명하였던 것이다. 영주가 해주는 양여의 범위와 성질은 사람의 신분에 따라 달랐으므로 이것이 실제로 계층간의 대비가 명확해지는 과정을 완결시켰던 셈이다.

용어의 변천을 살펴보면 이 점을 무엇보다 잘 확인할 수 있다. 바로 앞에서 열거한 낱말들 가운데 몇 가지는 마침내 사용되지 않는 신세가 되었다. 또 다른 몇몇 낱말은 상층으로 또는 하층으로 옮아가 특정한 의미만을 지니게 되기도 하였다. 게네아트는 7세기 초에만 하더라도 진정한 전사였으며 상당히 지위가 높은 인물이었으나, 11세기에는 주인을 곁에서 호위하고 주인의 전언을 옮겨주는 일을 해야 된다는 점만 빼놓고는 다른 농부들과 거의 구별되지 않는 신분 낮은 토지 보유농이 되어 있었다. 반대로 세인은 그보다 훨씬 더 중요한 지위에 속하는 군사적 종사자들의 한 범주를 가리키는 명칭으로 계속 사용되었다.

그러나 이렇게 불리던 개인들이 대부분 차츰 보유지를 나누어 받게 되었으므로 그들을 이어받아 가내거주자 전체에 대한 군사적 봉사를 수행하게 된 가내무사들을 가리키기 위해서는 새로운 용어를 사용해야 될 필요성이 곧 대두하였다. 이렇게 해서 사용되기에 이르른 것이 이제는 이미 예속성이라는 오명을 벗어던져버리고 있던 나이트라는 호칭이었다. 하지만 토지급여의 제도를 촉진시키고 있던 추세는 너무나 완강했기 때문에 노르만 정복 전야에는 다른 사람들처럼 자기네도 토지를 지급받고 있던 나이트가 적지 않았다.

그러나 사실대로 말하자면, 이러한 언어상의 구분은 유동적인 것이었으며 이 점에서 우리는 계층간의 구분이 실제로는 얼마나 불완전한 상태로 머무르고 있었던가를 알 수 있다. 우리가 이 점에 관해 제시할 수 있는 또 하나의 증거는 종속을 의미하는 몸짓들이 보여주고 있던 바로 그 정형성이다. 이같은 동작들은 그것이 어떠한 사회계층 사이에서 행해지건 간에 끝까지 균일한 모습을 띠었으며, 단지 경우에 따라 두 손을 맞잡는 의식이 포함되는가 또는 포함되지 않는가의 차이가 있었을 뿐이다.

프랑크 시대의 갈리아에서는 가신제가 마침내 극히 뚜렷한 특징에 의해 탁신제의 여러 하위형태들과 구별되기에 이르렀는데, 여기에서 적용된 구분의 대원칙은 두 가지였다. 즉 한편으로는 두 종류의 생활양

식과 이에 따른 두 종류의 의무—전사의 의무와 농민의 의무—가 양
립될 수 없다는 것이었으며, 또 다른 한편으로는 법적으로 자유롭게 선
택된 당대한(當代限)의 유대(紐帶)와 세습적인 결속관계 사이에는 깊디
깊은 간극이 있다는 점이었다. 그런데 앵글로색슨 사회에서는 이 두 가
지 요인 가운데 어느 한 가지도 프랑크 사회에서처럼 그렇게 심층적으
로 작용하고 있지는 않았다.

'농민병사'—우리가 독일의 경우에서 이미 살펴본 바 있는 이 복합
어를 1159년에 한 연대기 작가도 자기대로 쓰고 있었다. 이때 이 말은
잉글랜드에서 병력을 구성하고 있던 전통적인 몇몇 성분의 사람들을
특징짓기 위한 명칭으로 사용되고 있었다. 이들은 잉글랜드가 비록 노
르만인들에게 정복당하기는 했지만 사회구조가 완전히 뒤집혀버리지는
않고 있었던 덕분에 외국인 출신 국왕*12이 계속해서 자기 마음대로 이
용할 수 있었던 그런 사람들이었다.7)

여기에서 언급된 실태들은 이 시기에는 과거의 단순한 유물에 지나
지 않았지만, 한 세기 전에만 하더라도 아주 일반적인 관행에 해당하는
것이었다. 곧 게네아트들과 라드멘(radmen)들은 10세기에만 해도 수
적으로 그토록 많은 보유지를 가지고 있으면서 그 보유지에 대해 공조
납부와 농업부역이라는 봉사와 아울러 경호 및 전언전달이라는 봉사의
의무를 부과받고 있었으니, 그런 점에서 볼 때 이들은 실제로는 무사이
면서 동시에 농사꾼이 아니었던가. 토지 때문에 군사적 봉사의무를 져
야 함은 물론 비천한 부역의무까지 져야 했던 몇몇 세인들 자신도 마찬
가지가 아니었던가.

이렇듯 잉글랜드에서 일종의 계급간의 혼효(混淆)상태가 유지되는
방향으로 함께 작용한 것은 다음과 같은 요소들이었다. 즉 비록 그 영
향을 정확하게 잴 수는 없지만 갈리아에서 계급의 구분이라는 관습을

---

*12 윌리엄 1세를 가리킨다.

7) Robert de Torigny, éd. L. Delisle, t. I, p.320.

확립시키는 데에 기여했던 것만은 틀림없어 보이는 갈리아-로마식의 사회적 기층집단이 잉글랜드에는 존재하지 않고 있었다는 점, 잉글랜드에 미친 북방(北方) 문화의 영향——우리가 이미 살펴본 드렝과 더불어 농민적 세인이 특히 널리 존재한 것은 스칸디나비아화가 심층적으로 이루어진 잉글랜드 북부의 여러 주들에서였다——, 그리고 마지막으로 잉글랜드에서는 말(馬)의 중요성이 극히 적었다고 하는 점 등. 물론 앵글로색슨의 많은 충성서약자들이 기마를 지급받고 있지 않았다는 이야기는 아니다. 그러나 그들은 전투할 때에는 대개 땅에 내려서서 싸웠다. 헤이스팅스의 전투는 본질적으로 기병이 그 기동력으로 보병을 지원해주고 있던 혼성부대에 대한 보병부대의 패배였다.

대륙에서는 낯익은 것이었던 '가신'과 '기사'의 동일시 현상이 노르만 정복 이전의 잉글랜드에서는 한번도 나타나지 않았다. 또한 '나이트'라는 낱말은 노르만인들이 잉글랜드에 온 후——물론 주춤거리는 과정이 없지는 않았지만——마침내 그것의 두번째 의미[*13]를 나타내는 말로 쓰이게 된 것이 사실이지만, 그렇게 된 것도 처음에 침입자들에게 인솔받아서 온 기사들이 대부분, 대다수의 잉글랜드 나이트들과 마찬가지로 토지 없는 전사들이었다는 사실에 기인하는 것임에 틀림없다. 격전장에서 군마를 몰고 말 위에 올라탄 채 무거운 무기를 다룰 수 있으려면 반드시 견습근무와 끊임없는 무술훈련을 받아야만 되는데, 말 타고 가는 일이야 전쟁터에 도착할 때까지만 하면 되었던 잉글랜드의 농민(보병전사—옮긴이)들이 무엇 때문에 이런 것을 필요하다고 여겨 일부러 훈련을 받았겠는가.

다른 나라에서는 주종(主從)간의 유대가 다소간 길게 지속됨에 따라 양자 사이의 대비가 생겨나고 있었지만, 이 대비로 말하더라도 잉글랜드에서는 그리 강력하게 나타날 만한 가능성이 거의 없었다. 왜냐하면——자명한 일이겠지만 순수하고 단순한 성격의 노예화는 제외하고

[*13] 즉 하인이라는 뜻이 아니라 기마전사라는 뜻.

서—종속의 관계들은 그 어떤 차원에서 이루어졌건 간에 아주 쉽게 파기해버릴 수 있는 성질의 것으로 머물러 있었기 때문이다.

부하가 영주의 동의 없이 영주를 버리는 일이 법적으로 금지되고 있었던 것은 사실이다. 그러나 봉사에 대한 반대급부로 주어졌던 재산이 반납되고, 과거에 부과되었으나 아직 수행하지 못한 채 남아 있는 의무가 없는 한, 영주는 이 허가를 내려주지 않을 수 없었다. '주인 찾기'는 끝없이 되풀이될 수 있는 일이었고 자유인이 가진 시효 없는 특권인 양 여겨지고 있었다. "그(부하)에게 합당한 권리가 있게 된 순간부터 어떠한 영주도 이를 가로막을 수 없다"고 애설스탠은 말하고 있다. 물론 개별적인 협약의 효력, 지방적인 또는 가족적인 관습의 효력 그리고 마지막으로 폭력행사의 효력 등이 때로는 법률상의 규정보다도 더욱 강력하기는 하였다. 종속관계가 실제로 종신(終身)의 결속관계 또는 심지어는 세습적인 결속관계로 바뀌고 있던 경우도 하나둘이 아니었다.

그렇지만 때때로 아주 낮은 신분 출신의 사람들까지 포함하여 많은 종속자들이 『둠즈데이 북』(*Domesday Book*)[*14]에서 이야기되고 있는 대로 "다른 주인에게 옮겨갈 수 있는" 권리를 지니고 있었다. 더욱이 이곳 잉글랜드에서는 토지적 관계들이 엄격하게 분류되어 이것이 인적(人的)인 여러 관계의 체계에서 골격으로 작용하는 일도 전혀 일어나지 않았다. 물론 영주가 자신의 충성서약자들에게 지급한 토지 중에는 가신제 초기 시대의 대륙에서처럼 완전한 소유권이 수반되면서 주어진 것도 많았지만, 또 그 반대로 다른 토지들은 오직 충성이 지속되고 있는 동안에 한해서만 보유할 수 있게끔 되어 있기도 하였다. 그리고 이러한 일시적 양여는 흔히 독일에서처럼 대여토지(laen)—라틴어로는

[*14] 윌리엄 정복왕의 명령에 따라 잉글랜드 전역에 실시한 토지조사 결과를 집성한 토지대장으로, 국왕 쪽에서 토지재산에 바탕을 둔 귀족세력을 제압하면서 왕권을 강화시켜 이른바 집권적 봉건제라는 잉글랜드의 독특한 봉건제도를 실시해나아갈 바탕을 이 문서가 마련해주게 되었다.

프레스티툼(praestitum)—라는 명칭으로 불리고 있었다.

그러나 보유자가 죽을 때마다 양여자에게 반드시 반환되어야만 하는 '급여로서의 토지'라는 개념은 결코 명료하게 안출(案出)되지 못한 것으로 보인다. 11세기 초 무렵에 우스터의 주교는 복종의 의무, 공조의 납부와 전사로서의 복무 등을 동시에 조건으로 부과하면서 이러한 종류의 토지 분배를 실시했는데, 이를 위해 그는 교회가 예부터 즐겨 이용해온 방식, 곧 3세대에 걸친 임대차라는 방식을 채택하였다.

인적 유대와 토지적 유대라는 두 가지 유대가 서로 일치하지 않는 경우도 발생하였다. 에드워드 참회성인왕 치세에 어떤 사람은 한 교회영주에게서 마찬가지로 3대에 걸쳐 임대되는 토지를 지급받았는데, 그러면서 그는 동시에 "이 기간 동안에 토지를 지닌 채 자기가 원하는 영주에게로 갈 수 있는", 다시 말해 토지의 양여자와는 다른 어떤 주인에게 자신의 몸과 토지를 기탁할 수 있는 권리 또한 부여받았다. 이것은 같은 시기의 프랑스에서는—적어도 상층계급 사이에서는—아예 생각조차 할 수 없었던 그러한 이중성이다.

더욱이 앵글로색슨 시대의 잉글랜드에서는 보호관계에 바탕을 두고 이루어지는 사회적 결속의 역할이 아무리 중요해졌다고 하더라도, 이 보호관계가 다른 모든 유대관계를 질식시켜버린다든가 하는 일은 결코 일어나지 않았다. 영주는 자신의 복속인들에 대해 공적으로 책임을 지고 있었다. 그러나 주인과 종속자 사이의 이같은 연대 외에도, 혈족과 이웃집단이라는 오래된 집단적 연대관계가 아주 활기 넘치게 그리고 법적으로 면밀하게 조직화되어 아울러 존속하고 있었다. 이와 마찬가지로 인민의 구성원 전체가 지는 군사적 의무도 각자의 부에 비례해서 많고 적음의 차이는 있었으되 어쨌건 여전히 살아남아 있었다. 그리하여 여기에서 하나의 혼효가 빚어지게 되었는데, 이는 무수히 많은 것에 시사를 던져준다.

두 유형의 전사들이 완전무장을 하여 국왕에게 봉사하고 있었다. 하나는 프랑크족의 가신과 거의 똑같은 존재인 국왕의 세인이었고, 다른 하나는 어느 정도의 재산이 있는 보통의 자유인이었다. 당연한 일이겠지만, 이 두 범주는 부분적으로는 서로 겹치고 있었다. 세인은 대체로 빈민은 아니었으니까 말이다. 따라서 10세기 무렵에는 국왕에 대한 특별한 탁신관계에 들어서 있지는 않다 할지라도 충분하게 넓은 면적의 토지를 가진 국왕의 자유신민이면 모두가 세인이라고—국왕의 세인이라는 뜻으로—불리고, 세인 신분에 속하는 특권들을 부여받은 사람이라고 여겨지는 관습이 생겨났다. 심지어는 이익을 올리면서 상당한 정도의 해외통상에 종사한 국왕의 자유신민들까지도 모두 그렇게 불리고 또 그렇게 여겨지고 있었다. 이리하여 똑같은 낱말이 어떤 때에는 인격적 종속행위에 의해 형성된 지위를 가리키는 데 쓰이는가 하면 또 어떤 때에는 동일한 경제적 계급에 속함을 가리키는 데 쓰이게 되었다.

이러한 모호함은 (그 당시 사람들의 마음은 모순율에 대해서 놀라울 정도로 무감각했다는 사실을 감안하더라도) 사람과 사람 사이의 유대가 다른 어떤 것과도 비교가 안 될 만큼 강력한 힘을 가진 것으로 여겨지지는 않았다는 바로 그 사실이 아니었더라면 거의 용납될 수 없는 것이었다. 앵글로색슨 문명의 와해는 낡은 사회의 조직이 어찌되었건 부서져버린 상태에 처하였으면서도 이것에 대신하여 명확하게 규정되고 철저하게 계층화한 종속관계의 골격을 확립하는 일에는 성공하지 못했던 한 사회의 와해였다고 해석하더라도 아마 전적으로 틀린 이야기는 아닐 것이다.

봉건제도를 연구하는 역사가라면 진정으로 특수한 비교의 장을 이베리아 반도에서 찾으려 할 수도 있겠는데, 그럴 때에 에스파냐의 북동부쪽으로 눈길을 돌려서는 안 된다. 카탈루냐는 카롤링거 제국의 외딴 변경백령에 불과했으면서도 프랑크식 제도들의 영향을 깊게 받고 있었다. 그 이웃의 아라곤*15에서도 그 영향이 좀더 간접적이기는 했으나

---

*15 8세기 이래 이슬람 세력의 지배 아래 있다가, 1035년 그리스도 교도들의 왕
　　국이 됨으로써 그뒤 재정복의 한 거점이 된 지역.

마찬가지였다. 그 반대로 아스투리아스·레온(Asturias-Léon) 지역, 곧 아스투리아스, 레온, 카스티야, 갈리시아 그리고 좀더 후기의 포르투갈 등의 지역은 유례가 없을 만큼 독특한 사회구조를 보여주고 있다. 안타깝게도 이에 대한 탐구는 그리 깊이 이루어져 있지 않다. 여기에서는 우리가 알아볼 수 있는 것들을 몇 마디로 간단하게 이야기하자.[8]

초기의 국왕들과 귀족층에 의해 전해진 서고트 사회의 유산, 그리고 그 당시 서유럽 사회 전역에 공통되게 퍼져 있던 생활조건 등은 다른 지역에서와 마찬가지로 이곳에서도 인격적 종속관계의 발전을 촉진하였다. 특히 수장들은 가내전사들을 거느리고 있었는데, 이들은 흔히 수장들의 크리아도스(criados), 곧 그들의 '피부양자'로 불리고 있었으며, 문헌자료에서는 때때로 '바살'과 동일하게 취급되고 있다.

그러나 이 바살이라는 말은 어디까지나 빌려온 말이었는데, 지극히 드물게이기는 하나마 이 말이 사용되고 있었다는 사실은 우리의 관심을 끈다. 그 이유는 주로 이베리아 세계의 이 구역, 곧 독자적인 성격이 그렇게도 강한 이 구역조차 역시 피레네 산맥 너머의 봉건제로부터의 영향을 점점 더 강력하게 받지 않을 수 없었던 것으로 여겨진다는 사실을 상기시켜준다는 점에 있다. 그렇게도 많은 프랑스 기사며 프랑스 성직자들이 끊임없이 피레네 산맥의 고갯길을 넘어 오고 갔는데 어찌 그렇게 되지 않을 수 있었겠는가.

이와 마찬가지로, 신종선서라는 말과 그 의식(儀式)도 때때로 눈에 띄고 있다. 그러나 이 지방에서 헌신의 의식에 따라다닌 고유의 몸짓은 피레네 산맥 너머의 그것과는 달랐다. 그것은 두 손에 입맞춤하는 것이었으며, 더구나 이에 수반되는 정형성도 훨씬 융통성이 있어서 단순한 예의상의 행위로서 자주 되풀이해도 괜찮게 되어 있었다. 비록 크리아도스라는 명칭이 무엇보다도 먼저 가내의 충성서약자를 상기시켜주는

---

8) 아스투리아스·레온 지방의 제도에 관해서는 사부아 지방의 고문서 학자 베르나르 씨의 호의로 유익한 시사를 받았다.

것으로 보이기는 해도, 그리고 『르 시드의 노래』에서는 주인공의 종자들을 여전히 '주인의 빵을 먹는 사람들'이라고 표현하고 있기는 해도, 음식물이며 선물을 분배하는 대신 토지를 지급하는 경향을 어디에서나 보여주고 있던 그러한 진전과정이 여기에서도 감지되지 않았던 것은 아니다. 하지만 이곳의 경우 그 진전과정은 무어인들의 영토에서 약탈을 감행한 후 국왕들이며 유력자들이 전리품으로 손에 넣게 된 유례없이 막대한 재산 때문에 지체되었다.

어쨌든 봉사의무가 부과되며, 의무를 이행하지 못하는 경우에는 영주 쪽에서 몰수할 수 있는 보유지라는 상당히 명확한 개념이 나타났다. 외국어의 어휘에서 생각을 북돋움받고 또 때로는 프랑스에서 온 성직자들에 의해 편찬되기도 했던 그런 몇몇 문서에서는 이같은 토지를 '봉토'라고 (그 말의 라틴어형으로) 칭하고 있다. 일상어 쪽에서는 이것과 전혀 무관하게 고유한 용어인 프레스타모(prestamo)가 만들어졌다. 이것은 글자 그대로—신통하게도 독일어나 앵글로색슨어의 렌(lehn, laen)과 의미가 비슷하다— '대여'를 뜻하였다.

그러나 이 지역의 경우 그러한 관행들은 프랑스에서처럼 강력하고 침투력이 강하며 잘 정비된 가신적·봉건적 종속관계의 그물을 성립시키는 데에까지는 결코 이르지 못하였다. 그것은 재정복과 재식민(再植民)이라는 두 가지 중대한 사실로 인해 아스투리아스·레온 사회의 역사가 독특한 기본성격을 띠게 되었기 때문이다.

무어인들에게서 되찾은 광대한 지역에 농민들이 식민자로 정주했는데, 이들 정착민 대부분은 적어도 영주에 대한 아주 강제적인 형태의 종속관계에서는 벗어나 있었다. 그런 한편 그들은 일종의 국경수비 민병대의 전사로서의 자격을 필수적으로 지니고 있었다. 그 결과, 공조를 납부하고 부역의무를 수행해야 되는 토지 보유농의 노동에서 수입을 끌어내어 얻을 수 있는 가신의 수가 이곳에서는 프랑스보다 훨씬 더 적었으며, 또 특히 이곳에서는 무장한 충성서약자들이 전형적인 전사들이었다고는 해도 그들만이 전사였던 것은 아니고 그들만이 말을 탈 수 있었던 것도 아니었다. 크리아도스 신분의 기사들말고도 자유농민들 가운데 가장 부유한 사람들로 이루어진 '농민기사층'도 존재하고 있었다.

그런 한편, 전쟁의 우두머리인 국왕의 권력은 피레네 산맥 북쪽의 왕권보다 훨씬 더 강력하였다. 그런데다가 이곳 여러 왕국들의 면적은 프랑스보다 훨씬 더 작았기 때문에 그만큼 이 나라의 통치자들은 자기의 신민 대중과 직접 결부되기가 훨씬 더 수월하였다. 따라서 가신의 신종선서와 관직자의 복종은, 그리고 관직과 봉토는 전혀 혼동되지 않았다. 마찬가지로 최하급 기사에서 국왕에 이르기까지—자유토지가 중간에 끼여드는 경우를 제외하고는—한 단계씩 차례로 올라가는 신종선서의 규칙적인 사다리도 전혀 존재하지 않았다.

봉사의 대가로 때때로 토지를 지급받는 충성서약자들의 무리가 여기저기에 존재하고는 있었다. 하지만 그들은 서로간에 완전히 결속되지는 못하고 있었기 때문에 사회와 국가의 거의 유일한 골격을 이루는 것과는 거리가 멀었다. 따라서 어떠한 사회일지라도 완전히 봉건화한 체제를 이루기 위해서는 다음의 두 가지 요소가 반드시 갖추어져 있어야만 했던 것으로 보인다. 즉 가신인 기사가 거의 완전한 직업적 독점권을 가질 것, 그리고 공권력 행사의 다른 여러 수단들이 가신적 결속관계 앞에서 다소간 자발적으로 소멸되어버릴 것 등이 바로 그것이다.

5. 이식된 봉건제

노르망디 공들의 잉글랜드 정주와 함께 우리는 법제도의 이동이라는 주목할 만한 현상에 접하게 된다. 이는 정복지에 프랑스의 봉건적 제도들이 옮겨지게 된 것을 말한다. 이러한 현상은 11세기라는 한 세기 동안 세 번 되풀이해서 일어났다. 첫째는 1066년 이후 영불 해협 저편 잉글랜드에서 일어났다. 또한 이탈리아 남부에서도 일어났다. 이곳에서는 1030년 무렵 이후로 역시 노르망디에서 온 모험가들이 이리저리 금을 그어 스스로 영역제후령들을 세우기 시작하였으며, 11세기 말에는 이같은 영역제후령들이 통합되면서 마침내 이른바 시칠리아 왕국을 형성하게 되었다. 마지막이 시리아의 경우인데, 1099년에 십자군이 세운 나라들에서 그러한 이식(移植)현상이 일어났다.

잉글랜드 땅에서는 피정복민들 사이에 이미 가신제적인 것과 흡사한 관습들이 존재하고 있었기 때문에 외래 제도가 쉽게 수용되었다. 라틴 시리아[*16]에서는 백지상태에서 일이 이루어졌다. 남부 이탈리아로 말하자면 노르만인들이 오기 전에는 세 개의 지배권으로 나뉘어 있었다. 베네벤토(Benevento), 카푸아(Capua) 그리고 살레르노(Salerno) 등 롬바르디아의 영역제후령들에서는 인격적 종속관계의 관행이 아주 널리 보급되어 있었으나, 이것이 명확하게 계층화된 체계로 다듬어지지는 못하였다. 비잔티움 제국의 여러 지방에서는 지주와 전사들로 이루어진, 그리고 때때로 상인들까지 포함하는 과두세력이 신분 낮은 대중을 다스리고 있었는데, 때로는 일종의 보호제에 의하여 이들을 자기들에게 붙들어매두고 있었다. 마지막으로 아랍인 에미르들이 지배하고 있던 지역에서는 가신제와 닮은 제도라고는 전혀 발견해낼 수 없었다. 그러나 이러한 대조가 아무리 심했다고 하더라도 이들 지역의 계급제도의 성격 덕택에 봉건적·가신제적 관계들의 이식은 어디에서고 손쉽게 이루어졌다. 이들 지역의 지배층은 본질적으로 침략자들로 이루어졌으되 잉글랜드와 특히 이탈리아에서는 여기에다 토착 귀족층에서 유래하는 약간의 인적 요소가 덧붙어 구성되었는데, 그들의 무리가 농촌 평민들 위에, 그리고 때로는 부르주아지 위에—이 두 부류는 모두 조상전래의 형태를 그대로 지니고 있었다—군림하면서 제각기 식민지적 사회를 형성하고 있었으며, 이들 사회는 그 지배자들과 마찬가지로 외래의 관습에 의해 움직여지고 있었다.

이들 이식된 봉건제는 순전히 자연발생적으로 발달이 이루어진 지방의 봉건제보다 훨씬 더 체계화되었다는 점을 공통의 특징으로 하고 있

---

*16 즉 십자군 지배하의 시리아.

었다. 사실 노르망디인들에 의한 정복이 전쟁과 아울러 협정이라는 수단에 의해 조금씩 이루어졌던 남부 이탈리아에서는 기존의 상류계급 자체도 또 이들 계급의 전통도 완전히 사라지지는 않고 있었으며 자유 토지가 끊임없이 존속하고 있었다. 그리고 그 가운데 다수가 도시의 구(舊)귀족들 수중에 쥐어져 있었다는 점이 두드러진 특징이었다.

반면에 시리아와 잉글랜드에서는——우선 용어상의 몇 가지 변동을 무시한다면——자유토지제가 용납되지 않았다. 모든 토지는 영주에게서 받은 보유지이며, 한 군데도 끊어지지 않은 각각의 사슬이 하나씩 차례로 고리를 이어가면서 국왕에게까지 연결되는 식이었다. 따라서 모든 가신은 단지 신민으로서뿐 아니라 사람에서 사람으로 이어지며 올라가는 유대로 말미암아서도 국왕에게 결부되어 있었다. 영주에 의한 '강제'라는 카롤링거 시대의 옛 원칙은 이렇게 하여 옛 프랑크 제국과는 인연도 없는 이들 지방에서 거의 이상적일 만큼 완벽하게 적용되었다.

원래의 출신지인 노르망디 공국의 강력한 행정적 관습을 정복지에 도입한 강력한 왕권이 통치하고 있던 잉글랜드에서는 이렇게 해서 도입된 제도가 다른 어떤 곳에서보다도 훨씬 더 완벽하게 정비된 골격을 형성하였을 뿐만 아니라, 위에서 밑으로 번지는 일종의 감염효과에 의해 사회의 거의 모든 부분에 점점 스며들었다. 주지하다시피 노르망디에서는 봉토라는 낱말이 의미상의 심각한 변화를 겪어 모든 보유지를 다 가리키는 지경에까지 이르렀다. 이러한 의미전환은 아마도 1066년 이전부터 시작된 듯하지만, 이때만 하더라도 그 전환이 아직 완전하지는 않았다. 왜냐하면 이같은 의미전환이 설령 영불 해협의 양쪽 기슭인 노르망디 공국과 잉글랜드에서 나란히 이루어졌다고 하더라도 그것이 정확하게 똑같은 방향으로 이루어진 것은 아니었기 때문이다.

12세기 후반에 잉글랜드의 법은 보유지의 두 커다란 범주를 아주 명확하게 구별하게 되었다. 분명 농민적 소규모 경영지의 대부분을 포함하고 있던 한 범주의 보유지는 보유기간이 확정되어 있지 않은 동시에 불명예스러운 봉사의무를 부과받는 것으로 여겨졌기 때문에 부자유(不

自由) 보유지라고 일컬어졌다. 다른 한 범주는 국왕의 법정으로부터 점유권을 보호받는 것이었기 때문에 자유로운 토지를 형성하였다. 봉토(fee)라는 명칭은 이 두번째 범주의 보유지들을 한데 뭉뚱그려 가리키게 되었다. 기사의 봉토가 농민 또는 부르주아지의 지조부과토지와 나란히 이 범주에 포함되고 있었다.

그런데 이 동화(同化)를 순전히 언어상의 것에 불과하다고 생각하지는 말기로 하자. 이제 곧 살펴보게 되듯이 11세기와 12세기의 전유럽에서 군무가 따르는 봉토는 실제상 세습적인 토지재산으로 전환되었다. 더욱이 여러 지방에서 이같은 봉토는 분할할 수 없는 것으로 여겨졌기 때문에 오로지 장남에서 장남으로만 전해졌다. 잉글랜드에서는 특히 그러하였다. 그뿐 아니라 이곳에서는 장자상속제가 사회의 여러 계층 사이에 점점 널리 퍼져갔다. 장자상속제는 봉토라고 불리는 모든 토지에 적용되었으며, 때로는 그보다 등급이 더 낮은 토지에까지도 적용되었다. 이 '장남의 특권'은 잉글랜드의 사회적 풍습 중에서 가장 독특한 것이자 가장 중대한 결과를 가져온 특성 가운데 하나가 되기에 이르렀는데, 여기에서 보듯 이 특권은 그 본질을 따져볼 때, 봉토가 일종의 격상을 이루어 전형적인 자유인의 부동산권(不動産權)이라는 지위를 가지게 되었다는 사실을 표현하는 것이었다.

어떤 의미에서 잉글랜드는 봉건사회의 사다리에서 독일과 정반대되는 곳에 위치하고 있다. 또한 잉글랜드의 경우는 프랑스에서처럼 봉토를 수여받은 사람들의 관습을 별개의 법률들로 확립시키는 데에만 그치지도 않았다. 잉글랜드에서는 '국가공법'(Landrecht) 가운데 정말로 상당한 부분이—토지에 관계되는 권리들에 관한 항목은—바로 '봉건법'(Lehnrecht)이었던 것이다.

제4장

봉토가 가신의 세습재산이 되기까지

1. 세습의 문제 : '명예봉'과 단순한 봉토

몽테스키외는 봉토 세습의 확립을 카롤링거 왕조 시대의 '정치적 통치'(gouvernement politique)에 대립되는 '봉건적 통치'(gouvernement féodal)의 구성요소들 가운데 하나로 손꼽았다. 이렇게 말한 데에는 이유가 없지 않다. 하지만 엄밀히 말해 봉토의 세습이라는 표현이 정확하지 않은 것임은 염두에 두어야 하겠다. 봉토의 전(前)보유자가 죽었다고 해서 그 보유가 자동적으로 이전되는 일은 결코 없었기 때문이다.

그러나 엄밀히 규정된 유효한 동기가 따로 있지 않은 경우에는 영주는 그 봉토의 당연한 상속자에게 봉토의 재수여(再授與, réinvestiture)를 거부할 권한을 잃어버리고 말았다. 물론 이 경우에도 이 상속자한테서 먼저 새로운 신종선서를 받아낸다는 것이 전제가 되기는 했지만 말이다. 이러한 의미의 세습제의 승리는 시대에 뒤떨어진 법에 대해 사회적 세력들이 거둔 승리였다. 그렇게 된 이유들을 이해하려면—우선 가장 단순한 경우, 곧 봉토를 보유한 가신이 오로지 한 사람의 아들만을 남긴 경우에만 국한해서 이야기하기로 하자—그 두 당사자의 태도를 구체적으로 머릿속에 그려보고자 하는 것이 중요하다.

토지의 양여가 전혀 이루어지지 않은 경우에조차 충성관계는 단순히

(서약 당사자인—옮긴이) 두 개인만을 결합시킨다기보다도 오히려, 한 쪽이 명령권을 행사하고 다른 한쪽이 복종하기로 서약되어 있다는 식으로 그들의 두 가계(家系)를 결합시키는 경향이 있었다. 혈연적 유대가 그토록 강력하던 한 사회에서 어찌 그렇게 되지 않을 수 있었겠는가. 중세 전(全)시기를 통해서 '당연한' 영주, 즉 태어나면서부터 섬기게 되는 영주를 뜻하는 이 말에는 커다란 감정적 가치가 부여되었다.

그런 중에도 특히 '봉토 지급' 관행이 출현하자마자 바로 이 순간부터 아들이 아버지의 충성관계를 이어받고자 하는 관심은 거의 억누를 수 없는 것이 되었다. 신종선서를 바치기를 거부한다거나 또는 신종선서가 받아들여지지 않게 된다는 것은 봉토와 더불어 부친의 세습재산 가운데 상당부분, 심지어는 세습재산 전부를 한꺼번에 잃어버리는 것을 의미하였다. 더욱이 그 봉토가 '재취득한' 것, 즉 실제로는 그 가문의 옛 자유토지였던 경우에는 그 상실은 더 쓰라리게 여겨졌을 것임에 틀림없다. 토지로 보수를 지급하는 관행은 결속관계를 토지에 고정시켜놓음으로써 숙명적으로 이 관계를 해당가족 내에 고착시키기에 이르렀다.

영주의 처지는 더욱 부자유스러웠다. 최고의 수장에게는 '맹세를 저버린' 가신을 징벌한다는 것, 부과된 의무가 이행되지 못했을 때 봉토를 빼앗아 더 나은 봉사자에게 줄 수 있다는 것은 커다란 의미를 가지고 있었다. 한마디로 말해 수장은 자기 이익을 지키기 위해서는 봉토를 취소할 수 있다는 원칙을 강력하게 주장하지 않을 수 없었다.

하지만 그 반면 영주는 세습제에 대해서도 반드시 적대적인 태도를 취하지는 못하였다. 왜냐하면 그는 무엇보다도 사람이 필요했기 때문이다. 이미 자기를 섬겼던 사람들의 자손 사이에서 가신을 충당하는 것보다 더 좋은 방법이 어디 있었을까. 영주가 부친의 봉토를 자식에게 넘겨주지 않게 되는 경우, 그 영주는 단지 새로운 충성관계의 형성을 약화시킨다는 위험에 부딪치는 것만으로 그치지 않았다는 점을 덧붙여두자. 더욱더 중대한 일로서, 그같은 영주는 바로 자기 자손들의 장래 운명에 당연히 마음을 쓰고 있는 다른 가신들에게 불만을 품게 할 위험까지 안고 있었다. 위그 카페(Hugues Capet)[*1] 치하에서 저술하였던 수도사 리셰의 말에 따르면, 자식을 빈털터리로 만드는 것은 곧 모든 '용감한 사람들'을 절망에 빠뜨리는 일이었다.

그러나 자기 세습재산의 일부를 일시적으로 내놓았던 이 주인(영주—옮긴이)이 거역할 수 없는 태도로 토지나 성(城)·명령권 등을 되찾고자 바라는 일 같은 것도 또한 있을 수 있는 노릇이었다. 또는 설령 이 주인이 새로운 사봉을 행하려고 마음먹고 있더라도 먼젓번 가신의 상속자가 아니라 그보다 더 확실하고 더 쓸모있다고 판단되는 다른 탁신자를 택할 수도 있는 일이었다. 마지막으로 한 가지 더 말하자면, 교회는 원칙적으로 양도 불가능한 재산의 옹호자이기도 했던 터라, 그렇지 않아도 대개의 경우 봉토의 수여에 마지못해 동의하곤 했을 뿐이었다. 그렇기 때문에 이같은 사봉에 결정적인 성격을 인정해주는 일은 특히 꺼려하고 있었다.

이러한 갖가지 경향들의 복합작용은 초기 카롤링거 왕조 치하에서 그 어느 때보다 더 뚜렷하게 나타났다. 이때부터 '은대지'는 빈번히 자손들에게 전해졌다. 예컨대 랭스 교회의 프레카리아이면서 동시에 샤를마뉴의 치세 때부터 샤를 대머리왕의 치세에 이르기까지 4대에 걸쳐 차례로 손으로 전해져온 국왕의 '은대지'이기도 하였던 폴랑브레(Folembray)[*2]의 토지가 그러하였다.[1)]

때로는 아직 살아 있는 충성서약자에게 베풀어지는 배려라는 것이 기이한 우회를 거쳐 세습제의 확립에 기여하는 경우도 있었다. 이것은 힝크마르 대주교의 말마따나 가신이 노령으로 또는 병으로 약해져서 자기 의무를 다하지 못하게 된 경우에는 어떻게 되는가라는 문제와 관

---

*1 938~996. 프랑스 왕으로서 카롤링거 왕조를 이은 카페 왕조의 창시자.

*2 프랑스 북쪽 피카르디 지방의 지명.

1) E. Lesne, *Histoire de la propriété ecclésiastique en France*, t. II, 2, pp.251~52.

련된 것이다. 만약 그 가신이 자기 대신 아들에게 봉사의 수행을 대신시킬 수 있다면 이때 영주는 그 아들에게서 봉토를 빼앗을 권리를 결코 가지지 못하였으리라.[2]

이는 봉토의 전(前)보유자가 살아 있을 때부터 상속인이 그 상속재산에 부과된 의무를 떠맡고 있었을 때는 이 상속인에게 미리 그 보유지의 상속을 인정해주던 것과 거의 같은 일이었다. 심지어는 이미 일찍부터, 고아가 너무 어리고 따라서 군무를 수행하기에 부적당하더라도 그 고아에게서 부친의 '은대지'를 빼앗는 것은 너무 가혹하다고 여겨지고 있었다. 그러한 종류의 한 예로서, 루트비히 경건왕이 어떤 어머니의 탄원에 마음이 움직였던 것을 볼 수 있다. 또 루 드 페리에르(Loup de Ferrière)*3가 어떤 고위 성직자의 인정 어린 마음씨에 호소한 것도 볼 수 있다.

그럼에도 불구하고 엄격한 법적 측면에서는 '은대지'가 순전히 당대에 한하는 것이라는 점을 의심하는 사람은 아직 아무도 없었다. 843년 아달라르라는 어떤 사람이 생 갈 수도원에 넓은 토지를 기증하였는데, 그때 이 토지의 일부는 이미 여러 명의 가신에게 분배되어 있는 상황이었다. 교회의 지배하에 들게 된 이들 가신은 자기네의 '은대지'를 죽을 때까지 지니게 된다. 이어서 그들의 아들들도 교회에 봉사할 것에 동의하기만 한다면 마찬가지 대우를 누리게 된다. 그뒤에는 수도원장이 이들 토지를 자기 마음대로 처분하게 될 것이다.[3] 모든 정황으로 보건대, 수도원장의 행동의 자유를 무한정하게 구속하는 것은 좋은 관례에 어긋난다고 여겨졌던 것 같다. 이에 더하여 아달라르는 아마도 후손이라 할지라도 자기가 생전에 직접 볼 수 있었던 아이들에 대해서만 관심

---

2) *Pro ecclesiae libertatum defensione*(Migne, *P. L.*, t. CXXV, col. 1050).

*3 805~862?. 페리에르의 수도원장이자 신학자.

3) *Mon. Germ.*, *EE*, t. V, p.290, n° 20 ; Loup de Ferrières, éd. Levillain, t. II, n° 122 ; Wartmann, *Urkundenbuch der Abtei Sanct-Gallen*, t. II, n° 386.

을 가지고 있었던 듯하다. 신종선서는 생겨난 지 아직 얼마 되지 않았던 까닭에 단지 엄밀히 개인적인 감정을 불러일으키는 데에 지나지 않았던 것이다.

진정한 세습제는 편리함과 형편에 적합함이라는 이 애초의 바탕에 입각하여, 카롤링거 제국의 해체와 더불어 비롯된 혼란스러우면서도 새로운 것들로 가득 찬 시기가 경과하는 동안 차츰 확립되었다. 어느 곳에서건 사태의 진전은 이러한 방향으로 이루어졌다. 그러나 성질이 각기 다른 모든 봉토에 대해서 문제가 동일한 조건으로 제기되고 있었던 것은 아니다. 나중에 봉건법 학자들이 '고관봉'(高官封, fief de dignité)이라고 부르게 되는 한 범주의 봉토는 별도로 다루어져야 한다. 이 고관봉이란 국왕이 위탁한 공적 직무에 의해 형성되는 봉토를 뜻한다.

앞에서 이미 살펴보았듯이 카롤링거 왕조 초기 시대부터 국왕은 자기가 국가의 주요한 관직과 특히 백령, 변경백령 또는 공작령이라는 대(大)영역 관할구를 맡긴 사람들을 가신제의 유대를 통해 자기 휘하에 붙들어매두고 있었다. 그러나 이들 직무는 '명예'라는 뜻의 옛 라틴어 명칭(honor)을 그대로 지니고 있기는 했지만 이 당시에는 '은대지'와는 신중히 구별되고 있었다. 실제로 이들 직무는 다른 무엇보다도 종신보유(終身保有)라는 성격이 전혀 없었으며, 바로 이 두드러진 특징으로 말미암아 은대지와는 차이를 드러내고 있었던 것이다.

이러한 관직의 보유자는 자기들한테 잘못이 없는 경우라 할지라도 언제고 해직될 수 있었으며, 심지어는 해직되어서 이익이 되는 경우조차 있었다. 왜냐하면 직위의 교체가 때로는 승진을 의미하였기 때문이다. 엘베 강 기슭의 어떤 소백작이 817년에 중요한 프리울 변경백령의 우두머리로 앉게 된 것도 이렇게 해서였다. 9세기 전반의 문헌사료들을 보면 통치자가 자기의 이러저러한 충성서약자들에게 베푼 은총을 열거할 때 '명예봉'과 '은대지'라는 두 항목을 반드시 따로따로 적어놓고 있다.

그런 한편, 이 당시에는 화폐급여가 완전히 결여되어 있었던 까닭에—경제적인 여건으로 말미암아 화폐급여가 불가능했던 것이다—직무는 그 자체가 바로 보수였다. 백작은 자기 관내에서 벌금의 3분의 1을 받고 있었거니와 혜택은 그것만이 아니었다. 그에게는 다른 무엇보다도 왕령지 가운데 자기 생계를 위해 특별히 할당된 얼마간의 토지에 대한 용익권도 주어져 있었다. 진정한 부(富)란 곧 영주 반열에 들어 있는 것을 의미하던 이 시대에는 주민들에게 행사되는 권한들조차—이들이 그러한 권한들을 이용하여 그토록 빈번히 기회를 틈타 취하곤 하던 비합법적인 이익을 제외하고라도—그 자체로서 진정한 이익이라고 여겨지지 않을 수 없었을 것이다.

그런 까닭에 백령의 수여는 여러 가지 의미에서 가신에게 보수로서 주어질 수 있는 것들 가운데 최상의 것에 속하는 하나의 시혜였다. 이에 더하여 관직을 얻은 사람은 바로 그 사실 덕택에 동시에 재판관이자 전쟁수장(戰爭首長)이기도 하였다. 그렇기는 하지만 이들이 요컨대 이런 점 때문에—양자 사이에 등급의 차이가 있었다는 점을 제외한다면—다수의 단순한 '은대지' 보유자들과 구별되는 것은 결코 아니었다. 왜냐하면 이들 단순한 은대지도 대부분의 경우 영주권의 행사를 수반하고 있었기 때문이다.

남은 것은 취소 가능성이라는 요인이었다. 명예봉의 취소 가능성은 중앙권력을 옹호하는 수단이었으나 루트비히 경건왕 시대부터 왕권이 약화되어감에 따라 이 원칙은 점점 더 적용하기 어려워졌다. 왜냐하면 백작들은 메로빙거 왕조의 쇠퇴기에 귀족들이 가지고 있던 관습을 되살려 토지에 굳건히 뿌리내린 지역적 호족으로 전환되고자 애썼으며, 이러한 노력에서 점점 더 큰 성공을 거두게 되었기 때문이다. 867년에 샤를 대머리왕이 모반한 어떤 관직자에게서 부르주 백령을 빼앗고자 했으나 실패한 일이 있지 않은가. 그후로는 이의의 여지가 없을 만큼 비슷한 과정에 따라 명예봉과 은대지가 동화해가는 것을 가로막는 것은 아무것도 없었다.

카롤링거 제국의 전성기에 이미 국왕의 가신들은 제국에서의 그들의 역할로 말미암아 본래적 의미의 관리에 아주 근접해 있었기 때문에 그들의 은대지는 모두 흔히 '명예봉'으로 취급되기 시작하였다. 이 명예봉이라는 낱말은 결국 봉토의 단순한 동의어가 되고 말았다. 단, 적어도 몇몇 나라──이를테면 노르만 왕조 치하의 잉글랜드와 같은 경우──에서는 이 말을 중요한 지배권이 부여된 가장 규모가 큰 봉토들에만 적용하는 경향이 있기는 했지만 말이다. 이것과 나란히 관직에 대한 보수로서 할당된 토지도, 그리고 이어서, 그보다 훨씬 더 심한 의미변화를 통해 관직 자체마저도 '은대지' 또는 봉이라고 불리게 되었다. 카롤링거 왕조가 취한 정책의 전통이 유례없이 생생하게 살아남아 있던 독일에서, 주교이자 연대기 작가였던 티트마르(Thietmar)는 이 두 가지 용법 가운데 원래의 용법에 충실하여, 1015년 무렵에도 여전히 메르세부르크 백령을 이 백령에 결부된 '은대지'와 아주 뚜렷하게 구분하고 있다.

그러나 일상어에서는 이미 오래 전부터 이같은 미묘한 차이 때문에 성가심을 당할 필요가 전혀 없었다. 일상어로 '은대지' 또는 '봉'이라 불리고 있던 것은 실제로는 권력과 부의 불가분의 원천인 관직 일체를 통틀어 의미하는 것이었음에 틀림없다. 일찍이 881년에 작성된 풀다(Fulda)*4의 연대기에는 샤를 뚱보왕에 관한 대목에서, 이 국왕이 그해에 친족인 위그(Hugues)에게 "충성을 다할 수 있게 하기 위해 여러 백령을 은대지로서" 주었다고 기록되어 있다.

그런데 교회의 저작자들이 즐겨 지방의 새로운 '총독'(satrape)*5이라고 부르고 있던 사람들은 그들이 장차 자기네 이익을 위해 이용하려 하던 권한들의 본질적인 기반을 국왕의 위임(委任)에서 이끌어내고자 하

---

*4 독일 중서부 헤센 지방의 도시. 유명한 수도원이 있다.

*5 사트라프는 페르시아 제국 속주의 태수를 말하는데, 페르시아 왕에게 충성의 의무를 졌으나 실질적으로는 독립적인 지배자였다.

였으나 그것만으로는 소용이 없었다. 어떤 지역을 확고하게 장악하려면 그 이상의 것이 필요하였다. 즉 여기저기에서 새로운 토지를 획득해야만 했고, 교통의 요지에 성채를 쌓아야 했으며, 스스로 주요한 교회의 이해 당사자적인 보호자 노릇을 해야만 되었고, 무엇보다도 현지에서 충성서약자들을 자기 휘하에 모아들여야 했다. 이 장기적인 작업은 같은 땅 위에서 이어지고 이어지는 몇 세대에 걸친 끈기 있는 노력을 요구하게 마련이었다.

한마디로 말해 봉토의 세습을 향한 노력은 영역적 권력(puissance territoriale)상의 여러 가지 필요에서 자연적으로 생겨났던 것이다. 따라서 이 노력을 단순히 명예봉이 봉토에 동화된 결과라고만 여기는 것은 커다란 잘못이 될 것이다. 광대한 관할구를 가지고 있을 뿐 아니라 그 관할구가 결코 보유지라고 여겨지지 않았던 앵글로색슨족의 얼(earl)도, 가신으로 존재한 적은 한번도 없었던 롬바르디아 영역제후령들의 '가스탈디'(gastaldi)들도 프랑크의 백작들과 마찬가지로 이러한 노력을 기울이지 않으면 안 되었다.

그러나 프랑크 제국에서 생겨난 여러 나라의 경우, 공작령·변경백령·백령 등은 일찍부터 봉건적 양여물에 속하는 것들이었기 때문에 이같은 토지가 가족재산으로 탈바꿈하는 역사는 일반적으로 봉토가 세습재산으로 전환되는 역사와 떼려야 뗄 수 없을 만큼 밀접히 얽혀 있다. 그러면서도 또 한편, '명예봉'이 세습재산으로 바뀌는 것은 변함없이 특수한 경우라는 모습을 띠고 있었다. 세습제 진전의 리듬으로 보아 봉토의 경우와 고관봉의 경우가 어디에서나 서로 달랐던 것은 물론이지만 차이는 단지 그것만이 아니었다. 한 나라에서 다른 나라로 눈길을 옮겨보면, 또 다른 의미에서의 대조가 눈에 띤다.

2. 세습제의 진전 : 프랑스의 경우

서프랑크 왕국과 부르고뉴 지방에서는 왕권이 일찍감치 약화된 결과, 공직에 의해 구성되는 '은대지'는 세습제에 성공적으로 도달한 최초의 것들 가운데 하나가 되었다. 이 점에 관해서는 877년에 유명한 키에르지(Quierzy) 어전회의(placitum)에서 샤를 대머리왕이 내린 규정보다 더 시사적인 것도 없다.

당시 이 왕은 (원정을 위해―옮긴이) 이탈리아로 출발하기 직전이어서 자기가 없는 동안의 왕국의 통치를 정연하게 조정해두는 일에 온 마음을 기울이고 있었다. 이 기간 동안 만일 백작 한 사람이라도 죽게 되면 어떻게 할 것인가. 그럴 때에는 무엇보다도 먼저 통치자에게 알려야 한다. 사실 통치자는 일체의 결정적인 임명권을 지니고 있다. 섭정(攝政)의 임무를 위임받은 그의 아들 루이[6]에게는 단지 임시행정관을 지명할 수 있는 권한밖에 주어지지 않았다.

이와 같은 일반적 형태를 취하고 있는 이 규정은 프랑크 시대의 칙령집 가운데 다른 부분을 통해서도 그토록 숱하게 증명되고 있는 독점욕 강한 권위의 정신에 부합되는 것이었다. 하지만 이 규정이 또한―적어도 권력자의 질투심이라는 요인에 못지 않을 요인으로서―가문의 야망에 불타고 있는 유력자들을 잘 다루고자 하는 배려에서 촉발된 것이기도 하다는 점은 두 가지 특별한 경우를 명백한 대상으로 하여 이루어진 언급을 통해서도 증명된다.

첫째, 백작이 아들 하나를 남기고 죽었는데 그 아들이 알프스 산 너머 원정군에 참여해 있는 경우가 발생할 수 있다. 샤를 대머리왕은 이러한 가정적(假定的) 사태에 관해 섭정에게 스스로 후임자를 내세울 수 있는 권한을 인정해주지 않음으로써, 무엇보다도 자기의 전쟁종사들을 안심시키려는 생각을 가지고 있었다. 국왕의 전쟁종사들이 이미 오랫동안 마음속에 품어오고 있던 상속권 획득의 열망을 그들이 국왕에게 충성을 다한다는 이유로 빼앗아버릴 필요가 있었겠는가. 둘째, (백작이 죽었을 때―옮긴이) 프랑스에 남아 있는 아들이 '너무 어린' 경우도 생

---

*6 뒷날의 루이 말더듬이왕.

길 수 있다. 그럴 때는 최고위의 결정이 내려질 때까지 부친의 관리들이 이 아들 이름으로 백령을 관리하게 되어 있었다. 이 칙령에는 그 이상은 규정되어 있지 않다. 분명 세습적 재산 이전(移轉) 원칙을 법조문으로는 일일이 기술하지 않는 편이 낫다고 여겨졌던 것이다.

반면에 이 카롤링거 제국 황제가 그 회의에서 상서(尚書)를 시켜 읽게 한 선언에는 이러한 표현상의 억제가 엿보이지 않는다. 여기에서 샤를 대머리왕은 부친의 명예봉을 아들에게—그 아들이 이탈리아 원정에 참가하고 있는 군인이든 연소자이든 간에—물려준다는 것을 명명백백히 약속하였다. 확실히 이는 황제의 관후함을 과시하려는 정책의 필요에서 취해진 일시적인 조치이다. 그것은 장래의 일을 명시적으로 구속하고 있지 않았다. 그렇다고 해서 이 규정이 과거의 관행과 완전히 동떨어진 것은 또 아니었다. 이 규정은 주어진 일정한 시기 동안 관습상의 특권을 공적으로 인정해주고 있었던 것이다.

다시, 세습제로의 이행을 있었던 그대로 파악하기 위해서는 주요한 백령의 계보를 가능한 대로 한 걸음씩 나아가면서 더듬어보는 것만으로도 충분하다. 여기서 프랑스 왕국 세번째 왕조[7]의 조상들을 예로 들어보자. 아직 864년에만 하더라도 샤를 대머리왕은 로베르 강건백(强健伯, Robert le Fort)[8]을 다른 고장에 임명하고자 했을 때 그가 지니고 있던 네우스트리아의 명예봉을 거두어들일 권한을 가지고 있었다. 그런데 이 봉토 회수도 오래 계속되지는 않았다. 866년 로베르가 브리사르트(Brissarthe)[9]에서 쓰러졌을 당시 그는 센 강과 루아르 강 사이의 자기 관할구를 다시 장악하고 있었다.

하지만 그는 두 아들을 남겼음에도 불구하고—이 아들들이 아주 어

---

[7] 카페 왕조를 말한다.
[8] ?~866. 카페 가문의 시조. 루아르 강과 센 강 사이의 네우스트리아 지역을 바이킹에게서 획득하였다.
[9] 프랑스 북서부 푸아르 강 하류의 고장 이름.

렸던 것은 사실이지만—그들은 아무도 부친의 여러 백령을 상속하지 못했으며 국왕은 자기 마음대로 이 땅을 다른 권세가에게 베풀어주었다. 장남인 외드(오도)는 앙주·투렌 지방, 그리고 모르긴 몰라도 블레주아 지방까지를 되찾기 위해서는 886년에 이 침입자가 죽을 때까지 기다릴 수밖에 없었다. 그뒤로는 이 영토들이 로베르 가의 가족 세습재산에서 떨어져나가는 일은 없어진다. 적어도 로베르 가가 바로 자기네 휘하의 관리들, 곧 그들 스스로 세습적인 호족(potentat)으로 탈바꿈하게 된 그 관리들에 의해 이들 지방에서 쫓겨나게 될 때까지는 말이다.

885년 무렵부터 시작되어 1137년에 후손이 끊어질 때까지 푸아티에에서 이어져 내려왔으며, 바로 동일한 로베르 가계에 속했던 한 백작 계보에는 단 한 번의 단절이 있었다. 이 단절은 아주 단기간(890년부터 902년까지)에 걸친 것이었으며, 당시에 이 가문의 한 아들이 미성년자인데다가 설상가상으로 사생아라는 의심까지 받은 데에서 생겼던 일이다. 이 로베르 백작의 폐위는 다시—이 또한 이중으로 특징적인 모습을 보여주고 있는 일인데—국왕에 의해 결정되었으며 이는 그의 명령에도 불구하고 궁극적으로, 옛 백작의 아들로서 그 역시 로베르 가의 세습적 권리를 주장할 자격이 있던 한 인물을 이롭게 해주는 결과를 빚었다.

몇 세기가 지난 뒤 카를 5세[*10] 같은 사람이나 심지어는 요제프(Joseph) 2세[*11] 같은 사람까지도 플랑드르를 점유하게 된 것은 오로지 862년에

---

*10 신성로마 제국의 황제로, 재위 1519~56. 에스파냐 왕도 겸하였으며, 재위 기간은 1516~56.

*11 계몽전제군주로 이름 높은 신성로마 제국의 황제. 재위 1765~90. 전국 교회에 대한 감독, 농민보호, 고율 보호관세정책을 통한 상공업 진흥 등 진보적인 개혁을 단행했으나, 이에 대한 국내의 불만과 외교정책의 실패로 그가 죽자 개혁은 와해되었다.

그토록 대담하게도 프랑크족 국왕의 딸을 강탈하였던 보두앵 무쇠백작 (Baudoin le Ferré)[*12]의 피가 혼인에 혼인을 거쳐 조금이나마 그들에게까지 전해졌기 때문이었다. 주지하다시피 이 모든 것이 같은 시기로 소급된다. 이의의 여지도 없이, 결정적인 단계는 9세기 후반 무렵에 자리하고 있었다.

하지만 보통의 봉토는 어떻게 되어 있었을까. 키에르지 어전회의에서의 규정은 분명히 백령뿐 아니라 국왕 가신들의 '은대지'—이것은 이것 나름대로 또한 '명예봉'이었다—에도 동시에 적용되고 있었다. 그러나 칙령과 선언은 거기에서만 그치지 않았다. 샤를 대머리왕은 자기가 자기 가신들을 위해 약속했던 여러 규칙의 이득이 이번에는 바로 그 가신들에 의해 가신의 가신에게도 미쳐야 한다고 요구하였다. 모든 정황에 비추어볼 때 이 조치도 또한 이탈리아 원정을 성공적으로 수행하려는 목적에서 취해질 수밖에 없었던 것이다. 몇 명의 유력한 수장들에게 그렇게 해주듯이, 군대의 주력부분을 이루는 가신의 가신들에게도 필요한 진정제(鎭靜劑)를 준다는 것은 그럴듯한 일이 아니었겠는가.

그러나 여기에서 우리는 그저 단순한 임시조치보다도 한결 더 심각한 무엇인가에 부딪치게 된다. 그토록 많은 개인이 탁신자이면서 동시에 주인이기도 했던 한 사회에서는, 그러한 사람들 가운데 하나가 가신으로서는 어떤 이익을 인정받았으면서도 영주로서는 유사한 형태의 종속관계에 의해 자기 개인에게 결부되어 있는 사람들에게 동일한 이익을 베풀어주기를 거부할 수 있다는 식의 이야기는 받아들여질 수 없었다. 카롤링거 왕조 국왕들의 옛 칙령집에서 잉글랜드적 '자유'의 고전적 기초인 대헌장(Magna Carta)에 이르기까지, 특권상의 이런 종류의 평등은 이렇게 하여 위에서 아래로 전해지면서 봉건적 관습법 중에서 가장 생산성 풍부한 원리 가운데 하나로 남게 되었다.

이 원리의 영향도 영향이려니와 이와 아울러 아버지가 수행한 봉사

---

*12 ?~897. 초대 플랑드르 백작.

에서 그 자손들을 위한 권리를 이끌어낸다는 일종의 가족적 재산 복귀권(復歸權)에 대한 아주 강력한 감정이 여론을 지배하고 있었다. 그런데 성문법도 조직적으로 짜여진 법학도 전제하지 않고 있던 문명에서 여론은 거의 법과 같은 의미를 지니고 있었다. 이러한 여론은 프랑스의 서사시에 충실히 반영되었다.

그렇다고 해서 시인들이 그려낸 그림이 아무런 수정도 없이 받아들여질 수 있다는 이야기는 아니다. 이 시인들은 전승에 기초를 두고 작품을 쓰고 있었는데, 자신들이 알고 있던 전승상의 역사적 골격이 그러한 것이었던 까닭에 그들은 문제를 거의 전적으로 왕국의 대(大)봉토에 관해서밖에 제기할 수 없었다. 더 나아가 그들은 카롤링거 왕조 초기의 황제들을 등장인물로 삼으면서 그들을 11세기나 12세기의 국왕들보다 훨씬 더 강력한 인물로, 따라서 당연한 상속인들을 희생시켜가면서까지 왕국의 명예봉을 자유로이 처분할 수 있을 만큼 강력한 인물로 그려내고 있는데, 여기에도 그럴 만한 이유가 없지는 않다. 그러나 이러한 것은 카페 왕조의 왕들에게는 아주 불가능한 일이 되어 있었다. 따라서 이 문제에 관한 시인들의 증언은 이미 까마득히 사라져버린 과거의 한 시대를 거의 정확하게 재구성한 것으로서의 가치밖에 없다.

반면에 시인들이 틀림없이 성질이 다른 모든 봉토들을 염두에 두면서 (국왕이 가신의 상속인에게 봉토를 거두어들이는―옮긴이) 이들 관행에 대해 내렸다고 할 수 있는 판단 그 자체는 분명 그들 시대의 것이다. 그들은 이러한 관행이 법에 정면으로 반대된다는 판단을 내리고 있지는 않다. 그러나 시인들은 이러한 관행을 윤리적으로 비난할 만한 것이라고 여기고 있다. 마치 하늘이 스스로 복수하는 것이기라도 한 양, 이러한 관행은 파멸을 불러일으킨다. 무훈시 『라울 드 캉브레』를 가득 채운 전대미문의 재난의 뿌리는 바로 이같은 종류의 이중의 강탈에 있지 않은가. 어떤 무훈시에 따르면 샤를마뉴가 자기 후계자에게 준 교훈들 가운데에는 "고아한테서 그의 봉토를 빼앗지 않도록 명심하라"[4]는 것이 들어 있었다고 하거니와, 좋은 주인이란 바로 이 격언을 마음에 새겨두고 있는 사람인 것이다.

그러나 좋은 주인이었던 사람, 또는 어쩔 수 없이 좋은 주인이 되었던 사람이 몇 명이나 있었을까. 봉토 세습제의 역사를 쓴다는 것은 곧 상속되었던 봉토와 상속되지 않았던 봉토의 통계표를 각각의 시대마다 작성하는 일일 것이다. 그러나 문헌사료의 현존상태를 볼 때 이는 도저히 실현될 수 없는 꿈이다.

확실히 각각의 특수한 경우에 적용되는 해결책은 오랫동안 힘의 균형에 달려 있었다. 교회는 세속권력보다 힘도 더 약했을 뿐 아니라 흔히 관리도 제대로 되지 않았기 때문에 일찍이 10세기 초부터 일반적으로 교회가신들의 압력에 굴복하였던 것으로 보인다. 그 반면에 세속의 대영역제후령에서는 11세기 중엽까지 아직 현저하게 유동적인 한 가지 관습이 눈에 띄고 있다.

우리는 풀크 네라 백작과 조프루아 마르텔 백작이 다스리던 시기(두 사람의 치세는 통산하여 987년에서 1060년까지이다)에 앙주 가문이 보유하고 있던 한 봉토──생 사튀르냉(Saint-Saturnin)[*13]의 봉토──의 역사를 더듬어볼 수 있다.[5] 백작은 가신이 충성스럽지 못하다는 징조가 처음으로 보였을 때에는 고사하고 심지어는 가신이 이웃지방으로 떠나는 바람에 봉사가 제대로 수행되지 못할 위험이 있었을 때조차 가신에게서 봉토를 거두어들이지 않았다. 그렇다고 해서 백작이 스스로 조금이라도 봉토에 대한 (가신─옮긴이) 가족의 권리를 존중해주어야만 한다고 생각했던 흔적은 어디에도 없다. 약 50년이라는 기간에 걸쳐 차례로 뒤를 이었던 다섯 명의 봉토 보유자들 가운데 혈연관계로 맺어져 있었던 것은 단 두 사람──두 형제──뿐인 것 같다. 그나마도 두 사람 사

---

4) *Le Couronnement de Louis*, éd. E. Langlois, v. 83.

*13 프랑스 중부 루아르 강 중하류를 남북으로 끼고 있는 광대한 지역.

5) Métais, *Cartulaire de l'abbaye cardinale de La Trinité de Vendôme*, t. I, nᵒˢ LXVI et LXVII.

이에는 제삼자가 끼여들어 있었다. 이 두 기사는 살아 있는 동안에는 생 사튀르냉의 봉토를 당연히 보유할 자격이 있다고 여겨졌지만 그들이 죽은 뒤에는 토지가 그들 가계에서 떨어져나가버렸다. 사실대로 말하자면, 그들이 아들을 남겼다고 명시해주는 것은 아무것도 없다.

그러나 이 두 사람의 경우, 설령 남자 후손이 전혀 없었다고 하더라도, 우리가 정보의 자료로 삼고 있는 이 지극히 자세한 기록문이 이 점에 관해 아무런 언급도 하지 않고 있다는 사실이야말로 그 어느 것보다도 더 의미심장한 일일 것이다. 이 문서는 문제의 토지재산을 마침내 차지하게 된 방돔(Vendôme)*14 수도원 수도사들의 권리를 확립시켜주기 위하여 작성된 것이었다. 그런 문서라면, 종국에는 수도원에 이익을 안겨주기에 이르른 여러 차례의 상속권 이전에 대해 그것은 이러저러한 후손들이 단절되어버렸기 때문에 그랬다는 구실을 내세워 정당화하려 들 수도 있었을 텐데, 이 문서에는 굳이 그렇게 하려는 내용이 들어 있지 않다. 그렇다고 할 때, 그 이유는 분명히 상속인한테서 재산권을 박탈하는 것이 당시에는 결코 비합법적인 것으로 여겨지지 않았다는 데에 있다.

하지만 그와 같은 재산상속의 유동성은 이미 그 당시에도 거의 변칙적인 것이었다. 심지어 앙주에서조차 1000년 무렵부터는 이미 성주인 영주들의 주요한 족벌이 확립되었다. 그뿐 아니라 노르망디의 봉토로 말하더라도 1066년에는 상속인에게 물려줄 수 있는 것이라고 일반적으로 여겨지고 있었음에 틀림없다. 왜냐하면 그 무렵 봉건제가 이식된 잉글랜드에서는 이 봉토세습이라는 성격이 실제로 전혀 이의의 여지 없이 인정되고 있었기 때문이다. 10세기에만 하더라도 어쩌다가 영주가 봉토의 세습적 승계를 인정해주는 데에 동의했을 경우, 그 영주는 봉토수여 문서에 이같은 양도 사실을 명백한 어구로 적어두게 하였다. 12세기 중엽부터 상황은 뒤바뀌었다. 이제부터는 명기할 필요가 있다

---

*14 루아르 강 중류 북쪽의 도시.

고 생각되는 유일한 규약이란—드물기는 하지만 언제나 허용될 수 있는 예외로서—봉토의 용익이 당초의 수익자의 생존기간중에만 한한다는 바로 그 규약이었다. 이제야말로 세습제의 확립을 추정할 수 있게 된 것 같다.

잉글랜드에서와 마찬가지로 프랑스에서도 이 시기에는 그냥 봉토라고 하면 세습되는 재산을 의미하게 되었다. 그리고 예를 들어 성직자 단체가 옛날의 어법에 반해서 그들에게 소속된 관리인의 직무에 대해 봉토라는 호칭을 사용하지 않겠다고 선언했다면, 그것은 다름아니라 이제 이 성직자 단체에는 아버지의 봉사가 끝난 뒤 그 아들의 봉사도 받아들여야 할 의무는 없게 됨을 뜻하는 것이었다.

이 관행은 카롤링거 왕조 시대부터 이미 후손들에게 유리한 방향으로 전개되었을 뿐 아니라 수많은 '재취득' 봉토가 존재한다는 사실에 의해—이 재취득 봉토라는 것은 그 기원 자체부터 거의 불가피하게 세습재산적인 성격을 띠고 있었다—이와 같은 하나의 기성관념으로 굳어졌다. 따라서 이 관행으로 인하여 카롤링거 왕조 말기와 카페 왕조 초기에는 이미 거의 모든 곳에서, 일단 아버지에게 봉토가 수여되었다면 그후에는 아들에게도 봉토가 수여되지 않을 수 없게 되어 있었다. 어느 지역을 막론하고 일종의 법의식의 각성이라는 특징적 현상이 나타났던 봉건시대 제2기 동안에는 이 관행은 그 자체가 법이 되었다.

3. 세습제의 진전 : 신성로마 제국

봉토 발전의 밑바닥에 숨어 있는 사회적 세력들간의 갈등이 북부 이탈리아에서만큼 뚜렷이 부각되어 나타난 곳은 아무 데도 없다. 롬바르디아 왕국의 봉건사회의 계층적 구성을 머릿속에 떠올려보자.

정점에는 국왕이 있다. 951년 이후로 비록 몇 번 짧게 중단된 적도 있었으나 이 국왕은 동시에 게르마니아의 국왕을 겸하고 있었으며, 교황의 손으로 성별받은 경우에는 황제이기도 하였다. 국왕의 바로 밑에는 국왕의 직속가신, 즉 고위 교회제후와 대검(帶劍)제후들이 있었다. 그보다 더 밑에는 이들 고위 제후들의 가신, 즉 국왕의 간접가신이며 따라서 일반적으로 '배신'이라 불리던, 그리 높지 않은 지위의 사람들 한 무리가 있었다.

11세기 초에 하나의 중대한 싸움이 일어나 대영주 무리와 배신 무리의 사이가 갈라지게 되었다. 배신들은 그들이 보유한 봉토를 가족재산으로 취급해야 한다고 주장하였다. 이에 반해 직속가신들은 그 양여가 당대에 그치는 성격을 지니고 있으며, 또한 언제든지 취할 수 있는 것이라고 주장하였다. 1035년에는 이같은 충돌로 말미암아 마침내 명실상부한 계층간의 전쟁이 일어나게 되었다. 밀라노와 그 주변지역 배신들은 서약으로 뭉쳐 권세가들의 군대에 엄청난 패배를 안겨주었다.

멀리 독일에서 이 분쟁소식을 들은 신성로마 황제 콘라트 2세가 이탈리아로 왔다. 그는 무엇보다도 교회영지의 양도 불가능성을 존중해 온 선임자들, 곧 역대 오토 왕조의 정책과 손을 끊고 하급가신들의 편을 들었다. 그러고는, 이탈리아는 아직도 법의 나라였기 때문에—그의 말을 빌리면 이탈리아는 "법에 굶주려" 있었기 때문에—1037년 5월 28일 정식의 입법적 포고령을 발포하여 자기의 피보호자들을 위한 법을 확정하였다. 즉 콘라트 2세는 세속의 직속가신, 주교, 수도원장 또는 수녀원장 등을 영주로 하는 모든 '은대지'는 이제부터 아들, 손자 또는 형제에게 세습될 수 있는 성격의 것으로 여겨지게 될 것이라고 결정하였다. 이 규정은 이들 '은대지' 자체 위에 설정된 배신봉토(arrière-fief)에도 마찬가지로 적용되었다. 단, 여기에는 자유토지 소유자들의 동의에 따라 성립한 봉토 수여에 대해서는 아무런 언급도 없다. 분명히 콘라트 황제는 스스로 통치자의 자격으로서라기보다는 봉건적 위계질서의 우두머리로서 입법한다는 생각을 가지고 있었다.

그러면서도 또한 그는 이렇게 하여 무한히 많은 중소 기사봉(中小騎士封)에까지 영향을 미치고 있었다. 물론 콘라트 황제의 태도에는 당시 상황에 기인하는 몇몇 이유들, 특히 그가 배신들의 주요한 적대자였던 밀라노 대주교 아리베르토(Ariberto)*15에게 개인적인 적의를 품고 대립하고 있었다는 사실이 어느 정도 작용하고 있었던 것은 사실이다. 그렇기는 하지만 그는 어쨌건 분명히 자신의 일시적 이해관계나 또는 원한을 멀리 넘어서서 사물을 바라보았던 것으로 생각된다. 언제나 군주제에 대해 위협적인 세력이었던 대봉건제후들에 맞서서 콘라트 황제는 바로 이 대봉신들의 군대와 일종의 동맹관계를 맺고자 애쓰고 있었던 것이다. 법이라는 무기를 이용할 수 없었던 독일에서도 그가 다른 수단들을 이용하여──예를 들면 그는 국왕재판소의 법해석을 자기에게 바람직한 방향으로 유도하려 했음직하다──마찬가지 목적을 달성하려고 노력했다는 점이 바로 그 증거이다. 국왕성당 전속사제의 말을 빌리면, 콘라트 황제는 여기에서도 역시 "부친에게 양여된 은대지를 그 후손한테서 빼앗는 것을 허용하지 않음으로써 기사들의 환심을 샀다"는 것이다.

사실상 황제권이 봉토세습제를 옹호하기 위하여 이렇게 개입한 것은 이미 절반 이상 완성되어 있던 일련의 진전과정에 첨가된 현상에 지나지 않았다. 이미 11세기 초부터 독일에서는 이러저러한 특징의 봉토에 대한 자손의 권리를 인정하는 사적인 협약이 증가하고 있었던 것을 볼 수 있다. 1069년에만 하더라도 아직 로렌 공 고드프루아는 자기 휘하 기사들의 '급여보유지'(給與保有地)를 마음대로 처분해서 한 교회에 기증할 수 있다고 믿고 있었다. 그러나 이렇게 해서 이익을 침해받은 충성서약자들의 '투덜거리는 소리'가 아주 높이까지 올라오자, 고드프루아 공이 죽은 뒤 그의 후계자는 이런 식의 선물을 다른 식의 것과 바꾸지 않을 수 없었다.6)

입법의 고장 이탈리아, 비교적 강력한 국왕을 섬기고 있던 독일, 법도 없을뿐더러 실제로는 국왕도 없는 것이나 거의 마찬가지였던 프랑

---

*15 1026년 콘라트 2세를 이탈리아 왕으로 대관시켰으나, 그뒤 하급귀족들과 짜고 콘라트와 충돌하게 된다.

6) *Cantatorium S. Huberti*(*SS.*, t. VII, pp.581~82).

스에서 봉토세습제 진전의 곡선이 나란히 나아가는 모습을 띤 것은 정치적 이해관계보다도 강한 힘들이 작용하고 있었다는 사실을 보여준다. 적어도 보통의 봉토에 관해서는 그러하였다. 다른 지방에 비해서 더 강력했던 중앙권력이 독일과 이탈리아의 봉건제 역사에 새겨놓은 독특한 특징을 찾아보기 위해서는 고관봉이 겪은 운명을 살펴볼 수밖에 없다.

이들 고관봉은 피수여자가 신성로마 제국에서 직접 수여받아 보유한 것으로 콘라트 2세의 법은 본질상 이들 봉토와는 아무 관계도 없었다. 그러나 고관봉 세습에 유리한 편견, 곧 일반적으로 혈통의 권리에 집착하던 그러한 편견은 여전히 남아 있었다. 그같은 편견은 여기에서도 역시 영향을 미치지 않을 수 없었다. 통치자들은 존중받아 마땅할 이 전통과 손을 끊으려고 결심한 적도 있지만, 이러한 노력은 이미 9세기부터 예외적인 것에 지나지 않게 되었다.

그런데도 만일 어떤 군주가 이 고관봉 세습의 전통을 무시하려 결심했다면 어떻게 될까. 그런 경우에는 여론이 들끓어올라—연대기 작가들은 이러한 여론의 메아리를 우리에게 전해주고 있다—그러한 행위를 전횡적인 짓이라고 거리낌없이 소리쳐 비난하였다. 그렇기는 하지만 실제로는 말 잘 듣는 직책 수행자에게 보상을 해준다든가, 또는 너무 어린 아이나 별로 믿음직하지 않다고 판단된 사람을 물리쳐버린다든가 하는 일이 문제가 되는 때에는 종종 난관을 무릅쓰고 이 방법이 취해지곤 하였다.

다른 한편 이렇게 해서 이익을 침해받은 상속인이 뒤이어 비슷한 다른 직무를 수여받아 배상을 받기만 하면 그 일은 제대로 처리되는 셈이었다. 왜냐하면 특히 백령으로 말하더라도 그것이 이 손 저 손을 전전하는 일은 아주 한정된 소수 가문을 제외하면 거의 일어나지 않았으며, 또 백령 자체가 세습적인 것이 되기 훨씬 이전에 이미 백작직이 별도로 세습적인 것이 되어 있었기 때문이다.

변경백령이나 공작령 등과 같은 가장 큰 영역적 관할구는 또한 가장 오랫동안 이같은 (황제의—옮긴이) 권위행사의 대상으로 남아 있는 것이기도 하였다. 예를 들어 바이에른 공작령은 10세기중에 두 번이나 전임 보유자의 아들 손에서 벗어나버렸다. 935년에는 마이센(Meissen) 변경백령에서, 그리고 1075년에는 라우지츠 변경백령에서 똑같은 일이 벌어졌다. 신성로마 제국의 주요한 명예봉의 상황은 11세기 말에 이르기까지 요컨대 샤를 대머리왕 치하[16]의 프랑스의 상황과 거의 마찬가지로 남아 있었는데, 이는 중세 독일의 관습이었던 의고주의(擬古主義, archaïsme)의 한 양상을 보여준다.

그러나 그러한 현상도 단지 이때까지뿐이었다. 이 11세기가 경과하는 동안 이미 세습화로 향하는 추세는 가속화되면서 진행되고 있었다. 우리는 다름아닌 콘라트 2세 자신이 백령에 대해 세습적인 권리를 양도해준 예를 알고 있다. 그의 손자인 하인리히 4세[17]와 증손인 하인리히 5세[18]는 카린티아(Carinthia)[19] 공작령과 슈바벤(Schwaben)[20] 공작령 그리고 홀란트 백령에 대해서도 똑같은 성격을 인정해주었다. 12세기에는 이 원칙이 더 이상 이의의 여지가 없는 것이 된다. 신성로마 제국에서도 역시 영주의 권리는 그 영주가 설령 국왕이라 하더라도 가신혈족의 권리에 조금씩 양보하지 않을 수 없게 되었다.

4. 봉토상속법을 통해 본 봉토의 변질

당장 뒤를 이을 자격을 가진 아들이 단 하나뿐이라는 가정은 확실히 우리의 분석에 안성맞춤의 출발점을 마련해줄 수 있었다. 그러나 현실은 그렇게 단순하지 않은 경우가 흔하였다. 여론이 혈통의 권리를 인정

---

*16 9세기 중엽.
*17 재위기간은 11세기 후반.
*18 재위기간은 12세기 초.
*19 오늘날 오스트리아의 한 지방.
*20 남독일의 지방.

하는 쪽으로 기울어지게 된 때부터 이같은 여론이 부딪치게 된 것은 제각기 그 나름대로의 문제를 제기하고 있는 다종다양한 가족의 상황이었다. 이러한 어려운 문제에 대해 다종다양한 사회가 제시한 해결책들을 적어도 개략적으로나마 연구해본다면 생생한 현실의 맥락을 짚어가면서 봉토와 가신적 유대의 변모를 파악할 수 있을 것이다.

아들은 또는 아들이 죽은 경우에 손자는 부친이나 조부가 아직 살아있는 동안에도 이미 빈번하게 그들의 봉사의 수행을 도와왔기 때문에 부친이나 조부의 봉사와 관련하여 당연한 후계자로 여겨지고 있었다. 이에 반해 형제 또는 종형제는 이미 다른 곳에서 삶의 역정을 이루고 있는 것이 보통이었다. 그렇기 때문에 방계혈족에 대한 세습권 승인이야말로 진정, 옛날의 '은대지'가 세습재산으로 전환해가는 과정을 단적으로 보여주는 척도가 된다.[7]

이에 대한 저항은 강력했으며 독일에서는 특히 그러하였다. 왕위세습이라는 또 하나의 세습에 대해 유력자들의 동의를 간구하고 있던 신성로마 황제 하인리히 6세[*21]는 아직 1196년에만 하더라도, 왕위세습이라는 그토록 훌륭한 선물의 대가로 방계혈족의 봉토세습을 공식적으로 승인해주겠다는 제의를 할 수 있었다. 그러나 이 계획은 헛되이 끝나버렸다. 당초의 양여문서에 명시적 규정이 들어 있지 않는 한, 또는 13세기에 제국의 미니스테리알레스의 봉토를 규제하고 있던 것과 같은 특별한 관습이 존재하지 않는 한, 중세 독일의 영주들은 직계비속 이외의 상속인에게는 결코 봉토 수여를 허용해주지 않는 존재로 여겨졌다. 물론 그럼에도 불구하고 영주들은 이러한 것에 전혀 구애받지 않고 자주

---

7) 그러나 형제는 일찍부터 특별한 특권, 곧 몇몇 민중법에서 최연장자 세대에게 유리하게 작용하던 편견에 따라 때로는 형제를 자식보다 우위에 두기까지 하던 그러한 특권의 대상이 되었다. 콘라트 2세의 법률을 보라. G. Garaud의 논문(*Bullet. Soc. Antiquaires Ouest*, 1921)을 참조하라.

*21 재위 1190~97. 선거왕정을 세습왕정으로 바꾸려 했으나 고위 제후들의 반대로 실패하였다.

은혜를 베풀어주곤 했음이 사실이지만 말이다.

독일 이외의 지방에서는 세습문제에서 구별을 하는 것이 논리적으로 합당하다고 여겨졌다. 즉 봉토는 그 최초의 수익자에서 이어져 내려온 후손들 사이에서는 얼마든지 이전될 수 있었으나 그밖의 사람들에게는 이전될 수 없었다. 롬바르디아법에서 제시된 해결이란 이러한 것이었다. 이같은 해결방식은 12세기 이래 프랑스에서도 잉글랜드에서도 똑같이 채택되어 새로이 설정된 봉토에 관한 상당히 많은 약정서의 조항에 적용되었다.

그러나 프랑스와 잉글랜드의 경우 이는 관습법에 어긋나는 것이었음이 사실이다. 왜냐하면 서유럽의 이들 왕국(잉글랜드와 프랑스—옮긴이)에서는 세습재산화를 향한 움직임이 아주 강력해서 근친 일반에 대해 거의 동등하게 유리한 방향으로 작용하였기 때문이다. 이들 나라에서, 봉건적 관습이란 원래 (개인적—옮긴이) 봉사의 수행을 중심으로 하여 다듬어진 것임을 계속 상기시켜주는 기성관념은 단 한 가지뿐이었다. 즉 가신이 죽은 후 그의 부친이 그의 뒤를 이어받는 일만은 오랫동안 허용되지 않았으며 잉글랜드에서는 끝까지 받아들여지지 않았다. 군무를 조건으로 하는 보유지가 젊은 사람한테서 늙은 사람에게로 넘어갈 수 있다는 것은 이만저만 불합리한 일이 아니었기 때문이다.

봉토세습을 여성에게 허용하는 것보다 더 심하게 그 자체로서 봉토의 성질에 어긋나는 것으로 여겨지는 일은 없었다. 그렇다고 해서 중세에 여성이 통치권을 행사할 능력이 전혀 없는 존재로 판단되었다는 뜻은 아니다. 지위 높은 부인이 부재중인 남편을 대신해서 제후령의 법정을 주재하고 있는 광경을 보고 기분나빠하는 사람은 아무도 없었다. 그러나 여성은 무장을 하지 않는 존재였다. 카페 왕조와의 사이에 걷잡을 수 없는 전쟁이 터지자마자 리처드 사자마음왕(Richard Cœur de Lion)*22이 12세기 말의 노르망디에서 이미 딸에게 상속인으로서의 자

————————————

*22 리처드 1세. 재위 1189~99. 잉글랜드의 국왕. 중세 기사의 표본으로 여겨

격을 인정해주고 있던 관습을 일부러 폐지시켜버린 일은 이같은 특징을 잘 보여준다. 이 제도의 원래 성격을 지극히 배타적으로 고수하고자 노력하고 있던 여러 법체계—롬바르디아의 법이론, 라틴 시리아의 관습법 집성, 독일의 국왕재판소의 판결 등—에서는 남자 상속인에게 인정되었던 것이 원칙적으로 여자 상속인에게는 끝내 허용되지 않았다.

하인리히 6세가 유력한 가신들에게 방계혈족이 감수해야 했던 상속 부적격성(相續不適格性)과 아울러 여성들의 상속 부적격성도 폐지하겠다고 제안했던 것은 독일에서 이 규칙이 아직도 얼마나 강력하게 남아 있었던가를 반증해준다. 그러나 이 일화는 또한 제후들의 의견에 나타난 열망이 어떠한 것이었던가에 대해서도 마찬가지로 많은 것을 이야기해준다. 요컨대 호엔슈타우펜 가 출신의 이 황제가 자기의 충성서약자들에게 미끼로 제공했던 이 특혜를 조금 나중에는 콘스탄티노플의 라틴 제국 건설자들이 자기네들의 훗날의 통치자에게 요구하게 되었다.

이론적으로는 여자의 상속권이 계속해서 배제되고 있던 곳이라고 하더라도 실제로는 일찍부터 수많은 예외가 출현하였다. 영주에게는 여자의 상속권 배제라는 원칙을 완전히 무시할 수 있는 권한이 언제나 주어져 있었을 뿐 아니라, 또한 그 원칙이 이러저러한 특별한 관습 앞에서 밀려나버리거나 바로 양여문서 자체에서 이를 명시적으로 면제하는 경우도 있었다. 1156년 오스트리아 공국에서도 그런 일이 있었다. 이보다 훨씬 앞선 시기에 이미 프랑스와 노르만 왕조 치하의 잉글랜드에서는 아들이 없을 때에는 딸에게, 그리고 심지어는 같은 촌수의 남자친족에게까지 다른 재산에 대한 것과 동등한 권리를 봉토에 대해서도 인정해주기로 결정되어 있었다. 즉 여자가 군사적 봉사를 할 수 없다고

지는 인물이나 국내 정치에는 신경쓰지 않았으며, 프랑스의 필리프 2세와의 싸움에서 전사하였다.

하더라도 그녀의 남편이 대신 봉사를 할 수 있다는 것을 사람들이 아주 일찍부터 알아차렸다는 이야기이다.

가신제의 원초적인 관습이 이렇게 빗나가서 딸이나 사위에게 유리한 방향으로 나타나게 된 예를 가장 일찍부터 보여주는 것은 모두 프랑스의 대영역제후령과 관련되어 있었다. 이들 영역제후령에서는 세습제 자체도 마찬가지로 가장 일찍부터 성공적으로 확립되었을 뿐 아니라 더구나 개인적 봉사도 거의 전혀 요구되지 않았는데, 이러한 평행현상은 두드러지게 눈길을 끈다. '수석(首席) 부르고뉴 백작'의 사위인 로베르 가문의 오통(Otton)[*23]은 956년에 이미 이 결합 덕분에 훗날 얻게 될 공작 칭호를 위한 물질적 기반을 이루는 여러 백령을 보유하게 되었다. 이리하여—더구나 여계(女系) 남자후손의 상속권이 여성 자신의 상속권과 거의 동시에 인정된 까닭에—크건 작건 봉건적 가문들 사이에서는 바야흐로 결혼정책이 성황을 이루기 시작하였다.

미성년자인 상속인의 존재는 봉건적 관습이 처음부터 해결하지 않으면 안 되었던 문제들 가운데 분명히 가장 골치아픈 문제였다. 허구적인 문학작품에서 세습제를 둘러싼 대(大)논쟁이 언제나 기꺼이 이런 각도에서 그려진 것도 결코 이유가 없지 않았다. 군무를 조건으로 하는 보유지를 어린아이에게 맡긴다는 것은 얼마나 터무니없는 일이겠는가. 그렇다고 해서 '어리디어린 아이'를 알거지로 만든다는 것은 또 얼마나 잔인한 일이겠는가. 이같은 진퇴양난에서 벗어날 수 있게 해주는 해결책은 일찍이 9세기부터 고안되어 있었다. 곧 '연령 미달자'도 상속인으로 인정받았다.

그러나 이 아이가 가신으로서의 의무를 수행할 수 있게 되는 날까지는 임시 관리자가 이 아이 대신 봉토를 보유하면서 신종선서를 바치고 봉사를 수행하게 되어 있었다. 이런 사람을 후견인(tutuer)이라고 부르지는 않는 편이 좋겠다. 왜냐하면 '지정관리인'(baillistre)이라고 불리

[*23] 위그 카페의 아들. 서프랑크 왕인 로베르 2세의 형.

는 이 사람들은 이런 식으로 봉토에 부과된 부담을 떠맡으면서 봉토에서 나오는 수입 또한 자기의 당연한 몫으로 주머니에 챙겨 넣지만, 정작 그 미성년자에 대해서는 생계를 보장해주는 일 외에는 아무런 의무도 지지 않았기 때문이다.

비록 이런 종류의 일시적 가신의 창출로 인해, 죽는 날까지 사람에게 결부되어 있다고 이해되던 가신적 유대의 개념 자체가 심한 타격을 받은 것은 사실이지만, 이 제도는 가족적 감정을 봉사 수행의 필요성에 아주 멋들어지게 조화시키고 있었으므로 프랑크 제국에서 유래한 봉토 제도가 보급된 곳에서는 어디에서든지 아주 널리 채택될 수밖에 없었다. 봉건적 이익을 위해 예외적인 제도들을 자꾸 늘리는 것을 별로 탐탁지 않게 여기고 있던 이탈리아만은 차라리 단순한 후견인 제도를 채택하였다.

하지만 얼마 안 있어서 하나의 기이한 일탈현상이 나타나게 되었다. 봉토의 우두머리인 어린아이를 대리해줄 사람으로는 친족 가운데 한 사람을 고르는 것이 가장 자연스러운 일로 여겨지고 있었다. 어느 모로 보나 애초에는 이러한 것이 보편적인 규칙이었으며, 또 수많은 곳에서 이 규칙은 관습적으로 끝까지 충실하게 지켜졌다. 비록 영주 또한 죽은 가신이 그전에 바쳤던 충성서약에서 유래하는 여러 의무를 고아에 대해서 지고 있기는 했지만, 고아가 미성년자인 동안 바로 영주 자신이 근친을 제쳐두고 다름아닌 자기 가신의 대행 노릇을 하려 들 수 있다는 식의 생각은 처음부터 터무니없는 것으로 여겨졌을 것이다. 이 주인이 필요로 하고 있던 것은 토지가 아니라 사람이었기 때문이다.

그러나 현실은 눈 깜짝할 사이에 이러한 원칙과 어긋나게 되었다. 영주가 근친을 대신하여 '지정관리인'이 되고자 시도만이라도 한 최초의 실례들 가운데 하나를 살펴보면, 거기에는 봉스 국왕 루이 4세와 함께 프랑스 왕국 최대의 명예봉 가운데 하나인 노르망디의 젊은 상속인이 등장하고 있거니와 이는 의미심장한 일이다. 국왕으로서는 분명히, 노르망디 공국 섭정의 미덥지 않은 도움을 기대하지 않으면 안 되는 처지가 되느니보다는 차라리 바이외(Bayeux)*24나 루앙에서 몸소 지배권을 행사하는 편이 더 나았다. 여기저기 지방마다 영주 '지정관리권'이 도입된 것은 훌륭히 경영되어야 할 재산으로서의 봉토의 가치가 그 봉토로부터 수행되리라 기대할 수 있는 봉사의 가치를 능가한다고 일반적으로 여겨지게 된 시점부터이다.

이러한 관습이 다른 어느 곳보다 굳건하게 뿌리내린 곳은 가신제가 어느 모로 보나 상층 봉건세력의 이익을 위해 조직된 지역이었던 노르망디와 잉글랜드였다. 잉글랜드의 제후들은 (상급)영주가 국왕인 경우에는 이 관습 때문에 괴로움을 겪었다. 반면 그들은 또 자기네 종속자들에게는 스스로 이 권리를 행사하였으므로, 그럴 때에는 이 관습에서 이득을 얻고 있었다.

그리하여 잉글랜드의 제후들은 1100년에 가족의 지정관리권을 다시 획득했으면서도, 이 양보가 다시금 사문화해버리는 것을 막을 수 없었을 뿐 아니라 막고자 하지도 않았던 것이다. 게다가 잉글랜드에서는 이 제도가 일찍부터 그 원래의 의미에서 너무나 크게 벗어났던 까닭에 영주들은—무엇보다 으뜸가기로는 국왕이었지만—미성년자의 봉토의 관리권과 함께 그 미성년자를 보호하는 권리도 일반적으로 다른 사람에게 넘겨주거나 아니면 팔아버렸다.

이러한 성질의 선물은 플랜태저넷 왕조의 궁정에서 가장 커다란 선망의 대상이 되던 보수(報酬) 가운데 하나였다. 사실 그토록 명예로운 사명을 수행하는 대가로 성채를 수비하고 지대를 징수하고 숲에서 사냥을 하고 또는 양어장의 고기를 남김없이 잡아버릴 수 있는 권력을 가진다는 것이 매우 탐나는 일이었음은 사실이다. 그러나 이런 경우에 토지는 그 선물 중에서도 가장 중요성이 덜한 부분에 지나지 않았다고 해도 과언이 아니다. 남자 상속인 또는 여자 상속인의 인신(人身)이 더 많은 값어치를 지니고 있었다. 왜냐하면 앞으로도 살펴보게 되겠지만

---

*24 노르망디 반도 서쪽의 도시.

후견인으로서의 영주나 또는 그 대리인에게는 그들의 피후견인을 결혼시킨다는 재량권이 주어져 있었기 때문이다. 그들은 또한 이 권리를 이용해서 흥정하는 것도 소홀히 하지 않았던 것이다.

봉토가 원칙상 분할할 수 없는 것이라는 점보다 더 명확한 사실도 달리 없다. 봉으로서의 공직의 경우는 어떠한가. 만일 최고의 권위를 가진 자가 이 봉의 분할을 용인한다면 이 최고 권위자는 이로써 자신의 이름으로 행사되는 지배권의 약화를 초래하는 동시에 그 지배권의 통제를 더욱 곤란하게 만든다는 위험을 무릅쓰게 마련이었다.

단순한 기사봉의 경우는 어떠한가. 이것이 쪼개지게 되면 제각기 다른 공동보유자들 사이에 봉사의 양을 효율적으로 할당하기가 극히 어려웠기 때문에 봉사를 수행하는 데에 혼란이 빚어지곤 하였다. 더욱이 애초에 봉토가 양여될 때에는 종자를 거느리는 오직 한 사람의 가신의 급여로서 조달된다는 식으로 계산되었기 때문에, 기사봉을 몇 조각으로 나눈다는 것은 새로운 보유자들을 먹여살리기에 더 이상 충분하지 못하게 되고, 그 결과 기사봉 보유자들로 하여금 부실한 무장밖에 갖추지 못하게 하든가 아니면 다른 곳에서 한몫을 벌려고 나서게끔 몰아치든가 할 위험을 불러일으켰다. 따라서 세습화한 보유지는 적어도 단 한 사람의 상속자에게 넘어가는 편이 바람직하였다.

그러나 이 점에서 봉건적 조직상의 요청(단일상속의 요청—옮긴이)은 상속법상의 일반적인 규칙들, 곧 유럽 대부분의 지역에서 같은 촌수의 상속인들을 동등하게 다루는 방식을 지지하고 있던 그 규칙들과 충동을 일으키게 되었다. 서로 대립하고 있던 세력들의 영향 아래 이 거창한 법적 쟁점은 장소와 때에 따라 갖가지 형태로 해결되었다.

고인에 대해 같은 촌수의 근친관계에 있는 상속 유자격자들 사이에서, 예를 들어 고인의 아들들 사이에서, 어떠한 기준으로 단 한 명의 상속인을 뽑는가 하는 것이 첫번째 난제로서 제기되곤 하였다. 몇 세기에 걸친 귀족법과 왕족법(王族法)으로 인해 우리는 장자의 특권을 일종의 자명한 현상으로 여기는 데에 익숙해져 있다.

그러나 현실적으로 보면 이것은 그리 당연한 것은 아니다. 마치, 예를 들어 좀더 다수인 사람들의 의지가 반대자들 자신의 의지마저도 정당하게 대표한다는 식으로 여기는 다수결 의제(擬制)와 같은, 오늘날 사회의 기초를 이루고 있는 다른 수많은 신화들이 당연한 것이 아니듯이 말이다. 중세에는 심지어 왕실에서도 장자상속제가 그리 큰 저항 없이 받아들여졌다고 할 수 없었다. 몇몇 농촌지방에서 아득한 옛날부터 유래하는 관습들에 의거하여 아들들 가운데 하나에게만 특히 혜택을 주는 일이 있었던 것은 사실이다. 하지만 그 경우 우대를 받는 것은 막내아들이었다.

봉토가 문제가 되었을 경우에는 어떠하였던가. 원래의 관습에 따르면 영주는 문제가 되는 집안의 아들들 가운데 가장 적당하다고 판단한 자에게 사봉하는 권리를 인정받고 있었던 것으로 보인다. 1060년 무렵에만 해도 카탈루냐에서의 규칙은 여전히 그러하였다. 때로는 영주가 (봉토 보유—옮긴이) 후계자로 선택할 아들을 바로 부친인 가신 자신이 지명하기도 했는데, 이때 이 후계자는 부친이 살아 있는 동안에 많건 적건 부친과 협동하여 봉사를 수행해온 사람이기 마련이었다. 또는 여러 명의 상속인이 봉토를 분할하지 않은 채 공동으로 보유하는 경우, 이들에 대해 봉토 수여가 집단적으로 이루어지는 일도 있었다.

이러한 고풍스러운 방식은 다른 곳보다도 독일에서 가장 완강하게 살아남았다. 독일에서는 이들 방식이 12세기중에도 활발하게 실시되고 있었다. 이와 나란히, 적어도 작센에서는 상속재산을 손에 넣게 될 자를 아들들 스스로가 자기네 사이에서 뽑는다는 또 다른 관습이 존재해서 가족적인 감정의 깊이를 보여주고 있었다. 당연한 일이겠지만, 어떠한 방법이 적용되든 간에 장남이 뽑히는 일은 일어날 수 있었고 또한 종종 일어났다. 그러나 독일법에서는 장자를 선호하는 이 방식에 대해 좀처럼 (법적인) 구속력이 인정되지 않고 있었다. 어떤 시인이 말했듯이 이런 일은 "오랑캐풍(風)의 관습"이며 "낯익지 않은 짓거리"였다.[8] 1169년에는 황제인 프리드리히 바르바로사 자신도 왕위를 차남에게 물려주려고 하지 않았던가.

그런데 상속인들 사이에 뚜렷이 확립된 판별의 원칙이 전혀 없었기 때문에 실제로는 봉토 불분할(封土不分割) 원칙을 준수하기가 몹시 어려워졌다. 더구나 신성로마 제국의 판도 내에서는 같은 혈족의 사람들 사이에 불평등이 존재하는 것에 반대하는 고래의 집단대표제가 지속되고 있어서 국왕이나 영역제후의 봉건정책을 볼 때 이에 맞서는 원칙이 다른 곳에서처럼 그렇게 강력하게 대두하지 않고 있었다. 독일의 국왕이나 영역적 수장*25들은 오랫동안 카롤링거 제국에서 물려받은 통치조직만으로도 그들의 통치권을 확립하는 데에 조금도 부족함을 느끼지 않았던 까닭에 프랑스에서만큼 가신들의 봉사에 의존하지는 않고 있었으며, 따라서 자연히 봉토제도에는 그리 일관된 관심을 기울이지 않고 있었다. 특히 국왕들은—1158년에 프리드리히 바르바로사 황제가 그러했듯이—거의 오로지 '백령·변경백령과 공작령'의 해체를 금지하는 일에만 몰두하였다.

그렇지만 이 시기에 적어도 백령의 분열은 이미 시작되고 있었다. 1255년에는 하나의 공작 작위, 즉 바이에른의 공작 작위가 그 공작령 영토과 함께 처음으로 나누어졌다. 보통의 봉토에 대해 1158년의 법에서는 이들 봉토의 분할이 합법적이라고 인정하지 않을 수 없었다. 한마디로 말해 국가의 공법이 봉건법에 대해 마침내 승리를 거둔 것이다.

이에 대한 반동은 훨씬 나중에, 곧 중세 말 무렵이 되어서야 다른 세력들의 영향 아래 처음으로 나타났다. 대영역제후령에서는 다름아닌 영역제후들 자신이 자기네가 그토록 각고의 노력 끝에 획득한 권력이 세분화되는 것을 적절한 상속법에 의해 막으려고 노력하였다. 봉토 일반에 관해 볼 때, 장자상속제가 귀족 한사 상속재산(貴族限嗣相

---

8) Wolfram von Eschenbach, *Parzival*, I, str. 4~5
*25 백령·공령(公領) 따위의 지배자들.

續財産)*26이라는 우회로를 거쳐 귀족의 재산을 강화하는 수단으로 도입되었다. 봉건법상으로는 실현될 수 없었던 것이 이렇게 왕조의 염원과 귀족계층의 집요한 관심에 의해 뒤늦게나마 완성된 것이다.

프랑스의 대부분 지역에서는 상속권 발전의 흐름이 크게 다른 몇 가지 노선을 따라 진행되었다. 몇 개의 백령덩어리로 이루어져 있던 대영역제후령에 관해 살펴보면, 국왕들은 국토의 방위를 위해 힘의 집결체인 이들 영역제후령을 이용할 수 있는 한에서만 그 영토의 분할을 금지하는 일에 관심을 기울였다. 그러나 얼마 안 되어 지방의 수장들은 왕권에 대해 봉사자이기는커녕 오히려 적대자가 되어 있었다.

하나하나의 백령들은 분할되는 경우가 드물었다. 반면에 전체적으로 본다면 이들 수장의 아들들은 세습재산에서 각기 자기네 몫을 나누어 가졌다. 그 때문에 영지의 덩이는 세대가 바뀔 때마다 산산이 조각날 위험을 안고 있었다. 군주의 가문은 아주 재빨리 이러한 위험을 알아차리고는, 지방에 따라 빠르고 늦은 차이는 있었지만 장자상속제를 채택해서 이에 대처하였다. 12세기에는 장자상속제가 거의 어디에서나 기정사실이 되었다. 프랑스에서도 독일에서와 마찬가지로, 그러면서도 독일보다 훨씬 더 이른 시기부터, 예전의 대(大)관할구는 봉토로서라기보다는 오히려 영방(領邦, État)으로서 새로운 형태의 분할 불가성을 획득하게 되었다.

대영역제후령만큼 중요하지 않은 봉토의 경우, 봉건제도가 유난히 전형적으로 전개된 프랑스 땅에서는 가신봉사가 안겨주는 이익이 다른 곳에서보다 훨씬 더 존중되고 있었으므로, 얼마간의 암중모색 후 이들 봉토에서는 일찍부터 정확하고도 명료한 장자상속법이 채택되기에 이르렀다. 그러나 옛날의 보유지가 세습재산으로 탈바꿈해감에 따라 차남 이하 아들들을 상속에서 배제하는 것은 점점 더 곤란하게 생각되었

---

*26 귀족 칭호와 결부되어서, 다른 사람에게는 넘겨줄 수 없으며 오로지 귀족 칭호를 계승하는 상속인에게만 물려줄 수 있던 부동산.

다. 이 장자상속이라는 원칙을 끝까지 철저하게 지킨 것은 코 지방의 관습 같은 몇몇 예외적 관습에 지나지 않았다. 다른 고장에서는 장남은 도덕적으로 아우들을 먹고 살 것도 없는 상태에 내버려두지는 말아야 할 의무를 지고 있으니, 그런 만큼 아버지의 토지 가운데에서 몇 뙈기 정도의 용익권은 아우들에게 양여할 수 있다고, 아니 심지어는 양여해야만 한다고 인정되었다.

이렇게 해서 여러 지방에 일반적으로 '혈족 분할상속제'(parage)라는 이름으로 알려진 제도가 확립되었다. 장남만이 영주에게 신종선서를 바쳤으며, 따라서 또한 그 한 사람만이 봉토에 딸린 부담의 책임을 지고 있었다. 그의 아우들은 자기네 몫을 맏형에게서 받아 보유했던 것이다. 그래서 때로는 일 드 프랑스 지방에서처럼 차남 이하의 아들들이 이번에는 자기들대로 장남에게 신종선서를 바치는 경우도 있었으며, 또 때로는 노르망디와 앙주에서처럼 이 근친집단의 내부에서는 가족적 유대의 힘만으로 충분하므로 그밖의 어떠한 결속의 형식도 전혀 필요 없다고 여겨지는 경우도 있었다. 적어도 주된 봉토와 종속적인 봉토가 세대에 세대를 이어 전해지면서 애초의 '혈족 분할상속봉'을 물려받은 사람들 사이의 친족관계가 드디어 너무나 멀어져서, 오로지 혈족의 연대성에만 바탕을 두는 것은 더 이상 현명하지 못하다고 여겨지게 되는 그날까지는 그러하였다.

어찌되었건 이 혈족 분할상속이라는 제도는 세분화로 말미암아 생겨나는 온갖 결함을 방지하는 데에는 큰 어려움을 안고 있었다. 그러한 까닭으로, 노르만 정복 이후 처음으로 이 제도가 도입된 잉글랜드에서는 12세기 중엽에 이것이 폐지되고 엄격한 장자상속제가 채택되었다. 노르망디에서조차, 공(公)들은 자기네 군대병력을 채우기 위해 봉건적 의무를 그야말로 멋들어지게 활용하는 데에는 성공했으면서도, 혈족 분할상속제에 관한 한, 상속재산이 상속자 개개인에게 나누어줄 수 있을 만큼 여러 개의 기사봉토로 이루어진 경우 외에는 결코 그것을 허용해주지 않았다. 기사봉토가 단 하나밖에 존재하지 않는 경우 이 토지는 고스란히 장남에게로 넘어갔다.

그러나 군사적 봉사의 단위를 그렇게 엄격한 기준에 따라 획정(劃定)한다는 것은 유례없이 강력하고도 조직력 있는 영역적 권력이 작용하는 경우에 한해서만 가능하였다. 프랑스의 그 나머지 지방에서는 관련자들이 관습법 이론에 따라 적어도 일반적으로 '바로니'(baronnie)라 불리고 있던 아주 큰 봉토들의 해체만은 방지하고자 상당히 많은 노력을 기울였으나 뜻을 이루지 못하였다. 실제로는 상속인들이 자기네들 구성원 사이에 촌수를 구별하는 일도 없이 상속재산의 덩어리 전체를 거의 언제나 나누어 가지고 있었던 것이다. 다만 장자와 그 직계자손들에게 장유(長幼)의 순서에 따라 바쳐진 신종선서만이 그 옛날 원칙으로 인정되었던 봉토의 분할 불가성의 흔적을 지니고 있었을 따름이다. 그 뒤에는 이 보증물(신종선서)마저도 봉건제도의 마지막 변모를 아주 환하게 드러내 보여주는 여러 조건들의 와중에서 사라져버리고 말았다.

세습적 계승은 그것이 권리가 되기 전에는 오랫동안 특혜로 여겨지고 있었다. 따라서 새로운 가신은 선물로써 영주에게 감사의 뜻을 보여주는 편이 합당하다고 생각되고 있었다. 이 관행은 이미 9세기부터 확인되고 있다. 그런데 본질적으로 관습에 바탕을 두고 있던 이 사회에서는 선의에서 우러나온 모든 선물도 그것이 조금이라도 관습이 되었다 하면 결국 의무로 둔갑해버리게 마련이었다. 이 관행은 주변에 몇몇 선례가 있었던 까닭에 더욱 수월하게 법적인 효력을 지니게 되었다.

영주에 대한 공조납부와 봉사수행의 의무가 부과된 농민토지의 보유권을 얻어내고자 하는 사람은 누구나 그전에 미리 영주로부터 권리수여를 획득해야 된다는 것이 틀림없이 아주 오래 전인 옛날 그 언제인가부터의 관행이었는데, 이 권리수여는 대개의 경우 공짜가 아니었다. 그런데 군무를 조건으로 하는 봉토는 아주 특수한 종류의 보유지였음에도 불구하고 그래도 역시 중세사회의 특징이었던 이 뒤얽힌 부동산권(不動産權)의 체계 속으로 끼여들어왔다. '를리에프'(relief), '라샤'(rachat) 그리고 때로는 '맹모르트'(mainmorte)라는 낱말들은 프랑스의 많은 지역에서 동일한 의미로, 곧 가신의 재산 또는 토지 보유농의 재산, 심지어는 농노의 재산 그 어느 것에 적용되더라도 같은 의미인 상속세라는 말로 사용되었다.[*27]

하지만 원래의 봉건적 를리에프는 그 양상에 의해 다른 종류의 상속세와는 구분되고 있었다. 13세기까지는 비슷한 종류의 대부분의 공조가 그러했듯이 이것은 적어도 그 중의 일부분만이라도 현물로 지불되는 경우가 가장 흔하였다.

그러나 농민의 상속인은 예를 들어 가축 한 마리를 바친 데에 반해서 군무를 짊어진 가신의 상속인은 전투용 '무장', 즉 말 한 마리나 무기를 또는 둘 다를 한꺼번에 바쳐야 되었다. 지극히 당연한 일이겠지만 영주는 이렇게 함으로써 해당 토지에 부과되는 봉사의 형태에 맞추어 자신의 요구를 내세웠던 것이다.[9] 때로는 새로 봉토를 받는 사람은 이 '무장' 외에는 아무것도 납부할 의무를 지지 않았으며, 더구나 경우에 따라서는 서로간의 동의에 따라 이 무장과 같은 액수의 화폐를 납부함으로써 이 무장 제공의 의무마저 면제받을 수 있었다. 어떤 때에는 '군마'의 제공에 더하여 화폐조세가 요구되기도 하였다. 가끔씩은 다른 납부방법은 쓰이지 않고 오직 화폐로만 셈이 치러지기도 하였다.

---

*27 굳이 구분하면 오늘날에는 를리에프는 봉토상속세를, 라샤는 일반적인 상속세를, 맹모르트는 농노의 상속세를 각각 뜻한다.

9) 몇몇 역사가들은 이러한 물품이 제공되게 된 것은 영주들이 원래 자기 가신들을 자기네 비용으로 무장시켜주는 관습을 가지고 있었던 데에 기인한다고 설명한다. 이렇게 해서 가신에게 주어졌던 전투장비는 가신이 죽은 후에는 반환되어야 하게 마련이었다. 그러나 이 죽은 가신의 아들도 다시 가신으로 받아들여지게 된다면 이때부터야 그같은 반환이 무슨 소용이 있었겠는가. 여기에 제시된 해석은 봉건적 를리에프와 비슷한 성격의 다른 공조 사이에 명백히 존재하는 유사점을 고려할 수 있다는 이점을 가진다. 예를 들어 어떤 직분에 대한 취업세(就業稅)도 또한 납부의무를 지는 취업자의 직분에 상응하는 물품의 형태로 영주에게 지불되었다.

한마디로 말해서 이러한 자질구레한 세부적 편차는 거의 한량이 없을 정도였다. 왜냐하면 흔히 지역마다, 또는 가신들의 무리마다, 심지어는 봉토 하나씩마다 지극히 종잡을 수 없는 우연에 의해 태어나곤 했던 그러한 습관들이 관습의 작용에 의해 고착되기에 이르렀기 때문이다. 오직 근본적으로 방향을 달리하는 현상들만이 무엇인가의 징조로서의 가치를 인정받을 수 있다.

독일에서는 아주 이른 시기부터 상속세 의무는 거의 전적으로 영주의 관리인들(미니스테리알레스-옮긴이)—그들은 흔히 농노 출신이었다—이 보유한 하급봉토에만 적용되고 있었다. 이는 분명히 중세 독일의 사회적 구조에서 매우 특징적인 현상이었던 계층과 토지재산의 위계서열화를 표현해주는 것 가운데 하나였다.

이에 대한 반향은 상당할 수밖에 없었다. 13세기 무렵에 가신의 봉사가 쇠퇴함에 따라 봉토에서 병력을 얻어내기가 거의 불가능해지자 독일의 영주들이 봉토에서 얻어낼 수 있는 것은 더 이상 아무것도 없어졌다. 이것은 특히 여러 영방의 입장에서 볼 때 심각한 결핍증세를 의미하였다. 왜냐하면 당연한 일이겠지만 수적으로 가장 많고 가장 비옥한 봉토의 봉주(封主)들은 다름아닌 영방 군주들과 국왕들이었기 때문이다.

반면에 서유럽의 여러 왕국들은 하나의 중간적 단계를 거치게 되었는데, 이 단계에서는 봉토가 봉사의 원천으로서는 거의 무용지물이 되었지만 이익의 원천으로서는 여전히 값어치를 지니고 있었다. 이것은 무엇보다도 이들 나라에서 지극히 널리 적용되고 있던 '를리에프' 덕분이었다.

12세기에 잉글랜드의 국왕들은 '를리에프'에서 막대한 금액을 얻어냈다. 프랑스에서 필리프 오귀스트 왕이 지앵(Gien)[*28]의 요새를 양보받아낸 것도 다름아닌 이 '를리에프' 제도를 이용해서였는데, 이 지앵

---

*28 프랑스 중북부의 도시.

의 요새를 획득함으로써 필리프 오귀스트 왕은 루아르 강의 수로를 장악할 수 있게 되었던 것이다. 심지어 많은 소규모 봉토들에 관해서는 이같은 상속세를 거두어들이는 것 외에는 관심을 기울일 만한 가치가 전혀 없다고까지 생각하는 것이 영주들의 전체적인 견해였다. 14세기에는 파리 지방에서 가신은 '군마'를 제공함으로써, 자기의 영주를 조금이라도 해치지 않겠다는 그야말로 소극적인 의무를 제외한 일체의 인격적 의무를 면제받는 것이 마침내 공식적으로 인정되었다.

하지만 봉토가 점점 더 세습재산의 일부분으로 포함되어감에 따라, 이 봉토의 상속인들은 그때부터 이미 하나의 권리라고 여겨지고 있던 '봉토 수여'를 얻어내기 위해 자기네 돈주머니를 열지 않으면 안 된다는 사실을 점점 더 견딜 수 없어하게 되었다. 그들은 이 부담을 억지로 폐지시킬 능력까지는 없었지만, 마침내 이를 현저하게 경감시키는 데에는 성공하였다. 몇몇 관습에 따르면 이 부담은 그리 자명한 상속권을 가진 것으로 여겨지지 않고 있던 방계혈족들에게만 계속 적용되었다. 무엇보다도 특히—12세기 이래로 사회계층 사다리의 위에서 아래로 퍼져나온 하나의 추세에 부응하여—각각의 경우마다 때로는 제멋대로의 행위에 의해, 또는 번거로운 교섭의 결과에 따라 총액이 결정되곤 하던 일정하지 않은 지불 대신에 고정불변의 등급이 매겨진 정률(定率) 공조납부의 방식을 채택하려는 경향이 생겨났다.

그래도—프랑스에서 흔히 찾아볼 수 있던 관례에 따라—토지에서 나오는 연간수입의 가치를 기준으로 채택하고 있던 때만 해도 영주의 입장에서 보면 아직 괜찮은 셈이었다. 이와 같은 평가기준은 화폐가치의 변동의 영향을 받지 않았기 때문이다. 반면 일단 화폐로써 액수가 정해진 경우에는—그 가장 이름높은 사례를 보여주는 것은 잉글랜드의 대헌장이다—이 공조는 마침내 점차적인 화폐가치 하락현상, 곧 12세기 이후 오늘날에 이르기까지, 액수가 영구히 고정된 모든 지불의무가 숙명처럼 감내해야만 하는 이 화폐가치 하락의 덫에 걸려버리고 말았다.

그러나 그러는 동안 이들 임시적인 권리에 주의가 기울여졌다는 바로 그 사실로 인하여 상속문제의 사정은 딴판으로 바뀌어 있었다. ‘혈족 분할상속제’는 봉토에 바탕을 둔 봉사의 수행은 확보해주었다고 하더라도 ‘를리에프’에서 얻는 이익은 감소시켜버렸다. 왜냐하면 이 경우에 ‘를리에프’는 원래의 영주에게 직접 결부되어 있는 유일한 가계인 장자의 가계 내에서 변동이 생긴 경우에 한해서만 부과되었기 때문이었다.

이렇게 이득을 얻을 기회를 잃어버린다는 것은 봉사의 수행이 다른 무엇보다 중요한 의미를 가지고 있던 동안에만 해도 그나마 수월하게 받아들여질 수 있었지만, 봉사 수행에 더 이상 커다란 가치가 부여되지 않게 되자마자 이는 견딜 수 없는 재정상의 손실로 여겨지게 되었다. 그 때문에 카페 왕조의 왕이 봉건제도의 문제에 관해 공포한 최초의 법률이었던 1209년의 법은 바로 이 혈족 분할상속제의 폐지를 목적으로 하는 것이었는데, 이 입법은 프랑스 제후들이 요구하고 나선 것이었을 뿐 아니라 그 스스로 바로 프랑스 왕국 내 최대의 영주였던 국왕도 아무 논란 없이 이를 허용할 수 있었던 것으로 보인다. 토지재산의 세분화는 결정적으로 일반 습속에 뿌리내리고 있었기 때문에 이를 폐지한다는 것은 전혀 고려될 수 없었다. 그러나 그후부터는 상속인들의 몫은 모두 중개자를 거치지 않고 원래의 영주한테서 직접 받아 보유하는 것이라는 성격을 띠게 되었다.

실제로는 이 필리프 오귀스트 왕의 ‘법률 제정’은 별로 충실하게 준수되지는 않은 듯하다. 가족적 권리의 오랜 전통이 원래 의미에서의 봉건적 권리들과 또다시 충돌을 일으키고 있었다. 이 전통은 봉토의 분해를 초래한 뒤 이제는 다시 이 세분화의 영향으로 인해 가계의 연대성이 손상되는 일을 방지하는 방향으로 작용하고 있었다. 혈족 분할상속제는 사실 오랜 시일이 흐른 다음에야 비로소 소멸되었다. 그렇지만 이 점에 관해 프랑스 제후들의 여론이 방향을 바꾼 것은 일찍이 군사적 충성에 대한 급여로서 주어졌던 봉토가 프랑스에서 무엇보다도 지대의

납부의무를 특징으로 하는 보유지의 하나로 떨어져버린 시점을 유례없이 뚜렷하게 보여준다고 하겠다.[10]

5. 거래 대상으로서의 충성

카롤링거 왕조 초기 통치자들의 치하에서는 가신이 봉토를 자기 마음대로 양도할 수 있다는 생각은 이중의 의미에서 터무니없는 일로 보였을 것이다. 왜냐하면 이 토지재산은 가신의 소유물이 아닐뿐더러 엄격하게 개인적인 의무의 수행을 교환조건으로 해서 가신에게 맡겨진 것에 지나지 않았기 때문이다. 그러나 봉토 양여에 원래 따라다녔던 불안정성이 점차 그리 뚜렷하게 느껴지지 않게 됨에 따라 가신들은 돈이 절실하게 필요하거나 또는 관대함을 과시하고 싶을 때, 이제 자기네 것으로 여겨지고 있던 이 재산을 점점 더 거리낌없이 마음대로 처분하는 쪽으로 기울어졌다.

그들은 이렇게 하는 과정에서, 옛 권리를 내세워 개인적 소유를 구속하고 있던 영주제적 족쇄와 가족제의 족쇄를 타파하기 위해 중세 내내 온갖 면에서 아주 효율적으로 노력하였던 교회의 도움을 받았다. 만일 봉토 외에는 거의 아무것도 가진 것이 없는 수많은 영주들이 하느님과 하느님의 성인들을 위해 자기네 가산 가운데 얼마만큼을 떼어내고자 하나 그 뜻을 이루지 못하게 된다면 연보는 불가능해졌을 것이고, 그 연보 덕택에 '물 끼얹어지듯' 꺼졌던 지옥의 불은 손조차 쓸 수 없을 정도로 타올랐을 것이며, 종교단체는 영양실조로 망해버릴 위험에 부딪쳤을 것이다. 실제로는 봉토의 양도는 경우에 따라 아주 다른 두 가

---

10) 1290년 잉글랜드에서는 이와 마찬가지의 배려에 따라 하위 사봉(下位賜封)이라는 형태로 봉토를 팔아버리는 관행을 금지하였다. 이때부터 봉토의 매입자는 매각자의 영주한테서 직접 토지를 수여받아서 보유하지 않으면 안 되게 되었다.

지 측면을 드러내고 있었다.

봉토의 양도가 단지 재산의 일부분에 대해서만 이루어지는 경우가 있었다. 이렇게 되면 그전에는 봉토 전체에 부과되었던 전통적인 부담이 말하자면 가신의 수중에 남아 있는 부분에만 몰리게 되었다. 따라서 봉토 몰수 또는 상속인 부재(相續人不在, déshérence) 등의 경우였다면—이는 점점 더 예외적인 현상이 되어가고 있었다—모를까, 그런 것이 아닌 한 이로 인해 영주가 손해보는 일은 전혀 없었다. 하지만 이렇게 감소된 봉토만으로는 가신이 의무를 제대로 수행하기에 불충분하지 않을까 하는 점을 영주가 염려했을 수는 있다. 한마디로 말해 부분적 양도란—이를테면 토지의 주민에게 얹혀지는 공조를 면제해주는 관례와 함께—프랑스법에서 봉토의 '축소'라고 불리는 것, 다시 말해 봉토의 가치삭감 현상 가운데 하나였다.

부분적 양도에 대한 관습의 반응은 봉토의 '축소' 일반에 대한 반응과 마찬가지로 여러 가지였다. 어떤 관습에 따르면 부분적 양도는 제한되기는 하면서도 종국적으로는 인정되었다. 다른 관습에 따르면 부분적 양도를 위해서는 직접영주(seigneur immédiat)의 동의나 심지어는 직접영주의 상위에 있는 이러저러한 영주들의 동의까지 얻어내야만 한다는 원칙이 끝끝내 고수되었다. 이 동의는 당연히 대개 돈을 주고 사는 것이었으며, 그런 만큼 영주에게는 수지맞는 소득 징수원이었으므로 영주가 동의해주지 않을 가능성이 있다고 생각하기란 점점 더 어려워졌다. 다시 한번 수익에 대한 배려가 봉건적 봉사에 대한 배려와 충돌을 일으키고 있었다.

봉토 전체의 양도는 봉건적 유대의 정신에 더욱 심하게 대립되는 것이었다. 이 경우 봉건적 부담이 원칙적으로 소멸될 위험이 있어서 그러했다는 이야기는 아니다. 이들 부담은 토지에 결부되어 있었기 때문이다. 하지만 이 경우에는 의무 이행자가 바뀌게 되었다. 이것은 세습제로 인해 이미 초래된 모순을 극단으로 밀어붙이는 일이었다. 연이은 몇 세대에 걸치는 같은 가계의 사람들한테서는 태어날 때부터의 충성심을 받아내는 데에 관해 어느 정도 낙관적인 기대를 할 수 있었겠지만, 좋은 시절을 만나 주머니가 두둑해졌다는 단지 그 이유만으로 가신 신분의 의무를 떠맡겠다고 나선 미지의 인물에게서야 어떻게 이런 것을 기대할 수 있었겠는가.

만일 영주의 동의가 의무적으로 요구되는 경우라면 이 위험은 줄어들 수 있었던 것이 사실이다. 사실상 오랫동안 영주의 동의는 필수적이었다. 더 정확히 말하자면 영주는 먼저 봉토를 회수하고, 그런 다음 자기 뜻에 맞을 경우 봉토 취득자한테서 신종선서를 받은 후 이를 그에게 다시 봉토로서 수여했던 것이다. 말할 필요도 없는 일이겠지만, 거의 모든 경우에 봉토의 판매자 또는 증여자는 자기와 더불어 거래한 이 상대자를 자기 대신 받아들여주겠노라고 영주가 미리 동의해준 경우에 한해서 비로소 토지를 내놓을 수 있다고 사전협약에 따라 규정되고 있었다.

이런 식의 양도절차는 분명히 봉토 또는 '은대지'가 존재하기 시작했던 거의 그 무렵부터 실시되었던 것 같다. 세습제의 경우에도 그러했지만 이 경우에도 결정적인 고비를 넘어서게 된 것은 우선 여론상으로, 그리고 그후 법적으로, 영주가 새로운 사봉을 거부할 수 있는 권능을 잃어버렸다고 판단된 때부터였다.

그러나 이같은 흐름에 전혀 아무런 단절이 없었다고 생각한다면 잘못이다. 봉토에 대한 영주의 여러 권리는 10, 11세기의 무정부상태의 와중에서 망각 속으로 빠져버리기 일쑤였다. 그것이 다시 활기를 띠게 된 것은 그 다음 몇 세기 동안의 일로서, 이는 법해석의 논리가 진보한 결과인 동시에, 봉건적 관계를 짜임새 있게 조직하는 문제에 관심을 가지고 있던 몇몇 국가의 압력에 기인하는 것이기도 하였다. 예를 들면 플랜태저넷 왕조 치하의 잉글랜드의 경우가 그러하였다.

사실 어떤 면에서는 이러한 옛 규범들의 강화는 그 무렵 거의 보편적인 현상이었다. 사람들은 13세기가 되자 봉토가 교회로 일절 넘어가지 못하도록 영주가 금지시킬 수 있다는 것을 그전보다 훨씬 더 일반적으로, 그리고 훨씬 더 확고하게 인정하고 있었다. 봉건사회에서 떨어져나오기 위해 성직자들이 기울인 노력 자체야말로, 성직자는 군사적 봉사를 하기에 부적격한 존재라는 사실에 바탕을 두고 있는 이 (봉토가 교회로 넘어가는 것을 영주가 금지하는—옮긴이) 규칙을 그전보다 더욱 강력하게 정당화해주는 것으로 여겨졌다. 국왕과 영역제후들은 이 규칙을 때로는 가공할 교회의 토지독점에 대한 방패로 생각하기도 했고, 또 때로는 재정적 착취의 수단으로도 생각했기 때문에 이를 준수할 것을 강요하고 있었다.

이 경우를 제외하고는 영주의 동의라는 원칙은 곧 통례적인 퇴화현상을 겪게 되었다. 즉 이 동의권은 결국 단순히 봉토 이전에 따른 조세의 징수를 합법화해주는 데에 그치게 되었다. 영주가 아주 빈번하게 사용하는 다른 방책도 있었던 것이 사실이다. 즉 영주는 새로운 취득자에게 보상을 해주고는 그 대신 이전되는 토지를 바로 자기 손에 보류해두기도 했던 것이다. 이리하여 영주 지상권(至上權)의 약화는 가계의 해체와 똑같은 제도에 의해 정확하게 표현되었다.

예를 들어 잉글랜드에서처럼 혈족의 '되사기 권리'가 결여되어 있던 곳에서는 봉건적 '되사기 권리'도 결여되어 있었으므로 이는 그만큼 더 두드러진 평행현상이었다. 더구나 영주들이 가질 수 있는 권리로 인정되었던 이 봉건적 되사기 권리야말로 봉토가 이미 얼마나 가신의 세습재산 속에 확고히 뿌리박고 있었던가를 그 무엇보다도 뚜렷이 보여주는 것이었다. 왜냐하면 영주들은 요컨대 이때부터 법적으로는 자신의 재산이었던 것을 되찾기 위해서 다른 매입자들과 똑같은 값을 치러야만 했기 때문이다. 사실 적어도 12세기 이래 봉토는 거의 자유롭게 판매되거나 양여되었다. '충성'은 거래의 대상이 되었다. 그러나 이는 '충성'을 강화시켜주는 것은 못 되었다.

제5장

여러 주인을 섬기는 가신

1. 신종선서의 중복성(重複性)

"사무라이는 두 임금을 섬기지 않는다." 1912년이나 되어서도 여전히 노기 마레스케[*1] 장군이 일황(日皇)의 사망 후 더 이상 살아남을 것을 거부하는 근거로 내세웠던 이 오래된 일본의 격언에는 엄밀히 인식된 충성의 전(全)체계를 뒤덮고 있는 불가피한 법칙이 표현되어 있다. 프랑크족의 가신제 규칙도 애초에는 이러한 것이었음에 틀림없다. 카롤링거 왕조의 칙령집은 이를 명확한 말로 규정해두고 있지는 않은데, 아마도 이러한 규칙을 자명한 것으로 여기고 있었기 때문에 그러했을 것이다. 다시 말해 칙령집의 모든 조항은 이 규칙을 전제로 하고 있다.

탁신자는 자기가 최초로 충성을 바쳤던 인물이 그 충성의 반환에 동의해주는 경우에는 영주를 바꿀 수 있었다. 그러나 첫 주인의 가신인 상태를 유지하면서 두번째 주인에게 충성을 서약하는 일은 엄격히 금지되어 있었다. 카롤링거 제국이 분할될 때에는 가신관계의 중첩을 막기 위해 필요한 조치가 정규적으로 취해졌다.

---

*1 乃木希典, 1849~1912. 일본의 육군대장. 일황 메이지(明治)가 사망한 뒤 부인과 함께 자결하였다.

이같은 원래의 엄격성에 관한 기억은 오랫동안 남아 있었다. 1160년 무렵 라이헤나우(Reichenau)[*2]의 한 수도사는 자기가 살던 시기의 신성로마 황제들이 로마 원정을 위해 요구했던 종군(從軍)봉사의 규칙을 기록하면서 이 자료의 내용을 마치 샤를마뉴가 요구한 것인 양 허위로 꾸미려는 생각을 품게 되었다. 이 수도사는 자기가 판단하기에 틀림없이 옛 습속의 정신에 일치하리라 여겨지는 어투로 이와 같이 말하고 있다. "만일 우연하게도 한 사람의 기사가 자기가 보유한 '은대지'가 각각 다르다는 이유로 몇 사람의 영주에 결부되는 일이 생긴다면 이는 하느님께서 가상히 여기시지 않을 일이니라."[1]

그러나 이 시기가 되기 훨씬 이전부터 이미 기사계층의 사람들이 한꺼번에 두 주인의, 아니 심지어는 여러 주인의 가신이 되기까지 하는 것은 습관이 되어 있었다. 지금까지 밝혀진 가장 오래된 예는 895년 투르 지방의 것이다.[2] 그후 몇 세기가 계속되는 동안 이런 사례는 어디에서나 점점 더 늘어났다. 그리하여 11세기에는 바이에른의 어떤 시인이, 그리고 12세기 말 무렵에는 롬바르디아의 한 법학자가 이러한 상태를 명백히 정상적인 것으로 여기게까지 되었다. 이렇게 가신 한 사람이 각각 다른 영주들에게 잇따라 신종선서를 바치는 횟수는 때로는 엄청나게 많을 수도 있었다. 13세기 말 독일 제후 가운데 한 사람은 각

---

*2 독일 서남부 바덴 지방에 있는 콘스탄츠 호수의 섬.

1) *Mon. Germ. Constitutiones*, t. I, n° 447, c.5.

2) 미타이스(H. Mitteis)는 *Lehnrecht und Staatsgewalt* p.103에서, 그리고 키나스트(W. Kienast)는 *Historische Zeitschrift*, t. CXLI, 1929~1930에서 자기네가 가장 오래된 사례들을 찾아냈다고 믿고 있다. 그러나 이중의 충성이 진정으로 표현되어 있는 유일한 예는 로마에서 일어난 교황권과 황제권의 분할에 관련된 것이다. 즉 그것은 영주와 탁신자라는 관계의 이중성이 아니라 통치권의 이중성이다. 간쇼프(Ganshof)도 미타이스도 찾아내지 못했으나 실제로 『기록문서집』(*Urkundenbuch*)에 제440번으로 실려 있는 생 갈 수도원의 증서는 지조지불의무를 지닌 토지의 양도에 관한 내용이다.

기 다른 스무 명의 영주한테서, 그리고 또 한 사람은 43명의 영주한테
서 봉토를 받은 가신이었다고 알려졌다.[3]

　복종의 이와 같은 중복성은 한 인간 전체가 바치는 헌신, 곧 가신계
약이 원래의 신선함을 지니고 있었을 때에만 하더라도 당연히 자유로
이 선택된 우두머리 한 사람만을 향해 바치겠노라고 약속하게끔 되어
있었던 그 헌신을 부정하는 것 이외에 아무것도 아니었으며, 당대인들
가운데 가장 사려 깊은 사람이라면 누구나 이러한 사실을 오늘날의 우
리가 느끼는 것과 마찬가지로 똑똑히 느끼고 있었다. 때때로 법학자,
연대기 작가 같은 사람들이나 또 예를 들어 루이 성왕 같은 바로 국왕
자신도 우울한 어조로 "아무도 두 주인을 섬길 수 없다"고 한 그리스도
의 말씀을 가신들에게 상기시키고 있었다.

　11세기 말 무렵, 뛰어난 교회법 학자였던 샤르트르의 주교 이브(Ive)
는 어떤 기사가 윌리엄 정복왕에게 바쳤던, 어느 모로 보나 가신적인
성격을 띠고 있는 충성의 서약에서 이 가신을 풀어놓지 않으면 안 된다
고 생각하였다. 왜냐하면 "이같은 계약은 이 기사가 자신의 타고난 권
리에 입각하여, 예전에 받은 세습적 은대지의 봉주(封主)인 정통의 영
주들과 그전에 맺었던 계약에 위반되는 것이기 때문이다"라고 이 고위
성직자는 말하고 있었다. 이렇게 두드러진 일탈이 그렇게도 이른 시기
에 그렇게도 광범하게 일어났다니 놀라운 일이다.

　역사가들은 가신에게 봉토로써 보수를 지급한다는 아주 일찍부터 있
어온 관습에 즐겨 그 책임을 돌리고 있다. 아닌 게 아니라, 양지바르고
비옥한 토지라는 미끼가 수많은 전사들로 하여금 신종선서의 제공 횟
수를 늘려가게 했다는 점에는 의심의 여지가 없으리라. 위그 카페 치하
에서만 하더라도 국왕의 직속가신 가운데 한 사람은 어느 백작이 자기
대로 두 손을 맞잡는 예를 갖추어 자신을 복속인으로 받아들여주기 전

---

3) *Ruodlieb*, éd. F. Seiler, I, v. 3 ; K. Lehmann, *Das Langobardische
　　Lehnrecht* II, 2, 3 ; W. Lippert, *Die deutschen Lehnsbücher*, p.2.

까지는 이 백작에게 조력하지 않겠다고 하지 않았던가. 이 가신은 그러한 주장의 근거로서, "자기 영주의 면전에서이거나 또는 영주의 명령을 받고서가 아니면 싸우지 않는 것이 프랑크인의 관습이기 때문이다"라고 말하고 있다. 이 구실은 훌륭하였다. 그러나 현실은 별로 그렇지 않았다. 왜냐하면 주지하는 바대로 일 드 프랑스의 한 촌락만 하더라도 전혀 새로운 이러한 방식의 충성에 대한 대가로 주어진 것이었기 때문이다.[4]

그러나 영주들이 어떻게 해서 가신들이 바치는 2분의 1의 헌신, 3분의 1의 헌신, 4분의 1의 헌신을 그렇게 쉽사리 받아들였으며 심지어는 간절히 바라기까지 했던가, 어떻게 하여 가신들은 그토록 많은 모순된 약속을 제공하면서도 물의를 일으키지 않을 수 있었던가를 설명하지 않으면 안 된다. 이 문제에 관해서는 군무를 조건으로 하는 보유지 제도 그 자체를 근거로 내세우기보다도, 오히려 일찍이 개인적인 양도의 대상이었던 이들 보유지가 세습재산으로서 거래 대상이 되기에까지 이르렀던 진화의 과정을 좀더 정확하게 제시해야 하지 않을까. 기사가 이미 최초의 주인에게 충성을 맹세한 뒤, 상속에 의해서이든 매입에 의해서이든 간에 어떤 다른 봉토를 손에 넣게 되고 다른 영주에 대한 종속관계에 놓이게 되었을 때, 이러한 기사가 대개의 경우 새로운 종속관계를 맺기를 거부하고 그리하여 자기 재산의 이같이 운 좋은 증식을 포기했다는 식으로 상상하기란 확실히 어려울 것이다.

그러나 여기서 주의를 해야겠다. 이중(二重) 신종선서는 시간적으로 보아 세습제에 이어지는 것은 아니다. 그 반대로 이중 신종선서의 가장 오래된 예는 세습제가 막 실시되기 시작한 상태에 있었던 시기와 거의 정확하게 일치하는 무렵에 나타났다. 그뿐 아니라 이중 신종선서는 논리적으로도 세습제의 필연적인 귀결이라고 할 수 없었다. 유례없는 권리남용이 이유가 되었을 때를 빼고는 복수(複數)의 충성관계를 맺는 일

---

4) *Vita Burchardi*, éd. de la Roncière, p.19 ; p.xvii 참조.

이 결코 없었던 일본에서도 세습이 가능하고 심지어는 양도조차 가능한 봉토가 존재하였다. 그러나 각각의 가신은 단 한 사람의 영주에게서 수여받은 봉토만을 보유하고 있었기 때문에 세대에서 세대로 이어지는 봉토의 계승은 단지 종속자들의 한 가계마다 하나의 수장가계에 대한 결속을 확고히 심어놓는 결과로 이어졌을 뿐이다. 봉토의 양도만 해도 그것은 한 명의 공통된 주인을 중심으로 형성된 충성서약자 집단의 내부에서밖에 허용되지 않았다. 이러한 두 가지 규칙은 아주 단순한 것으로서, 더욱이 그 중에서도 두번째 것은 다름아닌 서유럽의 중세를 통해서도 열등한 지위의 종속자들, 즉 농촌장원의 토지 보유농에게는 빈번하게 강요되었다. 이것에서 가신 신분의 후견에 관한 법을 끌어내는 것도 충분히 있을 수 있는 일이었을 것이다.

그렇지만 아무도 거기에까지는 생각이 미치지 않았던 것으로 보인다. 바른 대로 말하자면 한 사람의 가신이 여러 명의 영주에게 신종선서를 바치는 현상의 증가는 이의의 여지가 없을 만큼 가신사회 해체의 원리 가운데 하나가 될 운명이었던 것도 사실이지만, 그 자체는 원래 뭐니뭐니 해도, 그토록 구속력이 강한 것으로 여겨졌던 하나의 유대관계(가신제)가 그럼에도 불구하고——앞으로 자세히 검토되어야 할 몇 가지 이유로 말미암아——겪고 있었던, 거의 생리적이라 할 만한 취약점을 보여주는 여러 징후들 가운데 하나에 지나지 않았던 것이다.

어느 때를 막론하고 결속관계의 이러한 다양성은 거추장스러운 것이었다. 위기의 시기에는 이로 인한 진퇴양난의 곤경이 너무나 절실했기 때문에 이론적으로나 습속상으로나 이 문제의 해결방안을 찾지 않을 수 없었다. 자기가 섬기는 두 영주가 서로 전쟁을 하게 되었을 때 훌륭한 가신이 취해야 할 의무는 어느 쪽 영주에게 있었을까. 아무 편도 들지 않고 모른 체한다는 것은 단지 이중으로 봉건적 불충(不忠, félonie)을 범하는 결과밖에 되지 않았다. 따라서 선택하지 않으면 안 되었다. 어떻게 말인가.

온갖 시시콜콜한 구분법이 공들여 다듬어져나왔거니와 이 일에 앞장선 것은 단지 법학자들의 저작만이 아니었다. 이같은 구분법은 또한 문서가 다시 제구실을 하면서 씌어지기 시작한 순간부터 충성의 서약이 맺어질 때면 이에 수반하여 점점 더 즐겨 작성되게 된 증서를 통해, 꼼꼼하게 균형을 이룬 규정조항이라는 형태로도 표명되었다.

여론은 세 가지 주요한 기준 사이에서 오락가락한 것으로 보인다. 우선 신종선서 행위를 연대순으로 분류할 수 있었다. 즉 가장 먼저 바친 신종선서는 가장 최근에 바친 신종선서보다 우선적이었다. 가신은 흔히, 자기가 새로운 영주의 가신임을 인정하는 바로 그 문서에서조차, 자기가 먼저 주인으로 삼은 사람에게 일찍이 약속했던 충성이 여전히 유효한 것임을 뚜렷이 밝혀놓곤 하였다.

하지만 그 자체 순진한 면이 있으면서도, 그토록 수많은 충성의 언약이 맺어진 이면(裏面)이 어떠한 것이었던가를 진짜로 생생하게 보여주는 또 다른 사고방식도 나타났다. 즉 가장 존경할 만한 영주란 가장 풍부한 봉토를 준 사람이라는 식의 사고방식이었다. 상황이 약간 다르기는 하지만, 895년에 이미 이러한 일이 있었다. 곧 르 망(Le Mans)의 백작이 생 마르탱 교회의 성당 참사원들한테서 그의 가신들 가운데 한 사람을 바른 길로 돌아오게 해달라는 간곡한 부탁을 받았을 때, 그는 이 문제의 인물이 "수도원장이자 백작인 로베르에게게서 더 중요한 은대지를 받아 보유하고 있기 때문에" 자기의 가신이라기보다는 오히려 로베르 백작의 가신이라고 대답하였던 것이다. 11세기 말에만 해도 신종선서를 둘러싼 충돌이 발생하는 경우에 카탈루냐의 백작법정에서는 여전히 이와 같은 규칙을 따르고 있었다.[5]

마지막으로 한 가지 더 말하자면, 논쟁의 초점을 다른 면에 맞추어 분쟁의 존재이유 그 자체를 선택의 시금석으로 삼는 경우도 일어나곤 하였다. 즉 자기 자신의 명분을 지키기 위해 전쟁을 시작한 영주에 대

---

5) Ganshof, *Depuis quand a-t-on pu en France être vassal de plusieurs seigneurs?*(Mélanges Paul Fournier, 1929) ; *Us. Barc.*, c.25.

한 의무가 단지 '육친의 벗들'을 지원하기 위한 전쟁에 참가하는 데에 지나지 않는 영주에 대한 의무보다 더 긴급한 것으로 여겨지고 있었다.

그러나 이러한 해결방안들 가운데 그 어느 것도 문제를 완전히 풀어내지는 못하였다. 가신이 자기 영주와 싸우지 않으면 안 되었던 경우만 하더라도 이미 아주 중대한 일이었다. 더구나 가신이 전혀 별개의 의도로 자기에게 위탁된 봉토 자원을 바로 이 영주와 싸운다는 목적을 위해 이용한다면 이것이 과연 용납될 수 있는 일이었겠는가. 사람들은 가신이 법적으로 충성스럽지 못하다고 여겨지게 된 때부터 평화가 올 때까지 영주는 그전에 자기가 이 가신에게 사봉했던 재산을 당분간 몰수할 권리를 가지게 된다고 인정해줌으로써 곤란을 회피하였다.

또는 좀더 역설적인 상황이 펼쳐지기도 했는데, 이를테면 가신은 대립하고 있는 자기의 두 영주 가운데 자신이 가장 우선적으로 충성(서약)을 바친 영주에게 몸으로 직접 봉사하도록 강요받고 있기는 하면서도 또 한편으로는 자기가 상대편 진영의 영주에게서 수여받아 보유하고 있는 토지에서 스스로 또 자기 나름대로의 봉신을 거느린 경우에는 주로 이 토지의 봉신들로 편성된 군대를 소집하여, 이 제2위(第二位)의 주인으로 하여금 그 군대를 재량대로 이용할 수 있게 해준다는 권리도 인정받았다. 이렇게 해서 영주와 가신 사이의 애초의 권리남용이 말하자면 가신과 배신 사이의 관계로 연장됨으로써 두 우두머리를 섬기는 가신은 자기대로 또 전쟁터에서 자기 자신의 가신과 부딪칠 위험을 안고 있었다.

하지만 다양한 체계들을 타협시키기 위해 거듭하여 이루어진 노력으로 말미암아 더욱 번잡해진 이들 미묘한 해결방안이라는 것도 실제로는 종종 오랫동안의 망설임 끝에 가신 자신의 재량으로 내리는 결정에 맡겨지는 결과밖에 가져오지 못하곤 했다고 해도 과언이 아니다. 1184년에 에노 백작과 플랑드르 백작 사이에 전쟁이 일어났을 때, 이 두 제후의 가신을 동시에 겸하고 있던 아벤(Avesnes) 경은 우선 두 사람 가운데 에노 백작의 법정에 간곡히 청원하여 자기의 여러 의무를 해박한 지식으로 규정한 판결을 얻어내었다. 그런 후 그는 자신의 온 병력을 동원하여 플랑드르군 쪽에 가담하였다. 이렇게 변덕스러운 충성도 여전히 충성이라고 할 수 있었겠는가.

2. 최우선 신종선서의 융성과 쇠퇴

그렇기는 하지만 국가도 또 가족조차도 충분한 결속력을 제공하지 못하고 있던 이 사회에서는 종속자들을 수장에게 확고히 결부시켜야 할 필요성이 너무나도 강렬하게 느껴졌던 까닭에, 보통의 신종선서가 그 사명을 특출하게 수행하는 데 실패하게 되자 그 상위에 일종의 초(超)신종선서(super-hommage)를 설정해내려는 시도가 이루어졌다. 이것이 '최우선 신종선서'(hommage lige)였다.

중세의 수많은 법률용어의 역사에서 공통되게 나타나는 음성학(晉聲學)상의 몇 가지 난점——이는 아마도, 법률용어들이 학자들의 용어이면서 동시에 민중어이기도 하여서 하나의 언어영역에서 다른 언어영역으로 쉴새없이 이동하고 있던 데 기인하는 것이리라——에도 불구하고 '최우선의'(lige)라는 이 유명한 형용사가 '자유로운' '순수한'을 뜻하는 현대 독일어의 형용사 레디히(ledig)에 대응하는 프랑크어의 단어에서 유래했다는 데 대해서는 거의 의심할 여지가 없을 것이다. 13세기에 '최우선 가신'(homme lige)을 레디히만(ledichman)이라 번역하고 있던 라인 지방의 공증인들은 이미 이들 두 낱말 사이의 평행관계를 알아차리고 있었다는 이야기가 된다.

그런 한편 단어의 이같은 발생의 문제——이는 무엇보다도 부차적인 문제에 지나지 않는다——가 어떻게 해결되건 간에 중세 프랑스어에서 채택된 대로의 이 형용사의 의미 자체에는 모호한 점이 전혀 없다. 라인 지방의 공증인들이 이 단어를 이번에는 라틴어로 압솔루투스(absolutus, 절대의)라고 옮겼을 때, 이 또한 타당한 번역이었다. 오늘

날에도 lige를 '절대의'(absolu)라고 옮긴다면 거의 정확한 번역어가
될 것이다. 예를 들어 몇몇 성직자들은 그들의 교회 내에서 일정한 거
주구역 안에 살 것을 강력히 요구받고 있었는데, 이같은 거주구역은
'개인적이고 절대적인'(personnelle et lige) 것이 되지 않으면 안 된다
고 일컬어지고 있었다.

이 말은 권리의 행사를 지칭하는 표현으로 더욱 자주 사용되고 있었
다. 오세르의 시장에서 백작이 독점하고 있던 저울은 '백작의 절대물
(絶對物)'(lige du comte)이라 불리고 있었다. 남편의 죽음으로 일체
의 남편의 권한에서 풀려난 과부는 자기 자신의 재산에 대해 자기의
'절대적 과부권'(絶對的 寡婦權, lige viduité)을 행사하고 있었다. 에
노에서는 영주가 직접 경영하는 직영지는 농민보유지에 대비되어 영주
의 '절대토지'를 구성하고 있었다. 일 드 프랑스의 두 수도원이 그때까
지 분할되지 않고 있던 하나의 장원을 자기네들 사이에서 나누게 되었
을 때에는 어떠하였던가. 이 장원의 각 절반이 각 수도원의 '절대권'
(ligesse)하에 들어갔으며, 각 수도원은 그후 이들 각각 절반씩의 땅의
유일한 소유자가 되었다.

이 독점적인 권력이 물(物)에 대해서뿐 아니라 사람에 대해 행사될
때에도 이를 표현하는 말은 다르지 않았다. 모리니(Morigny) 수도원*3
원장은 자기 교구의 대주교 이외에는 교회법상의 상급자를 모시지 않
고 있었으므로 자기는 "상스 대주교 예하(猊下)의 절대적 하급자"라고
선언하였다. 많은 지역에서, 어느 경우보다도 가장 엄격한 유대로 자기
주인에게 얽매인 존재였던 농노는 주인의 '절대적 복속인'(homme
lige)이라 불리고 있었다(독일에서는 때때로 ledig가 같은 뜻으로 사용
되고 있었다).⁶⁾ 한 가신이 여러 명의 영주에게 바친 신종선서들 가운

---

*3 프랑스 파리 서남쪽 상스 주교구 내에 있는 유명한 베네딕투스회 수도원.

6) 참조할 필요가 있으면 참고문헌 목록에 인용된 저작들을 볼 것. 덧붙여 이 두
   수도원에 관한 것은 Arch. Nat., LL 1450 A, fol. 68, r°와 v°(1200~1209)를,

데 하나의 신종선서를 구분해내되, 이 하나의 신종선서는 다른 모든 약속보다 우선하는 것으로 여겨지기에 충분할 만큼 '절대적인' 충성이라는 점에서 독자성을 지니고 있어야만 한다는 생각이 사람들의 머리에 떠오르게 되었을 때 '최우선 신종선서'라든가 '최우선 영주'라든가 또는——우리가 이미 마주쳤던 의미상의 모호함을 감탄스러울 정도로 무시하면서——더 이상 농노가 아니라 가신에 대해서이기는 하지만 '최우선 가신'이라든가 하고 부르는 관습이 생기게 된 것은 지극히 당연한 일이었다.

이러한 발전의 기원이 된 것은 아직 특별한 전문용어를 부여받지 못하고 있던 몇몇 계약이었다. 즉 영주는 가신에게서 신종선서를 받으면서 단지 가신으로 하여금 이렇게 맺어진 충성관계를 다른 모든 의무에 우선시킨다는 서약을 하게 했을 뿐이다. 그러나 '최우선 주종관계'라는 어휘가 나중에 가서야 비로소 쓰이게 된 몇몇 지방을 제외하고는, 이 관계가 처음으로 발생한 단계는 가장 신성한 약속들조차도 거의 문서의 형태를 취하지 않고 있던 그러한 시대의 오리무중에 숨겨져 있어서 우리의 눈에 보이지 않는다. 왜냐하면 광범한 지역에서 '최우선'이라는 명칭의 출현은 최우선 신종선서의 제공이라는 현상 자체의 출현과 마찬가지로 복수(複數)의 충성관계가 일반화하자 거의 곧바로 뒤를 이어 이루어졌기 때문이다.

요행히도 오늘날까지 남아 있는 사료들에 따르면, '최우선'이라는 명칭을 가진 신종선서는 일찍이 1046년 무렵부터 앙주 지방에서, 그리고 거의 곧바로 뒤를 이어 나무르(Namur)*4 지방에서, 그 다음에는 11세기 후반부터 노르망디와 피카르디 그리고 부르고뉴 백령에서 불쑥불쑥

모리니 수도원에 관해서는 Bibl. Nat., lat. 5648, fol. 110 r°(1224, déc.)를, 그리고 농노에 관해서는 Marc Bloch, *Rois et Serfs*, 1920, p.23, n.2를 참조하라.

*4 벨기에 서남부에 있는 지방과 그 중심을 이루는 같은 이름의 도시.

출현하곤 하였다. 1095년에는 이 관행이 이미 아주 널리 퍼져 있었기 때문에 클레르몽 종교회의*5에서 주목의 대상이 되었을 정도였다. 같은 무렵, 이 관행은 다른 이름을 가지고 바르셀로나 백령에도 등장하였다. 즉 카탈루냐인들은 최우선 가신(homme lige)이라고 말하지 않고 순수한 로망스어로 솔리우(soliu : homme solide, 심복가신)라고 부르고 있었다. 12세기 말부터 이미 이 제도는 그것이 미칠 수 있는 거의 모든 범위에 파급되었다. 적어도 이 '최우선'이라는 말이 생생한 현실에 대응하는 것이었던 한에서 그러했다는 말이다. 나중에 살펴보겠지만, 그 후에 이 말의 원래 의미는 두드러지게 약화되고 상서부에서 이 말의 사용은 거의 관례적인 것에 지나지 않게 되었다.

1250년 무렵보다 앞서 작성된 문서만으로 범위를 한정한다면 체계적 일람표가 마련되어 있지 않아서 분포도의 윤곽이 매우 불확실한 것이 사실이지만, 그래도 이 분포도는 아주 뚜렷한 사실을 깨닫게 해주고 있다. 새로운 형태의 신종선서인 최우선 신종선서의 진정한 고향은 카탈루냐—이는 견고하게 봉건화한 일종의 식민지적 변경백령이었다—와 아울러 뫼즈 강과 루아르 강 사이의 갈리아 지방 및 부르고뉴 지방이었다. 이 제도는 이들 지역으로부터 잉글랜드, 노르만인 지배하의 이탈리아, 시리아 등 봉건제가 이식된 여러 사회로 옮겨갔다. 원래의 발상지 주변의 사정으로 볼 때에 이 관습은 남쪽으로는—아주 산발적이었던 것으로 생각되기는 하지만—랑그도크까지, 그리고 북동쪽으로는 라인 강 유역에 이르기까지 전파되었다.

라인 강 너머의 독일에서도, 롬바르디아의 『봉토의 서』에 입각하여 신종선서가 바쳐진 날짜에 따른 분류법이 고수되고 있던 북부 이탈리아에서도, 최우선 신종선서는 한번도 제 참된 위력을 발휘하지 못하였다. 가신제의 이 두번째 물결—보강(補强)의 물결이라고 감히 말해도

---

*5 1095년에 클레르몽에서 교황 우르바누스 2세가 개최한 종교회의로, 십자군의 결성이 결의되었다.

좋을 것이다──은 첫번째 물결과 같은 지방에서 발생하였다. 그러나 첫번째 물결만큼 멀리까지 굽이쳐 나아가지는 못하였다.

 "한 사람의 가신이 섬기는 영주의 수가 아무리 많더라도, 그가 가장 철저한 의무를 지는 것은 자기가 최우선 가신의 자격으로 섬기는 영주에 대해서이다"라고 1115년 무렵에 앵글로 노르만의 한 관습법전에서는 규정하고 있다. 계속해서 그 아래에는 다음과 같이 씌어 있다. "먼저 신종선서를 바친 영주에 대한 충성을 언제나 지키면서 자기의 모든 영주를 향한 충성을 준수하지 않으면 안 된다. 그럼에도 불구하고 가장 강한 충성은 자신이 최우선 가신의 자격으로 섬기는 영주에게 속한다."

 마찬가지로 카탈루냐에서도 백작법정의 관습법전에서는 이렇게 규정하고 있다. "심복가신의 영주는 이 가신의 도움을 빌려 모든 사람을 도울 수도, 모든 사람에게 대적할 수도 있으나, 어떠한 사람도 이 가신의 힘을 빌려 그 영주에게 대적해서는 안 된다."[7] 따라서 최우선 신종선서는 신종선서를 바친 날짜와는 무관하게 다른 모든 신종선서에 우선한다. 이것은 진정으로 등급을 달리하는 것이다.

 어떠한 면에서 보더라도 이 '순수한' 유대는 원래의 인간적 결속관계를 온전하게 재현하고 있었다. 가신이 살해당했다고 하자. 이때 인명배상금이 지불된다고 하면 그의 모든 영주들 가운데 인명배상금을 받게 되는 것은 '최우선 영주'이다. 필리프 오귀스트 왕 치하에서 십자군을 위한 십일조를 징수하는 일이 문제가 되었을 때 어떠하였던가. 각 영주는 자기가 수여한 봉토마다 각기 해당되는 몫을 징수하도록 되어 있었다. 그러나 최우선 영주는 가신의 동산(動産)에 대해서도 조세를 징수했는데, 중세에는 동산은 언제나 개개인의 인신(人身)에 각별히 가까운 것으로 여겨지고 있었다. 루이 성왕의 사망 직후에 교회법학자 기욤 뒤랑(Guillaume Durand)은 가신제의 여러 관계에 관한 명민한 분석에서 최우선 신종선서의 이 '주로 인격적인' 성격을 강조하였는데,

────────────

7) *Leges Henrici*, 43, 6과 82, 5 ; 55, 2와 3 ; *Us. Barcin*, c.36.

이는 매우 타당한 것이었다. 프랑크 시대의 탁신이라는 생생한 근원으로의 복귀를 이보다 더 잘 표현할 수는 없을 것이다.

그러나 최우선 신종선서는 그것이 원초적인 신종선서의 부활 외에는 거의 아무것도 아니었다는 바로 그 이유 때문에 이제는 되려 원초적인 신종선서의 쇠퇴 원인과 동일한 원인의 영향을 받지 않을 수 없었다. 최우선 신종선서는 단순 신종선서의 의식을 수정하지 않고 그대로 되풀이하는 것이어서 이를 단순 신종선서와 구분해주는 것은 오로지 구두로 또는 문서로 맺은 실낱같은 약속뿐이었다. 그렇기 때문에 이것은 그만큼 더 쉽게 이들 쇠퇴원인의 희생물이 되었던 것이다. 마치 새로운 상징을 만들어내는 능력이 9세기 이후 갑자기 고갈되어버리기라도 한 듯싶었다.

수많은 최우선 가신들이 일찍부터 토지·지배권·성채 등을 봉(封)으로서 수여받았다. 사실 무엇보다도 종속자들의 충성에 의존할 수 있기를 바라던 시절에 어떻게 그 종속자들한테서 이같은 보수를 또는 권력의 이같은 통상적인 수단을 박탈할 수 있었겠는가. 따라서 이 경우에도 역시 봉토의 개입이 그 흔해빠진 결과를 초래하였다. 다시 말해 종속민이 자기의 우두머리에게서 멀어져갔으며, 봉건적인 의무부담이 차츰 인격에서 분리되어 토지에 옮겨 놓이게 되면서 결국은 '최우선 봉토'라는 말이 쓰이기 시작했을 뿐 아니라, 최우선 주종관계가 세습화되고 설상가상으로 거래 대상이 되기까지 하였다. 여러 영주와 연거푸 종속관계를 맺는 일은 가신제에 대한 진정한 천형(天刑)으로서 이제 이것은 그 맹독을 흩뿌리게 되었다. 최우선 주종관계가 맺어진 것은 바로 이 종속관계의 누적과 싸우기 위해서였음에도 불구하고 말이다.

그렇지만 11세기 말부터 이미 『바르셀로나 관습법』(*Usages de Bar-celone*)은 염려스러운 예외적 경우가 생길 것에 미리 대비하고 있었다. 이 문헌에서는 "심복 신종선서를 처음 받아들인 영주가 인가해주지 않는 한 그 누구도 단 한 사람의 영주의 심복가신밖에 될 수 없다"고 규정하고 있다.

1세기쯤 지나자 거의 도처에서 이미 결정적인 문턱을 넘어서버린 상태가 되었다. 그뒤 한 사람의 가신이 두 명 또는 여러 명의 최우선 영주를 섬기는 것은 흔한 일이 되었다. 최우선 신종선서라는 명칭으로 불리는 약속은 다른 약속에 대해서는 변함없이 우세하였다. 그러나 반면에 단순 신종선서들을 구분하는 데에 이미 써먹었던 것과 동일한, 한심할 정도로 불확실한 시약(試藥)을 이용하여 여러 최우선 신종선서 사이의 의무의 등급을 매기지 않으면 안 되었다. 적어도 이론적으로는 그러하였다. 하지만 실제로는 그것은 거의 필연적으로 봉건적 불충(不忠)에 새로이 길을 터주는 것이었다. 요컨대 가신관계의 두 층(層)이 형성되기에 이르렀던 것이다. 그외에는 아무것도 아니었다.

더구나 이 계층서열 자체마저도 얼마 지나지 않아 공허한 구태(舊態)를 띠게 되었다. 왜냐하면 최우선 신종선서가 아주 급속하게도 거의 모든 신종선서의 통칭이 되어가는 경향을 보였기 때문이다. 사람들은 가신제적 결합관계에서 두 유형을 상정해놓고, 그 가운데 한 유형(최우선 신종선서―옮긴이)이 더 강하고 다른 유형(단순 신종선서―옮긴이)은 더 약하다고 생각했던 셈이다. 그런데 여기에서 그 어떤 영주가 스스로 더 약한 쪽이 되는 데에 만족할 만큼 그렇게 겸양을 떨 수 있었겠는가. 1260년 무렵에는 로안(Roanne)*6의 포레(Forez)*7 백작의 가신 48명 가운데 단순 신종선서를 바치고 있던 사람은 고작해야 4명이었다.[8] 이 최우선 계약도 예외적인 경우에는 아마 약간의 효력을 지닐 수도 있었을 것이다. 그러나 이것은 일단 진부한 것으로 떨어져버리면서 일체의 특수한 내용을 잃어버리게 되었다.

카페 왕조의 경우만큼 의미심장한 것도 없었다. 카페 왕조는 왕국의 최상급 제후들에게 왕조의 '최우선 가신'임을 스스로 인정하라고 설득

---

*6 프랑스 중부 루아르 주의 도시.
*7 프랑스 중부 고원지대의 지명.
8) *Chartes du Forez*, n° 467.

했지만, 이를 통해 얻어낸 것이라고는 기껏해야 무장수행인의 전면적 헌신과는 양립할 수 없는 처지에 있던 이들 영역적 수장들로 하여금 공허하기 짝이 없는 형식적 문구에 극도로 안이하게 동의하게끔 한 것뿐이었지 그밖에 무엇이 있었단 말인가. 이는 요컨대 신종선서만으로 국왕대리인들의 충성을 확보할 수 있다고 믿었던 카롤링거 왕조의 환상을 최우선 신종선서라는 이 제2단계에서 되풀이한 것에 불과하였다.

그러나 노르만 정복 후의 앵글로 노르만 국가(잉글랜드—옮긴이)와 예루살렘 왕국이라는, 봉건제가 이식된 두 사회에서는 더 잘 정비된 군주정의 작용에 의해 다른 방향으로 진화가 이루어졌다. 국왕들은 유일한 '최우선의' 충성, 즉 다른 모든 것에 우선하는 충성은 당연히 국왕들 자신이 받아야 한다고 생각해서 무엇보다도 먼저 이 명칭을 가진 신종선서(최우선 신종선서—옮긴이)를 받을 수 있는 독점권을 확보하려고 노력하였으며, 이것에 성공하지 못했던 것도 아니다.

하지만 국왕들이 열렬히 바라던 것은 그들의 권위를 자기네의 직접적인 가신에 대해서만 한정시키지는 않겠다는 것이었다. 국왕의 신민은 설령 국왕에게서 직접 토지를 봉토로서 수여받아 보유하지 않는다 할지라도 누구를 막론하고 국왕에게 복종해야만 하였다. 따라서 이들 나라에서는 봉건적 계층서열 내에서의 위치가 무엇이건 간에 모든 자유민이 통치자에게 바치지 않으면 안 되는 충성—이는 서약에 의해 확인되는 경우가 흔하였다—에 대해서만 최우선 주종관계라는 명칭을 사용하는 관습이 점차 생겨났다.

이리하여 이 '절대적' 결속관계라는 개념은 오로지, 그것이 가신제의 의식(儀式)체계에서 떨어져나가면서 고유한 의미의 공법(公法)상의 복종행위가 되고 그러한 자격으로 국가라는 틀 안에서 여러 세력의 재편성에 기여하게 된 지역에 한해서만 그 원래의 가치를 조금이나마 지니고 있었다. 그러나 치명적인 몰락의 길에 들어서 있던 그 옛날의 인격적 유대관계에 관한 한 이 약은 아무런 효험도 없었다.

제6장

가신과 영주

1. 조력과 보호

가장 오래된 문헌자료에서는 무장한 충성서약자와 그 우두머리 사이의 상호의무를 '봉사하다'(servir), '조력하다'(aider) 그리고 '보호하다'(protéger)라는 지극히 간단한 언사로 요약하고 있다. 이 유대관계의 효과가 이렇게 극도로 막연하게, 따라서 극도로 포괄적으로 표현되고 있던 시대만큼 그 유대관계가 강력하게 느껴졌던 적은 한번도 없다. 무엇인가를 정의한다는 것은 언제나 그것을 한정짓는다는 것이 아니겠는가.

하지만 신종선서 계약의 법적인 여러 결과를 정확히 규정해야겠다는 요구가 더욱 강렬하게 느껴지게 된 것은 필연적인 일이었다. 종속자의 여러 의무부담에 관한 한 특히 그러하였다. 일단 가신제가 가내에서의 충성이라는 보잘것없는 테두리를 벗어난 이상, 그후 그 어느 가신이 초기에 그러했던 것처럼 자기는 "명령을 받는 모든 일에서 영주에게 봉사하도록" 강제되고 있다는 말을 공공연하게 듣고서도 이것이 자기 자신의 위엄과 양립될 수 있다고 생각했겠는가.[1] 더욱이 이후로는 대부분

---

1) *Mon. Germ.*, *EE.*, t. V, p.127, nº 34.

의 가신들이 봉토에 정주하며 주인한테서 멀리 떨어져 살고 있었는데, 영주라고 한들 어떻게 계속해서 이 사람들을 언제나 자기 마음대로 부릴 수 있으리라고 기대할 수 있었겠는가.

법적 개념을 점차 명확히 규정해가는 작업에서 직업적 법학자들이 한 역할이라는 것은 시기적으로 뒤늦었을 뿐 아니라 대체로 그 효과도 그다지 신통치 않았다. 물론 1020년 무렵에 이미 샤르트르의 주교인 퓔베르—그는 교회법을 연구함으로써 법률적 사고의 방법들을 터득해 두고 있던 인물이었다—가 신종선서와 신종선서의 효과에 관한 분석을 시도한 것은 사실이다. 그러나 학자의 법(droit savant)이 그때까지 전혀 관계가 없던 영역에 침투한 징후라는 점에서는 흥밋거리가 될지도 모르지만, 이 시도는 아주 실속 없는 탁상공론의 차원을 넘어서지 못하였다.

다른 경우와 마찬가지로 봉건적 의무의 규정이라는 문제에서도 결정적인 작용을 한 것은 관습이었는데, 이 관습은 선례를 바탕으로 자라나서 수많은 가신들이 출석한 법정에서의 법률 해석을 통해 점점 그 형태가 확고히 다듬어졌다. 그리고 뒤이어서, 예전에는 순전히 전승(傳承)적인 것에 지나지 않았던 이들 약정을 바로 계약조항 자체에 포함시키는 습관이 점점 더 빈번하게 생겨났다. 충성의 서약은 마음대로 잡아늘일 수 있었기 때문에 신종선서를 바칠 때 곁들여서 하는 몇 마디 말들보다는 오히려 충성서약이 계약 당사자들의 세세한 생각을 담아 표현하기에 더 적합한 수단이었다. 이렇게 하여, 한 인간 전체의 무조건적인 복종 대신에 신중하게 세부사항까지 규정한 계약이 나타나게 되었다.

영주의 경계심이 강화됨에 따라서—이는 유대관계의 약화를 여실히 말해준다—가신은 이제 통상적으로 단지 영주에게 조력하겠다는 약조를 맺을 뿐 아니라 영주를 해치지 않겠다는 약속까지도 해야 되었다. 플랑드르에서는 12세기 초부터 이미 이들 소극적 조항들이 아주 중요해져서 '보증'(sûreté)의 서약이라는 별도의 서약이 맺어질 정도였다.

충성의 서약 다음에 맹세되는 이 보증의 서약에는, 가신이 이를 위반했을 경우 영주가 가신의 일정한 담보물을 차압할 수 있는 권리를 가진다는 조항이 있었던 것으로 생각된다. 그렇기는 하지만 오랜 세월 동안 여전히 우월한 위치를 차지하고 있던 것은 아무래도 적극적인 의무였음은 말할 나위도 없다.

정의상(定義上) 가신의 제일차적인 의무는 전쟁에서의 조력이었다. '입맞춤과 두 손 맞잡기에 의한 가신'은 무엇보다도 우선, 그리고 특히, 완전무장으로 말을 타고 몸소 군사적 복무를 행하지 않으면 안 되었다. 하지만 그가 혼자서 출진하는 경우는 드물었다. 이 가신이 자기 대로 또 가신을 거느리고 있는 경우, 이 가신의 가신들이 그의 군기(軍旗) 아래로 모여들 것은 당연한 일이었지만, 그것말고도 또 이 가신은 자기의 생활상의 편의를 도모하고 위신을 드높이기 위해, 혹은 때로는 관습이 그렇기 때문에, 적어도 한두 명의 에퀴예(écuyer)*1를 거느리지 않으면 안 되었다.

반면에 일반적으로 그의 파견군에는 보병은 한 명도 없었다. 전투에서 보병의 역할은 너무나 하잘것없다고 생각되고 있었던데다가 다소나마 덩어리가 큰 인간집단을 부양하는 데에 따르는 어려움도 너무나 컸기 때문에 군대의 우두머리는 자기 자신의 토지나 또는 자기가 공식적으로 보호자 노릇을 하고 있는 교회의 토지에서 차출된 농민보병(piétaille paysanne)으로 만족해할 수밖에 없었다.

또한 가신은 흔히 영주의 성을 수비해야 된다는 의무를 지기도 하였다. 그것은 전시에만 한하는 것일 수도 있었지만, 요새에는 수비대를 두지 않을 수 없었으므로 동료와 교대해가면서 평상시에도 끊임없이 성을 수비해야 되는 경우도 있었다. 만일 가신 스스로가 방비시설이 갖추어진 저택을 소유한 경우에는 이를 영주에게 개방해야 되었으리라.

지위와 세력 면에서의 차이, 필연적으로 편차가 생길 수밖에 없는 전

---

*1 아직 기사 서임을 받지 못한 채 정식 기사의 시중을 드는 젊은 귀족.

통의 형성, 특별한 규정을 담은 협약 등등부터 권리남용—이는 그 자체가 권리가 되었다—에 이르기까지 여러 요인들이 작용함으로써 이러한 가신의 의무는 점점 무수한 변화를 겪게 되었다. 그리고 마침내 이는 거의 언제나 의무를 경감시키는 결과를 가져왔다.

신종선서에 서열이 매겨짐에 따라 중대한 문제가 발생하게 되었다. 상급영주의 신하이면서 동시에 또 다른 사람의 주인이기도 하여서 자기 나름대로 가신을 거느리고 있는 그러한 가신이 하나둘이 아니었다. 의무대로 한다면 전력을 기울여 영주를 도와야 되느니 만큼 가신은 마땅히 이들 종속자의 무리를 모두 이끌고 영주의 봉건소집군에 참가해야만 되는 것으로 여겨졌을 수도 있다. 그러나 일찍부터 굳어진 관습에 따라서 가신은 자기가 직접 이해 당사자가 되어 전쟁에 임할 때 이용할 수 있는 수효보다도 훨씬 적게, 그리고 어느 경우에나 변함없이 적용되게 책정된 일정한 수효의 부하들만을 이끌고 출진할 수 있었다.

예를 들어 11세기 말 바이외의 주교는 어떠했던가 살펴보자. 그에게 군사적인 봉사의 의무를 지고 있는 기사의 수는 100명도 넘었다. 그런데도 이 주교는 자기의 직접영주인 노르망디 공작에게는 20명의 병력만 제공하면 그만이었다. 어디 그뿐인가. 노르망디를 프랑스 왕국의 국왕에게서 봉토로 수여받아 보유하고 있는 노르망디 공작이 국왕의 이름으로 이 고위 성직자의 도움을 얻으려 하는 경우 봉건적 서열상 한층 더 높은 이 단계에서 요구되는 병력의 수효는 10명으로 줄어들게 되어 있었다. 위로 향할수록 군사적 의무가 줄어드는 이같은 현상—12세기에 플랜태저넷 왕조의 국왕들은 이를 막아보려 애썼으나 별로 큰 성과를 거두지 못하였다—이야말로 공권력이 이용할 수 있는 방위수단 또는 정복수단이라는 면에서 가신제가 종국적으로 그 효율성을 상실해 버리게 되는 주요한 원인 가운데 하나였음에 틀림없다.[2]

---

2) Haskins, *Norman Institutions*, p.15 ; Round, *Family Origins*, 1930, p.208 ; Chew, *The English Ecclesiastical Tenants-in-Chief and Knight-*

대소(大小)를 불문하고 가신들이 무엇보다도 열렬히 바라고 있던 것은 무한정하게 봉사의무에 얽매이지 않았으면 하는 것이었다. 봉사기간을 한정하는 데에 직접적인 선례를 제공해준 것은 카롤링거 국가의 전통도 아니었고 가신제 초기의 관행도 아니었다. 그 시대에는 일반 신민이건 가내전사이건 간에 자기네가 머무르는 것이 국왕이나 수장에게 필요한 일이라고 생각되는 한 아무리 오랫동안이라도 군대에 남아 있었던 것이다.

그 반면에 옛 게르만법에서는 40일, 즉 좀더 예스러운 표현을 빌리면 40밤[夜]이라고 정해진 일종의 표준적인 기한이 널리 쓰이고 있었다. 이 표준기한은 수많은 절차행위를 규정하는 데에 이용되었을 뿐 아니라 다름아닌 프랑크족의 군사입법에서도 군대의 소집과 소집 사이에 병사들이 누릴 수 있도록 그들의 권리로서 인정되고 있던 휴식기의 기한으로 채택되어 이용되었다. 이 전통적인 숫자가 사람들의 마음속에 자연스럽게 떠올라서 11세기 말부터는 가신에게 부과되는 의무의 통상적인 기준이 되었다. 일단 이 기한이 채워지면 가신은 자유로이 귀향할 수 있었으며, 대개의 경우 이로써 그 해 동안의 의무는 이행되는 셈이었다.

물론 가신들이 그러고 나서도 소집군에 남아 있는 경우 또한 아주 흔하였다. 심지어는 몇 가지 관습의 작용으로 인해 이러한 복무기간 연장이 자칫 가신들의 의무가 되어버리려는 경향마저 있었다. 그러나 이러한 일은 나머지 기간 동안 영주가 비용을 대고 급료를 지불하는 경우에 한해서만 가능하였다. 일찍이 무장한 '측근가신'(satellite)에게 주는 급여였던 봉토가 원래의 구실을 전혀 해내지 못하게 됨에 따라 다른 보수로써 이를 보충하지 않을 수 없었던 것이다.

Service, especially in the Thirteenth and Fourteenth Centuries ; Gleason, *An Ecclesiastical Barony of the Middle Ages*, 1936 ; H. Navel, *L'enquête de* 1133, 1935, p.71.

영주는 굳이 전투만이 아닌 다른 목적을 위해서도 가신들을 자기 휘하에 불러모으곤 하였다. 평화시에 영주는 가신들로 '궁정집회'(cour, curia)를 구성하였는데, 영주가 소집하는 궁정집회는 어느 정도 정규적으로 정해진 날짜에 장대한 행렬을 갖추어 개최되었으며, 이 날짜는 대개 가톨릭 교회 전례상의 주요한 축제일과 일치하고 있었다. 이것은 재판정이기도 하였고 자문회의—당시의 정치윤리(政治倫理)에 따르면 중대한 일이 있을 때마다 영주는 반드시 이 자문회의의 의견을 구하도록 되어 있었다—이기도 했으며, 또한 명예의 제전(祭典)이기도 하였다.

만인이 지켜보는 가운데 수많은 복속인들의 옹위를 받으며 그 모습을 드러내는 일, 두 눈으로 직접 볼 수 있는 현상들에 민감한 시대였던 그 당시 드높은 상징적 가치를 지니고 있던 존경의 동작—방패 들어주기(에퀴예의 일), 술 따르기, 식탁 시중 등—을, 다른 사람도 아니고 이미 그들 스스로도 때로는 상당한 고위신분에 속해 있던 사람들로 하여금 공중 앞에서 행하여 바치도록 하는 일 등등. 수장의 입장에서 볼 때 이보다 더 눈부시게 자기의 위신을 과시하는 일이 어디 있을 수 있었겠으며, 이보다 더 황홀하게 자기의 위신을 스스로 의식할 수단이 어디 있을 수 있었겠는가.

'전원이 출석한 경탄스럽고도 장대한' 이 궁정집회에 대해 서사시—궁정집회는 서사시의 단골 소재 가운데 하나였다—에서는 그 광휘로움을 천진스럽게도 과장해서 표현하곤 하였다. 국왕이 의식절차에 따라 왕관을 쓴 당당한 자태로 나타나는 궁정집회의 경우만 해도 서사시에서 묘사된 광경은 지나치게 허풍을 떤 것이라 할 만하였다. 그러니 중소제후들이 자기네 주위에 불러모은 조촐한 집회를 생각할 때 그러한 허풍은 더욱 심한 것이었다고 하지 않을 수 없다.

그러나 이러한 회합에서 수많은 법률적 사무가 처리되었다는 것, 그 같은 회합들 중에서도 화려하기가 으뜸가는 회합들의 경우에는 그야말로 온갖 의전행사가 펼쳐졌으며 정상적인 참석자들 외에도 모험가며 놀이패며 심지어는 소매치기까지 섞인 잡다한 사람들의 무리가 몰려들었다는 것, 자기 이해관계를 영악하게 파악한 결과이기도 하지만 또 으레껏 그렇게들 해내려온 관습도 있고 해서 영주는 이 자리에서 자기 가신들에게 그들의 충성을 얻어낼 담보물이자 또한 그들의 복종의 징표이기도 했던 여러 가지 선물, 곧 말이며 무기며 의복 따위를 당연히 나누어주게 되어 있었다는 것, 그리고 끝으로 회합이 열릴 때마다 항상 가신은 이 회합에—생 리키에 수도원장이 규정하고 있듯이 각자가 "자기 권력에 맞추어 정성스럽게 차려입고"—출석할 것을 엄중하게 요구받고 있었다는 것 등등, 그 당시의 가장 신빙성 있는 문헌자료들을 보더라도 이러한 사실에는 조금도 의심할 여지가 없다.

『바르셀로나 관습법』에서 말하는 바에 따르면, 백작은 궁정집회를 개최할 때 "재판을 행하고, 학대받은 사람들에게 구호의 손길을 뻗치고, 식사시간에는 귀족이나 귀족이 아닌 사람이나 모두 와서 함께 식사할 수 있도록 나팔소리로 이를 알려야 하고, 자기의 유력한 가신들에게는 망토를 나누어주고, 에스파냐 땅을 초토로 만들러 갈 봉건소집군을 정비하여 편성하고, 새로운 기사를 임명해야만 하는 것"으로 되어 있다. 사회계층의 서열상으로 보아 이보다 낮은 지위에 있던 피카르디의 한 하급기사는 1210년에 자기가 아미앵의 대리주교에게 최우선 신종선서를 바친 가신이라고 자인하면서, 이 대리주교에게 6주간의 군사적 조력을 바칠 것과 "요청이 오면 대리주교가 개최하는 축제에 참가하여, 아내와 더불어 자비(自費)로 8일 동안 그곳에 머무를 것"임을 한꺼번에 약속하고 있다.[3]

다른 수많은 예들에서도 볼 수 있듯이 이 앞의 예를 보더라도 어떻게 하여—종군복무(service d'ost)의 경우와 똑같은 이유에서—궁정집

---

3) Hariulf, *Chronique*, III, 3, éd. Lot, p.97 ; *Us. Barc.*, c. CXXIV ; Du Cange, *Dissertations sur l'histoire de Saint Louis*, V, éd. Henschel, t. VII, p.23.

회 근무(service de cour)가 조금씩 규제받고 제한받게 되었던가를 알 수 있다. 그렇다고 해서 이 두 가지 의무에 대한 가신집단의 태도가 모든 면에서 똑같았다는 말은 아니다. 종군복무는 부담 이외에 아무것도 아니었다고 해도 과언이 아니다.

반면 궁정집회에 참석한다는 것은 수많은 이익을 가져다주는 일이었다. 곧 영주한테서 선물을 받고 진수성찬을 얼마든지 마음놓고 공짜로 먹을 수 있으며, 지배권력의 행사에도 한몫 끼일 수 있다는 이점이 있었던 것이다. 따라서 가신의 입장에서 볼 때 궁정집회 참석의 의무에서 벗어나고 싶어하는 마음은 다른 경우보다 훨씬 더 약하였다. 봉건시대 말기에 이르기까지 이러한 회합은 봉토 수여의 관행으로 인해 영주·가신간의 관계가 소원해지게 된 것을 어느 정도 보완해주면서 그들 사이의 개인적인 접촉을 유지하는 데에 이바지하였다. 이러한 접촉이 없이는 인간적 유대란 거의 존재할 수 없었던 것이다.

가신은 충성서약을 바침으로써 매사에서 영주에게 '조력할' 의무를 지게 되었다. 자신의 검으로써 그리고 조언으로써 조력한다는 것은 자명한 일이었다. 그런데 사람들이 여기에다 또 한 가지를 첨가하게 되는 시절이 찾아왔다. 즉 이제 가신은 자기 주머니를 털어서까지 조력을 해야 되었다.

봉건사회의 바탕을 이루는 여러 가지 종속의 체계에 심층적으로 깃들여 있던 단일성을 이 금전적 지원의 제도만큼 여실하게 드러내 보여주는 제도도 없다. 농노이건, 이른바 '자유롭다'고 하는 장원토지 보유농이건, 왕국의 신민이건, 그리고 가신이건 간에 복종하는 사람은 그 누구를 막론하고, 자기의 우두머리 또는 주인이 무엇을 필요로 하는 경우 그들을 원조하지 않을 수 없었다. 그런데 이런저런 필요 중에서도 금전사정이 여의치 못하다는 것만큼 절박한 필요가 또 있었겠는가.

영주는 필요한 경우에 이렇게 자기 복속인들에게서 기부금을 거두어들일 수 있다고 인정되고 있었는데, 이 기부금을 표현하는 바로 그 명칭은 적어도 프랑스 봉건법이 적용되는 영역에서는 지불자가 어떠한 사회계층에 속하건 간에 똑같았다. 사람들은 이를 단순히 '부조'라고 부르거나 혹은 달리 '타유'(taille)라고 부르고 있었다. 이 '타유'라는 말은 글자 그대로 하면 어떤 사람에게서 그의 생계 유지에 필요한 양식의 일부를 받아낸다는 뜻을 지닌, 다시 말해 사람에게 세금을 부과한다는 것을 뜻하는 동사 타예(tailler, 잘라내다)에서 파생된 생생한 비유적 표현이었다.[4] 그런데 원칙상으로는 이렇게 비슷해도 재정의무의 역사 자체는 그것이 적용된 사회계층에 따라 당연히 아주 상이한 길을 걷게 되었다. 지금 현재로서는 가신이 지불하는 타유만이 우리 관심의 대상이다.

이러한 타유의 발단을 이룬 것은 단순히 선물—특별한 경우에, 그리고 어느 정도는 호의에서 우러나와—을 바치는 관습이었다. 독일도 롬바르디아 왕국 지배하의 이탈리아도 이 단계를 넘어선 적은 한번도 없었던 듯하다. 『작센슈피겔』의 한 의미심장한 구절에서는 가신은 아직까지도 영주에게 "선물로써 봉사하는" 모습으로 등장한다. 이 두 나라에서는 가신제의 유대관계가 그다지 강력하지 못했으므로 가신이 일단 본원적인 봉사를 제대로 수행하고 나면 영주가 그 이상의 도움을 바라더라도 단순하게 요청하는 데에 그쳤지 이를 명령으로 강요할 수는 없었다.

반면 프랑스에서는 사정이 달랐다. 이 나라에서는 11세기 말엽 또는 12세기 초엽에—다시 말해 가신층 이외의 사회계층 사이에서 하층신분의 타유라는 의무형태도 역시 널리 보급된 시기이자, 또한 좀더 일반적으로 말해서 화폐의 유통이 그 어느 곳에서나 더욱 활발해지는 동시에 결과적으로 우두머리들의 화폐 수요가 더욱더 절박해지고 화폐 납부의무를 진 사람들의 지불능력이 더욱더 확대된 시기였던 바로 이때

---

4) 그러나 잉글랜드에서 이들 용어는 결국은 사회적 계층을 가리키는 것이 되어 버렸다. 즉 '부조'라는 말은 가신에게만, '타유'라는 말은 신분이 더 낮은 종속민에게만 쓰이게 되었다.

에—관습의 작용으로 인하여 화폐 납부는 의무화되었으며, 이와 동시에, 말하자면 그에 대한 보상책으로서 화폐의 납부가 요청되는 특정한 경우가 정해지게 되었다. 그리하여 1111년에 앙주의 한 봉토에는 이 "네 가지 정당한 타유"가 부과되어 있었다. 이는 영주가 사로잡혔을 경우 그의 몸값을 대기 위해, 영주의 장남이 기사로 서임될 때, 영주의 장녀가 결혼할 때, 영주가 토지를 구입하지 않으면 안 될 때 내는 타유를 말하였다.[5]

맨 나중에 이야기한 경우는 너무나도 자의적인 적용조건이었기 때문에 대부분의 관습에서 단시일 안에 자취를 감추었다. 그에 반해 처음에 든 세 가지 경우는 거의 어디에서나 인정되고 있었다. 때로는 다른 경우가 덧붙기도 했는데, 그것은 특히 십자군을 위한 부조 또는 영주 자신이 자기의 상급영주한테서 '타유를 부과' 받았을 때 그 영주가 징수했던 타유를 말한다. 이렇게 하여, 이미 상속세라는 형태로 존재하고 있던 금전적 요소가 충성과 봉사 행위에 바탕을 둔 유서 깊은 인간관계 속으로 점점 더 깊숙이 스며들어갔다.

금전적 요소는 또 다른 경로를 통해서도 이 관계 속으로 들어올 수밖에 없게 되어 있었다. 때에 따라서는 불가피하게 군사적 봉사가 수행되지 못하는 경우도 생겼다. 그럴 때 영주는 벌금, 곧 배상금을 요구하곤 했으며 경우에 따라서는 가신이 이를 미리 내놓는 수도 있었다. 이 배상금도 '봉사'(sevice)라고 일컬어졌는데, 이는 의무 불이행에 대한 배상금으로 납부되는 것을 바로 이 배상금 납부에 따라 면제되는 그 의무와 동일한 명칭으로 즐겨 부르던 중세의 언어적 습관에 따른 것이었다.

---

5) 마르슈게(Marchegay)가 복원한 생 세르주 수도원의 첫 「기록집」. Arch. Maine-et Loire, H., fol. 293. 당연한 말이겠지만, 교회봉토의 경우는 이 것과도 또 달랐다. 예를 들어 바이외의 주교에게 종속하는 봉토에 대해서는 주교의 로마 여행, 대성당의 수리, 주교관저의 화재 등의 명목으로 타유가 징수되고 있었다. Gleason, *An Ecclesiastical Barony*, p.50.

또는 프랑스에서는 '군무(軍務) 타유'라고 불리기도 하였다.

실제로는 이렇게 화폐로써 의무를 면제하는 관행이 널리 적용된 대상은 두 종류의 봉토에 지나지 않았다. 즉 무기를 손에 잡기에 적합하지 않은 종교단체의 수중에 들어간 봉토가 그 하나였고, 다른 하나는 가신제의 징모제도가 불완전하다는 점마저도 능란하게 이용하여 자신의 이익을 도모하는 데에 돌리고 있던 대(大)군주권에 직속하는 봉토였다. 대부분의 봉건적 보유지에 대해서는 13세기 이래 군사적 의무의 강제성이 그냥 단순히 약화해갔을 뿐이며, 군무를 대체하는 세금이 부과되는 일은 없었다. 끝내는 금전적 부조의 관행조차 행해지지 않는 경우가 잦아졌다. 봉토는 자질 좋은 봉사자를 확보하는 역할도 할 수 없게 되었지만, 그렇다고 해서 이 봉토가 그 대신에 웬만큼 오랜 세월 동안 풍족한 수입원 구실을 해주었던가 하면 그것도 아니었다.

관습상 대개 영주에게는 가신의 맹세에 맞먹을 만한 구두 또는 문서상의 약속을 제공할 의무가 없었다. 상급자로부터의 이같은 약속은 훗날에 가서야 비로소 나타났을 뿐 아니라, 나타났더라도 언제나 예외적인 현상에 지나지 않았다. 따라서 우두머리의 여러 의무를 종속자의 의무처럼 그렇게 자세하게 규정할 기회가 없었다. 더구나 보호의무는 여러 가지 봉사만큼 그렇게 정확히 설명하기에는 적합하지 않았다.

가신은 '살고 또 죽는 모든 사람들에 대해서, 그리고 그들에 맞서서' 영주로부터 보호받게 될 것이다. 무엇보다도 특히 그의 신체를, 또한 재산을, 그리고 그 중에서도 좀더 특정하게는 봉토를 말이다. 그뿐 아니라 가신은 이 보호자에게서—나중에 살펴보게 되겠지만 이 보호자는 재판관이 된다—유리하고 신속한 재판을 기대할 수 있다. 여기에다가 극도로 무정부적이었던 그 당시 사회에서 유력자의 후견을 받음으로써 정당하게든 부당하게든 확보할 수 있었던 측량할 수 없으면서도 귀중한 여러 가지 이득을 덧붙여야겠다. 이 모든 것은 결코 무시할 수 없는 소중한 것이었다.

그럼에도 불구하고 결국 가신의 의무는 그가 받는 혜택에 비해 이론

(異論)의 여지가 없을 만큼 더 무거웠다. 봉사에 대한 급여였던 봉토는 원래 그 수여자와 피수여자 사이의 관계를 균형잡힌 것으로 만들어주는 구실을 하였다. 하지만 봉토가 실제로 세습재산으로 전환되면서 그 본래의 기능이 잊혀지게 됨에 따라 양자 사이의 부담의 불공평은 더욱 더 심각한 것으로 여겨지게 되었으며, 따라서 이 불균형으로 말미암아 손해를 입은 사람들에게 자기네의 부담을 줄이고자 하는 욕구는 더욱 더 강렬해져만 갔다.

2. 혈연적 유대의 대안으로서의 가신제

그러나 오로지 이러한 대차대조표에만 관심을 기울여서는 가신제 유대의 심층적 본질에서 크게 빗나간 이미지밖에 얻지 못할 것이다. 인격적 종속의 관계가 역사에 등장하게 된 것은 혈족의 연대관계가 충분한 효력을 가지지 못하게 된 상황에서 이에 대한 일종의 대안 또는 보완물로서였다. 10세기의 앵글로색슨법에 따르면 영주를 섬기지 못하는 사람은 그의 친족단이 그를 책임져주지 않는 한 법의 보호를 받지 못하는 자가 되었다.[6]

가신은 영주에 대해, 영주는 가신에 대해 오랫동안 일종의 보완적 친족의 구실을 하고 있었으며 그들 상호간의 의무와 권리는 흔히 혈연으로 맺어진 근친들간의 의무 및 권리와 동일하였다. 프리드리히 바르바로사 황제가 그의 여러 평화령(平和令, constitution de paix)들 가운데 한 군데에서 말하고 있듯이 방화범이 성채 속으로 도망쳐와서 은신하고자 할 때 이 요새의 주인은 스스로 공범자로 간주되지 않으려면 그 도망자를 넘겨주어야만 했다. "단, 도망자가 자신의 영주도 가신도 근친도 아닌 경우에 한해서" 그러하였다.

노르망디의 가장 오래된 관습법전은 영주가 가신을 살해한 경우와

---

6) 이 책의 pp.428~29를 참조하라.

가신이 영주를 살해한 경우를 다루면서 이같은 범죄를 근친집단의 내부에서 행해진 가장 가공할 만한 살인과 구분하지 않은 채 이들을 동일한 조항 속에 함께 묶어 다루었는데, 이 또한 전혀 우연한 일이 아니다. 가신제의 이와 같은 준(準)가족적 성격으로 인하여 습속에서나 법률적 규정에서나 몇 가지 지속적인 특징이 생겨나게 되었다.

같은 혈족에 속하는 사람들의 제일차적인 의무는 복수였다. 신종선서를 바친 사람이나 받은 사람의 경우도 마찬가지였다. 게르만어로 된 옛 주석에서는 이미 라틴어의 울토르(ultor)——복수자——를 옛 고지(高地) 독일어로 소박하게도 문트포로(mundporo), 곧 보호자라고 옮기고 있지 않았던가.[7]

친족단과 가신제적 유대 사이의 본분의 동일성은 이렇듯 사적(私的)인 복수의 의무라는 출발점에서 시작하여 재판관 앞에 이를 때까지 계속해서 모습을 보이고 있었다. 12세기 잉글랜드의 관습법전에 따르면, 설사 살인의 경우라고 할지라도 죽은 이의 근친이나 죽은 이와 신종선서를 주고받은 영주 또는 가신이 아닌 한, 스스로 범죄현장에 있었던 사람을 제외하고는 어느 누구도 이 사건의 고발자가 될 수 없었다. 이 의무는 가신에 관해서는 영주에게, 영주에 관해서는 가신에게 한결같은 구속력을 가지고 부과되었다.

그렇지만 여기에서도 이 종속관계의 정신에 썩 잘 어울리게, 등급의 차이가 눈에 띌 정도로 나타났다. 우리가 『베오울프』라는 시를 믿는다고 할 때, 옛 게르마니아에서는 살해된 주인의 종사들이 인명배상금 가운데 각자의 몫을 가질 수 있었던 것 같다. 그러나 노르만 왕조 치하의 잉글랜드에서는 이미 그렇지 않았다. 즉 영주는 가신의 살해에 대한 책임으로 납부되는 배상금 중에서 자기 몫을 차지한 데에 반해, 가신은 영주의 살해에 대해 부과되는 배상금 가운데에서 아무것도 받지 못하였다. 종속자의 죽음에 대해서는 주인에게 대가가 지불되었으나 주인

---

7) Steinmeyer et Sievers, *Althochdeutschen Glossen*, I, pp.268, 23.

의 죽음에 대해서는 종속자에게 아무 대가도 지불되지 않았던 것이다.

기사의 아들이 자기 부모의 집에서 양육되는 일은 드물었다. 관습법—봉건시대의 습속이 어느 정도의 힘이라도 가지고 있는 한 이 관습법은 존중되었다—상으로는, 아들이 아직 어리더라도 아버지는 이 아들을 자기의 영주나 또는 자기의 여러 영주들 가운데 한 사람에게 맡겨야 했다. 소년은 이 우두머리의 곁에서 시동으로서의 임무를 수행하면서 수렵과 전쟁의 기술들을 습득해갔으며, 그 다음에는 궁정식의 생활을 익혀갔다. 이를테면 역사상으로는 플랑드르 백작 필리프(comte Philippe de Flandre)[*2]의 집안에서 양육된 젊은 아르눌 드 긴(Arnould de Guines)이, 그리고 전설상으로는 샤를마뉴를 그렇게도 잘 섬겼다는 어린 소년 가르니에 드 낭퇴유(Garnier de Nanteuil)가 바로 그런 인물들이다.

> 임금님이 숲에 행차하실 땐 아이도 따라 모신다.
> 때로는 임금님 활을 메고 또 때론 등자 잡고.
> 임금님이 강가에 가실 땐? 가르니에도 뒤따르지.
> 때로는 매를 데리고, 또 때론 두루미 잘 잡는 송골맬 데리고.
> 임금님이 자리에 드실 땐 가르니에는 베갯머리 앉아
> 즐겁게 해드리느라 시도 읊고 가락도 읊고.

중세 유럽의 다른 사회들에도 비슷한 관습이 알려져 있었는데, 거기에서도 역시 이 관습은 영주와 가신이 서로 멀리 떨어져 있음으로 해서 아예 끊겨버릴 위험을 언제나 안고 있던 가신제의 유대관계를 젊은이들에 의하여 다시 살아나게끔 하는 역할을 맡고 있었다. 그러나 아일랜드의 '위탁양육제'(fosterage)는 무엇보다도 어린아이와 그의 모계씨족

---

*2 재위 1168~91. 알자스의 필리프라고도 하며 프랑스 왕 루이 7세가 사망한 후 섭정이 되었다.

사이의 결속관계를 튼튼히 하고, 때로는 학식 있는 성직자 단체에게 교육상의 특권을 확립해주는 구실을 한 것으로 보인다.

스칸디나비아인들 사이에서는 자기 영주의 자손들을 양육할 의무가 충성서약자들에게 부과되어 있었다. 그런 까닭에 사가(saga)의 이야기로는, 자신이 잉글랜드의 국왕 애설스탠을 복종시키고 있다고 자처하던 노르웨이의 왕 하랄(Harald)*3이 이것이 사실임을 만인의 눈앞에 분명히 드러내보이고 싶은 생각이 들었을 때, 그가 찾아낸 가장 좋은 방법은 곧 자기 아들을 느닷없이 이 전혀 내켜하지 않는 양아버지의 무릎 위에 앉혀버리는 일이었던 것이다.

봉건세계의 독창성은 아래에서 위로 향하는 관계를 생각해냈다는 점에 있다. 이렇게 해서 약정된 대로 경의와 감사를 표할 의무는 매우 강력한 것으로 생각되고 있었다. 일찍이 '어린 시동'이었던 사람은 자기가 영주의 '피양육자'(被養育者, nourri)였다는 사실을 평생토록 기억하게 될 것임에 틀림없었다. 이같은 피양육이라는 현상도 또 이를 가리키는 말도 갈리아 지방에서는 프랑크 시대부터 나타나기 시작했으며, 이는 코민의 저작에도 다시 등장하고 있다.[8]

물론 다른 경우와 마찬가지로 이 경우에도 현실은 흔히 명예의 규칙을 깨뜨려버리곤 하였다. 그러나 우두머리의 집에서 숙식을 제공받으며 살던 시절—초기의 가신제는 이같은 삶을 통해 가장 확실한 인간적 가치를 끌어냈다—의 편린을 가신의 각 세대가 이어질 때마다 그들에게 되살아나게 하던, 또한 그런 동시에 영주들에게는 귀중한 볼모를 수중에 잡아둘 가능성을 제공해주던 이 위탁양육제라는 관습의 유

---

*3 1066년에 잉글랜드에 침입해서 스탐퍼드 브리지에서 전사한 인물. 이 책 p.126의 역주 24 참조.

8) Flodoard, *Hist. Remensis eccl.*, III, 26(*SS.*, t. XIII, p.540) ; *Actus pontificum Cenomannensium*, pp.134~35에도 이미 그같은 표현이 나옴을 참조하라(616 : nutritura) ; Commynes, VI, 6(éd. Mandrot, t. II, p.50).

용성을 어찌 송두리째 부인할 수 있겠는가.

개인이 스스로 자기 인격의 주인이 되기가 그렇게도 어려웠던 이 사회에서 결혼—여기에는 우리가 이미 알고 있다시피 하고많은 이해관계가 얽혀 작용하고 있었다—은 여간해서 개인의 자유의사에 따른 행동이라는 모습을 가질 수 없었다. 결정권은 무엇보다도 아버지에게 맡겨져 있었다. "그는 살아 생전에 아들이 장가가는 모습을 보고 싶어하였다. 그래서 아들에게 귀족의 딸을 사주었다"라고 『성 알렉시스의 생애』(*Poème de Saint Alexis*)*4에는 단도직입적으로 표현되어 있다. 때로는 아버지와 함께, 그러나 대체로는 부친이 이미 사망한 경우에 특히 심하게, 근친들이 결혼문제에 간섭하기도 하였다. 그리고 가신의 자녀가 고아가 되었을 때에는 영주가 개입하기도 했으며, 심지어는 영주가 결혼할 때 그의 가신들이 참견하기도 하였다. 그러나 이 맨 나중에 말한 경우, 사실대로 말하면 결혼에의 개입이라는 규칙은 그저 단순한 격식 차리기의 범위를 결코 벗어나지 못하였다. 즉 모든 중대한 상황에서 제후는 자기 가신들의 의견을 들어야만 했으며 결혼의 경우에는 특히 그러하였다.

그런 반면 가신에 대한 영주의 권리는 훨씬 더 명확하게 규정되었다. 이 전통은 가신제의 가장 오래된 기원에까지 거슬러 올라가는 것이었다. 5세기에 작성된 서고트족의 법에는 "만일 사병(私兵, buccellarius)이 딸 하나밖에 남기지 않았을 때에는 이 딸은 보호자의 통제권 아래 머물러야 하며, 보호자는 이 딸에게 동등한 신분의 남편을 얻어주어야 할 것임을 짐은 명한다. 그러나 만일 이 딸이 보호자의 의사에 어긋나게 스스로 배필을 선택한 경우에는 딸의 아버지가 이 보호자한테서 받은 일체의 증여물을 보호자에게 반환할 것을 명한다"9)라고 규정되어

---

*4 11세기 중엽에 프랑스어 운문으로 씌어진 성자전.

9) *Codex Euricianus*, c. 310. 이에 반해 757년 콩피에뉴의 종교회의에 등장하는 한 바살은 그가 잇따라 섬기게 된 두 주인의 주선으로 결혼했던 인물이

있다.

봉토의 세습제—이는 위의 문서 가운데 다른 곳에서 이미 초보적인 형태로나마 제시되어 있다—는 영주에게 결혼을 감시해야 할 또 하나의, 그리고 아주 강력한 이유를 제공하였다. 즉 토지가 여자의 수중에 들어간 때에는 그 혼인으로 인하여 영주가 애초의 가계와는 관계가 없는 충성서약자를 억지로 거느려야 하는 결과가 생기곤 했기 때문이다. 그러나 결혼을 통제하는 영주의 권한이 완전히 발달했던 곳은 가신제의 진정한 모국이었던 프랑스와 로타링기아, 그리고 봉건제가 이식되었던 여러 나라들뿐이었다.

물론 기사 신분의 가문들만이 이러한 종류의 간섭을 감수해야 되었던 것은 아니다. 왜냐하면 다른 많은 사람들도 다른 여러 유대관계를 통해서 영주제적 성격을 지닌 권위의 지배를 받고 있었으며, 때로는 국왕 자신들도 국왕으로서 최소한 자기의 여자 백성의 혼사문제 정도는 자유로 처분할 권리를 스스로 가지고 있다고 생각하고 있었기 때문이다. 그러나 다른 등급의 종속자들에 대해서는 권력의 남용으로 여겨지던 관습이 가신들에 대해서는—그리고 때로는 또 한 부류의 인격적 종속자들인 농노들에 대해서도—거의 보편적으로 정당한 것이라고 간주되고 있었다.

"과부나 딸들이 짐에게서 '사슬갑옷의 봉토'(fief de haubert : 이것은 수령자가 사슬갑옷을 입고 복무하는 것을 특징으로 하는 군사적 봉토를 뜻한다)를 전부이든 일부이든 간에 받아서 보유하고 있지 않는 한, 짐은 이들을 자신들의 의사에 반해서 결혼시키지 않을 것이다"라고 필리프 오귀스트 왕은 팔레즈(Falaise)와 캉[*5]의 주민들에게 약속한 바 있다. 원칙적으로는 영주와 결혼 당사자의 혈족성원들의 의견이 일치

기는 하지만 그는 바살이라는 말의 원래 의미에 상응하는 단순한 노예였으며, 여기에서는 관심의 대상이 되지 않는다.

[*5] 팔레즈와 캉은 모두 노르망디 반도 아래쪽에 위치한 도시들이다.

하는 것이 바람직한 일이었다. 예를 들어 사람들이 13세기에 오를레앙의 관습법 속에 규정해 넣어서 조직적으로 실시하고자 노력하고 있었던 것도 이같은 협력이요, 잉글랜드의 국왕 헨리 1세[*6] 치하에서 증여된 흥미로운 한 국왕증서에 등장해 있는 것도 바로 이 협력이다.[10]

그러나 영주가 강력한 경우에는 모든 경쟁세력을 억눌러버릴 수 있었다. 플랜태저넷 왕조 치하의 잉글랜드에서는 원래 후견제의 원칙에서 비롯되었던 이 제도가 마침내 막되어먹은 흥정거리로 전락하고 말았다. 국왕이나 제후들은——그 중에서도 특히 국왕들은——결혼시켜야 할 남녀 고아들을 서로 앞다투어가면서 증여하거나 팔거나 하였다. 경우에 따라서는 마음에 들지 않는 배필을 강요당하게 되지 않을까 겁먹은 과부가 이 후보자를 거절할 수 있는 허가를 얻기 위해 그 대가로 거액의 현금을 지불하곤 하였다. 여기에서 보듯, 유대관계는 점차 해이해져가고 있었지만 그렇다고 해서 가신제가 거의 모든 인격적 보호체제에 여차하면 어두운 그림자를 드리우곤 하는 또 다른 위험, 곧 강자가 약자를 착취하는 기제로 변질해버리고 말 위험을 완전히 벗어날 수 있었던가 하면 그것은 전혀 아니었던 것이다.

3. 쌍무성(雙務性)과 계약의 해소

가신제 계약은 본질적으로 신분이 서로 동등하지 않은 두 사람을 결합시켜주고 있었다. 노르망디의 옛 법에서 내려진 규정은 이를 무엇보다 웅변적으로 증명해준다. 즉 가신을 살해한 영주와 영주를 살해한 가신은 양자 모두 죽음으로 처벌받기는 하지만 그 중에서도 치욕적인 교

---

*6 재위 1100~35. 노르만 왕조의 개창자인 윌리엄 정복왕의 아들. 사법·행정 제도를 정비하고, 형인 노르망디 공 로베르와 싸워 노르망디를 빼앗았다.

10) *Ordonnances*, t.XII, p.295 ; *Et. de Saint Louis*, I, c. 67 ; Stenton, *The First Century of English Feudalism*(1066~1166), pp.33~34.

수형이라는 처벌이 내려지는 것은 우두머리를 죽인 가신에 한해서였는데, 이를 보더라도 우두머리에 대한 범죄가 가장 흉악한 것으로 여겨지고 있었음에 틀림없다.[11]

그러나 영주와 가신 쌍방간에 요구되는 의무부담이 아무리 불균등한 것이라 할지라도, 그래도 역시 이들 의무부담은 불가분의 전체를 이루고 있었다. 즉 가신의 복종은 영주가 자신의 약속을 빈틈없이 지킨다는 조건하에서 이루어지고 있었다. 비록 상호 불평등한 의무이기는 하지만 어쨌건 의무에서의 이같은 상호성은 11세기에 이미 퓔베르 드 샤르트르의 저술 속에서 뚜렷한 모습으로 제시된 것을 비롯해서 끝까지 아주 강력하게 의식된 사항이었으며, 유럽 가신제의 참으로 독특한 특징이었다.

유럽 가신제는 이 쌍무성으로 인하여 고대의 노예제도와 구별되고 있었을 뿐 아니라, 예를 들어 일본 문명과 같은 유럽 이외의 문명이라든가 더 나아가—유럽에 더욱 가까운 곳으로 와서—진정한 봉건제가 발달한 지역에 인접한 몇몇 사회 같은 곳에서 고유하게 나타나고 있던 자유로운 종속관계의 여러 형태와도 아주 근본적으로 달랐다. 바로 의식(儀式) 자체부터가 이러한 대조를 유감없이 보여주고 있다. 즉 러시아 봉사인(gens de service, служилые люди)[*7]들의 인사였던 '부복'(俯伏, salut frontal)이나 카스티야 전사(戰士)들의 인사였던 손에 입맞추기 등과 프랑스인들의 신종선서는 전혀 다른 것이었다. 신종선서는 서로 손을 맞잡는 동작과 서로 입을 맞추는 행위를 포함함으로써 영주로 하여금 그저 무엇이든 일방적으로 받기만 하게 되어 있는 주인에 불과한 존재라기보다는 진정한 계약의 당사자가 되게 하고 있었기 때문이다. "가신이 신종선서를 바침으로써 자기 영주에게 성실과 충성의 의

---

11) *Très ancien Coutumier*, XXXV, 5.

*7 무장가신을 비롯하여 지배계급의 일원으로서 군주에게 봉직하던 사람들을 가리킨다.

무를 지는 만큼, 영주 또한 자기 가신에게 성실과 충성의 의무를 진다"
고 보마누아르는 말하고 있다.

그런 한편, 이러한 계약을 성립하게 하였던 장중한 의식은 너무나도
막강한 구속력을 가지고 있어서, 사람들은 가장 악질적인 계약 위반행
위가 저질러진 경우에조차 이 계약의 효력을 소멸시킬 수 있으려면 반
드시 계약 취소라는 역(逆)의 의식에 의거해야만 된다고들 생각하고 있
었던 것으로 보인다. 적어도 옛 프랑크 왕국의 지배하에 들어 있던 지
역에서는 그러하였다.

로타링기아와 북부 프랑스에서는 신종선서 취소의 의식이 모습을 갖
추었는데, 이 취소 의식에서는 그 옛날 살리 프랑크족 사이에서 친족관
계를 부인할 때 쓰였던 동작에 대한 기억이 아마도 되살아나 있었던 것
으로 추정된다. 이 취소절차는 영주들 사이에서는 가끔씩 쓰였고 가신
들 사이에서는 더욱 빈번하게 채택되었는데, 이들은 '성실계약 위반자'
(félon)인 상대방을 자기로부터 멀리 '던진다'는 의도를 천명하면서,
나무의 잔가지라든가—이 경우 때로는 가지를 꺾어 분지른 뒤에 그렇
게 하였다—아니면 자기 망토의 실오리를 땅바닥에 격렬하게 집어던
졌던 것이다. 단, 계약 취소의 의식이 신종선서 의식 자체만큼, 다시
말해 이 취소 의식에 의해 효력이 파괴되게끔 되어 있는 바로 그 의식
만큼 유효한 것이 되려면 후자의 예에 따라 두 당사자를 그 자리에 나
와 있게 해야 되었다.

이것이 행해지는 데에는 위험이 따르지 않을 수 없었다. 따라서 당
사자들은 '지푸라기'를 집어던지는 동작(이것은 습관의 단계에서 규칙
의 단계로 넘어가기도 전에 이미 소멸되어버렸다) 대신 차라리 문서나
통고사(通告使)를 통한 단순한 '도전'(defidatio, défi)—이 낱말의 어
원인 충성의 거부라는 뜻에서—을 점점 더 선호하게 되었다. 꼼꼼한
것을 무엇보다도 싫어하는 사람들은(그들은 수효도 적지 않았다) 당연
히 미리 선언도 하지 않은 채 그냥 그대로 전쟁상태로 들어가버리곤 하
였다.

그러나 대개의 경우 인적 유대는 상응하는 물적 유대를 수반하고 있었다. 가신제가 일단 무너지게 되면 봉토의 운명은 어떻게 되었을까. 잘못이 가신 쪽에 있었을 때에는 아무 어려움이 없었다. 즉 토지는 피해를 입은 영주에게로 되돌아갔다. 이것이 이른바 봉토의 '몰수'(commise)라는 것이었다. 프리드리히 바르바로사 황제가 하인리히 사자공의 봉토에 대해서, 그리고 필리프 오귀스트 왕이 존 실지왕의 봉토에 대해서 취했던 봉토의 '상속권 박탈' 조치는 그 중에서도 가장 유명한 실례이다. 이와는 반대로 계약 파기의 책임이 영주에게 있는 듯이 보일 때에는 문제가 더욱 미묘하였다. 봉토는 봉사에 대한 급여였으므로 이제 봉사가 제공되지 않게 된 이상 봉토도 존재이유를 상실하게 되었음은 분명하였다. 그러나 아무런 잘못도 없는 사람에게서 어떻게 생계수단을 빼앗아가버릴 수 있겠는가.

충성관계가 위계서열을 가지고 있다는 사실이 이 당혹스러운 사태의 해결을 가능하게 해주었다. 자격 없는 영주의 모든 권리는 이 영주 자신의 (상급—옮긴이)영주의 수중으로 넘어갔다. 마치 사슬의 고리가 하나 빠지고 난 다음 그 위의 고리가 그 아래의 고리와 이어짐으로써 다시 틈을 메우게 되는 것처럼 말이다. 하기야, 사슬 가운데 가장 높은 곳에 위치한 고리인 국왕에게서 직접 봉토를 받아 보유하고 있는 경우에는 이러한 해결방법은 통용될 수 없었다. 그러나 국왕에 대해서는 신종선서의 거부가 결코 영속적일 수 없다는 것을 누구나 다 인정하고 있었던 것으로 보인다.

오직 이탈리아만은 이 일반론에서 벗어나 있었다. 이곳에서는 영주가 저지른 '성실계약 위반'의 희생이 된 가신은 자신의 봉토가 자유토지로 바뀌는 것을 그냥 보고 있을 수밖에 없었다. 이는 가장 엄격한 의미에서의 봉건적인 개념들이 이곳 이탈리아에서는 거의 힘을 가지지 못했다는 것을 보여주는 여러 특징들 중에서도 유달리 두드러진 특징이었다.

카롤링거 왕조의 입법자들은 당시의 판단기준으로 보아 가신이 영주를 저버려도 정당하다고 여겨질 수 있는 것은 영주가 어떤 잘못을 저지른 경우인가를 규정하고 있었다. 이들 규정은 사람들의 기억에서 완전히 사라져버린 것이 아니었다.

서사시 『라울 드 캉브레』 중에서 라울의 '피양육자'였던 베르니에는 증오심을 품을 만한 이유가 셀 수 없이 많았음에도 불구하고 주인을 버리지 않고 있다가 라울에게 일단 구타를 당하고 나자 비로소 그를 거부하였다. 그런데 카롤링거 왕조의 한 칙령은 이렇게 규정한 바 있었다. "영주한테서 1솔리두스어치의 물건이라도 받고 난 다음에는 아무도 자기 영주를 버려서는 안 된다. ……단, 이 영주가 몽둥이로 자신을 구타한 경우를 제외하고는." 계약의 파기가 이루어지게끔 하는 이 동기는 그보다 좀 나중에 궁정풍의 한 로망스 속에서도, 봉건적인 번잡스러운 규정들에 관한 갑론을박이 오고 간 어떤 기묘한 논의의 과정에서 논거로 제시되고 있었고 또한 13세기에 프랑스의 갖가지 관습법전에서도 여전히 명백하게 유지되어 있었으며, 그 다음 세기 초에 발루아 왕조 첫 왕의 고등법원이 작성한 문서에서도 역시 마찬가지였다.[12]

그러나 봉건시대에는 지난날의 법적 규정들 가운데 가장 확고한 것들조차, 불확정적인 전통의 일부라는 형태로밖에 살아남지 못하였다. 법전이 도덕률의 막연한 집대성으로 변해버림으로 말미암아 초래된 자의적인 행위는 법률 해석을 고정시키고 강제적으로 부과할 수 있는 능력을 가진 존재인 재판소의 영향력에 의해 분쇄될 수도 있었을 것이다. 실제로 몇몇 재판소는 원칙적으로 이러한 논쟁이 벌어질 수 있는 장(場)이었다.

무엇보다도 우선적으로 그러한 재판소 역할을 한 것은 사실상 바로 가신들 자신으로 구성된다고 할 수 있는 영주법정이었는데, 가신들이

---

12) *Le Roman de Thèbes*, éd. L. Constans, t. I, v. 8041 et suiv. et 8165 et suiv. ; Arch. Nat., X 1ᴬ, 6, fol. 185 ; O. Martin, *Histoire de la coutume de la prévôté et vicomté de Paris*, t. I, p.257, n. 7을 참조하라.

야말로 그들의 주인인 영주와 그들의 동배인 가신들 사이에서 벌어지는 법적 소송의 당연한 재판자로 여겨지고 있었다. 그리고 그보다 높은 다음 단계에는 순서에 맞춰, 바로 영주 자신이 신종선서를 바친 더 지체 높은 수장의 법정이 존재하고 있었다. 비고르(Bigorre)*8의 관습법처럼 일찍부터 성문화된 몇몇 관습법은 가신의 '이탈'이 정당한 것으로 여겨질 때까지 가신이 반드시 준수해야만 하는 절차를 지정하는 데에 골몰하고 있었다.[13]

그러나 봉건제의 커다란 결함은 진정으로 시종일관하고 효율적인 사법제도를 구축할 능력이 없었다는 바로 그 점이었다. 실제로는 자신의 권리에 대한 침해라고 여겨지거나 짐짓 침해인 척 여기고 있던 것의 희생자가 된 개개인이 절연을 결정하곤 했으며, 갈등의 결말은 당사자들의 세력의 강약에 따라 좌우되곤 하였다. 그것은 마치 이혼의 사유가 당사자들 사이에서 미리 확고하게 규정되지도 않았고, 이혼 사유를 적용해서 판결할 재판관도 존재하지 않은 상황에서 이혼으로 끝나게 될 결혼과도 같은 것이었다.

---

*8 프랑스 남서부의 옛 지역, 현재의 오트 피렌 주의 대부분에 해당한다.

13) Fourgous et Bezin, *Les Fors de Bigorre*(Travaux sur l'histoire du droit méridional, fasc. 1, 1901), c. 6.

제7장

가신제의 역설

1. 증거상의 모순들

유럽 가신제의 역사가 불러일으키는 하고많은 특수한 문제들의 저편에는 이것들 모두를 지배하는 하나의 거대한 문제가 있다. 그것은 사회적 접착제였던 이 가신제가 사람들의 행위나 심정에서 지니고 있던 진정한 힘은 무엇이었던가 하는 문제이다. 그런데 이 점에 관해 기록문서들을 살펴볼 때 받게 되는 첫인상은 기이한 모순의 인상으로서, 우리는 이 모순을 사실 그대로 직시하지 않으면 안 된다.

가신제도를 찬양하는 감동적인 시편을 찾아내기 위해서는 그리 오랫동안 고심해가며 사료를 뒤적일 필요도 없다.

문헌사료들 속에서 가신제도는 무엇보다도 먼저 아주 귀중한 유대관계로서 찬양되고 있다. '가신'이라는 낱말의 일반적인 동의어는 '벗'이며, 아마도 켈트어 계통인 것으로 추정되는 '드루'(dru)라는 옛 명사 또한 거의 동일한 뜻으로서 더욱 빈번하게 쓰이고 있었다.

그러나 이 '드루'라는 말에는 좀더 정확하게 말해 선택이라는 함축적인 뜻이 내포되어 있었다. 왜냐하면 이 말은 연애관계에는 때로 적용되기도 했지만 '벗'이라는 말과는 달리 친족관계에까지 확대되어 적용되는 일은 없었기 때문이다. 게다가 이 낱말은 갈리아-로망스어와 독일어에 공통된 단어로서 봉건시대를 통틀어 대다수의 문헌사료들이 이 점에서 일치를 보이고 있다. 갈리아 지방의 주교들은 이미 858년에 루트비히 독일인왕(Ludwig der Deutsche)*1에게 이렇게 말하고 있다. "최후의 날에 폐하를 도울 자는 처도 자식도 아닐 것이며, 폐하께 구원을 가져다 줄 자는 드루나 가신들 같은 수행원 집단도 아닐 것입니다."

애정은 가신에게서 영주를 향해 바쳐지는 것이기도 했지만 또 그만큼 영주에게서 가신을 향해 쏟아지는 것이기도 했음은 말할 필요도 없다. "지라르는 샤를마뉴 황제의 최우선 가신이 되었다. 그때 황제가 우정과 장원을 선사하였다"고, 프랑스의 서사시에 나오는 한 등장인물은 말하고 있다. "그건 문학작품 아니냐"고, 증서의 메마른 목소리밖에는 도대체 아무것도 들으려 하지 않는 역사가들은 외칠지도 모르지만 그것은 아무래도 좋다. 생 세르주(Saint-Serge)의 수도사들이 전하는 바에 따르면 앙주 지방의 한 시골귀족은 "나는 이 땅의 영주이다. (왜냐하면 이 땅을 소유하고 있던 인물인) 조프루아가 이 땅을 우정 어린 마음과 함께 나에게서 봉토로 받았으므로"라고 말했다고 하니 말이다.

더구나 서로 상대방이 없는 인생 같은 것은 생각조차 할 수 없을 정도로 마음과 마음이 진정으로 결합한 상태를 그토록 솔직하고도 단순하게 표현하고 있는 『동 드 마양스』(*Doon de Mayence*)*2 중의 다음 시구들이야말로 어떻게 무시해버릴 수 있겠는가.

> 내 영주께서 죽임당하시면 나 또한 죽임당하려 한다.
> 교수형 받으시거든 그분과 함께 내 목도 매달라.
> 그분께서 화형당하시면 나 또한 불타버림당하려 한다.
> 물에 빠져 돌아가시거든 그분과 함께 나도 물에 던지라.[1]

---

*1 루트비히 경건왕의 차남으로 동프랑크 왕국의 왕. 재위 843~876.
*2 마양스는 독일의 마인츠를 말한다.

한편 이 유대는 흔들리지 않는 헌신을 요구하고 있으며 『롤랑의 노래』에서 표현하고 있듯이 가신이 주인을 위해 "더위에도 또 추위에도" 견뎌낼 것을 요구하고 있다. "나는 당신께서 사랑하는 사람을 사랑하고 당신께서 미워하는 사람을 미워하겠습니다"라고 앵글로색슨족의 한 탁신자는 맹세하고 있다. 대륙의 다른 여러 문헌사료에는 "당신의 친구는 나의 친구가, 당신의 적은 나의 적이 될 것입니다"라는 구절이 있다. 모범적인 가신의 으뜸가는 의무는 당연히 자신의 우두머리를 위해 손에 칼을 들고 죽을 줄 아는 일이다. 이는 순교자의 운명이며 천국의 문을 열어주는 것이기 때문에 무엇보다도 선망의 대상이 되는 운명이다.

그렇게 말하고 있는 것은 누구인가? 시인인가? 물론이다. 하지만 그뿐 아니라 교회도 그렇게 말하고 있다. 한 기사가 협박을 받고 자기 영주를 죽였다. 그러자 한 주교는 1031년에 열린 리모주 종교회의의 이름으로 이와 같이 선언하고 있다. "그대는 주인을 위해 죽음을 받아들여야 했을 것이다. 그러했더라면 그대의 충성은 그대를 신의 순교자로 만들어주었을 것을."[2]

끝으로, 이러한 유대는 배신행위를 모든 죄악 중에서도 가장 악랄한 죄악으로 여기는 그러한 성질의 것이었다. 잉글랜드 사람들이 기독교도가 되었을 때 그들은 대부분의 범죄에 대해서는 그 벌로서 관대한 일정한 액수의 배상금을 정했으나 "영주에 대한 가신의 배반만은 별도의 것이었다. 그리스도가 자신을 죽음에 이르도록 팔아넘긴 자들에게 긍

---

1) *Girart de Roussillon*, trad. P. Meyer, p.100(éd. Foerster, *Romanische Studien*, t. V, v. 3054) ; *Prem. cartul. de Saint Serge*, restitution Marchegay, Arch. Maine-et-Loire, H, fol. 88 ; *Doon de Maience*, éd. Guessard, p.276.

2) 예를 들면 *Girart de Roussillon*, trad. P. Meyer, p.83 ; *Garin le Lorrain*, d. P. Paris, t. II, p.88 ; 리모주 종교회의(Concile)에 대해서는 Migne, *P. L.*, t. CXLII, col. 400.

휼을 베풀지 않은 것처럼……이러한 범죄에 대해서는 감히 자비를 미치게 하지 않았던 것이다"라고 앨프레드 대왕은 적고 있다. 이때부터 1세기 이상이나 지난 후, 이미 대륙의 모범에 따라 봉건화되어 있던 잉글랜드에서 『헨리 1세의 법』(*Laws of Henry I*)이라 불리는 관습법전에서는 이 원칙을 다음과 같이 되풀이해서 이야기하고 있다. "자기의 영주를 죽인 가신은 구제할 길이 전혀 없다. 그런 자에게는 가장 잔인한 고문에 따른 죽음이 있을 뿐이다."

에노에는 자신의 최우선 영주인 젊은 플랑드르 백작을 전투에서 살해하였던 한 기사가 속죄하는 사람으로서 로마 교황을 알현하기 위해 갔다는 이야기가 전해지고 있다. 마치 전설상의 탄호이저(Tannhäuser)*3가 그렇게 했던 것처럼 말이다. 이때 교황은 그의 두 손을 자르라고 명령하였다. 하지만 그의 두 손이 통 떨어져나가지 않았기 때문에 교황은 이 벌을 면제해주었다. 그러나 이는 어디까지나 그가 평생토록 수도원에서 자신의 가증할 죄악에 대해 눈물 흘려 운다는 조건하에서였다. 13세기에 이블랭(Ybelin)*4 경은 자신의 최악의 적이 되어 있던 신성로마 황제를 암살하라는 제안을 받았을 때 "그는 나의 영주입니다. 그가 무슨 일을 하건 간에 나는 나의 충성을 지킬 생각입니다"[3]라고 대답하였다.

이 결속관계는 너무나도 강력하게 감지되고 있었기 때문에 가신제의 관념은 그것보다 더 오래되었고 그것보다 더 존중할 만하다고 여겨졌

---

*3 1200~70?. 중세의 음유시인이자 기사. 비너스의 유혹에 빠져 사치와 쾌락에 탐닉하는 극도로 방탕한 생활을 하다가 죄를 뉘우치고 순례길에 올라 로마 교황을 찾아가서 참회하였다고 한다. 전설상 그에 관한 여러 이야기가 전해지고 있다.

*4 노르망디의 한 가문의 이름.

3) *Alfred*(Liebermann, *Die Gesetze der Angelsachsen*, t. I, p.47(49, 7) ; *Leges Henrici*, 75, 1 ; Gislebert de Mons, éd. Pertz, p.30 ; Philippe de Novare, éd. Kohler, p.20.

을지도 모를 다른 인간적 유대관계까지도 좌우하게 되었다. 그리하여 가신제는 가족관계에도 스며들었다. "자식에 대한 부모의, 또는 부모에 대한 자식의 소송에서는 판결을 할 때 부모는 영주의 위치에, 그리고 자식은 두 손을 맞잡는 의식을 통해 탁신한 가신의 위치에 각각 놓고 다루어야 한다"고 바르셀로나 백작의 법정은 결정하였다.

프로방스의 시인들이 궁정식 사랑을 창안해냈을 때 완벽한 연인의 충성에 대한 관념은 다름아닌 가신의 헌신을 본보기로 하여 형성된 것이었다. 더구나 찬미자는 실제로 자기가 사모하는 귀부인보다 신분이 더 낮은 경우가 흔하였기 때문에 더욱더 안성맞춤이었다. 가신제와 궁정식 사랑 사이의 동화(同化)는 정말 멀리까지 진행되었으며, 그 결과 열렬히 사랑하는 귀부인에게 수장의 이름으로나 어울릴 만한 남성형의 이름이나 별칭을 즐겨 붙여주곤 하는 기이한 어법까지 등장하였다. 이를테면 베르트랑 드 보른이 다분히 바람기 섞인 사랑을 바쳤던 '그녀'들 가운데 한 여인은 우리에게 단지 '나의 아름다운 영주'(Bel Senhor)라는 가명으로밖에는 알려져 있지 않다.

때로는 기사가 자기의 둘시네아*5와 손에 손을 맞잡은 모습을 그의 방패에 새겨 넣게 하는 경우도 있었다. 더구나—이는 아마도 초기 낭만주의 시대에 일종의 회고 취미에 의해 되살아난 것인 듯한데—이 상징적 표현법에 대한, 그러니까 전적으로 봉건적인 사랑에 대한 추억은 오늘날까지도 오마주(hommage, 경의)라는 이 몹시 고색창연한 낱말을 아랫사람이 윗사람에게 경의를 표할 때 적용되는 거의 일방적인 용법으로만 한정하고 있는 예절규칙 속에서 여전히 살아남아 있지 않은가.

심지어는 종교적인 심성 자체까지도 이 가신제도에서 빌려온 색조로 물들어 있었다. 악마에게 몸을 맡긴다는 것은 악마의 가신이 되는 일이었다. 우리가 아는 범위 내에서는 자기를 악마에게 인도하는 모습은

---

*5 돈키호테가 자신의 상상 속에서 열렬히 사모했던 이상의 여인.

사랑의 인장(印章)과 함께 신종선서에 대한 묘사들 가운데 가장 훌륭한 것으로 손꼽힌다. 앵글로색슨 사람인 키네울프(Cynewulf)[*6]에게 천사들은 신의 '세인'으로 여겨졌다. 밤베르크의 주교였던 에버하르트(Eberhard von Bamberg)[*7]가 볼 때에 그리스도는 성부(聖父)의 가신으로 여겨졌다.

그러나 가신제적인 정신이 온누리에 퍼져 있었음을 다른 무엇보다도 설득력 있게 보여주는 증거는 바로 갖가지 변화를 겪은 헌신의 의식 그 자체이다. 두 팔을 쭉 내뻗은 모습을 하고 있던 고대의 기도자(祈禱者)들의 자세 대신에, '탁신'을 모방하여 두 손을 한데 모은 동작이 가톨릭 세계 전체를 통틀어 단연코 전형적인 기도의 몸짓이 되었다.[4] 자신의 영혼 깊숙한 곳에서 하느님 앞에 나아간 선량한 기독교도는 이러한 자기 자신을 영주 앞에 무릎꿇은 가신의 모습으로 생각한 것이다.

그러나 가신의 의무가 다른 의무들, 예를 들어 국가의 신민으로서 지켜야 할 의무라든가 근친으로서 지켜야 할 의무 같은 것들과 한번도 갈등을 일으키지 않을 수는 없었다. 하지만 이럴 때에는 거의 언제나 가신으로서의 의무가 이같은 경쟁대상들보다 우선하게 마련이었다. 실제 관행에서만 그러했던 것이 아니라 법률상으로도 그러하였다. 991년 위그 카페가 믈룅(Melun)[*8]을 탈환했을 때, 그에게 대항하여 이 요새를 방어했던 자작은 부인과 함께 교수형에 처해졌다. 이 자작이 자기의 왕에게 모반을 했기 때문이기도 했지만, 그보다는 오히려 그가 이와 동시에 자기의 직접영주로서 그 당시 왕의 진영에 있던 백작에 대한 충성의

---

*6 8세기 중엽의 시인.

*7 1100~72?. 프리드리히 1세의 즉위를 돕고 주교의 영역지배권을 확대하는 데에 노력한 인물.

4) *The Christ of Cynewulf*, éd. A. S. Cook, v. 457 ; Migne, *P. L.*, t. CXCIII, col. 523 et 524 ; L. Gougaud, *Dévotions et pratiques du moyen âge*, 1925, p.20 et suiv.

*8 파리 동남쪽의 도시로, 카페 왕조 초기에 국왕이 빈번하게 거처했던 곳.

의무를 저버림으로써 더욱 가증스러운 대죄를 지었다는 이유 때문이었음은 말할 나위도 없다.

그러한 반면 위그의 측근들은 이 성채의 기사들에게는 사면을 베풀어야 한다고 주장하였다. 자작의 가신들이 자작의 반란의 공모자가 되었던 것은 사실이지만 그럼으로써 그들은 연대기 작가가 말하고 있듯이 다름아닌 자신들의 '미덕'을 보여준 것이 아닌가 말이다. 이때의 '미덕'이라는 말은 신종선서에 대한 성실이라는 뜻이었으니, 이를 보더라도 신종선서에 대한 성실은 국가에 대한 충성보다도 앞섰던 것이다.[5]

분명히 공법상의 유대보다는 훨씬 더 신성한 것으로 여겨지고 있던 혈연상의 유대조차도 인격적인 종속관계에 입각한 의무들 앞에는 길을 내주어야만 하였다. 잉글랜드에서는 앨프레드 대왕의 법이 다음과 같이 말하고 있다. "부당한 공격을 받은 친족을 위해 무기를 드는 것은 허용할 수 있다. 그러나 자신의 영주에 대항해야 되는 경우는 제외된다. 짐은 이러한 경우는 허용해줄 수 없다."『앵글로색슨 연대기』의 한 유명한 구절에는 그들이 각기 복종을 바치고 있던 두 사람의 서로 다른 영주들 사이에서 복수극이 벌어짐으로 말미암아 같은 혈족의 사람들이 자기들끼리 서로 대립하게 되는 장면이 나온다. 그들은 이같은 운명을 받아들였다. "우리에게는 어떠한 근친도 우리의 주인만큼 소중하지는 않다"고 말하면서 말이다. 이것은 중대한 발언으로서, 법률을 존중하는 이탈리아에서도 12세기 중엽 『봉토의 서』 속에 이 말과 메아리처럼 닮은 구절이 나온다. "모든 사람과 맞서서라도 가신은 영주를 도와야 한다. 자기의 형제와, 자기의 자식과 그리고 자기의 아버지와 맞서서라도."[6]

---

5) Richer, IV, 78. 13세기까지의 다른 사례들에 관해서는 Jolliffe, *The Constitutional History of Medieval England*, p.164를 참조하라.

6) *Alfred*, XLII, 6 ; *Two of the Saxon Chronicles*, éd. Plummer, t. I, pp.48~49(755) ; K. Lehmann, *Das Langobardische Lehnrecht : Vulgata*, II, 28, 4.

그러나 잠깐! 앵글로 노르만의 한 관습법전에서 말하고 있는 다음의 구절에 대해서도 그 의미를 정확히 새기도록 유의하자. "신과 가톨릭 신앙의 계명에 어긋나는 명령은 그 어떤 것도 효력이 없다." 이것은 성직자들의 생각이었다. 기사들의 의견은 더욱 철저한 자기 포기를 요구하고 있었다. "나의 영주 라울이 설령 유다보다 지독한 배신자라 해도 그분은 나의 영주이시다." 이 주제를 바탕으로 하여 무훈시는 헤아릴 수도 없이 많은 변주곡을 연주하고 있었다.

때로는 실무적인 법적 계약에서도 그러하였다. "수도원장이 국왕의 법정에서 어떤 소송을 제기하면 가신은 그의 편을 들어야 된다. 단, 국왕 자신에게 대항해야 하는 경우는 제외한다"고 잉글랜드의 한 봉토계약증서에는 씌어 있다. 이 맨 끝부분의 유보조건은 그냥 놓아두자. 이는 정복에 의해 성립한 왕권이 사람들에게 강제적으로 요구하여 이끌어낼 수 있었던 예외적인 왕권존중을 표현하는 것이었으니까 말이다.

위의 구절 가운데 보편적인 가치를 지니고 있는 것은 뻔뻔스러울 정도로 솔직하게 표현된 첫번째 부분뿐이다. 즉 분명히 충성의 의무가 너무나 드높이 외쳐지고 있었기 때문에 소송에서 과연 어느 쪽에 정당한 권리가 있는가를 자문하는 것조차 허용되지 않았던 것이다. 더구나 무엇 때문에 그렇게 골치아프게 미주알고주알 따져대겠는가. 내 영주가 잘못을 저질렀더라도 별 상관 없다. "허물을 덮어쓰게 될 것은 그 사람 자신이니까"라고 『르노 드 몽토방』(*Renaud de Montauban*)[*9]의 주인공은 생각하고 있다. 모든 것을 다 바쳐 헌신하는 사람은 바로 그렇게 함으로써 자신의 개인적인 책임을 포기해버리는 것이다.[7]

---

*9 12세기 말에 씌어진 작자미상의 무훈시 제목이자 그 주인공의 이름. 샤를마뉴와 봉신 에이몽의 아들 사이에 벌어진 갈등에 바탕을 두고 있다.

7) *Leges Henrici*, 55, 3 ; *Raoul de Cambrai*, v. 1381 ; *Chron. mon. de Abingdon*(*R. S*), t.II, p.133(1100~1135) ; *Renaud de Montauban*, éd. Michelant, p.373, v. 16.

방금 소개한 문서(文書) 모음은 어쩔 수 없이 종류도 다르고 시대도 서로 다른 증언들을 한데 끌어다놓은 것일 수밖에 없는 만큼, 이를 보고 독자들은 낡은 문헌사료라든가 법률문서 따위 또는 시 따위는 더욱 생생하고 더욱 실감나는 현실에 비해 그다지 나은 것이 못 되지 않는가라고 의심하실지도 모르겠다. 이러한 의문을 풀기 위해서는 필리프 미남왕의 치세에 집필활동을 한 인물로서 그 당시로서는 가장 공평한 관찰자였던 주앵빌을 최후로 상기해보면 충분할 것이다. 그가 쓴 구절은 앞에서 이미 인용한 바 있다. 즉 어떤 군단이 전투에서 유달리 혁혁한 공을 세웠거니와 이것이 어찌 놀라운 일이었으랴. 이 군단을 구성하고 있던 전사들의 거의 전부가 대장의 혈족성원들 아니면 그의 '최우선 가신'들이었던 터에 말이다.

그러나 여기 그 이면이 있다. 가신의 미덕을 그렇게도 높이 평가하고 있는 바로 그 서사시들 자체야말로 가신들을 영주들에게 대항해서 싸우도록 밀어넣은 전투들의 기나긴 이야기에 지나지 않는 것이다. 시인은 가끔씩 비난도 하기는 한다. 하지만 시인은 과연 옳고 그름을 어떻게 판별해야 할지 잘 알 수 없는 저 기막히게 재미있는 장면들을 읊는데에 더 자주 열을 올리고 있다. 사람이 살아가면서 겪는 나날의 비극은 바로 이러한 반란들로 말미암아 일어나는 것임을 시인은 어김없이 알고 있는 것이다. 이러한 점에서 무훈시들은 현실의 거의 빛바랜 반영에 지나지 않았다. 국왕에 대한 대(大)봉신들의 싸움, 이들 상급제후들에 대한 바로 그들 자신의 가신들의 반란, 가신에 의한 봉사의 회피 그리고 초기부터 이미 침입자들을 막아낼 능력이 없음을 드러내었던 가신 군대의 취약성——이 모든 특징들이 봉건제에 관한 역사책의 페이지마다를 장식하고 있다.

11세기 말에 씌어진 한 증서는 생 마르탱 데 샹(Saint-Martin-des-Champs) 수도원[*10]의 수도사들이 다음과 같은 경우 한 물레방아에 대

---

*10 1060년에 건립된 파리의 베네딕투스회 수도원.

해 징수되는 사용료의 운명이 어떻게 될 것인가를 결정하는 일에 골몰하고 있었음을 보여준다. 그 경우란 이 물레방아의 사용료 총액을 받아들이게 되어 있는 두 시골귀족이 전쟁상태에 놓여 있는 동안 물레방아 시설이 약탈당한 경우를 말한다. 이 문서에서는 그러한 상황을 "만일 그들이"[*11] 자기네의 영주들이나 또는 다른 사람들에게 싸움을 거는 사건이 생긴다면"[8]이라는 말로 표현하고 있다. 이렇듯 전쟁을 하게 되는 온갖 경우들 중에서도 자기 영주에 대항하여 무기를 드는 경우가 가장 먼저 사람들 마음에 떠올랐던 것이다.

이러한 이른바 범죄에 대해서 현실생활은 가공의 이야기 속에서보다 훨씬 더 관대하였다. 자신의 영주이자 국왕이었던 샤를 단순왕을 그렇게도 비열하게 배반한 에르베르 드 베르망두아는 전설상으로는 유다와 마찬가지로 목매달아 죽임을 당했다고 이야기되고 있지만, 역사상으로는 노년에 이르러 지극히 자연스럽게 임종을 맞이했다고 알려지고 있다.

훌륭한 가신이 있듯 사악한 가신 또한 있었던 것도, 그리고 무엇보다도 많은 가신들이 일시적인 이해관계나 기분에 따라 헌신에서 불충으로 동요하고 있었던 것도 물론 불가피한 일이었다. 따라서 서로 모순되는 듯 보이는 하고많은 증언들을 앞에 놓고, 『루이의 대관』(*Couronnement de Louis*)의 작자인 시인과 함께 다음 시구를 되풀이해서 읊으면 그것으로 충분하지 않겠는가.

거기서, 모든 이 맹세를 맺었다.
맺은 맹세를 용감히 지키는 사람도,
맹세라곤 전혀 지키지 않는 사람도.

---

*11 즉 물레방아 사용료를 징수하게 되어 있는 시골귀족들.

8) J. Depoin, *Recueil de Chartes et documents de Saint-Martin-des-Champs*, t. I, n° 47과 *Liber Testamentorum S. Martini*, n° XVIII.

확실히, 이 설명은 소박하나마 그런 대로 귀기울일 만한 가치가 있다. 봉건시대의 사람들은 근본적으로는 전통에 집착하면서도, 난폭한 풍습과 불안정한 성격 때문에 매사에서 꾸준한 마음으로 규칙에 따르기보다는 오히려 규칙을 형식적으로 존경하는 방향으로 훨씬 심하게 기울어져 있었다. 우리는 혈연상의 유대에 대해 살펴보면서 이미 이러한 모순되는 반응들을 기록해두지 않았던가. 하지만 여기에서는 이같은 이율배반의 매듭을 좀더 먼 곳에서, 즉 가신제도 그 자체 속에서, 그리고 가신제도의 변천과 다양성 속에서 찾지 않으면 안 되는 것으로 생각된다.

2. 법적 유대와 인적 접촉

최초의 가신제는 우두머리 둘레에 그의 무장수행인들을 무리지어 모이게 하여 형성된 것으로, 용어 자체부터 벌써 집안살림에서 물씬 풍기는 빵냄새 비슷한 것을 느끼게 하고 있었다. 주인은 '연장자'(senior, herr) 또는 빵덩이를 주는 사람(lord)이었으며, 가신은 그의 동료(gasindi)이고 그의 시동(vassi, thegns, knights)이며 그의 빵을 먹는 사람(buccellarii, hlafoetan)이었다. 한마디로 말해 충성은 그 당시에는 인격적 접촉에 바탕을 두고 있었으며, 복종은 동지애라는 빛깔을 은근히 띠고 있었다.

그러나 애초에는 영주의 저택 내에서 숙식을 같이하는 무리 사이에만 한정되어 있던 이 유대관계도 세월이 흐르면서 마침내 적용범위가 엄청나게 확대되었다. 가신이 주인의 집에서 얼마 동안 머무른 후에 주인에게서 떨어져나가 스스로 생계를 꾸려나가되 흔히 주인이 수여한 바로 그 토지에서 살아가는 경우에도, 주인은 이 가신한테서 계속해서 충성을 받아내고자 하였기 때문이다.

하지만 무엇보다 주된 이유는 무정부상태가 점점 더 팽배해가는 상황 속에서 유력자들이나 국왕들이—국왕들이 더 그러하였다—쇠퇴해

가고 있던 충성에 대한 치유책을 이토록 강력한 결속관계 속에서 또는
이를 모방한 방식 속에서 찾을 수 있다고 생각한데다가, 위협 속에서
살고 있던 수많은 사람들 또한 거꾸로 그것에서 보호자를 확보하는 수
단을 찾을 수 있다고 생각한 데에 있었다. 일정한 사회적 지위에 있으
면서 근무를 원하거나 또는 근무를 하지 않으면 안 되었던 사람들은 누
구나 무장수행인으로 편입되었다.

그런데 이제는 가신들 중에도 더 이상 우두머리와 식탁을 함께하거
나 우두머리와 공동운명체를 이루지 않는 사람도 있었고, 또 우두머리
와 이해관계가 대립되는 경우가 흔히 생겼으며, 우두머리가 증여해준
것 덕분에 부유해지기는커녕 종종 울며 겨자먹기로 바로 자기들 자신
의 세습재산을 우두머리에게 일단 양도해주었다가 이를 되받아내기 위
해서 이 토지에 부과된 새로운 부담마저 걸머지지 않으면 안 되는 사람
들도 있었는데, 이러한 사람들에게서도 방금 말한 방식으로 거의 가내
에서나 통용되는 충성을 받아내고자 한 셈이었으니, 그토록 갈구되어
왔던 이 충성은 결국 아무런 생생한 내용도 없이 텅 빈 것이 되어버렸
다. 사람에 대한 사람의 종속은 오래 지나지 않아 토지에 대한 토지의
종속의 파생물에 지나지 않는 것이 되어버렸다.

세습제 자체도 그것이 무엇보다 특히 토지를 둘러싼 이해관계에 적
용되었기 때문에 두 혈족 사이의 연대를 공고히 하기는커녕 정반대로
유대관계를 이완시키는 작용을 하였다. 상속인은 오로지 봉토를 보존
하려는 그 한 가지 목적에서 신종선서를 바쳤으니 말이다. 이러한 문제
는 기사들의 품격 높은 봉토에서뿐 아니라 장인들의 신분 낮은 봉토에
서도 발생하였다. 그리고 두 경우 모두 외견상 비슷한 방식으로 문제가
해결되었다. 화공(畵工)의 아들이나 목수의 아들은 아버지의 기술을 물
려받은 경우에 한해서만 아버지의 재산을 계승하였다.[9] 이와 마찬가지

---

9) 예를 들어 화공의 봉토에 관해서는 B. de Broussillon, *Cartulaire de l'
   abbaye de Saint-Aubin d'Angers*, t. II, n° CCCCVIII 참조.

로 기사의 아들은 아버지의 봉사를 계속 이어가겠다고 약속한 경우에 한해서 봉토 수여를 허락받았다.

그러나 너무나도 쉽게 약속하고는 이를 전혀 지키지 않는 전사의 헌신보다는 제 몫을 할 수 있는 기능공의 솜씨 쪽이 훨씬 더 미덥고 확고한 실물(實物)이었다. 1291년의 한 포고령은 프랑스 국왕법정의 재판관을 대상으로 제기할 수 있는 재판관 기피 신청의 동기들을 열거하면서 아주 의미심장할 정도로 정확을 기하고 있는데, 이에 따르면 소송 당사자인 영주의 가신이 법정에 배석하여 자기 주인을 위해 공정하지 못한 판결을 내릴 우려가 있는 것은 이 가신이 당대한(當代限)의 봉토를 보유하고 있는 경우뿐이라고 간주되고 있다. 세습되는 결속관계라는 것은 이 당시 이렇게도 무력한 것으로 생각되고 있었던 것이다.[10]

자유로운 선택이라는 감정이 너무나 철저하게 소멸해버린 결과, 가신이 봉토와 함께 가신 신분의 여러 의무를 이양하는가 하면 영주 또한 자신의 밭이나 숲·성채 따위와 함께 자기 복속인들의 충성을 증여 또는 판매하는 일을 너무나도 흔히 목격할 수 있었다. 물론 봉토는 원칙적으로는 영주의 허가 없이 명의를 변경할 수 없었던 것이 사실이다. 또한 가신들도 그들대로 자기네 동의를 얻지 않고는 영주가 봉토를 양도할 수 없다고 거듭 주장하고 있었던 것도 틀림없는 사실이다. 그러한 요구가 그다지도 절실한 것이었던 까닭에 1037년 신성로마 제국의 콘라트 황제는 이탈리아의 배신(陪臣)들에게 이러한 권리에 대한 공적인 인정을 일종의 혜택으로서 허용해주었다.

그러나 실제 관행은 오래 지나지 않아서 이 부서지기 쉬운 장벽을 뒤집어엎었다. 게다가, 나중에 살펴보게 되겠지만 유례없는 위계서열 의식 덕분에 이러한 폐습에서 거의 철저하게 보호받을 수 있었던 독일의 경우는 예외였으나, 그밖의 사회에서는 봉건적인 관계들이 거래의 대

---

10) Ch.-V. Langlois, *Textes relatifs à l'histoire du Parlement*, n° CXI, c. 5 bis.

상이 되는 바람에 유력자가 어떻게 하다 보니 자기보다 훨씬 더 약한 사람에 대해 '입맞춤과 두 손 맞잡기에 의한' 가신이 되어 있었다는 식의 불합리한 결과가 자주 빚어지곤 하였다. 미미한 어느 성주의 지배권(mouvance) 아래 있는 봉토를 획득한 대백작이 공허한 관습 때문에 자기도 어쩔 수 없이 헌신의 의식을 따라 바쳤다기로서니, 과연 그가 이 의식을 한번이라도 참으로 진지하게 받아들인 적이 있었으리라고 믿을 수 있겠는가.

그리고 마지막으로, 최우선 주종관계라는 방법을 통해 봉건적 유대관계를 구원하려는 시도가 있기는 했지만, 그럼에도 불구하고 신종선서의 겹치기 현상은 그 자체가 유대의 약화에서 비롯된 바로 그 결과이기도 했으면서 또한 이 유대가 효율적으로 작동할 수 있는 가능성마저 빼앗아버리기에 이르렀다. 가신은 한때는 끊임없이 주어지는 증여물에 의해 그리고 주인과 얼굴을 직접 맞대고 산다는 방식에 의해 결속관계를 키워가고 있던 무장종사였으나, 이제는 봉사와 복종이라는 임차료를 별로 열심히 지불하지 않으려 궁리하는 일종의 토지임차인으로 변해 있었다. 하기야 아직은 서약의 준수라는 제동장치가 남아 있었다. 그러나 개인적 이해관계나 혈기(血氣)가 아주 강력하게 꼬드겨대고 있을 때에는 이러한 추상적인 제약은 제대로 버텨내기가 불가능하였다.

적어도 가신제가 그 원래의 성격을 완전히 벗어나버린 경우에는 위의 이야기가 정확하게 적용되었다. 그런데 이러한 동향에는 많은 단계가 있었다. 대제후 또는 중급 정도의 제후와 그들의 영주로서의 국왕 또는 영역제후 사이에 맺어진, 그토록 자주 풍파를 일으키곤 하던 관계를 가신제적 감정의 전형으로 받아들인다면 중대한 오류가 될 것이다. 확실히 연대기나 무훈시를 보면 자칫 그런 생각을 가지게 되기 쉬운 듯하다. 사실 이들 권세가들이 저지른 요란무쌍한 불충행위는 정치무대의 전면(前面)에서 전개된 드라마로서 다른 어떤 것들보다도 더 문학과 역사의 주목을 끌었기 때문이다.

그러나 이러한 불충행위가 증명하는 것이야말로 그 무엇이겠는가.

바로, 카롤링거 왕조의 통치자들과 그 추종자들은 성격이 전혀 다른 영역에서 빌려온 유대관계를 채택함에 의해서[*12] 자신들의 주요관리들을 자기네 편에 효과적으로 결속시켜둘 수 있다고 생각하였으나, 결국 그렇게 함으로써 엄청난 실책을 저지른 것에 지나지 않았다는 사실이 아니겠는가.

문헌사료를 뒤지다 보면 그보다 낮은 사회계층에서는 복속인들과 좀더 잘 알고 복속인들의 섬김도 좀더 충실히 받는 수장의 둘레에 훨씬 더 긴밀한 집단이 형성되어 있었음을 엿볼 수 있다. 그들은 무엇보다도 봉토를 지급받지 못한 기사들과 '세대'(mesnie)——다시 말해 '숙식공동체'(宿食共同體)——의 '젊은이'들이었다. 몇 세기에 걸친 오랜 세월 동안 계속해서, 그리고 서유럽 전체를 통해서 그들의 생활조건은 최초의 가신들의 생활의 특징을 하나하나 남김없이 재현하고 있었다.[11] 이 점에서 프랑스의 서사시는 잘못된 이야기를 한 것이 아니다. 프랑스의 대반역자인 오지에(Ogier)[*13]라든가 지라르[*14]·르노[*15] 등은 모두 강력한 봉토 소유자(feudataire)들이었다.

반면에 모범적인 가신을 그린 경우로는 『라울 드 캉브레』에 등장하는 베르니에를 들 수 있을 것이다. 자기 영주가 자기의 친족집단에게 부당한 전쟁을 감행했음에도 불구하고 영주에게 충성을 다했고, 심지어는

---

*12 가신제적인 유대에 의해 공적 관계를 공고히 하려던 시도를 말한다.

11) 프랑스의 사례들에 덧붙일 것으로는 예를 들어 Chalandon, *Histoire de la domination normande en Italie et en Sicile*, t. II, p.565 ; Homeyer, *System des Lehnrechts der sächsischen Rechtsbücher*(*Sachsenspiegel*, t. II, 2, Berlin, p.273) ; Kienast, *Die deutschen Fürsten im Dienste der Westmächte bis zum Tode Philipps des Schönen von Frankreich*, t. II, p.44 등을 참조하라.

*13 13세기에 파리의 랭베르가 쓴 무훈시 『데인인 오지에』의 주인공.

*14 『지라르 드 루시용』의 주인공.

*15 『르노 드 몽토방』의 주인공.

이 '유다'가 저지른 대규모 방화로 말미암아 자기 어머니가 죽는 것을 보고 나서도 충성을 다했으며, 소름끼치는 모욕을 받고서 마침내 이 더할 수 없이 통탄스러운 주인을 버리기로 결정하고 나서조차 자기가 이렇게 충성을 깨뜨리는 것이 과연 옳은 일인지 그른 일인지 결코 판단할 수 없었던—그리고 이 점에서는 이 무훈시의 시인 자신도 마찬가지였다—베르니에, 한낱 무장한 시종에 지나지 않았으며, 그나마 토지를 받은 것도 아니면서 주인한테서 군마와 의복을 아낌없이 나누어 받은 일이 있었다고 해서 그 사실을 못내 기억하여 그렇게까지 헌신의 감정으로 가득 차게 되었던 그 베르니에 말이다.

이처럼 충성스러운 종복들은 신분 낮은 '배신'의 무리—이들은 수효가 비교적 많았다—속에서도 배출되었다. 이같은 배신들은 순번대로 돌아가면서 '성지기'(estagiers)로서 수비근무를 하기 위해 성채에 오곤 했으며, 흔히 이 성채 근처에 소규모 봉토를 끌어모아두고 있었다. 그들은 대개의 경우 너무나 가난했기 때문에 둘 이상의 신종선서 또는 적어도 둘 이상의 최우선 신종선서에 따라 몇 군데씩이나 토지를 받아 보유한다는 것이 불가능하였고,[12] 너무나 약했기 때문에 보호받는 것—이는 그들의 의무를 정확하게 수행해야만 비로소 보장될 수 있었다—에 커다란 가치를 인정하지 않을 수 없었으며, 또한 그 시대의 대사건에는 거의 끼여들지 못하는 존재였다. 따라서 이러한 배신들은 자기네들을 정기적으로 저택에 불러들여 그때그때 적당한 선물을 내려줌으로써 자기네 경지나 지조부과토지에서 거두어들이는 얼마 안 되는 소득을 보충해주지, 자기네 아이들을 '피양육자'로 받아들여주지, 게다가 자기네들을 즐겁고도 수지맞는 전쟁으로 이끌어가는 일까지 해

---

12) 이 일은 아마도 충분히 주목받지 못한 것으로 보인다. 실제로 십자군 원정을 위한 십일조에 관해 1188년에 내려진 프랑스의 포고령은 이들 영세한 가신들의 모습을 염두에 두고서, 그들은 단 한 명의 최우선 영주밖에 섬겨서는 안 된다고 규정하고 있다.

주고 있던 이 영주들을 이해관계의 면에서나 감정의 면에서나 기꺼이 구심점으로 받아들이지 않을 수 없었던 것이다.

격정의 폭발이 불가피하게 일어나게 마련이었음에도 불구하고 가신제적인 충성이 그 신선함을 지닌 채로 오랫동안 살아남을 수 있었던 환경, 또 나중에 살펴보게 되겠지만 인격적 종속관계의 다른 형식들이 나타나 그것을 뒤이어가게 되었던 환경은 이상과 같았다. 원래는 부엌아궁이를 함께하고 모험을 함께하는 사람들의 우정 어린 종사제에 바탕을 두고 세워졌던 유럽 가신제, 그런 다음 일단 이 가내집단적인 테두리를 벗어나게 된 상황에서는 그러한 이탈의 정도가 가장 작았던 곳에 한해서만 조금이나마 그 인간적인 가치를 유지할 수 있었던 유럽 가신제, 바로 이러한 운명 속에서 우리는 유럽 가신제의 외견상의 모순에 관한 설명과 아울러 고유의 특징을 찾아볼 수 있다.

제1장

장원

1. 영주의 토지

다른 사람에게 종속된 '복속인'이라는 부류는 군사적 신종선서를 특징으로 하는 비교적 상층의 사회계층 사이에만 존재하였던 것이 아니다. 그보다 하층의 사회집단 내에서 종속의 관계는 가신제보다 훨씬 오래된 것이었을 뿐 아니라 가신제가 쇠퇴하고 난 뒤에도 오랫동안 살아남게 된 결집체인 장원을 그 자연스러운 골격으로 삼고 있었다. 장원제도의 기원이나 그 경제적 역할 같은 것은 모두 여기에서 논할 문제가 아니다. 우리에게 중요한 것은 봉건사회에서 장원이 차지하던 위상일 뿐이다.

가신의 신종선서에서 비롯된 명령권은 나중에 가서야 이익의 원천이 되었으며 또 그것이 이렇게 이익의 원천이 되었다는 것 자체는 그 원래의 의미에서 분명히 벗어난 현상이었다. 이에 반해 장원에서는 경제적 측면이 제1차적으로 중요시되었다. 거기에서는 수장의 권력은 맨 처음부터 토지생산물의 일부를 거두어냄으로써 스스로 소득을 확보하는 일을, 비록 유일한 목적은 아니라고 하더라도 적어도 주요한 목적으로 하고 있었다. 따라서 장원이란 무엇보다도 우선 '토지'(terre)——프랑스어 구어(口語)로는 달리 합당한 낱말이 별로 없는 것 같다——였을 뿐 아니라 사람이 사는, 종속민이 사는 토지였다.

대개의 경우 이렇게 해서 테두리가 정해진 이 땅덩이는 이것대로 다시 밀접한 상호의존성에 의해 통합되어 있는 두 개의 부분으로 나누어졌다. 한 부분은 '영주 직영지'(domaine)로서 역사가에 따라서는 '영주 유보지'(réserve)라고도 부르는 땅이며, 영주는 이 땅에서 나는 생산물은 모두 직접 거두어들였다. 다른 하나는 농민의 중소 경영지, 즉 '농민 보유지'(tenure)였다. 이 농민 경영지는 수가 많든 적든 간에 영주의 '궁(宮)' 둘레에 모여 있었다.

토지 보유농의 초가집·경작지·목초지 등에 대해 영주가 행사하는 상급 물권은 이들 부동산의 보유자가 바뀔 때마다 이 새로운 사람에 대한 권한 부여—이것이 무료로 이루어지는 경우는 거의 없었다—에 영주가 개입하는 것, 상속인이 없거나 합법적인 몰수가 행해지는 경우 이러한 부동산을 자기 것으로 해버릴 수 있는 영주의 권한, 그리고 무엇보다도 특히 공납물을 거두어들이고 부역봉사를 부과할 수 있는 권한 등으로 표현된다. 봉사는 대부분 영주 직영지에서 행해지는 농업부역으로 이루어져 있었다. 그렇기 때문에 적어도 노역의 제공 의무가 특히 엄중했던 봉건시대 초기에는 농민 보유지는 중개자 없이 영주가 직접 경영하는 경지에서 나오는 수입에 덧붙여 공조로서 납부되는 곡식단이나 현금을 제공해주는 것이었을 뿐 아니라 더 나아가 노동력의 원천이기도 하여서, 이같은 노동력이 없었더라면 이들 경지는 황무지가 되어버렸을 것이다.

모든 장원이 다 똑같은 규모를 가진 것이 아니었음은 말할 필요도 없다. 주민들이 취락을 이루어 거주하는 지방에서 가장 큰 장원은 한 촌락의 전지역을 포괄하기도 하였다. 그러나 이러한 경우는 일찍이 9세기부터도 아마 그리 흔하지는 않았던 것 같다. 여기저기서 토지의 집결에 성공한 몇 가지 예가 있기는 했지만, 세월이 흐름에 따라 이같은 촌락과 장원의 일치현상은 유럽 전역을 통하여 점점 더 드물어져 갔다.

　이것은 물론 상속에 따른 장원분할의 결과이기도 하지만 또한 봉토 관행의 여파라고도 생각된다. 자기 가신들에게 보수를 주기 위해 자기 토지를 세분해야만 했던 수장이 하나둘이 아니었다. 뿐만 아니라 유력자가 증여나 매각에 의하여, 또는 다른 사람의 토지를 자기에게 종속시키는 행위——이것의 메커니즘에 관해서는 나중에 서술하겠다——의 결과로서, 꽤 넓은 범위에 걸쳐 산재하고 있는 농민 경영지를 자기 휘하에 종속시키게 되는 일도 꽤 자주 일어났기 때문에 많은 장원들은 몇 개의 촌락에 동시에 촉수를 뻗치면서도 그 어느 한 촌락과도 경계가 정확하게 일치하지 않는 수가 있었다. 12세기에는 아무것도 없이 텅 빈 땅에 처음부터 장원과 촌락을 함께 세운 최신 개간지역을 제외하고는 장원과 촌락의 경계가 일치하는 경우가 거의 없었다.

　따라서 대부분의 농민들은 끊임없이 서로 엇갈리는 두 개의 집단에 동시에 종속되어 있었다. 즉 하나는 같은 주인의 종속민들로 이루어진 집단이고, 다른 하나는 동일한 촌락공동체의 구성원으로 이루어진 집단이었다. 왜냐하면 경작자들은 서로 나란히 세워진 집에서 살고 있었으며, 또 그들의 토지가 동일한 농경구역(finage) 안에 섞여 있어서 비록 서로 다른 몇몇 영주들의 지배권 아래 나뉘어 있는 경우라고 하더라도 온갖 종류의 공통된 이해관계의 유대에 의해, 그리고 더 나아가 그들이 공통된 농업적 예속상태에 복종하고 있다는 사실에 의해, 필연적으로 결합되어 있었기 때문이다.

　이같은 이중성은 결국 영주의 지배권을 약화시키는 중대한 이유가 되었다. 가부장제적 유형의 가족들이 고립된 상태로 살고 있거나 기껏해야 조그만 마을에 두 가족씩 세 가족씩 모인 형태로 살고 있던 그런 지역의 경우, 장원은 대체로 이러한 소규모 정주지들을 다소 많이 포함하고 있었다. 그러니 이러한 산재상태가 장원의 구조를 현저하게 이완시킬 수밖에 없는 것이었음은 의심할 나위가 없다.

2. 장원의 확대

그런데 장원은 어디까지 그 힘을 미치고 있었을까. 그리고 장원의 세력이 미치지 못하는, 섬처럼 점점이 흩어져 존재하는 독립적인 토지가 언제나 존재했다는 것이 사실이라고 하더라도 시대나 장소에 따라 양자(장원과 독립농민토지—옮긴이)의 비율은 어떻게 변하였을까. 이는 무척이나 어려운 문제이다. 왜냐하면 단지 장원만이—적어도 교회장원은 틀림없이 그러하였다—기록문서를 보존하고 있었으며, 영주 없는 농경지는 동시에 역사에서 누락된 경지이기도 했기 때문이다.

그같은 토지 가운데 이러저러한 것들이 어쩌다가 사료에 모습을 드러내는 일이 있기도 하지만 그것은 이 독립적인 경작지가 영주권의 복합체, 즉 장원에 최종적으로 흡수되었다는 것을 문서로써 확인하는 시점에서, 다시 말해 일종의 소멸상태에서 일어난 일에 불과하였다. 이로 말미암아 이러한 농경지가 독립을 유지하는 상태가 오래 지속되면 지속될수록 그와 더불어 우리의 무지도 돌이킬 수 없는 상태로 머물러버릴 위험이 더욱 심해진다.

이같은 모호함을 조금이라도 밝혀내려면 적어도 두 가지 형태의 종속관계, 즉 종속민의 인신 자체에 부과되고 있던 종속관계와 어떤 일정한 토지의 점유자로서 이 사람에게 효력을 미치고 있던 종속관계를 신중하게 구분할 필요가 있을 것이다. 물론 서로가 서로의 유인이 되는 일이 흔히 있을 만큼 양자 사이에 밀접한 관계가 있었던 것은 사실이다. 그러나 하층계급 사이에서는—신종선서 및 봉토의 세계와는 달리—양자가 한데 겹치는 것이 본질이 아니었다. 인격적인 종속의 조건들은 다음 장에서 살펴보기로 하고, 먼저 토지의 종속관계 또는 토지를 통한 종속관계부터 따져보자.

로마의 제도가—이것 자체도 이탈리아인(Italiote)들[*1]이나 켈트인들

[*1] 고대 중부 이탈리아의 선주민을 말한다.

의 옛 전통 위에 겹쳐 놓인 것이었기는 하지만——농촌사회에 깊은 흔적
을 남겨놓은 여러 지역에서는 이미 초기 카롤링거 왕조 치하에서 장원
이 아주 뚜렷한 모습을 띠고 있었다. 더구나 프랑크족 지배하의 갈리아
나 이탈리아의 빌라(villa)에서도 이러한 종속관계를 형성하게 하였던
다양한 증거들을 찾아내기란 어려운 일이 아니다. 농민 보유지들 가운
데에는, 또는 그런 보유지들 중에서도 주요한 것으로서 분할 불가성을
특징으로 하면서 '망스'(manse)라고 불리고 있던 토지 가운데에는 '예
속 신분의'(servile)라고 일컬어지는 망스가 몇 개인가 있었다.

이 '예속 신분의'라는 형용사는 이 땅에 부과된 더욱 무겁고 더욱 자
의적인 부담이 그렇게 상기시켜주던 것과 마찬가지로, 주인들이 직접
경영이라는 형태로는 수지가 맞지 않게 된 옛 라티푼디움 가운데 광대
한 부분을 그들의 노예에게 나누어주고 이들 노예를 소작인으로 전환
시킴으로써 이 배분된 땅을 망스로 만들어냈던 옛 시대를 생각나게 하
는 것이었다. 이같은 토지 세분화작용은 자유로운 신분의 경작자들에
게까지 미쳐 '자유인 신분의'(ingénuiles) 망스라는 일반적인 범주에
들어가게 되는 또 다른 유형의 토지 양여를 동시에 생겨나게 하였다.
이 '자유인 신분의'라는 명칭은 이 토지의 원래 보유자가 예속과는 전
혀 관계가 없는 신분의 사람이었다는 것을 일깨워주고 있었다.

그러나 이 수식어로 불리던 대단히 많은 농민 보유지들 무리 가운데
대부분은 아주 다른 기원을 가지고 있었다. 이 땅들은 원래 직영지이다
가 쇠퇴를 겪는 바람에 분할되어 농민들에게 양도된 그러한 토지에서
연원한 것이 결코 아니라, 농업 자체가 시작되었을 때부터 변함없이 농
민 경영지로 존속해온 것들이었다. 그래서 이러한 토지에 부과된 공조
와 부역은 처음에만 하더라도 주민들이 점차 진정한 의미의 영주로 바
뀌어가고 있던 촌락의 우두머리, 부족이나 씨족의 장 또는 피보호자 집
단의 보호자 등에 대해 차츰 종속관계로 빠져들어가고 있었다는 사실
을 표시하는 것에 지나지 않았다. 그리고 마지막으로, 멕시코에서 얼마
전까지도 토지 소유 농민들이 '아시엔다'(hacienda)와 병존해 있었던

것처럼 중세 유럽에서도 영주의 상급권에서 전적으로 면제된 진정한 농촌적 자유토지 소유자들이 여전히 상당수 존속하고 있었다.

철저하게 게르만적인 특성을 가지고 있던 지역들—그 가장 순수한 유형이 라인 강과 엘베 강 사이의 작센 평원이었다는 점에는 이론의 여지가 없다—로 말하자면 이곳에도 역시 노예나 해방노예뿐 아니라, 더 나아가 자유인 신분의 소작인들까지도 공조와 부역을 바치는 대가로 유력자의 토지에 한데 섞여 정주하고 있었다. 그러나 농민대중 사이에서는 장원의 종속자와 자유토지 소유자와의 구분의 선이 옛 로마 영토에 비해 훨씬 더 모호하였다. 왜냐하면 이곳에서는 장원제도 자체 가운데 단지 초기적인 징후들밖에 나타나 있지 않았기 때문이다. 즉 이곳의 경우는 아직까지만 해도 한 마을 전체 또는 마을의 일부분을 차지하고 있는 우두머리가 영주로 전환될 채비를 차리는 단계, 곧 이 우두머리에게 전통적으로 주던 선물—타키투스가 게르마니아의 수장에 대해 그렇게 확인해주고 있듯이—이 공조로 변형되기 시작하는 단계를 가까스로 벗어난 상태에 지나지 않았다.

그런데 봉건시대 제1기를 거쳐가는 동안 프랑크 제국의 이들 두 부분[*2]에서의 진화는 같은 방향을 지향하게 되었다. 즉 두 곳에서의 진화는 한결같이 장원화(莊園化)의 강화라는 추세를 보여주었다. 여러 종류의 보유지가 때로는 완전하게 또 때로는 불완전하게나마 융합하고 장원이 새로운 여러 권한을 획득하였으며, 특히 수많은 자유토지가 유력자의 권한 밑으로 들어가게 된 것 등의 현상은 그 당시 도처에서 일어났다. 더욱이 출발 당시에는 상당히 엉성하고 불명확한 토지적 종속관계밖에 존재하지 않던 고장에서조차 이 토지적 종속관계가 차츰 조정되면서 진정한 장원을 낳게 되었다.

이러한 변화가 한결같이 자연발생적인 분출이었다고 생각하지는 말기로 하자. 여기에는 이주와 정복의 와중에서 득세하였던 갖가지 요소

---

*2 옛 갈리아-로마 지역과 게르마니아를 말함.

들의 영향이 작용하였다. 이렇게 하여 독일에서는 남부의 경우에는 이미 카롤링거 왕조 시대 이전부터, 그리고 이에 뒤이어 카롤링거 왕조 치하에서는 작센에서까지, 프랑크 왕국에서 온 주교나 수도원장·권세가들이 그들 모국의 사회적 관습을 퍼뜨리는 데에 이바지했으며, 토착 귀족들이 당장 그 습관을 모방하였다.

잉글랜드에서는 이러한 경향이 더욱더 두드러졌다. 앵글로색슨인들이나 스칸디나비아인들의 전통이 우세하던 시대에는 토지적 종속관계의 그물은 유별나게 뒤엉키고 그러면서도 지속성 없는 상태에 머무르고 있었다. 즉 영주 직영지와 농민 보유지는 불완전하게 연결되어 있었을 뿐이다. 유례없이 엄격한 영주제는 1066년 이후 외부에서 온 지배자들[*3]의 난폭한 노력에 의하여 비로소 도래하였을 뿐이다.

그런 한편 장원이 이처럼 기세등등하게 전진하는 과정에서는 힘의 남용이라는 요소 또한 그 어느 곳에서도 무시해도 좋을 만한 성질의 것이 아니었다. 일찍이 카롤링거 왕조 시대의 공적 문헌사료가 '강자'에 의한 '빈자'의 억압을 개탄하고 있었던 것은 타당한 일이었다. 일반적으로 강자는 종속민한테서 땅을 빼앗아버리는 것을 별로 좋아하지 않았다. 왜냐하면 노동력이 없는 토지란 가치가 거의 하나도 없었기 때문이다. 강자가 열렬히 원한 것은 힘없는 사람들을 그들의 농경지와 함께 자기의 권위하에 두는 일이었다.

수많은 유력자들은 이같은 목적을 성취하는 데에 프랑크 국가의 행정구조가 귀중한 무기임을 알아차렸다. 아직까지 그 어떤 영주권에도 매여 있지 않던 사람들이라고 할지라도 원칙상으로는 누구나 국왕에게 직접 종속되고 있었다. 이것은 실제로는 모든 사람이 바로 국왕의 관리에게 종속되어 있다는 것을 뜻하였다. 백작이나 그 권한 대행자는 이 사람들을 국왕의 소집군으로 끌어가고, 이들을 재판하는 재판소를 주

---

*3 윌리엄 정복왕을 비롯하여 노르만 정복으로 잉글랜드에 온 프랑스 귀족들을 말한다.

재하였으며, 아직도 존속하고 있던 공공의 조세를 그들에게서 징수하였다.

이러한 것은 물론 모두 국왕의 이름으로 이루어졌다. 그러나 의무를 지는 사람들 자신에게도 과연 이런 차이가 그렇게 뚜렷하게 드러나고 있었을까. 어쨌든 국왕의 관리들이 이렇게 해서 그들의 보호 대상이 되기에 이른 자유인 신분의 신민한테서, 자기네 자신의 이익을 위해 전혀 아무런 거리낌도 없이 세금이나 부역제공을 강제로 받아냈다는 것은 틀림없는 일이다. 이러한 것은 흔히 자발적인 선물 또는 봉사라는 미명 아래 이루어졌다. 그러나 프랑크 시대 칙령집 가운데 하나에서 말하고 있듯이 힘의 남용은 금방 '관습'(coutume)이 되었다.[1]

카롤링거 국가의 옛 조직이 허물어지는 데에 오랜 세월이 걸렸던 독일에서는 적어도 이같은 권력 찬탈에서 생겨난 새로운 권리들이 아주 흔히 관직과 결부된 상태를 지속하고 있었다. 백작들은 아직 장원토지에 합병되지 않은 재산을 소유한 사람들에게도 바로 이 백작의 자격으로 그러한 권리들을 행사하고 있었다. 다른 지역의 경우 애초의 관직 보유자의 상속인들 사이에서, 또는 백작의 부하들이나 가신들 사이에서 백작 권리가 세분화되었고, 이로 말미암아 이제부터 공조와 부역을 바치지 않으면 안 되게 되어 있던 종전의 자유토지 소유자는 끝내는 그들 자신이 장원의 종속민 대중 속으로 철두철미하게 섞여들어가버렸으며, 그들의 농경지는 농민 보유지의 상태로 넘어갔던 것이다.

그뿐 아니라 공권력의 일부를 합법적으로 행사하려는 경우에도 이를 위해 원래 의미에서의 관직을 보유해야 할 필요는 없었다. 나중에 우리가 고찰하게 될 테지만 '프랑크 시대적'인 불수불입권(immunité)의 작용으로 대부분의 교회 영주와 대단히 많은 세속적 유력자들은 적어도 국가재판권의 일부를 위임받았으며, 게다가 국가세입의 일정 부분을 자기네들의 수익으로서 거두어들이는 권리도 얻고 있었다. 물론 이러

---

1) *Cap.*, t. I, n° 132, c. 5.

한 것은 이미 그들에게 종속되어 있었거나 또는 앞으로 그렇게 될 형편이었던 토지에만 적용되었다. 불수불입권은 영주의 권한을 강화시켜주고는 있었지만 적어도 원칙적으로는 불수불입권이 영주권을 창출해낸 것은 아니었다.

그런데 장원이 전체가 한 덩어리로 인접해 있는 경우는 아주 드물었다. 소규모 자유토지들이 장원의 복판에 끼여들어 있는 경우가 종종 있었다. 국왕의 관리들이 이러한 자유토지에 지배권을 행사하기란 끔찍이도 불편하였다. 자유토지는 때로는 바로 통치자 자신의 명백한 결정에 따라 불수불입권자의 재판권과 재정권의 관할 아래 맡겨지기도 했던 것으로 보인다. 하지만 그것보다 훨씬 더 자주, 그리고 훨씬 더 급속하게 발생한 현상은 바로 자유토지가 이 피할 수 없는 흡인력에 스스로 끌려들어가는 일이었다.

끝으로, 아주 노골적인 폭력행위가 동원되기도 했는데, 그것도 아주 드문 일은 아니었다. 11세기 초 무렵에 로렌 지방에서는 한 과부가 자기 소유의 자유토지에서 살고 있었다. 그녀가 남편의 죽음으로 인하여 보호자도 없는 상태에 처하게 되자 이웃 영주의 집사(sergent)들은 그녀에게 토지에 관한 종속의 표지인 지조(地租, cens)의 납부를 강요하기로 하였다. 이 여인이 수도사들의 보호 아래로 들어가게 되었기 때문에 이 기도는 여기서는 실패로 돌아갔다.[2] 하지만 법적으로 확고한 근거가 없기로는 이들이나 마찬가지이면서도 더욱 성공적으로 이런 일을 처리한 사람의 수는 얼마나 많았을 것인가.

잉글랜드 토지의 역사를 거쳐 나아가볼 때 노르만 정복 직전의 국면과 노르만 정복 후 8년에서 10년이 지난 뒤의 국면이라는, 말하자면 정복을 전후하는 두 개의 국면을 제시하고 있는 『둠즈데이 북』은 이 두 시점 사이의 기간에 수많은 독립적 소토지들이 어떻게 해서 다른 아무런 형태의 소송도 거치지 않은 채, 인접한 장원, 곧 앵글로 노르만의

---

2) A. Lesort, *Chronique et chartes······de Saint-Mihel*, nº 33.

법률용어로 하자면 '마누아르'(manoir, manor)에 '부가되었던' 가를
보여준다. 만약 프랑스와 독일에서도 10세기에 『둠즈데이 북』 같은 것
이 작성되었더라면 반드시 이런 종류의 적나라한 '첨가' 사례를 숱하게
기록했을 것이다.

그러나 장원은 강제적 '첨가'라는 절차 외에도 적어도 겉보기에는 비
난을 훨씬 덜 받을 만한 절차, 즉 계약이라는 방법에 의해서도 확대되
어갔으며 이 방법이 아마도 특히 중요했던 것 같다. 소(小)자유토지 소
유자는 유력자에게 자기 토지를—나중에 살펴보겠지만 때로는 그들의
인신과 함께—넘겨주고 이어서 이를 보유지라는 자격으로 다시 돌려
받곤 하였다. 이는 자기의 자유토지를 봉토화했던 기사의 경우와 아주
똑같았으며, 또한 그 표면상의 목적도 자신의 보호자를 얻고자 하는 것
이었다는 점에서 동일하였다.

이들 협약은 예외없이 전적으로 자발적인 의사에 따른 것인 양 표현
되고 있다. 실제로 언제나 어디에서나 그러하였을까. 이 '자발적'이라
는 형용사는 매우 신중하게 쓰이지 않으면 안 될 것이다. 자기보다 약
한 사람에게 자기가 보호해주겠다고 강요하는 방법은 틀림없이 얼마
든지 많았다. 즉 먼저 약자를 박해하기 시작하기만 하면 되었을 것이
다. 더구나 애초의 협정이 언제나 뭐 그렇게 존중받고 있지는 않았다
는 사실을 덧붙이자. 알레마니아 지방의 볼런(Wohlen)에 살던 사람
들은 인근의 지방귀족들을 보호자로 받아들이면서 애초에는 지조의
지불밖에 약속하지 않았었다. 그러나 그들은 곧 이 호족의 다른 토지
보유농들과 같은 상태에 빠져들어 부역을 강요당했으며 인근의 숲도
사용료를 납부해야만 비로소 이용할 수 있게 되었다.[3] 일단 손가락
하나가 톱니바퀴에 끼이면 몸 전체가 그 안으로 빨려들어갈 위험이
있곤 하였다.

그러나 영주를 섬기지 않는 사람의 처지가 한결같이 부러워할 만한

---

3) *Acta Murensia*(*Quellen zur schweizer Geschichte*, t. III, 2, p.68, c. 22).

것으로 보였다고는 생각하지 말자. 포레(Forez)의 어떤 농민은 1280년
이라는 좀 늦은 시기에 자신의 새로운 영주인 몽브리종(Montbrison)의
호스피탈 기사단을 통해 앞으로 "이 기사단 수도원의 다른 모든 복속인
들과 마찬가지로 보호받고 방어받으며 보증받는다"는 조건으로 자기의
자유토지를 지조부과토지로 바꾸고 있었는데, 그는 이렇게 하면서 자
기가 잘못된 흥정을 하고 있다고는 틀림없이 생각하지 않았을 것이
다.[4] 게다가 그 당시는 봉건시대 제1기에 비해 혼란스러움도 훨씬 덜
한 시기였는데도 말이다.

때로는 이렇게 해서 한 마을 전체가 한 유력자의 권위 아래 놓이게
되곤 하였다. 이러한 경우는 특히 독일에서 빈번하였는데, 그것은 이러
한 진화가 시작될 당시에 영주의 권력에서 완전히 벗어나 있던 농촌공
동체가 아직 상당수 존속하고 있었기 때문이다. 이미 9세기부터 영주
권력이 미치는 범위가 훨씬 더 광범했던 프랑스와 이탈리아에서는 토
지 양도의 문서가 일반적으로 개인적인 성격을 띠고 있었다. 그렇다고
해서 이곳에서 이루어지는 토지 양도의 수효가 독일에서보다 더 적은
것은 아니었다. 이런 식으로 해서 900년경에는 14명이나 되는 자유인
들이 브레시아(Brescia)의 한 수도원을 위해 자기네 토지에 부역의무가
매겨지는 것을 받아들여야 했던 것이다.[5]

그런데 아주 성실한 자발적 계약도 아주 악명 높은 야만적인 행위도
사실은 동일한 심층적 원인, 다시 말해 독립적 농민의 허약성의 산물이
었다. 여기에서 한 경제체제의 비극이라는 개념을 구태여 떠올리지는
말자.[*4] 그러한 연상작용은 장원제의 확대가 전적으로 농촌지역에만 국

---

4) *Chartes du Forez antérieures au XIVᵉ siècle*, nᵒ 500(t. IV).

5) *Monumenta Historiae Patriae*, t. XIII, col. 711.

*4 여기에서 저자는 '중세 초의 유럽 경제는 농민적 소경영 위주의 자연경제체
  제였는데, 이러한 경제체제가 생산력 측면에서 비효율적이었기 때문에 장원
  의 확대가 일어났고, 장원은 곧 대경영을 의미하는 것이었다'고 보는 식의 견
  해를 반박한다. 블로크는 장원의 확대를 순수히 계량경제학적인 면에서 보지

한된 것은 아니었음을 잊어버리게 할 우려가 있기 때문이다. 로마의 옛 도시들에서까지도, 아니 좀더 정확히 말하면 옛 로마 도시들 가운데 적어도 로마 지배 아래에서는 분명히 보유지 제도 같은 것과 전혀 상관없었던 수많은 곳에서까지도, 고대의 전원적 빌라에서와 마찬가지로 통례적인 의무부담이 부과된 농민 보유지제가 도입되지 않았던가.

더욱이 독립적 농민의 허약성에서 경제체제의 비극을 연상하는 것은 무엇보다도, 소토지 소유라는 방식과 대토지 소유라는 방식이 제각기 다른 문명에 속한다고 파악하는 대비논법을 동원해서 하나의 비교를 확립하려 드는 것이 될 터인데, 그러한 비교는 이 경우에는 전혀 정확하지 못한 노릇이 될 것이다. 왜냐하면 장원이란 무엇보다도 종속적인 소(小)경영지의 군집체였으며, 자유토지 소유자가 토지 보유농으로 전환되면서 새로운 의무를 걸머지더라도 경영의 방식에는 전혀 아무런 변화가 없었기 때문이다.

자유토지 소유자는 혈족의 연대나 국가권력과 같은 여타의 사회적 골격조직이 불충분하다는 단지 그 이유 하나 때문에 새로운 주인을 탐색하거나 새로운 주인에게 복종한 것에 지나지 않았다. 아주 지독한 자의적 지배의 희생자들로서 국왕에게 진정서를 제출하였다가 전원출석의 (국왕)대법정을 가득 채운 사람들의 무리 앞에 불려나오기는 했지만 시골 사투리 때문에 자신들의 뜻을 이해시키지조차 못하고 말았던 볼런 사람들의 경우는 시사해주는 바가 크다.

교역과 화폐유통의 부진함이 공적 권위의 무력함을 가져온 원인들 가운데 하나였다는 것은 틀림없는 사실이다. 또한 그러한 부진함이 경작자들한테서 그나마 남아 있던 지불수단을 송두리째 박탈해버림으로써 경작자들의 저항능력을 빈혈상태로 만드는 데에 한몫하였던 것도 틀림없는 사실이다. 그러나 경제적인 여러 조건들이 농민층의 사회적 위기에 조금이나마 영향을 미친 것은 사실이라고 하더라도 그것은 이

말고 좀더 광범한 사회경제적인 관점에서 볼 것을 권고하고 있다.

처럼 간접적인 방식으로 작용한 데 지나지 않았다. 바로 이같은 초라한 전원 드라마 속에서도 우리는 더 높은 사회계층 사이에서 그토록 수많은 사람들을 가신제적 종속이라는 굴레 속으로 몰아쳐넣었던 것과 동일한 추세의 한 국면을 간파해내는 편이 타당할 것이다.

결국 이 점에 대해서는 유럽 사회가 겪었던 다종다양한 체험들을 살펴보는 것으로 충분할 것이다. 실제로 중세에는 봉건제가 확산되지는 않았으면서도 장원은 광범하게 보급된 그런 사회도 존재하고 있었으니, 그곳은 사르데냐이다. 이 땅은 대륙을 휩쓸고 있던 여러 커다란 조류의 영향에서 오랫동안 벗어나 있던 곳이었던 만큼, 이곳에서는 현지 귀족층의 권력이 프랑크적 탁신제라는 특정한 형태를 지니지 않았고, 그 대신 로마 시대에 정규화한 농촌수장제(chefferie rurale)라는 고대적인 제도가 유지될 수 있었다는 사실도 전혀 놀랄 만한 일이 아니다.

그와는 반대로 장원이 없는 지방은 모두 가신제 또한 없는 지방이었다. 그 증거로는 브리태니아 도서(島嶼)지방의 켈트인 사회 대부분, 스칸디나비아 반도 그리고 끝으로 게르마니아 본토에서는 북해 연안의 저지대(低地帶) 지방, 즉 엘베 강 어귀 너머의 디트마르셴 지방과 엘베 강에서 조이데르 해(Zuiderzee)까지 이르는 프리슬란트 등이 있다. 이 프리슬란트 지방에서는 14, 15세기 무렵에 자유농민들의 무리 위에 몇몇 '수장'(chef)—프랑스어의 이 chef라는 말은 프리슬란트어의 호벨링(hoveling)을 정확하게 옮긴 것이다—의 가문이 올라서게 된 시점까지는 적어도 그러하였다.

이들 농촌의 소(小)참주들은 대를 물려가며 쌓아올린 토지재산, 그들이 먹여살려주고 있던 무장한 추종자 집단, 자기네가 이루어낸 몇몇 사법권의 흡수 등을 뒷받침 삼아 강력해져서, 늦게나마 장원의 참된 맹아를 스스로 형성하기에 이르렀다. 이는 본질적으로 혈연적 유대에 바탕을 두어왔던 프리슬란트 사회의 낡은 골격조직이 이 당시 동요하기 시작하고 있었다는 사실을 말한다. 다른 곳에서 봉건적 제도들이 꽃을 피우고 있던 시기에는 서유럽 주변부에 있는 이들 다양한 문명권이라고 해서 소(小)소작인·노예·해방노예 또는 자유민 등이 자기보다 부유한 사람에게 종속되는 현상이라든가 군주나 모험부대 대장에 대한 종사의 헌신이라든가 하는 것들이 알려지지 않았던 것은 분명 아니었다. 그 반면에 우리가 봉건제라고 부르는 농민의 종속과 군사적인 충성의 광대한 망(網)이 계층적으로 짜인 체제를 생각나게 할 만한 것은 이곳에서는 전혀 찾아볼 수 없었다.

봉건적인 것이 이처럼 결여된 데 대해서 이들 지역에는 프랑크 사회로부터의 확고한 영향이 전적으로 부재했다는 공통점만을 그 유일한 원인으로 돌려야 할까. 프리슬란트 자체만 해도 카롤링거 왕조가 한때 그곳에 부과하였던 행정조직이 일찍부터 무너졌으니까 말이다. 그러나 이 특징은 물론 중요하기는 하지만 이것과 주로 관련을 맺는 사항은 종사제가 가신제로 전환될 수 없었다는 점 정도이다. 지배적인 실태는 영향의 문제를 넘어선 것들이었다.

자유인이라면 누구를 막론하고 언제나 근무소집에 응해야 하는 전사라는 성격을 유지하고 있었으며, 무장이라는 면에서 자유민 전사와 엘리트 군단 사이에 본질적으로 거의 구분이 없던 이곳 상황에서는 무장한 종자의 집단이 모체가 되어 명확하게 특수한 성질을 지니고 독자적인 법률적 구조를 가진 기사계급이 창출되는 일은 성공할 수 없었으며, 한편 농민은 어렵지 않게 영주의 지배력을 벗어날 수 있었다. 또한 그 어떤 계층의 사람들이라도 모두 인격적 보호 외에 다른 형태의 권력과 다른 형태의 연대성——그러한 역할을 한 것으로 프리슬란트 사람들, 디트마르셴 사람들과 켈트인들 사이에서는 무엇보다도 친족집단이 있었고, 스칸디나비아인들 사이에서도 역시 친족집단이 있었으되, 또한 이 후자의 경우에는 게르만 부족의 유형을 따른 공법상의 제도들도 있었다——에 의존할 수 있었던 그런 사회의 경우에는 토지영주제 (la seigneurie terrienne)에 고유한 종속의 관계들도 봉토를 수반하는 신종선서도 사회생활 전체에 속속들이 스며들지는 못하였다.

그뿐만이 아니다. 엄밀한 의미의 봉건체제가 그러했던 것과 꼭 마찬가지로 장원제 또한 온전히 완성된 상태에 도달할 수 있었던 곳은 그것이 철두철미 이식된 지역들뿐이었다. 노르만 출신 국왕들 치하의 잉글랜드에서는 기사의 자유토지가 인정되지 않았던 것처럼 농민의 자유토지도 알려지지 않았다.

대륙에서는 농민의 자유토지가 잉글랜드에서보다 훨씬 더 끈질긴 생명을 유지하였다. 하긴 사실대로 말해 프랑스 내에서도 뫼즈 강과 루아르 강 사이의 지역과 부르고뉴에서는 12, 13세기가 되면서 농민의 자유토지가 아주 드물어져서, 이것이 전적으로 사라져버린 곳이 광범하였던 것으로 보인다. 하지만 그런 반면에 프랑스의 남서부 지방과 포레를 비롯한 중부 프랑스의 몇몇 지방, 토스카나 지방과 무엇보다도 독일—그 중에서도 작센은 가장 두드러진 고장이었다—등지에서는 농민의 자유토지가 많고 적음의 차이는 있지만 언제나 수적으로 무시할 수 없을 만큼 존속하고 있었다. 그리고 바로 이들 지역에서는 동시에 두드러진 병행현상으로서 수장의 자유토지가 유지되고 있었는데, 이는 농민 보유지와 영주 직영지 및 명령권과의 결합체로서 신종선서를 바쳐야 할 의무를 전혀 지지 않고도 소유할 수 있던 땅들을 가리키는 말이다.

농촌적 장원은 봉건시대 제1기의 진정한 특징을 이루던 여러 제도들보다도 훨씬 더 연륜이 오랜 등장인물이었다. 그렇지만 이 시기에 농촌 장원이 거둔 승리는 그것이 부분적으로 처했던 곤경과 마찬가지로—모든 것이 일치해서 이를 증명하고 있거니와—가신제와 봉토를 성공시키는 데에 이바지했거나 또는 이를 좌절하게 하였던 것과 동일한 원인에 의해 설명할 수 있다.

3. 영주와 토지 보유농

조항의 내용도 일반적으로 분명하지 않은데다가 그나마도 금방 잊혀지기 일쑤였던 개인적인 종속의 계약조건들을 별도로 한다면 영주와 토지 보유농과의 관계를 규정짓는 법으로는 '토지의 관습'(coutume de la terre)밖에 존재하지 않았다. 따라서 프랑스어로 공조를 일컫는 통상적인 명칭은 그냥 '관습'(coutumes)이었으며, 이 공조를 지불해야 하는 사람들은 보통 '관습상의 복속인'(homme coutumier)이라 일컬어지고 있을 정도였다.

맹아적인 상태로일망정 장원제가 처음으로 출현하게 된 이래—예를 들어 일찍이 로마 제국 시대부터 또는 앵글로색슨 시대의 잉글랜드에서부터—이 특수한 전통이야말로 그 인근의 장원과 대비해서 하나의 인간집단으로서의 각 장원의 특징을 진정으로 규정짓고 있었다. 이 집합체의 생활을 이런 식으로 결정하고 있던 선례들도 그 자체가 집단적인 성격을 띠게 마련이었다. 요컨대, 어떤 농민 보유지가 거의 기억조차 할 수 없을 만큼 오랜 옛날부터 일정한 공조를 물지 않고 있었다고 하더라도 이는 별로 중요하지 않으며, 이 사이 시기 동안 (인접한—옮긴이) 다른 경영체가 정규적으로 이 공조를 물고 있었다면 바로 그렇게 오랫동안 지불을 벗어나 있던 경영체도 공조의 납부의무를 계속 지게 된다고 루이 성왕 치하 파리고등법원의 판결문은 말하고 있다.[6] 최소한 법률가들은 그렇게 생각하고 있었던 것이다. 물론 실제 관행은 흔히 이보다 더 느슨했을 것이다.

이러한 조상전래의 규칙들을 준수하는 일은 주인이건 종속자이건 간에 모든 사람에게 요구되었다. 그러나 기정사실에 대한 겉으로만의 존중이 얼마나 기만적인 것이었던가를 이보다 더 여실히 보여주는 예도 달리 없을 것이다. 왜냐하면 불변적이라고까지 할 만한 관습에 따라 시대를 거쳐가며 이어져 있었음에도 불구하고 13세기의 장원과 9세기의 장원은 전혀 비슷하지 않았기 때문이다.

이러한 변질의 책임은 모든 것을 구두로 전승하던 관행 자체에 있었

---

6) *Olim*, t. I, p.661, n° III.

다고 생각해서는 결코 안 된다. 카롤링거 왕조 시대에 많은 영주들은 자기네 토지 관례를 조사한 뒤, 이를 나중에 '지조장부' 또는 '토지대장'(terrier)이라 불리게 되는 자세한 서술형식으로 기록해두게 하였다. 그러나 주변의 사회적 조건의 압력이 과거에 대한 존중보다도 더 절박하였다.

일상생활에서의 무수한 갈등 때문에 법률적 기록은 끊임없이 새로운 선례들로 채워지고 있었다. 무엇보다도 하나의 관습이란 공평하고도 제대로 준수되는 사법적 권위의 뒷받침을 받을 수 있을 때에만 진정으로 구속력을 발휘할 수 있었을 것이다. 9세기에 프랑크 국가에서는 국왕재판소가 실제로 이러한 역할을 떠맡기에 이르렀다. 그리고 우리에게 알려진 기록들을 보면 이 재판소의 결정이 한결같이 토지 보유농들에게 불리한 내용들로만 되어 있지만, 그 이유는 아마도 단지 교회의 문서보관소 쪽이 다른 판결기록을 보관하는 데에는 별로 신경을 쓰지 않았기 때문이리라 생각된다.

뒤이어 영주가 재판권을 독점하게 됨에 따라 국왕재판소에 소송을 제기할 가능성마저 막혀버리게 되었다. 아주 신중한 영주들이라 할지라도 전통이 자기네의 이익을 침해하거나 자기네들에게 위탁된 사람들의 이익을 침해하게 될 때에는 별로 서슴지 않고 이 전통을 깨뜨려버리곤 하였다. 수도원장이었던 쉬제(Suger)만 하더라도 회상록 속에서 자기가 자기의 한 영지에 소속된 농민들로 하여금, 기억할 수 있는 가장 오랜 옛날부터 그들이 변함없이 납부해왔던 화폐지조를 폐하고 그 대신 좀더 많은 이익을 기대할 수 있는 형태인, 수확에 비례한 현물공조로 바꾸어 납부하도록 권한에 의해 강요할 수 있었던 것을 자화자찬하고 있지 않았던가.[7] 주인의 권력남용과 균형을 맞추게 할 수 있는 것이라고는——때로는 거짓말 조금도 안 보태고 정말 효과적인 것들이기는 했지만——농촌주민 대중의 놀랄 만한 수동적 저항의 능력과 아울러

---

7) Suger, *De rebus*, éd. Lecoy de La Marche, c. X, p.167.

장원을 관리하는 데에서 주인들 자신이 드러낸 무질서 외에는 거의 아무것도 없었다.

봉건시대 제1기에는 토지 보유농의 의무부담은 유례를 찾아볼 수 없을 만큼 장소마다 또 각 장원마다 각양각색이고 다양한 모습을 보이고 있었다. 정해진 날짜에 토지 보유농은 몇 닢의 은화를 또는 그보다 더 흔히 볼 수 있는 것으로서 자기 경지에서 수확한 곡물의 다발이나 자신의 가축사육장에서 기른 닭 또는 자기의 벌통이나 아니면 근처 숲의 벌집에서 따낸 생밀랍덩이 등을 영주의 집사에게 가져다 준다. 다른 때에는 토지 보유농은 영주 직영지에 속하는 밭이나 목장에서 땀흘려 일하기도 하며 또 때로는 주인을 위해 큰 포도주통이나 밀가마니를 달구지에 싣고 멀리 떨어진 저택까지 날라다 주기도 한다. 성벽이나 참호가 수리되는 것도 토지 보유농의 팔에 흐르는 땀 덕택이다. 주인이 손님을 맞이할 때에는 손님에게 필요한 침구를 마련해주기 위해 농민은 바로 자기 잠자리의 깔고 덮을 것들을 벗겨주기도 한다. 대규모 수렵회가 열리면 그는 사냥개 무리를 먹여 키운다. 마침내 전쟁이 터지면 농민은 촌장이 앞세워 든 깃발 아래 모여들어, 급조된 보병이나 무장한 종복이 되어준다.

이같은 여러 의무에 관한 자세한 연구는 무엇보다도 경제적 '기업'이자 수입의 원천으로서의 장원에 관한 연구라고 할 수 있다. 여기에서는 그것의 진화과정에서 본래적 의미의 인간적인 유대에 가장 심대한 영향을 끼쳤던 몇몇 사실을 강조하는 것으로 그치기로 하자.

농민들의 경영체가 한 사람의 공통된 주인에게 종속되어 있다는 사실은 일종의 토지임대료의 지불이라는 형태로 표현되었다. 이 점에서 봉건시대 제1기에 이루어진 작업은 무엇보다 단순화의 작업이었다. 프랑크 시대에는 하나하나 따로 계산되던 꽤 많은 종류의 공조(貢租)가 드디어 단일한 지대로 통합되었으며, 프랑스에서는 이것이 화폐로 지불될 때에는 일반적으로 상스(cens, 地租)라는 이름으로 불렸다.

그런데 애초의 공조 가운데에는 원래 원칙적으로 국가에 납부될 목

적으로 영주의 행정기구를 통해 징수되는 것에 지나지 않았던 것들도
들어 있었다. 이를테면 국왕의 군대에 공급해야 하는 군수품이라든가
또는 그 대신에 납부하는 것들 따위이다. 이러한 것들이 한데 통합되어
토지에 대한 영주의 상급권리의 표현이라고 여겨지던 의무로 바뀌게
된 것, 다시 말해 오로지 영주에게만 이익을 주는 그러한 하나의 의무
로 바뀌게 된 것이야말로 집단의 소우두머리가 지근(至近) 거리에서 행
사하는 권력이 그보다 더 상층에 자리한 일체의 결속관계를 밀쳐내고
우월성을 획득했다는 사실을 무엇보다도 명백하게 확증해준다.

군사적 봉토제도가 제기한 가장 까다로운 문제들 가운데 하나였던
세습의 문제가 농촌적 농민 보유지의 역사에서는 거의 아무런 비중도
차지하지 않고 있었다. 적어도 봉건시대에는 그러하였다. 농민들은 같
은 농경지에서 계속해서 대를 물려가며 살고 있었던 것이 거의 보편적
인 현상이었다. 그리고 나중에 설명하게 되겠지만 토지 보유농이 예속
적인 신분일 때에는 방계친척이 상속에서 배제되는 경우도 가끔씩 있었
다. 그와 반대로 직계비속들로 말하자면 그들이 미리 가족집단을 저버
린 경우가 아닌 한 그들의 권리는 언제나 존중되지 않을 수 없었다.

이러저러한 시기에 이러저러한 고장에서 영주들이 농민들의 의무부
담분을 정확하게 징수하려면 토지재산의 분할 불가성을 지키는 일이
필요하다고 판단하여 이를 보장하기 위해 노력한 경우도 있겠지만, 이
러한 예를 제외한다면 상속에 관한 규칙은 영주 쪽으로부터의 다른 어
떠한 간섭도 받지 않은 채 지역마다의 옛 관습에 따라 결정되곤 하였
다. 더구나 토지 보유농의 세습적 성향은 너무나 자명한 일로 여겨지고
있었기 때문에 문헌사료들은 이 원칙이 이미 확립되었다고 상정함으로
써 어쩌다 넌지시 암시하는 경우를 빼고는 이를 애써 언급하려고 하지
조차 않는 경우가 아주 흔하였다.

그 원인은 무엇일까. 촌락수장제가 영주제로 전환되기도 전에 이미
대부분의 농민 경영체에서 이와 같은 상속제가 까마득한 옛날부터의
관습이 되어왔기 때문에, 더욱 근자에 오면서 영주 직영지 중에서 일부

토지를 할양하여 만들어진 그런 망스에까지 이 관습이 점차 퍼져갔던 것이 그것일까. 물론 그런 원인도 있을 것이다. 그러나 이 관습을 끊어버리게 하는 것이 영주들에게 아무런 이익을 가져다 주지 못했다는 사실 또한 그 원인 가운데 하나였다. 토지가 사람보다 더 풍부했으며 더구나 경제적인 여건상 품삯을 받는 일꾼이나 집안에서 숙식을 제공받는 일꾼의 도움만으로는 너무나 광대한 영주 보유지를 경영하기가 불가능했던 이 시대에는 분할된 소농지를 하나씩하나씩 다 통합하기보다는 차라리 스스로 살림을 꾸려갈 수 있는 종속민들의 노동력과 경영능력을 영구히 이용하는 편이 더 유리하였던 것이다.

토지 보유농들에게 부과된 모든 새로운 '강제징수'(exaction)들 중에서도 가장 특징적이었던 것은 영주가 보유농들을 희생시켜가면서 자기 것으로 삼았던 지극히 다양한 독점권이었음에 틀림없다. 영주는 때로는 일 년중의 일정한 시기 동안 포도주나 맥주의 판매권을 자기만의 것으로 유보해두기도 하였고, 또 때로는 종(種)의 번식에 필요한 종우나 종돈 또는 남부 프랑스의 몇몇 지역의 경우 타작마당에서 곡식알을 타작하는 데에 이용되던 말 따위를 제공하되 이에 대한 사용료를 받아내겠다는 독점적인 권리를 자기 것으로 내세우고 있었다. 영주가 농민들에게 자기의 물레방앗간에서 곡식을 찧게 하고 자기의 화덕에서 빵을 굽게 하며 자기의 포도 압착기로 포도주를 만들도록 강요하는 일은 더욱 빈번하였다.

이러한 의무부담의 명칭 자체야말로 시사하는 바가 많았다. 사람들은 이를 일반적으로 '사용강제권'(banalité)이라고 부르고 있었다. 프랑크 시대에는 알려져 있지 않았지만 이 사용강제권은 옛 게르만어 낱말인 '반'(ban, 禁令)으로 불리던 것으로서 영주에게 인정되던 권한인 명령권 바로 그 자체에 바탕을 두고 있었다. 따라서 그것은 영주의 권위의 일부로서 우두머리가 행사하는 일체의 권위에서 분리할 수 없으며, 또 그 자체로서는 아주 오랜 연륜을 가진 권한임에 틀림없었으되 국지적인 소(小)권세가들이 재판관으로서의 역할을 발전시켜감에 따라 이들의 수중에서 유례없이 강화되었다.

이들 사용강제권의 지역적 분포 또한 이에 못지 않게 시사적(示唆的)인 교훈을 제공해준다. 공적 권력의 약체화와 재판권의 찬탈이 더할 나위 없이 철저하게 행해졌던 프랑스는 이 사용강제권의 최상의 보금자리였다. 그러나 프랑스 자체에서도 이 권리는 영주들 가운데 '상급재판권'이라 불리는 최고재판권을 가지고 있던 사람들에 의해 주로 행사되곤 하였다. 독일에서는 이 권리가 그리 많은 활동분야에 적용되지는 않았지만 그래도 프랑크 국가의 진정한 재판관이었던 백작들의 직계 후계자들이 종종 이를 지니고 있었던 것으로 보인다. 잉글랜드에서는 노르만 정복에 의해 비로소 이 사용강제권이—그나마 불완전하게—도입된 데 지나지 않았다. 분명히 영주의 명령권은 또 하나의 '반', 곧 국왕의 '반'이나 국왕 권한대행자의 '반' 쪽에서 부딪쳐오는 경쟁이 약하면 약할수록 더욱 침투력이 컸으며 또한 더욱 수지가 맞았다.

교구의 교회는 거의 어디에서나 영주에게 의존하고 있었으며, 한 교구 내에 여러 사람의 영주가 있을 때에는 그 가운데 한 사람에게 의존하였다. 대개의 경우에 그러한 교회는 일찍이 그 영주의 조상 가운데 한 사람이 영주 직영지에 세웠던 것임에 틀림없을 것이다. 하지만 그러한 조건은 이와 같은 식의 착복을 정당화하기 위해 반드시 필요한 것은 아니었다. 왜냐하면 그 당시 집단적인 예배의 장소는 예배자들의 것으로 여겨지고 있었기 때문이다. 프리슬란트의 경우처럼 장원이 전혀 존재하지 않았던 곳에서는 교회가 바로 농촌공동체에 속해 있었다.

그러나 유럽의 나머지 지역에서는 농민집단이 전혀 법적인 존재가 아니었기 때문에 오직 그 우두머리나 또는 우두머리들 가운데 한 사람이 이 농민집단을 대표할 수 있을 뿐이었다. 교회에 대한 이같은 소유권(droit de propriété)—그레고리우스의 개혁 이전에는 그렇게 불리고 있었다—또는 '보호권'(droit de patronat)—나중에는 좀더 겸허하게 이렇게 일컬어졌다—은 무엇보다도 지성당(支聖堂) 담당신부를 임명하거나 추천하는 권리로 이루어져 있었다.

하지만 영주들은 이 권리에 바탕을 두고 교구의 수입 가운데 적어도 일부분을 자기네 이익을 위해 거두어들일 수 있는 권한까지 이끌어내고자 하였다. 교회의 수입 가운데 잡부금(casuel)은 무시할 수 있는 것은 아니라 하더라도 전체 액수가 그리 많은 편이 아니었다. 십일조(什一租, dîme)는 훨씬 더 많은 수입을 가져다 주고 있었다. 이 십일조의 지불은 오랫동안 순수하게 도덕적인 의무라고 여겨져왔는데, 그후 프랑크 국가에서는 카롤링거 왕조 초기 국왕들이, 그리고 대 브리튼 섬에서는 같은 무렵에 카롤링거 왕조의 모방자인 앵글로색슨의 국왕들이 모든 신도들에게 십일조의 지불을 엄격하게 강요하였다. 십일조는 원칙적으로는 현물로 징수되며 예외없이 모든 수입에 부과되는 10분의 1세였다. 그러나 실제로는 십일조는 순식간에 거의 전적으로 농업생산물에 적용되는 것이 되어갔다.

영주가 십일조를 착복하기는 했으나 결코 전액을 다 가지는 것은 아니었다. 잉글랜드는 장원제의 발달이 뒤늦었던 덕택에 이같은 악습에서 거의 온전하게 벗어날 수 있었다. 대륙에서조차도 주임신부가 종종, 그리고 주교가 어쩌다가 한 번씩 몇 퍼센트인가를 미리 공제하기는 하였다. 더구나 그레고리우스의 개혁으로 종교적 각성이 일어나자 이에 힘입어 성직자가—말하자면 실제로는 대부분의 경우 수도원이—그전에는 세속인의 수중에 굴러떨어졌던 많은 십일조를, 그보다도 더 많은 수의 교회와 아울러 빠른 속도로 '탈환하는' 사태까지 벌어졌다.

그렇다고 하더라도 종교적인 기원을 가진 이 공조가 그야말로 세속인인 영주에 의해 착복되었다는 것은 봉건시대 제1기에 자기의 종속민들에게 무엇인가를 요구하는 권리를 다른 사람들에게는 절대로 인정해주지 않으려 하고 있었던 것으로 보이는 한 권력, 곧 영주권력이 성취하게 된 것 가운데 가장 두드러지고 가장 이득이 많은 표현물의 하나였다.

금전적 '부조', 곧 농촌 토지 보유농들의 '타유'는 가신의 타유와 대략 같은 시기에 발생한 것으로서, 가신의 타유와 마찬가지로 그 연원은 자기의 우두머리를 돕는다고 하는, 모든 종속자에게 철칙으로 부과되던 일반적인 의무에 있었다. 가신의 타유와 마찬가지로 토지 보유농의 타유도 처음에는 흔히 선물이라는 탈을 쓰고 있었는데, 이를 지칭하는 몇 가지 명칭이 끝까지 남아서 그러한 기원을 상기시켜주고 있었다. 즉 이는 프랑스에서는 '드망드'(demande, 소원) 또는 '케스트'(queste, 요구)라고 불렸으며, 독일에서는 기도(祈禱)를 뜻하는 '베데'(Bede)라고 불렸다. 그러나 이것은 또한 더욱 솔직하게 '빼앗다'(prendre)라는 뜻을 가진 동사 톨리르(tolir)에서 파생된 '툴트'(toulte, 몰수)라는 이름으로도 불리고 있었다. 이것의 역사는 영주 독점권보다 나중에 시작되기는 하였으나 영주 독점권의 역사와 닮은 점이 없지 않았다.

타유는 프랑스에서는 아주 널리 보급되어 있었고 잉글랜드에는 노르만인 정복자들에 의해 도입되었던 데에 반해 독일에서는 더 적은 수의 영주들, 곧 프랑스에서만큼 세분화되지 않은 상급재판권을 행사하고 있던 영주들의 특권으로 머물렀다. 하기야 봉건시대에는 영주 중의 영주라는 사람들은 언제나 재판하는 사람을 가리켰던 것이 틀림없는 사실이기는 하지만 말이다. 관습의 규제작용을 벗어날 수 없다는 점에서는 농사꾼의 타유도 가신의 타유나 전혀 다를 바 없었다. 하지만 그 결과는 눈에 띄게 상이하였다. 농민들로 말하자면 타유 납부의무를 진 사람들이 이를 납부해야 될 경우에 대해 엄격한 정의를 내려달라고 강력히 요구할 만큼 충분한 힘을 가지지 못한 것이 대개의 실상이었다.

그런 까닭에 화폐유통이 점점 더 활발해짐에 따라 처음에는 예외적인 것에 지나지 않던 이 납부금이 더욱더 잦은 간격으로 그들에게 청구되었다. 그러나 이것도 각 장원마다 커다란 편차를 보이고 있었다. 1200년 무렵 일 드 프랑스에서는 타유 징수가 1년이나 2년마다 한 번씩 행해지는 토지와 이것이 오랜만에 어쩌다 한 번씩 행해지는 데에 불과한 토지가 이웃해 있곤 하였다.

이 타유라는 의무는 거의 어디에서나 불확실성을 드러내고 있었다. 왜냐하면 의무부담들 중에서도 가장 나중에 등장한 이 공조는 '좋은 관습'의 그물 안에 쉽사리 짜넣어지기에는 너무나 새로운 것이었을 뿐 아니라, 징수기간도 제대로 정해지지 않았고, 설령 징수의 간격이 확정되었다 하더라도 그때그때마다 거두어들이는 액수가 일정하지 않아서 자의적인 색채가 여전히 남아 있었기 때문이다. 교회사회에서는 파리의 한 문헌사료에 적힌 말마따나 '용감한 사람들'이 이 공조의 정당성에 대해 이의를 제기하고 있었다. 타유는 농민들에게는 특히 지긋지긋한 것이었던 까닭에 종종 농민들을 격렬한 저항으로 치닫게 하였다. 화폐가 드물던 시기에 절반쯤 확립되었던 장원의 전통은 새로운 경제의 요구에 적응하는 과정에서 충돌을 일으키지 않을 수 없었던 것이다.

이렇게 해서 12세기 말의 토지 보유농은 십일조와 타유 그리고 사용강제권에 따라 매겨지는 잡다한 부과조 등을 납부하였다. 장원의 역사가 아무리 오래된 지방일지라도 이러한 모든 징수금은 예를 들어 8세기에 살았던 조상들 같았으면 전혀 물 필요가 없었던 것들이다. 이것저것 지불할 의무가 더욱 무거워졌다는 점은 의심할 여지가 없다. 그 대신 노동의무의 경감이라는 보상이 최소한 몇몇 지방에서는 전혀 없었던 것만도 아니었다.

왜냐하면—이는 말하자면 일찍이 로마의 라티푼디움을 희생시킨 바 있는 토지 분할현상의 연장인 셈인데—유럽 대부분의 지역에서 영주들은 자기 직영지의 광대한 부분을 분할하기 시작했기 때문이다. 이 땅을 자기네 옛 토지 보유농들에게 한 조각씩 분배하기 위해서 그러한 적도 있었고, 여기에서 새로운 보유지를 설정하기 위해서 그러한 적도 있었으며, 때로는 심지어 이 직영지에서 소규모 가신봉토를 마련해내기 위해서 그러한 적도 있었다.

그러나 이같은 가신봉토 또한 오래 지나지 않아서 그 자체가 농민적 지조부과토지로 세분되곤 하였다. 이러한 움직임은 무엇보다도 경제체제상의 원인들—이 점은 여기에서는 검토할 계제가 아닐 것이다—에 의해 촉발된 것으로서 이미 10, 11세기부터 이탈리아를 비롯해서 프랑스·로타링기아 등지에서 시작되었던 것으로 보인다. 그리고 이 움직임이 조금 후에는 라인 강 너머의 독일에도 미쳤으며, 장원제 자체가 확립된 지 그리 오래되지 않은 잉글랜드에는 그보다 더욱 늦게 미쳤는데 이곳 잉글랜드에서는 변덕스러운 후퇴곡선을 그리는 일도 없지 않았다.

그런데 영주 직영지 규모의 감소라는 것은 또한 불가피하게 부역의 폐지 또는 경감을 의미하는 것일 수밖에 없었다. 토지 보유농은 샤를마뉴 치하에서만 하더라도 1주일에 며칠 동안의 부역의무를 지고 있었음에 반해 필리프 오귀스트 왕 또는 루이 성왕 치하의 프랑스에서는 이제 영주 직영지에 속하는 경지나 목장에서 1년중 며칠밖에는 일하지 않았다.

새로운 '강제징수'의 전개는 지방마다 명령권의 독점이 얼마나 철저한가에 비례하였을 뿐 아니라 또한 영주가 개인적 자영을 포기하는 정도에도 정비례하여 이루어졌다. 농민은 한꺼번에 더 많은 시간과 더 많은 토지를 자유로이 이용할 수 있게 됨에 따라서 더 많은 것을 납부할 수 있게 되었다. 그리고 주인은 또 당연히 한쪽에서 잃어버린 것을 다른 쪽에서 되찾아 메우고자 노력하고 있었다. 이제는 영주 직영지에서 생산된 밀을 빻을 일도 없어져버린 터라, 만일 금령(반)에 입각한 시설 독점권이 없었더라면 프랑스에서 영주의 방앗간은 더 이상 방아를 돌리지 못하게 되고 말았을 것이 아닌가.

그러나 이렇게 하여 자기의 종속민들을 노동작업반으로 편성해서 그들에게 일 년 내내 노고를 강요하던 일을 그만두고, 그 대신 이 종속민들을 공조부담은 확실히 무겁게 지지만 그래도 경제적으로 자율을 누리는 생산자로 결정적으로 전환시킴으로써, 그리고 영주 자신이 순수한 지대 취득자로 바뀌게 됨으로써, 적어도 이러한 진화가 철저하게 이루어진 곳의 영주는 어쩔 수 없이 인적 지배의 속박을 조금이라도 풀지 않으면 안 되게 되었다. 봉토의 역사와 마찬가지로 농촌 보유지의 역사도 결국은 봉사에 바탕을 둔 사회구조에서 지대(地代)의 체제로 이행해 가는 역사였던 것이다.

제2장

예속과 자유

1. 출발점 : 프랑크 시대의 여러 신분들

프랑크 국가에서 9세기 초 무렵에—편의상 이 시대만을 염두에 두기로 하자—한 무리의 사람들을 앞에 놓고 그들 가운데에서 제각기 다른 법적 신분을 구별해내려고 애쓰고 있던 인물, 이를테면 임무를 띠고 지방출장에 나서 있는 궁정의 고위 관직자라든가 신도의 수효를 헤아리고 있는 고위 성직자 또는 자기 종속민의 인구조사에 골몰하고 있는 영주 등의 사람들을 머릿속에 한번 그려보자. 이러한 장면은 전혀 가공적인 것이 아니다. 우리는 이러한 종류의 시도를 꽤 여럿 알고 있으니 말이다.

그런데 우리가 여기에서 받게 되는 인상은, 거기에 수많은 망설임과 편차가 있었던 것 같다는 점이다. 동일한 지역에서 근접한 시기에 작성된 영주의 지조장부 둘을 놓고 비교해볼 때 둘 다 비슷한 기준을 이용한 경우는 단 한 번도 찾아볼 수 없다. 당시의 사람들에게조차 자기네가 살고 있는 사회의 구조가 별로 뚜렷한 윤곽을 가진 것으로 보이지 않았던 것만은 분명하다.

그것은 아주 다른 분류체계들이 교차하고 있었기 때문이다. 어떤 체계는 그 자체가 벌써 서로 조화되지 않는 것들인 로마의 또는 게르마니아의 전통에서 용어체계를 빌려왔기 때문에 현상에 적용된다고 하더라도 그저 지극히 불완전한 형태로밖에 될 수 없었으며, 또 다른 체계는 현실을 가장 잘 표현하려고 노력하고는 있었으나 그 성과가 어째 신통치 못하였다.

다른 것은 다 그만두고 용어만 살펴보더라도 실제로 그 속에는 하나의 본원적인 대립이 나타나고 있었다. 즉 한쪽에는 자유민들이, 다른 쪽에는 노예들(라틴어로는 servi)[1]이 있었다. 로마 황제들이 취했던 인도주의적 입법조치 가운데 아직 살아남아 있는 것들이 있었고, 기독교적 정신도 작용하였으며, 일상생활에서 불가피하게 따르기 마련인 타협도 작용하는 등등의 이유로 해서 원칙의 엄격함이 완화되었다고는 하지만, 그래도 여전히 노예는 법률적으로 주인의 물(物)이었으며 주인은 노예의 육체와 노동 그리고 재산을 아무 제약 없이 처분할 수 있었다.

그렇기 때문에 노예는 독자적인 인격을 박탈당한 존재로서 인민의 테두리 밖에 위치하면서 태어나면서부터의 이방인이라는 모습을 보여주고 있었다. 노예는 결코 국왕의 봉건소집군에 징집되지 않았으며 재판집회에 나아가 앉지도 못했고 이 집회에 자기 소송을 직접 제기할 수도 없었으며, 제3자에게 중대한 범죄를 저질렀다고 해서 주인에 의해 공공재판소에 고발당하는 경우를 빼고는 재판도 받지 못하였다.

반면에 오직 자유인만이 일체의 인종적 구분과 무관하게 프랑크 인민(populus Francourm)을 이루고 있었는데, 이러한 사실은 민족의 이름과 법적인 명칭 사이에 마침내 동의어 관계가 확립되었다는 점으로도 증명된다. 다시 말해서, ‘자유로운’이라는 낱말과 ‘프랑크의’라는 낱말 이 두 가지는 서로 맞바꾸어 쓸 수 있게 되었던 것이다.

그러나 자세히 살펴보면 표면상으로는 그렇게 명확한 듯한 이러한 대조도 실제로는 현실적으로 존재하고 있던 여러 신분의 다양성에 대

---

*1 단수는 servus.

해 아주 부정확한 이미지를 전해주고 있었을 뿐이다. 노예들은 수적으로 비교적 미미한 존재였음에도 그러한 그들 자체 내에조차 각각의 존재양식에 따라 심대한 차이가 있었다. 노예들 가운데 일정한 수의 사람들은 때로는 집안의 허드렛일에 또 때로는 경지에서의 노동에 종사하면서 주인의 저택이나 그의 농장에서 숙식을 제공받고 있었다. 이들은 공식적으로 주인의 동산으로 분류되었으며 문자 그대로 인간가축이라는 운명에 굴러떨어진 상태로 남아 있었다.

이에 반해서 토지 보유자인 노예는 자기 자신의 집을 가지고 있었고 자기 자신의 노동의 소산으로 생활을 유지하고 있었다. 그는 또한 필요한 경우 자기의 수확물 가운데 잉여분을 판매하여 자기 몫의 이익을 남기더라도 이를 전혀 금지당하지 않았고, 자기의 생계유지에 관해서 더 이상 주인에게 직접적으로 의존하지 않고 있었으며 주인의 손은 그에게 가끔씩밖에 미치지 않고 있었다.

물론 이 토지 보유 노예가 영주 '법정'의 소유자에 대해 계속 어마어마하게 무거운 의무부담을 져야만 했던 것은 사실이다. 그러나 어쨌든 이같은 의무부담에도 실제로는 언제나 제한이 있었으며, 법률적으로도 가끔씩은 이러한 제한이 인정되고 있었다. 사실상 몇몇 지조장부에는 복속인은 "명령이 내려질 때에는 언제나 근무해야 한다"는 구절이 들어 있지만 실제로는 주인은 바로 자기 자신의 이해관계를 잘 따져보더라도 각각의 소경작자들에게 '망스' 경작에 필요한 노동일수만은 그들 마음대로 이용할 수 있도록 해주지 않을 수 없었다. 그렇지 못하다면 공조를 부과할 물적 대상 자체부터가 흔적도 없이 사라져버리게 될 터였으니까 말이다.

'토지를 지급받은' 노예(servus 'chasé')는 이렇게 하여 이른바 '자유롭다'는 다른 토지 보유농들——토지를 지급받은 노예들은 결혼을 통해 이들의 가족과 결합되는 경우가 무척 흔하였다——과 아주 유사한 생활을 영위하였거니와, 아울러 법적 신분이라는 결정적으로 중요한 한 가지 특징에 의해서도 이미 이들은 자유인 신분의 토지 보유농들과 가까워지기 시작하였다. 국왕재판소는 토지를 지급받은 노예의 의무도 마찬가지로 장원의 관습에 따라 정해져야 한다는 것을 인정해주고 있었다. 이같은 안정성은 자의성(恣意性)을 본질적인 요건으로 하는 노예제의 개념 자체에 절대적으로 모순되는 것이었다.

그리고 끝으로, 어떤 노예들은 우리가 이미 알고 있다시피 유력자들을 둘러싼 무장한 충성서약자들의 무리 속에 그 모습을 보이고 있기도 하였다. 그들은 무기가 주는 위광, 그들이 받고 있던 신뢰 등등, 요컨대 어떤 프랑크 시대 칙령집에서 이야기하는 대로 하자면 "가신 신분의 명예"로 인하여 사회 내에서 일체의 예속적 결격성(缺格性)을 뛰어넘을 정도의 지위와 행동 가능성을 보장받을 수 있었기 때문에, 국왕들은 원칙적으로 진정한 '프랑크인들' 밖에 할 수 없었던 충성의 맹세를 예외적으로 그들에게는 요구해도 좋다고 판단하였던 것이다.

자유인들로 말하자면 그들 사이에서의 복잡다기한 양상은 한층 더 심하였다. 부의 격차는 막대한 것이어서 그것이 법적인 구별에 반영되지 않을 수 없었다. 어떤 사람이 제아무리 태생이 훌륭하다 해도 스스로 무장할 수조차 없을 만큼 너무나 가난해서 군대에 징집될 수 없다든가 아니면 최소한 자기 자신의 재력을 가지고는 군대에 갈 수 없는 처지에 있다면 이 사람을 여전히 프랑크 인민의 진정한 일원으로 간주할 수 있겠는가. 이런 사람은 어떤 프랑크 시대 칙령집에서 규정하고 있듯이 기껏해야 "제2급의 자유인" 밖에 되지 못하였다. 또 하나의 포고령은 더욱 노골적으로 '궁핍자'를 '자유인'에 대비되는 존재로 설정하고 있다.[1] 무엇보다도, 이론상으로 자유인 신분의 사람들 대부분은 국왕의 신민인 동시에 어떤 특정한 우두머리의 종속민이기도 하였던 것으로, 각각의 경우마다 개인의 신분을 결정짓고 있던 것은 주로 이러한 종속관계에서 빚어지는 거의 무한할 정도로 미묘한 차이들이었다.

장원의 토지 보유농은 예속 신분이 아닌 때에는 라틴어로 작성된 공

---

1) *Cap.*, I, n° 162, c. 3 ; n° 50, c. 2.

문서에 일반적으로 '콜로누스'라는 이름으로 등장하고 있다. 실제로 프랑크 국가 안에서도 일찍이 로마의 판도에 속해 있던 지방에서는 콜로누스 제도의 법에 복속했던 조상에서 이어져 내려온 자손이 확실히 많았다. 그러나 일찍이 이 신분의 본질적 특징이었던 '토지에 결박되는' 관계는 거의 무의미한 상태로 바뀌어 있었다.

이보다 몇 세기 전 후기 로마 제국은 모든 사람을, 아니면 적어도 거의 모든 사람을 그의 세습적인 직무에 묶어두는 동시에 일정한 몫의 세금에도 묶어두려고 구상했었다. 이를테면 병사는 군대에, 수공업자는 그의 직업에, '데쿠리온'(decurion)은 도시의 원로원에 그리고 소작농은 그의 토지에 묶어놓으려는 구상이었는데, 이때 소작농은 토지를 벗어날 수 없으며 토지의 상급 소유권자가 그를 토지에서 떼어내는 것도 허용되지 않는다는 식이었다. 광대한 지역에 미치는 통치자의 행정력에 힘입어 당시에는 이같은 꿈이 거의 실현될 수 있었다.

그러한 반면 만족이 세운 왕국들이나 뒤를 이은 대부분의 중세 국가들은 그 어느 것도 도망친 농민을 추적하거나 새로운 주인이 이 도망농민을 받아들이는 것을 저지하거나 하는 데에 필요한 권위를 가지지 못하고 있었다. 게다가 숙달되지 못한 정부의 수중에서 토지세가 쇠퇴하게 되자 그 때문에도 이러한 노력에 대한 관심이 거의 사라져버렸을 것이다.

9세기에는 많은 콜로누스들이 '예속 신분의'(servile) 망스, 즉 일찍이 노예들에게 할당되었던 망스에 정착하게 되었고, 많은 노예가 원래 콜로누스에게 주어졌던 '자유인 신분의' 망스에 정착하게 되었는데 이는 중대한 의미를 가진다. 사람의 신분과 토지의 신분 사이의 이같은 불일치—각각의 토지에 부과된 특유의 의무부담은 계속해서 과거를 상기시키고 있기는 하였다—는 계층이 한데 뒤섞이는 것을 조장하고 있었을 뿐 아니라, 동일한 '땅뙈기'(motte)에서 상속의 영속성이 얼마나 무시되고 있었던가를 증명해주는 것이기도 하다.

게다가 인적 신분상으로 자유인인 콜로누스를 '그가 태어난 토지의 노예'로, 한마디로 말해 어떤 개인적 종속민이 아닌 어떤 물(物)의 종속민으로 삼고 있던 로마법식의 추상적 개념 따위가 모든 사회적 관계를 피와 살을 가진 인간들 상호간의 복종과 보호의 교환관계로 이끌어갈 만큼 현실적이었던 이 시대에 도대체 어떤 의미를 지닐 수 있었겠는가. 로마 제국의 한 칙령에는 "콜로누스는 그가 태어난 곳으로 되돌아가게 해야 한다"고 씌어 있었던 데에 반해 서고트 왕국의 필요에 따라 6세기 초에 편찬된 로마법 편람에는 이미 "콜로누스는 그의 주인에게 되돌려 보내져야 한다"고 씌어 있었다.[2]

분명히 9세기의 콜로누스는 법적으로 보면 그의 아득한 조상과 마찬가지로 여전히 자유인이었다. 그는 군주에게 충성의 서약을 바치고 때로는 재판집회에도 출석하고 있었다. 그러나 콜로누스는 공권력과 접촉하는 기회가 지극히 드물었고 그나마도 지극히 멀리에서밖에 접촉할 수 없었다. 콜로누스가 국왕의 봉건소집군에 징집되는 경우에는 어떠할까. 이때는 자기에게 보유지를 준 우두머리의 군기 아래에서 종군하였다. 재판소에 소환되는 경우에는 불수불입권의 작용과 아울러 관습 자체—불입의 특권은 대체로 이 관습을 재가해주는 데에 그치고 있었다—에 의해서도 이 영주를 이번에는 관례적인 재판관으로 받아들이지 않을 수 없었다.

요컨대 사회 내에서의 콜로누스의 지위는 점차 다른 사람에 대한 종속관계로 규정받게 되었다. 사실 이 종속관계는 너무나 철저하여, 콜로누스가 자신이 소속된 장원 외부의 사람과 결혼하는 것을 금지함으로써 (영주가—옮긴이) 그 가족의 신분을 통제하는 것이 당연하게 여겨지고 있었으며, 또 그가 완전히 자유인 신분의 여자와 결합하는 것은 '불평등한 결혼'으로 취급되었다. 세속적인 법에서 예전에는 노예들에게만 적용되던 체형(體刑)을 콜로누스에게도 부과하게 된 것처럼 교회

---

2) *Lex Romana Visigothorum*, éd. Haenel, *Cod. Theod.*, V, 10, 1 et *Interpretatio*.

법에서도 콜로누스가 성직에 들어오는 것을 거부하려는 경향이 나타났다. 또한 영주가 그의 의무부담을 면제해주었을 때 그러한 행위는 흔히 해방(affranchissement)[*2]이라고 불리고 있을 정도였다.

콜로누스라는 낱말이 라틴어 법률용어에서 유래한 그토록 많은 용어들과는 달리 갈리아-로망스어에 끝끝내 아무런 파생어를 남기지 않은 것도 이유가 없지 않다. 인적 신분을 나타낸다는 점에서는 마찬가지였던 다른 낱말들도 설령 살아남았다고는 하더라도 그 대가로 당연히 수많은 의미상의 변화를 겪을 수밖에 없었다. 그렇기는 해도 역시 이들 낱말이 살아남았다는 사실은 어쨌든 당시 사람들이 무엇인가가 연속되고 있다고 느끼거나 또는 그렇게 착각하고 있었음을 입증해주고 있다.

반면에 콜로누스는 이미 카롤링거 왕조 시대부터 장원의 종속민이라는 균일한 집단 속에 한데 합쳐 들어가기 시작했는데, 이 집단은 증서에서는 만키피움(mancipium, 그 얼마 전까지만 해도 고전 라틴어에서는 노예의 동의어였다)[*3]이라는 이름 아래, 그리고 속어에서는 한층 더 모호하기는 하지만 주인의 '복속인'(homme)이라는 이름 아래 무차별적으로 불리고 있었다. 콜로누스는 한편으로는 '토지를 지급받은' 노예들에 아주 가까웠지만 또 다른 한편으로는 고유한 의미에서 전사가 아닌 경우의 피보호민과 거의 동일시되었고, 그리하여 때로는 용어상 두 부류 사이에 일체의 구분이 사라져버릴 지경에 이르기까지 하였다.

왜냐하면 우리가 이미 알고 있다시피 탁신의 관행은 상층계급에게만 한정되어 있던 것이 아니기 때문이다. 신분이 그리 높지 않은 자유인들 중에도 보호자를 구하기는 하되 그로 인해 스스로 노예가 되는 것만은 용납하지 않으려 하는 사람들이 많았다. 이런 사람들이 보호자에게 자기의 토지를 넘겨주었다가 이어서 이 토지를 보유지라는 명목으로 되찾아 가지게 될 때 이들 두 개인 사이에는 이와 동시에 좀더 인신적인

---

*2 이 말은 노예해방에 대해 사용되던 용어이다.
*3 복수는 mancipia.

관계가 맺어졌는데, 그러면서도 이 관계는 오랫동안 제대로 정의되지 않은 상태로 머물러 있었다.

이 관계가 차츰 정확하게 규정되기 시작한 것은 다른 형태의 종속관계에서 여러 가지 특징을 빌려옴으로써였다. 여기에 틀을 제공해준 종속관계란 바로, 그 당시 대단히 널리 보급되어 있었으며 그런 까닭으로 해서 하층신분에서 맺어지는 일체의 종속의 유대관계에 대해 장차 본보기 역할을 하게끔 운명지어져 있던, '복종의무가 뒤따르는' 해방노예의 신분이었던 것이다.

프랑크 국가를 구성하고 있던 여러 지방에서는 로마 제국의 마지막 몇 세기 이래 수없이 많은 노예해방이 이루어졌다. 카롤링거 왕조 시대에도 해마다 수많은 노예해방이 실시되었다. 온갖 것들이 주인으로 하여금 이러한 정책을 취하게 하였다.

우선 경제적인 전환으로 인하여 그 전에 라티푼디움—지금은 세분되어버린—을 경작하는 데에 이용되고 있던 대규모 작업반을 해체하지 않을 수 없었다. 이리하여 사람들이 이제부터는 부(富)가 광대한 영주 직영지의 직접경영보다 오히려 공조와 부역의 징수에 바탕을 두게 되리라고들 여기고 있던 것과 마찬가지로, 권력의지라는 측면에서 보더라도 인민의 구성원인 자유인들의 머리 위에 펼쳐진 보호야말로 권리를 박탈당한 인간가축을 소유함으로써 제공받을 수 있는 것보다 엄청나게 더 효율적인 도구가 되어준다는 사실이 인지될 수 있었다.

끝으로 한 가지 더 말한다면, 죽음이 다가오게 될 때 유독 뼈저리게 느껴지게 마련인 '영혼의 구원'에 대한 배려 때문에 사람들은 교회의 소리, 다시 말해 비록 노예제 자체에 대항하여 그렇게 드높이 제기된 것은 아니라 할지라도, 그래도 어쨌든 기독교도인 노예의 해방이야말로 비할 데 없이 경건한 행위라고 주장하고 있던 그 소리에 마음 솔깃하여 귀를 기울이고 있었다. 더구나 자유의 획득은 로마에서나 또 게르마니아에서나 노예의 운명을 짊어지고 있던 수많은 사람들이 흔히 맞이하는 귀결이었다. 다만 만족들이 세운 왕국에서는 아마도 이러한 과정이 점점 더 가속화하고 있었던 것으로 보인다.

하지만 주인들이 겉보기에 그렇게도 관대하게 굴 수 있었던 것은 그저 그렇게 하면서도 모든 것을 넘겨주는 게 결코 아니었기 때문이지 다른 이유가 있어서가 아니었다. 첫눈에 보았을 때 9세기의 프랑크 국가에 존재하였던 노예해방에 관한 법체제만큼 복잡하게 뒤엉킨 것도 없다. 한편에서는 로마 세계의 전통이, 또 다른 한편에서는 각양각색인 게르만법의 전통이 노예해방을 최종적으로 실시하기 위한 수많은 각기 다른 방법들을 제공하고 있었으며, 사람을 어리둥절하게 할 만큼 다양한 조건으로 이들 수익자의 신분을 정하고 있었다.

그러나 실제의 결과만을 놓고 본다면 그것들은 모두 노예해방 행위의 양대 범주 가운데 하나를 선택하게 하려는 방향으로 작용하고 있었다. 즉 해방노예가 나중에 자기 자신의 의사로써 의탁하고자 하게 될 수도 있을 그러한 권위를 제외하고는 일체의 사적 권위에서 앞으로 영구히 벗어나게 되든가, 그렇지 않으면 반대로 그가 새로운 신분을 지닌 채 옛 주인에 대해서이건 또는 옛 주인의 동의로 그를 넘겨받게 된 새로운 보호자—예를 들면 교회—에 대해서이건 계속해서 일정한 종속의 의무를 짊어지지 않으면 안 되게 되든가 하는 것이 문제의 관건이었다. 이러한 의무는 세대에서 세대로 이어지게 되어 있는 것이라고 일반적으로 여겨졌기 때문에 이것이 마침내 진정한 의미의 세습적 피보호제를 낳기에 이르렀던 것이다.

첫번째 유형의 '노예해방'(manumission)—당시의 용어를 빌리면—은 드물었다. 그 반면에 두번째 유형은 주변상황의 필요에 부합되는 유일한 것이었기 때문에 대단히 빈번하게 이루어졌다. '해방노예주(主)'는 한 사람의 노예를 포기하는 것을 감수하더라도 한 사람의 종속민을 휘하에 두기를 열망하고 있었다. '피해방자' 자신도 감히 보호자 없이 살기를 바라지는 않았기 때문에 그가 열렬히 바라고 있던 보호를 이렇게 해서 군말없이 확보하고 있었다. 이로 인해 맺어진 종속관계는 너무나 강력한 것으로 여겨졌기 때문에, 성직자가 완전히 독립적인 존재여야 한다고 강력히 요구하고 있던 교회는 자유인이라는 명색은 아무리 그럴듯해도 교회의 눈으로 보기에는 여전히 지나치게 엄격한 속박 속에 휩싸여 있는 존재였던 이들 새로운 자유인에게 서품을 내려주기를 꺼려하였다.

대개의 경우 해방노예는 동시에 자기 보호자의 토지 보유농이기도 했는데, 이는 그가 노예의 낙인을 벗어나기 전에 이미 보호자에게서 '토지를 지급' 받았던 것으로 인해서이거나 또는 해방되면서 부수적으로 토지를 증여받음으로 해서였다. 게다가 더욱 인신적인 성격을 띤 의무부담들이 종종 이 종속관계를 강조하게 되곤 하였다. 이는 때로는 토지 보유농들이 사망할 때마다 보호자들이 그 상속재산의 일부를 거두어들인다는 형태를 띠기도 하였다.

이보다 한층 더 빈번한 것으로, 인신적인 의무부담은 해방노예에 대해, 그리고 그가 죽은 다음에는 그의 자손 한 사람 한 사람마다에 대해 해마다 부과되는 인두세의 형태를 띠기도 하였다. 이 '슈바주'(chevage, 인두세)는 모두 합하면 무시할 수 없을 만한 액수의 정기적 수입을 영주에게 안겨주는 것이기도 했을 뿐 아니라 또한 그 징수 주기가 짧았기 때문에, 종속민의 악의에서이건 또는 상급자의 태만으로 인해서이건 이 유대관계가 자칫 망각되어버리는 일이 없도록 해주고 있었다. 이러한 유대의 본보기를 제공해준 것은 게르만식 노예해방의 몇몇 방식이었다. 머지않아 이 본보기는 '복종'을 수반하는 거의 모든 노예해방의 경우에 모방되기에 이르렀다.

토지 보유농의 상속재산 가운데 일부분이 영주측에 의해 공제된다는 것과 슈바주의 납부라는 이 두 가지 종속의 표시는 중세의 여러 사회에서 기나긴 장래를 약속받고 있었다. 적어도 이 두번째의 것인 슈바주는 일찍부터 노예상태에서 해방된 사람들의 작은 세계에만 한정되지는 않게 되었다. 몇몇 노예해방문서에서 명백한 어조로 제시되고 있듯이 해마다 지불되는 몇 데나리우스라든가 벌꿀덩어리 따위는 보호자로 전환된 주인이 옛날의 자기 노예에게 베푸는 보호의 대가를 나타내는 것이라고 여겨졌다.

그런데 좋든 싫든 간에 유력자의 '보호' 아래 놓이게 된 이른바 자유인은 해방노예만이 아니었다. 이미 9세기부터 슈바주는 점점 더 널리 퍼져나아가, 용어상의 온갖 변덕에도 불구하고 종속자의 입장에서 볼 때에는 일반적으로 세습되는 아주 미천한 종속을, 보호자의 입장에서 볼 때에는 무상(無償) 수입의 원천인 막강한 명령권을 공통의 특징으로 삼는 일군의 인신적 종속관계 전체를 가리키는 특정한 상징으로 여겨지고 있었다. 이렇게 하여 아주 복잡하게 뒤엉켜 있는 사람과 사람 사이의 관계의 혼돈 속에서 몇몇 세력관계가 출현하기 시작했으며, 다음 시대의 여러 제도는 이같은 세력관계를 중심으로 해서 점차 확립되게 되었다.

2. 프랑스의 농노제

프랑스 본토와 부르고뉴에서는 봉건시대 제1기 동안에 일련의 요인들이 집중적으로 작용하는 바람에 옛날의 사회적 명칭체계가 문자 그대로 일소되어버리기에 이르렀다. 성문법은 잊혀져 있었다. 프랑크 시대의 지조장부 가운데 일부는 사라져버렸으며, 많은 장원의 배치가 뒤죽박죽된데다가 용어도 변하였기 때문에 남아 있는 것들이라 할지라도 더 이상 참조하기에는 많은 어려움이 따를 수밖에 없었다. 끝으로, 영주들이나 재판관들은 전반적으로 너무나 무식했기 때문에 법률적 사항을 기억해내느라 공연히 진땀을 뺄 필요도 없었다.

하기야 당시 실시된 새로운 신분 분류법에서는 기억조차 까마득한 그 옛날부터 인간의 집단적인 의식에 친숙한 것이었던 자유와 예속의 대조라는 하나의 관념이 다시 중요한 역할을 하게 되었다. 그렇지만 이는 그 대가로 의미상의 심대한 변화를 겪으면서 이루어진 일이었다.

자유와 예속의 이같은 대비에 함축되어 있던 그 옛날의 의미가 이제는 더 이상 사람들의 마음에 와닿지 않게 되었다고 해서 어디 놀랄 만한 점이라도 있겠는가. 왜냐하면 프랑스에는 이미 정확한 의미의 노예는 거의 존재하지 않았기 때문이다. 그러다가 얼마 안 있어서 노예는 아예 하나도 남지 않고 없어져버렸다. 토지를 보유한 노예의 생활양식은 노예제와는 아무런 공통점도 없었다.

일찍이 주인의 집안에서 숙식을 제공받아 생계를 유지하고 있던 노예들의 소집단으로 말하자면, 노예가 죽어버리거나 해방되거나 함으로써 발생한 공백이 그후로 메워지지 못하고 있었다. 실제로 포로가 된 기독교도를 노예로 삼는 일은 종교적 감정 때문에 금지되고 있었다. 하긴 '이교도'들의 땅을 약탈함으로써 인원을 보급받는 노예무역이 아직 남아 있었던 것은 사실이다. 그러나 이같은 노예무역의 본류(本流)는 프랑스에는 미치지 않고 있었으며 기껏해야—이곳에는 아주 부유한 구매자가 없었기 때문에 그러했음에 틀림없지만—이 지방을 그냥 가로질러 모슬렘 지배 아래 있던 에스파냐나 오리엔트로 향해 갔을 따름이다. 더구나 국가의 약체화로 인해, 완전한 권리를 지닌 신민인 자유인과 공적인 제도의 직권행사 영역 밖에 있는 노예 사이의 옛날식 구분은 구체적인 의미를 완전히 상실해버렸다.

그런 중에도 사람들은 사회란 자유스러운 사람과 부자유스러운 사람들로 이루어져 있다고 생각하는 버릇을 버리지 않았다. 부자유스러운 사람들에 대해서는 그들에게 붙여졌던 옛 라틴어 명칭인 세르부스(servus)라는 명칭을 그대로 사용하였으며, 프랑스어는 여기에서 세르프(serf, 농노)라는 말을 만들어내었다. 눈치채지도 못하는 사이에 자유인과 부자유인이라는 두 무리 사이의 구분선이 이동하였던 것이다.

영주를 받드는 것이 곧 자유와 상충된다고 여겨졌던 것은 결코 아니다. 그 누가 영주를 받들지 않고 있었던가 말이다. 그러나 적어도 일생에 한번은 행사되기 마련인 영주 선택의 권한이 더 이상 허용되지 않는 순간, 자유인이라는 이 자격도 끝장나버린다고 생각되었다. 바꾸어 말해 일체의 세습적 결속관계는 예속적 성격을 띤다고 간주되었다. '모친의 태내에서부터' 아이에게 덮어씌워져 있던 피할 길 없는 유대라는 것이야말로 전통적인 노예제에 수반된 가장 지독한 냉혹성 가운데 하나가 아니었던가. 거의 육체적인 것이라고까지 할 만한 이같은 속박에 대한 감정은 민중의 언어에서 농노의 동의어로 만들어졌던 '인신 예속민'(homme de corps)이라는 표현 속에 절묘하게 나타나 있다.

우리가 이미 살펴 보았듯이 가신은 신종선서를 바치더라도 그것이 결코 세습되지 않았으므로 본질적으로 '자유인'이었다. 그 반면에 자기 자신의 인격과 더불어 자손마저도 저당잡혔던 조상의 후예들로서 수적으로 훨씬 많은 종속자들이었던 한 무리의 사람들, 곧 해방노예와 신분 낮은 탁신자들의 후손들은 토지 보유 노예의 후예들——그들은 수적으로 얼마 되지 않았다——과 동일한 예속의 범주 아래에 들 수밖에 없었다. 중대한 인구동화(人口同化) 현상에 따라 사생아도, 낯선 사람들, 곧 '이방인'도, 그리고 때로는 유대인까지도 마찬가지 범주에 들게 되었다. 그들은 가족이나 종족이라는 생래적인 지지기반을 모조리 빼앗기고 있었으므로 옛날의 법률상으로는 자기네 거주지의 영역제후나 수장의 보호에 자동적으로 맡겨진 존재였다.

그런데 봉건시대에는 이들이 농노가 되어 바로 그 신분으로 자신들이 살고 있는 토지의 영주에게 또는 적어도 그 토지에 대한 상급재판권을 가진 영주에게 복속되었다. 카롤링거 왕조 시대에는 슈바주를 무는 피보호민이 점점 더 늘어나게 되었다. 그렇기는 하지만 이는 자유인의 신분을 그대로 유지한다거나 되찾는다는 조건 아래에서 이루어진 일이었다. 왜냐하면 노예는 자신에게서 모든 것을 빼앗을 수 있는 주인은 가졌었지만, 보호해준 데에 대한 대가를 종속자에게서 받게 되어 있는 그런 식의 보호자는 섬기지 않았기 때문이다.

그러나 일찍이 전적으로 명예스러운 것으로 여겨지던 이 슈바주 지불의무는 차츰 모멸적인 빛깔을 띠어가더니, 그후에는 마침내 재판소의 판결에 따라 농노 신분의 특징적인 징표들 가운데 하나로 손꼽히게 되었다. 이 지불의무는 옛날과 동일한 가족들에게 옛날과 근본적으로 동일한 이유로 계속해서 강요되고 있었다. 달라진 점이 있다면 당시의 신분 분류에서 이 공조의 지불로써 상징된다고 여겨지는 유대관계의 지위가 변화되었다는 사실 그것뿐이었다.

사회적 가치체계에서의 이같은 커다란 혼란은 의미상의 모든 변천이 다 그러하듯이 당대인들에게는 거의 감지되지도 않았지만, 프랑크 시대 말기에 예속을 나타내는 어휘가 극도로 다의적(多義的)으로 쓰이게 되었다는 사실을 통해 이미 드러나고 있었으니, 문제의 어휘는 그 당시부터 이미 과거의 의미와 미래에 통용될 의미 사이를 왔다갔다하기 시작하고 있었다. 이러한 암중모색은 오랫동안 계속되었다.

지역에 따라 그리고 증서를 작성하도록 부탁받은 성직자들에 따라 신분명칭의 테두리는 가지각색이었다. 그전에 '복종'을 조건으로 해서 해방되었던 노예의 후손으로 이루어진 몇몇 집단이 12세기 초까지도 '해방노예'를 뜻하는 라틴어 콜리베르투스(collibertus)에서 파생된 퀼베르(culvert)라는 독특한 호칭을 그 출신성분의 표상으로 계속 지니고 있던 지방도 여럿 있었다. 일찍이 행해졌던 노예해방에 대한 경멸의 표시로 그들은 이제부터 새로운 말뜻에서의 '자유'를 박탈당한 존재로 여겨지고 있었다. 그렇기는 하지만 그들은 단순한 '노예'(serf)보다는 우월한 계층을 이룬다고 생각되고 있었다. 그리고 다른 가족들은 사실상 예속 신분의 의무와 전적으로 동화되었음에도 불구하고 여기저기에서 오랫동안 계속하여 '탁신자' 또는 '피보호민'(gens d'avouerie, 이 avouerie라는 명사는 보호와 동의어이다)이라고 불리고 있었다.

어떤 사람이 스스로 후손과 더불어 어떤 주인에 대한 종속상태에 들어가면서 많은 의무 중에서도 슈바주를 내겠다고 약속했다면 어떻게 될까. 이같은 행위는 때로는 자발적 예속의 하나라고 명백히 취급되었다. 반면에 또 때로는 '탁신행위'에 관한 프랑크 시대의 옛 서식에서처럼 자유를 보장하는 구절이 거기에 삽입되기도 하였다. 그렇지 않으면 또 문서를 작성할 때 신분강등의 위험이 있는 일체의 표현을 신중하게 회피하는 경우도 있었다. 그러나 강에 있는 생 피에르 수도원의 기록문서처럼 몇 세기에 걸쳐 계속 기록문서가 작성되었을 때에는, 세월이 흐름에 따라 더욱더 철저하게 예속을 의미하는 어법이 심화해가는 것을 어렵지 않게 찾아볼 수 있다.

그러나 이러한 자발적인 복종의 수효가 아무리 많았다 하더라도—우리에게 남겨진 문서가 빈약하다는 점에 비추어볼 때, 이 자발적인 복종을 기록한 문서의 비율이 괄목할 만큼 높다는 사실은 전반적으로 놀랍고도 충격적인 일이다—농노의 무리가 늘어나는 데에 기여한 것은 물론 이것만이 아니었다. 정확한 계약을 맺은 일이 전혀 없이 단지 시효(時效)와 폭력의 작용에 따라, 그리고 법적 해석에서 일어난 변화의 영향에 따라, 오래된 장원이건 새로 생긴 장원이건 간에 장원에 소속된 수많은 종속민 대중이 명칭은 오래되었으되 거의 전적으로 새로운 여러 기준에 따라 규정된 이 농노 신분으로 서서히 옮아갔던 것이다. 파리지(Parisis) 지방에 자리잡은 티에(Thiais) 촌에는 9세기 초에만 하더라도 146명의 가장(家長) 가운데 130명이 콜로누스였고, 이에 비해 노예는 단 11명밖에 없었으며, 그밖에도 슈바주를 납부하는 19명의 피보호민이 종속적인 위치에 놓여 있었던 데에 반해 루이 성왕 치하에서는 거의 전 주민이 예속 신분이라고 지칭되는 사람들로 이루어져 있었다.

어디에다 분류해 넣어야 옳은지 알 수 없는 개인이나 심지어 집단 전체조차도 끝까지 존속하였다. 로니 수 부아(Rosny-sous-Bois)의 농민들은 생트 주느비에브(Sainte-Geneviève)[*4]의 농노였던가 그렇지 않았던가. 라니(Lagny)의 사람들은 자기네 수도원의 농노였던가 그렇지 않았던가. 이같은 문제가 루이 7세[*5] 때부터 필리프 3세[*6] 때까지 교황들과 국왕들의 마음을 사로잡았다. 북부 프랑스의 다양한 부르주아지 집단의 성원들은 슈바주의 지불의무와 아울러 일반적으로 자유와는 대립되는 것이라고 여겨지던 다른 여러 가지 '관습적 의무'의 이행을 대

[*4] 파리 남쪽의 유명한 순례지.

[*5] 프랑스의 왕. 1120~80.

[*6] 프랑스의 왕. 재위 1270~85. 대담왕이라는 별명을 가지고 있다.

대로 강요받아왔으나 13세기에 이르러서는 농노로서 다루어지는 것을 거부하고 있었다.

그러나 망설임과 변칙들이 있었다고 해도 본질적인 사실은 전혀 제거되지 않았다. 늦어도 12세기 전반부터는——이 당시에는 '퀼베르'는 더 이상 하나의 계층으로 존재하지 않게 되었으며, 이 명칭은 문자 그대로 농노와 동의어가 되어 있었다——태어나면서부터 주인에게 묶여 있는, 따라서 예속 신분이라는 '오명'이 새겨진 미천한 인격적 종속민이라는 단 하나의 범주가 성립되어 있었다.

그런데 여기에서 관건이 되는 것은 단순한 어휘상의 문제와는 아주 거리가 멀었다. 전통적으로 예속 신분과는 불가분한 것이라고 여겨져온 몇 가지 결격성이 이들 비자유민, 그러니까 그 자체로서는 새로운 것이면서도 그 새로움이 제대로 명확하게 감지되지는 않고 있던 그러한 유형의 비자유민들에게 거의 필연적으로 적용되었다. 그 결격성이란 성직에 들어가는 것의 금지, 자유인에 대해 불리한 증거를 제출하는 권리의 박탈(하지만 이 권리는 특별권리로서 국왕의 농노에게는 원칙적으로 허용되었으며, 더 나아가 몇몇 교회의 농노들에게도 인정되고 있었다) 그리고 전반적인 양상으로서 극도로 비통한 열등감과 모멸감으로 얼룩진 감정적 기조(基調) 등이었다.

그런 한편 무엇보다도 특히 일련의 특정한 의무부담들로써 규정되는 진정한 의미의 신분이 형성되어나왔다. 그같은 의무부담은 집단의 관습에 따라 세부적인 항목에서는 무한히 다양했지만 대강의 윤곽에서는 어디에서나 거의 비슷하였다. 이는 세분되어 있으면서도 동시에 근본적으로는 하나인 이 사회에서 끊임없이 되풀이되고 있던 대조적인 현상이라고 하겠다. 그러한 의무부담에는 첫째, 슈바주가 있었고, 둘째, '영외혼'(領外婚, formariage)*7 금지, 곧 신분이 같지 않고 같은 영주

---

*7 원문에는 'se formarie', 즉 '영외혼하다'는 동사가 사용되고 있다. 명사형인 포르마리아주(formariage)는 영외혼을 가리키는 말인 동시에, 이같은 결혼을

에게 종속되어 있지 않은 사람과 결혼관계를 맺는 일의 금지—비싼 값을 치르고서 특별허가를 사들인 경우는 제외하고—가 있었다. 그리고 마지막으로 상속재산에 대해 얹어지는 일종의 부과조가 있었다.

피카르디 지방과 플랑드르 지방에서 이 '농노상속세'(mainmorte)는 대체로 정규적 상속세의 형태를 취하고 있었는데, 영주는 농노가 죽을 때마다 소액의 현금이나 또는 그보다 더 흔히 볼 수 있는 일로서 가장 좋은 동산이나 가장 훌륭한 가축 한 마리를 거두어갔던 것이다. 다른 지방에서는 이 농노상속세는 가족공동체의 승인에 바탕을 두고 있었다. 즉 죽은 이가 자기와 더불어 같은 '아궁이'를 쓰면서 살고 있던 아들들(때로는 형제들일 수도 있다)을 남긴 경우에는 영주는 아무것도 받지 못하였다. 그렇지 않은 경우에는 영주는 모든 것을 몰수하였다.

그런데 이같은 의무는 제아무리 무거운 것으로 보였다고 할지라도 납부 의무자의 수중에 진정한 의미의 세습재산이 주어져 있어야 한다는 점을 전제로 하는 것이었기 때문에 어떤 의미에서는 노예제와는 대극점(對極點)을 이루고 있었다. 토지 보유농으로서의 농노는 다른 어떤 토지 보유자와도 똑같은 의무와 권리를 지니고 있었다. 그의 보유지도 다른 사람의 보유지 이상으로 불안정할 리가 없었고, 일단 공조 납부와 부역을 이행하고 나면 그의 노동의 대가는 온전히 그 자신의 것이었다. 농노를 더 이상 '그의 토지에' 결박된 콜로누스의 모습으로 그려내지는 말기로 하자.

물론 영주들이 자기네 농민을 붙잡아두려고 애쓰고 있었던 것은 사실이다. 일할 사람이 없다면 토지가 무슨 소용이 있겠는가. 그러나 도망치는 것을 막기는 어려웠다. 왜냐하면 한편으로는 권력의 세분화로 인해 경찰의 효율적인 강제력 행사가 그 어느 때보다도 철저하게 벽에 부딪쳐 있었으며, 다른 한편으로는 처녀지가 아직도 너무나 풍부해서

____

하고자 하는 농민들이 결혼 허가를 얻기 위해 영주에게 바치는 고액의 세금을 뜻하기도 한다.

도주농노가 거의 언제나 새로 정착할 곳을 다른 곳에서 발견할 수 있었던지라 그에게 토지를 몰수한다고 위협해보았자 별로 대수로운 효과가 없었기 때문이다.

그래도 제대로 성공하고 못하고의 차이는 있었지만, 어쨌든 영주들이 막으려 애쓰던 것은 보유지가 버려지는 현상 자체였다. 경작자의 개별적인 신분은 그다지 문제가 되지 않았다. 두 사람의 영주가 서로 상대방의 종속민을 받아들이지 않겠다고 협정을 맺을 때에는 대개의 경우, 그들이 이렇게 합의해서 이동을 금지시키기로 한 개개인의 신분이 예속민이건 자유인이건 그 점에는 구분이 지어지지 않았다.

더구나 종속이라는 면에서 경지가 사람과 똑같은 길을 반드시 밟아야 할 필요는 결코 없었다. 농노가 심지어 일체의 토지 소유적 지상권(至上權)에서 벗어나 있는 자유토지(alleu)를 가진다고 하더라도 원칙적으로는 이를 막을 길이 전혀 없었다. 현실을 살펴볼 때 그와 같은 경우에는—이러한 예는 13세기에도 찾아볼 수 있다—일반적으로, 이 자유토지가 지조부과토지의 특징인 여러 의무는 여전히 전적으로 면제받지만 그래도 이를 타인에게 양도하는 데에는 이를 소유한 농노의 주인에게 허가를 받지 않으면 안 된다고 생각되었다. 이러한 것은 실제로 자유토지 고유의 특성을 크게 손상시키는 일이었다.

농노가 오로지 보유지만을 가지고 있기는 하되, 그가 이 토지를 농노 자신의 신분에 고유한 유대관계에 따라 자기와 결속관계를 맺고 있는 영주에게서 받은 것이 아니거나 또는 이 토지 가운데 일부만을 그에게서 받아서 가지고 있는 경우는 훨씬 더 빈번하였다. 심지어는 어떤 영주의 농노인 사람이 다른 영주의 토지에서 살고 있는 경우조차 있었다.

봉건시대 사람들은 도대체 이렇게 권력체계가 복잡하게 뒤엉켜 있는 데에 대해 거부감을 느낀 적이 없었을까. 11세기 말경에 작성된 부르고뉴의 한 증서에는 다음과 같은 표현이 들어 있었다. "나는 클뤼니의 생 피에르 수도원에 이 농경지와 그 부속물을 기증한다"—즉 "나는 이 토지의 상급권을 양도한다"는 뜻이다—, "단, 그 땅을 경작하고 있는 예농 및 그 처와 아들딸들은 제외한다. 왜냐하면 그들은 나의 것이 아니기 때문이다."[3] 당초부터 이러한 이중성은 몇몇 피보호민의 지위에 고유하게 깃들여 있는 것이었다. 인구의 이동으로 이러한 상황은 점점 더 흔히 볼 수 있는 것이 되어갔다. 이런 것은 자연히 토지분할에서 미묘한 문제를 불러일으키지 않을 수 없었으며, 그로 인해 마침내 농민보유지나 종속민에 대한 자기의 권리를 잃어버리는 영주가 하나둘이 아니었다.

그러나 매우 의미심장한 하나의 사항에 관한 한, 사람과 사람 사이의 유대관계가 거의 아무런 이의 없이 일종의 최우선권을 인정받고 있었다. 농노는 적어도 '유혈의' 형에 처해질 만한 범죄를 저질렀을 경우에는 '인신(人身)의' 영주 이외의 사람을 재판관으로 할 수 없다고 여겨지고 있었다. 이 인신영주의 통상적인 사법권이 어떤 것이건, 또 피고의 거주지가 어디이건 그것은 아무 상관이 없었다. 요컨대 농노의 성격은 그가 토지에 대해서 맺는 관계에 따라 규정되는 것이 결코 아니었다. 오히려 농노의 고유한 특징은 그가 다른 어떤 인간존재에 대해 너무나 철저한 종속관계에 놓여 있어서 그가 어디를 가건 이 결속관계가 그를 따라다녔으며, 그의 자손들에게까지도 붙어다녔다는 사실이었다.

이렇듯 농노들의 대다수가 옛날 노예의 후손이 아니었던 것과 마찬가지로 농노들의 신분도 옛날의 노예 신분이나 로마의 콜로누스 신분이 다소 개선된 형태로 변신한 것에 불과하다고 말할 수는 없었다. 이 제도는 과거의 다양한 시대에서 빌려온 여러 가지 특징을 지닌 채 옛날식 어휘로 불리고는 있으면서도, 그것이 형성된 사회 자체의 필요와 집단적 표상들을 반영하고 있었다.

분명히 농노의 운명은 아주 고달픈 것이었다. 사료의 무미건조한 표현의 배후에서 우리는 때로는 비극적이기까지 할 정도로 가혹함에 넘치는 하나의 분위기를 재구성해내야 한다. 11세기에 앙주 지방에서 소

---

3) A. Bernard et A. Bruel, *Rec. des chartes de……Cluny*, t. IV, n° 3024.

송에 쓰기 위해 작성되었던 한 농노 집안의 족보는 다음과 같은 말로 끝나고 있다. "니브, 그는 자신의 영주 비알에 의해 목이 베어 살해당하였다." 영주들은 흔히 관습을 무시해가면서까지 자의적인 권력의 행사권을 내세우곤 하였다. 베즐레(Vézelay)의 어느 수도원장은 자기의 한 농노에 대하여 "그는 발바닥부터 머리끝까지 나의 것이다"고 말하고 있었다. 인신 예속민들 중에도 또 그들대로 속임수를 쓰거나 도망쳐버리거나 해서 멍에를 벗어나고자 애쓰는 사람이 하나둘이 아니었다.

그러나 자기 수도원의 농노들이 생활이 평온할 때에는 유대를 부인하려고 발버둥치지만 그 반대로 절박한 위험으로 인하여 보호자를 찾지 않으면 안 되는 상황이 되자마자 이 유대를 내세우고자 안간힘을 쓴다고 서술하고 있는 아라스의 어느 수도사의 언명도 전적으로 거짓된 것이 아님은 물론이다.[4] 모든 피보호민 제도는 보호와 억압이라는 이 두 극단 사이에서 거의 필연적으로 오락가락하고 있었다. 그리고 농노제가 본디 이루어졌던 것도 바로 이런 식의 체제의 중요한 일부분으로서였던 것이다.

그러나 모든 농민이 예속상태로 빠져들어갔던 것은 아니다. 그들의 토지가 종속관계에 들어갔거나 또는 계속해서 종속상태에 머무르고 있는 경우에조차 그러할 때가 있었다. 봉건시대 전체를 통해서 끊임없이 이어져온 사료들 속에는 영주의 토지 보유농들 가운데서도 농노와 나란히 명백하게 '자유인'이라고 지칭되는 무리가 등장하고 있다.

여기서 특히 유의해야 할 것은 이들 자유로운 토지 보유농은 그저 단순한 소작인이었으며 그들이 토지의 상급소유권자인 영주에 대해 맺고 있던 관계는 채무자와 채권자라는 무미건조한 관계에 지나지 않았다는 식으로 생각하지는 말아야 한다는 점이다. 상급자에 대한 하급자의 모든 관계가 아주 직접적으로 인적(人的)인 색조를 띠는 사회적 분위기에

---

4) Bibl. de Tours, ms. 2041, feuillet de garde ; *Histor. de France*, t. XII, p.340 ; *Cartulaire de Saint-Vaast*, p.177.

젖어 있었던 까닭에 이같은 자유로운 토지 보유농들도 집과 경작지에 부과되는 갖가지 공조나 부역을 영주에게 바쳐야 했을 뿐 아니라 그들은 또한 조력과 복종의 의무도 지고 있었다. 그들도 영주의 보호를 기대하고 있었다.

이렇게 해서 확립된 연대(連帶)는 아주 단단했기 때문에 영주의 '자유인 신분의' 종속자가 상해를 당한 경우에는 영주는 배상금을 받을 권리를 가지고 있었으며, 거꾸로, 누군가가 이 영주에 대해 '근친복수'를 행하거나 또는 심지어 그냥 단순한 앙갚음 행위를 하는 경우에도 그는 신분의 구별 없이 이 영주의 종속민 전체를 공격할 수 있었을 뿐 아니라 그러한 공격은 정당한 일이라고 여겨지고 있었다. 이 연대관계는 또한 표면적으로는 더 상위에 속할 듯한 의무들보다도 우선할 만큼 아주 높이 존중되고 있었던 것으로 보인다. 루이 6세와 몽포르(Montfort)의 영주가 공동으로 소유하고 있던 어느 신도시(新都市, villeneuve)의 부르주아들은 농노가 아니었는데도, 그리고 이들 두 영주 가운데 하나는 바로 그들의 국왕이기도 했음에도 불구하고 그들에게 주어진 특허증서는 이들 두 영주 사이에 전쟁이 일어났을 경우 그들이 중립을 지키는 것을 인정해주고 있을 지경이었다.[5] 하지만 이 유대관계가 아무리 끈끈한 것이었다고 할지라도 엄밀하게 말하면 그것은 여전히 우발적인 것이었다.

더구나 그 용어를 한번 살펴보자. 장원—이것은 라틴어로 빌라(villa)라 불렸다—의 주민이라는 뜻인 '빌랭'(vilain, 隸農), '오트'(hôte, 손님), '마낭'(manant, 사는 사람), '쿠샹 에 르방'(couchant et levant, 누웠다 일어나는 사람)과 같은 용어들은 단순히 거주(居住)라는 관념만을 시사하는 것으로서, 모든 토지 보유농에게—설령 농노

---

5) Coutumes de Montchauvet(원래 1101~1137년경에 인정되었다), *Mem. Soc. archéol. Rambouillet*, t. XXI, 1910, p.301 ; 또한 *Ordonn.*, t. XI, p.286(Saint-Germain-des-Bois)도 참조하라.

라 하더라도 토지 보유농인 한에서는 그 말 그대로―적용되고 있기는 하였다.

그러나 '자유로운' 토지 보유농은 그야말로 순수한 상태의 '거주자'였으므로 이것말고 다른 이름을 가지고 있지 않았다. 그가 다른 곳에서 자기의 토지를 팔거나 증여하거나 또는 포기하는 경우에는 거기에 살라고 이 땅뙈기를 대여해주었던 영주에게 그를 계속 묶어두는 사항은 더 이상 아무것도 없게 되었다. 바로 이 점 때문에 이 '빌랭'이나 '마냥'은―이곳저곳에서 그것이 처음으로 발생한 시기 또는 불확실한 모습을 보인 시기는 예외였지만―자유를 부여받은 존재라고 여겨졌으며, 또 그 결과, '빌랭'이나 '마냥'은 인신 예속민들에게는 그들과 달리 낙인처럼 찍혀 개인은 물론이고 가족까지도 얽어매는 가혹한 종속관계로 작용하고 있던 혼인권 제한과 상속권 제한에서 벗어나 있는 존재라고 여겨졌던 것이다.

농민층의 자유와 예속의 분포도에서는 얼마나 많은 가르침을 이끌어낼 수 있을까. 유감스럽게도 이 문제에 대해서는 대강 그려낸 몇몇 근사치밖에 허용되지 않는다. 우리는 스칸디나비아인들의 침입으로 새로운 사회적 구성을 가지게 된 노르망디가 이 추정상의 약도에서 어떠한 이유로 해서 (농노제의―옮긴이) 커다란 공백지대를 이루고 있었던가를 이미 알고 있다. 마찬가지로 농노제를 결여한 다른 지역들 또한 공간적으로 좀더 좁기는 하지만 공백의 이유를 해석하기는 어려운 그러한 상태로 여기저기에 모습을 드러내고 있었다. 이를테면 포레 지방이 그러하다. 나머지 지방에서는 굉장히 많은 농노들을 볼 수 있을 것이다.

그러나 그들과 나란히, 자유인 신분의 예농(vilain)들도 지극히 다양한 밀도를 보이며 마치 점을 찍어놓은 것처럼 존재하고 있었다. 그들은 때로는 예속 신분의 주민들과 한데 긴밀하게 뒤섞여 집과 집을 서로 맞대며 같은 영주의 권위 아래에서 살아가고 있었다. 그 반면에 또 때로는 그들이 사는 촌락의 거의 전체가 이렇게 예속 신분에서 벗어난 것으로 보이는 경우도 있었다. 설령 우리가 이곳에서는 한 가족을 세습적 종속관계에 몰아넣고 저곳에서는 그 구렁으로 빠지지 않게 붙들어주었던 원인들의 작용에 대해 더 잘 알게 된다고 하더라도 몇 가지 분석할 수 없는 사항이 언제나 남아 있게 될 것은 틀림없는 일이다. (어떤 농민이 예속상태에 빠지는가 또는 이를 면하는가 하는 문제는—옮긴이) 흔히 상당한 동요의 기간을 거친 뒤에 비중을 저울질하기 극도로 까다로운 세력들간의 갈등에 의해, 그리고 때로는 순전한 우연에 의해 결말이 나곤 하였다.

결국 여러 신분들의 혼재상태가 끈질기게 존속했다는 사실이야말로 아마도 전체를 통틀어 가장 시사적(示唆的)인 현상이 아닌가 싶다. 완벽하게 봉건적인 체제에서 모든 땅은 봉토이거나 예농층이 가진 보유지였을 것이며, 이와 마찬가지로 모든 사람은 가신이거나 농노였을 것이다. 그러나 사회란 기하학의 도표가 아니라는 점을 우리에게 상기시켜주는 사실이 있다는 것은 좋은 일이다.

3. 독일의 경우

봉건시대 유럽의 장원을 완전무결하게 연구하기 위해서는 이제 눈길을 남부 프랑스 지방으로 돌려서, 토지에서 사람으로 옮아가 인간을 토지에 묶어두고 있던 그러한 일종의 토지적 농노제가 인격적 농노제와 경합하면서 이곳에 존재하고 있었다는 사실을 지적해야만 할 것이다. 그런데 이 토지적 농노제는 그것이 출현한 연대를 설정하기가 무척이나 어렵기 때문에 그만큼 더 불가사의한 제도이다. 그리고 이탈리아로 가서, 프랑스법에 의해 창출된 것과 밀접한 관련이 있지만 그렇게 널리 보급된 것 같지 않고 또 윤곽도 더 유동적인 것처럼 보이는 예속에 대한 관념이 발전해가는 것을 다시 그려볼 필요가 있을 것이다.

끝으로 에스파냐에서는 예상했던 대로의 대조적 현상, 곧 프랑스형 농노제를 가졌던 카탈루냐에 대해 아스투리아스·레온·카스티야 등의 재정복(再征服) 지방이 보여주고 있던 차이와 같은 대조적 현상을 살펴보아야 할 것이다. 이베리아 반도 전체가 그러하듯이 방금 열거한 이들 세 지방에도 성전(聖戰)[8]에서 사로잡힌 포로들이 많았기 때문에 노예제가 존속하고는 있었지만, 토착주민들 사이에서는 사회의 이 하층계급에서도 상층계급에서나 마찬가지로 인격적 종속관계가 별로 구속력이 없었으며 따라서 그들은 예속 신분의 낙인에서 거의 벗어나 있었다. 그러나 이런 식으로 너무나도 길고 너무나도 많은 불확실성에 싸인 고찰을 꾀하느니 차라리 각별히 많은 것을 시사해주는 독일과 잉글랜드라는 두 사회의 경험을 살피는 데에 전념하는 편이 훨씬 나을 것이다.

독일의 농촌지역들을 하나의 통일체인 양 다루는 것은 아주 인위적인 느낌을 주지 않을 수 없다. 엘베 강 동쪽의 식민지역에 대한 연구는 우리가 다루는 시대에 거의 속하지 않는다. 그러나 옛 독일의 중심부 자체에서도 장원화가 비교적 오래 전부터 비교적 철저하게 이루어졌던 슈바벤·바이에른·프랑켄 및 라인 강 좌안 지방이라는 한편과, 장원도 없고 따라서 농노도 없었던 프리슬란트와 자유농민—그들의 토지로 보아도 자유롭고 그들의 인격에서도 자유로운—들의 수효를 따져볼 때 일종의 과도기적 단계를 이루고 있었다고 할 수 있는 작센 지방이라는 다른 한편은 심대한 대조를 보여주고 있었다. 하지만 근본적인 줄기를 집중적으로 살펴본다면 진정으로 민족적인 몇 가지 성격이 명백하게 부각된다.

프랑스에서와 마찬가지로 그리고 프랑스와 같은 과정을 거쳐, 이곳 독일에서도 세습적인 종속관계들이 광범하게 일반화되어 있었던 것을 목격할 수 있다. 프랑스의 문서보관소처럼 독일의 문서보관소에도 자발적인 양도의 문서가 숱하게 보관되어 있다. 프랑스에서와 마찬가지로 새로이 유래한 이들 피보호민의 신분과 장원의 오래된 종속민의 신

---

[8] 11세기부터 15세기까지 이베리아 반도의 기독교인들이 이슬람 교도들을 축출하고 국토를 회복하기 위해 수행한 전쟁. 재정복은 바로 이 전쟁에 의해 이루어졌다.

분 사이에는 동화(同化)의 경향이 나타났으며, 이렇게 해서 가다듬어지게 된 신분의 전형적인 형태는 '복종의 의무가 뒤따르는' 노예해방과 같은 유형의 종속관계에서 많은 특징을 빌려왔다.

또한 용어만 하더라도 이같은 계보를 유례없이 뚜렷한 모습으로 부각시켜주는 것임에 틀림없었다. '라텐'(Laten)이라는 말은 그 어원으로 보아서 해방이라는 관념을 불러일으키는 것인데, 이 명칭이 일찍이 게르만법에서 가리키고 있던 것은 약간의 외래 거주민 및 때로는 피정복 민족의 성원들과 아울러, 일종의 보호제와 같은 유대관계에 의해 아직도 자신들의 옛 주인에게 결속되어 있던 해방노예들을 한데 포함시켜 일컫는, 법적으로 명확하게 규정된 계층이었다. 그런데 12세기에 북독일에서는 바로 이 '라텐'이라는 명칭이 광범한 종속민 집단을 가리키고 있었으며, 이 집단 가운데 일찍이 피보호민으로 전환되었던 노예의 후손들은 이제 분명히 소수층을 이루고 있음에 지나지 않았다.

슈바주와 상속세——이는 대개의 경우 세대가 바뀔 때마다 동산 한 가지씩을 징수해가는 형태를 취하고 있었다——가 인격적 종속관계를 특징짓는 의무부담이 되어 있었다. 영외혼의 금지 또한 마찬가지였다. 끝으로 또 한 가지, 프랑스에서와 동일하게 사람들은 자유와 비자유(非自由)라는 개념이 애당초 가지고 있던 의미에서 벗어나서 이때부터는 혈통에 따라 세습되는 효력을 지닌 일체의 유대관계에 대해 예속 신분이라는 오명을 덮어씌우는 경향을 보이고 있었다. 알자스의 마르무티에(Marmoutier) 수도원이 소유하고 있던 토지에는 9세기에만 하더라도 자유인 신분의 보유지와 예속 신분의 보유지가 있었는데, 12세기에는 이들 보유지가 모두 예속 신분의 보유지라 불리는 단 하나의 범주로 격하되었다.

봉건시대의 라텐은 그 이름에도 불구하고——국경 너머 저쪽의 같은 무리인 프랑스의 퀼베르들과 마찬가지로——일반적으로 더 이상 자유인으로 인정받지 못하게 되었다. 이렇게 됨으로써 아주 역설적이게도, 영주가 그들에 대한 자기의 권리를 포기하는 경우에는 이들 '이미 해방되었던 노예들'을 해방한다고 일컬어졌다. 그 반면에 '자유소작인'(Landsassen, 곧 '토지에 정주한 주민'이라는 뜻)들에게는 일반적으로 '자유'가 인정되었는데, 프랑스 신분 분류법에서 따온 또 하나의 유추에 따라 '가스트'(Gast, 프랑스어로는 hôte, 곧 손님)[*9]라고 불리기도 했던 이들 자유소작인들은 토지에 거주하는 데에서 생기는 의무들 이외의 일체의 결속관계에서 벗어나 있는 진정한 의미의 '마낭'들이었다.

하지만 독일에 특유한 갖가지 조건이 이러한 발전을 방해하게 되었다. 프랑스에서 자유에 대한 원래의 개념이 그렇게도 뿌리째 변화될 수 있었던 것은 오직 국가가 특히 사법의 영역에서 유명무실해졌다는 그 이유가 있었기 때문이었다. 그런데 독일, 그 중에서도 북부 독일에서는 고대적 형태에 따른 공공재판소가 봉건시대 전체를 통하여 영주재판권과 경합하면서 여기저기에 존속하고 있었다. 그러니 이러한 '공공재판소'(plaid, 라틴어로는 placita)에 참석하며 이 법정에서 재판받는 모든 사람들을, 그리고 오로지 그들만을 자유인으로 간주하는 관념이 다소 희미한 형태로나마 살아남아 있었다고 하더라도 이는 조금도 놀라운 일이 아니었다.

작센과 같이 농민의 자유토지가 많았던 지방에서는 문제를 복잡하게 만드는 또 다른 원인들이 발생하곤 하였다. 왜냐하면 자유토지 소유자와 토지 보유농이 다 같이 일체의 인격적·세습적 유대관계에서 벗어나 있는 경우라고 할지라도 집단의식(集團意識)상으로는 양자 사이에 사회적 차이가 있다는 사고방식이 끝내 사라질 수 없었기 때문이다. 자유토지 소유자의 자유는 토지에도 미치고 있었기 때문에 더 완벽한 것으로 여겨지고 있었다. 따라서 자유토지 소유자만이—적어도 그 자유토지의 면적이 일정한 정도에 이르렀을 때—재판소에 참심원(參審員)으로서, 바꾸어 말해 프랑크 시대의 옛 전문용어를 빌리면

---

*9 Gast의 복수형은 Gäste.

'에슈뱅'(échevin)*10으로서 출석할 수 있는 권리를 지니고 있었다. 즉 자유토지 소유자는 '참심원 자격이 있는 자유인'(schöffenbarfrei)이었다.

끝으로 한 가지, 경제적인 요인들도 역시 개입하였다. 봉건시대의 독일에서는 진정한 의미의 노예제가 프랑스에서만큼 그렇게 무시해도 좋을 정도는 아니었지만—왜냐하면 슬라브인들의 거주지가 가까이 위치하고 있다는 사실이야말로 노예의 약탈과 매매를 끊임없이 이루어지게 하는 자극제였기 때문이다—그래도 그다지 중요한 역할을 하지는 못하고 있었다. 그 반면에 영주 유보지에서 토지를 지급받고 있던 옛 세르부스들은 프랑스에서처럼 그렇게 전반적으로 토지 보유농으로 전환되지는 않았다. 왜냐하면 영주 유보지 자체가 흔히 프랑스보다 훨씬 광대한 면적을 차지하고 있었기 때문이다. 하긴 그들 대부분도 그들 나름대로의 방식으로 '토지를 지급받았던' 것은 사실이다. 그러나 이는 하찮은 땅조각 정도를 받은 것에 지나지 않았다. 일상적인 부역을 강요당하고 있던 이들 '날품팔이 종복'(Tagesschalken)들은 진정한 의미의 강제적인 일용노동자로서, 이런 종류의 것은 프랑스에서는 전혀 알려져 있지 않았으며, 그들은 다른 어떤 계층보다도 더 예속적이라고 여겨지지 않을 수 없는 극심한 종속의 상태에서 살아가고 있었다.

몇몇 역사가들은 사회적 계층 분류라는 것은 아무리 해봐야 결국 인간이 그것에 대해 형성해 가지고 있는 관념체제, 그러니까 반드시 일체의 모순이 배제되어 있다고만 할 수는 없는 그러한 관념체계에 따라 존재하는 것에 지나지 않는다는 사실을 망각해버림으로써, 봉건시대의 독일에서 행사되고 있던 인격에 관한 법에다가 실제와는 전혀 동떨어진 명료함과 획일성을 억지로 부여하는 지경에까지 이르렀다. 이같은 노력에서 이런 역사가들의 선구자 노릇을 한 것은 중세의 법학자들이었다. 성과가 없기는 마찬가지였다. 아이케 폰 레프고가 그의 『작센슈

---

*10 라틴어인 scabinus를 프랑스어식으로 옮긴 것이다.

피겔』에서 그렇게 했던 것처럼 관습법 집성의 위대한 편찬자들이 우리에게 보여주고 있는 체계들은 그 자체의 내용에서도 서로 연결되지 않는 부분이 허다했을 뿐 아니라 증서에 씌어진 용어와도 제대로 일치하지 않고 있었다는 점을 인정하지 않을 수 없다.

이곳 독일에는 프랑스 농노제가 보여주는 비교적 단순한 성격에 비견할 만한 것이 전혀 없었다. 실제로, 각 장원의 내부에서 세습적인 종속민들이 균일한 의무를 이행해야 하는 단일한 계층으로 통합된 적은 결코 없었다고 해도 과언이 아니다. 게다가 여러 집단과 이들을 지칭하는 용어 사이의 경계선은 각각의 장원마다 극도로 심한 편차를 보이고 있었다.

가장 보편적인 기준의 하나가 되어주었던 것은 슈바주였는데, 여기에는 치욕스럽지 않은 보호의 상징이라는 점을 비롯해서 그것이 옛날에 지니고 있던 가치가 아직도 조금은 수반되어 있었다. 강제적인 일상(日常)부역 의무자들은 흔히 상속세마저도 면제받지 않을 수 없을 만큼 너무나도 가난했기 때문에 당연히 슈바주도 납부할 의무가 없었다. 그뿐 아니라 이 슈바주는 또한 예속 신분의 토지 보유농들 전체에 대해 부과되어온 아주 무거운 일련의 전통적인 의무부담들 속에도 들어 있지 않았다. 그리하여 일찍이 자발적으로 이루어졌던 종속을 상기시켜주는 이 공조를 문다는 점을 그들 고유의 특징으로 하고 있던 토지 보유농 가족들은—비록 그들 또한 종종 결속의 세습성 때문에 '자유'를 박탈당한 존재로 여겨지기는 했지만—최소한 일반적인 규정에서는 다른 어떠한 '비자유민' 들보다도 높은 지위를 차지한다고 여겨졌다.

다른 한편 옛 피보호민의 후손들은 계속해서 '문트멘'(Muntmen)이라는 옛 말로 불리고 있었다. 이 말은 아주 오랜 옛날부터 보호자가 행사하는 권위를 가리키고 있던 '문트'(Munt)라는 게르만어에서 파생하였다. 그들은 로망스어를 사용하는 지방에서라면 '탁신자'라고 불렸을 것이다. 그러나 프랑스 농촌의 경우 12세기의 농민 '탁신자' 들은 수효도 아주 적었을 뿐 아니라 그들의 원래의 출신과 관련된 것이라고는 헛된 이름밖에 가지지 못한 채 사실상 '예속민' 계층에 뒤섞여 들어가 있었던 데에 반해, 독일의 문트멘 중에서는 많은 사람이 특별한 계층으로서의 그들의 존재방식을 유지할 수 있었으며 때로는 기본적인 자유마저도 누리고 있었다. 이처럼 다양한 종속민 계층 사이의 통혼을 금지하는 것, 또는 적어도 자기보다 신분이 낮은 배우자와 맺는 일체의 혼인관계에 대해 법적으로 신분의 강등을 적용하는 것 등은 각 계층 사이에 단단한 장벽을 유지하는 데에 이바지하였다.

한편 모든 것을 고려해볼 때, 독일의 장원제 발전에서 나타나는 가장 두드러진 특징들은 아마도 발전시기가 달랐던 데에 기인하는 듯하다. 1200년경에만 하더라도 독일 장원은 흔히 여러 개의 법적 범주로 분류되곤 하는 분할 불가의 보유지들을 가지고 있는 동시에 사람들의 신분을 구분하기 위한 갖가지 폐쇄적인 층을 형성시켜두고 있었던 것으로서 전체적으로 보아 카롤링거 시대의 장원과 아주 유사한 상태에 머무르고 있었다. 확실히 같은 시기의 프랑스 장원과 비교하면 훨씬 더 그러하였다.

하지만 그 다음 2세기 동안에는 독일의 장원도 그것 나름대로 카롤링거 시대의 장원에서 점점 벗어나게 되었다. 특히 13세기 말 무렵부터는 여러 세습적 종속민들이 하나의 공통된 법적 범주 아래에서 융합되는 움직임이 나타나게 되었다. 그러니까 프랑스보다 2, 3세기 뒤늦어서였다.

독일에서도 역시 노예제적인 의미를 함축하는 어휘에서 차용된 새로운 전문용어가 만들어졌다. '소유물로 종속된 복속인'(homo proprius, 독일어로는 Eigen)이라는 명칭은 원래 주로 농장의 일꾼으로서 영주 유보지에서 숙식을 제공받는 비자유민을 뜻하는 말이었으나, 그후에는 주인에게 조금이라도 세습적으로 결부되어 있는 수많은 토지 보유농들에게 점점 확대 적용되었다.

이어서 또 다른 낱말을 하나 덧붙임으로써 표현을 완성시키는 것이 관습이 되었는데, 이 표현은 유대의 인격적 성질을 단호하게 나타내주

고 있었다. 즉 프랑스의 농노를 가리키는 가장 널리 알려진 한 명칭[*11]
과 기이할 정도로 일치를 이루면서 이제부터는 '인신 예속민'(eigen
von dem Lipe, Leibeigen)이라는 낱말이 점점 더 자주 사람들의 입에
오르내리게 되었다. 물론 봉건시대의 연구대상이 될 수 없는 이 뒤늦은
인신예속제(Leibeigenschaft)와 12세기의 프랑스 농노제 사이에는 환
경과 시대의 차이로 인한 수많은 대조점이 존재한다. 그렇기는 하지만
우리가 여기에서도 다시 한번, 봉건시대의 거의 전체를 통틀어 독일 사
회의 독특한 특징으로 여겨지는 이 유별난 고풍스러움이라는 성격과
마주치게 되는 것도 그에 못지 않은 사실이다.

4. 잉글랜드의 경우 : 예농제의 성쇠

약 2세기라는 시간적 격차가 있는데도 11세기 중엽의 잉글랜드에서
농민계급의 상태가 어쩔 수 없이 연상시키는 것은 여전히 카롤링거 시
대의 옛 지조장부에서 볼 수 있는 농민상이다. 토지 영주제의 조직은
훨씬 덜 공고했던 것이 사실이나 인적인 종속의 유대체제에서의 복잡
성은 적어도 이에 못지 않았다. 윌리엄 정복왕에게서 그의 새로운 왕국
에 대한 토지대장을 작성하라는 임무를 부여받은 대륙 출신의 성직자
들은 이러한 혼란상태에 전혀 익숙지 않았기 때문에 많은 어려움을 겪
었다. 대개 서부 프랑스에서 빌려온 그들의 전문용어는 현지의 실정에
잘 들어맞지 않았다.

그렇기는 하지만 몇 가지 일반적인 특징은 뚜렷하게 부각되고 있다.
그 당시 잉글랜드에는 진정한 의미의 노예(theow, 복수는 theows)들
이 존재하고 있었고 그 가운데 일부는 토지를 지급받고 있었다. 공조
납부와 부역의 부담을 짊어지기는 하되 자유인 신분으로 여겨지던 토
지 보유농들도 있었다. 그리고 한 사람의 보호자에게 종속되는 '탁신

---

*11 옴 드 코르프(homme de corps)를 말한다.

자'가 있었는데, 이 탁신자들이 설령 어떤 사람의 토지를 보유하고 있더라도 이 보유지를 대여해준 영주와 보호자는 반드시 동일한 인물일 필요가 없었다. 사람과 사람 사이의 이러한 종속관계는 때로는 아직도 아주 느슨해서 하위자(下位者)의 뜻으로 끊어버릴 수도 있는 그런 것일 때도 있었고 또 때로는 그 반대로 끊을 수 없고 세습적인 것일 때도 있었다. 끝으로 진정한 농민적 자유토지 소유자들도——비록 명칭은 없었지만——존재하고 있었다.

그밖에 또 다른 두 가지의 유별(類別) 원칙이 위에서 말한 기준들과 반드시 중복되지는 않으면서 이들과 공존하고 있었다. 하나는 경영지 면적의 다양한 차이에서 끌어낸 원칙이며, 다른 하나는 그 당시 생겨나고 있던 영주재판권 가운데 어느 쪽에 종속되는가 하는 것에서 끌어낸 원칙이었다.

장원 보유자의 인적 구성을 거의 송두리째 교체시켜버렸던 노르만 정복은 이러한 체제를 뒤집어엎으면서 이를 단순화시켰다. 물론 그전 상태의 흔적도 많이 남아 있기는 하였다. 전사로서의 농민층이 존재하면서, 앞에서 이미 살펴본 대로 이와는 아주 다른 계층 구분법에 익숙해 있던 법률가들을 지독히 골치아프게 만들고 있던 북부지방에서는 특히 그러하였다.

그러나 헤이스팅스 전투 이후 약 1세기가 지났을 때의 상황은 전체적으로 보아 프랑스의 상황과 아주 유사한 것이 되어 있었다. 즉 이곳에서도 영주에게서 집과 경지를 받아 보유한다는 단지 그 점에서만 영주에게 의존하고 있던 토지 보유농들과는 대비되는 존재로서, 인격적이고 세습적인 종속민이며 또한 그 이유로 인해 '자유'를 박탈당한 사람들이라고 여겨지고 있던 '예속민'(bondmen) 또는 '출생에 의한 예민'(隸民, nativi, niefs)이라는 계층이 형성되었던 것이다. 그들은 우리가 이미 대체로 알고 있는 바와 같은 거의 천편일률적인 의무와 결격성을 걸머지고 있었다. 그것은 성직에 들어오는 것과 '영외혼'을 금지당함, 사망시 가장 좋은 동산을 징수당함 그리고 슈바주 등이다(그러나 이 슈바주는 어떤 면에서 독일과 유사하다고 볼 수 있는 관례에 따라, 대개는 본인이 주인의 땅 바깥에서 생활하고 있을 때에만 징수되었다).

기묘하게도 양속(良俗)을 보호한다는 명분을 띤 것으로 카탈루냐에서도 똑같은 형태로 나타났던—이 봉건사회는 그토록 본질적으로 획일적이었다—하나의 의무부담이 여기에 덧붙어 있었다. 즉 농노의 딸은 행실이 정숙하지 못했을 때 영주에게 벌금을 물어야 했던 것이다. 일찍이 존재했던 노예들보다 수적으로 훨씬 더 많은 이들 비자유민은 생활양식으로 보나 그들을 규제하고 있던 법률로 보나 노예와는 닮지 않았다. 의미심장한 특징으로서 그들의 가족은 앵글로색슨 시대의 노예와는 달리 구성원이 살해된 경우에 영주와 함께 인명배상금의 몫을 차지할 수 있었다. 혈족의 연대성이라는 것은 노예와는 무관했으나 새로운 시대의 농노와는 결코 무관하지 않았다.

그러나 한 가지 점에서는 프랑스와 정말 두드러진 대조가 나타나고 있었다. 잉글랜드의 영주는 대륙의 영주들에 비해 자기의 농노나 심지어는 단순한 토지 보유농들을 자기의 토지에 붙들어매두는 데에 훨씬 더 성공하였다. 왜냐하면 괄목할 정도로 통일되어 있던 이 나라에서는 국왕의 권력이 도주한 '출생에 의한 예민'들을 추적하고 아울러 그들을 숨겨준 사람들도 벌주기에 충분할 만큼 강력했기 때문이다. 또한 장원 자체의 내부에서도 영주가 자기의 종속민을 수중에 장악해두기 위해서 하나의 제도를 재량껏 이용할 수 있었던 것도 그러한 원인 가운데 하나였다.

앵글로색슨 시대에도 물론 선례가 있기는 했지만 능률적인 치안유지에 부심하고 있던 노르만 왕조 초기 국왕들이 특히 정규적인 것으로 만들고 발전시켰던 이 제도는 자유인들 사이의 보증—상호보증을 의미한다—을 뜻한다고 할 수 있는 '프랭크플레지'(frankpledge)라는 이름으로 불리고 있었다. 이 제도는 사실상 억압을 위해 광대한 연대(連帶)의 망을 펼쳐두려는 목적을 지니고 있었다.

이 계획에 따라 잉글랜드의 거의 전국토의 주민들은 10명씩 조(組)로 나뉘어 있었다. 이 각각의 '10인조'[*12]는 전원이 그 구성원을 재판소에 출정시킬 책임을 지고 있었다. 조장은 일정한 기간을 두고 범죄자나 용의자를 공권력의 대행자에게 넘겨주어야만 하였고, 이와 동시에 그 대행자는 개개인이 이렇게 펼쳐진 그물을 벗어나지 않았는가를 확인하고 있었다. 애초에는 상층계급 사람들, 주인의 저택 안에서 숙식을 제공받았으며 따라서 당연히 우두머리를 보증인으로 삼고 있던 하인이나 무장종속민들 그리고 끝으로 성직자들을 제외한 모든 자유인을 이 체제 안에 편성시키는 것이 목적이었다.

그러나 뒤이어 아주 급격하게도 중대한 변화가 발생하였다. 이제는 장원의 종속민들만이 아니라 신분의 구별 없이 모든 사람이 이 '자유인의 상호보증'에 강제로 편입되었다. 따라서 이 제도의 이름 자체가 기만적인 것이 되었다. 왜냐하면 이 제도에 복속하는 사람들 가운데 다수가 이제는 더 이상 자유인으로 여겨지지 않고 있었기 때문이다. 이는 우리가 이미 그렇게도 숱하게 목격해왔던 의미 변화의 역설적이면서도 전형적인 증거이다.

그런 한편, 관리들은 수적으로 지나치게 적어 그들만으로는 이러한 일종의 사법적 감찰의 처리권한을 행사할 수 없었기 때문에 이 권한은 점점 더 빈번하게 영주들 자신에게, 아니면 적어도 영주들 가운데 다수에게 맡겨졌다. 이 권한은 그들의 수중에 넘어가자 놀랄 만한 강압수단으로 변화하게 되었다.

그러나 노르만 정복은 장원에 그렇게 단단한 구조를 가져다 주기도 했지만 아울러 유례없이 강력하게 정비된 왕권을 확립하는 데에도 기여하였다. 영주권과 왕권이라는 두 권력 사이에 맺어진 권한 행사를 위한 일종의 경계협정은 중세 잉글랜드에서 신분의 분류법과 아울러 자유의 개념 자체에까지도 몰아닥쳤던 최후의 변화를 설명해준다. 이미

---

*12 그 당시에는 타이딩(tithing)이라 불리고 있었다.

12세기 중엽부터 노르만 왕조의, 그리고 이어서 앙주 왕조의 영향 아래 군주의 사법권은 유례없이 커다란 발전을 이룩하였다.

그러나 이렇게 유례 드문 급성장은 그 대가를 치러야만 하였다. 프랑스처럼 좀더 점진적인 과정을 통해 형성되어온 나라들은 바로 그 덕분에 별로 어렵지 않게 넘어설 수 있었던 (왕권과 영주권 사이의—옮긴이) 장벽도 플랜태저넷 왕조의 재판관들에게는 존중의 대상이 되지 않을 수 없었는데, 바로 이 장벽 때문에 그들은 얼마 동안 망설이고 나더니 '장원'의 영주와 그 종속민들 사이에 끼여드는 것을 단념하고 말았다. 그렇다고 해서 장원의 종속민들이 국왕재판소에 출정할 수 있는 길을 완전히 박탈당했다는 뜻은 아니다. 다만 그들과 영주와의 관계에 관련된 소송사건은 국왕재판소가 아니라 오로지 영주 자신에게 제소하거나 영주법정에 제소할 수밖에 없었다는 정도의 이야기이다.

하지만 이런 식으로 규정된 소송사건이야말로 의무부담의 양이라든가 보유지의 보유 및 양도 따위처럼 이들 신분이 낮은 사람들에게는 무엇보다도 중대한 이해관계가 걸려 있는 것들이었다. 더구나 그것에 관련되는 사람들의 수효는 상당히 많았다. 왜냐하면 이 범주에는 '예속민'들뿐만 아니라, 프랑스어에서 빌려온 낱말로 해서 흔히 '빌린'(villein)*13이라는 이름으로 불리고 있던 단순한 토지 보유농들의 대부분도 속해 있었기 때문이다.

이리하여 하나의 새로운 단층이 잉글랜드 사회를 가로질러 그어지게 되었으며, 이 단층의 실제적인 중요성은 모든 사람들의 눈에 분명히 드러나고 있었다. 즉 한편에는 항상 국왕재판권의 보호의 손길이 미치는 참된 의미에서의 국왕의 신민이 있었으며, 다른 한편에는 대부분의 경우 영주의 자의에 내맡겨진 농민대중이 있었다.

그런데 자유롭다는 것은 곧 무엇보다도 공공재판소에서 재판받을 권리가 있음을 뜻한다는—왜냐하면 노예는 오로지 주인에 의해서만 교

---

*13 예농이라 번역되며, 프랑스어 vilain에서 차용된 말이다.

정(矯正)될 수 있었으므로—관념이 아마도 결코 완전히 사라져버리지는 않았던 모양이다. 따라서 법학자들은 예농(villein)은 자기 영주와의 관계에서, 그리고 오로지 자기 영주와의 관계에서만 (제삼자에 대해서는 통상적인 재판소에 의거하는 것이 금지되어 있지 않았으므로) 비자유민이라는 식으로 교묘하게 말하게 되는 것이리라. 일반인들의 의견도 그랬지만 법정의 해석조차도 이 문제를 점점 더 대강대강, 그리고 점점 더 단순하게 다루게 되었다.

프랑스에서와 마찬가지로 잉글랜드에서도 옛날에는 거의 대립되는 말로 쓰였던 villein과 serf라는 이 두 낱말이 13세기부터는 일반적으로 동의어로 받아들여졌다. 이같은 동화는 단지 언어상의 일에만 그치지 않았기 때문에 매우 중대한 것이었다. 사실 언어라는 것은 널리 통용되고 있는 집단적 표상을 표현하는 것에 불과하였다.

이때부터는 예농 신분도 세습적인 것으로 생각되었다. 비록 예농의 무리 중에서도 옛 '예속민'의 후손들이—한편 그들은 프랑스의 농노들보다는 언제나 그 수가 적었던 것으로 여겨지고 있기는 하다—일정한 열등성의 표지로 인해 대체로 보아 계속해서 별도의 취급을 받기는 했지만, 전에는 단지 '예속민'들에게만 부과되었던 의무부담과 사회적 낙인이 장원법정의 전능성(全能性)의 도움을 받아 점점 더 이 새로운 예속계층의 모든 구성원들에게 강요되는 경향이 나타났다.

그런데 예농이란 영주와의 관계에서 영주에게만 재판을 받는 사람이라고 규정된 데에 이어서—토지재산의 유동성 때문에 사람의 신분과 토지의 신분이 더 이상 일치하지 않는 경우가 점점 더 빈번해짐에 따라—이번에는 예농 신분의 보유지란 국왕법정에 의해 그 보유권을 보호받지 못하는 보유지라는 규정이 나타나게 되었는데, 이는 분명히 어떤 계층의 인간과 어떤 범주의 부동산의 특질을 규정하는 것임에 틀림없었다. 그러나 그것은 테두리를 확정해주는 것은 아니었다. 왜냐하면 개개의 사람들과 토지 중에서도 그 누가, 그리고 그 어떤 토지가 이러한 결격성의 구렁텅이—나머지 모든 것은 바로 이 결격성으로부터 생

겨나고 있었다——로 빠지게 되는가를 결정할 방법이 아직 제시되어야
만 했기 때문이다.

한 사람의 영주를 섬기는 모든 개인과 타인의 지배권 아래 놓여 있는
모든 토지재산을 예농과 예농 보유지라는 단 하나의 경멸적인 항목에
몰아넣는 식의 일은 그 누구도 꿈조차 꿀 수 없었을 것이다. 기사봉토
를 이 범주에서 제외시키는 것만으로도 충분하지 못하였다. 하나의 '장
원'에 포함되어 있는 지조부과토지의 보유자들 중에도 지체가 다른 사
람들보다 너무나 높은 인물들이 있었고, 심지어는 너무나도 오래 전부
터, 그리고 너무나도 공고하게 자유를 확인받고 있어서 예속민 대중 속
에 막무가내로 한데 섞어놓기가 불가능한 그러한 농민들도 많이 있었
다. 따라서 법 해석은 여기에서도 역시 일반의 의식에 깊이 뿌리박은
이념이나 편견의 유산에서 제공되는 기준에 의거해야만 하였다.

노예는 모든 노동을 주인을 위해 수행해야 되는 존재였다. 따라서 농
민이 주인에게 자기 시간을 많이 빼앗긴다는 것은 자유를 심각하게 삭
감당하는 것이라고 여겨지고 있었다. 이렇게 강요된 임무들이 유럽 전
역에서 일반적으로 '예속 신분자의'(servile) 노동이라는 함축성 있는
이름으로 불릴 만큼 아주 비천한 취급을 받고 있던 육체노동의 유형에
속할 때는 특히 더 그러하였다. 그러므로 예농 신분의 보유지는 영주에
대해 무거운 농업부역——이것은 때로는 거의 영주가 제멋대로 정했다
고 해야 될 만큼 무거웠다——과 그다지 명예스러운 것으로 여겨지지
못하던 다른 봉사를 함께 바칠 의무가 부과되어 있는 그러한 보유지였
다. 그리고 13세기에는 이러한 토지를 보유하고 있던 사람들이 예농계
층의 큰 줄기를 이루었다. 개별적인 경우에는 구별법이 변덕스러울 때
도 종종 있었다. 예농제가 거의 없는 지역들도 있었다. 하지만 그런 속
에서도 원칙만은 찾아낼 수 있었다.

플랜태저넷 왕조의 법률가들은 시기적으로 너무 일찍 발전한 국왕
재판권과 강력한 토지귀족제가 공존하는 데에서 비롯되는 구체적 문제
에 직면하였는데, 이러한 문제는——양자의 공존이라는 사실 자체가 그

러했던 것과 마찬가지로——특별히 잉글랜드적인 것이었다. 이 공존을
해소할 수 있게 해주었던 계층 구분법도 마찬가지로 특수하게 잉글랜
드적인 것이었으며, 이 계층 구분법의 기나긴 파장이 우리 시대 쪽으로
미친 결과는 유례없이 중대한 것이 될 터였다.

반면에 예속의 새로운 관념을 다듬어내기 위해 법률적 사상의 관점
에서 만들어진 개념들 자체는 봉건시대 유럽의 공통적인 유산에 속하
는 것이었다. 예농이 비록 자유인 신분이라고 하더라도 자기 영주 이외
의 사람을 재판관으로 해서는 안 된다는 것은 루이 성왕의 측근으로 있
던 어떤 프랑스 법학자도 역시 내세우고 있던 주장이었다. 그리고 더구
나 자유는 공공재판이라는 등식이 독일에서 얼마나 생생하게 살아남았
던가 하는 것은 주지하는 바대로이다.

다른 한편, 사람들은 흔히 거의 전혀 명예스럽지 못하다고 생각되거
나 지나치게 엄격하다고 생각되는 몇몇 봉사의무야말로 농노제의 표징
으로 간주된다는 느낌을 가지고 있었는데, 이러한 느낌은 엄격한 법률
에는 어긋나는 것이었으며 따라서 재판소의 견해와 맞서는 것이었다.
하지만 그럼에도 불구하고 1200년 무렵에 일 드 프랑스에서 몇몇 경우
촌락인들의 증오를 부채질하고 있던 것이 바로 이 느낌이었음은 사실
이다.[6]

그러나 프랑스의 진화는 느리고 잠행적(潛行的)이면서도 확실한 것
이었기 때문에 국왕의 재판권과 영주의 재판권 사이에 마침내 이렇게
명확한 특징을 가진 구분선이 확립되는 것은 막을 수 있었다. 불명예스
러운 유형의 노동에 대한 관념으로 말하자면 프랑스에서는 귀족계층의
경계선을 정하는 데에는 부분적으로 구실을 하였던 것이 사실이지만,

---

6) Pierre de Fontaines, *Le Conseil de Pierre de Fontaines*, éd. A.-J.
Marnier, XXI, 8, p.225 ; Marc Bloch, *Les transformations du
servage*(Mélanges d'histoire du Moyen Age offerts à M. F. Lot), 1925,
p.55 et suiv.

이것이 예속의 옛 기준들을 대신해서 들어서는 데에는 결코 성공하지 못하였다. 이곳에서는 신분의 새로운 분류법을 강력히 요구할 만한 사태가 전혀 일어나지 않았기 때문이다.

이렇게 하여 잉글랜드의 경우는 많은 점에서 거의 동질적이라고 할 수 있는 문명의 태내에서 만들어진 몇몇 '힘으로서의 이념'(idées-forces)이 어떻게 주어진 환경의 영향 아래 구체적인 모습을 형성하여 완전히 독자적인 사법체계를 형성하기에 이를 수 있었던가를—다른 곳에서는 주변의 조건들 때문에 이 '힘으로서의 이념'이 어느 정도는 항구적으로 맹아적인 상태에만 머물러 있을 수밖에 없었던 데에 반해—유례 드물 정도로 명백하게 보여주고 있다. 이런 점에서도 잉글랜드의 예는 연구방법론에서 진정한 교시를 제공해주는 것으로서 가치를 지닌다.

제3장

새로운 형태의 장원제를 향하여

1. 의무부담의 고정화

영주에 대한 종속민의 관계를 12세기부터 변형시키기 시작한 심층적인 변화는 몇 세기에 걸쳐 계속되었다. 여기에서는 어떻게 해서 장원제가 봉건제도에서 이탈해나갔던가를 가리키는 것으로 충분할 것이다.

카롤링거 왕조 시대에 작성된 지조장부가 실제로 적용하기 불가능해지고 점점 더 이해하기 어려워져 더 이상 쓸모없는 것이 되어버리면서부터 이제 장원 내부에서의 생활을 규제하는 것이라고는──심지어 가장 규모가 크고 가장 잘 관리되어온 장원의 경우에조차──순전히 구전되어온 규칙들밖에 없게 될 위험이 있었다. 사실대로 말하자면 카롤링거 시대의 것과 유사한 본보기에 바탕을 두고 그 시기의 여러 조건에 더욱 적합한 재산과 권리의 상태를 확정짓고자 할 때 이를 가로막는 것은 아무것도 없었다. 실제로 로렌처럼 카롤링거 시대의 전통이 특히 생생하게 살아남아 있던 지역에서는 몇몇 교회가 그렇게 했었다. 이같은 재산권리목록(inventaire)을 작성하는 관습은 결코 소멸되지 않았다.

그러나 일찍부터 눈길을 끈 것은 다른 유형의 기록문서였다. 이는 인적 관계들을 확립하는 데에 전념하기 위해서 토지관계는 전혀 기술하지 않고 있었기 때문에, 영주권이라는 게 무엇보다도 한 묶음의 명령권으로 이루어져 있던 그러한 시기의 요청에 더욱 정확하게 부합되는 것으로 여겨지고 있었다. 영주는 법적으로 공증된 문서에 의해 이러저러한 토지에 고유한 관습을 확정짓곤 하였다. 이러한 종류의 국지적 소(小)헌법들은 비록 원칙적으로는 영주에 의해 수여되는 것이었지만 그래도 대개는 종속민들과의 예비교섭의 결과로 작성되곤 하였다.

더욱이 이같은 협약의 기록문서는 대부분의 경우 옛날의 관행을 기록하는 데에만 그치지 않고 몇 가지 점에서 이를 수정하기도 했던 만큼 이러한 협약은 더욱더 필요한 것으로 여겨지고 있었다. 일찍이 967년에 메스(Metz)[*1]의 생 아르눌 수도원 원장이 모르빌 쉬르 니에(Morville-sur-Nied)[*2] 사람들의 부역의무를 경감시켜주기 위하여 작성한 증서는 그 한 가지 예이다. 또 1100년 무렵에 부르고뉴에 있는 베즈(Bèze)의 수도사들이 불타버린 촌락의 재건을 허가해주기에 앞서서 주민들에게 아주 가혹한 조항들을 부과하기 위해 작성하였던 '협정'도 거꾸로의 의미에서이기는 하지만 역시 그같은 일례이다.[1] 그러나 12세기 초까지만 해도 이러한 종류의 문서는 매우 드문 상태였다.

반면에 12세기 초부터는 갖가지 원인들이 작용하여 이같은 문헌들을 증가시키게 되었다. 영주들의 세계에서는 법적인 명확성에 대한 새로운 취향이 일어남으로써 기록문서의 승세(勝勢)를 보증하고 있었다. 신분이 낮은 사람들 사이에서조차 교육의 진전에 힘입어 기록문서가 그전보다도 귀중한 것으로 여겨지고 있었다. 신분이 낮은 사람들 대부분이 스스로 글을 읽을 수 있게 되었기 때문이라는 말은 아니다. 하지만 그토록 많은 농촌공동체가 증서를 요구하고 이를 보관해왔다는 것은

---

*1 프랑스 동북부의 지명.

*2 메스 근처의 마을.

1) Perrin, *Recherches sur la seigneurie rurale en Lorraine d'après les plus anciens censiers*, p.225 et suiv. ; *Chronique de l'abbaye de Saint-Bénigne……*, éd. E. Bougaud et J. Garnier, pp.396~97(1088~1119).

틀림없이 이 문서들을 자기네들을 위해 아주 기꺼이 설명해줄 수 있는 사람들——성직자·상인·법학자——이 그들의 바로 이웃에 존재하고 있었다는 사실을 증명하는 것이다.

그 중에서도 특히 사회생활의 변화가 발생함으로써 의무부담이 고정되고 그 양(量)이 경감되는 경향이 촉진되었다. 유럽의 거의 전역에 걸쳐 토지개척의 커다란 움직임이 계속 이어지고 있었다. 자기 땅에 개척자들을 끌어들이기를 바라고 있던 사람이라면 누구나 그들에게 유리한 조건을 약속하지 않을 수 없었다. 개척자들이 미리 요구할 수 있는 최소한의 보장은 자기네가 영주가 휘두르는 일체의 자의에서 미리 벗어날 수 있음을 확인해달라는 것이었다. 그러자 그 주변지역에서 옛 촌락의 영주들도 이렇게 주어진 실례를 곧 뒤따르지 않을 수 없었다. 그렇지 않은 경우에 영주들은 자기의 종속민들이 부담이 더 적은 땅으로부터의 유혹에 이끌려가는 꼴을 보아야만 했다.

다른 수많은 유사한 문서들의 모범이 되기에 이르렀던 두 가지의 관습법적 규정문서(constitution coutumière), 곧 보몽 탄 아르곤(Beaumont-en-Argonne)*3의 특허증서*4와 오를레앙 숲 근처에 있는 로리스(Lorris)의 특허증서*5를 볼 때, 그 하나는 얼마 전에 형성된 취락에, 그 반면에 다른 하나는 아주 오래된 정주지에 주어진 것이었는데, 이 두 문서가 모두 비슷하게, 대규모 삼림지대의 언저리에서 생겨난 것이어서 그 첫번째 독회(讀會) 때부터 이미 개간자들의 도끼소리에 박자 맞추어 낭독되었다는 공통의 특징을 가진 것도 확실히 우연한 일

---

*3 벨기에 남단과 접한 프랑스 북부의 지명.

*4 1182년 이 도시에 내려진 이 특허증서는 샹파뉴·로렌을 중심으로 500개 이상의 취락에도 주어진 특허증서의 모범으로서, 주민들에게 행정의 장을 선출할 권리를 부여하는 등의 특징을 지니고 있었다.

*5 루이 7세 시대에 이 도시에 주어진 특권은 농노의 자유, 영주특권의 제한, 소유권·상업의 자유, 군무의 규정, 부역의 제한 등을 포함하고 있었는데, 같은 내용이 80개 이상의 도시와 촌락에 적용되었다.

은 아니었다. 로렌에서는 생긴 지 오래되었더라도 특허증서를 얻어낸 곳이면 모두 신도시(新都市)라는 명칭으로 불리게 되었다는 사실 또한 그에 못지 않게 의미심장하다.

도시적 취락의 양상도 이와 같은 방향을 보여주었다. 도시적 취락도 영주제도의 지배를 받아온 점은 마찬가지였으나 그 다수가 이미 11세기 말부터 양피지에 약정된 중요한 이점(利點)들을 획득하는 데에 성공하였다. 그들의 승전보(勝戰譜)는 농민대중을 고무시키고 있었으며, 특권을 지닌 도시가 농민들에게 유혹적인 힘을 발휘할지도 모른다는 사실이 영주들을 각성하게 하였다.

마지막으로 이야기할 것은, 경제적 교류가 가속화함에 따라 영주들이 의무부담을 배분하는 문제에서 기존의 방식을 어느 정도 수정해야겠다는 강력한 생각을 품게 되었을 뿐 아니라 농민들의 돈궤에까지 화폐가 몇 푼씩 흘러들어가게 됨으로써 농민들의 눈앞에 새로운 가능성이 열리고 있었다는 점이다. 그전보다 덜 가난해지고, 따라서 그전만큼 무력(無力)하지도 않고 체념적이지도 않게 된 농민들은 이제부터 그전에만 하더라도 그들에게 전혀 주어지지 않았던 것을 사들이거나 이를 무력(武力)으로 차지하거나 할 수 있게 되었다. 영주의 양보는 결코 무상도 아니었고 영주가 순전한 선의에서 동의해준 그런 것도 아니었기 때문이다.

이렇게 해서 산을 넘고 골짜기를 건너 이같은 촌락의 소(小)법전의 수는 늘어만 갔다. 프랑스에서는 이러한 것들이 '관습증서'(charte de coutumes) 또는 '면제증서'(charte de franchises)라고 일컬어지고 있었다. 때로는 '관습'과 '면제'라는 두 낱말이 결합되기도 하였다. '면제'라는 말은 반드시 농노제의 폐지를 의미하는 것은 아니었지만, 전통적인 관습이 갖가지로 경감되었다는 사실을 상기시켜주고 있었다.

관습증서는 봉건시대 말기와 그 다음 시기의 유럽에서 아주 일반적인 제도였다. 프랑스 왕국의 전역에서, 로타링기아와 아를 왕국에서, 독일의 라인 지방에서, 노르만인들의 왕국을 포함하는 이탈리아의 거의 전지역에서, 그리고 끝으로 이베리아 반도의 전지역에 걸쳐서 이 제도의 실례를 숱하게 찾아볼 수 있다.

물론 에스파냐의 포블라치오네스(poblaciones)나 푸에로스(fueros), 이탈리아의 스타투티(statuti)*6는 프랑스의 샤르트(charte, 특허증서)와 이름이 달랐을 뿐만 아니라 성격도 달랐으며, 또 프랑스의 특허증서는 그것들대로 모두 하나의 동일한 틀에 끼워맞출 수 있는 것이 아니었음은 분명하다. 나라에 따라 또는 지방에 따라 주어진 특허증서의 분포밀도에서도 마찬가지로 큰 차이가 드러났을 뿐 아니라 다른 한편으로는 이 운동이 전개된 시기를 보더라도 그 못지 않게 두드러진 차이가 있었다. 에스파냐에서 가장 오래된 포블라치오네스는 정복된 땅에 주민을 다시 거주시키려던 기독교도들의 노력과 때를 같이하는 것으로서, 그 성립연대는 10세기까지 거슬러 올라간다. 라인 강 중류지역의 경우 촌락의 첫 증서는 그보다 서쪽에서 작성된 모범적 선례를 본뜬 것으로 여겨지는데, 적어도 1300년 무렵 이전에 성립한 것은 아니었다.

그러나 이러한 차이들이 아무리 큰 것으로 보인다고 하더라도 그로부터 제기되는 문제는 농촌의 '면제증서' 분포도상에 두 개의 광대한 공백지대, 곧 잉글랜드라는 그 하나와 라인 강 너머의 독일지방이라는 다른 하나가 존재한다는 사실에 의해 제기되는 문제에 비한다면 거의 아무것도 아니다. 이들 두 지역에서도 꽤 많은 수효의 공동체가 그들의 영주에게서 특허증서를 받았음을 부정하자는 얘기는 아니다. 하지만 그러한 공동체는 거의가 예외없이 도시적 취락이었다.

물론 대규모의 거대 상업도시들을 제외한다면 중세의 거의 모든 도시에 무엇인가 농촌적인 요소가 언제나 남아 있었던 것은 사실이다. 도시공동체도 그 자체의 공동목초지를 가지고 있었으며 주민들은 그들의 경지를 가지고 있어서 그 가운데 가장 신분이 낮은 사람들은 이를 직접 경작하고 있었다. 이렇게 특권을 부여받은 독일이나 잉글랜드의 고장

---

*6 poblaciones, fueros, statuti 등은 모두 특허증서를 가리키는 명칭이다.

들은 오늘날로 말할 것 같으면 도시라기보다는 그냥 단순히 '큰 부락' (bourg)이라고 해야 할 것이다. 그렇지만 각각의 경우마다 이와 같은 특혜가 허용되는 데에 결정적으로 작용한 것은 시장(市場, marché)이 존재하며 상인과 수공업자 계층이 존재한다는 점이었음은 역시 어김없는 사실이다. 그에 반해 이 두 나라 이외의 곳에서는 특허증서 수여의 움직임이 순전한 촌락에까지 미쳤던 것이다.

잉글랜드에 농촌의 관습증서가 없었던 것은 아마도, 장원이 강고한 구조를 가지고 있었으며, 또 그 진화가 어떤 의미에서는 영주의 자의적 권력이 행사되기에 아주 안성맞춤인 방향으로 이루어졌다는 사실로써 충분히 설명할 수 있을 것이다. 영주들은 문서화한 기억의 자료 구실을 해줄 만한 것으로 이미 지조장부와 영주법정의 판결문 두루마리를 가지고 있었다. 영주들은 관습이 유동성을 보여주고 있다는 바로 그 사실 덕분에 농민 보유지의 보유권을 차츰 유례없이 불안정한 것으로 만들 수 있었던 판인데, 그런 그들이 도대체 무엇 때문에 관습을 유달리 성문화할 필요를 느꼈겠는가. 섬나라인 잉글랜드에서는 토지개척이 비교적 활발하지 못했던 듯한데다가 또 한편 이곳 영주들이 자기네 종속민을 붙들어매둘 만한 아주 효과적인 수단을 마음대로 이용할 수 있었기 때문에, 대륙에서는 영주 쪽의 양보를 촉진하는 데에 가장 강력한 힘을 발휘했던 원인들 가운데 하나가 이곳에서는 거의 아무런 작용도 하지 못했다는 사실을 또 하나 덧붙여두기로 하자.

독일에서는 그와 같은 현상은 전혀 찾아볼 수 없었다. 이곳에서도 관습증서가 예외적인 상태에 머무르고 있었던 점은 마찬가지였으나, 이는 단지 의무부담을 확정시키는 다른 수단이 더 널리 취해졌다는 사실에 기인하는 것이었을 따름이다. 이것이 바로 바이스툼(Weistum)으로서 페랭(Ch.-Edmond Perrin)[*7] 씨는 재치있게도 이를 프랑스어로 '권

[*7] 프랑스의 역사학자. 1920년대와 30년대에 블로크의 학문 연구에 많은 도움을 주었다.

리보고서'(rapport de droits)라고 이름짓자고 제안한 바 있다.

　독일 장원에서는 카롤링거 왕조 시대 '공공재판소'의 유산인 정기적 집회에 종속민들을 한데 모이게 하는 습관이 계속되고 있었으므로 이런 기회에 종속민들에게 그들을 규제하게 되어 있는 전통적 규정들을 읽어주기가 안성맞춤이라고 생각되었다. 더구나 그러한 규정들이 선언되는 자리에 종속민들이 출석하고 있다는 바로 그 사실 자체가 그들이 이 규정에 복종하고 있음을 자인하는 일이라고 여겨졌으니 말이다.

　바이스툼은 관습법에 관한 사문(査問)의 일종이며 끊임없이 갱신되는 것이었는데, 종전에 지조장부에 결과를 기록하게 되어 있던 그런 식의 사문과 원칙상 아주 비슷하였다. 기록문서들은 이렇게 해서 확정되었는데, 여기에다 때때로 약간의 보충이 가해지는 일도 없지 않았다. 이같은 바이스툼은 라인 강 너머 동쪽의 독일 땅이 본고장이었으나, 라인 강 서쪽지방이나 심지어는 프랑스어를 쓰는 지방에도 이를 관습증서와 더불어 나란히 사용하는 광대한 점이(漸移)지대가 펼쳐져 있었다. 바이스툼은 대개 관습증서보다 더 자세하였지만 그 대신에 수정을 가하기도 더욱 수월하였다.

　그러나 이 두 가지 모두 근본적인 결과는 동일하였다. 어디를 가든 바이스툼이나 관습증서를 가지지 못한 촌락들이 언제나 수없이 많이 있었음에도 불구하고, 그리고 설사 이러한 것들이 존재하고 있던 곳이라 하더라도 의무를 규제하는 이 두 가지 양식 가운데 그 어느 것도 실제적인 삶의 흐름을 붙들어매둘 만한 엄청난 힘을 가지지는 못했음에도 불구하고, 분명히 영주와 종속민들 간의 관계가 점점 고정되어가는 징후 아래 유럽 장원제의 역사에서는 하나의 새로운 국면이 열리게 되었던 것이다. "글로 씌어져 있지 않으면 어떠한 지조도 징수할 수 없다." 루시용(Roussillon)의 한 증서에 씌어 있는 이 구절은 봉건시대 제1기의 습속과 동떨어져 있다는 점에서 공통성을 지니고 있던 한 특유한 의식구조와 한 특유한 법률적 구조, 이 양자를 천명하는 강령과도 같은 것이었다.[2]

2. 인적 관계의 변형

장원의 내적 생활은 점점 더 무변화한 것이 되어가는 동시에 몇 가지 점에서는 거의 전면적인 수정을 겪고 있었다. 노동부역의 전면적인 경감이 이루어졌고, 노동부역 또는 현물공조 대신에 현금을 납부하는 방식이 나타났으며, 끝으로 의무부담의 체계에서 불확정적이고 우연적인 성격을 띤 채로 남아 있던 부분들이 점차 제거되어갔다. 이같은 사실들은 이때부터 기록문서집의 갈피갈피마다 써넣어졌다.

특히 그전에만 하더라도 '자의적'인 성격을 띠고 있던 타유는 프랑스에서는 아주 광범하게 '정액정기화'(定額定期化)되었다. 즉 총액이나 납부기간이 모두 일정한 공조로 변형되었다는 의미이다. 마찬가지로 영주가 순시하면서 체류할 때—그 기간은 물론 일정하지 않았다—영주에게 바쳐야 했던 현물공납(fournitures)도 흔히 일괄 납부금으로 바뀌곤 하였다. 지역적으로나 국지적으로 수많은 편차가 있기는 했지만, 종속민이 이제 몇 년이 지나도 액수가 별로 달라지지 않는 정액의 납부의무자로 점점 전환되어가는 경향을 보여주고 있었음은 명백하였다.

그런 한편 사람에 대한 사람의 종속을 가장 철저하게 표현해주고 있던 형태의 종속관계는 사라져버렸거나 그 성격이 변하였다. 농노해방이 거듭해서 이루어지면서 때로는 이것이 촌락들 전체에 적용되곤 하였기 때문에 13세기부터 프랑스와 이탈리아에서 농노의 수는 현저하게 줄어들었다. 어떤 농노 무리는 순전히 효용가치가 없어지는 바람에 자유인 쪽으로 미끄러져나왔다.

그뿐이 아니었다. 프랑스의 경우 농노제가 아직 존속하고 있던 곳이라 해도 이때의 농노제는 그 옛날의 '인신 예속민'제로부터 점점 멀어져갔다. 그것은 인격적 결속관계라기보다는 오히려 일종의 계층적 열

---

2) Charte de Codalet en Conflent, 1142(B. Alart, *Privilèges et titres relatifs aux franchises……de Roussillon*, t. I, p.40).

등성, 곧 기본적으로는 토지에 바탕을 두되 일종의 점염(點染)에 의해 사람에게로 옮아갈 수도 있는 그러한 열등성이라고 인식되는 면이 강하였다. 이제부터 존재하게 된 것은 농노적 보유지로서, 이 땅을 보유하면 농노가 되었고, 이를 포기하면 때로 농노상태에서 해방되는 수도 있곤 하였다.

특정한 의무들의 묶음 자체가 해체되어버린 지방도 적지 않았다. 새로운 기준들이 출현하였다. 그전에는 수없이 많은 토지 보유농들이 영주가 제멋대로 매긴 타유를 내야만 했지만, 일부 농노들은 농노라는 점에는 변함이 없으면서도 타유의 정액정기화라는 성과를 획득하기도 하였다. 이제부터는 영주의 뜻대로 지불한다는 것은 적어도 그가 농노 신분임을 추정적(推定的)으로 인정하는 한 가지 기준이었다. 이러한 혁신은 거의 보편적인 것이었다. 잉글랜드의 '예농제'(villeinage)만 하더라도 그토록 두드러진 그 나름대로의 독자성이 있었던 것은 사실이지만, 그것도 따지고 보면 의무부담들—여기에서는 부역노동을 전형적인 것으로 생각할 수 있겠다—의 불확정성이라는 특징과 아울러 본질적으로 토지재산에 결부된 여러 의무부담을 이행해야 한다는 특징에 따라 규정되는 신분 외에 다른 그 무엇도 아니었다.

비자유민이라고는 '예속민'(bondmen)밖에 없던 옛날에는 '사람 자체의 속박'(lien de l'homme)이 곧 예속의 표징으로 여겨져왔으나 이제부터는 (원래는 단순한 토지 보유농이었던—옮긴이) '마낭', 곧 '예농'들에게 그러한 예속의 낙인이 찍히게 되었다. 그리고 전형적인 의미의 예농이란 무제한의 봉사의무를 진 채, "내일 아침에는 무엇을 해야 할지 오늘 밤에 모르고 있는" 그런 사람이었다. '인신 예속민' 계층이 아주 뒤늦게야 겨우 통합된 독일에서는 이같은 진화가 더욱 완만하였다. 그렇지만 끝내는 거의 같은 노선을 따라 진화가 이루어졌다는 점에서는 다를 바가 없었다.

장원제는 그 자체만으로는 봉건적이라고 일컬어지는 제도들의 대열에 끼여들 만한 자격이 없었다. 장원제는 더 강력한 국가와도, 더 희소하고 더 불안정한 피보호제의 관계들과도, 그리고 규모가 훨씬 더 큰 화폐유통과도 공존해왔었고 또 그후에도 다시 공존하게 될 터였다. 그러나 9세기 무렵부터 나타나기 시작한 새로운 생활조건들 속에서 이 연륜 오랜 사회적 편성의 양식은 그 고유한 내적 조직을 유례없이 공고히 하면서 그전보다 훨씬 더 높은 비율의 주민들에게 지배권을 행사하게 되었을 뿐 아니라, 혈족의 경우가 그러했던 것과 마찬가지로 주변의 영향을 심층적으로 받기도 하였다.

가신제가 발전해가고 또 생명력을 가지고 있던 시기의 장원은 무엇보다도 자신들의 우두머리에 의해 보호도 받고 명령도 받고 억압도 받던—그 모든 일은 번갈아가며 행해졌다—종속민들의 집합체였다. 이같은 종속민들 가운데 다수는 토지 보유라든가 거주지와는 관계없이 일종의 세습적 소명에 따라 우두머리에게 결속되어 있는 사람들이었다. 봉건제도를 진정으로 특징짓고 있던 관계들이 그 활력을 상실해버렸을 때에도 장원제는 살아남았다. 그러나 그 성격은 바뀌어서 더욱 토지관련적이고 더욱 순수하게 경제적인 것이 되었다.

이렇듯 인간관계에서 독특한 색조를 특징으로 지니는 전형적인 사회적 조직은 몇몇 새로운 창조물에 의해서만 그 모습을 드러내는 것이 아니다. 그것은 마치 프리즘을 통과할 때처럼 과거로부터 물려받은 것을 자기의 빛깔로 물들여 이를 다음에 이어지는 여러 시대에 넘겨주게 되는 것이다.

참고문헌

일러두기

　이 연구에서 이용된 봉건사회에 관한 참고문헌 목록을 모두 제시하자면 엄청난 지면이 소요될 것이다. 게다가 이같은 일은 다른 목록을 축소 재생산한 것을 제시하는 데 불과할 터이므로 쓸데없이 이중의 작업을 하는 셈이 될 것이다. 따라서 사료에 관해서는 학자들이 작성해놓은 대규모 사료 목록집을 소개하는 데 그치기로 하였다. 단지 주요한 법률문헌들만은 이 책에서 별도로 조사하였다. 역사가들의 저작에 관해 말해보자면, 이 책에서 간접적으로밖에 접근하지 못했던 사회적 측면들—정신상태, 종교생활, 문학적 표현양식 등—에 대해서는 독자들에게 '인류의 진보'(l'Évolution de l'Humanité) 총서(『봉건사회』가 처음 출판될 때 애초에 포함된 총서의 이름─옮긴이) 가운데 다른 책, 그러니까 이들 문제가 그 자체로서 다루어질 그러한 저작들을 상기하라고 일단 언질을 주는 것만으로 충분하리라고 생각되었다. 다만, 특별한 주목의 대상이었으면서도 보아하니 총서의 다른 책에서는 다시 다루어지지 않을 것임에 틀림없는 몇몇 문제는 예외로 다루었다. 이를테면 기원 천년의 '공포' 같은 주제이다. 반면에 만족 최후의 침입 및 사회구조와 관련된 사실들에 관해서는 훨씬 더 철저한 저작 목록을 제공하려고 마음을 썼다. 그래도 역시 일부만을 추려 뽑은 목록임은 물론이다. 전문가들이 이 참고문헌 소개를 보고 짚어낼 수 있는 공백 가운데에는 분명, 필자가 의도하지 않았던 부분도 있을 것이다. 그러나 완전히 의도적으로 빠뜨린 부분도 있었다. 이는 필자가 직접 구해보지 못한 처지여서 다른 사람의 말만 듣고서 인용하고 싶지는 않았던 저작인 경우이거나 또는 필자가 참조하기는 했지만 굳이 기록해두어야 할 필요는 없다고 생각한 저작의 경우였다.

　봉건시대의 계급과 통치에 관한 연구를 주된 내용으로 하는 제2권을 위해서는 그 부분에서 다루어진 주제들만 전적으로 다룬 참고문헌이 제시되리라는 점을 덧붙여두는 편이 좋을 것 같다. 제2권에서 더욱 심층적으로 검토되지만, 제1권에서도 이미 어느 정도는 취급될 수밖에 없었던 문제들에 관해서는 미리 제2권의 참고문헌을 들추어보는 것도 독자의 자유일 것이다.

여기에서는 참고문헌들을 주제별로 분류하고자 시도하였다. 무릇 모든 분류가 다 그러하듯 이것 또한 불충분하다. 그런대로 온갖 목록을 한꺼번에 열거하는 것보다야 실용적이지 않겠는가 싶은 생각이 들었다. 주요한 분류의 목차는 다음에 제시하였다(별도로 제시된 분류목차는 이 역서에서는 생략하였다―옮긴이). 각 항마다 저작들을 경우에 따라 방법적·지리적 순서 또는 단순한 알파벳 순서로 정리하였는데, 사용하는 데 불편이 없으시기를 바란다. 출판 장소가 적혀 있지 않은 저작은 파리에서 출판된 것이다.

1. 사료
1) 주요 사료 목록[1]

Ballester(Rafael), *Fuentes narrativas de la historia de España durante la Edad Media*, Palma, 1912.

───── , *Bibliografia de la historia de España*, Gérone, 1921.

Bibliotheca hagiographica latina antiquae et mediae aetatis, 2 vols. et 1 vol. de supplément, Bruxelles, 1898~1911.

Dahlmann-Waitz, *Quellenkunde der deutschen Geschichte*, 9ᵉ éd., Leipzig, 2 vols., 1931~1932.

Egidi(Pietro), *La storia medievale*, Rome, 1922.

Gross(Charles), *The Sources and Literature of English History from the Earliest Times to about 1485*, 2ᵉ éd., Londres, 1915.

Jacob(Karl), *Quellenkunde der deutschen Geschichte im Mittelalter*, Berlin, 1917(Sammlung Göschen).

Jansen(M.), et Schmitz-Kallenberg(L.), *Historiographie und Quellen der deutschen Geschichte bis 1500*, 2ᵉ édit., Leipzig, 1914(A. Meister,

---

1) 속어로 씌어진 문학 사료는 제외하였다.

Grundriss, I, 7).

Manitius(Max.), *Geschichte der lateinischen Literatur des Mittelalters*, 3 vols., Munich, 1911~1931(Handbuch der Klassischen Altertumswissenschaft, Herausgg. von I. Müller).

Molinier(Auguste), *Les sources de l' histoire de France des origines aux guerres d' Italie*, 6 vols., 1901~1906.

Oesterley(H.), *Wegweiser durch die Literatur der Urkunden-Sammlung*, 2 vols., Berlin, 1886.

Pirenne(Henri), *Bibliographie de l' histoire de Belgique*, 3e éd., Bruxelles, 1931.

Potthast(August), *Bibliotheca historica medii aevi*, 2 vols., Berlin, 1875~96.

Stein(Henri), *Bibliographie générale des cartulaires français ou relatifs à l' histoire de France*, 1907.

Ueberweg(Friedrich), *Grundriss der Geschichte der Philosophie*, t. II, 11e éd., Berlin, 1928.

Vildhaut(H.), *Handbuch der Quellenkunde zur deutschen Geschichte bis zum Ausgange der Staufer*, 2e éd., 2 vol., Werl, 1906~09.

Wattenbach(W.), *Deutschlands Geschichtsquellen in Mittelalter bis zur Mitte des dreizehnten Jahrhunderts*, t. I, 7e éd., Berlin, 1904, t. II, 6e éd., Berlin, 1874.

Wattenbach(W.) et Holtzmann(R.), *Deutschlands Geschichtsquellen im Mittelalter. Deutsche Kaiserzeit*, t. I, fasc. 1, Berlin, 1938

2) 여러 언어의 역사적 의미론과 용법

Arnaldi(Fr.), "Latinitatis Italicae medii aevi inde ab A. CDLXXVI usque ad A. MDXXII lexicon imperfectum" dans *Archivum latinitatis medii aevi*, t. X, 1936.

Baxter(J.-H.), etc. *Medieval Latin Word-List from British and Irish Sources*, Oxford, 1934.

Bloch(Oscar) avec la collaboration de W. von Wartburg, *Dictionnaire*

622

étymologique de la langue française, 1932.

Brunel(Cl.), "Le latin des chartes" dans *Revue des études latines*, 1925.

_______ , "Les premiers exemples de l' emploi du provençal" dans *Romania*, 1922.

Diefenbach(L.), *Glossarium latino-germanicum mediae et infimae latinitatis*, Francfort, 1857. Novum Glossarium, Francfort, 1867.

Du Cange, *Glossarium mediae et infimae latinitatis*, Éd. Henschel, 7 vols., 1830~50. Réimpression, Niort, 1883~1887.

Gamillscheg(E.), *Etymologisches Wörterbuch der französischen Sprache*, Heidelberg, 1928.

Habel(E.), *Mittellateinisches Glossar*, Paderborn, 1931.

Heck(Philippe), *Uebersetzungsprobleme im früheren Mittelalter*, Tubingue, 1931.

Hegel(Karl), "Lateinische Wörter und deutsche Begriffe" dans *Neues Archiv der Gesellschaft für ältere deutsche Geschichtskunde*, 1893.

Kluge(Friedrich), *Etymologisches Wörterbuch der deutschen Sprache*, 11e éd., Berlin, 1934.

Merkel(Felix), *Das Aufkommen der deutschen Sprache in den städtischen Kanzleien des ausgehenden Mittelalters*, Leipzig, 1930(Beiträge zur Kulturgeschichte des Mittelalters, 45).

Meyer-Lübke(W.), *Romanisches Etymologisches Wörterbuch*, 3e éd., Heidelberg, 1935.

Murray(J. A. H.), *The Oxford English Dictionary*, Oxford, 1888~1928.

Nélis(H.), "Les plus anciennes chartes en flamand" dans *Mélanges d' histoire offerts à H. Pirenne*, Bruxelles, 1926, t. I.

Obreen(H.), "Introduction de la langue vulgaire dans les documents diplomatiques en Belgique et dans les Pays-Bas" dans *Revue belge de philologie*, 1935.

Ogle(M.-B.), "Some Aspects of Mediaeval Latin Style" dans *Speculum*, 1926.

Strecker(Karl), *Introduction à l' étude du latin médiéval*, traduction P. van de Woestijne, Gand, 1933.

Traube(L.), "Die lateinische Sprache des Mittelalters" dans Traube, *Vorlesungen und Abhandlungen*, t. II, Munich, 1911.

Vancsa(Max), *Das erste Auftreten der deutschen Sprache in den Urkunden*, Leipzig, 1895(Preisschriften gekrönt······von der fürstlich Jablonowskischen Gesellschaft, histor-national ökonom. Section XXX).

Wartburg(W. von), Französisches etymologisches Wörterbuch, 1928 et suiv.

3) 역사 편찬

Balzani(Ugo), *Le cronache italiane nel medio evo*, 2ᵉ éd., Milan, 1900.

Gilson(E.), "Le moyen âge et l' histoire" dans Gilson, *L' esprit de la philosophie médiévale*, t. II, 1932.

Heisig(Karl), "Die Geschichtsmetaphysik des Rolandliedes und ihre Vorgeschichte" dans *Zeitschift für romanische Philologie*, t. LV, 1935.

Lehmann(Paul), "Das literarische Bild Karls des Grossen, vornehmlich im lateinischen Schrifttum des Mittelalters" dans *Sitzungsber. der bayerischen Akad., Phil.-hist. Kl.*, 1934.

Poole(R. -L.), *Chronicles and Annals : a brief outline of their origin and growth*, Oxford, 1926.

Schmidlin(Joseph), *Die geschichtsphilosophische und kirchenpolitische Weltanschauung Ottos von Freising. Ein Beitrag zur mittelalterlichen Geistesgeschichte*, Fribourg-en-Brisgau, 1906(Studien und Darstellungen aus dem Gebiete der Geschichte, hgg. von H. Grauert, IV, 2~3).

Spörl(Johannes), *Grundformen hochmittelalterlicher Geschichtsanschauung*, Munich, 1935.

4) 문학 사료 발췌물

Acher(Jean), "Les archaïsmes apparents dans la Chanson de 'Raoul de

Cambrai'" dans *Revue des langues romanes*, 1907.

Falk(J.), *Étude sociale sur les chansons de geste*, Nyköping, 1879.

Kalbfleisch, Die Realien im altfranzösischen Epos 'Raoul de Cambrai', Giessen, 1897(*Wissenchaftliche Beilage zum Jahresbericht des Grh. Realgymnasiums*).

Meyer(Fritz), *Die Stände, ihr Leben und Treiben dargestellt nach den altfr. Artus-und Abenteuerromanen*, Marbourg, 1892(Ausg. und Abh. aus dem Gebiete der roman. Philologie, 89).

Tamassia(G.), "Il diritto nell'epica francese dei secoli XII e XIII" dans *Revistà italiana per le scienze giuridiche*, t. I, 1886.

2. 정신적 태도

1) 느끼고 생각하는 방식들 : 습속 · 교육[2]

Beszard(L.), *Les larmes dans l'épopée*, Halle, 1903.

Bilfinger, *Die mittelalterlichen Horen und die modernen Stunde*, Stuttgart, 1892.

Dobiache-Rodjesvensky, *Les poésies des Goliards*, 1931.

Dresdner(Albert), *Kultur-und Sittengeschichte der italienischen Geistlichkeit im 10. und 11. Jahrhundert*, Breslau, 1910.

Eicken(Heinrich v.), *Geschichte und System der mittelalterlichen Weltanschauung*, Stuttgart, 1887.

Galbraith(V. H.), "The Literacy of the Medieval English Kings" dans *Proceedings of the British Academy*, 1935.

Ghellinck(J. de), *Le mouvement théologique du XIIe siècle*, 1914.

Glory(A.) et Ungerer(Th.), "L'adolescent au cadran solaire de la cathédrale de Strasbourg" dans *Archives alsaciennes d'histoire de l'art*, 1932.

Haskins(Ch. H.), *The Renaissance of the Twelfth Century*, Cambridge

---

2) 특히 교육에 관한 이 참고문헌은 아주 간략하다. 여기에 인용된 저작들을 보면 좀더 오래 전에 나오거나, 좀더 상세한 다른 연구업적들을 알 수 있을 것이다.

(Mass.), 1927.

Hofmeister(Ad.), "Puer, iuvenis, senex : zum Verständnis der mittelalterlichen Altersbezeichnungen" dans *Papstum und Kaisertum ……Forsch. P. Kehr dargebr.*, 1926.

Irsay(St. d'), *Histoire des universités françaises et étrangères*, t. I, 1933.

Jacobius(Helene), *Die Erziehung des Edelfraüleins im alten Frankreich nach Dichtungen des XII., XIII. und XIV. Jahrhunderts*, Halle, 1908 (Beihefte zür Zeitschr. für romanische Philologie, XVI).

Limmer(Rod.), *Bildungszustände und Bildungsideen des 13. Jahrhunderts*, Munich, 1928.

Paré(G.), Brunet(A.) et Tremblay(P.), *La renaissance du XIIe siècle : les écoles et l' enseignement*, 1933(Publications de l' Institut d' études médiévales d' Ottawa, 3).

Rashdall(H.), *The Universities of Europe in the Middle Ages*, 2e éd. par F. M. Powicke et A. B. Emden, 3 vols., Oxford, 1936.

Sass(Johann), *Zur Kultur-und Sittengeschichte der sächsischen Kaiserzeit*, Berlin, 1892.

Süssmilch(Hans), *Die Lateinische Vagantenpoesie des 12. und 13. Jahrhunderts als Kulturerscheinung*, Leipzig, 1917(Beiträge zur Kulturgesch. des Mittelalters und der Renaissance, 25).

2) 기원 천년의 '공포'

Burr(G. L.), "The Year 1000" dans *American Histor. Review*, 1900~01.

Eicken(H. von), "Die Legende von der Erwartung des Weltuntergangs und der Wiederkehr Christi im Jahre 1000" dans *Forschungen zur deutschen Gesch.* t. XXIII, 1883.

Ermini(Filippo), "La fine del mondo nell' anno mille e il pensiero di Odone di Cluny" dans *Studien zur lateinischen Dichtung des Mittelalters, Ehrengabe für K. Strecker*, Dresde, 1931(Schriftenreihe der Histor. Vierteljahrschrift, 1).

Grund(Karl), *Die Anschauungen des Radulfus Glaber in seinen Historien*, Greifswald, 1910.

Orsi(P.), "L' anno mille" dans *Rivista storica italiana*, IV, 1887.

Plaine(dom François), "Les prétendues terreurs de l' an mille" dans *Revue des questions historiques*, t. XIII, 1873.

Wadstein(Ernst), *Die eschatologische Ideengruppe: Antichrist-Weltsabbat-Weltende und Weltgericht*, Leipzig, 1896.

3. 주요한 일반사
1) 유럽

Barbagallo(Corrado), *Il medio evo*, Turin, 1935.

Calmette(Joseph), *Le monde féodal*, s. d.(Clio, 4).

Cartellieri(Alexander), *Weltgeschichte als Machtgeschichte : 382~911. Die Zeit der Reichsgründungen ; Die Weltstellung des deutschen Reiches, 911~1047*, 2 vols., Munich, 1927 et 1932.

East(Gordon), *An Historical Geography of Europe*, Londres, 1935.

Glotz(G.), *Histoire générale : Histoire du moyen âge*, t. I, Les destinées de l' Empire en Occident, par F. Lot, Chr. Pfister, F. L. Ganshof, 1928~1935 ; T. II. L' Europe occidentale de 888 à 1125, par A. Fliche, 1930 ; T. IV, 2, L' essor des États d' Occident, par Ch. Petit-Dutaillis et P. Guinard, 1937.

Haskins(Ch. H.), *The Normans in European History*, Boston, 1915.

Pirenne(Henri), *Histoire de l' Europe, des invasions au XVIe siècle*, 1936.

The Cambridge Medieval History, 8 vols., Cambridge, 1911~1936.

Volpe(G.), *Il medio evo*, Florence, 1926.

2) 각 민족 또는 각 통치단위의 역사[3]

Altamira(R.), *Historia de España y de la civilización española*, t. I et II, 4e éd., Barcelone, 1928~29.

Anglès, Folch i Torrès, Lauer(Ph.), d' Olwer(Nicolau), *Puig i Cadafalch, La*

Catalogne à l' époque romane, Paris, 1932(Université de Paris, Bibliothèque d' art catalan, II).

Ballesteros y Beretta(Antonio), *Historia de España y su influencia en la historia universal*, t. II, Barcelone, 1920.

Bühler(Johannes), *Deutsche Geschichte. Urzeit, Bauerntum und Aristocratie bis um 1100*, Berlin, 1934.

Cartellieri(Al.), "Kaiser Otto II" dans *Beiträge zur thüringischen und sächsischen Geschichte, Festschrift für O. Dobenecker*, 1929.

————, "Otto III, Kaiser der Römer" dans *Judeich-Festschrift*, 1929.

Cartellieri(Al.), *Philipp II August*, Leipzig, 1899~1922.

Caspar(Erich), *Roger II(1101~1154) und die Gründung der normannisch-sicilischen Monarchie*, Innsbruck, 1904.

Chalandon(F.), *Histoire de la domination normande en Italie et en Sicile*, 2 vol., 1907.

Eckel(A.), *Charles le Simple*, 1899(Bibliothèque Éc. Hautes Études, Sc. histor., 124).

Favre(E.), *Eudes, comte de Paris et roi de France*, 1893(Bibliothèque Éc. Hautes Études Sc. histor., 99).

Fliche(Augustin), *Le règne de Philippe Ier*, 1912.

Gebhardt(Bruno), *Handbuch der deutschen Geschichte*, t. I, 7e éd., Stuttgart, 1930.

Hampe(Karl), *Herrschergestalten des deutschen Mittelalters*, Leipzig, 1927.

————, *Deutsche Kaisergeschichte in der Zeit der Salier und Staufer*, 3e éd., Leipzig.

Hodgkin(R. H.), *A History of the Anglo-Saxons*, 2 vols., Oxford, 1935.

Hunt(W.) et Poole(R. L.), *The Political History of England*, t. I, To 1066, par Th. Hodgkin, Londres, 1920 ; t. II, 1066~1216, par G. B. Adams,

---

3) 각 주(州, province)에 관한 저작은 영역제후령에 관한 역사서와 함께 제2권의 참고문헌에서 열거하겠다(이 책 제2권의 p.381을 참조하라).

1905 ; t. III, 1216~1377, par T. F. Tout, 1905.

Jahrbücher der deutschen Geschichte, Berlin, depuis 1862(세부사항을 보려면 Dhlmann-Waitz, p.640을 보라).

Kalckstein(K. von), *Geschichte des Französischen Königtums unter den ersten Kapetingern, I. Der Kampf der Robertinern und Karolingern*, Leipzig, 1877.

Lamprecht(Karl), *Deutsche Geschichte*, t. II et III, Berlin, 1892~93.

Larson(L. M.), *Canute the Great*, New York, 1912.

Lauer(Ph.), *Robert Ier et Raoul de Bourgogne*, 1910.

————, *Le règne de Louis IV d' Outre-Mer*, 1900(Bibliothèque Éc. Hautes Études, Sc. histor., 127).

Lavisse(E.), *Histoire de France*, t. II, 1(C. Bayet, C. Pfister, A. Kleinclausz) ; t. II, 2 et III, 1(A. Luchaire) ; t. III, 2(Ch.-V. Langlois), 1901~1903.

Luchaire(Achille), *Louis VI le Gros*, 1890.

Lees(B. A.), *Alfred the Great*, Londres, 1915.

Lot(Ferdinand), *Les derniers Carolingiens*, 1891(Bibliothèque Éc. Hautes Études, Sc. histor., 87).

————, *Études sur le règne de Hugues Capet*, 1903(Bibliothèque Éc. Hautes Études, Sc. histor., n° 147)

Manitius(Max.), *Deutsche Geschichte unter den sächsischen und salischen Kaisern*, Stuttgart, 1889.

Monti(G. M.), *Il mezzogiorno d' Italia nel medio evo*, Bari, 1930.

Norgate(K.), *Richard the Lion Heart*, Londres, 1924.

Oman(C.-W. C.), *A History of England*, t. I, Before the Norman Conquest, par C. W. Oman, Londres, 1910 ; t. II, Under the Normans and Angevins, par H. W. C. Davis, 1905.

Parisot(R.), *Le royaume de Lorraine sous les Carolingiens(843~923)*, 1899.

Petit-Dutaillis(Ch.), *Étude sur la vie et le règne de Louis VIII*, 1894.

Pfister(C.), *Études sur le règne de Robert le Pieux*, 1885(Bibliothèque Éc.

Hautes Études, Sc. histor., 64)

Pirenne(Henri), *Histoire de Belgique*, t. I, 3ᵉ éd., Bruxelles, 1929.

Plummer(Charles), *The Life and Time of Alfred the Great*, Oxford, 1902.

Pontieri(E.), Leicht(P. S.) etc., *Il regno normanno*, Milan, 1932.

Poupardin(René), *Le royaume de Bourgogne(888~1038)*, 1907(Biblioth. Éc. Hautes Études, Sc. histor., 163).

―――, *Le royaume de Provence sous les Carolingiens*, 1901(Biblioth. Éc. Hautes Études, Sc. histor., 131).

Ramsay(J. H.), *The Foundations of England(B.C. 55, A.D. 1154)*, 2 vols., Londres, 1890 ; The Angevin Empire, 1154~1216, 1903 ; The dawn of the constitution, 1908.

Stenton(F. M.), *William the Conqueror and the Rule of the Normans*, Londres, 1908.

Ter Braak(Menno), *Kaiser Otto III*, Amsterdam, 1928.

4. 법적 · 정치적 구조

1) 주요한 법률 관계 사료

Acher(Jean), "Notes sur le droit savant au moyen âge" dans *Nouvelle Revue historique du droit*, 1906(traité des hommages de J. de Blanot).

Attenborough(F. L.), *The Laws of the Earliest English Kings*, Cambridge, 1922.

Bracton, *De legibus et consuetudinibus Angliae*, éd. G.-E. Woodbine, 2 vols., New-Haven(U.S.), 1915~1932(Yale Histrical Publications, Manuscripts, III) ; éd. Twiss, 6. vols., Londres, 1878~83(Rolls Series).

Capitularia regum Francorum, éd. A. Boretius et V. Krause, Hanovre, 1883~1897(Mon. Germ., in-4°).

Formulae merowingici et Karolini aevi, éd. K. Zeumer, Hanovre, 1886(Mon. Germ., in-4°).

Fourgous(J.), et Bezin(G. de), *Les Fors de Bigorre*, Bagnères, 1901(Travaux sur l' histoire du droit méridional, fasc. 1).

Glanvill, *De legibus et consuetudinibus regni Angliae*, éd. G. E. Woodbine, New-Haven(U.S.), 1932(Yale Historical Publications, Manuscripts, XIII).

Guillaume Durand, *Speculum judiciale*(1271년에서 1276년 사이에 작성된 원문은 여러 번 출판되었다).

Le Conseil de Pierre de Fontaines, éd. A.-J. Marnier, 1886.

Lehmann(Karl), *Das Langobardische Lehnrecht(Handschriften, Textentwicklung, ältester Text und Vulgattext nebst den capitula extraordinaria)*, Göttingen, 1896.

Les Établissements de Saint Louis, éd. P. Viollet, 4 vols., 1881~1886(Soc. de l' Hist. de France).

Liebermann(F.), *Die Gesetze der Angelsachsen*, 3 vols., Halle, 1903~1916(이 책에는 노르만 시대 관습법집의 내용과 아울러 귀중한 역사적 문헌 목록도 함께 포함되어 있다).[4]

Muñoz Romero(T.), *Colección de fueros municipales y cartas pueblas de los reinos de Castilla, Leon, Corona de Aragon y Navarra*, t. I, Madrid, 1847.

Philippe de Beaumanoir, *Coutumes de Beauvaisis*, éd. A. Salmon, 2 vols., 1899~1900(Coll. de textes pour servir à l' étude······de l' hist.).

Robertson(A. J.), *The Laws of the Kings of England from Edmund to Henry I*, Cambridge, 1925.

Sachsenspiegel, éd. K. A. Eckhardt, Hanovre, 1933(Mon. Germ., Fontes iuris germanici, Nova series).

Seckel(Em.), "Ueber neuere Editionen juristischer Schriften des Mittelalters" dans *Zeitschrift der Savigny Stiftung, G. A.*, 1900(sur les *Summae feudorum* du XIIIe siècle).

Tardif(Joseph), *Coutumiers de Normandie*, 2 vols., Rouen, 1881~1903.

Usages de Barcelona, editats amb una introduccio, per R. d' Abadal i

---

4) 앵글로색슨법에 관한 참고자료는 이미 앞에서도 해당되는 왕의 이름을 들어 제시하였으며, 관습법에 관한 참고자료는 그 제목을 들어 제시하였다.

Vinyals i F. Valls Taberner, Barcelone, 1913(Textes de dret catala, I).

2) 법률·제도사에 관한 주요 저작

Below(Georg. v.), *Der deutsche Staat des Mittelalters*, t. I, Leipzig, 1914.

______, *Vom Mittelalter zur Neuzeit*, Leipzig, 1924(Wissenschaft und Bildung, 198).

Besnier(Robert), *La coutume de Normandie. Histoire externe*, 1935.

Besta(E.), Fonti, legislazione e scienza giuridicha della caduta dell' impero romano al sec. VX°, Milan, 1923(Storia del diritto italiano······di P. Giudice).

Brunner(Heinrich), *Deutsche Rechtsgeschichte*, 2 vols., 2ᵉ éd., Leipzig, 1906 et 1928.

Chadwick(H.-M.), *The Origin of the English Nation*, Cambridge, 1924.

______, *Studies in Anglo-Saxon Institutions*, Cambridge, 1905.

Chénon(Émile), *Histoire générale du droit français public et privé*, 2 vols., 1926~1929.

Esmein(A.), *Cours élémentaire d' histoire du droit français*, 14ᵉ éd., 1921.

Ficker(J.), *Forschungen zur Reichs-und Rechtsgeschichte Italiens*, 4 vols., Innsbruck, 1868~74.

Flach(J.), *Les origines de l' ancienne France*, 4 vols., 1886~1917.

Fustel de Coulanges, *Histoire des institutions politiques de l' ancienne France*, 6 vols., 1888~1892.

Gama-Barros(H. da), *Historia da administraçao publica em Portugal nos seculos XII a XV*, 2 vols., Lisbonne, 1885~96(레온과 카스티야에 관한 자료 또한 많다).

Haskins(Ch. H.), *Norman Institutions*, Cambridge(Mass.), 1918(Harvard Historical Studies, XXIV).

Holdsworth(W. S.), *A History of English Law*, t. I, II et III, 3ᵉ éd., Londres, 1923.

Jamison(E.), "The Norman Administration of Apulia and Capua" dans

632

Papers of the British School at Rome, VI, 1913.

Jolliffe(J. E. A.), *The Constitutional History of Medieval England*, Londres, 1937.

Keutgen(F.), *Der deutsche Staat des Mittelalters*, Iéna, 1918.

Kiener(Fritz), *Verfassungsgeschichte der Provence seit der Ostgothenherrschaft bis zur Errichtung der Konsulate(510~1200)*, Leipzig, 1900.

Leicht(P. S.), *Ricerche sul diritto privato nei documenti preirneriani*, 2 vols., Rome, 1914~1922.

Luchaire(Achille), *Manuel des institutions françaises. Période des Capétiens directs*, 1892.

Maitland(F. W.), *Domesday Book and Beyond*, Cambridge, 1921.

Mayer(Ernst), *Mittelaterliche Verfassungsgeschichte: deutsche und französische Geschichte vom 9. bis zum 14. Jahrhundert*, 2 vols., Leipzig, 1899.

———, *Historia de las instituciones sociales y politicas de España y Portugal durante los siglos V a XIV*, 2 vols., Madrid, 1925~26.

———, *Italienische Verfassungsgeschichte von der Gothenzeit zur Zunftherrschaft*, 2 vols., Leipzig, 1900.

Meyer(Walter), *Das Werk des Kanzlers Gislebert von Mons besonders als verfassungsgeschichtliche Quelle betrachtet*, Königsberg, 1888.

Niese(Hans), *Die Gesetzgebung der normannischen Dynastie im regnum Siciliae*, Halle, 1910.

Olivier-Martin, *Histoire de la coutume de la prévôté et vicomté de Paris*, 3 vols., 1922~1930.

Pollock(F.), *The Land Laws*, 3ᵉ éd., Londres, 1896.

Pollock(Frederick) et Maitland(F. W.), *The History of English Law before the Time of Edward I*, 2 vols., Cambridge, 1898.

Riaza(Romàn) et Gallo(Alfonso Garcia), *Manual de historia del derecho español*, Madrid, 1935.

Rogé(Pierre), *Les anciens fors de Béarn*, Toulouse, 1907.

Salvioli(G.), *Storia del diritto italiano*, 8ᵉ éd., Turin, 1921.

Sanchez-Albornoz(Cl.), "Conferencias en la Argentina" dans *Anuario de historia del derecho español*, 1933.

————, "La potestad real y los señorios en Asturias, León y Castilla" dans *Revista de Archivos*, 3ᵉ série, XXXI, 1914.

Schröder(R.), *Lehrbuch der deutschen Rechtsgeschichte*, 6 éd., Leipzig, 1919~1922.

Solmi(A.), *Storia del diritto italiano*, 3ᵉ éd., Milan, 1930.

Stubbs(William), *Histoire constitutionnelle de l' Angleterre*, trad. par Ch. Petit-Dutaillis et G. Lefebvre, 3 vols., 1907~1927(번역자가 첨부한 주석도 함께 포함되어 있다).

Viollet(Paul), *Histoire des institutions politiques et administratives de la France*, 3 vols., 1890~1903.

Vinogradoff(P.), *English Society in the Eleventh Century*, Oxford, 1908.

Waitz(G.), *Deutsche Verfassungsgeschichte*, t. I à VI en 2ᵉ éd., Berlin, 1880~1896 ; t. VII et VIII, Kiel, 1876~78.

3) 법률적 의식구조와 법학교육

Besta(E.), *L' opera d' Irnerio*, Turin, 1910.

Brie(S.), *Die Lehre vom Gewohnheitsrecht, I : Geschichtliche Grundlegung*, Breslau, 1899.

Chénon(E.), "Le droit romain à la Curia regis" dans *Mélanges Fitting*, t. I, Montpellier, 1907(J. Acher의 서평 *Rev. générale de droit*, XXXII, 1908).

Chiappelli(L.), "Recherches sur l' état des études de droit romain en Toscane au XIᵉ siècle" dans *Nouv. Revue histor. de droit*, 1896.

Conrat(Max), *Die Quellen und Literatur des Römischen Rechts im früheren Mittelalter*, Leipzig, 1891.

Flach(J.), *Études critiques sur l' histoire du droit romain au moyen âge*, 1890.

Fournier(P.), "L' Église et le droit romain au XIIIᵉ siècle" dans *Nouv. Revue historique de droit*, 1890.

Garaud(Marcel), "Le droit romain dans les chartes poitevines du IXe au XIe siècle dans *Bull. de la Soc. des Antiquaires de l' Ouest*, 1925.

Goetz(W.), "Das Wiederaufleben des römischen Rechts im 12. Jahrhundert" dans *Archiv. für Kulturgeschichte*, 1912.

Meynial(E.), "Note sur la formation de la théorie du domaine divisé······ du, XIIe au XIVe siècle" dans *Mélanges Fitting*, t. II, Montpellier, 1908.

──────, "Remarques sur la réaction populaire contre l' invasion du droit romain en France aux XIIe et XIIIe siècles" dans *Mélanges Chabaneau*, Erlangen, 1907.

Olivier-Martin(Fr.), "Le roi de France et les mauvaises coutumes" dans *Zeitschrift der Savigny Stiftung, G. A.*, 1938.

Vinogradoff(P.), *Roman Law in Medieval Europe*, 2e éd., Oxford, 1929.

Wehrlé(R.), *De la coutume dans le droit canonique*, 1928.

4) 정치사상

Carlyle(R. W. et A. J.), *A History of Medieval Political Theory in the West.*, t. I à III, Londres, 1903~1915.

Dempf(Alois), *Sacrum imperium : Geschichts-und Staatsphilosophie des Mittelalters und der politischen Renaissance*, Münich, 1929.

Hern(Fritz), "Recht und Verfassung in Mittelalter" dans *Historische Zeitschrift*, 1919.

5. 최후의 만족 침입
1) 개관

Lot(Ferdinand), *Les invasions barbares et le peuplement de l' Europe : introduction à l' intelligence des derniers traités de paix*, 2 vols., 1937.

2) 알프스 산맥과 이탈리아 반도에서의 사라센인(앞의 p.629 Poupardin 참조)

Duprat(Eug.), "Les Sarrasins en Provence" dans *Les Bouches-du-Rhône*.

Encyclopédie départementale, 1924.

Latouche(R.), "Les idées actuelles sur les Sarrasins dans les Alpes" dans *Revue de géographie alpine*, 1931.

Patrucco(Carlo E.), "I Sarraceni nelle Alpi Occidentali" dans *Biblioteca della Societa storica subalpina*, t. XXXII, 1908.

Vehse(O.), "Das Bündnis gegen die Sarazenen vom Jahre 915" dans *Quellen und Forsch. aus italienischen Archiven*, t. XIX, 1927.

3) 헝가리인

Büdinger(Max), *Œsterreischische Geschichte bis zum Ausgange des dreizehnten Jahrhunderts*, t. I, Leipzig, 1858.

Caro(G.), "Der Ungarntribut unter Heinrich I" dans *Mitteilungen des Instituts für œsterr. Geschichtsforschung*, t. XX, 1899.

Darko(E.), "Influences touraniennes sur l' évolution de l' art militaire des Grecs, des Romains et des Byzantins" dans *Byzantion*, 1935 et 1937.

Jokay(Z.), "Die ungarische Ortsnamenforschung" dans *Zeitschrift für Ortsnamenforschung*, 1935.

Kaindl(R. F.), *Beiträge zur älteren ungarischen Geschichte*, Vienne, 1893.

Lüttich(Rudolph), *Ungarnzüge in Europa im 10. Jahrgundert*, Berlin, 1910(Ebering' s Histor. Studien, 74).

Macartney(C. A.), *The Magyars in the Ninth Century*, Cambridge, 1930(G. Moravsik의 서평 *Byzantinische Zeitschrift*, 1933).

Marczali(Heinrich), *Ungarns Geschichtsquellen im Zeitalter der Arpaden*, Berlin, 1882.

Marquart(J.), *Osteuropäische und ostasiatische Streifzüge*, Leipzig, 1903.

Sauvageot(A.), "L' origine du peuple hongrois" dans *Revue des études hongroises*, t. II, 1924.

Schönebaum(Herbert), *Die Kenntnis der byzantinischen Geschichstsschreiber von der ältesten Geschichte der Ungarn vor der Landnahme*, Berlin, 1922.

636

Sebestyen(Charles C. S.), "L' arc et la flèche des Hongrois" dans *Nouvelle Revue de Hongrie*, t. LI, 1934.

Steinacker(Harold), "Ueber Stand und Aufgabe der ungarischen Verfassungsgeschichte" dans *Mitteilungen des Instituts für œsterr. Geschichtsforschung*, t. XVIII, 1907.

Szinnyei, *Die Herkunft der Ungarn, ihre Sprache und Urkultur*, 2e éd., Berlin, 1923.

Zichy(Étienne), "L' origine du peuple hongrois" dans *Revue des études hongroises*, t. I, 1923.

4) 스칸디나비아인에 대한 개괄과 그들의 침입

Arbman(Holger) et Stenberger(Marten), *Vikingar i Västerled*(Les Vikings sur les routes de l' Ouest), Stockholm, 1935.

Bugge(Alexander), "The Norse Settlements in the British Islands" dans *Transactions of the Royal Historical Society*, 1921.

————, *Die Wikinger: Bilder aus der nordischen Vergangenheit*, Halle, 1906.

Clapham(H. J.), "The Horsing of the Danes" dans *English Historical Review*, 1910.

Collingwood(W. G.), *Scandinavian Britain*, Londres, 1908.

Curtis(E.), "The English and Ostmen in Ireland" dans *English Historical Review*, 1908.

Darlington(R. R.), "The Last Phase of Anglo-Saxon History" dans *History*, 1937.

Falk(H.), "Altnordisches Seewesen" dans *Wörter und Sachen*, t. IV, 1912.

Garaud(Marcel), "Les invasions des Normands en Poitou et leurs conséquences" dans *Rev. historique*, t. CLXXX, 1937.

Gosses(I. H.), "Deensche Heerschappijen in Friesland gedurende den Noormannentijd" dans *Mededeelingen der koninklijke Akademie van Wetenschappen, Afd. Letterkunde*, Deel 56, Série B, 1923.

Hofmeister(A.), "Ein angeblicher Normannenzug ins Mittelmeer um 825" dans *Historische Aufsätze K. Zeumer dargebracht*, Weimar, 1909.

Jacobsen(Lis), "Les Vikings suivant les inscriptions runiques du Danemark" dans *Revue Historique*, t. CLVIII, 1938.

Joranson(Einar), *The Danegeld in France*, Rock-Island, 1923(Augustana Library Publ., 10).

Kendrick(T. D.), *A History of the Vikings*, Londres, 1930.

Lot(F.), "La grande invasion normande de 856~862" dans *Bibliothèque de l' École des Chartes*, 1908.

――――, "La Loire, l' Aquitaine et la Seine de 862 à 866" dans *Bibliothèque de l' École des Chartes*, 1915.

――――, "Le monastère inconnu pillé par les Normands en 845" dans *Bibliothèque de l' École des Chartes*, 1909.

Montelius(Oskar), *Kulturgeschichte Schwedens von den ältesten Zeiten bis zum elften Jahrhundert*, Leipzig, 1906.

――――, "Sverige och Vikingafäderna västernt"(La Suède et les expéditions des Vikings vers l' Ouest) dans *Antikvarisk Tidskrift*, t. XXI, 2.

Nordenstreng(Rolf), *Die Züge der Wikinger*, trad. L. Meyn, Leipzig, 1925.

Olrik(Axel), *Viking Civilization*, Londres, 1930.

Oman(Charles W. C.), "The Danish Kingdom of York" dans *Archaeological Journal*, t. XCI, 1934.

Paulsen(P.), *Studien zur Wikingerkultur*, Neumünster, 1933.

Prentout(Henri), *Étude critique sur Dudon de Saint-Quentin*, 1916.

――――, *Essai sur les origines et la formation du duché de Normandie*, Caen, 1911.

Shetelig(Haakon), *Les origines des invasions des Normands*(Bergens Museums Arbog, Historisk-antikvarisk rekke, nr. 1).

――――, *Préhistoire de la Norvège*, Oslo, 1926(Instituttet for sammenlignende Kulturforskning, Série A, t. V).

Steenstrup(J.), "Normandiets Historie under de syv förste Hertuger

911~1066"(프랑스어본 요약 첨부) dans *Mémoires de l' Académie royale des sciences et des lettres de Danemark*, 7ᵉ série, Sections des Lettres, t. V, nº 1, 1925.

________, *Normannerne*, 4 vols., Copenhague, 1876~1882(제1권의 일부는 *Études préliminaires pour servir à l' histoire des Normands*이라는 제목으로 *Bullet. Soc. Antiquaires Normandie*, t. V et à part, 1881에 수록).

Van der Linden, "Les Normands à Louvain" dans *Revue historique*, t. CXXIV, 1917.

Vogel(Walther), *Die Normannen und das fränkische Reich bis zur Gründung der Normandie(799~911)*, Heidelberg, 1906.

________, "Handelsverkehr, Städtewesen und Staatenbildung in Nordeuropa im früheren Mittelalter" dans *Zeitschrift der Gesellschaft für Erdkunde zu Berlin*, 1931.

________, "Wik-Orte und Wikinger : eine Studie zu den Anfängen des germanischen Städtewesens" dans *Hansische Geschichtsblätter*, 1935.

Wadstein, "Le mot viking" dans *Mélanges de philologie offerts à M. Johan Vising*, 1925.

5) 북유럽의 개종

Johnson(E. N.), "Adalbert of Hamburg-Bremen" dans *Speculum*, 1934.

Maurer(Konrad), *Die Bekehrung des norwegischen Stammes zum Christentum*, 2 vols., Munich, 1855~1856.

Moreau(E. de), *Saint Anschaire*, Louvain, 1930.

Schmeidler(B.), *Hamburg-Bremen und Nordwest-Europa von 9. bis 11. Jahrh.*, Leipzig, 1918.

6) 스칸디나비아인 침입의 흔적과 영향

Anderson(Olaf S.), *The English Hundred-Names*, Lund, 1934.

Bröndal(Viggo), "Le normand et la langue des Vikings" dans *Normannia*, 1930.

Ekwall(E.), "How Long did the Scandinavian Language Survive in England?" dans *A Grammatical Miscellany Offered to O. Jespersen*, Copenhague, 1930.

―――――, *Scandinavians and Celts in the North-West of England*, Lund, 1918 (Lunds Universitets Årsskrift, N. F, Afd. 1, Bd. 14).

―――――, "The Scandinavian Element" dans A. Mawer et F. W. Stenton, *Introduction to the Survey of English Place-Names*, Part. I, Cambridge, 1929.

―――――, "The Scandinavian Element" dans H. C. Darby, *An Historical Geography of England*, Cambridge, 1936.

Emanuelli, "La colonisation normande dans le département de la Manche" dans *Revue de Cherbourg*, 1907 et suiv.

Jespersen(O.), *Growth and Structure of the English Language*, 7ᵉ éd., Leipzig, 1933.

Joret(Ch.), "Les noms de lieu d'origine non romane et la colonisation germanique et scandinave en Normandie" dans *Congrès du millénaire de la Normandie*, Rouen, 1912, t. II et (developpé) à part, 1913.

Lindkvist, *Middle English Place-Names of Scandinavian Origin*, Upsal, 1912.

Lot(Ferdinand), "De l'origine et de la signification historique des noms de lieux en ville et en court" dans *Romania*, 1933(cf. Marc Bloch, "Réflexions d'un historien sur quelques travaux de toponymie" dans *Annales d'histoire économique*, t. VI. 1934).

Mawer(A.), *Problems of Place-Name Study*, Cambridge, 1929.

―――――, "The Scandinavian Settlements in England as Reflected in English Place-Names" dans *Acta Philologica Scandinavica*, t. VII, 1932~33.

Prentout(H.), "Le rôle de la Normandie dans l'histoire" dans *Rev. historique*, t. CLX, 1929.

Shetelig(H.), *Vikingeminner i Vest Europa*(Les souvenirs archéologiques des Vikings dans l'Europe Occidentale), Oslo, 1933(Instituttet for

640

sammenlignende kulturforksning, A, XVI.

Sion(Jules), *Les paysans de la Normandie orientale*, 1908.

Sjögren(A.), "Le genre des mots d'emprunt norrois en normand" dans *Romania*, 1928.

Stenton(F. M.), "The Danes in England" dans *History*, 1920~21.

________, "The Danes in England" dans *Proceedings of the British Academy*, t. XIII, 1927.

6. 혈연적 유대
1) 개관 : 형법상의 연대

Brunner(Heinrich), "Sippe une Wergeld in den niederdeutschen Rechten" dans Brunner, *Abhandlungen zur Rechtsgeschichte*, t. I, Weimar, 1931(그전에 *Zeitschr. der Savigny-St., G. A.*, III에 수록).

Cattier(F.), "La guerre privée dans le comté de Hainaut" dans *Annales de la Faculté de philosophie de Bruxelles*, t. I, 1899~90.

Dubois(Pierre), *Les asseurements au XIIIe siècle dans nos villes du Nord*, 1900.

Espinas(G.), "Les guerres familiales dans la commune de Douai aux XIIe et XIIIe siècles" dans *Nouv. Revue historique de droit*, 1900.

Frauenstädt(Paul), *Blutrache und Todtschlagsühne im deutschen Mittelalter*, Leipzig, 1881.

Hinojosa(Eduardo de), "Das germanische Element im spanischen Rechte" dans *Zeitschrift der Savigny-Stiftung, G. A.*, 1910.

His(R.), "Gelobter und gebotener Friede im deutschen Mittelalter" dans *Zeitschrift der Savigny-Stiftung, G. A.*, 1912.

Petit-Dutaillis(Ch.), *Documents nouveaux sur les mœurs populaires et le droit de vengeance dans les Pays-Bas au XVe siècle*, 1908(참고문헌 목록 포함).

Phillpotts(Bertha Surtees), *Kindred and Clan in the Middle Ages and After : A Study in the Sociology of the Teutonic Races*, Cambridge,

1913(Cambridge Archaeological and Ethnological Series).

Roeder(Fritz), *Die Familie bei den Angelsachsen*, tome I, Halle, 1899(Studien zur englischen Philologie, IV).

Valat(G.), *Poursuite privée et composition pécuniaire dans l' ancienne Bourgogne*, Dijon, 1907.

Van Kempen(Georges), *De la composition pour homicide d' après la Loi Salique. Son maintien dans les Coutumes de Saint-Omer jusqu' à la fin du XVIe siècle*, Saint-Omer, 1902.

Wilke(Carl), *Das Friedegebot : ein Beitrag zur Geschichte des deutschen Strafrechts*, Heidelberg, 1911(Deutschrechtliche Beiträge, VI, 4).

Yver(J.), *L' interdiction de la guerre privée dans le très ancien droit normand(Extrait des travaux de la semaine d' histoire du droit normand)*, Caen, 1928.

2) 경제적 집단으로서의 혈족

Brunner(H.), "Der Totenteil in germanischen Rechten" dans Brunner, *Abhandlungen zur Rechtsgeschichte*, t. II, Weimar, 1937(그전에 *Zeitschrift der Savigny-St., G. A.*, XIX에 수록).

Caillemer(Robert), "Les idés coutumières et la renaissance du droit romain dans le Sud-Est de la France : I 'Laudatio' des héritiers" dans *Essays in Legal History*, ed. by P. Vinogradoff, Oxford, 1913.

──────, "Le retrait lignager dans le droit provençal" dans *Studi giuridici in onore di Carlo Fadda*, t. IV, Naples, 1906.

Falletti(Louis), *Le retrait lignager en droit coutumier français*, Paris, 1923.

Formentini(Ubaldo), "Sulle origini e sulla costituzione d' un grande gentilizio feodale" dans *Atti della Società ligure di storia patria*, t. LIII, 1926.

Génestal(Robert), "Le retrait lignager en droit normand" dans *Travaux de la semaine d' histoire du droit normand······ 1923*, Caen, 1925.

Laplanche(Jean de), *La réserve coutumière dans l' ancien droit français*,

1925.

Plucknett(Théodore F. T.), "Bookland and Folkland" dans *Economic History Review*, t. VI, 1935~1936(참고문헌 목록 포함).

Porée(Charles), "Les statuts de la communauté des seigneurs pariers de La Garde-Guérin(1238~1313)" dans *Bibliothèque de l' École des Chartes*, 1907 et *Études historiques sur le Gévaudan*, 1919.

Schultze(Alf.), "Augustin und der Seelteil des germanischen Erbrechts" dans *Abh. der sächs. Akad. der Wiss., Phil. hist. Kl.* 28.

Tamassio(G.), "Il diritto di prelazione e l' espropriazione forzata negli statuti dei comuni italiani" dans *Archivio giuridico*, 1885.

7. 진정한 의미에서의 봉건제도들
1) 개관 : 프랑크적 봉건제의 기원[5]

Bloch(Marc), "Feudalism(European)" dans *Encyclopaedia of the Social Sciences*, VI, 1931.

Bourgeois(Em.), *Le capitulaire de Kiersy-sur-Oise : étude sur l' état et le régime politique de la société carolingienne à la fin du IXe siècle d' après la législation de Charles le Chauve*, 1885.

Calmette(J.), *La Société féodale*, 1923(Collection A. Colin).

Dopsch(A.), "Benefizialwesen und Feudalität" dans *Mitteilungen des œsterreichischen Instituts für Geschichtsforschung*, 1932.

————, "Die Leudes und das Lehnwesen" dans *Mitteilungen des œsterr. Instituts für Geschichtsforschung*, 1926.

————, *Die Wirtschaftsentwicklung der Karolingerzeit*, 2e éd., Vienne, 1921~1922.

Dumas(Auguste), "Le serment de fidélité et la conception du pouvoir du Ier au IXe siècle" dans *Revue historique de droit*, 1931(cf. Lot[F.], "Le serment de fidélité à l' époque franque" dans *Revue belge de philologie*,

---

5) 다음의 8. 군사제도로서의 봉건체제 가운데 2) 기사와 무장에 관한 문제도 보라.

1933 ; Dumas[A.], "Le serment de fidélité à l'époque franque", ibid, 1935).

Ganshof(F. L.), "Note sur les origines de l' union du bénéfice avec la vassalité" dans *Études d' histoire dédiées à la mémoire de Henri Pirenne*, Bruxelles, 1937.

Guilhiermoz(A.), *Essai sur les origines de la noblesse en France au moyen âge*, 1902.

Halphen(L.), "A propos du capitulaire de Quierzy" dans *Revue historique*, t. CVI, 1911.

Kienast(W.), *Die deutschen Fürsten im Dienste der Westmächte bis zum Tode Philipps des Schönen von Frankreich*, 2 vols., Utrecht, 1924~1931.

——, "Lehnrecht und Staatsgewalt im Mittelalter" dans *Histor. Zeitschrift*, t. CLVIII, 1938.

Krawinkel(H.), *Zur Entstehung des Lehnwesens*, Weimar, 1936.

Lesne(Em.), *Histoire de la propriété ecclésiastique en France*, 4 vols., Lille 1910~1936.

Mayer(Ernst), "Die Entstehung der Vasallität und des Lehnwesens" dans *Festgäbe für R. Sohm.*, Munich, 1914.

Menzel(Viktor), *Die Entstehung des Lehnwesens*, Berlin, 1890.

Mitteis(H.), *Lehnrecht und Staatsgewalt*, Weimar, 1933.

——, "Politische Prozesse des früheren Mittelalters in Deutschland und Frankreich" dans *Sitzungsber. der Heidelberger Akad. der Wissenschaften*, 1926.

Roth(P.), *Feudalität und Ünterthanenverband*, Weimar, 1863.

Société Jean Bodin, *Les liens de vassalité et les immunités*, Bruxelles, 1936(et Revue de l' Institut de Sociologie, 1936).

Vinogradoff(P.), "Foundations of Society" et "Feudalism" dans *Cambridge Medieval History*, t. II et III.

Waitz(G.), "Die Anfänge des Lehnwesens" dans Waitz, *Gesammelte Abhandlungen*, t. I, Göttingen, 1896.

2) 각 나라별·지방별 연구

Adams(G. B.), "Anglo-Saxon Feudalism" dans *American Historical Review*, t. VII, 1901~1902.

Beseler(Georg), *System des gemeinen deutschen Privatrechts*, t. II, Berlin, 1885.

Brooke(Z. N.), "Pope Gregory VII' s Demand of Fealty from William the Conqueror" dans *English Historical Review*, t. XXVI, 1911.

Brutails(J.-A.), "Les fiefs du roi et les alleux en Guienne" dans *Annales du Midi*, 1917.

Capasso(B.), "Sul catalogo dei feudi e dei feudatari delle provincie napoletane sotto la dominazione normanna" dans *Atti della r. Accademia di archeologia*, t. VI(1868~1869).

Ceci(C.), "Normanni di Inghilterra e Normanni d' Italia" dans *Archivio Scientifico del R. Istituto Sup. di Sc. Economiche······di Bari*, t. VII, 1932~1933.

Chew(H. M.), *The English Ecclesiastical Tenants-in-Chief and Knight-Service, especially in the Thirteenth and Fourteenth Century*, Oxford, 1932.

Del Giudice(P.) et Calisse(C.), "Feudo" dans *Il Digesto italiano*, t. XI, 2, 1892~1898.

Dillay(Madeleine), "Le 'service' annuel en deniers des fiefs de la région angevine" dans *Mélanges Paul Fournier*, 1919.

Douglas(D. C.), *Feudal Documents from the Abbey of Bury St-Edmunds*, Londres, 1932(Records of the Soc. and Ec. Hist. of England, VIII) : 썩 훌륭한 서론 첨부.

Erdmann(Karl), "Das Papsttum und Portugal im ersten Jahrhunderte der portugiesischen Geschichte" dans *Abh. der Preussischen Akademie, Phil.-hist. Kl.*, 1938.

Espinay(G.d'), "La féodalité et le droit civil français," Saumur, 1862(*Rec. de l' Académie de Législation de Toulouse.* 별책부록).

Homeyer(C. G.), "System des Lehnrechts der sächsischen Rechtsbücher" dans *Sachsenspiegel*, éd. Homeyer, t. II, 2, Berlin, 1844.

Jolliffe(J. E. A.), "Northumbrian institutions" dans *English Historical Review*, t. XLI, 1926.

Jordan(Karl), "Das Eindringen des Lehnwesens in das Rechtsleben der römischen Kurie" dans *Archiv. für Urkundenforschung*, 1931.

Kehr(P.), "Die Belehnungen der süditalienischen Normannenfürsten durch die Päpste" dans *Abhandl. der preussischen Akademie, Phil.-hist. Kl.*, 1934.

————, "Das Papsttum und der katalanische Prinzipat bis zur Vereinigung mit Aragon" dans *Abhandl. der preussischen Akademie, Phil.-hist. Kl.*, 1926.

————, "Das Papsttum und die Königreiche Navarra und Aragon bis zur Mitte des XII. Jahrhunderts" dans *Abh. der pr. Akademie, Phil.-hist. Kl.*, 1928.

————, "Wie und wann wurde das Reich Arogon ein Lehen der römischen Kirche" dans *Sitzungsber. der preussischen Akademie, Phil.-hist. Kl.*, 1928.

Kölmel(W.), *Rom und der Kirchenstaat im 10. und 11. Jahrhundert bis in die Anfänge der Reform*, Berlin, 1935(Abh. zur mittleren und neueren Gesch., 78).

Lagouelle(Henri), *Essai sur la conception féodale de la propriété foncière dans le très ancien droit normand*, 1902.

La Monte(J. L.), *Feudal monarchy in the Latin Kingdom of Jerusalem*, Cambridge(U. S.), 1932(Monographs of the Mediaeval Acad., 4).

Lippert(Woldemar), *Die deutschen Lehnsbücher*, Leipzig, 1903.

Mac Kechnie(W. S.), *Magna Carta : A Commentary*, 2ᶜ éd., Glasgow, 1914.

Menendez Pidal, *La España del Cid*, 2 vols., Madrid, 1929. 축약 영역본으로 는 *The Cid and His Spain*, 1934 ; 독역본으로는 *Das Spanien des Cid*, 2 vols., Munich, 1936~1937.

Monti(G.-M.), "Ancora sulla feudalità e i grandi domani feudali del regno di Sicilia" dans *Rivistà di storia del diritto ital.*, t. IV, 1921.

Muñoz-Romero(T.), "Del estado de las personas en los reinos de Asturias y Leon" dans *Revista de Archivos*, 1883.

Paz(Ramon), "Un nuevo feudo castellano" dans *Anuario de historia del derecho español*, 1928.

Rabasse(Maurice), *Du régime des fiefs en Normandie au moyen âge*, 1905.

Richardot(Hubert), "Le fief roturier à Toulouse aux XIIe et XIIIe siècles" dans *Rev. histor. de droit français*, 1935.

Round(H.), *Feudal England*, Londres, 1907.

――――, "Military Tenure before the Conquest" dans *English Historical Review*, t. XII, 1897.

Sanchez-Albornoz(Cl.), "Las behetrias" et "Muchas paginas más sobre las behetrias" dans *Anuario de historia del derecho español*, 1924 et 1927.

――――, "Un feudo castellano del XIII" dans *Anuario de historia del derecho español*, 1926

Secrétan(E.), "De la féodalité en Espagne" dans *Rev. historique du droit*, 1863.

Schneider(F.), *Die Entstehung von Burg-und Landgemeinde in Italien*, Berlin, 1924(Abhandl. zur mittleren und neueren Gesch., 68).

Stenton(F. M.), "The Changing Feudalism of the Middle Ages" dans *History*, t. XIX, 1934~35.

――――, *The First Century of English Feudalism*(1066~1166), Oxford, 1932.

Strayer(J. R.), "Knight-Service in Normandy" dans *Anniversary Essays by Students of Ch. H. Haskins*, 1929.

Tomassetti(G.), "Feudalismo romano" dans *Rivista internazionale di scienze sociale*, t. V, 1894.

Wunderlich(Erich), *Aribert von Antemiano, Erzbischof von Mailand*, Halle,

1914.

Yver(Jean), *Les contrats dans le très ancien droit normand*, 1926.

3) 종사제 · 가신제 · 신종선서

Bloch(Marc), "Les formes de la rupture de l' hommage dans l' ancien droit féodal" dans *Nouvelle Revue historique de droit*, 1912.

Brunner(H.), "Zur Geschichte des fränkischen Gefolgswesens" dans *Forschungen zur Geschichte des d. und fr. Rechtes*, Stuttgart, 1894(그전에 *Zeitschr. der Savigny St., G. A.*, IX에 수록).

Calmette(Joseph), "Le 'comitatus' germanique et la vassalité" dans *Nouvelle Revue historique de droit*, 1904.

Chénon(E.), "Le rôle juridique de l' osculum dans l' ancien droit français" dans *Mém. Soc. nationale des Antiquaires*, 8ᵉ Série, t. VI, 1919~1923.

Doublier(Othmar), "Formalakte beim Eintritt in die altnorwegische Gefolgschaft" dans *Mitteilungen des Instituts für œsterr. Geschichtsforschung*, Ergänzungsband VI, 1901.

Ehrenberg(V.), *Commendation und Huldigung nach fränkischem Recht*, 1877.

Ehrismann(G.), "Die Wörter für 'Herr' im Althochdeutschen" dans *Zeitschrift für deutsche Wortforschung*, t. VII, 1905~06.

Grosse(Robert), *Römische Militärgeschichte von Gallienus bis zum Beginn der byzantinischen Themenverfassung*, Berlin, 1920.

His(Rudolf), "Todschlagsühne und Mannschaft" dans *Festagabe für K. Güterbock*, Berlin, 1910.

Jud(J.), "Zur Geschichte und Herkunft von frz. 'dru'" dans *Archivum romanicum*, 1926.

Larson(L. M.), *The King's Household in England before the Conquest*, Madison, 1904.

Lécrivain(Ch.), "Les soldats privés au Bas-Empire" dans *Mélanges d' archéologie et d' histoire*, 1890.

Leicht(P. S.), "Gasindi e vassalli" dans *Rendiconti della r. Accademia naz. dei Lincei, Sc. morali,* 6ᵉ Série, t. III, 1927.

Little(A. G.), "Gesiths and thegns" dans *English Historical Review,* t. IV, 1887.

Meyer-Lübke(W.), "Senyor, 'Herr'" dans *Wörter und Sachen,* t. VIII, 1923.

Mirot(Léon), "Les ordonnances de Charles VII relatives à la prestation des hommages" dans *Mémoires de la Société pour l' Histoire du droit et des institutions des anciens pays bourguignons,* fasc. 2, 1935.

Müller(Martin), *Minne und Dienst in der altfranzösichen Lyrik,* Marbourg, 1907.

Myrick(Arthur B.), "Feudal Terminology in Medieval Religious Poetry" dans *Romanic Review,* t. XI, 1920.

Petot(Pierre), "La capacité testimoniale du vassal" dans *Revue historique du droit,* 1931.

Platon(G.), "L' hommage féodal comme moyen de contracter des obligations privées" dans *Revue générale de droit,* t. XXVI, 1902.

Ramos y Loscertales, "La 'devotio iberica'" dans *Anuario de Historia del derecho español,* 1924.

Richter(Elise), "Senior, Sire" dans *Wörter und Sachen,* t. XII, 1929.

Schubert(Carl), *Der Pflegesohn(nourri) im französischen Heldenepos,* Marbourg, 1906.

Seeck(Otto), "Buccellarii" dans Pauly Wissowa, *Real-Encyclopädie der classischen Altertumswissenschaft,* t. III, 1899.

————, "Das deutsche Gefolgswesen auf römischem Boden" dans *Zeitschrift der Savigny Stiftung, G. A.,* 1896.

Waitz(G.), "Ueber die Anfänge der Vasallität" dans Waitz, *Gesammelte Abhandl.,* t. I, Göttingen, 1896.

Wechssler(Eduard), "Frauendienst und Vasallität" dans *Zeitschrift für französische Sprache,* t. XXIV, 1902.

————, *Das Kulturproblem des Minnesangs,* t. I, Halle, 1907.

Windisch, "Vassus und vassallus" dans *Berichte über die Verhandl. der k. sächs. Gesellschaft der Wissenschaften*, 1892.

4) 프레카리아, '베네피키움', 봉토 그리고 자유토지

Bloch(Marc), "Un problème d'histoire comparée : la ministérialité en France et en Allemagne" dans *Revue historique du droit*, 1928.

Bondroit, "Les 'precariae verbo regis' devant le concile de Leptinnes" dans *Revue d'histoire ecclésiastique*, 1900.

Brunner(H.), "Die Landschenkungen der Merowinger und Agilolfinger" dans *Forschungen zur Geschichte des d. und fr. Rechtes*, Stuttgart, 1877(그전에 *Sitzungsber. der pr. Akad., Phil.-hist. Kl.*, 1885에 수록).

Chénon(E.), *Étude sur l'histoire des alleux*, 1888.

Clotet(L.), "Le bénéfice sous les deux premières races" dans *Comptes rendus du Congrès scientifique international des catholiques*, 1891.

Gierke(O.), "Allod" dans *Beiträge zum Wörterbuch der deutschen Rechtssprache*, Weimar, 1908.

Gladiss(D. v.), "Die Schenkungen der deutschen Könige zu privatem Eigen" dans *Deutsches Archiv für Geschichte des Mittelalters*, 1937.

Jolliffe(J. E. A.), "Alod and fee" dans *Cambridge Historical Journal*, 1937.

Kern(H.), "Feodum, fief" dans *Mémoires Soc. Linguistique Paris*, t. II, 1872.

Krawinkel(H.), *Feudum*, Weimar, 1938(Forschungen zum d. Recht, III, 2).

__________, *Untersuchungen zum fränkischen Benefizialrecht*, Weimar, 1936 (Forschungen zum d. Recht, II, 2).

Lesne(Em.), "Les bénéficiers de Saint-Germain-des-Prés au temps de l'abbé Irminon" dans *Revue Mabillon*, 1922.

__________, "Les diverses acceptions du mot 'beneficium' du VIIIe au IXe siècle" dans *Revue historique du droit*, 1921.

Lot(Ferdinand), "Origine et nature du bénéfice" dans *Anuario de historia del derecho español*, 1933.

Pöschl(A.), "Die Entstehung des geistlichen Benefiziums" dans *Archiv. für*

Kathol. Kirchenrecht, 1926.

Roth(P.), *Geschichte des Benefizialwesens von den ältesten Zeiten bis ins zehnte Jahrhundert*, Erlangen, 1850.

Schäfer(D.), "Honor······im mittelalterlichen Latein" dans *Sitzungsber. der pr. Akad., Phil.-hist. Kl.*, 1921.

Stutz(U.), "Lehen und Pfründe" dans *Zeitschrift der Savigny Stiftung, G. A.*, 1899.

Wiart(René), *Le régime des terres du fisc sous le Bas-Empire. Essai sur la precaria*, 1894.

5) 봉토의 권리

Acher(Jean), "Les Archaïsmes apparents dans la Chanson de 'Raoul de Cambrai'" dans *Revue des langues romanes*, 1907.

Arbois de Jubainville(d'), "Recherches sur la minorité et ses effets dans le droit féodal français" dans *Bibliothèque de l' Éc. des Chartes*, 1851 et 1852.

Bellette(Em.), *La succession aux fiefs dans les coutumes flamandes*, 1927.

Blum(Edgard), "La commise féodale" dans *Tijdschrift voor Rechtsgeschiedenis*, IV, 1922~23.

Ermolaef, *Die Sondertstellung der Frau im französischen Lehnrecht*, Ostermundingen, 1930.

Génestal(R.), "La formation du droit d' aînesse dans la coutume de Normandie" dans *Normannia*, 1928.

————, *Le parage normand*, Caen, 1911(Biblioth. d' hist. du droit normand, 2ᵉ Série, I, 2).

————, *Études de droit privé normand. I, La tutelle*, 1930(Biblioth. d' hist. du droit normand, 2ᵉ Série, III).

Klatt(Kurt), *Das Heergewäte*, Heidelberg, 1908(Deutschrechtliche Beiträge, t. II, fasc. 2).

Meynial(E.), "Les particularités des successions féodales dans les Assises de Jérusalem” dans *Nouvelle Revue histor. de droit*, 1892.

Mitteis(Heinrich), “Zur Geschichte der Lehnsvormundschaft” dans *Alfred Schulze Festschrift*, Weimar, 1934.

Schulze(G. J. F.), *Das Recht der Erstgeburt in den deutschen Fürstenhäusern und seine Bedeutung für die deutsche Staatsentwicklung*, Leipzig, 1851.

Stutz(U.), “‘Römerwergeld’ und ‘Herrenfall’” dans *Abhandlungen der pr. Akademie, Phil.-hist. Kl.*, 1934.

6) 복수(複數)의 영주와 최우선 신종선서

Baist(G.), “Lige, liege” dans *Zeitschrift für romanische Philologie*, t. XXVIII, 1904, p. 112.

Beaudoin(Ad.), “Homme lige” dans *Nouvelle Revue historique de droit*, t. VII, 1883.

Bloomfield, “Salic ‘Litus’” dans *Studies in Honor of H. Collitz*, Baltimore, 1930.

Brüch(Joseph), “Zur Meyer-Lübke’s Etymologischem Wörterbuch” dans *Zeitschrift für romanische Philologie*, t. XXXVIII, 1917, pp. 701~02.

Ganshof(F. L.), “Depuis quand a-t-on pu en France être vassal de plusieurs seigneurs?” dans *Mélanges Paul Fournier*, 1929(W. Kienast의 서평 *Historische Zeitschrift*, t. CXLI, 1929~1930).

Pirenne(Henri), “Qu’est-ce qu’un homme lige?” dans *Académie royale de Belgique, Bulletin de la classe des lettres*, 1909.

Pöhlmann(Carl), *Das ligische Lehensverhältnis*, Heidelberg, 1931.

Zeglin(Dorothea), *Der ‘homo ligius’ und die französische Ministerialität*, Leipzig, 1917(Leipziger Historische Abhandlungen, XXXIX).

8. 군사제도로서의 봉건체제

1) 군사기술과 군대에 관한 개설서

Baltzer(Martin), *Zur Geschichte des deutschen Kriegswesens in der Zeit von*

652

den letzten Karolingern bis auf Kaiser Friedrich II, Leipzig, 1877.

Boutaric(Edgar), *Institutions militaires de la France*, 1863.

Delbrück(Hans), *Geschichte der Kriegskunst im Rahmen der politischen Geschichte*, t. III, Berlin, 1907.

Delpech(H.), *La tactique au XIIIe siècle*, 2 vols., 1886.

Frauenholz(Eugen v.), *Entwicklungsgeschichte des deutschen Heerwesens*, t. I, *Das Heerwesen der germanischen Frühzeit, des Frankenreiches und des ritterlichen Zeitalters*, Munich, 1935.

Köhler(G.), *Entwicklung des Kriegswesens und der Kriegsführung in der Ritterzeit*, 3 vols., Breslau, 1886~1893.

Oman(Ch.), *A History of the Art of War : The Middle Ages from the Fourth to the Fourteenth Century*, 2e éd., Londres, 1924.

2) 기사와 무장에 관한 문제

Bach(Volkmar), *Die Verteidigungswaffen in den altfranzösischen Artus- und Abenteuerromanen*, Marbourg, 1887(Ausg. und Abh. aus dem Gebiete der roman. Philologie 70).

Brunner(Heinrich), "Der Reiterdienst und die Anfänge des Lehnwesens" dans *Forschungen zum d. und fr. Recht*, Stuttgart, 1874(그전에 *Zeitschrift der Savigny-Stift., G. A.*, VIII에 수록).

Demay(G.), *Le costume au moyen âge d' après les sceaux*, Paris, 1880.

Gessler(E. A.), *Die Trutzwaffen der Karolingerzeit vom VIII. bis zum XI. Jahrhundert*, Bâle, 1908.

Giesse(W.), "Waffen nach den provenzalischen Epen und Chroniken des XII. und XIII. Jahrhunderts" dans *Zeitschr. für roman. Philologie*, t. LII, 1932.

Lefebvre des Noëttes, *L'attelage et le cheval de selle à travers les âges*, 2 vols., 1931(cf. Marc Bloch, "Les inventions médiévales" dans *Annales d' hist. économique*, 1935).

Mangoldt-Gaudlitz(Hans von), *Die Reiterei in den germanischen und fränkischen Heeren bis zum Ausgang der deutschen Karolinger,* Berlin, 1922(Arbeiten zur d. Rechts und Verfassungsgeschichte, IV).

Roloff(Gustav), "Die Umwandlung des fränkischen Heeres von Chlodwig bis Karl den Grossen" dans *Neue Jahrbücher für das klassische Altertum,* t. IX, 1902.

Sanchez-Albornoz(Cl.), "Los Arabes y los origines del feudalismo" dans *Anuario de historia del derecho español,* 1929 ; "Les Arabes et les origines de la féodalité" dans *Revue historique de droit,* 1933.

————, "La caballeria visigoda" dans *Wirtschaft und Kultur : Festschrift zum 70. Geburtstag von A. Dopsch,* Vienne, 1938.

Schirling(V.), *Die Verteidigungswaffen im altfranzösischen Epos,* Marbourg, 1887(Ausg. und Abh. aus dem Gebiete der roman. Philologie, 69).

Schwietering(Julius), "Zur Geschichte vom Speer und Schwert im 12, Jahrhundert" dans *Mitteilungen aus dem Museum für Hamburgische Geschichte,* N° 3(8. Beiheft, 2. Teil zum Jahrbuch der Hamburgischen wissenschaftlichen Anstalten, XXIX, 1911).

Sternberg(A.), *Die Angriffswaffen im altfranzösischen Epos,* Marbourg, 1886(Ausg. und Abh. aus dem Gebiete der roman. Philologie, 48).

3) 군사적 의무와 용병

Fehr(Hans), "Landfolge und Gerichstfolge im fränkischen Recht" dans *Festgabe für R. Sohm,* Munich, 1914.

Noyes(A.G.), *The Military Obligation in Mediaeval England,* Columbus (Ohio), 1931.

Rosenhagen(Gustav), *Zur Geschichte der Reichsheerfahrt von Heinrich VI. bis Rudolf von Habsburg,* Meissen, 1885.

Schmitthenner(Paul), "Lehnkriegswesen und Söldnertum im abendländischen Imperium des Mittelalters" dans *Histor. Zeitschrift,* 1934.

Weiland(L.), "Die Reichsheerfahrt von Heinrich V. bis Heinrich VI. nach ihrer staatsrechtlichen Seite" dans *Forschungen zur d. Geschichte*, t. VII, 1867.

4) 성채

Armitage(E. S.), *Early Norman Castles of the British Isles*, Londres, 1913(cf. Round, *English Historical Review*, 1912, p. 544).

Coulin(Alexander), *Befestigungshoheit und Befestigungsrecht*, Leipzig, 1911.

Desmarez(G.), "Fortifications de la frontière du Hainaut et du Brabant au XIIe siècle" dans *Annales de la Soc. royale d' archéologie de Bruxelles*, 1914.

Enlart(C.), *Manuel d' archéologie française, Deuxième partie. T. II, Architecture militaire et navale*, 1932.

Painter(Sidney), "English Castles in the Middle-Ages" dans *Speculum*, 1935.

Round(J. H.), "Castle-guard" dans *Archaeological Journal*, LIX, 1902.

Schrader(Erich), *Das Befestigungsrecht in Deutschland*, Göttingen, 1909.

Schuchardt(C.), *Die Burg im Wandel der Geschichte*, Potsdam, 1931.

Thompson(A. Hamilton), *Military Architecture in England During the Middle-Ages*, Oxford, 1912.

9. 하층계급들에 있어서 종속의 유대관계[6](p. 653의 Sanchez-Albornoz 참조)

Below(G. v.), *Geschichte der deutschen Landwirtschaft des Mittelalters*, Iéna, 1937.

Bloch(Marc), *Les caractères originaux de l' histoire rurale française*, 1931.

__________ , "Les 'coliberti', étude sur la formation de la classe servile" dans

---

6) 여기에 제시한 것은 원칙적으로 개인적 종속관계에 관한 가장 중요한 저작들이다. 계층 구분을 다룬 저작들은 대체로 제2권의 참고문헌에서 열거하였다.

Revue historique, t. CLVII, 1928.

————, "De la cour royale à la cour de Rome : le procès des serfs de Rosny-sous-Bois" dans *Studi di storia e diritto in onore di E. Besta*, Milan, 1938.

————, "Liberté et servitude personnelles au moyen âge" dans *Anuario de historia del derecho español*, 1933.

————, "Les transformations du servage" dans *Mélanges d' histoire du moyen âge offerts à M. F. Lot*, 1925.

Boeren(P.-C.), *Étude sur les tributaires d' église dans le comté de Flandre du IXe au XIVe siècle*, Amsterdam, 1936(Uitgaven van het Instituut voor middeleuwsche Geschiedenis der⋯⋯Universitet te Nijmegen, 3).

Caro(G.), *Beiträge zur älteren deutschen Wirtschafts-und Verfassungsgeschichte*, Leipzig, 1905.

————, *Neue Beiträge zur deutschen Wirtschafts-und Verfassungsgeschichte*, Leipzig, 1911.

Coulton(G. G.), *The Medieval Village*, Cambridge, 1925.

Hinojosa(E. de), *El regimen señorial y la cuestion agraria en Cataluña*, Madrid, 1905.

Keller(Robert v.), *Freiheitsgarantien für Person und Eigentum im Mittelalter*, Heidelberg, 1933(Deutschrechtliche Beiträge, XIV, 1).

Kielmeyer(O. A.), *Die Dorfbefreiung auf deutschem Sprachgebiet*, Bonn, 1931.

Luzzato(G.), *I servi nelle grande proprietà ecclesiastiche italiane nei secoli IX e X*, Pise, 1910.

Minnigerode(H. v.), "Wachzinsrecht" dans *Vierteljahrschrift für Sozial-und Wirtschaftsgeschichte*, 1916.

Perrin(Ch.-Edmond), *Essai sur la fortune immobilière de l' abbaye alsacienne de Marmoutier*, Strasbourg, 1935.

————, *Recherches sur la seigneurie rurale en Lorraine d' après les plus anciens censiers*, Strasbourg.

Petit(A.), *Coliberti ou culverts : essai d' interprétation des textes qui les concernent(X^e~XIIe siècles)*, Limoges, 1926.

_______, *Coliberti ou culverts : réponse à diverses objections*, Limoges, 1930.

Petot(P.), "L'hommage servile" dans *Revue historique du droit*, 1927(cf. la contribution du même auteur à *Le Servage*, ci-dessous).

_______, "La commendise personnelle" dans *Mélanges Paul Fournier*, 1929(cf. Marc Bloch, *Ann. d' hist. économ.*, 1931, p. 254 et suiv.).

Pirenne(Henri), "Liberté et propriété en Flandre du VIIe au IXe siècle" dans *Bulletin Académie royale de Belgique, Cl. Lettres*, 1911.

Puigarnau(Jaime M. Mans), *Las clases serviles bajo la monarquia visigoda y en los estados cristianos de la reconquista española*, Barcelone, 1928.

Sée(Henri), *Les classes rurales et le régime domanial en France au moyen âge*, 1901.

Seeliger(G.), "Die soziale und politische Bedeutung der Grundherrschaft im früheren Mittelalter" dans *Abhandlungen der sächsischen Gesellschaft der Wissensch.*, t. XX, 1903.

Société Jean Bodin, *Le servage*, Bruxelles, 1937(et *Revue de l' Institut de Sociologie*, 1937).

_______, *La tenure*, Bruxelles, 1938.

Thibault(Fabien), "La condition des personnes en France du IXe siècle au mouvement communal" dans *Revue historique de droit*, 1933.

Vaccari(P.), "L' affrancazione dei servi della gleba nell' Emilia e nella Toscana", Bologne, 1925(R. Accademia dei Lincei. Commissione per gli atti delle assemblee costituzionali).

Vanderkindere, "Liberté et propriété en Flandre du IXe au XIIe siècle" dans *Bulletin Académie royale de Belgique, Cl. des Lettres*, 1906.

Verriest(L.), "Le servage dans le comté de Hainaut" dans *Académie royale de Belgique, Cl. des Lettres. Mémoires in-8°, 2e Série*, t. VI, 1910.

Vinogradoff(P.), *Villainage in England*, Oxford, 1892.

Weller(K.), "Die freien Bauern in Schwaben" dans *Zeitschrift der Savigny Stift., G. A.*, 1934.

Wittich(W.), "Die Frage der Freibauern" dans *Zeitschrift der Savigny Stift., G. A.*, 1934

10. 봉건제도가 존재하지 않은 몇몇 지방
1) 사르데냐

Besta(E.), *La Sardegna medievale*, 2 vols., Palerme, 1909.

Raspi(R.-C.), *Le classi sociali nella Sardegna medioevale*, Cagliari, 1938.

Solmi(A.), *Studi storici sulle istutizione della Sardegna nel medio evo*, Cagliari, 1917.

2) 북해 연안의 독일인 사회

Gosse(J. H.), "De Friesche Hoofdeling" dans *Mededeelingen der Kl. Akademie van Wetenschappen, Afd. Letterk.*, 1933.

Köhler(Johannes), *Die Struktur der Dithmarscher Geschlechte*, Heide, 1915.

Marten(G.) et Mäckelmann(K.), *Dithmarschen*, Heide, 1927.

Siebs(B. E.), *Grundlagen und Aufbau der altfriesischen Verfassung*, Breslau, 1933(Untersuchungen zur deutschen Staats-und Rechtsgeschichte, 144).

찾아보기

HANGIL GREAT BOOKS 49

봉건사회 I

지은이 마르크 블로크
옮긴이 한정숙
펴낸이 김언호

펴낸곳 (주)도서출판 한길사
등록 1976년 12월 24일
주소 10881 경기도 파주시 광인사길 37
홈페이지 www.hangilsa.co.kr
전자우편 hangilsa@hangilsa.co.kr
전화 031-955-2000~3 **팩스** 031-955-2005

인쇄 오색프린팅 **제책** 경일제책사

제1판 제1쇄 2001년 5월 20일
제1판 제7쇄 2022년 8월 10일

값 30,000원

ISBN 978-89-356-5288-4 94920
ISBN 978-89-356-5290-7(전2권)

• 잘못 만들어진 책은 구입하신 서점에서 바꿔드립니다.

●한길그레이트북스는 계속 간행됩니다.